Todos los libros de Linkgua Ediciones cuentan con modelos de Inteligencia Artificial entrenados por hispanistas. Pregúntale al chat de tu libro lo que desees acerca de la obra o su autor/a.

Para **ebooks**: Accede a nuestro modelo de IA a través de este enlace.

Para **libros impresos**: Escanea el código QR de la portada con tu dispositivo móvil.

Obtén análisis detallados de nuestros libros, resúmenes, respuestas a tus preguntas y accede a nuestras ediciones críticas generativas para una experiencia de lectura más enriquecedora.
La transparencia y el respeto hacia la autoría de las fuentes utilizadas son distintivos básicos de nuestro proyecto. Por ello, las respuestas ofrecen, mediante un sistema de citas, las fuentes con las que han sido elaboradas.

Marcelino Menéndez y Pelayo

Historia de los heterodoxos españoles

Libro VI

Créditos

Título original: *Historia de los heterodoxos españoles.*

© 2024, Red ediciones S.L.

e-mail: info@linkgua.com

Diseño de cubierta: Michel Mallard.

ISBN rústica: 978-84-9816-660-6.
ISBN ebook: 978-84-9897-099-9.

Cualquier forma de reproducción, distribución, comunicación pública o transformación de esta obra solo puede ser realizada con la autorización de sus titulares, salvo excepción prevista por la ley. Diríjase a CEDRO (Centro español de Derechos Reprográficos, www.cedro.org) si necesita fotocopiar, escanear o hacer copias digitales de algún fragmento de esta obra.

Sumario

Créditos _____ 4

Brevísima presentación _____ 9
   La vida _____9
   La historia antigua de los heterodoxos _____9

Libro sexto _____ 11

Discurso preliminar _____ 13

Capítulo I. Bajo Felipe V y Fernando VI _____ 34
   I. Consecuencias del advenimiento de la dinastía francesa bajo el aspecto religioso. Guerra de sucesión. Pérdida de Mahón y Gibraltar. Desafueros de los aliados ingleses y alemanes contra cosas y personas eclesiásticas. Reformas económicas de Orry hostiles al clero _____34
   II. El regalismo. Ojeada retrospectiva sobre sus antecedentes en tiempo de la dinastía austríaca_____39
   III. Disidencias con Roma. Proyectos de Macanaz. Su caída, proceso y posteriores vicisitudes _____53
   IV. Gobierno de Alberoni. Nuevas disensiones con Roma. Antirregalismo del cardenal Belluga. La bula Apostoli Ministerii. Concordato de 1737 _____63
   V. Otras tentativas de concordato, hasta el de 1756 _____69
   VI. Novedades filosóficas. Cartesianismo y gassendismo. Polémicas entre los escolásticos y los innovadores. El padre Feijoo. Vindicación de su ortodoxia. Feijoo como apologista católico _____76
   VII. Carta de Feijoo sobre la francmasonería. Primeras noticias de sociedades secretas en España. Exposición del padre Rábano a Fernando VI _____95
   VIII. La Inquisición en tiempo de Felipe V y Fernando VI. Procesos de alumbrados. Las monjas de Corella _____101
   IX. Protestantes españoles fuera de España. Félix Antonio de Alvarado. Gavín. Don Sebastián de la Encina. El caballero de Oliveira _____107

X. Judaizantes. Pineda. El sordomudista Pereira. Antonio José de Silva _____ 115

Capítulo II. El jansenismo regalista en el siglo XVIII _____ **124**
I. El jansenismo en Portugal. Obras cismáticas de Pereira. Política heterodoxa de Pombal. Proceso del padre Malagrida. Expulsión de los jesuitas. Tribunal de censura. Reacción contra Pombal en tiempo de doña María I la Piadosa _____ 125
II. Triunfo del regalismo en tiempo de Carlos III de España. Cuestiones sobre el catecismo de Mesenghi. Suspensión de los edictos inquisitoriales y destierro del inquisidor general. El pase regio. Libro de Campomanes sobre la «regalía de amortización»_____ 146
III. Expulsión de los jesuitas de España _____ 154
IV. Continúan las providencias contra los jesuitas. Política heterodoxa de Aranda y Roda. Expediente del obispo de Cuenca. Juicio imparcial sobre el monitorio de Parma_____ 166
V. Embajada de Floridablanca a Roma. Extinción de los jesuitas _____ 175
VI. Bienes de jesuitas. Planes de enseñanza. Introducción de libros jansenistas. Prelados sospechosos. Cesación de los concilios provinciales _____ 180
VII. Reinado de Carlos IV. Proyectos cismáticos de Urquijo. Contestaciones de varios obispos favorables al cisma. Tavira _____ 191
VIII. Aparente reacción contra los jansenistas. Colegiata de san Isidro. Procesos inquisitoriales. Los hermanos Cuesta. El pájaro en la liga. Dictamen de Amat sobre las Causas de la revolución francesa, de Hervás y Panduro. La Inquisición en manos de los jansenistas_____ 200
IX. Literatura jansenista, regalista e «hispanista» de los últimos años del siglo. Villanueva, Martínez Marina Amat, Masdéu_____ 206

Capítulo III. El enciclopedismo en España durante el siglo XVIII_____ **217**
I. El enciclopedismo en las regiones oficiales. Sus primeras manifestaciones más o menos embozadas. Relaciones de Aranda con Voltaire y los enciclopedistas _____ 217
II. Proceso de Olavide (1725-1804) y otros análogos_____ 225
III. El enciclopedismo en las sociedades económicas. El doctor Normante y Carcaviella. Cartas de Cabarrús _____ 243
IV. Propagación y desarrollo de la filosofía sensualista. Sus principales expositores: Verney, Eximeno, Foronda, Campos, Alea, etc. _____ 264

V. El enciclopedismo en las letras humanas. Propagación de los libros franceses.
Procesos de algunos literatos: Iriarte, Samaniego. Prensa enciclopedista.
Filosofismo poético de la escuela de Salamanca. La tertulia de Quintana.
Vindicación de Jovellanos _____ 273
VI. El enciclopedismo en Portugal, y especialmente en las letras amenas. Anastasio
da Cunha. Bocage. Filinto _____ 328
VII. Literatura apologética. Impugnadores españoles del enciclopedismo. Pereira,
Rodríguez, Forner, Ceballos, Valcárcel, Pérez y López, el padre Castro, Olavide,
Jovellanos, fray Diego de Cádiz, etc., etc. _____ 338

Capítulo IV. Tres heterodoxos españoles en la Francia revolucionaria. Otros heterodoxos extravagantes o que no han encontrado fácil cabida en la clasificación anterior _____ **392**
 I. El teósofo Martínez Pascual. Su Tratado de la reintegración de los seres. La
 secta llamada de los «martinezistas» _____ 392
 II. El theophilánthropo Andrés María Santa Cruz. Su Culto de la humanidad ____ 401
 III. El abate Marchena. Sus primeros escritos: su traducción de Lucrecio. Sus
 aventuras en Francia. Vida literaria y política de Marchena hasta su muerte ____ 404
 IV. Noticia de algunos «alumbrados»: la beata Clara, la beata Dolores, la beata
 Isabel, de Villar del Águila _____ 441
 V. El cura de Esco _____ 446

Adición a este Capítulo. ¿Puede contarse entre los heterodoxos españoles al padre Lacunza? _____ **447**

Libros a la carta _____ **453**

Brevísima presentación

La vida
Marcelino Menéndez y Pelayo. (1856-1912). España. Estudió en la Universidad de Barcelona (1871-1873) con Milá y Fontanals, en la de Madrid (1873), y en Valladolid (1874), donde hizo amistad con el ultraconservador Gurmesindo Laverde, que lo apartó de su liberalismo. Trabajó en las bibliotecas de Portugal, Italia, Francia, Bélgica y Holanda (1876-1877) y ejerció de catedrático de la Universidad de Madrid (1878). En 1880 fue elegido miembro de la Real Academia española, diputado a Cortes entre 1884 y 1892 y fue director de la Real Academia de la Historia. Al final de su vida recuperó su liberalismo inicial.

La historia antigua de los heterodoxos
Sin la historia eclesiástica (ha dicho Hergenroether) no hay conocimiento completo de la ciencia cristiana, ni de la historia general, que tiene en el cristianismo su centro. Si el historiador debe ser teólogo, el teólogo debe ser también historiador para poder dar cuenta del pasado de su Iglesia a quien le interrogue sobre él o pretenda falsearlo. [...] Nada envejece tan pronto como un libro de historia. [...] El que sueñe con dar ilimitada permanencia a sus obras y guste de las noticias y juicios estereotipados para siempre, hará bien en dedicarse a cualquier otro género de literatura, y no a éste tan penoso, en que cada día trae una rectificación o un nuevo documento. La materia histórica es flotante y móvil de suyo, y el historiador debe resignarse a ser un estudiante perpetuo...

A pesar de que, como admitía Menéndez Pelayo en las «Advertencias preliminares» a la segunda edición de *La historia de los heterodoxos españoles* de 1910, «nada envejece tan pronto como un libro de historia», ésta sigue siendo una obra sumamente erudita y un documento de incomparable interés para entender el pensamiento conservador de un sector significativo de la sociedad española de principios del siglo XX.

Libro sexto

Discurso preliminar
Uno de los caracteres que más poderosamente llaman la atención en la heterodoxia española de todos los tiempos es su falta de originalidad; y esta pobreza de espíritu propio sube de punto en nuestros contemporáneos y en sus inmediatos predecesores. Si alguna novedad, aunque relativa y solo por lo que hace a la forma del sistema, lograron Servet y Miguel de Molinos, lo que es de nuestros disidentes del pasado y presente siglo, bien puede afirmarse, sin pecar de injusticia o preocupación, que se han reducido al modestísimo papel de traductores y expositores, en general malos y atrasados, de lo que fuera de aquí estaba en boga. Siendo, pues, la heterodoxia española ruin y tristísima secuela de doctrinas e impulsos extraños, necesario es dar idea de los orígenes de la impiedad moderna, de la misma suerte que expusimos los antecedentes de la Reforma antes de hablar de los protestantes españoles del siglo XVI. La negación de la divinidad de Cristo es la grande y la capital herejía de los tiempos modernos; aplicación lógica del libro examen, proclamado por algunos de los corifeos de la Reforma, aunque ninguno de ellos calculó su alcance ni sus consecuencias ni se arrojó a negar la autoridad de la revelación. Las herejías parciales, aisladas, sobre tal o cual punto del dogma, las sutilezas dialécticas, las controversias de escuela, no son fruto de nuestra era. El que en los primeros siglos cristianos se apartaba de la doctrina de la Iglesia en la materia de Trinidad, o en la de encarnación, o en la de justificación, no por eso contradecía en los demás puntos el sentir ortodoxo, ni mucho menos negaba el carácter divino de la misma Iglesia y de su Fundador. Por el contrario, la herejía moderna es radical y absoluta; herejía solo en cuanto nace de la cristiandad; apostasía en cuanto sus sectarios reniegan de todos los dogmas cristianos, cuando no de los principios de la religión natural y de las verdades que por sí puede alcanzar el humano entendimiento. Esta es la impiedad moderna en sus diversos matices de ateísmo, deísmo, naturalismo, idealismo, etc.

La filiación de estas sectas se remonta mucho más allá del cristianismo, y al lado del cristianismo han vivido siempre más o menos oscurecidas, saliendo rara vez a la superficie antes del siglo XVII. Todos los yerros de la filosofía gentil, todas las aberraciones y delirios de la mente humana entregada a sus propias fuerzas, entibiadas y enflaquecidas por la pasión y la concupiscencia, tuvieron algunos, si bien rarísimos, sectarios aun en los siglos más oscuros de la Edad media. ¿Qué son sino indicios y como primeras vislumbres del positivismo o empirismo moderno las teorías de Roscelino y de otros nominalistas de la Edad media, menos audaces que su maestro? ¿No apunta el racionalismo teológico en Abelardo? Y esto antes de la introducción de los textos orientales y antes del influjo de árabes y judíos, inspiradores del panteísmo de Amaury de Chartres y David de Dinant, los cuales redujeron la alta doctrina emanantista de la *Fuente de la vida*, de Avicebron, a fórmulas ontológicas brutales y precisas, sacando de ellas hasta consecuencias sociales y dando a su filosofía carácter popular, por donde vino a ser eficacísimo auxiliar de la rebelión albigense. Pero, entre todos los pensadores de raza semítica importados a las escuelas cristianas, ninguno influyó tanto ni tan desastrosamente como Averroes, no solo por sus doctrinas propias del intelecto uno o de la razón impersonal y de la eternidad del mundo, sino por el apoyo que vino a prestar su nombre a la impiedad grosera y materialista de la corte de Federico II y de los últimos Hohenstaufen. La fórmula de esta escuela, primer vagido de la impiedad moderna, es el título de aquel fabuloso libro *De tribus impostoribus*, o el cuento de los tres anillos de Bachaco. Esta impiedad averroísta, que en España solo tuvo un adepto, muy oscuro, y que de la Universidad de París fue desarraigada, juntamente con el averroísmo metafísico y serio, por los gloriosos esfuerzos de santo Tomás y de toda la escuela dominicana, floreció libre y lozana en Italia, corroyendo las entrañas de aquella sociedad mucho más que el tan decantado paganismo del Renacimiento. El Petrarca, maestro de los humanistas, detestó y maldijo la barbarie de Averroes. Complaciéronse los artistas cristianos en pintarle oprimido y pisoteado por el ángel de las Escuelas; pero, así y todo, el comentador imperó triunfante, no en las aulas de Florencia, iluminadas por la luz platónica que volvían a encender Maesilla Fotino y los comensales del magnífico Lorenzo, sino en Bolonia y en Padua, foco de los estudios jurídicos, y en la mercantil y algo positivista Venecia.

Al mismo tiempo que con la Reforma, tuvo que lidiar la Iglesia en el siglo XVI contra los esfuerzos, todavía desligados e impotentes, de estas más radicales heterodoxias, que, por serlo tanto, no lograban prestigio en el ánimo de las muchedumbres y eran alimento de muy pocos y solitarios pensadores, odiados igualmente por católicos y protestantes. Fuera del averroísmo, que en las Universidades ya citadas tuvo cátedras hasta ya mediados del siglo XVII, y en Venecia impresores a su devoción, a pesar de lo largo y farragoso de aquellos comentarlos y del menosprecio creciente en que iban cayendo el estilo y las formas de la Edad media, lo que es en cuanto a las demás impiedades no se descubre rastro de escuela ni tradición alguna. Negó Pomponazzi la inmortalidad del alma porque no la encontraba en Aristóteles según su modo de entenderlo, ni menos en su comentador Alejandro de Afrodisia; condenó sus ideas el concilio Lateranense de 1512; impugnáronlas Agustín Nifo y otros muchos, y realmente tuvieron poco séquito cayendo muy luego en olvido; hasta tal punto, que solo muy tímidas y embozadas proposiciones materialistas y éstas en autores oscurísimos, pueden sacarse de la literatura italiana de los siglos XVI y XVII. Más dañosa fue la inmoralidad política de Maquiavelo, asada toda en el interés personal y en aquella inicua razón de Estado, sin Dios ni ley, que tantos desacuerdos y perfidias ha cubierto en el mundo. Los libros del secretario florentino fueron el catecismo de los políticos de aquella edad, y aunque sea cierto que Maquiavelo no ataca de frente y a cara descubierta el cristianismo, no lo es menos que en el fondo era, más que pagano, impío, no solo por aquella falsa idea suya de que la fe había enflaquecido y enervado el valor de los antiguos romanos y dado al traste con su imperio y con la grandeza italiana, sino por su abierta incredulidad en cuanto al derecho natural y al fundamento metafísico de la justicia; por donde venía a ser partidario de aquellas doctrinas que hicieron arrojar de Roma a Carnéades y progenitor de todas las escuelas utilitarias que desde Bentham, y antes de Bentham, han sido lógica consecuencia del abandono, de la negación o del extravío de la filosofía primera. Todo sistema sin metafísica está condenado a no tener moral. Vanas e infructuosas serán cuantas sutilezas se imaginen para fundar una ética y una política sin conceptos universales y necesarios de lo justo y de lo injusto, del derecho y del deber, ora lo intente Maquiavelo a fuerza de experiencia mundana y de observación de los hechos, ora pretenda sistematizarlo Littré en su grosera doctrina del egoísmo y del otroísmo.

Más alcance, más profundidad y vigor de fantasía demuestran las obras de Giordano Bruno, ingenio vivo y poético, enamorado del principio de la unidad y consustancialidad de los seres, antiguo sueño de la escuela de Elea. Sino que el panteísmo de Giordano Bruno, predecesor del de Schelling, no es meramente idealista y dialéctico, como el de los elatas, antes cobra fuerza y brío de su contacto con la tierra y del poderoso elemento naturalista que le informa. Por eso no concibe la esencia abstracta e inerte, sino en continuo movimiento y desarrollo de su ser, y pone en la casualidad el fondo de la existencia, y ve a Dios expreso y encarnado en las criaturas (*Deus in creaturis expressus*), que constituyen una vida única, de inmensa e inagotable realidad. Bruno ya no es cristiano; es del todo racionalista; y lo mismo puede afirmarse de Vanini, napolitano como él, pero que no pasó de averroísta y ateo vulgar, más célebre por la gracia de su estilo y por lo desastrado de su fin que por la novedad o trascendencia de sus ideas.

La misma Reforma contribuyó aunque indirectamente a desarrollar estas semillas impías. Muy pronto, y por virtud de la lógica innata en los pueblos del Mediodía, los italianos y españoles que abrazaron el protestantismo rompieron las cadenas de la ortodoxia reformada, arrojándose a nuevas y audaces especulaciones, especialmente sobre el dogma de la Trinidad, ora resucitando las olvidadas herejías arrianas y macedonianas y las de Paulo de Samosata y Fotino, ora discurriendo nuevos caminos de errar, que paraban ya en el panteísmo o pancristianismo de Miguel Servet, ya en el deísmo frío y abstracto de los sociniano de Siena. Nacida en Italia la secta de los socinianos, y difundida en Polonia, Hungría y Transilvania, llegó a ser poderosísimo auxiliar de los progresos de la filosofía anticristiana. El mismo Voltaire y todos los deístas del siglo XVIII lo reconocen.

En Italia y en España, la poderosa reacción católica, sostenida por tribunales como nuestra Inquisición, por reyes y pontífices como Felipe II, Paulo IV, Sixto V y por el grande y admirable desarrollo de las ciencias eclesiásticas en la segunda mitad del siglo XVI, evitó que estos gérmenes llegasen a granazón y redujo sus efectos al carácter de aberración y accidente, pero no así en Francia, donde el tumulto de las guerras religiosas, y el contagio nacido de la vecindad de los países protestantes, y la duda y desaliento que por efecto de la misma lucha se apoderó de muchos espíritus, Y quizá malas tradiciones y resabios del *esprit gaulois* del siglo XIV, tocado de incurable ligereza y aun de menosprecio de las cosas santas, bastaron a engendrar cierta literatura escéptica, grosera y burlona, cuyo más eximio representante es Rabel, y a la cual, más o menos, sirvieron Buenaventura Desperiers en el *Cymbalum mundi*, y hasta Enrique Estéfano, acusado y perseguido como ateo por los calvinistas de Ginebra, en su *Apología de Herodoto*. Con más seriedad, aunque no mucha, y con otra manera de escepticismo, no batalladora ni agresiva, sino plácida y epicúrea, como que cifraba su felicidad en dormir sobre la almohada de la duda, escribió Montagne sus famosos *Ensayos*, ricos de sentido práctico y de experiencia de las cosas de la vida, y donde hasta los lugares comunes de moral filosófica adquieren valor por la maliciosa ingenuidad y la gracia de estilo del autor, a quien siguió muy de cerca Charron en su libro *De la sagesse*. Ni uno ni otro eran tan escépticos como nuestro Sánchez; pero Sánchez era buen creyente, y dudaba solo del valor de la ciencia humana, mientras que Montagne, en son de defender a Raimundo Sabunde, socava los fundamentos y pruebas de la religión revelada y hasta de la natural. ¡Donosa defensa de la teología natural de Sabunde decir que sus argumentos son débiles, pero que no hay otros más fuertes y poderosos que demuestren las mismas verdades!

A los que en Francia seguían éste y otros modos análogos de pensar se los llamó en el siglo XVI lucianescas, por su semejanza con el satírico Luciano, mofador igualmente del paganismo y del cristianismo, y en el siglo XVII, libertinos, llegando a adquirir entre ellos cierta fama durante la menor edad de Luis XIII, el mediano poeta Teófilo de Viaud, sobre todo por las acres invectivas que contra él disparó el jesuita Garesse y por el duro castigo con que fueron reprimidas sus blasfemias. Otros nombres más ilustres han querido algunos afiliar a este partido, y entre ellos a La Motte Le Vayer, apologista de las virtudes de los paganos, y al bibliotecario Gabriel Naudé impugnador de los sobrenaturales efectos de la magia.

El esplendor católico y monárquico del reinado de Luis XIV oscurece y borra la tibia claridad de toda esta literatura desmandada y aventurera. Cuando hablaban Fenelón y Bossuet, cuando Pascal esbozaba su *Apología del cristianismo*, reducida hoy a la forma fragmentaria de *Pensamientos*, donde es de sentir que el tradicionalismo o estetismo místico tenga tanta parte, ¿qué habían de importar las estériles protestas de algunos refugiados en Holanda hijos del calvinismo, y que del calvinismo habían pasado a la impiedad, ni qué papel había de hacer el epicureísmo mundano y galante que se albergaba en los salones de Ninot de Lencos? Tan grande y poderoso era el espíritu católico de la época, que atajó por de pronto, hasta los efectos del cartesianismo y de la duda metódica y del psicologismo exclusivo que en él andaban envueltos. Y ni siquiera Espinosa, desarrollando por método geométrico el concepto cartesiano de la sustancia, en los dos modos de infinita extensión y pensamiento infinito, y formando el sistema panteísta más lógico y bien trabado de cuantos existen, bastó a abrir los ojos a tantos católicos como de buena fe cartesianizaban. Ni vieron que el hacer tabla rasa de cuanto se había especulado en el mundo y encerrarse en la estéril soledad de la propia conciencia, sin más puerta para pasar del orden, ideal al real que un sofisma de tránsito, era sentar las bases de toda doctrina racionalista y dejar en el aire los fundamentos de la certeza, y hacer la ontología imposible.

Con ser el cartesianismo filosofía tan mezquina, si es que el nombre de filosofía y no el de motín anárquico merece, aún encerraba demasiada dosis metafísica para que fuera grato al paladar de los pensadores del siglo XVIII. Ni pudo elevarse ninguno de ellos a la amplia concepción de la *Ética* de Espinosa, ni entendieron tal libro, ni le leyeron apenas, y, si hicieron sonar el nombre del judío de Ámsterdam como nombre de batalla, fue porque le consideraban como ateo vulgar, semejante a ellos, y por el *Tratado teológico-político*, del cual solo vieron que impugnaba el profetismo y los milagros y la divina inspiración de los libros de la Escritura.

Mucho más que Espinosa les dio armas Pedro Bayle con su famoso *Diccionario*, enorme *congéries* de toda la erudición menuda amontonada por dos siglos de incesante labor filológica; repertorio de extrañas curiosidades, aguzadas por el ingenio cáustico, vagabundo y maleante del autor, enamorado no de la verdad, sino del trabajo que cuesta buscarla, y amigo de amontonar nubes, contradicciones, paradojas y semillas de duda sobre todo en materias históricas.

Diferente camino habían llevado las cosas en Inglaterra, reciamente trabajada por la discordia de las sectas protestantes. Allí había nacido una filosofía que con no ser indígena, porque, en su esencia, ninguna filosofía lo es, se ajustó maravillosamente al carácter práctico, positivo, experimental y antimetafísico de la raza que en el siglo XIV había producido un tan gran nominalista como Guillermo Occam. Esa filosofía empírica es la del canciller Bacon, despreciador de toda especulación acerca de los universales y de toda filosofía primera, y atento solo a la clasificación de las ciencias y al método inductivo, cuyos cánones había formulado antes que él nuestro Vives, pero sin exagerar el procedimiento, ni hacerle exclusivo, ni soñar en que Aristóteles no lo había conocido y practicado, ni reducir la ciencia a la filosofía natural, y ésta descabezada. Consecuencias lógicas de tal dirección y manera de filosofar son el materialismo fatalista de Hobbes, que con crudeza implacable lo aplicó a los hechos sociales, deduciendo de su contemplación empírica la apología del gobierno despótico y de la ley del más fuerte; el sensualismo de Locke, con aquella su hipócrita duda de si Dios pudo dar intelección a la materia por alguna propiedad desconocida; y los ataques, al principio embozados y luego directos, que contra el dogma cristiano empezaron a dirigir Toland, Collins, Shaftesbury, Bolingbroke y muchos otros deístas, naturalistas y optimistas, en cuyos libros se apacentó un joven francés educado en la corrupción intelectual y moral de la Regencia, riquísimo en gracias de estilo y hábil para asimilarse el saber ajeno y darle nueva y agradable forma. Hemos llegado a Voltaire.

De Voltaire trazó el más admirable retrato José de Maistre en dos elocuentísimas páginas de sus *Noches de San Petersburgo*. Nunca el genio de la diatriba y el poder áspero y desollador del estilo han llegado más allá. Solo el vidente y puritano Carlyle, en cierto pasaje de su *History of the french revolution*, ha acertado a decir de Voltaire algo, si menos elocuente, aún más terrible y amargo.

Voltaire es más que un hombre; es una legión; y, a la larga, aunque sus obras, ya envejecidas, llegaron a caer en olvido, él seguiría viviendo en la memoria de las gentes como símbolo y encarnación del espíritu del mal en el mundo. Entendimiento mediano, reñido con la metafísica y con toda abstracción; incapaz de enlazar ideas o de tejer sistemas, ha dado su nombre, sin embargo, a cierta depravación y dolencia del espíritu, cien veces más dañosa a la verdad que la contradicción abierta. ¿Quién sabe a punto fijo lo que Voltaire pensaba en materias especulativas? Tómense aquellos libros suyos que más se parecen a la filosofía: el *Tratado de metafísica*, así llamado por irrisión; el opúsculo que se rotula *Il faut prendre un parti, ou le principe d'action*, y, a vueltas de la increíble ligereza con que están escritos, solo se hallará en el fondo de todo cierto superficial y vulgarísimo deísmo.

Voltaire nunca fue ateo; quizá le libró de ello su admiración al Dios de Newton; pero ¡cuán pobre y mezquinamente razona esta creencia suya! ¡Por cuán triviales motivos se inclinaba a admitir la inmortalidad del alma! De sus obras no puede sacarse filosofía ni sistema alguno; habla de Descartes, de Leibnitz, de Malebranche, sin entender lo mismo que impugna, y rebaja y empequeñece el sensualismo de Locke al aceptarle. Voltaire no pesa ni vale en la historia sino por su diabólico poder de demolición y por la maravillosa gracia de su estilo, que, así y todo, y en medio de su limpieza, amenidad y tersura, carece en absoluto de seriedad y de verdadera elocuencia. Puso la historia en solfa, como vulgarmente se dice, considerándola como ciego mecanismo, en que de pequeñas causas nacen grandes efectos; materia de risa y de *facecias* inagotables, en que lo divino y lo humano quedan igualmente malparados. ¡Y qué exégesis bíblica la suya, digna no de Espinosa, ni de Eichornn, ni de la escuela de Tubinga, sino de cualquier lupanar, taberna o cuerpo de guardia! Ese hombre ignoraba el hebreo y el griego, y pretendía impugnar la autenticidad de los sagrados textos, tan cerrados para él como el libro de los siete sellos. Se creía poeta, y no percibía ni un átomo de la belleza de las Escrituras y tenía valor para enmascarar en ridículas y groseras parodias las sublimes visiones de *Ezequiel*, el *Libro de Job* y los enamorados suspiros de la Sulamita. Parece como que Dios, en castigo, le hirió de radical impotencia para toda poesía noble y alta. Ni la comprendía, ni acertaba a producirla, ni sabía de más arte que del convencional, académico y de salón. ¡Tales tragedias frías y soporíferas hizo él! ¿Ni qué sentido hondo y verdadero de la hermosura había de tener el hombre para quien Isaías era fanático extravagante y Shakespeare salvaje beodo?

Dios había enriquecido, no obstante, aquella alma, con ciertas dotes soberanas, todas las cuales él torció y pervirtió. De su estilo ya queda indicado que es la transparencia misma, y debe añadirse que en manos suyas es como blanda cera, apta para recibir cualquiera forma. Escribió de todo, y con extraordinaria falta de ciencia y de sosiego, pero siempre con elegancia, facilidad y agrado. Dio extensión a la lengua francesa y le quitó profundidad, aparte de haberla arrastrado por los suelos y prostituido indignamente. Tenía todas las malas cualidades de su nación y de su raza, y, sobre todas, el espíritu liviano y burlador que atropella por lo más sagrado a trueque de lograr un chiste. Así manchó de torpe lodo la figura más virginal e inmaculada de la historia de Francia.

Leído hoy Voltaire, no provoca la risa inagotable que en sus contemporáneos excitaba, ni tampoco el terror que en nuestros católicos abuelos producía su nombre. Mueve a indignación unas veces, otras a lástima. No eran mejores la mayor parte de los hombres del siglo XVIII, pero ninguno tenía el talento de escritor que él y ninguno hizo tanto daño. En aquella espantosa saturnal que se inicia con la Regencia y acaba con la revolución, su voz se levanta sobre todas, y se oye de un cabo a otro de Europa, contribuyendo a ello la universal difusión de la lengua francesa, lo rápido y animado de aquellos *pamphlets* anticristianos, la mezcla de burlas y veras y de reclamaciones contra verdaderos abusos sociales, jurídicos y económicos, la aparente claridad de un espíritu móvil e inquieto, que, con no llegar jamás al fondo de las cosas, halagaba la pereza intelectual y el desvío de la atención seria y fecunda, y, finalmente, todos los instintos carnales, groseros y materialistas, invocados por la nueva filosofía como auxiliares útiles y razones de peso. Así logró Voltaire su hegemonía, de que no hay otro ejemplo en el mundo. Así se jactó de haber echo en su siglo más que Lutero y Calvino. ¿Qué teatro de Europa hubo, desde Madrid a San Petersburgo, donde no se representasen sus tragedias, en que la monotonía y falsedad del género están avivadas por dardos más o menos directos contra el ministerio sacerdotal y el fanatismo, que él personifica en sacerdotes griegos, o en mandarines chinos, o en el falso profeta Mahoma, o en los conquistadores de América, no atreviéndose a herir de frente al objeto de sus perennes rencores? ¿Hubo apartada región adonde no llegasen el *Diccionario filosófico* y el *Ensayo sobre las costumbres*? ¿Qué dama elegante u hombre de mundo dejaron de leer sus malignos y saladísimos cuentos, el *Cándido* y el *Micromegas* (tan inferiores, con todo eso, en profundidad y amargura a las tristes y misantrópicas invenciones de Swift), obras que, en son de censurar el optimismo leibniziano y el antiguo sistema del mundo, destilan la más corrosiva, despiadada y sacrílega burla de la providencia, de la libertad humana y de todos los anhelos y grandezas del espíritu? No llamemos a Voltaire pesimista, ni hagamos a Leopardi, a Schopenhauer y a Hartmann la afrenta de compararlos con este simio de la filosofía, incapaz de sentir tan altos dolores, ni de elevarse a las metafísicas de la desesperación, de la muerte, del aniquilamiento o nirvana, y de la voluntad fatal e inconsciente. No cabían tales ideas en la cabeza de aquel epicúreo práctico, cortesano y parásito de reyes, de ministros y de favoritas reales. Su filosofía era la que expuso en los versos del *Mundano*: Júpiter, al crearnos, hizo un chiste muy frío y sin gracia; pero ¿cómo remediarlo? Después de todo, ¡qué gran edad es esta de hierro! Lejos de pensar en revoluciones ni soñar con la libertad de los pueblos, el patriarca de Ferney se enriquecía con pensiones, donaciones y mercedes, viniesen de donde vinieran, y hasta con el tráfico de negros. El carácter bajo y ruin del hombre está al nivel de la sublimidad del pensador. Envidió a Montesquieu; persiguió y delató a Rousseau; destrozó indignamente la *Mérope*, de Maffei, después de haberla plagiado; calumnió sin pudor a sus adversarios y a sus amigos; mintió sin cesar y a sabiendas; escribió de Federico el Grande horrores dignos de Suetonio después de haberse arrastrado como vil lacayo por las antesalas de Postdam; y, finalmente, para dar buen ejemplo a sus colonos, solía comulgar en la iglesia de Ferney. ¿Qué cosa humana o divina hubo que no manchase con su aliento?

Pero Voltaire, entregado a sus propias fuerzas no hubiera llegado al cabo de su empresa de anticristo sin el concurso voluntario o ciego de todas las fuerzas de su siglo, el más perverso y amotinado contra Dios que hay en la historia. Reyes, príncipes, magnates y nobles, como poseídos de aquella ceguera, présaga de ruina, que los dioses paganos mandaban sobre aquellos a quienes querían dementar, pusieron el hacha al pie del árbol y hasta dieron los primeros golpes. En Prusia, Federico II; en Rusia, Catalina; en Austria, José II; en Portugal, Pombal, en Castilla, los ministros de Carlos III, se convirtieron en heraldos o en despóticos ejecutores de la revolución impía y la llevaron a término a mano real y contra la voluntad de los pueblos. Las clases privilegiadas se contagiaron dondequiera de volterianismo, mezclado con cierta filantropía sensible y empalagosa, que venía de otras fuentes y que acaba de imprimir carácter al siglo.

En medio de aquella orgía intelectual, casi es mérito de Montesquieu haber dado a sus teorías políticas cierta moderación relativa, cierto sabor práctico e histórico a la inglesa, aunque resbaló en la teoría fatalista de los climas aplicada a la legislacin y bien a las claras mostró su indiferencia religiosa en todo el proceso del libro.

Pero no fue éste el código de los políticos de la edad subsiguiente, sino la cerrada y sistemática utopía del *Contrato social*, que erigió en dogma la tiranía del Estado, muerte de todo individualismo, con ser el autor del *Contrato* muy individualista a su modo y aun apologista de la vida salvaje y denigrador de la civilizada. La vida de Rousseau, que él cuenta a la larga y con cínicas menudencias en sus *Confesiones*, es, de igual suerte que sus escritos, un tejido de antinomias. En filosofía era algo más espiritualista que lo que consentía la moda del tiempo, y en religión no se detenía tampoco en el deísmo abstracto, sino que llegaba a cierta manera de cristianismo antitrinitario, laico y sociniano. Tal es, a lo menos, la doctrina que parece sacarse en limpio de su *Confesión del vicario saboyano* y de las *Cartas de la montaña*. En política era demócrata, y no por más altos motivos que por haber nacido en condición plebeya y humilde, que él llegó a realzar con el entendimiento, nunca con el carácter, y por mirar de reojo toda distinción y privilegio juzgarse humillado en aquella sociedad, que, sin embargo, le recibió con los brazos abiertos y no se cansó de aplaudir sus paradojas sobre la desigualdad de las condiciones y el influjo de las ciencias y de las artes en la corrupción de los pueblos. Dióse a moralizar el mundo en nombre de la sensibilidad, palabra de moda en el siglo XVIII, y que en su vaga y elástica significación cubría extraña mezcla de sofismas, de lugares comunes y de instintos carnales. Copiosas lágrimas vertieron las damas de aquella época con la lectura de *Julia*, o la nueva *Eloísa*, novela en cartas, que hoy nos hace dormitar despiertos, y no porque el estilo deje de tener extraordinaria riqueza de frases y calor y movimiento en ocasiones, sino porque casi todo es allá falso y convencional y más veces retórico que elocuente; de tal modo, que ni la pasión es pasión ni el mismo apetito se desata franco y descubierto, sino velado con mil cendales y repulgos de dicción o desleído en pedantescas disertaciones, con acompañamiento de moral práctica y hasta de higiene.

Defectos parecidos, y aun mayores, tiene su *Emilio*, especie de novela pedagógica, en que todo es ficticio y calculado, todo se reduce a mezquinas sorpresas y pueriles disfraces; lo más contrario que puede haber a una educación sana, generosa y amplia, en que armónicamente se desarrollan todas las facultades humanas, sin miedo al Sol, a la luz ni a la vida. Pero ¡qué idea tenía de esto Rousseau, que no da noción alguna religiosa a su alumno hasta que pasa de los umbrales de la juventud! ¡Y qué ausencia de sentido estético y de delicadeza moral, qué grosería de dómine en la manera de contar y dirigir los amores de Emilio y Sofía!

No obstante, el libro entusiasmó sobre todo a las mujeres, que en gran parte labraron la reputación del filósofo de Ginebra. Muchas damas de alta prosapia se dieron a lactar ellas mismas a sus hijos solo porque en el *Emilio* se recomendaba esta obligación natural. Las gentes que no querían pasar por materialistas y groseras entraron en la comunión del *Vicario saboyano*. Apareció el tipo del hombre sensible, amante de la soledad y de los campos. Menudearon los idilios pedagógicos, y todo fue panfilismo, todo deliquios de amor social. Y vino, como en todas las épocas de decadencia, una verdadera inundación de poesías descriptivas y de meditaciones morales; especie de reacción y contrapeso a la literatura obscena y soez que manchó y afrentó aquel siglo, desde los cuentos de Crebillon, hijo, y los *Bijoux indiscrets*, de Diderot hasta el *Faublas*, de Louvet, o las *Memorias* de Casanova, obras las más ferozmente inmundas que ha abortado el demonio de la lujuria.

No hubo siglo que más tuviera: en boca el nombre de filosofía, ni otro más ayuno de ella. Desde los cartesianos hasta Condillac, el descenso es espantoso. Voltaire había traído de Inglaterra puesto en moda el *Ensayo sobre el entendimiento humano* de Locke, en medio de su empirismo, aún parecía demasiado metafísico, y lo es ciertamente si se le compara con sus discípulos franceses. Para éstos fue axioma indiscutible que pensar es sentir. Condillac definió el pensamiento sensación transformada. Aún cabía descender más, y Helvecio, en sus indigestos libros de *El hombre* y de *El espíritu*, que entonces se leyeron mucho por haber sido prohibidos, los redujo todo a sensaciones físicas, y puso en el placer material el móvil y germen de todas las acciones heroicas y virtuosas. Destutt-Tracy, cuyos trabajos de gramática general conservan cierto valor, declaró que la ideología era parte de la zoología. El médico Cabanis que en sus *Investigaciones sobre lo físico y lo moral del hombre* esparció tantas curiosas y sagaces observaciones, no solo físicas, sino psicológicas, opinó que «el cerebro segregaba el pensamiento como el hígado la bilis». Todo esto, repito, se llamaba filosofía, y también *El hombre máquina*, de La Mettrie, cuyo solo título indica fatalismo o anulación de la ley moral, pero que, así y todo, no da idea de las increíbles extravagancias de aquel gárrulo cirujano, verbigracia, del poder que atribuye a la buena digestión en las obras de la virtud y del arte. Ni las bestias, si Dios les concediese por un momento la facultad de filosofar, habían de hacerlo tan rastreramente como los comensales de Federico II o del barón de Holbach. La tertulia de este prócer alemán establecido en París fue el primer club de ateísmo, y de allá salieron tan perversos engendros como el *Sistema de la naturaleza*, donde se enseña en estilo de cocina la creación del mundo por el concurso fortuito de los átomos; el *Código de la naturaleza* y la *Moral universal*, moral digna de tal cosmología, y tantos otros catecismos de ramplona incredulidad, que en su tiempo fueron horror de las gentes piadosas y escándalo de los débiles, y que hoy yacen empolvados, como armas envejecidas y mohosas, en los montones de libros de lance.

No a todos, ni a los materialistas mismos, satisfacía tan bajo modo de considerar al hombre y la naturaleza. Y más que nadie se impacientaba con las explicaciones de Holbach y Helvecio el famoso Diderot, cuyo nombre están hoy resucitando y ponderando los evolucionistas y darwinistas, porque no hay duda que los precedió en la doctrina de la transformación de las especies, siguiéndole en esto el naturalista Lamarck. Era Diderot ingenio vivo, y de gran rapidez de comprensión y movilidad de impresiones, admirable y poderoso en la conversación, improvisador eterno, sin perfección ni sosiego en nada.

Sembró los gérmenes de muchas cosas, casi todas malas (exceptuando sus doctrinas sobre el teatro, que él no supo desarrollar, aplicó de un modo prosaico y bourgeois, pero que luego fueron base de la *Dramaturgia*, de Lessing), pero no llevó a cumplido acabamiento cosa alguna. Sus mejores escritos, v. gr., el diálogo que tituló *Le Neveu de Rameau*, son un verdadero *bric-à-brac*, donde todas las ideas se mezclan y confunden como en el tumulto y agitación de las pláticas de sobremesa. Diderot fue en su siglo lo que hoy diríamos un periodista. De él viven más el nombre y la triste influencia que las obras. Unido con el eximio matemático D'Alembert, y poseídos uno y otro de la manía generalizadora propia de la época, emprendieron reducir a inventario y registro la suma de los conocimientos humanos en aquella famosa Enciclopedia, hoy de nadie consultada y memorable solo a título de fecha histórica. Algunos artículos de arte o de crítica literaria aún pueden leerse con agrado, y es en su línea trozo notable el *Discurso preliminar*, de D'Alembert, que ordena y clasifica las ciencias conforme al método de Bacon, y hace breve historia de sus progresos con relativa templanza y aun timidez de juicio, con académica elegancia de frase y con infinitas omisiones y errores de detalle. Todo lo demás de la Enciclopedia yace en el olvido y no se levantará. Para su siglo fue máquina de guerra y legión anticristiana, en que todos sus enemigos, directos o solapados, se conjuraron y unieron sus fuerzas.

No solo a Francia, no solo a los países latinos, Italia y España, se extendió el contagio. La misma Inglaterra, que había dado el primer impulso, se convirtió en humilde discípula de la impiedad francesa, y le dio discípulos que valían más que los maestros. Así el escéptico David Hume, cuya filosofía tiene mucha semejanza con lo que llaman ahora neokantismo, y el historiador Gibbon, ejemplo raro de erudición en un siglo frívolo. ¡Lástima que quien tanto conoció los pormenores no penetrase nunca el alto y verdadero sentido de la historia y que, adorador ciego de la fuerza bruta y de la monstruosa opulencia y del inmenso organismo del imperio romano, solo tuviera para el cristianismo palabras de desdén, sequedad y mofa!

En países británicos también, sobre todo en Escocia, había nacido y fructificado por el mismo tiempo cierto linaje de estudios, que Adam Smith apellidó Ciencia de la riqueza, y que los modernos, aprovechando nombres de la terminología aristotélica, han llamado ora crematística, ora economía política. Desarrollada en siglo incrédulo y sensualista, esta nueva disciplina salió contagiada de espíritu utilitario y bajamente práctico, como que aspiraba a ser ciencia independiente y no rama y consecuencia de la moral. En las naciones latinas fue además, muy desde sus comienzos, poderoso auxiliar de la revolución impía y ariete formidable contra la propiedad de la Iglesia.

Filósofos por un lado, aunque los llamemos así por antífrasis, y fisiócratas y economistas por otro, fueron acumulando los combustibles del grande incendio, y como todo les favorecía, y como el estado social era deplorable, faltando fe y virtud en los grandes y, sosegada obediencia en los pequeños; como la fuerza y autoridad moral de la Iglesia, única que hubiera podido resistir al contagio, iban viniendo a menos por la creciente invasión escéptica y por el abandono y ceguedad de muchos católicos, y hasta príncipes de la Iglesia, que por diversos modos la favorecían y amparaban; como de la antigua monarquía francesa habían huido las grandes ideas y los nobles sentimientos, y solo quedaban en pie los hechos tiránicos y abusivos; como la perversión moral había relajado todo carácter y marchitado la voluntad en los poderosos, infundiendo al mismo tiempo en las masas todo linaje de odios, envidias y feroces concupiscencias, la revolución tenía que venir, y vino tan fanática y demoledora como ninguna otra en memoria de hombres.

Cuando la fe se pierde, ¿qué es el mundo sino arena de insaciados rencores o presa vil de audaces y ambiciosos, en que viene a cumplirse la vieja sentencia: Homo homini lupus? En aquella revolución hubo de todo: ideas económicas y planes de reforma social al principio, cuando gobernaban Necker y Turgot; después, tentativas constitucionales a la inglesa; luego, utopías democráticas y planes de república espartana; y, a la postre, nivelación general, horrenda tiranía del Estado, o, más bien, de una gavilla de facinerosos que usurpaban ese nombre. Verdadera deshonra de la especie humana, que condujo, por término de todo, al despotismo militar, al cesarismo individualista y pagano, a la apoteosis de un hombre que movía masas de conscriptos como rebaños de esclavos. ¡Digno término de la libertad sin Dios ni ley, apuntalada con cadalsos y envuelta en nubes de gárrula retórica!

Entretanto, la Iglesia parecía haber vuelto a los días del imperio romano y de las catacumbas. Y, con todo, aquellas persecución franca, sanguinaria y brutal; la *Constitución civil del clero*; las proscripciones y degüellos en masa; el culto de la diosa Razón; la fiesta del Ser Supremo y la sensiblería rusoniana de Robespierre; el deísmo bucólico y humanitario de los teofilántropos..., todo esto era mejor y menos temible que la guerra hipócrita y solapada de los católicos y cristianísimos monarcas del siglo XVIII, y todo ello contribuía a inflamar de nuevo o a enardecer, cuando ya existía, el sentimiento religioso en muchas almas, produciendo maravillas de tan épico carácter como la resistencia de la Vendée. Bien conocía este poder de las ideas cristianas y tradicionales el mismo uomo fatale que vino a recoger y difundir la herencia de la revolución. Y por eso no se descuidó en los primeros años de su mando, cuando todavía no le desanimaban y dementaban la ambición y la soberbia, en traer cierta manera de restauración católica en Francia, dando así firmísimo fundamento a su improvisado dominio, que se deshizo como estatua de barro apenas el omnipotente césar rompió el valladar de lo humano y lo divino, y atribuyó a la Iglesia en la persona de su venerando Pastor, y lanzó por el mundo sus feroces hordas a la cruzada atea, santificación del derecho materialista de la fuerza. Toda acción trae forzosamente la reacción contraria. Las guerras napoleónicas produjeron un desertar de todas las conciencias nacionales desde el seno gaditano hasta las selvas de Germania. Y, derribado el coloso, siguió la reacción antifrancesa su camino, extendiéndose a la religión y a la filosofía, pero no siempre con sentido católico, ni aun cristiano, sino limitándose a poner el espiritualismo contra el materialismo.

En Francia, el menoscabo y ruina de los estudios serios había sido tal, que los mismos apologistas se resintieron de él en gran manera; no solo Chateaubriand, con un catolicismo estético y de buen tono, tan mezclado de liga sentimental y aun sensual, sino el mismo José de Maistre, escritor poderosísimo entre los más elocuentes de su siglo, impugnador vigoroso y contundente del error, pero débil en la exposición de su propia filosofía, como quien tiene tendencia o impulsos más bien que ideas claras y definidas; admirable cuando destroza a Bacon, a Locke y a Voltaire, y en ellos el espíritu del siglo XVIII, pero no tan admirable ni tan original en sus consideraciones sobre la revolución francesa o en las teorías de la expiación, calcadas sobre las del teósofo Saint-Martin. La escuela tradicionalista, que en su tiempo hizo buenos servicios a la Iglesia, y cuyo más eximio representante fue Bonald, nació con resabios de sensualismo, y erigió en dogma la impotencia de la razón y el propagarse mecánico de las ideas por medio de la palabra. La tradición divina o humana fue para Bonald el principio de los conocimientos. El consentimiento común fue para Lamennais el criterio de la verdad.

Con todo eso, el sensualismo iba perdiendo terreno aun entre los hijos y herederos de las doctrinas del siglo XVIII, que cada día eran modificadas y atenuadas en sentido espiritualista. Así el sentimentalismo de Laromiguière sirvió de puente entre las antiguas escuelas empíricas y la experimentación psicológica al modo escocés, de que fue importador Royer-Collard, insigne entre los campeones del doctrinarismo político. Este cambio de las ideas es visible en Maine de Biran, pensador enérgico y solitario, que desde el materialismo de su primera memoria sobre el hábito llegó no solo a la concepción espiritualista, sino al endiosamiento de la voluntad entre todas las facultades humanas; pero de la voluntad libre, individual y responsable no de la voluntad ciega, fatal e inconsciente que invocan los pesimistas modernos. Al mismo tiempo, y no sin influjo del eclecticismo político desarrollado al calor de la primera restauración, eran juzgadas con mayor templanza y equidad, y no con la irreverente mofa de otros tiempos, las doctrinas religiosas, lo cual es de notar hasta en el pobrísimo libro de Benjamín Constant acerca de ellas. Hasta los utopistas sociales, v. gr., los sansimonianos, mostraban aspiraciones teológicas, y comenzaron a levantar la cabeza ciertas enseñanzas de cristianismo progresivo, social y humanitario, monstruosa confusión de lo terreno y lo divino. Así y prescindiendo de Buchez, veíase sin sorpresa el neocartesiano y neoplatónico Bordas Demoulin introducir como elemento capital en su filosofía mucho más ontológica que la de Descartes, la doctrina del pecado original y de la encarnación. La misma filosofía oficial de Víctor Cousin y sus adeptas, aunque poco ortodoxa en la sustancia y empeñada en continuas peleas con los defensores católicos de la libertad de enseñanza, mostraba exteriormente mucho respeto al dogma y grande horror, junto con menosprecio, al grosero ateísmo de la Enciclopedia. Hasta los eclécticos que con más franqueza confesaban haber perdido la fe, v. gr., Jouffroy, se lamentaban amargamente de ellos, como de una enfermedad tristísima de su corazón y de su mente.

Había, pues, en la atmósfera intelectual de Francia muchos gérmenes le reacción cristiana; pero no cayeron en buena tierra ni en buena sazón, y los más de ellos se perdieron por culpa, en gran parte, de ese mismo eclecticismo incoherente y vago, cuando, no enfermizo, medio escocés y medio alemán, que no puso de suyo más que la retórica y la erudición, ahogando pocas y no bien aprendidas ideas en un mar de palabras elegantes y de discretas aproximaciones.

Eran tiempos en que el cetro intelectual había pasado a Alemania, teatro de extraordinaria revolución filosófica, y de allá venían en desaseada y mal compuesta vestidura escolástica los contradictorios sistemas que con brillantez francesa e imperfecta amalgama se difundían desde las cátedras de la Sorbona. ¿Para qué detenernos en tejer una historia que, a lo menos en sus líneas esenciales, nadie ignora? Cuando, a fines del siglo XVIII, la escuela wolfiana, mezquino residuo de la de Leibnitz, resistía a duras penas, desde los sitiales universitarios y académicos, el embate de los vientos sensualistas de Francia y del hondo escepticismo de David Hume, se levantó Manuel Kant a dar nueva dirección a la filosofía, sembrando los elementos de todas las construcciones que han lanzado después. Su originalidad es toda de pensador crítico, y estriba en el análisis de nuestras facultades de conocer, el cual análisis kantiano, reduciendo el conocimiento al fenómeno o apariencia sensible y declarando impenetrables los *noúmenos*, sirve de broquel a los positivistas, y, por otra parte, reduciendo las primeras nociones a formas subjetivas, abre la puerta al más desenfrenado idealismo. Este vino primero, y el otro después, sin que los efectos de la *Crítica de la razón pura* pudiera atajarlos Kant con la *Crítica de la razón práctica*, ni con su imperativo categórico, fundamento que quiere dar a la ética; ni con sus postulados de existencia de Dios, inmortalidad del alma y libertad moral, cosas inadmisibles todas en un sistema fenoménico y medio escéptico que no responde del valor objetivo y sustancial de nada, ni siquiera del carácter necesario y universal de las leyes del pensamiento. Quien admita que Kant, en la discusión del problema crítico, invalidó los antiguos fundamentos de la certeza y que son verdaderos paralogismos los que él dio por tales, ha de tener forzosamente por anticipaciones no razonadas el imperativo y los postulados de la razón práctica. El error, lo mismo que la verdad, tiene su lógica, y por eso queda en pie la primera parte de la obra de Kant aun después que idealistas y positivistas han consentido en prescindir de la segunda.

La crítica kantiana está en el fondo de la *Doctrina de la ciencia* de Fichte, que no tuvo más que exagerar la teoría de las formas subjetivas para venir al más absoluto panteísmo egoísta o egolátrico; y yace también, como *substratum*, en el sistema de la identidad de Schelling, el más elegante y artista, o quizá el único artista entre los filósofos germánicos, cuya originalidad consiste, sobre todo, en la importancia que dio a la naturaleza como una de las manifestaciones de lo absoluto; sistema que viene a ser una viva y poética teosofía.

Hoy Schelling está olvidado y es moda tratarle como a un retórico; y el racionalismo, que con tanta facilidad ensalza ídolos como los abate, está condenando a igual desdeñoso olvido la ciencia de Hegel, entendimiento de los más altos y vigorosos que desde Aristóteles acá han pasado sobre la tierra. Pero, si de Hegel no vive la doctrina fundamental, viven todas las consecuencias, y los que más reniegan de su abolengo son tributarios suyos en filosofía natural, en estética, en filosofía de la historia y en derecho. No hay parte del saber humano donde Hegel no imprimiera su garra de león. Todo lo que ha venido después es raquítico y miserable comparado con aquella arquitectura ciclópea. ¿Qué hacen hoy evolucionistas y transformistas, Herbert Spencer pongo por caso, sino materializar el proceso dialéctico? Parece imposible que en menos de treinta años se hayan disipado aquellas grandezas intelectuales; la soberana abstracción del ser y el conocer, la lógica y la metafísica, lo racional y lo real, se reducían a suprema unidad, desarrollándose luego en áurea cadena y variedad fecundísima, siempre por modo trilógico, sin que un solo anillo de la naturaleza ni del espíritu quedase fuera de la red. ¡Ejemplo singular y maravillosa enseñanza, que muestra cuán rápidamente mueren o se suicidan los errores, y tanto más en breve cuanto más orgullosa y titánica es su contradicción con ese modesto criterio de verdad que llaman *common sense* los psicólogos escoceses!

¡Cuán triste es hoy el estado de la filosofía disidente! El ciclo abierto por Kant se cierra ahora, como en tiempo de los enciclopedistas se cerró el ciclo abierto por Descartes. Grande es la analogía entre uno y otro, y bien puede decirse que la rueda está hoy en el mismo punto que en 1789. ¡Tanto afanar para caer tan bajo! ¡Tanta descarriada peregrinación por el mundo del espíritu, tanto fabricar ciudades ideales, tanto endiosamente del yo humano, tantas epopeyas de la idea, tanta orgía ontológica y psicológica, para volver, por corona de todo, al sistema de la naturaleza y al hombre máquina! ¡Qué amargo desengaño!

Lo que en los primeros cincuenta años del siglo XIX parecía manjar plebeyo y tabernario, reservado a los ínfimos servidores de la ciencia experimental, es hoy la última palabra del entendimiento humano. Una oleada positivista, materialista y utilitaria lo invade todo, y el cetro de la filosofía no está ya en Alemania ni en Francia, sino que ha pasado a la raza práctica y experimental por excelencia, a los ingleses, y de ellos pasará y está pasando ya, a sus hijos los yankees, que harán la ciencia aún más carnal, grosera y mecánica que sus padres.

El progreso estupendo de las ciencias naturales y de la industria, ciega y ensoberbece a muchos de sus cultivadores, que, ayunos de toda teología y metafísica, quieren destruir estas ciencias o niegan en redondo hasta la posibilidad de su existencia. Muchos naturalistas, los *enfants terribles* de la escuela, v. gr., Moleschott y Büchner, profesan un materialismo vulgar y a la antigua, al modo de Cabanis y de La Mettrie, sin mezcla ni liga metafísica de ningún género. Darwin es también simple naturalista, pero sus doctrinas de la selección natural y del origen de las especies sirven de base a un sistema de filosofía natural en la *Antropogenia*, de Haeckel, y a una biología y sociología en Herbert Spencer. Ciertos positivistas ingleses, especialmente de los que escribieron hace algunos años, son del todo ajenos a estas especulaciones, y se reducen al papel de lógicos prudentes, de moralistas utilitarios y de observadores sagaces de los fenómenos; así Stuart Mill, y antes que él su padre, los cuales, en general, no admitían otro nombre que el de filósofos de la asociación de ideas y de la inducción. Del positivismo francés, cuya primera fase está representada por Augusto Compte, queda la parte negativa y el método experimental como único; pero Littré y los demás discípulos serios de Compte han rechazado unánimemente los sueños teológicos y sociales del maestro y su catecismo, ceremonias y ritos de una religión sin Dios. Casi tan risible como este culto son las tentativas de metafísica positivista que cada día vemos aparecer, como si el positivismo no implicase, a la vez la negación de lo sobrenatural y de lo absoluto, que llaman incognoscible, la de toda filosofía y de cuantas especulaciones no se concreten al hecho o fenómeno. Esa pretendida metafísica comienza a llamarse monismo.

Entre el estrépito y clamoreo que hoy sale de los laboratorios y anfiteatros, negándolo todo, hasta la idea de causa, apenas se deja oír la voz de otros escritores heterodoxos más elegantes y cultos y de mejor tono, v. gr., Taine, Vacherot, Renán..., los que en Francia llaman pensadores críticos. Verdad es que ni ellos mismos dicen a punto fijo lo que piensan, y en ellos, como antes en los eclécticos, la lúcida facilidad de la exposición oculta lo inseguro y vacilante de la idea. Taine es casi positivista, y solo se aparta de Stuart Mill y de los lógicos ingleses en la importancia que da a la abstracción. Vacherot y Renán reducen a Dios a la categoría de lo ideal; pero Renán, notable orientalista y escritor elegante y deleitoso, aunque algo relamido, tipo y dechado de retórica y de estilo académico, lleno de timideces y salvedades, no debe su triste fama a la filosofía, sino a haber sido intérprete y vulgarizador en Francia, y por Francia en todos los países latinos, de la moderna exégesis racionalista sepultada en los indigestos volúmenes de la escuela de Tubinga. Pocos han tenido valor para leer la *Vida de Jesús*, de Strauss; en cambio, todos han leído los *Orígenes del cristianismo*, logrando el autor fama extraordinaria y nada envidiable de anticristo, a despecho de la fingida moderación y del hipócrita misticismo en que envuelve sus blasfemias.

La falsa ciencia anda hoy casi tan insurrecta contra Dios como en el siglo XVIII. No hay descubrimiento, teoría ni hipótesis de las ciencias geológicas y antropológicas, tanto más audaces cuanto más problemáticas, v. gr., la llamada prehistoria, que no se invoque contra la narración mosaica. Por todas partes se rebuscan soñados conflictos entre la ciencia y la religión. Apenas las ciencias históricas, y, sobre todo, los estudios acerca del Extremo Oriente, que hoy tanto prosperan, descubren un hecho nuevo, se apodera de él la crítica impía para torcerle y adulterarle y convertirle en máquina de guerra. Y en vano son las apologías y refutaciones serias, porque pocos las leen, y muchos menos estudian la ciencia por la ciencia, sino por apañar piedras que arrojar al santuario. Lo hipotético se da por averiguado; se confunde lo que es dogma con las oposiciones de tal o cual padre de la Iglesia o comentador, que no tenía obligación de saber cosmología ni física, tal como hoy las entendemos; se fingen y fantasean persecuciones contra el saber, mintiendo audazmente contra la historia, se construyen sistemas exegéticos de pura fantasía, acabando por creerlos o por aparentar que los cree el mismo que los ha fabricado. ¡Cuánto partido se ha sacado de la disputa de Antioquía para levantar sobre tal fundamento el deleznable edificio del petrismo y del paulinismo! ¡Dos cristianismos primitivos! Exégetas alemanes hay que dicen con mucha seriedad (y Renán dista poco de darles la razón) que Simón Mago es un mito de san Pedro, a quien inicuamente quisieron maltratar, bajo ese seudónimo, san Lucas y otros discípulos de san Pablo que escribieron las *Actas de los Apóstoles*.

Mientras por tales derrumbaderos andan los científicos, el arte sin Dios, ni ley, ni luz de ideas superiores, todas las cuales arrastra y envuelve el positivismo en la ruina de la metafísica, se ha arrojado en brazos de un realismo o naturalismo casi siempre vulgar y hediondo, alimento digno de paladares estragados por tales filosofías. Después de todo, ninguna sociedad alcanza nunca más alta filosofía ni más peregrino arte que el que ella se merece y de su propia sustancia produce. Ni podía esperarse más vistosa flor ni más sabroso fruto de este moderno paganismo, no culto y maravillosamente artístico, religioso a su modo y en ocasiones heroico, como el de Grecia, sino torpe y bestial, como el de la extrema decadencia del imperio Romano. ¿No está herida de muerte una sociedad en que puede nacer y desarrollarse, no a modo de aberración particular o desahogo humorístico, sino con seriedad dialéctica, la doctrina pesimista, que por boca de Schopenhauer recomienda no solo la aniquilación, como los budistas, sino el suicidio individual, y aspira, con Hartmann, a cierta especie de suicidio colectivo? ¡Cuán horrendo retroceso no solo respecto del cristianismo, sino respecto de la civilización greco-latina arguyen esas tentativas de budismo y de religión del porvenir!

Solo la Iglesia, columna de la verdad, permanece firme y entera en medio del general naufragio. Quizá esté próximo el día en que el mismo exceso del mal vuelva a traer a los hombres a su seno. En vano dirige contra ella todos sus esfuerzos el infierno conjurado y mueve en contra suya a las potestades de la tierra, que ora expulsan y aun asesinan a sus ministros, ora la oprimen con leyes y reglamentos, aspirando a convertirla en una función, organismo u oficina del Estado. No ven en su ceguedad, que todo ataque a la Iglesia hace temblar y cuartearse el edificio político y que, cuando la revolución social llega y lo arrasa todo, las monarquías, y las repúblicas, y los imperios suelen hundirse para no volver a levantarse; pero la Esposa mística de Jesucristo sigue resplandeciendo tan hermosa como el primer día.

Capítulo I. Bajo Felipe V y Fernando VI

I. Consecuencias del advenimiento de la dinastía francesa bajo el aspecto religioso. Guerra de Sucesión. Pérdida de Mahón y Gibraltar. Desafueros de los aliados ingleses y alemanes contra cosas y personas eclesiásticas. Reformas económicas de Orry hostiles al clero. II. El regalismo. Ojeada retrospectiva sobre sus antecedentes en tiempo de la dinastía austríaca. III. Disidencias con Roma. Proyectos de Macanaz. Su caída, proceso y posteriores vicisitudes. IV. Gobierno de Alberoni. Nuevas disidencias con Roma. Antirregalismo del cardenal Belluga. La bula *Apostolici Ministerii*. Concordato de 1737. V. Otras tentativas de concordato hasta el de 1756. VI. Novedades filosóficas. Cartesianismo y gassendismo. Polémicas entre los escolásticos y los innovadores. El padre Feijoo. Vindicación de su ortodoxia. Feijoo como apologista catlico. VII. Carta de Feijoo sobre la francmasonería. Primeras noticias de sociedades secretas en España. Exposición del padre Rábago a Fernando VI. VIII. La Inquisición en tiempo de Felipe V y Fernando VI. Procesos de alumbrados. Las monjas de Corella. IX. Protestantes españoles fuera de España. Félix Antonio de Alvarado. Gavin. Don Sebastián de la Encina. El caballero de Oliveira. X. Judaizantes. Pineda. El sordomudista Pereira.

I. Consecuencias del advenimiento de la dinastía francesa bajo el aspecto religioso. Guerra de sucesión. Pérdida de Mahón y Gibraltar. Desafueros de los aliados ingleses y alemanes contra cosas y personas eclesiásticas. Reformas económicas de Orry hostiles al clero

Como no escribo la historia de los hechos políticos o militares, sino de las revoluciones religiosas, fácilmente puedo pasar en silencio la guerra de Sucesión de España. Y en verdad que me huelgo de ello; pues no es ciertamente agradable ocupación, para quienquiera que tenga sangre española en las venas, penetrar en el oscuro y tenebroso laberinto de los intrigas que se agitaron en torno al lecho de muerte de Carlos II y ver a nuestra nación, sin armas, sin tesoros ni grandeza, codiciada y vilipendiada a un tiempo mismo por los extraños; repartida de antemano, y como país de conquista, en tratados de alianza, violación abominable del derecho de gentes, y luego sometida a vergonzosa tutela, satélite humilde de la Francia, para servir siempre vencedora o vencida, y perder sus mejores posesiones de Europa por el tratado de Utrecht, en que inicuamente se la sacrificó a los intereses de sus aliados, y perder hasta los últimos restos de sus sagradas libertades provinciales y municipales sepultadas bajo los escombros humeantes de la heroica Barcelona. Siempre será digna de alabanza la generosa devoción y el fervor desinteresado con que los pueblos castellanos defendieron la nueva dinastía, y por ella derramaron, no sin gloria, su sangre en Almansa, en Villaviciosa y en Brihuega. Pero, por tristes que hubiesen sido los últimos tiempos de Carlos II, casi estoy por decir que hubieron de tener razón para echarlos de menos los que en el primer reinado de Felipe V vieron a nuestros ejércitos desalojar, uno tras otro, los presidios y fortalezas de Milán, de Nápoles, de Sicilia y de los Países Bajos, y vieron sobre todo, con lágrimas de indignación y de vergüenza, flotar en Menorca y en Gibraltar el pabellón de Inglaterra. ¡Jamás vinieron sobre nuestra raza mayores afrentas! Generales extranjeros guiaban siempre nuestros ejércitos, y una plaga de aventureros, arbitristas, abates, cortesanas y lacayos franceses, irlandeses e italianos caían sobre España, como nube de langosta, para acabarnos de saquear y empobrecer en son de reformar nuestra Hacienda y de civilizarnos. A cambio de un poco de bienestar material, que solo se alcanzó después de tres reinados, ¡cuánto padecieron con la nueva dinastía el carácter y la dignidad nacionales! ¡Cuánto la lengua! ¡Cuánto la genuina cultura española, la tradición del saber de nuestros padres! ¡Cuánto su vieja libertad cristiana, ahogada por la centralización administrativa! ¡Cuánto la misma Iglesia, herida de soslayo, pero a mansalva, por un rastrero galicanismo y por el regalismo de serviles leguleyos que, en nombre del rey, iban despejando los caminos de la revolución.

    Ha sospechado alguien que las tropas aliadas, inglesas, alemanas y holandesas, que infestaron la Península durante la guerra de Sucesión pudieron dejar aquí semillas de protestantismo. Pero el hecho no es probable, así porque los resultados no lo confirman como por haber sido corto el tiempo de la guerra para que una soldadesca brutal y odiada hasta por los partidarios del archiduque pudiera influir poco ni mucho en daño de la arraigada piedad del pueblo español. Al contrario: uno de los motivos que más decidieron a los castellanos en pro de Felipe V fue la virtuosa indignación que en sus ánimos produjeron los atropellos y profanaciones cometidas por los herejes del Norte contra las personas y cosas eclesiásticas. Nada contribuyó a levantar tantos brazos contra los aliados como el saqueo de las iglesias, el robo de las imágenes y vasos sagrados y las violaciones de monjas cometidas en el Puerto de Santa María por las gentes del príncipe de Darmstadt, de sir Jorge Rooke y del almirante Allemond en 1702.

Tan poderoso era aún el espíritu católico en nuestro pueblo, que aquellos inauditos desmanes bastaron para levantar en armas a los pueblos de Andalucía; con tal unanimidad de entusiasmo, que hizo reembarcarse precipitadamente a los aliados.[1] No fue, sin embargo, bastante medicina este escarmiento, y en libros y papeles del tiempo vive la memoria de otros sacrilegios cometidos por tropas inglesas en los obispados de Sigüenza, Cuenca, Osma y Toledo durante la campaña de 1706. Así se comprende que legiones enteras de clérigos lidiasen contra las huestes del pretendiente y que, entre los más fervorosos partidarios de Felipe V y entre los que le ofrecieron mayores auxilios, tanto de armas como de dinero, figurasen los obispos de Córdoba, Murcia y Tarazona.

Con todo eso, también la Iglesia fue atropellada en sus inmunidades por los servidores del duque de Anjou. Ya en las instrucciones de Luis XIV a su embajador el conde de Marsin, instrucciones dadas como para un país conquistado, y que no se pueden recordar sin vergüenza, decíase que «las iglesias de España poseían inmensas riquezas en oro y plata labrada, y que estas riquezas se acrecentaban cada día por la devoción del pueblo y el buen crédito de los religiosos; por lo cual, en la actual penuria de moneda, debía obligarse al clero a vender sus metales labrado».[2] No fue sordo a tales insinuaciones el hacendista Orry, hechura de la princesa de los Ursinos, hombre despejado y mañoso, pero tan adulador de los grandes como insolente y despósito con los pequeños, y además ignorante, de todo en todo, de las costumbres del país que pretendía reformar. El clamoreo contra los proyectos económicos de Orry fue espantoso

---

1   William Coxe, *España bajo el reinado de la casa de Borbón*, trad. esp. (Madrid 1846, Imprenta de Mellado), tomo 1, página 176.
2   Coxe, tomo 1, página 118.

y suficiente para anularlos en lo relativo a bienes eclesiásticos. Ni ha de creerse nacida tal oposición de sórdido interés, pues prelados hubo entre los que más enérgicamente protestaron contra aquellos conatos de desamortización que se apresuraron al mismo tiempo a levantar, equipar y sostener regimientos a su costa, y otros que, como el arzobispo de Sevilla, don Manuel Arias, hicieron acuñar su propia vajilla y la entregaron al rey para las necesidades de la guerra.

Mejor que sus deslumbrados consejeros entendió alguna vez Felipe V, con ser príncipe joven, valentudinario y de cortos alcances, la grandeza y el espíritu del pueblo que iba a regir. En circunstancias solemnes y desesperadas, el año 1709, cuando las armas de Francia y España iban en todas partes de vencida y el mismo Luis XIV pensaba en abandonar a su nieto, dio éste un generoso manifiesto, en que se confiaba a la lealtad de los españoles y ofrecía derramar por ellos hasta la última gota de su sangre, «unido de corazón con sus pueblos por los lazos de caridad cristiana, sincera y recíproca, invocando fervorosa y continuamente a Dios y a la santísima virgen María, abogada y patrona especial de estos reinos, para abatir el orgullo impío de los temerarios que se apropian el derecho de dividir los imperios contra las leyes de la justicia».[3]

Dios consintió sin embargo, que el Imperio se dividiese y que hasta territorios de la Península, como Gibraltar, quedasen perdidos para España y para el catolicismo. Dice el marqués de san Felipe que ésta fue la primera piedra que cayó de la española monarquía, «chica, pero no de poca consecuencia», y nosotros podemos añadir que fue la primera tierra ibera en que libremente imperó la herejía, ofreciendo fácil refugio a todos los disidentes de la Península en los siglos XVIII y XIX y centro estratégico a todas las operaciones de la propaganda anglo-protestante.

Solo muy tarde, en 1782, recobramos definitivamente el otro jirón arrebatado por los ingleses en aquella guerra: la isla de Menorca. Por el artículo II del tratado de Utrecht, en que, haciendo de la necesidad virtud, reconocimos aquella afrentosa pérdida, se estipulaba que «a todos los habitantes de aquella isla, así eclesiásticos como seglares, se les permitía el libre ejercicio del culto católico, y que para la conservación de éste en aquella isla se emplearían todos los medios

---

3 Coxe, tomo 1, página 361.

que no pareciesen enteramente contrarios a las leyes inglesas».[4] Lo mismo prometió en nombre de la reina Ana, a los jurados de Menorca el duque de Argyle, que llevó en 1712 plenos poderes para arreglar la administración de la isla. Con todo, estas promesas no se cumplieron; y no solo se atropelló el fuero eclesiástico, persiguiendo y encarcelando a los clérigos que se mantenían fieles a la obediencia del obispo de Mallorca, sino que se trató por todas maneras de suprimir el culto católico e implantar el anglicano; todo para asegurar la más quieta posesión de la isla. Sobre todo desde 1748,[5] durante el gobierno de Blakeney en Mahón, se trató de enviar ministros y predicadores, de fundar escuelas catequísticas, de repartir biblias y de hacer prosélitos «por medio de algunas caridades a familias necesitadas». En ciertas instrucciones impresas que por entonces circularon, se recomienda «el convidar y rogar de tiempo en tiempo a los menorquines, sobre todo a los que supiesen inglés, que fueran a oír las exhortaciones de los pastores anglicanos», así como el hacer rigurosa inquisición de las costumbres de los sacerdotes católicos y mermar sus rentas, si es que no se les podía atraer con donaciones y mercedes. No faltaron protestantes fanáticos que, con mengua del derecho de gentes, propusieran educar a los niños menorquines fuera de su isla. Y hubo entre los generales, gobernadores de la isla, un M. Kane, que con militar despotismo, y saltando por leyes y tratados, expulsó en virtud de una ordenanza de 22 artículos, a los sacerdotes extranjeros, suprimió la jurisdicción del obispo de Menorca y hasta prohibió la toma de órdenes y los estudios de seminario, arreglando como pontífice mínimo la iglesia en aquella isla. Con tan desaforados procedimientos, no es maravilla que aquellos buenos insulares aborreciesen de muerte el nombre inglés y acogieran locos de entusiasmo las dos expediciones libertadoras del mariscal de Richelieu y del duque de Crillón. Las tropas francesas del primero dejaron también en su breve ocupación, si hemos de creer al doctor Pons, gérmenes de lujo y vanidad, y aun de ideas enciclopedistas, que por entonces ya levantaban la cabeza.

---

4 Véase Gómez de Arteche, *Nieblas de la historia patria*. Tercera serie. Mahón, página 59 (Madrid) (¿1877?).

5 Véase Arteche, Mahón, página 87.

II. El regalismo. Ojeada retrospectiva sobre sus antecedentes en tiempo de la dinastía austríaca

Palabra es la de regalismo asaz vaga y elástica y que puede prestarse a varios y contradictorios sentidos. Tomámosla aquí en su acepción peor y más general, siquiera no sea técnicamente la más exacta, y designamos con ella, como otros con la voz cesarismo, toda intrusión ilegítima del poder civil en negocios eclesiásticos. Afortunadamente, las cosas están hoy claras y ha pasado el tiempo de las sutilezas jurídicas. Amigos y enemigos reconocen ahora que el regalismo del siglo pasado no fue sino guerra hipócrita, solapada y mañera contra los derechos, inmunidades y propiedades de la Iglesia, ariete contra Roma, disfraz que adoptaron los jansenistas primero y luego los enciclopedistas y volterianos para el más fácil logro de sus intentos, ensalzando el poder real para abatir el del sumo pontífice, y, finalmente, capa de verdaderas tentativas cismáticas. A la sombra del regalismo se expulsó a los jesuitas, se inició la desamortización, se secularizó la enseñanza y hasta se intentó la creación, de una iglesia nacional y autónoma; todo desfigurando y torciendo y barajando antiguas y veneradas tradiciones españolas. El regalismo es propiamente la herejía administrativa, la más odiosa y antipática de todas.

No de todos los regalistas del siglo pasado puede decirse que fueran radicalmente herejes o impíos, aunque de los ministros y consejeros de Carlos III y de su hijo, nada tiene de temerario el afirmarlo. En tiempo de Felipe V, las ideas francesas aun no habían hecho tanto camino, y quizá en el mismo Macanaz sea posibles disculpar las intenciones. Así y todo, entre él y los regalistas del siglo XVIII hay un abismo.

Las regalías son derechos que el Estado tiene o se arroga de intervenir en cosas eclesiásticas. El nombre es relativamente moderno, puesto que las regalías de que hablan las *Partidas* no son más que los derechos mayestáticos; v. gr., el de acuñar moneda y el de comandar los ejércitos. Las regalías de que ahora hablamos, concernientes solo a negocios eclesiásticos, son unas veces concesiones y privilegios pontificios; otras, verdaderas usurpaciones y desmanes de los reyes, que jamás han podido constituir derecho. El origen de las regalías se remonta a los últimos años del siglo XV.

Concedidas las regalías a tan católicos monarcas, como los que por excelencia recibieron este nombre, no fueron ni podían ser en aquella primera edad arma contra la Iglesia ni ocasión de disturbios. Por otra parte, los abusos que, como dejos y heces del gran trastorno producido por el cisma de Occidente, se habían hecho sentir en el siglo XV, especialmente la multiplicación de encomiendas y mandatos *De providendo*, las falsificaciones de bulas y aun las intrusiones recíprocas de ambas jurisdicciones eclesiástica y temporal, decretando irregularmente prisiones y embargos; la extensión desmesurada que habían logrado los privilegios de exención e inmunidad, todo esto exigía pronto y eficaz remedio, contribuyendo a ello la tendencia unitaria que entonces dominaba en todas las grandes monarquías europeas, empeñados los reyes en la obra de concentrar el poder y de abatir las tiranías señoriales.

Antítesis de las reservas fueron las regalías, siendo el primero y más importante de los derechos que los reyes católicos recabaron el de la presentación de los obispos; triste y ocasionado privilegio, pero consecuencia forzosa de las continuas quejas, así de los cabildos como del reino junto en cortes, contra la falta de residencia de los obispos forasteros y la corrupción y venalidad de los curiales. A punto llegaron las cosas de tener que apoderarse el rey católico en 1479 de los castillos del obispado de Cuenca para impedir que tomara posesión el cardenal Galeoto Riario, nepote del papa, y de poner éste en prisiones, en el castillo de Santángelo, al obispo de Osma por otra discordia sobre provisión del obispado de Tarazona. Más brava aún estalló la contienda con motivo del obispado de Sigüenza, cuya posesión se disputaban don Pedro González de Mendoza, apoyado por el rey, y el cardenal Mella, favorecido por el papa. Por entonces se vino a un acuerdo; el papa revocó pro formula algunos de sus nombramientos, entre ellos el del nepote Riario; y los reyes católicos, como agradeciéndole el haber renunciado a su derecho, presentaron para el mismo obispado al mismo sobrino, que jamás llegó a venir a España. Como quiera, la presentación quedó triunfante, aunque más de hecho que de derecho. Defendióla, por encargo de los reyes católicos, el insigne jurisconsulto de las leyes de Toro, doctor Palacios Rubios.

En cambio, los expolios, o séase la ocupación de las rentas de las sedes vacantes por los nuncios y colectores apostólicos, introdujéronse en España, según testimonio de Jerónimo Zurita,[6] en el pontificado de Inocencio VIII (1484 a 1492), siendo legado el cardenal de Santa Cruz, Benardino Carvajal, de

---

6   Lib. 3, cap. 15 de la *Historia del rey Católico*, postrera parte de sus *Anales*.

tumultuosa y cismática memoria. Los reyes lo resistieron mucho; pero quedaron los expolios bajo el falso supuesto de costumbre antigua y mediante concordias de los nuncios y colectores con muchos cabildos, aprobadas por Clemente VIII en la bula *Pastoralis Oficii*, de 1599. Y, rodando luego por su curso natural las cosas, esta reserva vino a trocarse, como todas, en regalía, y los expolios, que de cabildos habían pasado a la Cámara Apostólica, entraron en el fisco real, todo para mayor empobrecimiento de la Iglesia y lucro y regocijo de asentistas y leguleyos.

Peor regalía, y la más detestable de todas en sus efectos fue la del *placet, regium exequatur*, pase regio o retención de bulas, que comenzó abusivamente en tiempo del cisma de Aviñón. Las primeras retenciones son de los tiempos de don Juan II de Castilla y de don Alfonso V de Aragón, que en 1423 pretendió legalizar esa medida dictatorial y transitoria, tolerable quizá en tiempos tan conturbados como los del cautiverio babilónico, pero inicua y desastrosa en tiempo de paz. Ni hay legislación antigua en que se funde el tal *exequatur*, arma predilecta de todos los gobiernos hipócritamente impíos, que mediante ella quieren arrogarse el derecho de mutilar las palabras y enseñanzas pontificias y aun el de impedirlas llegar a oídos de los fieles. La bula de Alejandro VI de 26 de junio de 1493 solo concede un derecho de revisión no más que para averiguar si las bulas *De indulgencias* eran auténticas o falsificadas. Y aun esta revisión habían de hacerla el capellán mayor de los reyes o el ordinario de la diócesis, asistidos del nuncio de su santidad.[7] Sobre tan liviano fundamento se ha querido levantar este monstruoso y anticanónico privilegio, del cual ya uso y abusó en 1508, Fernando el Católico, si realmente es suya la insolentísima carta al virrey de Nápoles, conde de Ribagorza y Castellán de Amposta, la cual corre manuscrita de letra del siglo XVII, con anotaciones atribuidas a Quevedo. A mí hasta por el afectado arcaísmo del lenguaje, me parece una fabricación del tiempo de los falsos cronicones. En ella, Fernando el Católico increpa duramente al virrey por

---

7 «Exponi fecerunt, quod in praedictis regnis atque aliis dominiis diversae personae litteras fictitias et simulatas Indulgentiarum ostendere non verentur, animas Christi fidelium multipliciter decipientes et illudentes, ut sub falsis illusionibus huiusmodi a Christi fidelibus pecunias valeant extorquere... Omnes et singulas indulgentias concessas et concedendas in posterum suspendimus... Donec per loci Ordinarium... et deinde per nostrum Nuntium... ac Capellanum Maiorem... inspectae fuerint» (*La retención de bulas en España ante la historia y el derecho*, por don Vicente de la Fuente, Madrid, 1865, tomo 1).

no haber ahorcado al cursor de Roma, que le presentó ciertas letras apostólicas depresivas de las preeminencias reales. Raya en lo inverosímil y revela mano muy inexperta en el falsario que un tan sagaz e impenetrable político como el hijo de doña Juana Henríquez se dejara arrebatar de la ira hasta el extremo de amenazar con quitar la obediencia a su santidad en los reinos de Castilla y Aragón si el breve no se revocaba; terminando con aquella frase que ha quedado en proverbio: «E digan e hagan en Roma cuanto quisieren, e ellos al papa e vos a la capa».[8]

Como la espuma iban creciendo los derechos reales con la incorporación de los maestrazgos de las órdenes militares, con la abolición de los señoríos temporales de la mayor parte de las iglesias y con las mil restricciones impuestas al derecho de asilo (especialmente por las Cortes de Monzón en 1512) al fuero eclesiástico y a todo linaje de inmunidades. Por la ley hecha en las Cortes de Madrigal de 1476, todo entrometimiento de los jueces eclesiásticos en la jurisdicción real o contra legos en causas profanas era castigado con pérdida de todos los maravedises que por juro de heredad poseyesen; y además, con bárbaro y draconiano rigor, tildábase no menos que con pena de infamia y destierro por diez años y pérdida de la mitad de sus bienes al laico que en tales juicios fuese testigo contra laicos (tít. 1, 1.2 de la *Novísima recopilación*). Algo por el estilo pidieron y obtuvieron las Cortes de Navarra, convocadas en Sangüesa, en 1503, fundándose en por tales pleitos muchos legos morían descomulgados.

No fueron menor semillero de controversias las décimas, redécimas y diezmos que así el papa como el rey querían, en tiempos difíciles, imponer a las iglesias. De aquí resistencia de España a Roma y de los cabildos a los exactores; todo ello con lastimoso juro de excomuniones y entredichos. Si en 1473 consintieron las iglesias de Castilla en pagar 30.000 florines a Sixto IV para la guerra contra el turco, en cambio, los aragoneses se resistieron tenazmente a contribuir al subsidio que Julio II pidió en el concilio V de Letrán[9] y siguieron su ejemplo los castellanos, autorizados por el mismo regente Cisneros, quien para mostrar que no se movían por sórdida codicia, sino por el celo del derecho,

---

8   De esta carta corren innumerables copias en tomos de varios; pero creo que el primero en divulgarla por medio de la imprenta fue Valladares en el tomo 1 del *Semanario erudito*. Yo la tengo a la vista en la *Colección diplomática*, de Llorente, páginas 4 a 6.

9   Dícelo Alvar Gómez en la vida del cardenal Cisneros (*De rebus gestis*, etc., fol. 195).

ofreció al papa, por medio de su agente en Roma, hasta la plata de las iglesias, pero solo en caso de necesidad extrema y guerra empeñada con el turco.

A su vez, los reyes solicitaron y obtuvieron de Roma ciertas imposiciones y décimas, v. gr., la que León X concedió al emperador en 1512, y a la cual contestaron muchas iglesias castellanas, sobre todo la de Córdoba, con entredicho y cesación a *divinis*.

Un paso más dieron las regalías en tiempo de Carlos V merced a la buena voluntad de su ayo el papa Adriano, que en 1523 concedió a los reyes de España, como patronos de todas las iglesias de su corona, el derecho universal de presentación de obispos. Aún no habían pasado tres años, cuando el arzobispo de Guadix, don Gaspar de Ávalos, en pleito con el arzobispo de Toledo sobre la colegiata de Baza, daba el mal ejemplo de acudir al emperador en demanda de despojo de jurisdicción y diezmos. Y entonces, por primera vez, dióse, aunque con protesta del de Toledo, el exorbitante caso de intervenir la jurisdicción laica de la Chancillería de Granada en un litigio eclesiástico, y de tal naturaleza, que no admitía interdicto.

Pecó Carlos V de sobrado regalista, y entre los cargos que Clemente VII formuló contra él por la pluma de Sadoleto figura la retención de bulas y su examen por el Consejo, aunque sea cierto que las más veces solo había tenido por objeto impedir los ruines efectos de amañadas obrepciones y subrepciones o la provisión de beneficios en extranjeros, contraria a todas las leyes de España y funesta para la Iglesia, aunque interesadamente defendieran lo contrario los italianos. La suerte de las armas fue favorable al emperador, y Clemente VII, después del saco de Roma, confirmó (en 1529) el derecho de la presentación y fundó el Tribunal de Nunciatura, para que se decidieran aquí y ante un auditor y seis protonotarios españoles, la mayor parte de las apelaciones que antes iban a Roma. Para colmo de gracias, Paulo III estableció en 1534 la Comisaría de Cruzada, con facultad en el emperador para nombrar a quien cobrase y administrase aquella pingüe renta, que, formada de los diezmos, de los beneficios, de las medias anatas, de las vacantes, maestrazgos y encomiendas y de los expolios, venían disfrutando, con más o menos protesta, los reyes, por sucesivas concesiones apostólicas, desde mediados del siglo XV. En tiempos de Carlos V comenzaron también las enajenaciones y ventas de lugares, rentas y vasallos de la Iglesia, que Roma autorizó para ayuda de la guerra contra turcos y herejes a pesar del dictamen contrario de insignes teólogos y canonistas nuestros, como Melchor Cano, que opinaban que ni el rey podía pedir tal concesión ni el papa otorgarla. Hubo en algunas de tales ventas lesiones enormísimas y quejas y resistencias y entredichos; pero muy fuera del camino van los que en tales concesiones graciosas que la Iglesia, como madre amorosísima, otorgó a monarcas católicos de veras, que eran brazo y espada suya en todos los campos de batalla de Europa, quieren encontrar precedentes y justificaciones de desamortización.

Ni es menos error tomar por doctrina esencialmente regalista la que se expuso en algunos pareceres dados a Felipe II con motivo de sus desavenencias con Paulo IV. No se trataba allí de regalías ni de límites de las dos potestades, ni de cosas espirituales o espiritualizadas, sino de cuestiones internacionales con el papa considerado como soberano temporal, del cual dijo Domingo del Soto: «Cuando se viste el arnés, parece desnudarse la casulla, y cuando se pone el yelmo, encubre la tiara». Y lo mismo los juristas que los teólogos, así Gregorio López como los Mtros. Mancio y Córdoba y el mismo Soto cuando declaraban lícita la guerra así defensiva como ofensiva, bien claro dan a entender que no ha de ir encaminada contra el Pontífice, sino contra el rey de Roma. No puede negarse, sin embargo, que en el Memorial de agravios presentado por Felipe II a la Junta de Valladolid, y redactado, según es fama, por el doctor Navarro de Azpilcueta, hay cosas durísimas y hasta provocaciones al cisma, que solo pueden explicarse teniendo en cuenta la indignación y el furor que en los primeros momentos se apoderó del rey y de sus consejeros al saber que había sido preso en Roma, contra todo derecho de gentes, el embajador Garcilaso y que se había dado un trato de cuerda al correo mayor Juan Antonio Tassis. Así y todo, suena mal en boca de tan católico monarca al poner sospecha en la elección canónica de Paulo IV, suponiéndole intruso por coacción, y el amenazar no solo con ocupación de expolios y vacantes y con mandar salir a los españoles de Roma, sino con un concilio nacional.

Y con esto llegamos al famoso parecer de Melchor Cano, de que tanto caudal han hecho todos los enemigos de la Iglesia, del cual, juzgando benignamente y con toda la reverencia debida a tan gran varón, bien puede decirse, como el mismo Cano al fin de la consulta reconoce, «que tiene palabras y sentencias que no parecen muy conformes a su hábito y teología». No porque sean heréticas ni cismáticas, sino porque son ásperas, y alguna vez irreverentes y desmandadas, como lo era la condición de su autor. Bien dijo él mismo, con claro entendimiento que pocas veces le abandona, que aquel negocio más requería prudencia que ciencia. Y hubiera acertado en atemperarse a este consejo y medir con la prudencia sus palabras. Así no hubiera escrito para escándalo de los débiles, aunque sin intención siniestra, aquello de «mal conoce a Roma el que pretende sanarla»: *Curavimus Babylonem et non est sanata*; ni menos hubiera dicho con tan cruda generalidad y sin atenuaciones «que malos ministros habían convertido la administración eclesiástica en negociación temporal y mercadería y trato prohibido por todas las leyes divinas, humanas y naturales».

¡Pluguiera a Dios, sin embargo, que los que tanto cacarean aquel parecer que Melchor Cano dio muy contra su voluntad[10] y suplicando al rey por amor de Dios que después de leído y aprovechado le arrojase al fuego, hubieran leído despacio la grande obra del restaurador de nuestra teología, su obra *De locis*, en que tan fervoroso papista se muestra! ¡Pluguiera a Dios que hubiesen meditado el parecer mismo, que puede tacharse de acritud en la forma, pero no, a lo que entiendo, de mala doctrina canónica! ¿Por qué no pararon a atención en aquellas tan discretas prevenciones del principio, cuando advierte que siempre es cosa arriesgada el tocar en la persona del papa, «a quien debemos más respeto y reverencia que: al propio padre que nos engendró», y que en la Sagrada Escritura «está reprobado y maldito el descubrir las vergüenzas de los padres», siendo, además, cosa muy difícil «apartar el vicario de Cristo de la persona en quien está la vicaría», por donde toda afrenta que se hace al papa «redunda en mengua y deshonor de Dios». Y si este es peligroso siempre, ¿cuánto más había de serlo en tiempos de herejía y de revuelta, cuando estaba tan cercano el ejemplo de los alemanes, que también comenzaron «so color de reformación y de quitar abusos y remediar agravios..., porque el estrago de la religión jamás viene sino en máscara de religión»? «No parece consejo de prudentes, añade el sabio dominico, comenzar en nuestra nación alborotos contra nuestro superior, por más compuestos y ordenados que los comencemos... Y con los herejes no hemos de convenir en hechos, ni en dichos, ni en apariencias, y como entre los cristianos hay tanta gente simple y flaca, solo esta sombra de la religión les dará

---

10 «Estos argumentos (C. R. M.), por una parte y por otra, hacen este negocio tan perplejo, que alguna vez estaba en determinación de huir donde nadie me pudiese preguntar lo que sentía, ni yo estuviese obligado a decirlo.»

escándalo, a que ningún cristiano debe dar causa por ser daño de almas, que con ningún bien de la tierra se recompensa.» ¡Oh si hubiesen meditado estas profundas palabras los primeros regalistas, artífices inconscientes de la revolución, aunque en el fondo fuesen católicos!

Y después de todo, ¿qué dice en sustancia el Parecer? Que todo rey está obligado a defender las tierras de su mando de todo el que quiera hacerles fuerza y agravio injusto; que esta defensa ha de ser moderada e inculpada; que en el papa hay que distinguir «dos personas: una, la del prelado de la Iglesia universal; otra, la de príncipe temporal de sus tierras»; que, como a príncipe temporal, se le puede resistir con dinero, con armas y con soldados; que Paulo IV no hace la guerra como vicario de Cristo, sino como príncipe de Italia, confederándose con el rey de Francia y entrando en tierras de los coloneses; que conviene atajar estos desmanes y aun atar las manos al papa, pero con mucho miramiento y quitanclo el bonete, y que como medios extraordinarios durante la guerra debe prohibirse que salga dinero español para Roma y que viajen allá los naturales de estos reinos, disponiéndose, además, la ocupación de las temporalidades de los obispos que sin causa bastante residan in curia. Para cuando se ajustase la paz, y como ventajas que podían sacarse de ella, aconseja al rey que solicite que todos los beneficios sean patrimoniales; es decir, que se supriman los mandatos y reservas, que las causas ordinarias se sentencien en España, que quedan aquí los expolios y vacantes y que el nuncio despache los negocios gratis o, a lo menos, con un asesor español.

Solo una proposición, que en otra pluma sería sospechosa tal como está formulada, hemos notado en el Parecer, y ella ha sido el motivo casi único de las admiraciones de jansenistas y episcopalistas: lo de poder los obispos, en casos extremos y en que el acceso a Roma no es seguro, disponer todo lo necesario para la buena gobernación eclesiástica aun en aquellos casos que por derecho se entiende estar reservados al sumo pontífice. Pero adviértanse bien los términos; en casos de necesidad extrema, y no por un derecho anterior que se recobra entonces, como Pereira y los de su escuela sostenían.

Y basta ya del Parecer, que, más por el nombre de su autor que por la importancia que en sí tiene, está sirviendo todos los días de piedra de escándalo, olvidando, o afectando olvidar, los que le citan como piedra angular de la escuela regalista española que no es una obra sosegadamente escrita, sino un borrón confidencial de un hombre violento y entonces personalmente agriado con los curiales de Roma. Pero con todo eso, ¿qué hubieran dicho los leguleyos del siglo XVIII, que tan desenfadadamente contaban a Cano entre los suyos, si hubieran llegado a leer otro dictamen suyo y de Domingo de Soto[11] en que sin ambages ni rodeos dicen al rey y a su Consejo que «solo haciendo manifiesta fuerza e incurriendo en las censuras de la bula *In Coena Domini*», podían impedir la publicación de las letras y mandamientos apostólicos? ¡La bula *In Coena Domini*: el coco de los regalistas!

En el crecer de esta escuela bajo su primera fase, es decir, durante la monarquía austríaca, influyeron diferentes causas, todas ellas muy ajenas de ningún propósito heterodoxo. Tales fueron el entusiasmo cesarista de los jurisconsultos amamantados con las tradiciones del Imperio romano y grandes sostenedores de lo que llamaban ley regia y derechos mayestáticos; el interés de todos los bien avenidos con las exenciones y mal humorados con la jurisdicción ordinaria y con las reformas disciplinares del concilio de Trento; la austera indignación de muchos prelados y teólogos contra verdaderos abusos y desmanes de la íntima, y aun de la superior, grey de los curiales romanos. Como de ordinario sucede, la resistencia degeneró en tumulto; el entusiasmo por el principio regio, en servilismo; se confundió el abuso con el derecho, y católicos muy firmes de doctrina dejaron prevenidas armas y recursos que habían de ser de terrible efecto en manos de sucesores suyos menos piadosos y bien intencionados.

La bula *In Coena Domini*, que no solo excomulga a los usurpadores de la jurisdicción eclesiástica, sino también a los reyes inventores de nuevos tributos y comedores de pueblos,[12] tuvo muy varia fortuna en España. El papa Adriano la publicó en Zaragoza; pero años adelante, en 1551, el virrey de Aragón, y con él la Audiencia, castigaron al impresor que en aquella misma ciudad osó estamparla, y en 1572 Felipe II suplicó a Roma contra ella y prohibió de todas maneras su publicación, y hasta llegó a expulsar al nuncio por querer hacerla.

Tremendo sostenedor de las regalías fue aquel católico monarca, y no menos algunos embajadores suyos, como el cenobítico Vargas Mexía; pero tampoco hemos de ocultar que este primer regalismo y este aferrarse a las antiguas concesiones y solicitar otras nuevas no solía tener causa más honda que la

---

11   Caballero, *Vida de Melchor Cano* apénd., n.º 31, página 489.
12   Frase de Quevedo en la *Política de Dios*.

extremada penuria del erario. Y bueno será recordar, para desengaño de los que tanto claman contra la opulencia de la Iglesia y los bienes amortizados, que Roma concedió a nuestros gobiernos católicos cuanto humanamente podía conceder, puesto que a los antiguos recursos de Cruzada, subsidios, quinquenios, etc., todavía añadió san Pío V en 1567 la renta del excusado, que según otro breve de 1572, podía cobrar el rey de la primera casa diezmera. Gracias a este y a otros arbitrios, solo un 3 por 100 de la renta decimal llegaba al clero, aun en tiempos en que, faltando todos los motivos de la concesión, ni se armaban galeras ni se hacían guerras contra turcos y herejes.

Los *Recursos de fuerza* se multiplicaron en el siglo XVII, y hubo cabildos, como el de Córdoba en 1627, que reclamaron con insistencia el real auxilio en sus controversias con los obispos.[13] Nuestros más famosos regalistas prácticos, o de la primera escuela, corresponden al reinado de Felipe IV. Dióles pretexto y alas la desavenencia de aquel monarca con el papa Urbano VIII (Barberini), muy italiano y muy inclinado a la alianza de Francia, y enemigo, por ende, del predominio de los españoles en Italia. Llegó el conflicto a términos de cerrar Felipe IV en 1639 la Nunciatura y retener las bulas del nuncio, monseñor Fachenetti, contribuyendo a ello las quejas de muchos litigantes españoles contra la rapacidad y mala fe e los oficiales de la Nunciatura y las reclamaciones de los obispos contra la mala costumbre de llevar todo género de causas, en primera instancia, al Tribunal del Nuncio, haciendo ilusoria la jurisdicción ordinaria. Al fin vino a transigirse todo por la concordia de 9 de octubre de 1640, en que se comprometió el nuncio a no conmutar disposiciones testamentarias sino con arreglo a los cánones de Trento y a no dispensar de residencias, ni de beneficios incompatibles, ni extra tempora, ni de amonestaciones, ni de oratorio; a no dar indultos ni admitir permutas o resignaciones in favorem de beneficios o de rentas eclesiásticas y a no dar licencias de confesar y predicar, ni relajar a los regulares del rigor de su regla y constituciones, con otras promesas al mismo tenor, y un arancel fijo de derechos. (Ley 2, tít. 4, 1.3 de la *Novísima recopilación*.) Todo lo cual vino a remediar en parte el daño y a devolver a los obispos alguna parte de su jurisdicción, no poco menoscabada por los recursos omisso medio.

---

13   Véase Gómez Bravo, *Obispos de Córdoba*, página 610 y siguientes.

Fruto de estas contiendas fueron los ásperos libros del licenciado Jerónimo de Ceballos sobre *Recursos de fuerza en causas y personas eclesiásticas*[14] del consejero don Pedro González de Salcedo, sobre «la natural ejecución y obligación de la ley política lo mismo entre legos que entre eclesiásticos»,[15] con otras menos famosas de Solórzano Pereira, Vargas Machuca, Ramírez, Sessé y Larrea, a todos los cuales había precedido en la defensa de los *Recursos de fuerza* el jesuita Enríquez en su tratado *De clavibus Romani Pontificis*, escrito a principios del mismo siglo.

Como el escribir en defensa de la jurisdicción real o ley regia era el camino más seguro de obtener togas y presidencias de cancillerías, multiplicáronse como la langosta estos farragosos libros. Entre todos lograron el mayor aplauso, y realmente arguyen rica erudición legal, moderación relativa y agudo ingenio, las del doctor don Francisco Salgado de Somoza,[16] abogado gallego, que, en premio de sus buenos servicios a la causa de Felipe IV logró el oficio de juez de la monarquía de Sicilia, luego el de oidor de Valladolid y, finalmente, el de consejero de Castilla y la abadía de Alcalá la Real. En dos libros que fueron Alcorán de los regalistas defendió los *Recursos de fuerza* y la retención de bulas, aunque fundándose más bien en la lenidad eclesiástica y en las concesiones de Roma que en principios de derecho natural. Por eso vacila en las conclusiones, y niega a los regulares el recurso, y confunde el derecho de protección con el de fuerza, eterno sofisma de aquella escuela.[17]

---

14 *Tractatus de cognitione per viam violentiae in causis ecclesiasticis et inter personas ecclesiasticas.*

15 *De lege politica eiusque naturali executione et obligatione tam inter laicos quam inter ecclesiasticos.*

16 *De regia protectione vi oppressorum appellantium a causis et iudicibus ecclesiasticis... De supplicatione... Bullis et litteris apostolicis nequam et importune impetratis in perniciem reipublicae, regni aut regis aut iuris tertii praeiudicium et de earum retentione interim in Senatu.*

17 En el manuscrito que don José Sancho Rayón posee y me ha facilitado, con el título de *Noticias dadas en el año de 1633 por un secretario de la Inquisición, de orden del inquisidor general, don fray Antonio de Sotomayor,* resulta que por decreto de la Congregación del *Índice* de 1628 se prohibió el *Salgado de Regia Protectione*; que el conde de Oñate, embajador en Roma, dio aviso de ello a Felipe IV, y éste mandó a los obispos suspender la publicación del edicto de Roma, con estas textuales palabras: «Ningún ministro ecle-

Roma prohibió tales libros. El de Enríquez fue recogido y quemado, el de Ceballos se vedó por decreto de 12 de diciembre do 1624, y, finalmente, se pusieron en el *Índice* los de Salgado. Como en represalias, nuestro Consejo mandó recoger las obras del cardenal Baronio y borrar lo que en ellas se decía

siástico ni otro alguno puede publicar en mis reynos edicto alguno que toque a la fe y lo dependiente de ella, como lo es en parte la prohibición de los libros heréticos y de dañada doctrina, que la Inquisición sola, por costumbre antiquísima, prohibe; a quien toca privativamente». (Junio de 1617.)

Decreto del rey en 6 de junio de 1628, dirigido a fray Antonio de Sotomayor: «Conviene que pidáis luego en mi nombre al cardenal inquisidor general el breve que he entendido le ha entregado el nuncio, prohibiendo los libros que defienden el conocimiento por vía de fuerza en las materias y causas eclesiásticas: diréisle que por ningún caso lo haga publicar, sino os le dé para que me le remitáis».

Consulta del Consejo de la Suprema a los padres Juan de Pineda y Francisco de Jesús y Xodar (4 de julio de 1628). Del padre Xodar no se hizo gran caso, porque daba la razón al nuncio.

Papel del padre Juan de Pineda. Dice que los libros prohibidos inmediatamente por el papa o en su nombre o por los concilios se reciben y notan como tales en todo expurgatorio. La Inquisición procede en sus prohibiciones, en su nombre y mandato propio, independiente de cualquier otro que dé la Sede apostólica, y pone juntas en sus catálogos las prohibiciones suyas y las del papa. Por consiguiente, el *Índice* apostólico y el del Santo oficio son los únicos que hacen fuerza, no el del maestro del sacro palacio, ni el de Arias Montano, etc., que no son regla o mandato, sino avisos e instrucciones particulares. Dice el padre Pineda que él intervino en el *Índice* de Sandoval, donde no siguieron el del maestro del Sacro Palacio (cuyo verdadero autor fue el dominico fray Tomás de Maluenda), porque «introduxo sus particulares doctrinas», especialmente en la censura de autores jesuitas. El padre Pineda y los demás calificadores atenuaron el rigor de aquel *Índice* contra Arias Montano, Vallés y otros autores de sana doctrina. «Todo lo qual o lo ha moderado, o no lo ha permitido el Consejo de la Inquisición General de España, y si lo admitiera, fuera con grave inconveniente y ofensión, y aun con injusto deshonor de authores catholicos, beneméritos destos regnos y de la Iglesia.»

Tampoco pasaron en España muchas de las expurgaciones y de los *caute lege* de dicho *Índice* en la *Bibliotheca Patrum* (el *Índice* en cuestión es el de Roma 1607 y Bérgamo 1608).

La nota *caute lege* le parece absurda a Pineda; «si es author antiguo a quien no se ha de tocar, tampoco se debe hacer con lo tal nota sospechoso, si es moderno y causa ofensión, se debe expurgar».

de la monarquía de Sicilia. Las prohibiciones de Roma no pasaron al *Índice* de nuestra Inquisición.[18]

El monumento más curioso de aquella lucha es el *Memorial* que de orden de Felipe IV presentaron a Urbano VIII, de la orden de Predicadores, en 1633, los dos comisionados regios, don fray Domingo Pimentel, obispo de Córdoba, y don Juan Chumacero y Carrillo, del Consejo y Cámara de Castilla, los cuales con el tiempo llegaron a ser cardenal-arzobispo de Sevilla el primero, presidente de Castilla el segundo. En este *Memorial*, muy traído y llevado, es más el ruido que la sustancia. No contiene grandes exageraciones regalistas, ni menos herejías. Todo se reduce a quejarse de expolios y vacantes, gravámenes de la Nunciatura, coadjutorías, pensiones sobre beneficios y rigor de los aranceles de la Dataría.[19]

Entre tanto crecía nuestra pobreza, y los reyes, sin duda por remediarla, mermaban lo que podían de las rentas eclesiásticas. A todas las antiguas gabelas habíase añadido el subsidio de millones, que fue prorrogándose por sexenios desde 1601, hasta provocar la declarada resistencia de las iglesias de Castilla y León que se juntaron en comunidad o congregación para defender la inmunidad eclesiástica o regularizar a lo menos el pago de tantas exacciones como pesaban sobre el estado eclesiástico: tercias, cruzadas, subsidio, excusado... ¿Quién las contará todas? Hasta 1650, los reyes habían solicitado siempre permiso de Roma para cobrar la de millones; pero en esa fecha, triunfante ya el regalismo en los Consejos, comenzó a atropellarse la inmunidad eclesiástica y a cobrarse sin autorización la sisa, a pesar de las enérgicas protestas del cardenal-arzobispo de Toledo, don Cristóbal Moscoso y Sandoval[20] de Palafox, obispo de Osina, y de fray Pedro Tapia, arzobispo de Sevilla, el último de los cuales llegó a excomulgar *nominatim* a todos los cobradores y a poner entredicho, que duró once meses. La Iglesia triunfó por entonces: se suspendió la cobranza y hubo que restituir lo cobrado.

---

18 También durante la efímera dominación francesa en Cataluña, en tiempo de Felipe IV, se publicaron algunos libros crudamente regalistas, por ejemplo, el *Tractatus regaliarum*, de don Acacio Antonio de Ripoll (Barcelona 1644), que el obispo de Astorga, Torres Amat, llama sabio y sólido, y el muy raro de Narciso Peralta, impreso en Borgoña en 1656, en lengua catalana, *Tractat de la potestat secular en los eclesiastichs per la economica politica*, citado por don Juan Luis López en su historia de la bula *In Coena Domini*, página 5.
19 Este *Memorial* corre impreso (en 1633). Fue contestado por Monseñor Maraldi.
20 Su *Memorial al rey* está en el tomo 12 del *Semanario erudito*, de Valladares, página 245.

En aquel primer hervor de espíritu regalista no faltaron voces que se alzasen hasta contra la Inquisición. El Consejo de Castilla, en consulta de 7 de octubre de 1620, 8 de octubre de 1631 y 30 de junio de 1639, proponía que se despojara de su parte de autoridad real a los inquisidores, «los cuales gozaban a preeminencia de afligir el alma con censuras, la vida con desconsuelos, y la honra con demostraciones». Las competencias de jurisdicción, las varias etiquetas y hasta las infinitas concordias, tan pronto hechas como rotas, fueron un semillero de pleitos. La magistratura secular era generalmente enemiga de las inmunidades y exenciones del Santo oficio, y bien claro lo demuestra la célebre consulta de 12 de mayo de 1639, dirigida a Carlos II por una junta magna de consejeros de Estado, Castilla, Aragón, Italia, Indias y Órdenes, que presidió el marqués de Mancena. Allí después de quejarse largamente de que los inquisidores turben todas las jurisdicciones, queriendo anteponer la suya y que sus casas tengan la misma inmunidad que los templos, con menoscabo de la justicia ordinaria y de la autoridad de los jueces reales, proponen ciertas cortapisas en cuanto a censuras, invocan el recurso de fuerza y piden que se modere el privilegio del fuero en los ministros, familiares y dependientes.

Todo esto y lo antes referido se decía y disputaba libremente entre buenos y fervorosos católicos y por entonces no era ocasión a peligro alguno. Pero es lo cierto que el poder real a principios del siglo XVIII tenía a su alcance, recibidos como en herencia de los reyes católicos y de los austríacos, no solo la pingüe regalía del patronato y el amplísimo derecho de presentación, sino el terrible poder del *exequatur* y el de los *Recursos de fuerza*. Y para sostener toda esta máquina de privilegios y de usurpaciones tenía a su servicio la ciencia de los legistas, enamorados del gobierno absoluto, y para quienes era mínima aquello de que la ley es la voluntad del príncipe, siendo manera de sacrilegio el juzgar de su potestad. Las tradiciones del derecho imperial, por una parte, el interés, por otra, y, finalmente, el espíritu etiquetero y litigioso de corporación y de colegio, atentos más a la forma que a la sustancia, habían llenado los tribunales, especialmente el Consejo de Castilla, de gárrulos defensores de las regalías.

Pongamos ahora, en vez de la sociedad católica y española del siglo XVII, la sociedad galicana y enciclopedista del siglo XVIII, y sin más explicaciones comprenderá el más lego para qué podían servir, en manos de los ministros de un rey absoluto como Carlos III, contagiados todos, cuál más, cuál menos, ya de jansenismo, ya de volterianismo, el pase regio, los *Recursos de fuerza*, la regalía de amortización y el patronato. ¡Oh si hubieran podido levantar la cabeza Ceballos y Salgado! ¡Cómo se hubieran avergonzado de verse citados por Campomanes y por Llorente! Bien puede jurarse que, si tal hubieran podido adivinar, hubieran quemado ellos mismos sus libros y hasta se hubieran quemado la mano con que los escribieron.[21]

III. Disidencias con Roma. Proyectos de Macanaz. Su caída, proceso y posteriores vicisitudes

Varia como las alternativas de la guerra de Sucesión fue la conducta del papa Clemente XI (Albani) respecto de Felipe, V. Pero en general se le mostró desfavorable, llegando a reconocer por rey de España al archiduque cuando los austríacos, dueños de Milán y de Nápoles, amenazaron con la ocupación de los Estados pontificios. En represalias, Felipe V, por decreto de 22 de abril de 1709, al cual precedió consulta con el padre Robinet, su confesor, y con otros teólogos, cerró el Tribunal de la Nunciatura, desterró de España al nuncio y cortó las relaciones con Roma.[22] Los regalistas vieron llegado el siglo de oro. Una

---

21 Antecedentes del jansenismo.
Correspondencia de Jansenio con Veger de Saint-Cyran (Lovaina 1654; 8.º).
Viaje de Jansenio a España. Carta de 2 de julio de 1626; dice que trabaja con éxito.
Carta segunda. Exhorta a Saint-Cyran a venir a España. «Aquí hay muchas formalidades para imprimir la menor hoja de papel, y difícilmente se puede huir de las manos de Pacubio» (el jesuitismo).
Tercera, 4 de lebrero de 1627. Imposible publicar el escrito de Saint-Cyran en Madrid, so pena de reformarle, de tal modo que perdería su fuerza.
Desde Lovaina, abril de 1627, escribe que ha trasladado de su letra algunos ejemplares del escrito y que los difundirá por España. Proseguiremos enlazándonos más fuertemente con las personas de España.
16 de julio de 1627. «Toda la tempestad de España, que no es pequeña, se me ha atribuido», Lovaina, 31 de diciembre del mismo año: Jansenio en Salamanca, hospedado en casa del doctor Basilio de León. Huye de España por temor de que le prendan.
(Véase Hervás, *Causas de la revolución francesa*, tomo 2, página 326 a 346 y tomo 1, páginas 454, 455 y 456.)
22 *Colección diplomática de varios papeles antiguos y modernos sobre dispensas matrimoniales y otros Puntos de disciplina eclesiástica*. Su autor, don Juan Antonio Llorente... Segunda edición. Madrid. Imprenta de don Tomás Albán y compañía (1822).
Página 26: «Haciéndose preciso y conveniente que desde luego se cese en la correspon-

junta de consejeros de Estado y de Castilla mandó escudriñar en los archivos cuantos papeles se hallasen favorables al regio patronato y contrarios a lo que se llamaba abusos de la curia romana. Contra ellos clamaron también las Cortes de 1713, célebres por el establecimiento de la ley Sálica. Al frente de los regalistas estaban el obispo de Córdoba y virrey de Aragón, don Francisco de Solís, que resumió en un virulento *Memorial* (dado de orden del rey, transmitida por el marqués de Mejorada) las quejas de todos los restantes[23] y el intendente de Aragón, don Melchor Rafael de Macanaz, personaje famosísimo, y con quien ya es hora de que hagamos conocimiento.

Entre los leguleyos del siglo XVIII, pocos hay tan antipáticos como él, y vanos son cuantos esfuerzos se hacen para rehabilitar su memoria. No nos cegará la pasión hasta tenerle por hereje; pero su nombre debe figurar en primera línea entre los serviles aduladores del poder real, entre los autores y fautores de la centralización a la francesa y entre los enemigos más encarnizados de todos los antiguos y venerados principios de la cultura española, desde la potestad eclesiástica hasta los fueros de Aragón. Era murciano, de la ciudad de Hellín, nacido en 1679, de familia no rica, pero antigua. En la gramática se aventajó poco; más en el derecho civil y canónico, que cursó en Salamanca. Su inteligencia era tardía y algo confusa: pero su laboriosidad en el estudio era incansable y

---

    dencia y comunicación con la corte de Roma, mando se publique y ejecute la interdicción de comercio con ella, y que sea ciñéndola por ahora a la total denegación de comercio, y a no permitir que en manera alguna se lleve ni remita dinero a Roma, imponiendo las más graves y rigurosas penas a los que contravinieren a ello... Ordeno que por el Consejo se mande a los corregidores y justicias ordinarias que en los expolios que ocurriesen en el distrito de su jurisdicción procedan a sus inventarios... Encargando y dando al mismo tiempo las más estrechas órdenes a los obispos, prelados de religiosas, iglesias, comunidades y demás cabezas eclesiásticas para que cualquiera breve, orden o carta que tuvieren o recibieren de Roma (ellos o cualquiera de sus inferiores y súbditos) no usen de ellas en manera alguna, ni permitan se vean ni usen; sino que según llegaren a sus manos las pasen sin dilación a las mías para conocer si de su práctica y ejecución puede resultar inconveniente o perjuicio al bien común y al del Estado».

23 *Dictamen que de orden del rey, comunicada por el marqués de Mejorada, del despacho universal, con los papeles concernientes que había en su secretaría, dio el ilustrísimo señor don Francisco de Solís*, obispo de Córdoba y virrey de Aragón, en el año 1709 sobre los abusos de la curia romana por lo tocante a las regalías de S. M. C. y jurisdicción que reside en los obispos (*Semanario erudito*, de Valladares, tomo 9, página 260).

férrea. Acabó por ser grande estudiante, opositor a cátedras, muy aventajado en ejercicios y conclusiones, y, a la postre, catedrático de instituta y de cánones, dándole reputación sus lecturas *De solutionibus*, *De fideiommissis* y *De rescriptis*. De su piedad entonces, a pesar del regalismo, no puede dudarse. Baste decir que sustituyó los antiguos y tumultuosos vítores de los estudiantes con un rosario que iban cantando por las calles en loor de la santísima Virgen cuando ocurría elección de rector u otro suceso análogo. Algo amengua el mérito de esta disposición piadosa lo mucho que el mismo Macanaz la cacareó así en su autobiografía como en un tomo en folio que escribió arrebatado de su desastrosa fecundidad, con el rótulo de *Vítores de Salamanca y de la santa Virgen*.

De las aulas pasó a la práctica forense, y en los tribunales de Madrid logró mucha fama en los últimos días de Carlos II, llegando a ser propuesto por el Consejo de Indias para una plaza de oidor en Santo Domingo. Mucho le dio la mano el cardenal Portocarrero, al cual acompañó, como promotor fiscal, en una visita eclesiástica girada al priorato de san Juan. Fogoso partidario de la causa francesa desde el comienzo de la guerra, asistió a Felipe V en la frontera de Portugal y en Cataluña y fue asesor del virrey de Aragón, conde de san Esteban de Gormaz, y muy protegido del embajador francés, Amelot. Aquilatada así su ciega fidelidad a la causa real, Macanaz fue el hombre escogido en 1707 para intendente de Valencia, con públicas y secretas instrucciones encaminadas a implantar allí un gobierno semejante al de Castilla y acabar del todo con los antiguos fueros y libertades.

Nadie más a propósito que Macanaz para ejecutor de las voluntades del hipocondríaco príncipe francés, que bárbaramente y a sangre fría había ordenado la destrucción de Játiva. En aquel país hasta las piedras se levantaban contra la Casa de Borbón, y no era el arzobispo don Antonio Cardona el menos fogoso partidario de los derechos del archiduque Carlos. Macanaz, duro e inflexible en sus determinaciones, tropezó muy luego con él, atropelló la inmunidad eclesiástica, y fue excomulgado por el arzobispo, teniendo que defenderse en un largo *Memorial*, que, según su costumbre, llegó o dos tomos en folio.

De Valencia pasó a Intendente de Aragón, de cuyas antiguas libertades era acérrimo enemigo, como bien lo declaran ciertos discursos jurídicos, históricos y políticos que contra ellas escribió obra farragosa e ilegible, que, con muy mal

55

acuerdo, ha sido sacada estos últimos años de la oscuridad en que yacía.[24] ¿Qué pensar del criterio histórico de un hombre que llamaba a los fueros de Aragón «injustas concesiones arrrancadas a los reyes a fuerza de levantamientos sediciosos»? ¡Y éste es uno de los patriarcas y progenitores del liberalismo español!

En Zaragoza gobernó como un visir, cargando con la odiosidad de aquella gente; pero su crédito con los palaciegos franceses y con su gran protectora la princesa de los Ursinos creció como la espuma conforme crecían los dineros que de su intendencia, y con diversos tributos y exacciones, iban recaudando.

Tales servicios y la reputación que tenía de canonista hicieron que la corte le prefiriese en 1713 para ir de plenipotenciario a París, donde (por mediación de Luis XIV, a quien Macanaz no se harta de llamar el grande, y cuya tutela pesaba vergonzosamente sobre su nieto y sobre España) debía tratarse del arreglo de las cuestiones pendientes con Roma. En nombre de la Santa sede dirigía la negociación del nuncio, Aldobrandi. Mandóse entregar a Macanaz todos los papeles de la junta magna de 1709 y del Consejo y recopilar en un Memorial todos los agravios que el Gobierno español pretendía haber recibido de los Tribunales de Roma y de la Nunciatura.

Macanaz recibió los papeles de manos del cardenal Giudice, inquisidor general, y los extractó en cuatro tomos en folio, que le sirvieron de aparato y de pruebas para su famoso *Memorial*, comúnmente llamado el de los 55 puntos, presentado como informe fiscal al Consejo de Castilla en 19 de diciembre de 1713.[25]

Aunque su doctrina es de fondo cismático, comienza por declarar, a modo de precaución oratoria, que en materias de fe y religión se debe seguir a ciegas la doctrina de la Iglesia y los cánones y concilios que la explican. Pero, en materias de gobierno temporal, todo príncipe es señor de sus estados, y puede hacer e impedir cuanto favorezca o contradiga al bien de ellos. Los principales capítulos son:

---

24 *Regalías de los señores reyes de Aragón.* Discurso jurídico, histórico, político de don Melchor de Macanaz. Publícale por vez primera la Biblioteca jurídica de Autores españoles, precedido de una noticia sobre la vida y escritos del autor, por el ilustrísimo señor don Joaquín Maldonado Macanaz. Madrid, Imprenta de la Revista de Legislación (1879). El prólogo (que es lo mejor del libro) contiene muchas noticias de Macanaz y un catálogo completo de sus obras auténticas y de las que con error se le han atribuido.

25 Puede leerse en la *Colección diplomática* de Llorente, páginas 27 a 46.

1.ª Que sean gratuitas las provisiones de la Santa sede.

2.ª Que no se consientan las reservas, so pena de extrañamiento del reino y ocupación de frutos del beneficio vacante y de todo género de temporalidades.

3.º Anulación de las pensiones sobre dignidades y beneficios eclesiásticos, especialmente de las llamadas in testa ferrea, por ser en defraudación de los patronos y contra las piadosas disposiciones de los fundadores.

4.º Que nadie vaya a Roma a pretender beneficios, sino que se entienda con el agente de preces, y éste con el fiscal general del Consejo, todo bajo las mismas penas de extrañamiento y ocupación de temporalidades.

5.º Que no se toleren las coadjutorías con futura sucesión, los regresos, accesos e ingresos en beneficios o prebendas, seculares o regulares, con cura de almas o sin ellas.

6.º Que nadie (bajo las bárbaras penas de seis años de presidio y 1.000 ducados de multa, si es noble, y de seis años de galeras al remo, si es plebeyo) ose solicitar de Roma dispensas matrimoniales sin presentar antes los despachos al fiscal general, y éste al Consejo y el Consejo al rey.

7.º Que no vayan a parar a la Cámara apostólica los expolios y vacantes.

8.º «Que absolutamente se cierre la puerta a admitir nuncio con jurisdicción» y que a nadie sea lícito apelar a tribunal alguno de fuera de estos reinos, sino que todos los pleitos y censuras eclesiásticas vayan de los ordinarios al metropolitano, y de éste al primado.

9.º Que se cumpla el real arancel de derechos en los tribunales eclesiásticos.

10.º Que se multipliquen los interdictos posesorios y los *Recursos de fuerza*, regularizándose su ejecución, lo mismo que el conocimiento de las causas civiles y criminales de los exentos, arrancando a los tribunales eclesiásticos la jurisdicción mere temporal que tienen usurpada.

11.º Que se ataje la amortización de bienes raíces y vuelvan a estar en vigor las pragmáticas de don Juan II (1422, 1431, 1462), que mandaron suspender los reyes católicos.

12.º Que se castigue severamente a los clérigos defraudadores de las rentas reales, contrabandistas y guerrilleros en la pasada guerra de Sucesión. Macanaz lleva su celo realista hasta traer a colación antiguas leyes, que mandan herrarles la cara con hierro candente.

13.º Que se restrinja el derecho de asilo, o sea, la inmunidad local, lo mismo que la frecuencia y el rigor de las censuras, a tenor de lo dispuesto por el concilio de Trento.

14.º Que nadie sea osado a alegar la autoridad de la bula *In Coena Domini* sino en los capítulos admitidos de antiguo en España; y que así ella como la bula *Unam Sanctam*, de Bonifacio VIII, y otras al mismo tenor solo se observen y guarden en cosas de la fe y religión y no en las que tocan al gobierno temporal de los pueblos.

15.º Que el rey provea por sí conforme a las leyes de estos reinos, los obispados vacantes, ya que el papa no quería aprobar las presentaciones de Felipe V y sí las del archiduque.

16.º Que, a pesar de todas las excepciones, puede el rey, sin impetrar breve ni rescripto de Roma, incluir al estado eclesiástico, así secular como regular, en los repartimientos y contribuciones de guerra y aun hacer uso de la plata de las iglesias.

17.º Que se guarde lo prevenido en el concilio de Trento sobre unión de parroquias y beneficios...

20.º Que se reformen las religiones como las dejó el cardenal Cisneros y que los productos de esta reforma se apliquen a hospitales, casas de niños huérfanos, casas de corrección de mujeres, escuelas, etc., sin que por caso alguno se tolere que haya en cada pueblo más de un convento de religiosos y otro de religiosas de la misma orden ni más de un convento de cualquiera especie en pueblo que no pase de mil vecinos.

De los fundamentos jurídicos e históricos de este papel no hay que hablar. Júzguese cuál sería la erudición canónica o la buena fe de un hombre que supone concedida por autoridad de los reyes la elección de los obispos por el clero y el pueblo, tradicional y veneranda disciplina de la Iglesia desde los primeros siglos. A tal punto le ciega su monarquismo, confundiendo y barajando cánones y tiempos. Hay en su papel extraña mezcla de verdades útiles y de denuncias de verdaderos abusos con proposiciones gravemente sediciosas y atentatorias de los derechos de la Iglesia. Prohibir toda apelación a Roma, sustituir la presentación con el nombramiento regio, someter al visto bueno del Consejo todo linaje de preces, incomunicar a los católicos con la Santa sede, hacer de una manera laica y cesarista la reforma del estado eclesiástico, era de hecho quitar en España toda jurisdicción al papa, oprimir de todas maneras la conciencia de los católicos y constituir una especie de iglesia cismática, cuyos pontífices fuesen los fiscales del Consejo.

Ya para entonces se había desistido de enviar a Macanaz a París. En lugar suyo fue don José Rodrigo Villalpando, antiguo fiscal real y patrimonial de la Audiencia de Aragón, hechura de nuestro fiscal, que le designó para el cargo y le dio sus instrucciones, mientras él quedaba en Madrid asesorando a Orry y dirigiendo los hilos de la trama.

Pero había ido demasiado lejos en el *Memorial* de los 55 párrafos, que aun a sus amigos pareció temerario y duro en los términos. Tenía, por otra parte, poderosísimos adversarios, y más que ninguno, el cardenal inquisidor general, don Francisco Giudice, resentido con el fiscal desde que éste se había opuesto a su pretensión de ser arzobispo de Toledo alegando las leyes recopiladas, que prohibían dar prelacías a extranjeros. A este primer disgusto se añadió en el ánimo del cardenal el de no haber sido nombrado para ajustar el concordato, aunque Felipe V, como para desagraviarle, le envió a París con una misión extraordinaria.

Hallábase en aquella corte a tiempo que un consejero llamado don Luis Curiel, que luego reemplazó a Macanaz en la fiscalía del Consejo de Castilla, delató a la Inquisición el pedimento de Macanaz, faltando al secreto que había jurado observar. Examinado por varios teólogos, los pareceres se dividieron, siendo de los más favorables el del padre Polanco, célebre impugnador del gassendismo. Pero la mayoría le calificó de sedicioso, ofensivo de los oídos piadosos y aun de herético y cismático, extremándose en la censura el padre Polanco, de la Orden de santo Domingo, porque él era de los teólogos que habían aconsejado a Felipe V, años antes, la expulsión del nuncio y la clausura de su tribunal.

En vista de los dictámenes, el inquisidor general, por edicto fechado en Marly el 30 de julio de 1714, condenó el informe fiscal, juntamente con ciertos libros de M. Barclay y M. Talón, en defensa de las regalías de Francia. Y tres consejeros de la Inquisición hicieron publicar el edicto en todas las iglesias de Madrid el 15 de agosto de 1714. Bien puede decirse que a él fue el último acto de energía del Santo tribunal. Entablóse un duelo a brazo partido entre la Inquisición y el poder real; pero la Inquisición triunfó aunque por última vez.

El rey mandó a los tres consejeros revocar el edicto sin tardanza, y ellos contestaron que le habían recibido del inquisidor general. Con esto, se mandó llamar al cardenal Giudice, muy odiado en la corte de Versalles, y en Bayona se le intimó la orden de revocar el edicto, de dimitir su cargo de inquisidor general y de volverse a Italia. Sustituyóle el obispo Gil de Taboada, y con él fueron nombrados otros cuatro consejeros, a los cuales no quisieron dar posesión los antiguos.

En tal conflicto, se pensó hacer una reforma del Tribunal de la Fe, y el marqués de Grimaldo comisionó a Macanaz y al fiscal del Consejo de Indias, don Martín de Miraval, para que examinasen los archivos de ambos Consejos y, en vista de los antecedentes, diesen por escrito su dictamen, lo cual hicieron en consulta de 3 de noviembre de 1714.

Pero las bulas de Gil de Taboada no acababan de llegar de Roma, y, en cambio, Giudice contaba con el valioso y decidido apoyo del abate Julio Alberoni, negociador de la boda de Felipe V con Isabel Farnesio y señor absoluto de la voluntad de los reyes después de la caída de la princesa de los Ursinos. Alberoni, aprovechándose de una breve ausencia de Macanaz en Francia, volvió a llamar a Giudice, le restituyó su cargo, y dio, en cambio, a Taboada, el arzobispado de Sevilla.

Desde entonces, el cambio de política fue notable, y la perdición de Macanaz segura, porque la condición de Felipe V era tan débil y pueril, que jamás acertó a defender ni aun a sus más fieles amigos y servidores. Alberoni comenzó por anular los proyectos de Orry sobre la plata de las iglesias, y en sus primeros decretos acusó a los ministros anteriores de enemigos de la Iglesia y usurpadores de su potestad por haber separado de su cargo a un inquisidor general, que solo podía ser desposeído por el papa. Macanaz protestó desde Pau de Bearne, donde se hallaba; pero, faltándole a poco su gran protector el marqués de Grimaldo, quedó expuesto sin defensa a la venganza de sus enemigos. El cardenal Giudice publicó nuevo edicto, citándole a comparecer en el término de noventa días para responder a los cargos que pesaban sobre él de herejía, apostasía y fuga. Se embargaron sus bienes, libros y correspondencias, se tomó declaración a cuantos tenían cartas suyas y hasta se redujo a prisión a un hermano suyo, fraile dominico, que luego resultó sin culpa.

Macanaz escribió enormemente en defensa propia y ofensa de Giudice aunque guardándose bien de volver a España, como decía en conciencia. Todo el nervio de su argumentación estribaba en el falso supuesto de ser la Inquisición un tribunal de jurisdicción real, en que no tenían derecho a mezclarse la Santa sede ni los obispos.

Vista la rebeldía y no comparecencia de Macanaz, un tercer edicto le declaró excomulgado y sospechoso en la fe, sin que ninguno de los inquisidores generales que vinieron después de Giudice se atrevieran a revocarlo.

Macanaz vivió desde entonces fuera de España, pero en correspondencia secreta con el rey, con su confesor el padre Daubenton, con el marqués de Grimaldo y con otros personajes y ocupado en altas misiones diplomáticas, v. gr., la de enviado extraoficial, aunque él se dice plenipotenciario, en el Congreso de Cambray.

A despecho de Alberoni, primero, y de Riperdá después, nunca dejó desde Bruselas, desde Lieja o desde París de asistir al rey con sus informes y consejos ni antes ni después de 1730, en que ya su influencia política, pública o secreta, iba decayendo.

Algo pareció volver a levantarse, después de treinta y dos años de destierro, cuando contaba ochenta de edad, en 1746, con el advenimiento de Fernando VI, cuyos ministros Carvajal y Ensenada le enviaron de plenipotenciario al Congreso de Breda. Pero pronto incurrió en su enojo por haberse mostrado partidario de la alianza con Inglaterra, y en 1748 se le intimó la orden de volver a España. Llegó a Vitoria el 3 de mayo, y aquel mismo día fue conducido por un piquete de dragones a la ciudadela de Pamplona, de donde pasó al castillo de san Antón, de La Coruña.

Doce años permaneció en aquellas durísimas prisiones militares, hasta que vino a restituirle la libertad el advenimiento de Carlos III, y con él el triunfo de la mayor parte de sus ideas. Pero no le alcanzó la vida para disfrutar de él. Murió en Hellín el 2 de noviembre de 1760, a los noventa y un años cumplidos de su edad, meses después de haber salido de las cárceles. Bueno será advertir que en esta última persecución suya no tuvo la Inquisicion ni arte ni parte alguna.[26]

Las obras de Macanaz son en gran número; pero no hay para qué formar catálogo de ellas, cuando ya lo hizo con toda diligencia y esmero un descendiente suyo. Además, la mayor parte de ellas nada tienen que ver con el propósito de esta historia. Escritor tan prolífico como desaliñado, nada escrupuloso en achaques de estilo, jamás se le ocurrió perseguir bellezas literarias. Escribió como fiscal que informa, y su literatura es cancilleresca, curial y de oficina. Ahógale una erudición indigesta, muchas veces inútil y parásita. Sus escritos, a juzgar por los pocos que han llegado a imprimirse, deben de ser un fárrago de repeticiones sin arte. Dejó acopiados curiosos materiales para la historia de España y de sus conquistas americanas; notas a la *España sagrada*, a Mariana y al *Teatro crítico*, de Feijoo; once tomos de memorias sobre la guerra de Sucesión y el establecimiento de la Casa de Borbón en España; notas al *Derecho real de España* y muchos tomos de documentos con apostillas y observaciones suyas al pie y por las márgenes. Lo que sabemos de estas obras, todavía inéditas y de propiedad privada, completa la fisonomía intelectual de Macanaz, y es por sí prueba suficiente para declarar apócrifos otros papeles que se le atribuyeron manuscritos, algunos de los cuales llegaron a estamparse en el *Semanario erudito*. Macanaz no era jansenista ni partidario de ninguna de las proposiciones reprobadas en la bula *Unigenitus*; y bien lo prueba su voluminosa *Historia del cisma janseniano*, manuscrita en ocho tomos, parte de los cuales están en la Academia de la Historia. Macanaz no prevaricó en las cuestiones de la gracia, ni era bastante teólogo para eso. Fue solo acérrimo regalista con puntas cismáticas. Tampoco fue enemigo sistemático del Santo oficio ni antes ni después

---

26 Para mayor imparcialidad en nuestro relato, nos hemos guiado principalmente por las noticias que él mismo quiso darnos en su autobiografía, que posee y ha publicado su descendiente el señor Maldonado Macanaz en la curiosa Noticia ya citada. Puede verse, además, lo que de él escribieron en sus tan conocidas obras históricas William Coxe, Ferrer del Río, la Fuente (don Modesto), Lafuente (don Vicente), etc., y, sobre todo, los *Comentarios*, del marqués de san Felipe; la *Historia civil de España*, de fray Nicolás de Jesús Belando (tomo 3, cap. 9), los *Reparos críticos*, de don Juan Ortí (tomo 18, páginas 68 y siguientes del *Semanario erudito*, de Valladares), papel hostil a Macanaz.

de su persecución. Antes había escrito una *Defensa* de ella[27] contra M. Dellon, médico francés, y después una *Historia dogmática*, no hartándose en una ni en otra de llamar santo y admirable al Tribunal de la Fe. Mal conocían a éste y mal conocían a Macanaz los que han supuesto que tuvo intención de destruirle o aniquilarle. La Inquisición le encantaba; pero en manos del rey y con inquisidores nombrados por él y sin facultades para proceder contra los ministros, es decir, una Inquisición regalista y medio laica, una especie de oficina del Consejo. A la fin y a la postre, esto vino a ser en los últimos y tristísimos años del siglo XVIII. Quien sepa las buenas relaciones de Macanaz con el padre Daubenton y con los jesuitas de Pau, tampoco tendrá por suyos ciertos *Auxilios para bien gobernar una monarquía católica*[28] cuando vea que el décimo de los *Auxilios* que el autor propone es la expulsión de los jesuitas, a quienes llama enemigos tenaces de la dignidad episcopal y del Estado, motivo suficiente para creer que los tales *Auxilios* se forjaron, con poco temor de Dios, en el tiempo feliz del señor don Carlos III, en que vulgares arbitristas y papelistas curiosos especularon en grande con el nombre y la fama algo misteriosa de Macanaz. Harto tiene éste con el *Memorial de los 55 puntos*, cuya paternidad nadie le niega, para que su nombre sea de mal recuerdo entre los católicos españoles.

IV. Gobierno de Alberoni. Nuevas disensiones con Roma. Antirregalismo del cardenal Belluga. La bula Apostoli Ministerii. Concordato de 1737

Con la caída de Macanaz parecieron allanados los obstáculos que se oponían a la celebración del concordato. Alberoni comenzó por llamar a Giudice, robustecer la autoridad del Santo oficio y anular cuanto Orry había proyectado contra los bienes de las iglesias. Los tratos entre el nuncio Aldobrandi y don José Rodrigo Villalpando, después marqués de la Compuesta, en tratos se quedaron,

---

27 La publicó Valladares en dos tomos en 8.º Para la *Historia de la Inquisición* vale poco o nada.
28 Publicados por Valladares en el tomo 4 del *Semanario erudito*. Basta para descubrir la superchería, el consejo que da el seudo-Macanaz de que se ocupen todas las casas de los jesuitas a la misma hora; ni más ni menos que hizo el conde de Aranda. El bueno de Ferrer del Río, que en su *Historia de Carlos III* (tomo 1, página 164) se tragó entera y verdadera esta falsificación, dice muy cándidamente que Macanaz leía en lo porvenir. ¡Ya lo creo! Hasta predice el motín de Esquilache.

y es dudoso que ningún convenio, ni siquiera provisional, llegara a firmarse. Desavenidos al poco tiempo el omnipotente ministro y el testarudo inquisidor general, tuvo éste que renunciar su cargo y retirarse a Italia, mientras que a Alberoni le valía el capelo cierto convenio, no concordato en rigor jurídico, mediante el cual volvió a abrise el Tribunal de la Nunciatura (1717).

Pero vino a dar al traste con todo la codicia simoníaca de Alberoni, el cual, no satisfecho con el obispado de Málaga, que contra toda ley del reino había alcanzado, y con las rentas del arzobispado de Tarragona, que malamente detentaba, quiso y obtuvo de Felipe V que le presentase para la mitra de Sevilla. La negativa de Roma puso fuera de sí al cardenal, quien echando por los mismos atajos que Macanaz, víctima suya, expulsó de estos reinos al nuncio, cerrando su Tribunal; mandó salir de Roma a los españoles, cobró sin solicitar bulas ni concesiones pontificias, el subsidio eclesiástico y pidió informe a una junta magna sobre los consabidos abusos de la curia romana en materia de reservas, expolios y vacantes, apelaciones, dispensas, cédulas bancarias, presentación de obispos, etc.

Tales violencias duraron poco; no tardó en caer Alberoni, odiado igualmente por España y por Roma, a cuyos intereses había servido de una manera vacilante y desigual, siempre con más talento que fortuna y con más fortuna que conciencia. Pocos de los nuestros le agradecieron sus altos pensamientos de reconquistar Italia y lo que hizo por nuestra marina y el buen lugar que dio a España entre las potencias de Europa, aunque el éxito no coronase de todo en todo sus planes.

Cada vez más embrollados los puntos de disidencia con Roma, era urgente venir a un acuerdo, sobre todo para hacer con autoridad apostólica la reforma que dentro de casa necesitábamos, y que pedían a gritos los prelados más austeros y menos sospechosos de regalismo, llevando entre ellos la voz el insigne obispo de Cartagena, don Luis Belluga, cardenal desde 1720, prelado batallador al modo de los de la Edad media, gran partidario de la Casa de Borbón, hasta el extremo de haber levantado a su costa 4.000 hombres en la guerra de Sucesión, declarándola guerra santa, y presentándose en persona en el campo de batalla de Almansa para decidir la victoria; virrey y capitán general de Valencia en nombre de Felipe V, pero enemigo acérrimo de la camarilla francesa, de Orry y de Macanaz y de la princesa de los Ursinos, a la vez que ultramontano rígido y azote de las pretensiones regalistas de los fiscales del Consejo, como lo pruela su famoso *Memorial* de 1709 protestando de la expulsión del nuncio y de la clausura de su Tribunal y combatiendo ásperamente el pase regio y los *Recursos de fuerza*.

En cuanto a la reforma del estado eclesiástico, los pareceres se dividieron. Unos, como el ejemplar y venerable arzobispo de Toledo, padre Francisco Valero y Cora, se inclinaban a reanudar los concilios provinciales, malamente interrumpidos desde fines del siglo XVI con pretextos de etiqueta (v. gr., la cuestión del marqués de Velada), que ocultaban males más hondos. Y realmente, Felipe V, por cédula fecha en 30 de marzo de 1721,[29] recomendó a los prelados la pronta celebración de estos sínodos provinciales y diocesanos, conforme a las disposiciones de los sagrados cánones y del concilio de Trento y balo la real protección, sin atender a usos, estilos ni costumbres contrarias.

El cardenal Belluga, o porque temiera ver desarrollarse algún germen cismático en estos concilios provinciales o por no querer asistir como sufragáneo al sínodo de Toledo, él que era cardenal y obispo de la antigua metrópoli cartaginense, de la cual en los cinco primeros siglos dependió Toledo, opinó que la reforma debía impetrarse de la Santa sede, y él por su parte la solicitó autorizado por el rey y apoyándole varios prelados. Tal fue el origen de la famosa bula *Apostolici Ministerii*, dada por Inocencio XIII en mayo de 1723. Todo lo que en ella se dispone, o más bien se recuerda, dispuesto estaba en el concilio de Trento: condiciones con que ha de admitirse a la prima tonsura; precisa adscripción de los ordenados a alguna iglesia y asistencia en ella: supresión de beneficios y capellanías que no tengan rédito fijo y reducción de los incongruos; predicación obligatoria de los párracos o sus coadjutores; autoridad y preeminencia de los obispos en coro, capítulo y actos públicos a pesar de todo privilegio, costumbre inmemorial y concordias de cabildos. Item, que no se admita en ningún monasterio ni convento mayor número de frailes y monjas que los que puedan mantenerse de los bienes del mismo convento o de las limosnas acostumbradas; que solo el diocesano pueda dar órdenes y letras dimisionarias y licencias de confesar a los regulares; que los obispos remedien todos los abusos introducidos en las iglesias contra las prescripciones del ceremonial

---

29 Véase íntegra en el primer Apéndice del tomo 6 de la *Historia Eclesiástica de España*, de don Vicente de la Fuente, página 320 a 323.

de obispos, o del ritual romano, o de las rúbricas del misal y del breviario, sin admitir en contra ninguna apelación suspensiva; que se cumplan los decretos de Clemente XI sobre celebración de misas en oratorios privados y altares gestatorios. Y, finalmente, se dictan algunas reglas sobre apelaciones e inhibiciones y jueces conservadores, recomendándose en todo lo demás la observancia de los cánones de Trento, sin que valga a detenerla ningún privilegio anterior, ni costumbre, ni prescripción centenaria o inmemorial.[30]

Seculares y regulares pusieron el grito en el cielo ante esta bula de verdadera reformación, que, con no traer nada nuevo, venía a cortar inveterados abusos y a restituir a los obispos lo que nunca debieron haber perdido. El clamor de los cabildos, que se creían atacados en sus exenciones, y el de muchos frailes, que veían menoscabados sus privilegios, se juntó con el de los regalistas, que de las exenciones gustaban, y en cuanto a la reforma, si es que en ella pensaron, querían hacerla dentro de España y por mano real. Infinitos memoriales llovieron a nombre de las catedrales de Castilla y León. Con todo eso, la bula se cumplió a lo menos en parte, y conservó su autoridad legal en todo, siendo no pequeña gloria para el cardenal Belluga haberla obtenido primero y defendido después gallardamente.[31]

Con breves intervalos de quietud, todo el reinado de Felipe V, en sus dos períodos, fue de hostilidad más o menos descubierta contra Roma. El nieto de Luis XIV no podía perdonar al papa sus simpatías por los austríacos sobre todo en las cuestiones de Italia. De aquí nuevas expulsiones del nuncio y clausura de su tribunal y prohibiciones de enviar dinero a Roma, y hasta una invasión de los Estados pontificios por el infante don Carlos, ya rey de Nápoles en 1736. A la sombra de tales violencias se logró el capelo para el infante don Luis, administrador de los arzobispados de Toledo y de Sevilla a los diez años, y se ajustó el concordato de 1737 (26 de septiembre), confirmado por breve de 14 de noviembre del mismo año. En él se restringe la inmunidad local; se trata, de poner remedio a los fraudes y ficciones de ventas y contratos hechos a nombre de eclesiásticos para lograr exenciones de impuestos; se prohíben los beneficios por tiempo limitado; se concede al rey un subsidio de 150.000 ducados

---

30 Véase íntegra esta bula en el apéndice 2, tomo 6 de la *Historia eclesiástica de España*, páginas 323 a 335.
31 Véase Covarrubias, *Recursos de fuerza* (1786), página 417.

por cinco años, se sujetan a contribución, desde la fecha de la concordia, los bienes que de nuevo pasasen a manos muertas; se previene a los ordinarios moderación y cautela en las censuras; se anuncia una visita de regulares hecha por los metropolitanos; se reserva Roma las causas de apelación más importante (matrimoniales, decimales, jurisdicciones, etc.), confiando a jueces in partibus las inferiores; se mandan formar un estado de los réditos ciertos e inciertos de todas las prebendas y beneficios gala tasar y regular las imposiciones y medidas anatas. Quedaban en suspenso, aplazadas más o menos indefinidamente, las cuestiones más importantes y escabrosas: el regio patronato, las reservas, los expolios y vacantes y las coadjutorías.[32]

Semejante concordato no satisfizo a nadie. A los regalistas pareció poco, y a los ultramontanos, demasiado. Hacíase ahínco, sobre todo, en lo del patronato regio, en defensa del cual había publicado poco antes el ministro Patiño un abultado infolio, que llamó conforme al gusto del tiempo, *Propugnáculo histórico, canónico, político y legal*.[33]

La verdad es que, al fin de la jornada, bien poco lograron aquellos ministros que en son de guerra habían invadido las tierras del papa, y recogido a mano real los breves de Roma, y estorbado el curso de las preces. Todo consistió en que Patiño había muerto al tiempo de cerrarse el concordato y que no le ultimó él, sino su sucesor don Sebastián de la Cuadra.[34]

El concordato fue letra muerta excepto en lo relativo al derecho de asilo. Los abusos siguieron en pie, y Mayáns llegó a decir que aquella concordia no era válida de hecho ni de derecho. Pero ni del derecho ni del hecho puede dudarse, ya que ambas partes lo aceptaron y dieron disposiciones para hacerle cumplir.

---

32 *Historia eclesiástica de España*, tomo 6, página 337 y siguientes.
33 Madrid 1736.
34 Para los trabajos preparatorios del concordato se formó una junta, compuesta del obispo de Málaga, don fray Gaspar de Molina y Oviedo; de cinco consejeros y de cuatro teólogos (los padres Raspeño, Terán, Gutiérrez y Losada). Negociador en nombre de Felipe V fue el cardenal Aquaviva.
Clemente XII expidió dos breves (*Alias nos* y *Quanto cum Pontificiae providentiae*) para asegurar el cumplimiento de este concordato en lo relativo al derecho de asilo.
Véase Mayans y Siscar (don Gregorio), *Observaciones sobre el concordato de 1753* (*Seminario erudito*, de Valladares y Sotomayor, tomo 25).

Pero todo estaba en el aire mientras no se resolviera la cuestión del patronato. Y no porque aflojaran un punto los ministros de Felipe V en reunir documentos para sacarle a salvo y enviar colecciones de ellos a Roma. Sabemos por Mayáns (en sus *Observaciones*) que el marqués de los Llanos, don Gabriel de la Olmeda, fiscal de la Real Cámara, recopiló en un papel los fundamentos de hecho y de derecho que confirmaban el patronato, y que este papel pasó a Roma y mereció una refutación en forma de Benedicto XIV, que, como doctísimo canonista que era, no quiso pasar por las simples copias de bulas que el cardenal Aquaviva le presentó y puso reparos críticos a la cronología de muchas de ellas.

Entre tanto, el espíritu antirregalista había provocado cierta reacción en España. Víctima de ella fue el franciscano fray Nicolás de Jesús Belando, autor de la *Historia civil de España*, donde largamente refirió todos los acontecimientos del reinado donde de Felipe V hasta el año de 1735. Contaba entre ellos el caso de Macanaz en tono de apología de aquel ministro, y en las disensiones de Roma daba siempre la razón al rey, y trataba no poco agriamente al padre Daubenton, confesor del rey, y a los jesuitas, acusándolos hasta de revelar secretos de confesión, v. gr., el pensamiento que Felipe V tuvo de abdicar en Luis I.[35] En 6 de diciembre de 1746 se mandó recoger el tomo 3.º de la *Historia de Belando*, «por contener proposiciones temerarias, escandalosas, injuriosas, denigrativas de personas constituidas en dignidad, depresivas de la autoridad y jurisdicción del Santo oficio, próximas a la herejía y, respectivamente, heréticas».

El autor reclamó invocó en favor suyo las aprobaciones de su libro, el hecho de haber aceptado Felipe V la dedicatoria y el dictamen que en favor suyo había dado don José Quirón, abogado de los Reales Consejos. Todo fue en vano; Belando y Quirón fueron encarcelados, y el primero, recluso en un convento de su Orden en Valencia, con prohibición de escribir en adelante y severas peni-

---

35 Cuenta Belando que Felipe V, sabedor de que el padre Daubenton había dado al regente de Francia noticia de este pensamiento suyo, se arrebató hasta decirle: «¿No estáis contento de vender lo que ha pasado por vuestra mano, sino que venís a vender a Dios por venderme a mí? Retiraos y no volváis más a mi presencia». Cuyas durísimas palabras hicieron tal impresión en el jesuita, que a pocos días pasó de esta vida (cap. 5 del tomo 3 de la *Historia civil*).
(Véase Ferrer del Río, *Historia de Carlos III*, página 149 del tomo I; y Llorente, *Histoire critique de l'Inquisition*, tomo 2, página 428.)

tencias. El tercer tomo de la obra de Belando, que abarca los sucesos ocurridos desde 1713 a 1733, es raro y buscado por los bibliófilos. Macanaz escribió de él unas anotaciones apologéticas que andan manuscritas.[36]

V. Otras tentativas de concordato, hasta el de 1756

No hay parte de nuestra historia, desde el siglo XVI acá más oscura que el reinado de Fernando VI. Todavía está por hacer el cuadro de aquel período de modesta prosperidad y reposada economía, en que todo fue mediano y nada pasó de lo ordinario ni rayó en lo heroico, siendo el mayor elogio de tiempos como aquéllos decir que no tienen historia. Pero mientras la honradez, la justicia, la cordura y el buen seso, el amor a la paz, el respeto a la tradición, el desinterés político y la prudencia en las reformas sean prendas dignas de loor en hombres de gobierno, vivirá honrada y querida la memoria de aquel buen rey, que, si no recibió de Dios grande entendimiento, tuvo, a los menos, sanísimas intenciones e instinto de lo bueno y de lo recto, guía más segura e infalible que todos los tortuosos rodeos de la política de Maquiavelo. Aquel reinado no fue grande, pero fue dichoso. De Fernando VI y de Ensenada y del padre Rábano puede decirse con una sola frase que gobernaron honrada y cristianamente, no como quien gobierna un grande imperio, sino como el padre de familia que rige discretamente su casa y acrece por medios lícitos el caudal heredado. ¡Dichosos aquellos tiempos; en que todavía era posible gobernar así!

Pero dichosos, no, porque el germen mortífero del espíritu del siglo XVIII vivía o se inoculaba en España, aunque con más lentitud que en otras partes. Y en ese mismo reinado de Fernando VI, que fue ciertamente intervalo de paz, aunque breve, daba alguna señal de su existencia ya en arranques regalistas, ya en alguna leve punta volteriana que asoma en los escritos de los que más de cerca seguían el movimiento literario de Francia, ya en la primera aparición de las sociedades secretas.

Como quiera, las cuestiones pendientes con Roma se allanaron entonces merced a un nuevo y definitivo concordato. Afírmase repetidamente, y con error, que el de 1737 no llegó a ser ley del reino ni fue aceptado por el Consejo; pero convencen de lo contrario las reales cédulas impresas en 1741 mandándole

---

36 *Apología de la defensa escrita por fray Nicolás de Jesús Belando a favor de la Historia civil de España*, prohibida injustamente por la Inquisición.

cumplir y ejecutar en todas sus partes.[37] El mal estuvo en la inobservancia y, sobre todo, en lo incompleto de la concordia, que era y parecía provisional. Sobre todo era urgente resolver la discordia del patronato. Mucho hincapié hacía la Dataría romana en no reconocerle, alegando ser poquísimas las iglesias fundadas por nuestros reyes, pues no los había en los primeros siglos cristianos, a lo cual se juntaba el haber sido nombre jamás oído en la Iglesia hasta el siglo XI el de patronato de legos. Contestaban los regalistas alegando el título de dotación, el de conquista, los indultos apostólicos y la costumbre. El mismo padre Rábano, si es suyo el papel que con su nombre se ha impreso sobre esta materia[38] llama al patronato «el bien de los bienes y el remedio universal de todos los perjuicios que sufre la disciplina eclesiástica en España... desde el día que se introdujeron las reservas apostólicas» Al mismo tiempo, el padre Burriel, comisionado por el ministro Carvajal, recorría nuestros archivos eclesiásticos y escudriñaba sobre todo el de Toledo en busca de documentos que confirmasen la pretensión de patronato. Se pidió parecer a los jurisconsultos de más fama en materias canónicas: al marqués de los Llanos, a Mayáns y Siscar, a don Blas Jover y Alcázar, al abad de la Trinidad de Orense.

El resultado de todos estos trabajos y consultas se envió a Roma al cardenal Portocarrero, agente de España, en forma de instrucciones, que redactó don Jacinto La Torre, canónigo de Zaragoza. Como sucede siempre en tales casos, ambas partes comenzaron por pedir demasiado, para quedar luego en un término razonable. El gran Benedicto XIV se propuso conceder cuanto buenamente podía, y, si al principio desoyó las exigencias harto duras del ministro Carvajal y Lancáster, no tuvo reparo en dar benigno oído a don Manuel Ventura Figueroa, agente secreto del marqués de la Ensenada y del padre Rábano. El concordato de 1753, el más ventajoso que nunca había logrado España, es todo él obra de aquel sabio pontífice hasta en sus términos literales. Subscríbanse Figueroa y el cardenal Valentía Gonzaga. Mediante una indemnización de 1.143.333 escudos romanos al 3 por 100, para los empleados, de la Dataría, fue definitivamente reconocido el derecho universal de patronato en todo lo

---

37 Páginas 343 y siguientes. Apéndice, n.º 5 del tomo 6 de la *Historia eclesiástica de España*.
38 *Observaciones del real patronato*. Lo publicó don Enrique Lebuina al fin de su biografía del padre Rábano (*Hijos ilustres de Santander*, tomo 2, página 127 y siguientes, tomándole del manuscrito D-d-32 de la Biblioteca Nacional). Yo le creo del padre Burriel.

que no contradijese a los patronatos particulares y suprimidos los expolios y vacantes, las cédulas bancarias, las coadjutorías y pensiones,[39] reservándose el papa cincuenta y dos dignidades, canonicatos, prebendas y beneficios para su libre provisión. El rey de España se comprometía a dar 5.000 escudos anuales de moneda romana para el mantenimiento del nuncio en Madrid.

Bueno será decir que, aun después de este convenio, en que Roma renunció a todos sus antiguos emolumentos mediante una indemnización levísima, hubo quien siguiera clamando contra los abusos de la curia romana.

Las negociaciones preliminares del concordato dieron lugar a una porción de escritos más o menos eruditos, pero todos de exaltado regalismo. Nadie fue tan lejos en este camino como el insigne valenciano don Gregorio Mayáns y Siscar, a quien llamó Voltaire el Néstor de los literatos de España, aludiendo a su longevidad, que fue no menor que la suya. Ni los sospechosos elogios y la amistad del patriarca de Forno, ni sus audacias y pirronismos históricos, ni sus extremidades regalistas deben ser parte a que tengamos por sospechoso en la fe a aquel varón, a quien podemos llamar grande, no tanto por el ingenio cuanto por la sana crítica y la indomada y fecunda laboriosidad. Era en todo un español de la antigua cepa, amantísimo de las glorias de su tierra, incansable en sacar a luz o reproducir de nuevo por la estampa las obras de nuestros teólogos y filósofos, jurisconsultos, humanistas, historiadores y poetas. ¡Cuán pocos son los que han dado más luz que él a nuestra historia científica y literaria! A él debemos magníficas ediciones de Luis Vives, del Brocense, de Antonio Agustín, de fray Luis de León, del marqués de Mondéjar, de Ramos de Manzano, de Retes, de Puga, ilustradas con biografías de los autores y notas copiosísimas. Él aspiró a reanudar en todo la tradición y la cadena de la ciencia patria, siendo sus esfuerzos en pro de nuestra cultura todavía más simpáticos que los del padre Feijoo, porque son más castizos. Incansable en purgar nuestra historia de fábulas y ficciones, no solo dio a luz la *Censura de historias fabulosas*, de Nicolás Antonio, sino que hizo por su cuenta guerra sin cuartel a los falsos cronicones y a toda la faramalla de historiadores locales. Quizá le llevó demasiado lejos el espíritu crítico, mezclado con cierta aspereza y terquedad de carácter y con una vanidad literaria superior a todo lo creíble. Así se comprende que diera en

---

39   Página 347, tomo 6 de la *Historia eclesiástica de España*, de don Vicente de la Fuente.

paradojas como la *Defensa del rey Witiza* o que se obstinara en caprichos como el de la Era española.

Pero ¿cómo no perdonárselo, todo, cuando se recuerda que él penetró de los primeros, con la antorcha de Valdés y de Aldrete, en el misterio de los orígenes de la lengua castellana, en tiempos en que la filología romance andaba en mantillas; que él en su severísima *Retórica* tuvo a gala no citar más ejemplos modernos que de autores españoles, todavía en mayor número que los de griegos y latinos, que él por primera vez escribió la vida de Miguel de Cervantes, y levantó la fama de Saavedra Fajardo, y resucitó el olvidado nombre de Pedro Juan Núñez, y, finalmente, que él dio luz al caos de nuestra historia jurídica en su *Carta al doctor Berni sobre el origen y progresos del derecho español*, años antes de que el padre Burriel escribiese la admirable *Carta a don Juan de Amaya*, tesoro de erudición y de sagradísimas conjeturas? Bien puede perdonarse a quien tan grandes cosas hizo el que con vanidad un poco pueril no tuviera reparo en llamarse *ingenio egregio adolescens, iudicioque admirabili, iuris et antiquitatis peritissimus*. Válgale por disculpa el no haber titubeado el doctísimo Huánuco en apellidarle a boca llena *Vir celeberrimus, laudatissimus, elegantissimus*, como si todo superlativo le pareciera pequeño para su alabanza.

Del cargo de regalista no puede defenderse a Mayáns, si realmente son suyas, como afirma Sempere y Guarinos[40] todas las obras publicadas acerca del patronato a nombre del fiscal del Consejo de Castilla, don Blas Jover y Alcázar. Tales son el *Informe en el pleito con el prior y cabildo de la real iglesia del Santo sepulcro, de Calatayud, para que se declare ser de presentación real todas las prebendas de dicha iglesia sin límite ni restricción alguna* (1745), volumen en folio destinado a probar la nulidad del testamento de Alfonso el Batallador en pro de las órdenes militares; la *Respuesta al oficio del reverendo arzobispo de Nacianzo, nuncio apostólico en estos reynos, contra la demanda puesta en la Cámara, de orden de su majestad, probando ser de real patronato la iglesia de Mondoñedo, por derechos de fundación, edificación, dotación y conquista*

---

40 *Ensayo de una biblioteca española de los mejores escritores del reinado de Carlos III*, tomo 4, página 32. Sempere añade que esto se demuestra por los mismos originales de las obras y por varias cartas existentes en poder de don Manuel Sostenes y Felíu, fiscal del Consejo y Cámara, y que antes fueron del ilustrísimo señor don Miguel María de Nava, gobernador del mismo Consejo. En todas estas obras ayudó a Mayáns su hermano el canónigo don Juan Antonio.

(1745), el *Informe canónico legal sobre la representación que hizo al rey el nuncio, arzobispo de Nacianzo* (1746); sobre coadjutorías y letras testimoniales; el *Examen del concordato de 26 de septiembre de 1737* (1747), dirigido a prevenir a Fernando VI, a su advenimiento al trono, contra las reclamaciones del nuncio pidiendo que se cumpliera el pasado concordato, y, finalmente, las *Observaciones sobre el concordato de 1753*, que después de andar largos años manuscritas llegaron a imprimirse en el *Semanario erudito*, de Valladares, con noticia de su verdadero autor, a quien el mismo don Manuel de Roda, empedernido, si bien vergonzante, volteriano, había negado licencia para la impresión en otros tiempos, considerándola más escandalosa que útil y aun de efecto contraproducente, por lo mismo que en ella se maltrata reciamente a Roma en puntos en que Roma había cedido.[41]

Pero ¿quién se libró entonces de aquel desdichado vértigo cismontano, si hasta se dejaron arrebatar de él alguna vez la índole cándida y el hermosísimo entendimiento del jesuita Andrés Marcos Burriel, a quien el ministro Carvajal y Lancáster envió a Toledo en busca de papeles que de un modo o de otro favoreciesen las pretensiones cesaristas, que se querían fundar en la historia? Ya queda dicho en otro lugar le esta obra nuestra que el padre Burriel dejó inédita una carta queriendo sacar a salvo, y extremando quizá el sentir del Tostado

---

41 Para completar en lo posible la bibliografía de este segundo concordato, citaremos, aunque no llegó a imprimirse, un escrito de Benedicto XIV titulado *Demostración a los cardenales Belluga y Aquaviva sobre las bulas presentadas por el segundo en nombre de la corona de España para probar las pretensiones sobre el patronato real, universal en todos los dominios del rey católico*. Le tradujo del italiano don Miguel José de Aoíz, a 18 de octubre de 1742. A él replicó don Gabriel de la Olmeda, marqués de los Llanos, en otro escrito rotulado *Satisfacción histórico-canónico-legal del manifiesto o demostración que la santidad del santísimo padre Benito XIV dio en respuesta del apuntamiento o instrucción que de orden del rey nuestro señor... hicieron presente a su santidad los eminentísimos señores cardenales Belluga y Aquaviva, con los fundamentos de hecho y de derecho con que los señores reyes de España y sus tribunales han conocido de tiempo inmemorial de todas las causas y negocios del real patronato, cuya jurisdicción reside en la real cámara. Que en virtud de especial orden comunicada por el eminentísimo cardenal de Molina, gobernador del real y supremo de Castilla, comisario general de la Santa cruzada y obispo de Málaga, escribe don Gabriel de la Olmeda y Aguilar, caballero del Orden de Santiago, marqués de los Llanos..., fiscal de la real cámara de Castillo y del real patronato. Madrid a 1.º de mayo de 1743* (manuscrito). ¿Será éste el pel atribuido al padre Rábano?
Véase Sempere y Guarinos, tomo 4, página 35.

acerca de la potestad pontificia, de cuya opinión viene a decir que «es como una ciudadela de reserva para lance perdido en negociaciones con Roma, o como una arma secreta, que, manejada por debajo de capa, sin escandalizar al público, obligará al ministerio de Roma a tomar cualquier partido». «La opinión del Abulense —añade—, no solo tiene firmes apoyos en lo general de la Iglesia, sino en lo particular de España. Tiene apoyos en España: en el tiempo primitivo de los romanos, en el tiempo de los godos, en el tiempo de la cautividad de los moros, en el tiempo de la restauración, aun después de introducido el decreto de Graciano...» Y así prosigue el padre Burriel, apoyándose, con lamentable error canónico, no solo en las tumultuosas sesiones de Constanza y Basilea, sino hasta en el conciliábulo de Pisa y hasta en el testimonio de herejes como Pedro de Osma, a quien se contenta con llamar atrevido; todo queriendo demostrar que el papa es solo *caput ministeriale Ecclesiae*, que, independientemente del concilio ecuménico, no tiene infalibilidad en el dogma.[42]

Cegaba al padre Burriel, y quiero decirlo siquiera por el entrañable amor que profeso a su buena memoria de erudito, que con los despojos de su labor enriqueció a tantos, sin cosechar él ningún fruto; cegábale, digo, aquella íntima devoción suya, aquel, mejor diré entusiasmo y fanatismo por todas las cosas españolas, y, sobre todo, por nuestra antigua liturgia, por nuestros concilios y colecciones canónicas y por las tradiciones de nuestra Iglesia. De continuo vivía con las sombras de los Isidras, Barullos y Jilvanes, y había llegado a fantasear cierta especie de Iglesia visigoda, que, sin ser cismática, conservara sus himnos, sus ritos y sus cánones y pudiera llamarse española. Hispanismo lamentable, o más bien engañoso espejismo, propio de quien vive entre libros y papeles viejos y se absorbe todo en la ilusión de lo antiguo; ilusión de que sacaron largo partido los gobernantes del tiempo de Carlos III, indiferentes en el fondo a tales investigaciones arqueológicas, pero interesados en mover guerra al papa bajo cualquier pretexto. ¡Si hubiera comprendido el padre Burriel cuán peligroso es jugar con fuego y cuán triste cosa poner la erudición seria y razonada y la contemplación serena de las instituciones de otros siglos al servicio de los fugitivos intereses de tal o cual bandería, o de ministros o hacendistas que solo

---

42 *Opúsculos* del padre Burriel (manuscrito en folio que perteneció a La Serna Santander y se guarda en la Biblioteca Real de Bruselas).

tiran a saltar el barranco de hoy con ayuda de erudiciones y teorías que para esto inventan! *Musas colimus severiores* hubiera debido decir el que con indecible y heroica diligencia, y en solos cuatro años, revisó más de 2.000 documentos, y copió cuanto había que copiar en Toledo, de misales y breviarios, de los llamados góticos y mozárabes; de actas y vidas de santos; de martirologios y leccionarios; de obras de san Isidro y de los padres toledanos; de códigos y monumentos legales; de diplomas y escrituras, dejando preparado en una forma o en otra cuanto después, con más o menos fortuna, sacaron a luz Arévalo, La Serna Santander, el cardenal Lorenzana, González, Aso y Manuel y tantos otros, pues hoy es el día en que aún estamos viviendo, confesándolo unos y otros sin confesarlo, de aquella inestimable riqueza que la tiranía oficinesca arrancó de manos del padre Burriel cuando todavía no había comenzado a dar forma y orden a sus apuntamientos.[43] Y no solo a la historia eclesiástica se limitaban sus esfuerzos, antes tuvo pensamientos más altos y universales que los del mismo Mayáns, como lo testifican sus inéditos y desconocidos *Apuntamientos de algunas ideas para fomentar las letras*, escritos hacia 1750. Allí se propone reanudar en todo el hilo de la vieja cultura española, y, en vez de pedir, como tantos otros de su tiempo, inspiraciones a Francia, quiere buscar el agua en las primordiales fuentes de nuestro saber castizo, y proyecta, sin que la inmensidad de la empresa le arredre, una colección de santos padres y otra de teólogos y místicos, todos españoles, y asimismo bibliotecas históricas completísimas de todos los antiguos que trataron de cosas de España, de cronicones latinos; de crónicas castellanas; de historiadores particulares y de Indias; de biografías;

---

43   Véase acerca del padre Burriel a Sempere y Guarinos, *Biblioteca española de los mejores escritores del reinado de Carlos III* (tomo 1, páginas 233 a 245), y al padre Fidel Fita, *Galería de jesuitas ilustres* (Madrid 1880, Dubrull, páginas 222 a 240), donde hay dos relaciones de su vida, escrita la una por un hermano de Burriel, y la otra, por el padre Diego Rivera.
De sus obras apenas se ha impreso nada con su nombre, fuera del preciosísimo tomo de *Cartas eruditas y críticas*, que en perversa edición, como todas las suyas, y más llena que otras de groseros yerros estampó don Antonio Valladares Sotomayor (Madrid, Imprenta de la viuda de Marín, sin año, y antes en el *Semanario erudito*). ¡Lástima que tales escritos cayesen en tan pecadoras manos! Los opúsculos contenidos en el manuscrito de Bruselas esperan todavía editor.

de historias de reinos, ciudades y pueblos; un cuerpo diplomático; una colección de monumentos de lenguas de Indias; enmiendas y adiciones a Nicolás Antonio; bibliografías particulares, ediciones de todos nuestros humanistas, desde Alonso de Palencia y Nebrina y el Comendador Griego hasta Vicente Marinar, y de todos nuestros filósofos, desde Vives hasta Suárez, y de nuestros arqueólogos y juristas; y como, si todo esto no fuera bastante, una *Historia cristiana* (aún no había comenzado a escribir el padre Flórez), un *Martirologio* en que se enmendasen las fábulas del de Tamayo de Salazar, una historia natural de España y otra de América, un *Corpus Potérium hispanorum* y colecciones de gramáticos, de oradores, de críticos, etc.

¡Qué manera tan grandiosa y nueva de concebir la historia de España! ¡Qué atención a todo y qué poner las cosas en su lugar! Y no se diga por todo elogio que *in magnas volviese sat est*, porque al padre Burriel, que todas estas maravillas había concebido, no le faltó el saber, ni los materiales, ni el buen juicio, ni el delicado gusto, ni siquiera el tiempo para aprovecharlos. Solo le dañó el ser jesuita y el haberle faltado la sombra del padre Rábano cuando más falta le hacía y cuando comenzaba a desatarse la tormenta contra la Compañía. No le alcanzó a Burriel la expulsión, pero sufrió el martirio más cruel que puede sufrir un hombre de letras: el de verse arrebatar en un día, de real orden, subscrita por el ministro Walk, el fruto de todas sus investigaciones y el tesoro de todas sus esperanzas. Aquel acto de absurdo despotismo le costó la vida. Hora es ya de vengar su memoria, oscurecida por tanta corneja como se atavió con sus plumas.

VI. Novedades filosóficas. Cartesianismo y gassendismo. Polémicas entre los escolásticos y los innovadores. El padre Feijoo. Vindicación de su ortodoxia. Feijoo como apologista católico

Quizá parezca extemporáneo no poco de lo dicho en el párrafo anterior; pero, aparte del regalismo, siempre es útil traer a cuento los respetables nombres de Mayáns y Burriel, los dos españoles más españoles del siglo pasado, cuando se va a hablar de la ola de ideas extranjeras que inundó nuestra tierra desde los primeros años del siglo XVIII y a detenernos un momento ante la figura del padre Feijoo, a quien tienen muchos por el pensador más benemérito de nuestra cultura en aquella centuria.

Pero ni Feijoo está solo, ni los resultados de su crítica son tan hondos como suele creerse, ni estaba España, cuando él apareció en el misérrimo estado de ignorancia, barbarie y fanatismo que tanto se pondera. Hora es ya de que las leyendas cedan el paso a las historia y que llegue a los siglos XVII y XVIII algún rayo de la vivísima luz que ha ilustrado y hecho patentes épocas mucho más remotas y de más difícil acceso.

Alguna culpa quizá no leve, tenga en esto el mismo padre Feijoo, que de modesto no pecó nunca[44] y parece que puso desmedido empeño en que resaltase la inferioridad del nivel intelectual de los españoles respecto del suyo. Hay en sus escritos, por mucha indulgencia que queramos tener, ligerezas francesas imperdonables, que van mucho más allá del pensamiento del autor, y que denuncian no ciertamente desdén ni menosprecio ni odio, pero sí olvido y desconocimiento de nuestras cosas, hasta de las más cercanas a su tiempo; como que para hablar de ellas solía inspirarse en enciclopedias y diccionarios franceses.

Lejos de nosotros palabra alguna dura e injuriosa para tan gran varón. No somos de aquellos que, exagerando su mérito relativo, le disputan todo mérito absoluto, hasta desear ver quemados sus libros, por inútiles, al pie de su estatua. Yo afirmo, al contrario, que esos escritos me han enseñado mucho y deleitado no poco y que largo tiempo ha de pasar antes que envejezcan.

Lo que me parece mal es el estudiar a Feijoo solo, y mirarle como excepción de un pueblo de salvajes, o como una perla caída en un muladar, o como el civilizador de una raza sumida hasta entonces en las nieblas del mal gusto y de la extrema insipiencia.

Cierto que las amenas letras agonizaban cuando él comenzó a escribir. En tiempo de Carlos II se habían apagado el astro de Calderón y el de Solís, únicos supervivientes de la poética corte de Felipe IV. Con ellos se habían llevado a la tumba el genio dramtico y el estilo histórico. El teatro vivía de las migajas de la mesa de Calderón, recogidas afanosamente por Bances Candamo, Zamora y Cañizares. De la poesía lírica apenas quedaba sombra, ni merecen tan sagrado

---

44 Recuérdese su altanera respuesta al padre Soto-Marne, lo más insolente que he leído en castellano, fuera de los *Opúsculos*, de Puigblanch.

nombre los retruécanos, conceptibles, equívocos y paloteo de frases con que se ufanaban Montoro, el primer Benegasi, Tafalla y Negrete, y hasta Gerardo Lobo, con tener este último muy espontáneo y desenfadado ingenio. Solo cruzaban de vez en cuando, como ráfagas hermosas, aquel anubladísimo cielo algunas inspiraciones místicas de almas virginales retraídas en el claustro o tal cual valiente y filosófico arranque del tétrico y asceta don Gabriel Álvarez de Toledo. En lo demás, alto silencio. Imitando de lejos a Quevedo, escribía con sal mordicante y con abundancia desaliñada de lengua el doctor don Diego de Torres, confundiendo a la continua la pintura de costumbres con las caricaturas y bambochadas.

Pero la cultura de un país no se reduce a versos y novelas, y justo es decir, como ya lo notó el señor Cánovas del Castillo, con la discreción y novedad que suele poner en sus juicios históricos,[45] que aquellos días de Carlos II y del primer reinado de Felipe V, tristísimos para las letras, no lo fueron tanto, ni con mucho, para los estudios serios; no siendo culpa de la historia el que esta vez, como tantas otras, contradiga las vanísimas imaginaciones de los que quieren amoldarla a sus ideas y sistemas.

Será desgracia de los que así pensamos; pero, por mucho que nos empeñemos en admirar las grandezas y esplendores de la edad presente, en vano buscan los ojos en esta España, tan redimida ya de imposiciones y tiranías científicas, un matemático como Hugo de Omerique, cuya *Analysis geometrica, sive nova et vera methodus resolvendi tam problemanda geometrica quam arithmeticas quaestiones*, que por lo ingeniosa y aguda mereció los elogios de Newton, fue impresa en Cádiz en 1698, en tiempos en que el análisis matemático andaba en mantillas o gemía en la cuna. Lo cual no fue obstáculo, sin embargo, para que, pocos años adelante, el padre Feijoo y el humorístico doctor Torres, que quizá no habían visto tal libro ni sabían bastantes matemáticas para entenderle, afirmasen, cada cual por su lado, que las ciencias exactas eran planta exótica en España. Seraneo en Oviedo o en Salamanca, donde ellos, casi profanos, escribían; pero en España estaba Cádiz, patria de Omerique, y Valencia, donde escribía y enseñaba el doctísimo padre Tosca. Y los aficionados a estudios históricos, sólidos y macizos, de crítica y de investigación, ¿cómo

---

45 Discurso leído ante la Academia española contestando al de recepción de don Manuel Salvilla.

no han de tener por edad dichosa aquella en que convivieron, y aunaron sus esfuerzos contra el monstruo de la fábula, y barrieron hasta el polvo de los falsos cronicones, y exterminaron una a una las cabezas de aquella hidra más mortífera que la de Lerna, y limpiaron el establo de *Aguas de nuestra historia eclesiástica y civil* tan doctos varones como don Juan Lucas Cortés, Nicolás Antonio, Mondéjar y el cardenal Aguirre, a quien se puede agregar a tan ilustre compañía, perdonándole su debilidad, de que entonces participaban muchos, por las decretadas ante-sicilianas? Ingratos y necios seríamos si negásemos que a la época de Carlos II debimos nuestra mínima colección de concilios, nuestra bibliografía antigua y nueva, superior hoy mismo a la que cualquiera nación tiene; los primeros trabajos encaminados a dar luz a la historia de nuestras leyes, de los cuales fue brillante muestra la *Themis hispanica*, que como suya publicó Franckenau; y, finalmente, las *Disertaciones eclesiásticas* y los infinitos trabajos de Mondéjar, los del padre Pérez, benedictino, y la *Censura de historias fabulosas*, luminosos faros que nos guiaron al puerto de la *España sagrada*. ¡Edad de ignorancia, de superstición y de nieblas aquella en que, al impulso y a la voz de nuestros críticos, cayeron por tierra supuestas cátedras apostólicas y episcopales, borrase de los martirologios a innumerables santos cuyos nombres y reliquias honraba la engañada devoción del vulgo y ni cartularios de monasterios ni obras tenidas por de santos padres se libraron de la inquisidora mirada de la crítica! ¿No arguye mayor valor el que creyentes hagan esto en una sociedad católica que el atacar baja y cobardemente al cristianismo en una sociedad impía? ¿Dónde, si no en esa escuela de noble y racional y cristiana libertad histórica, aprendieron los Berlangas, Burriel, Mayáns y Flórez, lumbreras de la primera mitad del siglo XVIII, pero educados con los libros y tradiciones del siglo anterior libres casi de todo contagio extranjero, porque hasta el regalismo y lo que pudiéramos llamar hispanismo de algunos de ellos tiene sabor castizo, y más que de Bossuet viene de Salgado?

¡Y ésta es la nación que nos pintan oprimida y fanatizada hasta que el benedictino gallego vino a redimirla con el fruto de sus estudios en las *Memorias de Trévoux*, en el *Diccionario* de Morera, en el *Journal des Savants*, en las *Curiosidades de la naturaleza y del arte* o en la *Historia de la Academia Real de Ciencias*! No saben de España, ni entienden a Feijoo, ni aciertan siquiera a alabarle los que tal dicen. Feijoo, en primer lugar, si levantara la cabeza, podría contestarles que en su infancia había alcanzado a aquellos grandes jurisconsultos Ramos del Manzano y Retes, de cuyos tratados *De posesión* ha afirmado en nuestros días el gran Savigny que, «juntamente con los comentarios de Domellas, son las obras más serias y profundas sobre esta importantísima parte del Derecho romano». Les diría que, antes de venir él al mundo, habían expuesto el obispo Cañamiel y el judaizante Caldoso las filosofías de Gassendi y de Descartes, adaptándolas unos y combatiéndolas otros, como el padre Polanco, obispo de Jaén, en su *Dialogus physico-theologicus contra philosophiae novatores*, al cual no se desdeñó de contestar el padre Saguens, maignanista francés, en su *Atomismos demonstratus*; prueba clarísima de que las lucubraciones de los nuestros no eran tan despreciadas ultrapuertos. Les confesaría que tampoco fue él el revelador del método experimental en España, puesto que en 1679 se había fundado en Sevilla la Sociedad regia de medicina y demás ciencias, cuyo único objeto era combatir el llamado galenismo y propagar el método de observación. Y tampoco tendría reparo en confesarles que, si su mala suerte le hizo tropezar muchas veces con bárbaros sangradores y metafísicos, curanderos, semejantes al inventor del agua de vida, también le concedió su fortuna ser contemporáneo de Solano de Luque, que con el *Lydius Lapis Apollinis* tan honda revolución produjo en la semeyótica, o doctrina del pulso; y ser amigo del insigne anatómico, y médico, y filósofo escéptico Martín Martínez, ninguno de los cuales había aprendido seguramente en su escuela, aunque el segundo tomase puesto a su lado.

No exageremos la decadencia de España para realzar el mérito de Feijoo. Aun sin tales ponderaciones, es bien grande y más grande nos parecerá si no nos empeñamos en verle aislado, sin maestros ni discípulos, en medio de una Beocia inculta hasta enemiga fanática del saber. Pues qué ¿si en el ambiente hubiera vivido, cree de buena fe ninguno de sus admiradores que Feijoo tuviera fuerza inicial bastante para levantarse como se levantó y remover tantas ideas y dejar tales rastros de luz?

Feijoo vale no solo por sí mismo y por lo que había aprendido en sus lecturas francesas, sino por lo mucho que recibió de la tradición española, a pesar de sus frecuentes ingratitudes. Confieso que nunca he podido leer sin indignación lo que escribió de Raimundo Lulio. Juzgar y despreciar a tan gran filósofo sin conocerle, ¿qué digo?, sin haberle tomado nunca en las manos, es uno de los rasgos más memorables de ligereza que pueden hallarse en el siglo XVIII. Si Feijoo hubiera escrito así siempre, bien le cuadraría el epíteto de Voltaire español, no por lo impío, sino por lo superficial y vano. Ni siquiera después que recia y sesudamente le impugnaron los padres Tronchón y Torreblanca, Pascual y Fornés, se le ocurrió pasar los ojos por las obras de Lulio, que de cierto no faltarían, a lo menos algunas, en la biblioteca de su convento. Dijo que no gustaba de malbaratar el tiempo, y que se daba por satisfecho con haber visto una idea del sistema de Lulio en el *Syntagma*, de Gassendi, donde apenas ocupa dos páginas. Así escribía el padre Feijoo cuando escribía a la francesa.

Repito que no le acabo de perdonar nunca estos pecados contra la ciencia española. Porque es de saber que Feijoo llegó a ser un oráculo, y lo es todavía para muchas gentes, y lo era, sobre todo, en aquellos últimos días del siglo XVIII y primeros del XIX, en que pareció que íbamos a olvidar hasta la lengua. Antes de Feijoo, el desierto; así razonaban muchos. Y, sin embargo, la mayor gloria de Feijoo se cifra en haber trabajado por la reforma de los estudios, traduciendo a veces casi literalmente, aplicando otras veces a su tiempo las lecciones que Luis Vives había dado en el Renacimiento sobre la corrupción de las disciplinas y el modo de volverlas al recto sendero.[46] Siguiendo a aquel grande y sesudo pensador, antorcha inmortal de nuestra ciencia, no se ató supersticiosamente a ningún sistema; filósofo con libertad y fue de todas veras, como él mismo dice con voz felicísima, ciudadano libre de la república de las letras. Peregrinó incansable por todos los campos de la humana mente, pasó sin esfuerzo de lo más encumbrado a lo más humilde y, firme en los principios fundamentales, especuló ingeniosa y vagamente de muchas cosas, divulgó verdades peregrinas, impugnó errores del vulgo y errores de los sabios, y fue, más que filósofo, pensador, más que pensador, escritor de revistas o de ensayos a la inglesa. No quiero hacerle

---

46 Véanse en los, tomo 7 y 8 del *Teatro crítico* los discursos intitulados:
 —De lo que conviene quitar en las súmulas.
 —De lo que conviene quitar y poner en la lógica y metafísica.
 —De lo que sobra y falta en la física.
 —De lo que sobra y falta en la enseñanza.
 —Abusos de las disputas verbales.
 —Desenredo de sofismas.
 —Dictado de las aulas.
 —Argumentos de autoridad.

la afrenta de llamarle periodista, aunque algo tiene de eso en sus peores momentos, sobre todo por el abandono del estilo y la copia de galicismos. En filosofía presenció la lid entre los escolásticos recalcitrantes y los importadores de nuevos sistemas, sin decidirse resueltamente por unos ni por otros, aunque no ocultaba sus simpatías por los segundos. Si de algo se le puede calificar, es de baconiano, o más bien de vivista. Era un espíritu ecléctico y curioso, con tendencias al experimentalismo. En filosofía natural le enamoraron los *Principios*, de Newton, cuando llegó a conocerlos, y tuvo siempre aficiones atomísticas muy marcadas, aunque por falta de resolución o por templanza de espíritu, o por no querer pensar en ello, si hizo guerra a las cualidades ocultas de la escuela, no rechazó nunca las formas sustanciales, ni se pasó a los reales de la física corpuscular, como hicieron otros contemporáneos suyos, v. gr., el padre Tosca y su discípulo Berni; el padre Juan de Nájera, autor del *Maignanus redivivus*; el Pero Guzmán, que lo fue del *Diamantino escudo atomístico*, y el insigne médico murciano doctor Zapata, que en son de triunfo escribió *El ocaso de las formas aristotélicas*. Gassendi, más que Descartes, era el maestro de todos ellos. En contra lidiaban, con otros de menos nombre, el doctor Lesaca, de quien es el *Colirio filosófico-aristotélico*, y otro libro, no de mejor gusto, en que pretende impugnar las opiniones del doctor Zapata ilustrando las formas aristotélicas a la luz de la razón; y el doctor López de Araújo y Azcárraga, que puso vigilante en frente de Feijoo y Martín Martínez su *Centinela médico-aristotélica contra escépticos*. Obsérvese que, por lo general, eran médicos, y no teólogos los que descendían arena en pro de lo antiguo. Los escolásticos se contentaban con hacer íntegros *Cursos de filosofía*, al modo que lo ejecutaron, entre otros muchos descubiertos o la infatigable diligencia de nuestro amigo Laverde,[47] los padres Aguilera y Biedma, fray Juan de la Trinidad y fray Juan de la Natividad, el franciscano González de la Peña, el trinitario descalzo fray José del Espíritu santo y el elegante y sazonadísimo jesuita Luis de Losada, a quien más bien puede llamarse ecléctico, sobre todo en las materias de física, puesto que aceptó de los nuevos sistemas cuanto buenamente podía aceptar

---

47 *Ensayos críticos sobre filosofía, literatura e instrucción pública*, por don Gumersindo Laverde... (Lugo, Soto Freire, 1868). No se puede intentar nada en historia científica de España sin pasar los ojos por este libro, tan lleno de indicaciones propias y gérmenes de vida. ¿Quién sabe si de él dataran nuestros nietos la restauración científica de España?

sin menoscabo de la concepción cosmológica que vulgarmente se llama aristotélico-escolástica.

Es moda confundir en montón a los antagonistas del padre Feijoo y tenerlos a todos por esclavos de rancias preocupaciones, y, sin embargo, algunos de ellos eran más innovadores que él y más resueltos. No hablemos de los lulianos, que, si hubieran alcanzado a Hegel, alguna parte habrían reclamado en aquella lógica que es metafísica. No digamos nada de aquel singular eclecticismo o sincretismo del padre Luis de Flandes en su extraño libro *El académico antiguo contra el escéptico moderno*, donde, renovando, por decirlo así algo del espíritu armónico de Fox Morcillo, quiso conciliar, bajo las universales mínimas, las opuestas inferiores, es decir, las formas aristotélicas con el realismo de Platón, y hasta con el de Lulio, remontándose en física hasta los pitagóricos, de quien el cantor del *Timeo* recibió inspiraciones. Pero aún los más vulgares impugnadores del *Teatro crítico*, el mismo don Salvador José Mañer, diarista famélico, sobre quien agotaron Feijoo y el padre Sarmiento el vocabulario de los dicterios y de las afrentas, y a quien Jorge Pitillas llamó alimaña, no era un trasañejo peripatético, envuelto en el estiércol de la escuela, sino un gacetillero y erudito a la violeta, ávido de novedades y gran lector de diccionarios franceses, a quien de mano maestra retrató el implacable satírico del *Diario de los Literatos*:

> Voy a la biblioteca; allí procuro
> pedir libros que tengan mucho tomo,
> con otros chicos, de lenguaje oscuro.
> Apunto en un papel que pesa el plomo,
> que Dioscórides fue grande herbolario,
> según refiere Wanderlack el Romo.
> Y allego de noticias un armario
> que pudiera muy bien, según su casta,
> aumentar el Mercurio literario.

Este era Mañer y ésta su erudición. Hombre de flaquísimo magín, no tenía reparo en defender con absurdos testimonios las mortíferas propiedades del basilisco o el inquieto poder de los duendes; pero al mismo paso negaba su ascenso a la fórmula del anfibio de Liérganes, que Feijoo admitió sin reparo.

Y por lo que hace a las novedades filosóficas, era campeón acérrimo de ellas y enemigo jurado de la escolástica. Así le vemos defender con extraño tesón aquella singularísima sentencia de don Gabriel Álvarez de Toledo, precursor en esto de modernísimos sistemas, del infinito y sempiterno desarrollo de una sola semilla criada, que cada planta busca, según su especie, en la nueva producción, resplandeciendo así la sabiduría del Altísimo en bosquejar con solo un rasgo de su poder toda la serie de vegetales.[48] De igual suerte, defendió la duda cartesiana en el concepto de provisional e hipotética.

No es ocasión de exponer aquí punto por punto las polémicas del padre Feijoo; buena parte de la historia intelectual de España en los primeros años del siglo XVIII se compendia en ellas. Su escepticismo médico[49] eco del que antes había defendido el doctor Gazola, veronés, provocó las ásperas y por lo general desatentadas y pedestres impugnaciones de los doctores Aquenza, Suárez de Rivera, Araújo, García Ros y Bonamich y las amigables advertencias de Martín Martínez. En puntos históricos le combatió con pésimo y gerundiano estilo, pero no sin razón a veces, el franciscano Soto-Marne, insigne en los anales del mal gusto por su colección de sermones, llamada *Florilegio*; Feijoo no se quedó corto en la respuesta, pero como en sus admiradores el entusiasmo rayaba en fanatismo, recurrieron a uno de aquellos alardes de arbitrariedad, siempre tan simpáticos en España, e hicieron que Fernando VI dijese, de real orden a su Consejo, que nadie fuera osado a impugnar las obras de Feijoo, ni menos a imprimir las refutaciones, por la razón poderosísima de que los escritos del padre Feijoo eran del real agrado. El padre Soto-Marne puso el grito en el cielo contra aquella tiranía ministerial, y en tres *Memoriale*s no tan mal escritos como el *Florilegio*, y, sobre todo, muy racionales en el fondo, reclamó aquella libertad que la Inquisición había dejado y dejaba siempre en materias opinables. «Esto es cautivar los ingenios —decía el padre Soto-Marne—, es manifiesto agravio de la verdad, ofensa de la justicia y detrimento de la común enseñanza... ¿Por qué el maestro Feijoo ha de pretender un privilegio que no ha gozado otro escritor hasta ahora? ¿Por ventura está canonizada su doctrina? ¿No se han sujetado

---

48 El padre Feijoo impugnó esta doctrina en el discurso 13 de su *Teatro: Consectario contra filósofos modernos.*

49 Sobre las polémicas del padre Feijoo con los médicos hay reunidos cuantos datos bibliográficos pueden apetecerse en el tomo 6 de la *Historia de la medicina española*, de Morejón.

siempre a examen crítico, impugnación y censura las obras de santos padres, de pontífices... y de los más ilustres escritores que venera el orbe literario?»

Vox clamantis in deserto. Los gobernantes del siglo XVIII se habían propuesto civilizarnos *more turquesco* y con procedimientos de déspota. Así se proclamaba solemnemente y se imponía como ley del reino la infalibilidad de un escritor polígrafo que trató de todas materias, en algunas de las cuales no pasaba de dilettante.

Y, sin embargo, la gloria de Feijoo está muy alta. No es, ciertamente, escritor clásico, pero si ameno y fácil. ¡Lástima que afeen su estilo tantos y tantos vocablos galicanos, algunos de ellos tan inauditos, como tabla por mesa, ancianas opiniones en vez de antiguas y ponerse en la plaza de Mr. de Fontenelle por ponerse en su lugar! ¡Lástima mayor que él hiciera perder el primero a nuestra sintaxis la libertad y el brío, atándola a la construcción directa de los franceses, en términos de que muchas veces parece literalmente escritor de ultrapuertos hasta cuando más discurre por cuenta propia! Pero, aparte de estos lunares, perdonables en trabajos hechos a vuela pluma, y que tienen siempre el mérito grandísimo de la claridad y el de dejarse leer sin fatiga, ¡cuánta y cuán varia y selecta lectura, aunque por lo general de segunda mano; cuánta agudeza, originalidad e ingenio en lo que especuló de suyo! ¡Qué vigor en la polémica y qué brío en el ataque! ¡Qué recto juicio en casi todo y qué adivinaciones y vislumbres de futuros adelantos!

No nos acordemos de los gigantes del siglo XVI; pongámosle en cotejo con los hombres de su tiempo, y entonces brillará lo que debe.

Lo que pierde en profundidad, lo gana en extensión. Como filósofo, ¿es pequeño loor suyo el no haber jurado nunca *in verba magistri*, ni haberse dejado subyugar jamás ni por el imperio de la rutina ni por los halagos de la novedad, hechicera más terrible que las Alcinas y Morganas? En mal hora se ha llamado a Feijoo el Voltaire español; ni vale nuestro benedicto lo que como escritor vale el autor de *Cándido* y del *Diccionario filosófico*, ni es pequeña injuria para Feijoo, filósofo sin duda, aunque no de la generosa madera de santo Tomás, de Suárez o de Leibnitz, sino con esa filosofía sincrética y errabunda, a cuyos devotos se llama hoy pensadores, el de verse asimilado a aquel *bel esprit*, que tuvo entre sus dones el de la sátira cáustica y acerada como ningún otro de los hijos de Adán, pero que fue en toda materia racional y discursiva el más inepto y torpe de

85

cuantos han empleado su pluma para corromper el género humano. ¿quién no ha leído a Voltaire? Y aunque se confiese con sonrojo, ¿quién no le ha leído dos veces? Pero esto es ventaja del estilo, no de la doctrina, y, si alguna relativa ventaja de ciencia lleva a Feijoo, no se atribuya al autor, sino al tiempo y a la nación y, sobre todo, a su viaje a Inglaterra. La mayor audacia de Voltaire en filosofía natural, la adopción de los principios newtonianos, es de 1738, y él mismo dice en la segunda edición de 1745 que todos los físicos franceses eran, cuando él escribió cartesianos, y rechazaban, ¿quién sabe si por vanidad nacional?, la luz que les venía de Inglaterra. Pues bien, de 1750 y 1753 datan los tomos 3.º y 4.º de las *Cartas eruditas*, en que el autor se hace cargo de dicho sistema, y, a pesar de ciertos reparos, le propugna. Había en su mente gérmenes positivistas, si esta palabra no se toma *in malam partem*, o empíricos, si queremos buscar algo menos mal sonante. Enamorábale el Gran magisterio de la experiencia. La demostración ha de buscarse en la naturaleza... Por ninguna doctrina filosófica es dado llegar al conocimiento, no ya de lo suprasensible, sino de la verdadera e íntima naturaleza de lo sensible... La investigación de los principios es inaccesible al ingenio humano... Todas estas proposiciones tan discutibles, y la última falsa en sus términos literales, como que es la negación de la metafísica, no impiden a Feijoo ser tan idealista como el que más cuando llega el caso. Dígalo su ensueño *Sobre la posibilidad de un sexto sentido*; su disertación cartesiana *Que no ven los ojos, sino el alma*; su opinión *Sobre la racionalidad de los brutos*, que supone un medio entre espíritu y materia; su *Persuasión del amor de Dios*, fundada en un principio de la más sublime y metafísica, es decir, en la aspiración al bien infinito. Y bueno será recordar a los que no quieren ver en Feijoo más que un pedisecuo de la inducción baconiana que, lejos de fiarse de la experiencia precaria y falaz, como único y seguro criterio, mostró resuelta adhesión al escepticismo físico (así le llamaban sus partidarios, aunque mejor debiera llamarse criticismo), de que hacía alarde el doctor Martínez, haciendo propias aquellas palabras de Vallés en la *Philosophia Sacra*: *Non solum autem non est hactenus comparata scientia physicarum assertionum, sed ne comparari quidem potest, quia physicus non abstrahit a materia: materialium vero noticia, cum pertineat ad sensus, non potes ultra opinionem procedere. Scientia enim est universalium et intelligibilium*. ¿Han meditado estas platónicas palabras los que a secas y sin atenuaciones quieren hacer a Feijoo positivista católico?[50] Lo cierto es que Feijoo nunca fundó escuela ni sistema y que, comparado con el padre Tosca o con Diego Mateo Zapata puede pasar hasta por conservador y retrógrado. «Yo estoy bien hallado con las formas aristotélicas y a ninguno de los que las impugnan sigo», dice en el discurso de las *Guerras Philosophicas*. Pero siempre será de alabar la firmeza con que defendió de la nota de heterodoxia, que algunos escolásticos las imputaban, a las filosofías cartesiana y gasendista en lo relativo a los accidentes de la consagración. Ya había respondido a esto el padre Saguens, distinguiendo el valor de la palabra accidentes en el sistema peripatético y el que tiene entre los atomistas, es decir, de apariencias o representaciones pasivas, con lo cual queda a salvo la definición del concilio de Constanza, que definió contra los wiclefista la permanencia de los accidentes, voz sustituida en el Tridentino por la menos anfibológica de especies sacramentales. Y es lo cierto que la objeción, si objeción era, cogía de Plano a muchos suaristas, negadores de varios accidentes sustanciales, como lo fue el padre Oviedo de la figura y Rodrigo de *Arraiga de la gravedad y de la humedad*, que ellos no tuvieron por distintas de la cosa figurada, húmeda o grave.

Otros más graves tropiezos de la escuela cartesiana no se le ocultaron a Feijoo; por eso no abrazó nunca la duda metódica, ni, con ser benedictino, dio por bueno el argumento de san Anselmo, ni aceptó ninguno de los tránsitos del pensar al ser, que son el pecado capital de todos los psicologismos, así como vio muy claras las consecuencias materiales que por lógica inflexible se deducían de la negación del alma de los brutos. Por eso él la admite como forma material, esto es, dependiente de la materia en el hacerse, en el ser y en el conservarse.

La bizarría y agudeza del entendimiento de Feijoo luce hasta en aquellas materias más ajenas de sus estudios habituales; en crítica estética por ejemplo. Prescindamos de lo que escribió del drama español y de la música de los templos; pero ¿será lícito olvidar que, mientras Voltaire no acertaba a separarse un punto de las rígidas leyes penales de la poética de Boileau, osaba nuestro monje proclamar en *El no se qué* y en la *Razón del gusto* que la hermosura no está sujeta a una combinación sola, ni a un cierto número de combinaciones

---

50 Véase Feijoo, *Apología del Escepticismo médico* (contra el doctor Lesaca), página 214 de las *Obras apologéticas*, de Feijoo, edición de 1765 (de la Compañía de Impresores y Libreros).

y que hay en la mente del artista una regla superior a todas las reglas que la escuela enseña? «Las reglas son luces estériles que alumbran y no influyen», decía en otra parte. Por eso creyó firmemente que la elocuencia es naturaleza y no arte y que el genio puede lo que es imposible al estudio. Tales audacias bien merece que le perdonemos el haber confundido la declamación con la poesía, prefiriendo Lucano a Virgilio, y hasta aquella lastimosa carta disuadiendo a un amigo suyo del estudio de la lengua griega y aconsejándole el de la francesa. ¡Con lágrimas de sangre habría llorado Feijoo el haberla escrito si hubiera podido ver el estrago que tales opiniones llegaron a hacer, y siguen haciendo, en nuestros estudios!

Los últimos retoños del siglo XVIII fueron bien injustos con el padre Feijoo. Les agradaba como debelador de preocupaciones, pero les repugnaba como cristiano viejo. Hoy mismo persiste esta antinomia. El abate Marchena, al mismo tiempo que se pasaba de indulgente llamándole escritor puro y correcto,[51] acusaba de haber tributado acatamiento a cuanto la Inquisición y el despotismo abroquelaban con su impenetrable escudo, y tenía los errores que combatió por tan extravagantes y ridículos, que no merecen acometimiento serio. ¡Y eso que entre ellos estaba el de *La Voz del Pueblo*, que a Marchena, demagogo y convencional, debía parecerle de perlas! Lista divulgó entre sus infinitos discípulos el chiste de la estatua, no acorde en esto con su condiscípulo Blanco White, que declara en las *Letters from Spain*[52] haber aprendido de Feijoo «a raciocinar, a examinar, a dudar», penetrando por medio de sus obras en un mundo nuevo de libertad y de análisis cual si tuviera en la mano la misteriosa lámpara de Aladino. ¿Cuál es peor, el desdén o el elogio?

Para muchas gentes, Feijoo no es más que impugnador de supersticiones, brujerías y hechizos. De aquí se ha deducido, con harta ligereza, cuál sería el estado intelectual del pueblo que tales cosas creía. Recórranse, con todo eso, los discursos de Feijoo, y se verá que muchas de esas supersticiones por él impugnadas eran exóticas entre nosotros, y él solo las conocía eruditamente y por libros de otras partes. Así la astrología judiciaria y los almanaques; materia de bien poco interés en España, donde no corrían otros pronósticos que los de Torres y el Lunario, de Cortés, y donde nadie pensaba en horóscopos ni

---

51 *Discurso preliminar* a sus *Lecciones de filosofía moral*, página 131.
52 Páginas 97 a 100.

en temas genetlíacos; así lo escribió de las artes divinativas, confesando él mismo que de la vara descubridora de tesoros solo sabía por un libro del padre Lebrón, del *Oratorio*, y por el *Diccionario* de Bayle; así *El purgatorio de san Patricio*; y *La virtud curativa de los lamparones*, atribuida a los reyes de Francia; y *Las fortunas del astrólogo Juan Marín*; y la leyenda de *El judío errante*; y las *Transformaciones mágicas*, y la misma *Cueva de Toledo*, para la cual tuvo que exhumar el manuscrito de Virgilio Cordobés, confesando él mismo que la tal especie había desaparecido enteramente del vulgo y que el mamotreto de Virgilio era el único monumento de la enseñanza de las artes mágicas en España. ¿Y entonces a qué impugnar lo que nadie creía ni sabía, como no fuera a título de curiosidad? ¿Será aventurado decir que de gran parte de las patrañas impugnadas por Feijoo tuvimos aquí la primera noticia por sus escritos? ¿No tiene algo de cándido el prevenir a los españoles que tengan por fábula las metamorfosis de *El asno* de Apuleyo?

Bueno era, con todo, el preservativo, porque siempre es buena la verdad oportuno et importune, aunque los discursos de Feijoo hicieran a la larga el mal efecto de persuadir a los extranjeros, y a muchos de los de casa, de que estaba infestado de supersticiones el país menos supersticioso de Europa entonces como ahora y de que él había sido una especie de Hércules o de Teseo exterminador de la barbarie. Digamos más bien que el espíritu del padre Feijoo, curioso y algo escéptico, se deleitaba en lo maravilloso y extraordinario aunque fuese para impugnarlo. Gustable leer y discutir casos raros y opiniones fuera del común sentir, y a veces tomaba partido por ellas defendiendo, v. gr., la pluralidad de mundos o la habitación acuática del peje Nacela y de mi paisano Francisco de la Vega. ¿Quién había oído en España hablar de vampiros y de brucolacos hasta que al padre Feijoo se le ocurrió extractar las disertaciones del padre Calme sobre esos entes de la mitología alemana? ¿Quién pensaba en las virtudes de la piedra filosofal sino aquel trapacero aragonés traductor del Philaleta?

Más gloria mereció el padre Feijoo en la impugnación de milagrerías y embustes so capa de religión. Tenía derecho a hacerlo, puesto que era creyente de veras, y juzgaba extremos igualmente viciosos la nimia credulidad y la incredulidad proterva. Así y todo, en el discurso de los *Milagros supuestos* tuvo que pedir ejemplos a las *Memorias* de Trévoux, y de España y de su tiempo solo acertó a referir el caso de un corregidor de Agrada que mandó dar trescientos azotes a una vieja empeñada en hacer sudar a un crucifijo. Más adelante impugnó la vieja relación de la campana de Velilla, que la Inquisición haba mandado borrar, cincuenta años hacía, de los *Anales* de don Martín Carrillo; el culto supersticioso del toro de san Marcos en algunos pueblos de Extremadura,[53] las flores de san Luis del Monte, que no eran sino huevecillos blancos de cierta oruga, que los suspendía en aquel santuario al alentar la primavera. Esta última impugnación sublevó a los cronistas de la religión seráfica y dio margen a acerbas polémicas y a una información judicial, en que Feijoo acabó por tener razón y convencer a los más tercos.

La tarea del padre Feijoo, así en estos discursos como en el de la campana y crucifijo de Lugo, y otros menos notables, no pudo ser más generosa y bien encaminada. Escribía para un siglo que comenzaba a malearse con el virus de la incredulidad. Empezaban a correr de mano en mano los libros de Francia, y era urgente, dejando a salvo el arca santa, barrer las escorias que impedían el acceso a ella y hacían tropezar a los incrédulos. Un falso milagro, nada prueba; pero tales condiciones subjetivas pueden darse, que haga claudicar en la fe a algún ignorante. ¡Y ay de aquel por quien viene el escándalo! «La sagrada virtud de la religión —dice el padre Feijoo— navega entre dos escollos opuestos: uno, el de la impiedad; otro, el de la superstición.»[54] «Depurar la hermosura de la religión de vanas credulidades» es el propósito confesado por él, y no hay motivo racional de sospechar de su ortodoxia.

Al contrario; parece que en los últimos tomos de sus *Cartas eruditas* crece la atención a las cuestiones éticas, sociales y religiosas, al revés del *Teatro crítico*, donde la filosofía natural predomina.

Llegaba a él un sordo mugido de las olas que en Francia comenzaban a levantarse; había leído algo de Voltaire, a quien llama escritor delicado, con ocasión de la *Vida de Carlos XII*, obra la más inocente del patriarca de Forno;[55]

---

53 La víspera de san Marcos, los mayordomos de la Cofradía iban al monte donde estaba la vacada, elegían un toro, le llamaban Marcos, y él, depuesta su ferocidad, les seguía a la iglesia coronado de guirnaldas de flores y de roscas de pan. Así asistía a la misa y a la procesión; pero, acabada la fiesta del Evangelista, volvía al monte tan bravo como antes. Evidente reminiscencia gentílica, que Clemente VIII, en un rescripto al obispo de Ciudad-Rodrigo, calificó de detestable, escandaloso e indecente abuso.
54 Examen de milagros (*Cartas eruditas*, tomo 2 carta 11).
55 Véase *Cartas eruditas* carta 29 del tomo 1, *Paralelo entre Carlos XII y Alejandro, Magno*.

conocía la paradoja de Rousseau sobre el influjo de las ciencias y de las letras en la corrupción de los pueblos, y ella y el tema de la Academia de Dijon le dieron pretexto para escribir una larga carta sobre las ventajas del saber, «impugnando a un temerario que pretendió probar ser más favorable a la virtud la ignorancia que la ciencia». No hallaba en Rousseau más que «un estilo declamatorio y visiblemente afectado; una continua sofistería, basada, sobre todo, en el paralogismo *non causa pro causa*, y una inversión y uso siniestro de las noticias históricas. Realmente, el tema de la Academia de Dijon era una impertinencia de aquellas a que solo puede contestarse con una paradoja o con un lugar común. «Tomad la contraria y os dará gran fama», dijo Diderot a Rousseau, y Rousseau optó por la contraria.

La réplica de Feijoo merece leerse.[56] No le entusiasma la virtud espartana, que tan pomposamente encarecía Rousseau; al contrario, tiene la por suprema y asquerosa barbarie, sobre todo puesta en cotejo con la cultura ateniense. No concede de ligero que los romanos de la decadencia valiesen menos moralmente que los de los primeros tiempos de la república, porque no en un solo vicio consiste la *nequicia*, ni en una sola virtud la santidad; y, sobre todo, niega rotundamente que entre los hombres de ciencia sean más los viciosos que los virtuosos, porque, antes al contrario, la continua aplicación al estudio desvía la atención de todo lo que puede perturbar la serenidad del ánimo o excitar el apetito. Respírase en todas las cláusulas de este discurso el más simpático amor al cultivo de la inteligencia; truena el padre Feijoo contra quien osa buscar ejemplos de perfección en el siglo X, siglo de tinieblas, y se indigna contra los que establecen parentesco entre la herejía de Lutero y el renacimiento de las letras humanas. Solo se equivoca en creer que Rousseau buscaba únicamente notoriedad de ingenioso con su sofística paradoja, sin reparar, por falta de noticias del autor, que aquella perorata de escolar era el primer grito de guerra lanzado contra la sociedad y la filosofía del tiempo por un ingenio solitario, misantrópico, vanidoso y enfermizo, en cuya cabeza maduraban ya los gérmenes del *Discurso sobre la desigualdad de las condiciones*, del *Contrato social* y del *Emilio*.

Si más pruebas necesitáramos del recto sentir y de la acendrada ortodoxia de Feijoo, bastaría recordar que entre sus *Cartas eruditas* hay un escrito contra los judíos, intitulado *Reconvenciones caritativas a los profesores de la ley de*

---

56   *Cartas eruditas*, tomo 4, carta 18.

Moisés,[57] otra contra los filósofos materialistas[58] y una especie de preservativo contra los errores protestantes, destinado a los españoles que viajan por país extranjero. Era devotísimo de Nuestra Señora, y en su amoroso patrocinio fundaba la esperanza de la eterna felicidad, como él con frase ternísima dice en otra carta.[59] En su comunidad vivió ejemplarmente y murió como un santo.

No obstante, alguna vez, durante su larga vida, ochenta y siete años, honrada como a porfía por reyes y pontífices sabios, se desató contra él la calumnia, tildándole de sospechoso en la fe. No surgieron en España tales rumores, tan pronto ahogados como nacidos. El mismo Feijoo lo refiere en el discurso sobre las *Fábulas gacetable*,[60] que hoy diríamos periodísticas. En la *Gaceta de Londres* de 27 de noviembre e 1736 se estampó cierta carta de un teólogo español a un amigo suyo de Inglaterra, en que se hablaba de conatos de reforma doctrinal en España, patrocinados por el Doctor del Fejo, que había presentado con tal fin un *Memorial* al Consejo de Castilla. Del Doctor del Fejo débanse tales señas, que era preciso identificarle con el autor del *Teatro crítico*, donde hallaba el gacetero una libertad de pensar hasta entonces no conocida en España. Mezclando reminiscencias del informe de Macanaz y otras hablillas que circularon antes de la publicación de la bula *Apostolici Ministerii*, atribuidas a nuestro benedictino el proyecto de un concilio nacional y de una iglesia autónoma. Dijere que mucha parte de los teólogos españoles habían apadrinado el *Memorial* del doctor y que la mayoría del Consejo le había aprobado. Esta carta fue reproducida por la *Gaceta de Utrecht* de 7 de diciembre del mismo año, luego por la de Berna, y así corrió en todo país protestante, y aun católico, hasta llegar a la celda de san Vicente de Oviedo, «En puntos de fe, no solo no he tocado en los principios, más ni aun en las más remotas consecuencias», respondió Feijoo; y quien conozca sus obras tendrá por superflua cualquier otra defensa.[61]

---

57 Tomo 3, carta 8.
58 Tomo 4, carta 15.
59 Tomo 5, carta 6.
60 *Teatro crítico*, tomo 8, disc. 5.
61 De las obras completas de Feijoo hay por lo menos quince ediciones completas. Recomiendo como la mejor la que hizo la Compañía de Impresores y Libreros (1760 y siguientes), a la cual precede la biografía del autor, escrita, según afirma Sempere y Guarinos, por el conde de Campomanes. Son catorce volúmenes: ocho del *Teatro crítico*, cinco de *Cartas eruditas* y uno de *Ilustraciones apologéticas*. Suele acompañar a ellos la

Ni tampoco hay para que romper lanzas por la pureza de doctrina de los demás pensadores de entonces, que, con ser católicos a machamartillo, tomaron el nombre de escépticos reformados, puesto que su corifeo, el doctor Martínez, reconoce como criterios de verdad la revelación en los dogmas de fe, la experiencia en las cosas naturales y los primeros principios de la razón en las consideraciones metafísicas. (Diálogo 1.º de la *Philosophia sceptica*.) Verdad es que este escepticismo tiene algo de eclecticismo incoherente sobre todo cuando el autor de la *Philosophia sceptica* establece aquella sutilísima distinción entre los estudios teológicos, para los cuales prefiere la filosofía aristotélica (por las viejas relaciones que tiene con la reina de los saberes); y los de ciencias naturales y medicina, para los cuales prefiere la filosofía corpuscular o atomística por estar basada en principios geométricos y sensibles y no en abstractas nociones, como la física de Aristóteles. Pero, siendo contrarias, o más bien contradictorias, ambas cosmologías, claro que es vicio radical del sistema o sobrado afán de conciliaciones querer legitimar, según los casos, la una o la otra. ¡Como si pudiera haber dos filosofías igualmente verdaderas, una para la especulación y otra para la práctica! En esto le impugnó victoriosamente el doctor Lesaca, que, como otros aristotélicos, tenía el mérito de llevar a la pelea un sistema bien trabado y consecuente en todas sus partes.

Escepticismo mitigado o escepticismo racional llamaba al suyo el doctor Martínez. Positivismo le llamaríamos hoy, si no infamase el nombre y si, por otra parte, el autor no protestase tantas veces de su respeto a los fundamentos metafísicos de la certeza. «Crea los fenómenos que la observación y la expe-

---

Demostración crítico-apologética, del padre Sarmiento. De los folletos escritos contra él y en pro, hoy muy difíciles de reunir, formó Campomanes esmerada bibliografía en el prólogo citado. Pueden verse además la *Historia de la medicina española*, de Morejón (tomo 6 pássim); el artículo Feijoo en el *Ensayo de una biblioteca del reinado de Carlos III*, de Sempere y Guarinos; la oración inaugural del curso de 1859 a 1860 en la Universidad de Oviedo, por don José María Ancharia; el discurso preliminar de don Vicente de la Fuente a las *Obras escogidas* del polígrafo benedictino, en el tomo 56 de la *Biblioteca de autores españoles*; el *Diccionario de escritores gallegos*, de don Manuel Marga, y el *Examen crítico de las obras del padre maestro Feijoo*, por doña Emilia Pardo Bazán, premiado en un certamen de Orense en 1876 (Madrid 1877). Es un buen trabajo que la autora se propone refundir hasta convertirle en libro. Otro estudio hay acerca de Feijoo, y de pésimo espíritu por cierto, publicado en la *Revista de España* por doña Concepción Arenal, mucho habría que decir de él; pero... respetemos la filosofía con faldas.

riencia persuaden —dice el padre Feijoo hablando de su amigo—, pero dudaba de sus íntimas causas, y tal vez las juzgaba impenetrables, por lo menos con aquel conocimiento que puede engendrar verdadera demostración.»[62] (*Obras apologéticas*, página 219.)

Más resuelto el padre Tosca, por quien en los reinos de Valencia y Aragón se perdió el miedo al nombre de Aristóteles, en la cuestión de *principiis rerum naturalium* se acostó al parecer de Gassendi, aunque en otras cosas especuló libremente como hombre que era de larga experiencia y contemplación, de indecible amor a la verdad y franqueza en profesarla: altísimo elogio que le tributó no menor autoridad que la de Mayns. Y, aunque parezca que la doctrina de los átomos trae consigo no sé qué sabor materialista, más que por culpa suya, por culpa de los que en otro tiempo la profesaron y por el recuerdo de Demócrata y Leucipo, de Picuro y de Lucrecia, lo cierto es que esta opinión, corregida y mitigada, con solo la causa primera, que creó los átomos y les dio el impulso inicial para moverse y combinarse, ha sido profesada, desde el Renacimiento acá por excelentes católicos, desde Gómez Pereira hasta el padre Sacho, y es opinión que la Iglesia deja libre, como todas las que recaen sobre aquellas cosas que Dios entregó a las disputas de los hombres. Y así como hay y ha habido siempre atomistas católicos, fácil es tropezar con ateos y materialistas que rechazan como hipotética, vacía y falsa la concepción atómica, y quizá tengan razón, sin que en esto se interese el dogma, que ni la aceptó por verdadera ni por herética la reprueba.

---

62   Dejando esto a un lado, hemos de confesar que los españoles más doctos y castizos del siglo XVIII miraron de reojo a Feijoo. A multis est impetitus —decía Mayáns— sed ut debiles adversarios nactus est, eorum conatus irridet, nescius fortasse quantum a docto adversario pati posset, si critico stylo res esset decernenda, como queriendo dar a entender que gran parte de la fuerza de Feijoo dependía de la flaqueza de sus adversarios. Y Forner escribía en las *Exequias de la lengua castellana*: «Feijoo impugnó en muchos lugares de sus obras, en vez de errores, verdades comunes, y en lugar de ellas quiso introducir sus errores particulares... No había saludado la antigüedad docta... Es el primero que afrancesó nuestras locuciones... Es mejor para que le lea el vulgo que para que le estudien los hombres ingeniosos» (*Poetas líricos del siglo XVIII*, tomo 2, páginas 405 y 406). Todo esto es asperísimo, como lo era el genio de Forner; y tanto, que la aspereza se trueca en injusticia. Lo consignó solo como rasgo de carácter y de época.

VII. Carta de Feijoo sobre la francmasonería. Primeras noticias de sociedades secretas en España. Exposición del padre Rábano a Fernando VI

Por los días de Fernando VI empezó a hablarse con terror y misterio de cierta congregación tenebrosa, a la cual de aquí en adelante vamos a encontrar mezclada en casi todos los desórdenes antirreligiosos y políticos que han dividido y ensangrentado a España. Tiene algo de pueril el exagerar su influencia, mayor en otros días que ahora, cuando la han destronado y dejado a la sombra, como institución atrasada, pedantesca y añeja, otras sociedades más radicales, menos ceremoniosas y más paladinamente agitadoras; pero rayaría en lo ridículo, además de ser escepticismo pernicioso, el negar no ya su existencia, comprobada por mil documentos y testimonios personales, sino su insólito y misterioso poder y sus hondas ramificaciones.

Hablo de la *francmasonería*, que pudiéramos llamar la *flor de las sociedades secretas*. De sus orígenes hablaremos poco. En materia tan ocasionada a fábulas y consejas es preciso ir con tiento y no afirmar sino lo que está documentalmente comprobado con toda la nimia severidad que la historia exige en sus partidas y quitanzas. Si de lo que pasa a nuestros ojos y en actos oficiales consta, no tenemos a veces toda la seguridad apetecible. ¿Cómo hemos de saber con seguridad lo que medrosamente se oculta en las tinieblas? Las sociedades secretas son muy viejas en el mundo. Todo el que obra mal y con dañados fines se esconde, desde el bandido y el monedero falso y el revolvedor de pueblos hasta el hierofante y el sacerdote de falsas divinidades, que quiere, por el prestigio del terror y de los ritos nefandos y de las iniciaciones arcanas, iludir a la muchedumbre y fanatizar a los adeptos. De aquí que lo que llamamos logias y llamaban nuestros mayores cofradías y monipodios existan en el mundo desde que hay malvados y charlatanes; es decir, desde los tiempos prehistóricos. La credulidad humana y el desordenado afán de lo maravilloso es tal, que nunca faltará quien la explote y convierta a la mitad de nuestro linaje en mísero rebaño, privándola del propio querer y del propio entender.

Pero la francmasonería no es más que una rama del árbol, y deben relegarse a la novela fantástica sus conexiones con los sacerdotes egipcios y los misterios eleusinos, y las cavernas de Adonirám, y la inulta y truculenta muerte del arquitecto fenicio que levantó el templo de Salomón. Y asimismo debe librarse de toda complicidad en tales farándulas a los pobres alquimistas de la Edad media, que al fin eran codiciosos, pero no herejes, y con mucha más razón a los arquitectos, aparejadores y albañiles de las catedrales góticas, en cuyas piedras ha visto alguien signos masónicos donde los profanos vemos solo símbolos de gremio o bien un modo abreviado y gráfico de llevar las cuentas de la obra, muy natural en artífices que apenas sabían leer; de igual suerte que las representaciones satíricas no denuncian hostilidad a las creencias en cuyo honor se edifica el templo, sino las más veces intención alegórica, en ocasiones cristiana y hasta edificante, y, cuando más, desenfado festivo, en que la mano ha ido más lejos que el propósito del artista, harto descuidado de que sus ojos impíos habían de contemplar, sus creaciones y calumniar sus pensamientos.

Queda dicho en el curso de esta historia que los priscilianistas, los albigenses, los alumbrados y muchas otras sectas de las que en varios tiempos han trabajado nuestro suelo se congregaban secretamente y con fórmulas y ceremonias de mucho pavor. Pero todo esto había desaparecido en el siglo XVIII y la francmasonería, de que vamos a hablar, es una importación extranjera.[63] Bien claro lo dicen las primeras circunstancias de su aparición y lo poco y confuso que sabían de ellas sus impugnadores.[64]

Del fárrago de libros estrafalarios que en son de historiar la masonería han escrito Clavel, Razón y muchos más, solo sacamos en limpio los profanos que el culto del grande arquitecto del universo (G. A. D. U.), culto que quieren emparentar con los sueños matemáticos de la escuela de Pitágoras y con la cábala judaica, y hasta con la relajación de los Templarios, se difundió desde Inglaterra, sin que esto sea afirmar que naciese allí en los primeros años del siglo XVIII. Al principio era un deísmo vago, indiferentista y teofilantrópico, con mucho de comedia y algo de sociedad de socorros mutuos. Lleváronla a Francia algunos jacobitas o partidarios de la causa de los destronados Enturados; ¡raro origen legitimista para una sociedad revolucionaria! Tuvo en su nacer carácter

---

63 *Historia de las sociedades secretas, antiguas y modernas en España, y especialmente de la francmasonería*, por don Vicente de la Fuente (Lugo, Soto Freire, 1780 a 1781); tres tomos en 4.º

64 Quizá no carece de curiosidad para la historia de las sociedades secretas este pasaje del examen de conciencia que trae fray Pedro de Alcalá en su Arte para ligeramente saber la lengua aráhiga: «¿Jaraste de guardar algunos establecimientos u ordenaciones de alguna comunidad o compañía?» (pliego 10; Granada, por Juan Varela, de Salamanca, 1505).

muy aristocrático; el regente de Francia la protegió mucho; hízóse cuestión de moda, y la juventud de los salones acudió presurosa en 1725 a matricularse en la primera logia, que dirigían lord Derwemwaster y el caballero Maskeline. A ellos sucedió lord Arnouster, y a éste, el duque de Anti, el príncipe de Conti, el duque de Chartres; siempre altísimos personajes, a veces príncipes de la sangre. El propagandista y catequizador incansable era un visionario escocés llamado Ramsay, convertido por Fenelón al catolicismo y autor de una soporífera imitación de Telémaco, intitulada *Nueva Ciropedia o viajes de Ciro*. Ramsay tomó el título de gran canciller de la orden y quiso imponer a los socios una contribución para que le imprimiesen cierto diccionario de artes liberales que traía entre manos, tan farragoso como su novela. Otros se valían de la sociedad para conspirar a favor de los Enturados; y en cuanto a la dorada juventud francesa, echábamos todo a pasatiempo y risa o se deleitaba en pasar por los 33 grados de iniciación. Gárrulas reclamaciones sobre la igualdad natural de los hombres, sobre la mutua beneficencia y sobre el exterminio de los odios de raza de religión y muchas bocanadas de pomposa retórica contra el monstruo del fanatismo llenaban las sesiones, y poco a poco allí encontró su respiradero el enciclopedismo. Dicen que Voltaire perteneció a una logia, y parece creíble, aunque allí para sus adentros, ¡cuánto se reiría del pésimo gusto y de la sandia retórica de los hermanos, aunque le pareciesen bien como instrumentos!

Algunos franceses oscuros propagaron la masonería en Italia y en España. Nadie cree, ni hay para qué traer a cuento en una historia seria, la ridícula acta de cierta reunión masónica, que se supone celebrada en Colonia en 1535, con asistencia de los jefes de las principales logias de Europa, entre los cuales figura, en duodécimo lugar, un doctor Ignatius de la Torre, director de la logia de Madrid. Esta superchería burda y desatinada, hermana gemela de muchas otras ideadas por la francmasonería para dar antigüedad a sus conciliábulos, pasa por obra de un afiliado holandés, que la forjó hacia 1819, suponiéndola descubierta en una logia de La Haya. Los mismos hermanos no creen en tal embeleco, y hacen bien.[65]

---

65 Véase *Historia pintoresca de la francmasonería y de las sociedades secretas antiguas y modernas*, escrita en francés por F. T. B. Clavel y traducida e ilustrada con interesantes notas y apéndices por un filósofo moderno (Madrid, Imprenta de la sociedad de operarios del mismo arte..., 1847), en 4.º

—*La francmasonería en sí misma y en sus relaciones con otras sociedades secretas de*

Dícese, sin ninguna prueba, que en 1726 se estableció la primera logia en Gibraltar, y en 1727 otra en Madrid, cuyo taller estaba en la calle Ancha de san Bernardo.

Ya en abril de 1738 había condenado Clemente XII, por la bula *In Eminenti*, las congregaciones masónicas, y, arreciando el peligro, renovó la condenación Benedicto XIV en 18 de mayo de 1751. Afirma Llorente que en 1740 dio Felipe V severísima pragmática contra ellos, a consecuencia de la cual fueron muchos condenados a galeras; pero de tal pragmática no hay rastro, ni alude a ella la de 1751, primer documento legal y auténtico en la materia.

El padre Rábano, confesor de Fernando VI, fue de los primeros que fijaron la atención en ella, y expuso sus temores en un *Memorial* dirigido al rey.[66] «Este negocio de los francmasones —decía— no es cosa de burla o bagatela, sino de gratíssima importancia... Casi todas las herejías han comenzado por juntas y conventículos secretos.» Y aconsejaba al rey que publicase un edicto vedando, so graves penas, tales reuniones y destituyendo de sus empleos a todo militar o marino que en ellas se hubiese alistado y tratándolos como reos de la fe, por vía inquisitorial. «Lo bueno y honesto no se esconde entre sombras, y solo las malas obras huyen de la luz.» Y terminaba diciendo que, aunque no llegasen a cuatro millones los francmasones esparcidos por Europa, como la voz pública aseveraba, por lo menos serían medio millón, la mayor parte gente noble, muchos de ellos militares, deístas casi todos, hombres sin más religión que su interés y libertinaje, por lo cual era de temer, en concepto del jesuita montañés, que aspirasen nada menos que a la conquista de Europa, acaudillados por el rey Federico de Prusia. «Debajo de esas apariencias ridículas se oculta tanto fuego que puede, cuando reviente, abrasar a Europa y trastornar la religión y el Estado.»

Al rey le hicieron fuerza estas razones, y en 2 de julio de 1751 expidió desde Aranjuez, un decreto contra la invención de los francmasones..., prohibida por la Santa sede debajo de excomunión, encargando especial vigilancia a los

---

Europa..., escrita en francés por el abate Ger, traducida al español por el presbítero don Manuel Honraba (Vitoria, Imprenta de Sanz, 1807).

66 Lo ha publicado el señor Lebuina en la biografía ya citada, páginas 45 y siguientes.

capitanes generales, gobernadores de plazas, jefes militares e intendentes de Ejército y Armada.[67]

El único español que por entonces parece haber tenido cabal noticia de las tramas masónicas es un franciscano llamado fray José Torraba, cronista general de su Orden, no porque se hubiera hecho iniciar en una logia, como han fantaseado algunos de los adeptos,[68] sino porque había viajado mucho por Francia e Italia y leído los dos o tres rituales hasta entonces impresos de la secta. Ciento veintinueve son las logias que supone derramadas por Europa, pero de España dice expresamente que había pocas, y que el mayor peligro estaba en nuestras colonias, especialmente en las del Asia, por el trato de ingleses y holandeses.

Como quiera, el padre Torraba juzgó conveniente difundir, a manera de, antídoto, un libro rotulado *Centinela contra francmasones. Discursos sobre su origen, instituto, secreto y juramento. Descúbrese la cifra con que se escriben y las acciones, señas y palabras con que se conocen.* Para impugnarlos transcribe literalmente, traducida por él del italiano al castellano, una pastoral de monseñor Justiniani, obispo de Vintimilla.[69]

También el padre Feijoo, en la carta 16, tomo 3 de las *Cartas eruditas*, habló de los francmasones, y, a la verdad, no con tanto aplomo y conocimiento de causa como el padre Torraba. Todas sus consideraciones son hipotéticas y hasta da por extinguida la sociedad a consecuencia de la bula de Benedicto XIV. Parécenle contradictorios y extremados los cargos que se hacen a los maratones, como él dice, italianizando el nombre, y se resiste a creer que «tengan por buenas todas las sectas y religiones, que desprecien las leyes de la Iglesia, que se dejen morir sin sacramentos y que se liguen con juramentos execrables». Estas dudas del padre Feijoo bastaron para que el abate Marchena, aventurero estrafalario y masón muy conocido en todas las logias de Europa, imprimiese malignamente, en sus *Lecciones de filosofía moral y elocuencia*, un pedazo del discurso de Feijoo, como si fuera defensa de las sociedades secretas, de la

---

67 La Fuente, *Sociedades secretas*, tomo 1, página 99.
68 Véase, por ejemplo: *La francmasonería: origen, vicisitudes y aspiraciones de esta sociedad; explicación de los símbolos, alegorías y misterios...*, por John Truth (Madrid 1870, Imprenta de Vercher), en 4.º
69 La primera edición es de 1752, posterior en un año al edicto (Madrid, en la Imprenta de don Agustín Gordejuela); 110 páginas en 8.º con tres láminas. Hay otras cuatro; la última, de 1815 (Madrid, Imprenta de Álvarez), 144 páginas.

misma manera que reprodujo, mutilados, desfigurados y sacados de su lugar, otros pedazos del *Teatro crítico*, nada notables por el estilo ni dignos de figurar en una colección clásica, solo para arrearlos con los vistosos títulos de *Fábula de las tradiciones populares acerca de la religión*, *Prueba de que el ateísmo no es opuesto a la hombría de bien*, *Odio engendrado por la diversidad de religiones*, etc., dándose a veces el caso de ser enteramente distinta la materia del discurso de lo que el rótulo anuncia.

Cuenta Hervás y Panduro en su libro de las *Causas de la revolución francesa* que el año 1748 se descubrió en una logia de Viena, sorprendida por los agentes de aquel Gobierno, un manuscrito titulado *Antorcha resplandeciente*, donde había un registro de las sociedades extranjeras, entre ellas la de Cádiz, con 800 afiliados; de todo lo cual dio nuestro embajador cuenta a Fernando VI.

Los procesos por tal motivo son rarísimos. En Llorente[70] puede leerse el de un francés llamado M. Tournon, fabricante de hebillas, que en 1757 quiso catequizar a tres operarios de su fábrica en nombre del Grande Oriente de París. Ellos se asombraron de ver aquellos triángulos y escuadras, lo tuvieron por cosa de brujería, les pareció mal el juramento y las terribles imprecaciones que le acompañaban y lo delataron todo a la Inquisición. Llorente transcribe muy a la larga y con visible fruición el interrogatorio forjado quizá por el mismo historiador, de quien sospechamos vehementemente que pertenecía a la cofradía. Tournon declara que ha sido francmasón en París, pero que ignora si en España hay logias; que es católico apostólico romano y que nunca oyó en ellas cosa contra la religión; que la masonería tiene solo un objeto benéfico; que no proclama el indiferentismo religioso, aunque admita indiferentemente a los católicos y a los que no lo son; y, por último, que las representaciones del Sol, de la Luna y de las estrellas en los círculos masónicos son meras alegorías del poder del Grande Arquitecto y no símbolos idolátricos. Todo su afán es persuadir que la masonería nada tiene que hacer con el dogma ni contra el dogma; añagaza de Llorente para atraer prosélitos.

Tournon abjuró *de levi*, como sospechoso de indiferentismo, naturalista y supersticioso, y fue condenado a un año de prisión, con ciertos rezos y ejer-

---

70 *Histoire critique de l'Inquisition d'Espagne...* (edición príncipe de 1817-1818; tomo 4, páginas 54 y siguientes). Todas mis citas en este tomo irán ajustadas a esa edición.

cicios espirituales, y luego a extrañamiento perpetuo de estos reinos, siendo conducido hasta la frontera por los ministros del Santo oficio.[71]

VIII. La Inquisición en tiempo de Felipe V y Fernando VI. Procesos de alumbrados. Las monjas de Corella

Diez inquisidores generales se sucedieron durante los dos reinados de Felipe, V. De ellos, don Vidal Marín, obispo de Ceuta, y don Francisco Pérez de Prado Cuesta tienen alguna notoriedad por haber suscrito los *Índices expurgatorios* de 1700 y 1748. Otro, el cardenal Giudice, tuvo el valor de condenar a Macanaz y la fortuna de que su condenación prevaleciera. De aquí el gran poder del Santo oficio en el segundo reinado de Felipe V, a lo cual contribuyó la protección de Isabel Farnesio, fervorosísima católica. Dicen que Felipe V no quiso asistir a un auto de fe en 1701; pero es lo cierto que la Inquisición le prestó grandes servicios muy fuera de su instituto, como lo prueba, verbigracia, el edicto de don Vidal Marín en 1707 obligando bajo pena de excomunión a denunciar a todo el que hubiera dicho que era lícito violar el juramento de fidelidad prestado a Felipe V, encargando a los confesores la más estricta vigilancia en este punto. Esta disposición se cumplió mal; las causas de perjurio se multiplicaron, pero sin resultado, sobre todo en la Corona de Aragón, donde muchos frailes, grandes partidarios del austríaco, sostenían que no obligaba el juramento de fidelidad hecho a la casa de Borbón y que era lícita y hasta meritoria y santa la revuelta contra el usurpador en defensa de los antiguos fueros y libertades de la tierra.

Llorente,[72] cuyas estadísticas merecen tan poca fe, puesto que ha sido convencido de mentira en todas aquellas cuyos comprobantes pueden hallarse, da por sentado que en el reinado de Felipe V se celebraron 54 autos de fe, en que fueron quemados 79 individuos en persona, 63 en efigie, y penitenciados, 829; total, 981.

---

71 Don Vicente de la Fuente, en los apéndices de sus *Sociedades secretas* (página 422 y siguientes), publica un papel anónimo, escrito por los años de 1752, con el título de *Verdadera cronología de los maniqueos que aún existen con el nombre de francmasones*. El tal anónimo, que parece hombre de menguadísimo caletre, dice «que en la corte triunfa el ateísmo», y llama al padre Rábago proditor y desertor de la Compañía y amparador de los francmasones, con otros desvaríos de la misma laya.
72 Tomo 4, página 31 (cito siempre por la edición de 1818).

Por más que me he desojado buscando relaciones de autos de fe de ese tiempo y tengo a la vista más de cuarenta, no encuentro nada que se acerque ni con mucho a ese terrorífico número de víctimas. Será desgracia mía, como lo fue de Llorente el no hallar más que cincuenta y cuatro autos, siendo así que tuvo a la vista los archivos de la Inquisición, cuando, según cuenta, debieron de ser más de 782, aun sin contar los de América y los de Sicilia y Cerdeña. *Credat Iudaeus Apella.* No es cierto que cada tribunal hiciera anualmente un auto de fe (y ésta es la base de los cálculos de Llorente); la mayor parte no hicieron ninguno, ni había por qué así como otros, v. gr., el de Sevilla y el de Granada, los multiplicaron, hasta tener dos o tres en el mismo año. Y véase cómo crecen y se desfiguran las noticias de unos en otros. William Coxe, a su traductor don Andrés Buriel o el adicionador castellano de uno y otro, puesto que no es fácil distinguir en aquel libro lo que pertenece a unos y a otros, afirma[73] que fueron ¡1564! las quemadas personalmente en varios lugares de la Península. De igual manera ajusta las restantes cuentas, y viene a sacar en todo 14.076, con las cuales habría bastante para armar un ejército. ¡Así se escribe la historia! Y lo peor es que esta historia vive y se repite y se comenta, enriqueciéndose siempre con nuevos desatinos.

La mayor parte de los condenados son judaizantes, y cuando no, blasfemos, bígamos, supersticiosos y hechiceros. Así en el auto particular de Madrid (mayo de 1721), siendo inquisidor general don Juan de Camargo, hallamos el nombre de Leonor de Ledesma y Aguilar (alias la Legañosa), embustera sortílega, la cual salió con sambenito y coroza de llamas. En el mismo auto se penitenció con abjuración *de levi* a la alemana María Josefa, natural de Breslau, en Silesia, de oficio lavandera, por haberse querido rebautizar. Otras tres oscurísimas mujeres de la hez del pueblo figuran en el mismo auto castigadas con pena de azotes por sortílegas.

Moriscos no quedaban; solo algún soldado desertor y fugitivo de los presidios de África renegaba y se hacía mahometano. Así Miguel de Godoy, alpujarreño, castigado en el auto de Granada de 1721. En el de Sevilla de 1722 abjuró de vehemencia y fue absuelta *ad cartela* una moza de Jerez sospechosa de pacto con el demonio, y en el auto de Toledo de 25 de octubre de 1722 una gitana convicta de sortilegio. En el auto de Coímbra de 14 de marzo de 1723

---

73 Página 211, tomo 3 (edición de 1846).

pénase con dos años de destierro a Grimaldo Enríquez, labrador, por culpas de hechicería y presunción de tener pacto con el demonio; a Gil Simón Fonseca, por curar a las bestias con ensalmos y acciones supersticiosas; a Domingo Martínez Bledo, por buscar, con intervención del demonio, tesoros ocultos; al padre Manuel Farreara, sacerdote, natural de la feligresía de san Millar, por invocar al demonio *para que le truxesse dinero*; al pintor Antonio Viera, por haberse empeñado en que se le apareciera un espíritu familiar; a Rosa de Corto, mujer de un marinero portense, por usar de supersticiones para ajustar casamientos, abusando para este fin de la imagen de Cristo, y a otras doce mujeres, por análogos delitos de maleficio.

Algo más abundaron los seudoprofetas y fingidores de milagros, sobre todo en Portugal. Por falsas revelaciones se condenó a una mujer en el auto de Lisboa de 1723, y a otras dos, Catalina Amarilla y María Daraptí por simular visiones y decir horrendísimas y heréticas blasfemias y hacer desprecio y desacato a imágenes sagradas. En el de 24 de septiembre de 1747, a Francisca Antonia, hija del cirujano de la villa de Olidos, «por fingir revelaciones, éxtasis y otros favores sobrenaturales y que había estado desterrada de esta vida diez años, resucitando después», y a María Rosa, hija de un trabajador de Esparza término de Torres Novas, «por fingir milagros y que hablaban con ella las almas de ciertas personas, con otros embustes de que se valía para ser tenida por santa».

De pacto diabólico regístrase un caso extraño en la relación del auto de Córdoba de 1724; en él abjuró *de levi* y fue penado con seis años de destierro Bartolomé Boniatos, arriero, de la villa de Alcahacemos, «por haber entregado su alma al diablo en carta que le hizo para que le diese 5.000 doblones de a ocho».

El molinosismo existía, más o menos encubierto, pero casi siempre tenía más de lujuria que herejía. Afirma Llorente[74] que se dejó contagiar de la mala enseñanza de la *Guía espiritual* el obispo de Oviedo, don José Fernández de Toro, que por ello fue conducido a Roma y encerrado en el castillo de Santángelo y depuesto en 1721.

En Navarra y en la Rioja hizo gran propaganda un prebendado de Tudela dicho don Juan de Causadas, a quien Llorente llama el discípulo más íntimo de Molinos, no sé con qué fundamento, puesto que las fechas no concuerdan ni hay noticia de él en los documentos de Roma... Discípulo de Causadas fue

---

74 Tomo 4, página 33.

su sobrino fray Juan de Longar, carmelita descalzo, que dogmatizó con triste fortuna, no solo en su tierra natal, sino en Burgos y en Soria. Los inquisidores de Logroño le condenaron en 1729 a pena de doscientos azotes, diez años de galera, y tras ellos, prisión perpetua. Tales y tan nefandos habían sido sus crímenes en los conventos de monjas de Lerma y Corella.

Fue su principal discípula doña Águeda de Luna, que por más de veinte años logró pasar en opinión de santa en su convento de Lerma gracias a simulados éxtasis y visiones, que fray Juan de Longar y el prior y otros religiosos divulgaban y ponderaban. Abadesa de Corella más adelante, acudían a ella de todos los pueblos de la redonda, solicitando misteriosas curaciones y el eficaz auxilio de sus rezos. Corroboraban esta opinión ciertas piedras bienolientes con la señal de la cruz y de la estrella, que se repartían como emanadas del cuerpo de la bienaventurada Madre.

Al cabo, el Santo oficio, azote implacable de milagrerías, prendió a la Madre Águeda, la encerró en las cárceles de Logroño y obtuvo de ella confesión plena por medio de la tortura, de cuyas resultas murió. Su principal cómplice, fray Juan de la Vega, natural de Liérganes, en la montaña de Santander, y pariente quizá muy cercano del hombre-pez, salió en un autillo de fe celebrado en 30 de octubre de 1743. Había sido desde 1715 confesor de la Madre Águeda, viviendo en infame concubinato con ella, del cual resultaron cinco hijos. Había pervertido, además, a otras religiosas y difundido por España la fama de la santidad y milagros de su amiga, cuya vida escribió. Llamábanle los afiliados de la secta el Extático, y al pie de un retrato de la Madre Águeda, que hizo poner en el coro, había escrito estas palabras de doble sentido: «El fruto vendrá en sazón, porque el campo es bueno». Negó haber hecho pacto con el demonio, ni renegado de la fe, y se le envió recluso al solitario convento de Doral, donde al poco tiempo murió.

A otros frailes de la misma Orden que estuvieron negativos se los recluyó a diversos monasterios de Mallorca, Bilbao, Valladolid y Osuna. Así la Madre Águeda, como su sobrina doña Vienta de Lora[75] y otra monja, se confesaron en el tormento reos de execrandas impurezas y hasta de infanticidios. Otras cuatro religiosas estuvieron negativas aun en la tortura, y se las condenó sin embargo, por declaraciones del resto de la comunidad. Algo hubo en este proceso de

---

75   No Laya, como se lee en Llorente.

ensañamiento y no de rigurosa justicia. Las monjas fueron dispersas por varios conventos y se llamó a otras de Ocaña y de Toledo para reformar la Orden.[76] Otro proceso semejante se formó en 1727 contra las monjas de Casbas y contra el franciscano fray Manuel de Val. En 15 de junio de 1770 se celebró en la iglesia de san Francisco, de Murcia, auto contra alumbrados. Abjuró de *vehementi* don Miguel Cano, cura de Algezares, y de formali Ana García, a quien llamaban madre espiritual de la secta; dos ermitaños y varias mujeres de la villa de Mula. Llamaban a los ósculos passos del alma y se decían unidos en la essencia de Jesús y transformados en la Santísima trinidad.

En el reinado de Fernando VI pone Llorente cerca de treinta y cuatro autos de fe, y en ellos diez relajados en persona y ciento sesenta penitenciados; los primeros, por judaizantes relapsos, y los segundos, por blasfemos, bígamos, sodomitas o hechiceros.

---

76   Llorente, páginas 32 a 39. En la página 45 añade que resultaron comprobados en aquel proceso más de veinte abortos procurados y treinta infanticidios, muchos de ellos antes de bautizar las criaturas.
Corren muchas relaciones manuscritas del proceso de Corella, no en todo creíbles. A la vista tengo una desglosada de un tomo de *Papeles varios*. En él hay otras causas de alumbrados, especialmente la de Murcia.
A pesar de tantos papeles, el negocio de Corella está oscuro: «Sé por buen conducto (escribe don Vicente de la Fuente en el tomo 6, página 67 de su *Historia eclesiástica*) que uno de los frailes allí condenados, estando moribundo en su convento de Zaragoza, protestó por el Dios que acaba de recibir y que le iba a juzgar que estaba inocente de todo aquello por lo que se le había castigado». Lo cierto es que hubo grandes tropelías, sobre todo en la aplicación del tormento.
Las revelaciones y embustes prosiguieron en todo aquel siglo. Dejando para lugar más oportuno las célebres causas de la beata Clara y de la beata Isabel, de Villar del Águila, apuntaré algunas otras menos conocidas.
En un manuscrito que posee mi querido amigo don Leopoldo Aegolius, rotulado *Anales de la ciudad de Granada desde su gloriosa conquista... y otras muchas apuntaciones curiosas que ha compendiado en este manuscrito un amante hijo de este hermoso pueblo*, se leen las noticias siguientes:
«Año de 1778. El martes 27 de enero se celebró auto en el salón del santo tribunal, a puerta abierta, con un solo reo, que lo fue Manuela López, soltera, de edad de treinta y tres años, natural de Huéscar y vecina de Granada, de oficio tejedera de cintas..., por embustera, fingiendo revelaciones, apariciones y milagros, diciendo que tenía impresa la

llaga del costado, y que tenía espíritu profético, y que sacaba las almas del purgatorio, y conocía el interior de las conciencias. Salió con la soga al cuello y coroza de embustera, y condenada a un año de reclusión en las Recogidas y cuatro años de destierro de esta ciudad, corte y sitios reales y de la villa de Iglesias.

»El día 31 del dicho mes se celebró auto en que, con sola la asistencia de dos religiosos de cada convento de esta ciudad, salió a auto al salón el religioso confesor de la embustera antecedente, cuyo nombre y comunidad se omite por el honor de la religión.»

«Año de 1735. Este año, el día 18 de diciembre, habiendo preso la santa Inquisición a fray Juan de san Esteban, monje en el monasterio de san Jerónimo de esta ciudad, sacerdote, confesaos y predicador, de edad de setenta y cuatro años, fue sacado en auto público a la iglesia de Nuestra Señora de las Angustias, con Luisa Antonia de Encinas, llamada la beata de Torro, cómplice en sus delitos de molinista (sic), heresiarca, por mal inventor de nueva ley, impuro y deshonesto...»

«Año de 1716. En 22 de noviembre se celebró auto de fe, en que salió rea Francisca Teresa Martín, que llamaban la beata de las Llagas, constando su causa de 147 capítulos: salió con coraza de embustera, y condenada a 200 azotes y ocho años de destierro; los cuatro en las Recocida.»

Por el mismo estilo y de otras Inquisiciones pudieran traerse otros casos.

Para escribir el parágrafo a que corresponde esta nota he tenido a la vista una preciosa colección de 41 autos de fe del siglo XVIII, todos impresos, desde 1721 a 1747, que generosamente me ha facilitado don José Sancho Rayón.

Pondré la lista de ellos:

Auto de Madrid, mayo de 1721.
Auto de Cuenca, 23 de noviembre de 1721.
Auto de Granada, noviembre de 1721.
Auto de Sevilla, 14 de diciembre de 1721.
Auto de Madrid, 22 de febrero de 1722.
Auto de Valladolid, 8 de marzo de 1722.
Auto de Toledo, 1722.
Auto de Córdoba, 12 de abril de 1722.
Auto de Murcia, 17 de mayo de 1722.
Auto de Granada, 30 de mayo de 1722.
Auto de Sevilla, 5 de julio de 1722.
Auto de Valladolid, agosto de 1722.
Auto de Zaragoza, 11 de octubre de 1722.
Auto de Sevilla, 1722.
Auto de Toledo, 25 de octubre de 1722.
Auto de Murcia, 18 de octubre de 1722.
Auto de Cuenca, 22 de noviembre de 1722.

De protestantismo apenas se recuerda un solo caso. Yo solo tengo presente el auto de Sevilla de 30 de noviembre de 1722, en que salió con sambenito de dos aspas Joseph Sánchez, vecino de Cádiz, y fue reconciliado en forma por sectario de la herejía calvinista, condenándosele a confiscación de bienes, hábito y cárcel perpetua. Sería marino o mercader que habría residido en país extranjero.

IX. Protestantes españoles fuera de España. Félix Antonio de Alvarado. Gavín. Don Sebastián de la Encina. El caballero de Oliveira

Solo por curiosidad bibliográfica pondremos aquí noticias de los escasos y nada conspicuos españoles que en el siglo XVIII abrazaron las doctrinas de la Reforma y dieron a la estampa algún fruto de su ingenio. El viento de la Guerra de Sucesión arrojó a algunos de ellos fuera de España y los hizo prevaricar por el trato con alemanes e ingleses. Poco se perdió, como iremos viendo. Merece entre ellos el lugar primero, siquiera por la rareza de sus libros, un clérigo aragonés llamado don Antonio Gavín. No tengo más noticias de él que las que

---

Auto de Sevilla, 30 de noviembre de 1722.
Auto de Llerena, 30 de noviembre de 1722.
Auto de Granada, 31 de enero de 1723.
Auto de Valencia, 25 de febrero de 1723.
Auto de Toledo, 25 de febrero de 1723.
Auto de Barcelona, 31 de enero de 1723.
Auto de Cuenca, 21 de febrero de 1723.
Auto de Coímbra, 14 de marzo de 1723.
Auto de Murcia, 1723.
Auto de Sevilla, 6 de junio de 1723.
Autos de Valladolid, Córdoba y Zaragoza, junio de 1723.
Auto de Granada, 20 de junio de 1723.
Auto de Llerena, 26 de junio de 1723.
Auto de Toledo, 28 de octubre de 1723.
Auto de Sevilla, 10 de agosto de 1723.
Auto de Lisboa..., 1723.
Autos de Granada y Valladolid, 24 de octubre y 19 de diciembre de 1723.
Auto de Valladolid, marzo de 1725.
Auto de Córdoba, abril de 1725.
Auto de Lisboa, 25 de septiembre de 1747.

se infieren de los prólogos de sus libros. A los veintitrés años de edad recibió las sagradas órdenes, siendo arzobispo de Zaragoza el montañés don Antonio Ibáñez de la Riva-Herrera, después Inquisidor general; prelado de gran virtud, a quien elogia mucho. Guárdase bien de explicar los motivos de su salida de España, que no debieron de ser religiosos, puesto que tardó bastante en hacerse reformista. En Zaragoza había tratado con algunos oficiales del ejército de los aliados, que más bien le hicieron indiferente. Todo induce a tenerle por un mal clérigo, sobre todo la desvergüenza y obscenidad inauditas con que escribió luego.

Su primera intención al salir de España fue trasladarse a Inglaterra; pero, como todavía no estaba firmada la paz de Utrecht, no se atrevió a ir de Calais a Dover sin pasaporte. Volvió, pues, sobre sus pasos, y en París se hizo pasar por capitán español que iba a Irlanda a recoger la herencia de un tío suyo. Un clérigo francés de quien se hizo amigo le presentó al padre Le Tellier, confesor de Luis XIV, para que por su mediación obtuviera el deseado pasaporte. Sospechó Le Tellier el embrollo y se negó rotundamente. Entonces Gavín, no contemplándose seguro en Francia, huyó a San Sebastián, y allí permaneció unos días oculto en una hostería y sin dejarse ver de gentes. Al cabo discurrió para salir de tan embarazosa situación, presentarse al rector de los jesuitas, de quien tenía noticias que era varón cándido y fácil de dejarse engañar: díjole entre mil embustes, y bajo secreto de confesión, que era militar y andaba escondido por una muerte. El jesuita, sin recelar nada, le proporcionó medios de embarcarse al día siguiente para Lisboa. Durante la navegación levantóse una tormenta, y Gavín, que ya dudaba de la presencia real en el sacramento de la eucaristía, quiso hacer experiencia del poder supersticioso que muchos atribuían a la hostia consagrada para calmar las iras del mar y de los vientos. Entonces, según él cuenta con execrables pormenores, consagró una hostia y con mucho recato subió con ella sobre cubierta. Las olas no se amansaron, y el infame Gavín, que tal prueba sacrílega y temeraria había hecho, determinó desde aquel día «no creer en ninguna doctrina de la Iglesia romana». ¡Bravo modo de discurrir! ¿Y dónde había visto él que fuese doctrina de la Iglesia la virtud antitempestuosa que atribuía al Sacramento? ¿Y por dónde ha de estar Dios obligado a responder con milagros a todo impío, necio y temerario que sea osado a pedírselos?

En Vigo dejó el barco y siguió por tierra hasta Portugal, donde algunos negociantes ingleses le dieron las primeras enseñanzas formales de protestantismo. Lord Stanhope, el famoso caudillo de la guerra de Sucesión, a quien había conocido en Zaragoza, se le recomendó al obispo de Londres, que por tres días consecutivos le hizo examinar y acabó por pedirle sus testimoniales de clérigo. No los traía, y muchos en Inglaterra dudaban que realmente lo fuese. Supliose la falta con un certificado de lord Stanhope, y en 3 de enero de 1716 abjuró públicamente el catolicismo en presencia del obispo de Londres, en la capilla de su palacio de Somerset, entrando en la iglesia oficial anglicana, con encargo de predicar y de oficiar en una congregación española compuesta del mismo Stanhope, de muchos oficiales que habían estado en la Península y de algunos militares españoles que ellos habían catequizado. Dedicó a Stanhope su primer sermón, que no he visto, pero consta que fue impreso por Guillermo Bowyer y vendido por Denoyer, librero francés, en el Strand. Siguió en sus predicaciones dos años y ocho meses; primero en la capilla de la reina, en Westminster, y luego en la de Oxenden. Recomendaciones de Stanhope le valieron ser colocado de capellán en un navío de guerra, el Prestón; lo cual él aceptó con regocijo para acabar de perfeccionarse en el inglés, no tratando más que con marineros de la tierra. El obispo de Londres diole patente de recomendación para los comisarios del Almirantazgo en 13 de julio de 1720, llamándole maestro en Artes por la Universidad de Zaragoza y autorizándole para predicar en inglés y administrar los sacramentos. Luego residió algún tiempo en Irlanda, y por recomendación del arzobispo de Cashel y del deán Percival obtuvo el curato de Gowran, que sirvió once meses muy a satisfacción del obispo de Ossory. De allí pasó a la parroquia de Cork, que servía cuando publicó su obra, o más bien serie de misceláneas contra el catolicismo.

Consta ésta de tres volúmenes, y su título es en inglés *A masterkey popery*, y en francés *Le passe par-tout de l'Eglise romaine*.[77] Un breve análisis de ella

---

77 *A Master-key to Popery in five parts*:
Part. I. Containing, A discovery of the most secret Practices of the Secular, and Regular Romish Priest in their Auricular Confession.
Part. II. A true Copy of the Pope's yearly Bull of Indulgences and Pardon of Sins, to all those that serve in the War against the Enemies of the Romish Religion. The Explanation of the Bull, with some Remarks upon it.
Part. III. An account of their Masses, Privileged Altars, Transubstantiation and Purgatory,

mostrará lo que esconde bajo estos estrafalarios rótulos. La edición inglesa que tengo a la vista es de 1725 y se titula *Segunda*. El autor procuró autorizarla con dedicatorias al príncipe de Gales y a milord Carteret, insigne por su edición del *Quijote*.

Con el más extraño desorden trata el primer tomo de la confesión auricular, de las indulgencias, de la bula de Cruzada, de las misas, altares privilegiados, transustanciación y purgatorio, de los inquisidores, del rezo eclesiástico y de la adoración de las imágenes y reliquias, pero todo esto no dogmáticamente (y aquí está la originalidad de la obra), sino con chistes y cuernecillos, casi todos verdes y muchos de una lubricidad monstruosa y desenfrenada. Parece que aquel apóstata se complace en remover y gustar todo género de inmundicias. Y todo lo refiere como oído en la academia de teología moral de la Santísima trinidad, de Zaragoza. Es una verdadera selva de casos raros de confesores

---

and of the means the Priest make use of to delude the People.
Part. IV. Of the Inquisitors and their Practices in several instances.
Part. V. Of their Prayers, Adoration of images and Relicks, etc.
By don Antonio Gavin, born and educated in Spain, some years secular Priest in the Church of Rome, and since 1715, Minister of the Church of England.
The second edition, carefully corrected from the Errors of the First, with large additions.
Londres: impreso por J. Stephens... 1725 (tres tomos en 8.º El primero de XII + 250 páginas).
Tomo II. Containing:
I. The lives and transactions of several Bishops of Rome, their Doctrine and Authority.
II. The lives and abominable intrigues of several priests and fryers of the church of Rome... 1726. (297 páginas.)
Tomo III. Containing:
I. The Damages, which the Mass causeth...
II. A catalogue of Miracles wrought by the consecrated water.
III. The Miracles of many living persones.
IV. The Revelations of three Nuns.
V. The life of the good Primate, and Metropolitan of Aragon... (VIII + 244 páginas).
(Ejemplar que fue de Usoz, y hoy es de la Biblioteca Nacional.)
La traducción francesa se titula:
Le Passe part-tout de l'Eglise Romaine, ou Histoire des tromperies des pretres et des moines en Espagne. Par Antoine Gadin, Ci-devance Pretres séculier de l'Eglise Romaine a Saréagisse et, depuis 1715, Ministre de l'Eglise Anglican. Traduit de l'anglais. Par Mr. Ianiçon. A Londres, Chez J. Stoppoo... 1727.
(Tomo 1, 417 páginas. Tomo 2, 473 páginas. Tomo 3, 511 páginas. Ejemplar de Usoz.)

solicitantes; literatura de burdel asquerosísima. Afortunadamente, el libro es muy raro.

El segundo tomo contiene las vidas de los papas y un tratado sobre su doctrina y autoridad, copiado todo escandalosamente y *ad pedem litterae* de la traducción inglesa de los *Dos tratados*, de Cipriano de Valera, hecha por Golburne. Cuando el texto de Valera acaba, Gavín añade de su cosecha *Las vidas y abominables intrigas de muchos clérigos y frailes de la Iglesia romana, colección de novelas terroríficas*, que, si fueran menos inmundas, traerían a la memoria algunas de Ana Radcliffe; pero que más bien se parecen, por la mezcla de lujuria, de tenebrosidad y de sangre, al *Monje* de Lewis, bestial y sanguinolenta novela, muy leída e imitada a fines del siglo XVIII.

El tercer tomo es, casi todo, plagio de Cipriano de Valera en lo que dice de la misa y de los falsos milagros de sor María de la Visitación. Solo hay propios de Gavín los capítulos donde cuenta éxtasis y revelaciones de monjas, que él exorna y aderaza con todos los hediondos ingredientes de su cocina.

¡Y la princesa de Gales aceptó la dedicatoria de tal libro! ¿Qué se diría de nosotros si un católico hubiese escrito *pamphlet* semejante contra la Iglesia anglicana? Cumple decir que a los mismos protestantes pareció inverosímil, según confesión del autor, lo que allí se cuenta. Otros le tildaron por divulgar secretos de confesión, y casi todos tuvieron por hijas de su inventiva novelesca la vida de don Lorenzo Amenguar, la de mosén Juan, la del Lindo. Luciendo y las demás que amenizan su segundo tomo. Con todo eso, el aliciente del escándalo fue tal, que se vendieron hasta 5.000 ejemplares, y se agotó asimismo una traducción francesa hecha en 1727 por M. Jensen.

De don Sebastián de la Encina, ministro de la iglesia anglicana y predicador en Ámsterdam de la ilustre Congregación de los honorables Tratantes en España, es decir, de los mercaderes holandeses que tenían aquí negocios, no queda más que su nombre al frente de una linda edición del *Nuevo Testamento* hecha en 1718.[78] Es mera reimpresión el texto de Cipriano de Valera, conforme a la edición de 1596, copiando el prólogo, aunque en extracto.

---

78 El *Nuevo Testamento* de Nuestro Señor Jes Cristo, nuevamente sacado a luz, corregido y revisto por don Sebastián de la Encina, Ministro de la Iglesia Anglicana y Predicador a la Ilustre Congrega con de los honorables señores tratantes en España. Luc. II, X. He aquí os doy nuevas del gran gozo, que será a todo el Pueblo. En Ámsterdam, Impuesto por Jacobo Borstio Librero, 1718 (prefación, dos hojas; orden de los libros, una hoja. Total,

Por el mismo tiempo vivía en Londres otro español refugiado, don Félix Antonio de Alvarado, sevillano de nacimiento, que en sus primeros libros se titula presbítero de la iglesia anglicana y capellán de los honorables señores ingleses mercaderes que comercian en España. También hacía oficios de maestro e intérprete de la lengua española, y suyos son unos diálogos ingleses y castellanos,[79] ricos en proverbios, frases y modos de decir galanos y castizos, como que el autor parece haberse inspirado en otros manuales de conversación del siglo XVI, y especialmente en el de Juan de Luna, el continuador del Lazarillo.

Cuando se reformó por orden del rey Jacobo II la liturgia inglesa, hubo que reformar también la antigua traducción castellana de Fernando de Texeda, el autor del *Carrascón*. De este trabajo se encargó Alvarado, y llevan su nombre las ediciones de 1707 y 1715, prohibidas entrambas en nuestros índices expurgatorios.[80]

La iglesia anglicana debió de pagar mal a Alvarado; lo cierto es que para subsistir tuvo que refugiarse en la mansa, benévola e iluminada secta de los cuáqueros, bañándose en su acendrado espiritualismo, aprendiendo el sistema de la luz interior y traduciendo, finalmente, el libro semisagrado de la secta, o sea la *Apología de la verdadera teología cristiana*, de Roberto Barclay. Esta

---

491 páginas. Biblioteca Usoz).

79 *Diálogos Ingleses, y españoles con muchos Proverbios*, y las *Explicaciones de diversas Maneras de Hablar, propias a la Lengua española, la construcción del Universo, y los Términos Principales de los (sic) Artes, y de las Secuencias*. Dedícalos a su señoría, the Bright Honorable John Lord Carnerea don Félix Antonio de Alvarado, Natural de la ciudad de Sevilla, en España; más tiempo ha naturalizado en este Reino, presbítero de la Iglesia Anglicana, y Capellán de los Honorables señores Ingleses Mercaderes, que comercian en España. Londres, a costa de Guillermo Hinchliffe, en Dryden's Head, debaxo de la Lonja, 1718 (al frente de la misma portada en inglés; en 8.º; 34 + 615 páginas. Librería de Usoz).

80 Liturgia inglesa o libro de oración común y administración de los sacramentos y otros ritos y ceremonias de la iglesia anglicana..., con un tratado añadido: *De la consagración y ordinación de los obispos, presbyteros y diáconos* (Véase el *Índice* de 1747, que se refiere al edicto de prohibición de octubre de 1709).

traducción se imprimió en Londres en 1710 y es muy rara.[81] ¿Quién dirá que semejante libro había de catequizar a ningún español? Y, sin embargo, fue así. En nuestros días, don Luis de Usoz y Río, tantas veces citado en esta historia, y que todavía ha de serlo muchas, prevaricó en la fe por la lectura de Barclay, cuya *Apología*, traducida por Alvarado, halló en un puesto de libros viejos, y, engolosinado con tal lectura, fue a Inglaterra y se alistó en la secta de los cuáqueros, a la cual consagró su dinero y su vida. ¡Cuán extraños son a veces los caminos del error y por cuán escondidas veredas llega a posesionarse del ánimo!

Según noticias comunicadas al mismo Usoz por su amigo y correligionario Benjamín Wiffen, que las extractó de los registros de la sociedad de los cuáqueros de Londres, Alvarado se presentó a la sociedad en 22 de abril de 1709, ofreciendo traducir al castellano la *Apología*, como ya lo estaba a otras lenguas. Se comisionó a Daniel Philips, Juan Whiting, Enrique Gouldney y Gilberto Molleson para que examinasen la propuesta. En 10 de diciembre, Molleson informó a la junta que el *Spanish Friar*, Alvarado, tenía ya traducidas las dos terceras partes de la *Apología*. En 17 de marzo de 1710 estaba acabada. Mandó la junta imprimir mil ejemplares, y los mismos cuatro comisionados entendieron, juntamente con el traductor, en la corrección de pruebas.

En 7 de diciembre (duodécimo mes) del mismo año, Alvarado, que vivía en Grace church street y se hallaba falto de dinero hasta para pagar su posada, pide a los cuáqueros algún socorro, y la junta comisiona a Juan Knight, Juan

---

81 *Apología de la verdadera teología cristiana*, como ella es professada y predicada por el pueblo, llamado, en menosprecio, de los tembladores; que es una cumplida explanación y vindicación de sus principios y doctrinas por muchos argumentos, deduzidos de las Sagradas Escrituras, y recta razon i de los testimonios de authores famosos antiguos y modernos, con una respuesta cumplida a las más fuertes objeciones hechas comúnmente contra ellos. Presentada al rei de la Gran Bretaña. Escrita en latín e inglés por Roberto Barclay, trasladada de allí primero en alemán, holandés y francés por la Instrucción e Información de Extranjeros: y ahora en castellano, por Antonio de Alvarado, originario de Sevilla, por el bien de todos, especialmente de la nación española. Impreso y vendido en Londres por J. Sowlé, en la corte (sic por patio) llamada del Ciervo Blanco, en Gracious-Street (1710), 8.º mayor, 638 páginas. Del rótulo de este libro tomó Usoz las famosas palabras *Para bien de España*, que puso en la portada del *Carrascón*.

Egleston, Josef Joovey y Lassells Metcalfe para que le visiten y se informen. No vuelve a hablarse palabra de él.[82]

A mediados de aquel siglo apostató un portugués con singulares circunstancias. Llamábase el tal Francisco Xavier de Oliveira, y entre sus correligionarios, que le nombraban siempre con respeto, el caballero Oliveira, porque era, en efecto, caballero hidalgo de la casa real y profeso en la Orden de Cristo. Había nacido en Lisboa el 21 de mayo de 1702. Hasta los treinta y uno de su edad sirvió de oficial en el Tribunal de Contos; después, y por muerte de su padre, fue nombrado secretario del conde de Tarouca, ministro plenipotenciario en Austria. El 19 de abril de 1734 salió de Lisboa, y en 1740 viósele de súbito abandonar su puesto de secretario de Embajada para retirarse a Holanda, y de allí, cuatro años adelante, a Inglaterra, donde abjuró públicamente el catolicismo, viviendo desde entonces en la mayor miseria, sostenido por las limosnas de sus correligionarios. Algunos escritos heréticos que divulgó con ocasión del terremoto de Lisboa hicieron que la Inquisición se fijase en él y le formara proceso, mandándole quemar en estatua el 20 de septiembre de 1761. Falleció en Hackney en 1783.[83]

Las obras de este desinteresado y fanático sectario son muchas en número y muy apreciadas de los críticos portugueses por la hermosura y gracia de

---

82   He encontrado estos datos en una carta de Wiffen a Usoz, que éste guardaba entre sus papeles.
83   Dice Almeira Garrett en el tomo 1 de su *Romanceiro* (Lisboa 1875, Imprenta Nacional): «Mi amigo Duarte Lessa... había adquirido en Londres varios libros y manuscritos que habían sido del célebre caballero de Oliveira... Había entre ellos un ejemplar de la biblioteca de Barbosa encuadernados los tomos con hojas blancas en medio, y escritas éstas, así como las amplias márgenes del folio impreso, de letra muy menuda, pero muy clara y legible, con anotaciones, comentarios, enmiendas y adiciones de Oliveira. Veíase en muchas partes que era trabajo hecho después de la publicación de sus *Memorias*;* pues a menudo se refería a ellas, confirmando y ampliando, corrigiendo y retractando lo que allí había dicho... Muchas veces citaba y transcribía coplas, romances y trovas antiguas,

lengua⁸⁴ pero carecen de interés teológico. Escribió mucho de asuntos indiferentes, porque el producto de sus obras le ayudaba a vivir y quería que circulasen libremente en Portugal. Viajes, memorias y cartas salieron en gran número de su discreta pluma, hábil en trazar ensayos y caracteres y pinturas de costumbres a la manera inglesa, especialmente de Addison, cuyo *Spectator* imita.⁸⁵

X. Judaizantes. Pineda. El sordomudista Pereira. Antonio José de Silva

La plaga del judaísmo oculto, recrudecida después de la unión del reino de Portugal a la Corona de Castilla, vive aún después de la separación, y en todo el siglo XVIII da muestra de sí en los autos de fe, a tal punto, que los *relaxados* en persona son casi siempre judaizantes, por lo menos en los autos que yo he visto. Pero entre sus nombres, ninguno puede interesar a la historia literaria, fuera del autor de *El ocaso de las formas aristotélicas*, Diego Martín Zapata, uno

---

y hasta profecías como las de Bandarra, copiadas fielmente, según aseveraba, de manuscritos antiguos que había tenido en su poder, franqueados unos por judíos portugueses de Ámsterdam y recogidos otros en las preciosas colecciones de nuestros antiguos hidalgos» (páginas 8 a 10).
Nada menos que cincuenta y tantos romances o variantes de los conocidos dice Almeida Garrett que adquirió por este medio y si fuera verdad, habría que poner al caballero Oliveira entre los más antiguos colectores de la poesía popular y tenerle por fenómeno extraño en el siglo XVIII. Pero es el caso que nadie quiere creer la relación de Garrett, y el ceñudo Teófilo Braga llega a decir que su predecesor se valió de aquel mito para falsificar la poesía popular. Y pienso que tiene razón.

---

* Titúlanse *Mémoires historiques, politiques et literaires concernan le Portugal...* (La Haya 1743).
84 Oliveira (Caballero de).
O Caballeiro de Oliveira e a Inquisiçao.
Proceso publicado en el Archivo Histórico Portuguez, II, agosto de 1904.
85 *Memorias dos viagems de Francisco Xavier de Oliveira...* Tomo 1 (Ámsterdam, sin nombre de impresor, 1741), en 8.°, 14 + 397 páginas y 18 hojas sin foliar, contando el índice. Dejó dos tomos más, inéditos.
(Véase el catálogo de sus demás obras en el *Diccionario bibliographico portuguez*, de Inocencio da Silva.)

115

de los renovadores del método experimental, de quien refiere Morejón[86] que sus émulos le delataron por judaizante a la Inquisición de Cuenca, y que salió levemente penado en un auto, sin que tales penitencias le hicieran perder nada de la buena fama que por sus victorias polémicas y felices curas había logrado; antes consta que llegó a ser médico del duque de Medinaceli y del cardenal Portocarrero.

Fuera de España peregrinaban algunos judaizantes que escribieron en castellano o por otros títulos se hicieron memorables. De ellos fue Pedro Pineda, maestro de lengua castellana, que publicó en Londres un *Diccionario*, rico de diatribas contra el de la Academia española, y logró alguna mayor notoriedad, dirigiendo en su parte material la soberbia edición del Quijote costeada por lord Carteret para obsequiar a la reina Carolina, ilustrada por Mayáns con la primera vida de Cervantes y estampada en Londres en 1738 por los hermanos Tonson. El buen éxito de esta empresa movió a Pineda a reimprimir por su cuenta otros libros clásicos castellanos, y así empezó por sacar a luz las *Novelas ejemplares*, de Cervantes (La Haya, por J. Nearlme, 1739, dos tomos en 8.º), dedicadas a su discípula doña María Fane, condesa de Westmorland, que en solo cuatro meses había aprendido la lengua castellana. Imprimió después la *Diana enamorada*, de Gil Polo, por Tomás Woodward, 1739, con una galante dedicatoria a otra discípula suya, doña Isabel Sútton. Todas estas ediciones son tipográficamente muy lindas y correctas en cuanto al texto; pero el gusto del editor era tan menguado y perverso, a pesar de que revolvía con diurna y nocturna mano las inmortales hojas de Cervantes, que llegó a tomar por lo serio los irónicos elogios que el cura hace en el escrutinio de la librería de don Quijote, de *Los diez libros de for-*

---

86 *Historia bibliográfica de la medicina española* página 167.
Además del *Ocaso*, que es obra importante en la historia de la filosofía española, compuso Zapata una *Apología* contra el libro del doctor Gazola, veronés, *El mundo engañado por los falsos médicos*, y varios opúsculos que pueden verse registrados en Morejón.
Sospecho que el nombre de este famoso médico y el ruido que hizo su proceso dieron ocasión a Voltaire para escribir, a nombre de un supuesto Lindo. Zapata, profesor de Teología en Salamanca y verdadero ente de razón, ciertas *Cuestiones impías y blasfemas, en que se mofa de los Libros santos*. Todo lo que dice de que Zapata fue quemado en Valladolid y que el original de sus *Preguntas* estaba en la Biblioteca de Brunswicsk (Voltaire, *Oeuvres*, edición de 1822, chez Thomine et Fortic, libraires, tomo 30, página 218) es invención y farándula, ni allí ha existido nunca semejante cosa. Este librejo se tradujo al castellano y corrió bastante a sobra de tejado.

tuna de amor, de Lofrasso de Sardo, disparatadísima y soporífera novela pastoril, llena de versos ridículos y mal medidos. Y sin entender el verdadero y maleante sentido de las palabras de Cervantes: «Desde que Apolo fue Apolo, y las musas musas, y los poetas poetas, tan gracioso ni tan disparatado libro como ése no se ha compuesto, y por su camino, es el mejor y más único de cuantos... han salido a la luz del mundo», entendió lo de gracioso como sonaba; no se acordó que Mercurio, en el *Viaje del Parnaso*, había mandado echar a Lofrasso al agua, y reimprimió con grandísimo lujo su obra en Londres el año 1740, anteponiéndola un estrafalario prólogo laudatorio. Hasta los libros peores tienen su día de fortuna si algún maniático da con ellos. Y es lo bueno que Pineda cita, en son de triunfo, la autoridad de Lofrasso contra el *Diccionario* de la Academia. ¡Lofrasso, que hablaba una jerga mixta de sardo y castellano!

Antigua es en España la invención de enseñar a hablar a los sordomudos. Convienen todos, con autoridad de Ambrosio de Morales y de Francisco Vallés, en adjudicar la primera gloria de ella al benedictino de Oña fray Pedro Ponce de León, que enseñó a muchos sordomudos, entre ellos a dos hermanos y a una hermana del condestable y a un hijo del justicia de Aragón, no solo a hablar, sino a leer, escribir, contar y entenderse en griego, latín e italiano, según todo lo declara el mismo fraile en su testamento, hablando con candorosa modestia «de la industria que Dios fue servido de darle por méritos de san Juan Bautista y de nuestro padre san Íñigo» y (antiguo reformador de Oña). Siguieron y perfeccionaron el benéfico invento Manuel Ramírez de Carrión, natural de Hellín (maestro del marqués de Priego y del príncipe Filiberto Amadeo de Saboya), y Juan Pablo Bonet el más conocido de todos por su ingenioso libro de *Reducción de las letras y arte para enseñar a hablar a los sordomudos* (Madrid 1620), que autorizó Lope de Vega con unas conceptuosas décimas.

> Los que más fama ganaron
> por las ciencias que entendieron
> a los que ya hablar supieron,
> a hablar mejor enseñaron;
> pero nunca imaginaron
> que hallara el arte camino
> do naturaleza falta:

sutileza insigne y alta
de vuestro ingenio divino.

El arte siguió practicándose de un modo más o menos empírico; pero fuera de España era casi ignorado, hasta que simultáneamente lo pusieron en boga, a mediados del siglo XVIII, el abate L'Epée, famoso filántropo al gusto de entonces, y un judaizante español, Jacob Rodrigues Pereira, natural de Berlanga, en Extremadura, hijo de Abraham Rodrigues Pereira y de Abigail Rica Rodrigues, judíos portugueses.[87]

Excitada la curiosidad de Pereira, que fugitivo por causa de religión residía en París, con la lectura del discurso del padre Feijoo *Glorias de España*, en que aquel sabio benedictino hablaba de la invención de fray Pedro Ponce y reunía los testimonios que la comprueban, se aplicó al arte,[88] enseñó a hablar a un mudo, e hizo que La Condamine le presentase en la Academia de Ciencias. La novedad entusiasmó a todo París, y hasta el rey quiso ver al discípulo e interrogarle.

Creció con esto la notoriedad de Pereira, y llegó a excitar los celos de L'Epée, el cual quiso perseguirle a título de judío que catequizaba a los sordomudos, discípulos suyos. Pero la pureza de su enseñanza salió victoriosa de esta prueba.

Era hombre de entendimiento sagaz e inventivo: matemático, mecánico y algo arbitrista. Proyectó una máquina de vapor y otra de cálculos y presentó a Necker un plan de Hacienda. Hacía versos castellanos bastante malos, de los cuales puede verse alguna muestra en su biografía, escrita por Seguín. Fundó el cementerio de los israelitas de París y fue protector incansable de todos los de su raza y religión, que fe deben en gran parte la prosperidad que lograron

---

87 Véase Seguín (Eduardo), *Jacob Rodrigues Pereire, premier instituteur de sourds et muets en France* (1744-1750), pensionnaire et interprete du Roi, membre de la Societé Royale de Londres, etc. (París, J. B. Baillière 1847), en 12.º La familia de los Pereiras es hoy famosa por sus operaciones mercantiles.

88 Véase la carta del padre Feijoo que tiene el número 7 en el tomo 4 de las *Cartas eruditas*. Allí consta todo lo expuesto, y el padre Feijoo reivindica para sí el mérito de haber despertado el interés de Pereira, citando en prueba las *Memorias de Trévoux del año 1748* (a. 8) y una carta de don José Ignacio de Torres, médico valenciano residente en París, a quien el mismo Pereira se lo había declarado.
Pereira entre los cristianos se había llamado don Juan.

en Francia. Murió el 15 de septiembre de 1780, y sus procedimientos para la enseñanza de los sordomudos, que diferían mucho de los comunes, y que él no quiso revelar nunca, se fueron con él al sepulcro.[89]

Venga a cerrar este capítulo la ensangrentada sombra del poeta brasileño Antonio José de Silva, condenado inicuamente, según parece, por los inquisidores de Lisboa. No se crea por eso que admito como moneda de ley las pedantescas declamaciones de casi todos los críticos e historiadores literarios portugueses sobre este suceso. Todos ellos prescinden de la cuestión del judaísmo, única y verdadera causa del proceso, y mezclan la cuestión literaria, que nada tiene que hacer en el asunto. Óigase cómo empieza su relación el más moderno de los biógrafos de Antonio José «El teatro era una empresa audaz bajo el reinado aterrador del Santo oficio; Antonio José sabía hacer reír a la multitud, y por este solo hecho se le juzgó criminal; las carcajadas que producían sus obras despertaban al pueblo de la tristísima pesadilla de los inquisidores, y éstos entendieron que merecía la muerte aquel que osaba distraer las imaginaciones del asombro funéreo de los autos de fe. Era preciso buscar un crimen, inventar un pretexto para descargar sobre el poeta la espada flameante del fanatismo, vengar sobre él la deuda abierta por Gil Vicente».[90]

Este trozo de sublime oratoria progresista pertenece a Teófilo Braga. ¡Empresa peligrosa el teatro, cuando en la Castilla inquisitorial tuvimos el más rico y variado teatro del mundo! ¡Perseguido Gil Vicente por la Inquisición, que no hizo más que expurgar, con harta lenidad, sus escritos después de su muerte![91] Dejando aparte tan hinchados desvaríos, contemos el caso de Antonio José con la mayor brevedad y lisura posibles.

---

89 Escribió Pereira *Observations sur les sourds-muets* (Academia de Ciencias, Savants étrangers, tomo 5 (1769), una *Memoria sobre Otahiti*, en el viaje de Bougainville, y otra inserta en el *Mercurio* de Francia de agosto de 1749, sin otros papeles de menos cuenta, que también cita su biógrafo.
Véase además Barrantes, *Aparato bibliográfico de Extremadura*, tomo 2, art. Berlanga.
90 Theophilo Braga, *Historia do theatro portuguez*. A Baixa comedia e a opera, seculo XVIII (Porto 1871, imprensa portuguesa), página 144 a 198. Todo este capítulo, muy rico por otra parte en datos, está dedicado a Antonio José.
91 Las cosas que imprimen los portugueses modernos rayan en lo increíble. Braga llega a decir (página 146) que «el mayor crimen de Antonio José era el tener talento, crimen imperdonable en quien no fuese tonsurado». Cualquiera diría que entre el Portugal antiguo y el nuevo había habido una solución de continuidad, perdiéndose la memoria de todas las

Había nacido en Río Janeiro el 8 de mayo de 1705, de una familia de origen hebreo establecida allí desde la fundación de la colonia. Sus parientes eran médicos, abogados y negociantes; gente rica, pero sospechosa en la fe. Casi todos estuvieron presos en las cárceles del Santo oficio o fueron penitenciados por él, entre ellos su propia madre, Lorenza Coutinho, reconciliada en el auto de fe de 9 de julio de 1713 y condenada de nuevo por relapsa en el de 16 de octubre de 1729.

Antonio José vino de muy niño a Lisboa, y es de presumir que, perteneciendo a una familia cristiana solo en el nombre, y agriada además por la continua vigilancia y persecución del Santo oficio, hubiera mamado con la leche el rito judaico y el aborrecimiento al nombre cristiano. Creer otra cosa, fuera desconocer del todo la naturaleza humana.

Antonio José debía ser, pues, judío por tradiciones de familia, como quien a los siete años de edad había visto conducir a su madre a las cárceles del Tribunal de la Fe. Él mismo, siendo estudiante de Derecho en Coímbra, fue procesado en 8 de agosto de 1726 por haber seguido algún tiempo la ley de Moisés a ruego y persuasión de su tía doña Esperanza de Montaroyo, aunque luego, según él declara, salió de su yerro por haber oído a un predicador del convento de Santo Domingo. Como tenía cómplices, se le dio tormento; y en 23 de septiembre salió penitenciado en un auto, imponiéndosele la obligación de instruirse en la doctrina cristiana, que debían de tener muy olvidada en su casa.

Hasta 1773 continuó sus estudios en Coímbra; se casó con su prima Leonor María do Carvalho, judaizante también, y reconciliada por ello en un auto de Valladolid, y comenzó a ejercer en Lisboa la abogacía. Pero su vocación le llamaba a las letras, y es especialmente al teatro, que yacía entonces en misérrima decadencia, si es que alguna vez existió en Portugal, imperando como señora absoluta la ópera francesa e italiana, magníficamente protegida por don Juan V, príncipe ostentoso, empeñado en remedar en su pequeña monarquía las grandezas de Luis XIV. El gusto popular era perverso. Allí, donde jamás hubo teatro y donde hay que saltar desde Gil Vicente a Almeida Garrett, solazábase únicamente la ínfima plebe, a principios del siglo XVIII, con cierto género de farsas sainetescas, que los historiadores de ese teatro en embrión llaman baja

---

cosas pasadas y hablándose de la antigua Lusitania como pudiera hablarse del Congo. En España no hemos llegado a tanto; pero todo se andará.

comedia, la cual vivía, por la mayor parte, de desperdicios del teatro español y de la reproducción grotesca de algunos personajes e incidentes callejeros. Antonio José cultivó esta manera de farsas, recibiendo a la vez la influencia de la ópera y la de nuestras comedias, e hizo verdaderas zarzuelas, que malamente se llaman óperas, puesto que constan de diálogo en prosa y de canto, predominando en éste los aires brasileños, llamados molinhas. Tenía Antonio José cierta gracia grosera y caricaturesca, de que usó y abusó en las óperas tituladas *Vida do grande don Quixote de la Mancha e do gordo Sancho Pansa*, *Esopaida o vida de Esopo*, *Encantos de Medea*, *Amphytrion ou Jupiter e Alcmena*, *Labyrintho de Creta*, *Guerras de Alecrim e Mangerona*, *Variedades de Protheu* y *Precipio de Phaetonte*, todas las cuales fueron representadas en el teatro del Barrio Alto de Lisboa desde 1733 a 1738. El *Don Quijote* es refundición de un entremés de Nuno Nisceno Sutil escrito en castellano. Teófilo Braga halla en el de Antonio José «infinita gracia y nuevas peripecias que honrarían al mismo Cervantes». De qué género son estas gracias y peripecias que hacían morir de risa a Bocage y que todavía hoy entusiasman (*res mirabilis*) a los críticos portugueses, puede indicarlo el recuerdo de una escena, la más inmunda y grosera que he leído en teatro alguno, en que don Quijote imagina que Sancho es Dulcinea encantada, y comienza a enamorarla.[92]

En otras comedias suyas, Antonio José entró a saco por el teatro francés. Así son imitaciones de Molière el *Amphytrion*, y de Boursault (*Esope à la ville* y *Esope à la cour*) la *Esopaida*; piezas que no tienen de portugués más que el lenguaje, rico en idiotismos, y las alusiones a cosas del día. Más originalidad, más brío hay en sus óperas de asunto mitológico, verdaderas parodias, semejantes a las zarzuelas bufas de nuestros días, así como se acerca algo más a la legítima comedia de costumbres la que tituló *Guerras del romero y de la mejorana* (*Guerras do Alecrim e Mangerona*), pintura ligera y donairosa de las exóticas galanterías de los petimetres y damiselas del tiempo.

Para juzgar bien a Antonio José es preciso colocarle en su país y en su tiempo y recordar, como lo hace Teófilo Braga, que escribía para actores despreciables, borrachos y sin escuela, y que él, por su parte, carecía, poco menos que en absoluto, de cultura literaria, teniendo que suplirla a fuerza de intuición

---

92   Braga escribe (y basta copiarlo): «La gracia de esta escena se aumenta si recordamos que en tiempo de Antonio José la Inquisición era implacable... con el crimen de sodomía».

dramática, perdida y estragada casi siempre por el gusto del populacho soez que le aplaudía. Así lo reconocen algunos críticos portugueses menos ciegos y preocupados. «En sus informes dramas —dice Almelda Garrett—[93] hay algunas escenas verdaderamente cómicas, algunos dichos de suma gracia; pero ésta suele degenerar en baja y vulgar.» Por el contrario, José María da Costa e Silva llega a compararle con Aristófanes por la invención y originalidad fantástica y por la acrimonia satírica del diálogo.[94] ¡Risum teneatis!

De todo lo expuesto solo podemos deducir que había en Antonio José cantera de poeta cómico algo *scurril* y tabernario, pero que se malogró por haber nacido en la época más desdichada para las letras peninsulares.

Se han querido hallar en sus obras, sobre todo en el *Amphytrion*, alusiones contra el Santo oficio, que cuando mozo le había perseguido, y explicar así su segundo proceso; pero todo lo que se alega es demasiado vago y capaz de muchas interpretaciones:

> ¡Qué delicto fiz eu, para que sinta
> o peso desta asperrima cadeia,
> nos horrores de um carcere penoso,
> em cuja triste lobrega morada, etc.

Una esclava de su madre llamada Leonor Gómez le delató al Santo oficio en 5 de octubre de 1737 por practicar las abstinencias judaicas. Vano fue que invocara en apoyo de la pureza de su fe el testimonio de muchos frailes que íntimamente le trataban y el de personas tan conspicuas en el Estado como el conde de Ericeyra, autor de la *Henriqueida*. Condenósele, si hemos de atenernos a los extractos hasta ahora publicados del proceso, por leves indicios, por declaraciones de compañeros de cárcel... Que era judaizante relapso, no hay duda, que esto se probara en términos judiciales, no consta, y por eso repito que la sentencia fue inicua. No basta la convicción moral cuando las pruebas faltan, y era, además, harto rigor en pleno siglo XVIII, cuando en el resto de España no

---

93 *Historia da lingua e da poesía portugueza* (introducción al *Parnaso Lusitano*) (París, Aíllaud, 1826), página 48.

94 Véase *Ensaio bibliographico critico sobre os melhores poetas portugueses*, por José María da Costa e Silva. Tomo 10 (Lisboa, na imprensa Silviana), página 328 *usque ad finem*.

se quemaba a nadie y el rigor de los procedimientos iba mitigándose, aplicar tan duro castigo a un hombre que no había sido dogmatizante.

Lo cierto es que en 11 de septiembre de 1739 fue relajado al brazo seglar por negativo y relapso. La sentencia se ejecutó en el auto de 18 de octubre de 1739, en la plaza del Rocío, siendo decapitado Antonio José y arrojado luego su cadáver a las llamas. Es falso que todavía entonces se quemara vivo a nadie. Su mujer y su madre fueron castigadas por relapsas, con cárcel perpetua o al arbitrio de sus jueces.

Ni siquiera las obras dramáticas de Antonio José llevan su nombre, ni aún se han impreso sueltas, sino en colección con otras óperas de medianísimos autores que continuaron su escuela, v. gr., Alejandro Antonio de Lima. El pueblo las llamaba, y llama, *Operas do Judeu*.[95] Después de su muerte siguieron, representándose con aplauso, y no se pusieron en el *Índice*, lo cual prueba que es absurdo decir, como dice Braga, que «el espíritu católico combatió el teatro de Antonio José». Verdad es que el mismo crítico afirma en otra parte que «Antonio José fue víctima inmolada a los comentarios de Aristóteles» (página 184). ¡Pobre Estagirita!

Apláudase en buen hora el vigor bajo-cómico de que alguna vez dio muestra aquel ingenio muerto en flor, el sabor popular de los diálogos, la soltura melódica de las arias, el movimiento escénico, y aun, si se quiere, la extrañeza ruda e irregular del conjunto; pero no se le tenga por un Tirso, ni por un Moliére, ni siquiera por un don Ramón de la Cruz, ni se forjen leyendas patrióticas,

---

95 Véase *Theatro comico portuguez, ou colleçao das operas portuguezas que se representaram na casa do theatro publico do Bairro Alto de Lisboa* (Lisboa 1744-1746); cuatro tomos en 8.º Solo los dos primeros contienen obras de Antonio José, cuyo nombre se declara en dos décimas acrósticas. El impresor fue Luis Ameno, Wolf cita otras dos ediciones: una de 1747 (Lisboa, na regia officina Sylviana), y 1759-1761, en cuatro volúmenes también. Además de las óperas ya citadas quedan algunos versos líricos de Antonio José, y se le atribuyen, con más o menos fundamento, varias comedias y óperas manuscritas; v. gr., *Os amantes de escabeche, San Gonzalo de Amarànte, As firmezas de Protheo, Telemaco na ilha de Calipso, O diabinho a man furada*, etc.

suponiendo que la Inquisición y los católicos le asesinaron por envidia a los resplandores de su genio [96]

Hasta le han hecho protagonista de un drama romántico escrito por el brasileño Magalhaes, y titulado *El poeta y la Inquisición*, como quien dice de potencia a potencia.

Capítulo II. El jansenismo regalista en el siglo XVIII

I. El jansenismo en Portugal. Obras cismáticas de Pereira. Política heterodoxa de Pombal. Proceso del padre Malagrida. Expulsión de los jesuitas. Tribunal de censura. Reacción contra Pombal en tiempo de doña María I la Piadosa. II. Triunfo del regalismo en tiempo de Carlos III de España. Cuestiones sobre el catecismo de Mesenghi. Suspensión de los edictos inquisitoriales y destierro del inquisidor general. El pase regio. Libro de Campomanes sobre la *Regalía de amortización*. III. Expulsión de los jesuitas de España. IV. Continúan las providencias contra los jesuitas. Política heterodoxa de Aranda y Roda. *Expediente del obispo de Cuenca. Juicio imparcial* sobre el monitorio de Parma. V. Embajada de Floridablanca a Roma. Extinción de los jesuitas. VI. Bienes de jesuitas. Planes de enseñanza. Introducción de libros jansenistas. Prelados sospechosos. Cesación de los concilios provinciales. VII. Reinado de Carlos IV. Proyectos cismáticas de Urquijo. Contestaciones de varios obispos favorables al cisma. Tavira. VIII. Aparente reacción contra los jansenistas. Colegiata de san Isidro. Procesos inquisitoriales. Los hermanos Cuestas. *El pájaro en la liga*, Dictamen de Amat sobre las *Causas de la revolución francesa*, de Hervás y Panduro. La Inquisición en manos de los jansenistas. IX. Principales escritores tenidos por jansenistas a fines del siglo XVIII: Villanueva, Martínez Marina, el arzobispo Amat, Masdéu, etc., etc.

---

96 Véase acerca de Antonio José el *Diccionario bibliographico portuguez*, de Inocencio da Silva (tomo 1, páginas 176-180); el *Florilegio da poesía brazileira...*, de Varnhagen (tomo 1, Lisboa 1850, páginas 201-236), y Pereira da Silva (*Parnaso Brasileiro...*, Río Janeiro 1843); y con más extensión, en sus *Varones Ilustres do Brasil durante os tempos coloniaes* (París 1858), tomo 1, página 259 a 281.

Utilizó todas estas obras y es el mejor estudio acerca de Antonio José el de Fernando Wolf (*Le Brésil littéraire*... Berlín, Asher, 1863, cap. 4, página 30 a 44). El proceso existe en el Archivo de Tombo.

I. El jansenismo en Portugal. Obras cismáticas de Pereira. Política heterodoxa de Pombal. Proceso del padre Malagrida. Expulsión de los jesuitas. Tribunal de censura. Reacción contra Pombal en tiempo de doña María I la Piadosa

Cuando los llamados en España jansenistas querían apartar de sí la odiosidad y el sabor de herejía inseparable de este dictado, solían decir, como dijo Azara, que tal nombre era una calumnia, porque jansenista es solo el que defiende todas o algunas de las cinco proposiciones de Jansenio sobre la gracia, o bien las de Quesnel, condenadas por la bula *Unigenitus*. En ese riguroso sentido es cierto que no hubo en España jansenistas; a lo menos yo no he hallado libro alguno en que de propósito se defienda a Jansenio. Es más: en el siglo XVIII, siglo nada teológico, las cuestiones canónicas, se sobrepusieron a todo; y a las lides acerca de la predestinación y la presciencia, la gracia santificante y la eficaz, sucedieron en la atención pública las controversias acerca de la potestad y jurisdicción de los obispos, primacía del papa o del concilio; límites de las dos potestades, eclesiástica y secular; regalías y derechos mayestáticos, etc., etc. La España del siglo XVIII apenas produjo ningún teólogo de cuenta, ni ortodoxo ni heterodoxo,[97] en cambio hormigueó de canonistas, casi todo adversos a Roma.

---

97 No quiere esto decir que faltasen en absoluto, y más adelante se leerán en esta historia nombres de teólogos dignos de honroso recuerdo. Entre los controversistas no debo omitir, siquiera por la extrañeza y novedad de la materia que trató, al dominico catalán fray Bernardo Ribera (a quien llamaron Ribereta por lo exiguo de su estatura), el cual, después de tres años de residencia en Rusia como misionero apostólico y como capellán del embajador español duque de Liria, escribió contra los errores del cisma griego un raro libro impreso en Viena, cuyo título dice así:

Opus theologicum primam Catechismi Romani partem subsecans, in duas classes divisum, Symboli arliculos exponens, historiam et chronologiam sacro-politicam Moskoviae adiungens, Emm. Cardinali Ludovico Belluga de Moncada dicatum. Viennae Austriae (1733), 4.º

Refiere de sí mismo que, hallándose el día 21 de julio de 1730 en Moscú, asistió a unas conclusiones de teología vestido con el hábito de su Orden, que era enteramente desconocido en aquel país (*cunctis Moskovitis ignoto*), y argumentó sobre la procesión del Espíritu santo del Hijo, y no solamente del Padre, como afirma la Iglesia griega.

Los cuatro errores principales de los cismáticos, que extensamente refuta en su obra, son por este orden:

I. Spiritum Santum per Filium male explicant.

II. Status animarum purgandarum post mortem negatur, quibus indifinite suffragium conceditur.

Llamarlos jansenistas no es del todo inexacto, porque se parecían a los solitarios de Port-Royal en la afectación de nimia austeridad y de celo por la pureza de la antigua disciplina; en el odio mal disimulado a la soberanía pontificia, en las eternas declamaciones contra los abusos de la curia romana; en las sofísticas distinciones y rodeos de que se valían para eludir las condenaciones y decretos apostólicos; en el espíritu cismático que acariciaba a idea de iglesias nacionales y, finalmente, en el aborrecimiento a la Compañía de Jesús. Tampoco andan acordes ellos mismos entre sí unos, como Pereira, son episcopalistas acérrimos; otros, como Campomanes, furibundos regalistas; unos ensalzan

---

III. In causa adulterii polest vir ttxorem dimittere, non e contra.

IV. Negant Primatum Ecclesiae Romanae; nos schismaticos vocant quod Christum Ecclesiae unicum caput colunt, et unicum Corpus Apostolis communiter traditum diviserimus.

Pero, sin duda, la tentativa teológica más importante y digna de consideración en el siglo XVIII es la del jesuita Juan Bautista Gener, que ideó y en parte llevó a cabo el vastísimo plan de una enciclopedia teológico-escolástico-dogmático-polémico-moral, que habla de abrazar todo cuanto directa o indirectamente se refiere a la ciencia de la religión o pudiese servirle de instrumento; abarcando en ella concilios, herejías, escritores, monumentos antiguos sagrados y profanos, lápidas y medallas, etc. El prospecto de esta obra, que de haber sido enteramente realizada hubiera puesto el nombre de su autor al lado del padre Petavio, salió en Génova en 1766 con el título de *Prodromus continens scholasticae theologiae historiam, encomia, refutationem obtrectationum scriptores*. Del texto llegó a imprimir (en Roma) seis tomos en folio, que comprenden los tratados siguientes:

I. Systema et methodus totius operis exponitur; auctores chronologice indicantur de re theologica, errores, etc.

II. *De Deo* uno et trino.

III. *De Deo*, principio et fine Creaturarum.

IV. De felicitate hominis et aeterna vita.

V. De virtutibus, de gratia sanctificante et auxiliante.

VI. Prosigue la misma materia de las virtudes teológicas y morales, praemisso supplemento ex actis monumentis chaldaicis.

La muerte del padre Gener, acaecida en 1781, impidió la conclusión de esta obra, aunque es fama que el autor dejó varios tomos manuscritos y preparados para la imprenta.

Véase Gener, padre Juan Bautista, *Scholastica vindicata, seu dissertatio historico-chronologico-critico-apologetica pro Theologia Scholastica vel speculatrice adversus obtrectatores*: una cum conspectu plurium commentariorum, quos iam edendos idem spondet. Dissertationis auctor Ioanes Baptista Gener, Hispanus, Societatis Iesu Theologus. Genuae, apud Bernardum Tarigum, 1766.

las tradiciones de la Iglesia visigoda; otros se lamentan de las invasiones de la teocracia en aquellos siglos; otros, como Masdéu, ponen la fuente de todas las corrupciones de nuestra disciplina en la venida de los monjes cluniacenses y en la mudanza de rito. El jansenismo de algunos más bien debiera llamarse hispanismo, en el mal sentido en que decimos galicanismo. Ni procede en todos de las mismas fuentes; a unos los descarría el entusiasmo por ciertas épocas de nuestra historia eclesiástica, entusiasmo nacido de largas y eruditas investigaciones, no guiadas por un criterio bastante sereno, como ha de ser el que se aplique a los hechos pasados. Otros son abogados discretos y habilidosos que recogen y exageran las tradiciones de Salgado y Macanaz y hacen hincapié en el *exequatur* y en los *Recursos de fuerza*. A otros que fueron verdaderamente varones piadosos y de virtud, los extravía un celo falso y fuera de medida contra abusos reales o supuestos. Y, por último, el mayor número no son, en el fondo de su alma, tales jansenistas ni regalistas, sino volterianos puros y netos, hijos disimulados de la impiedad francesa, que, no atreviéndose a hacer pública ostentación de ella, y queriendo dirigir más sobre seguro los golpes a la Iglesia, llamaron en su auxilio todo género de antiguallas, de intereses y de vanidades, sacando a reducir tradiciones gloriosas, pero no aplicables al caso, de nuestros concilios toledanos y trozos mal entendidos de nuestros padres, halagando a los obispos con la esperanza de futuras autonomías, halagando a los reyes con la de convertir la Iglesia en oficina del Estado, y hacerles cabeza de ella, y pontífices mínimos, y despóticos gobernantes en lo religioso, como en todo lo demás lo eran conforme al sistema centralista francés. Esta conspiración se llevó a término simultáneamente en toda Europa; y si la *Tentativa*, de Pereira, y el *De statu Ecclesiae*, de Febronio, y el *Juicio imparcial*, de Campomanes, y el Sínodo de Pistoya, y las reformas de José II no llegaron a engendrar otros tantos cismas, fue quizá porque sus autores o fautores habían puesto la mira más alta e iban derechos a la revolución mansa, a la revolución de arriba, cuyos progresos vino a atajar la revolución de abajo, trayendo por su misma extremosidad un movimiento contrario que deslindó algo los campos. En España, donde la revolución no ha sido popular nunca, aún estamos viviendo de las heces de aquella revolución oficinesca, togada, doctoril y absolutista, no sin algunos resabios de brutalidad militar, que hicieron don Manuel de Roda, don Pedro Pablo Abarca de Bolea, don José Moñino y don Pedro Rodríguez Campomanes. *Hinc mali labes*. Veremos en este capítulo cómo la ciencia de nuestros canonistas sirvió para preparar, justificar o secundar todos los atentados del poder y cómo antes que hubieran sonado en España los nombres de liberalismo y de revolución, la revolución, en lo que tiene de impía, estaba no solo iniciada, sino en parte hecha; y, lo que es aún más digno de llorarse, una parte del episcopado y del clero, contagiado por la lepra francesa y empeñado torpemente en suicidarse. Historia es ésta de grande enseñanza, aunque se la exponga sin más atavíos ni reflexiones que las que por su propia virtud nacen de los hechos.

El orden cronológico pide que comencemos por Portugal,[98] por aquel canonista que fue, juntamente con Febronio, el doctor, maestro y corifeo de la secta, así como sus libros una especie de Alcorán, citado con veneración y en todas partes reimpreso. Era este grande auxiliar de la política de Pombal un clérigo del oratorio de san Felipe Neri, de Lisboa, a quien decían el padre Antonio Pereira de Figueiredo, hombre taciturno, sombrío y de grande austeridad de vida, no ayuno de conocimientos en las lenguas clásicas como lo demuestra su traducción de la Biblia, la mejor que tienen los portugueses, y que, con estar hecha de la *Vulgata*, indica a veces que el autor no dejaba de consultar en lo esencial los originales hebreo y griego.[99] Tal fue el hombre elegido por Pombal

---

98   Conflictos de Portugal con Roma en el siglo XVIII. Benedicto XIII (Orsini, 1724-1730)... no pudo mantener la paz con el rey de Portugal Juan V, que exigía de una manera ruda e inconveniente que el papa concediese el cardenalato al nuncio Bichi, retirado de Lisboa. El colegio de cardenales protestó contra semejante elevación. Irritado Juan con esta negativa, llamó a todos los portugueses que había en Roma, interdijo toda relación con la santa sede y prohibió asimismo a los conventos de Portugal que enviaran a Roma sus acostumbradas limosnas.
    Clemente XII (Corsini, 1730-1740) arregló las diferencias con Portugal creando cardenal al legado Bichi; pero inmediatamente después tropezó con graves dificultades en la corte de España. Benedicto XIV (Lambertini, 1740-1758)... concedió a Juan, rey de Portugal, el título de rey fidelísimo (1748) y el derecho de proveer todos los obispados y beneficios vacantes en su reino... Además celebró un concordato (1753) con España, en virtud del cual conservó el derecho de proveer cincuenta y dos beneficios y fundaciones del reino, siendo indemnizado con cierta cantidad de dinero de su renuncia a los derechos sobre los demás (Alzog, IV 201-202).
99   Antonio Pereira nació en la comarca de Thomar en 14 de febrero de 1725. En 1761 se hizo presbítero secular. Fue latinista eminente y hombre de copiosa erudición. Murió el 14 de agosto de 1797. Sus escritos sobre gramática latina, retórica, lengua portuguesa, historia, teología y antigüedades son numerosísimos. Pueden verse en el *Diccionario bibliogra-*

para canonista áulico suyo, cuando en agosto de 1760 cortó las relaciones con Roma del modo que veremos adelante, prohibiendo a los vasallos del rey José I todo comercio espiritual y temporal con ella. Entonces compuso Antonio Pereira su célebre *Tentativa theológica*, en que se pretende mostror que, impedido el recurso a la Sede Apostólica, se devuelve a los señores obispos la facultad de dispensar en impedimentos públicos de matrimonio y de proveer espiritualmente en todos los demás casos reservados al papa, siempre que así lo pidiere la urgente necesidad de los súbditos,[100] obra exaltadamente episcopalista, que todavía encuentra admiradores en Portugal y que a Herculano mismo le parecía de perlas. El intento del libro va aún mucho más allá de lo que el título reza, pues se encamina nada menos que «a descubrir e indicar las ideas que debemos tener del primado del papa, destruyendo las que, mal formadas, destruyen todo el buen orden de la jerarquía eclesiástica». Y apoderándose audazmente de una frase suelta de san Bernardo (que en el libro *De consideratione* no pretendía explicarse con rigor canónico, sino dar exhortaciones morales al papa Eugenio), le concede solo *sollicitudinem super Ecclesias*, y reduce el primado a una inspección o superintendencia universal sobre las iglesias, especie de república aristocrática, en que el papa había de ser el primer presidente de los obispos.

---

phico portuguez, de Inocencio da Silva, y en su *Elogio histórico*, escrito por el doctor Levy María Jordán. La primera edición de su Biblia es de 1797 a 1803 (17 volúmenes).

100 *Tentativa theologica, em que se pretende mostrar, que impedido o recurso á Sé Apostolica*, se devolve aos senhores bispos a facultade de dispensar nos impedimentos publicos do matrimonio, e de prover spiritualmente em todos os mais casos reservados ao papa, todas as vezes que asim o pedir a publica e urgente necessidade dos subditos. Seu autor Antonio Pereira de Figueiredo, presbytero e theologo de Lisboa, deputado ordinario da Real Meza Censoria e official de Linguas da Secretaria de Estados dos Negocios Estranjeiros. Terceira impressao, revista e enmendada pelo mismo autor, que no fim da Obra lhe ajuntou a sua «Resposta Apologetica contra a censura do padre Gabriel Galindo, theologo de Madrid». Lisboa, na officina de Antonio Rodriguez Galharde, impressor da Real Meza Censoria. MDCCLXIX (en 4.º, XI + 286 páginas y 62 más para la apología). Esta es la edición que tengo; la primera debió ser de 1766, a juzgar por la fecha de la dedicatoria a los obispos, que va al frente en 23 páginas sin foliar.
—*Appendix, e illustraçao da Tentativa Theologica, sobre o poder dos Bispos em tempo de Rotura*. Seu auior Antonio Pereira, Presbytero da Congregaçao do Oratorio de Lisboa, e Deputado Ordinario da Real Meza Censoria. Lisboa, na offic de Antonio Vicente da Silva, anno MDCCLXVIII (en 4.º, 381 páginas).
Hay de la *Tentativa* varias traducciones en diversas lenguas.

De atar a éstos las manos ya se encargarían Pombal y los demás gobernantes de su laya. Por lo demás, el imperturbable Pereira reconoce en los obispos, no ya juntos en concilio, sino dispersos, voto decisivo en materias de fe y disciplina y potestad para examinar y abrogar los decretos del papa cuando contradigan a las costumbres, derechos y libertades legítimamente introducidas en su provincia.

La doctrina de la *Tentativa theológica* se resume en diez proposiciones:

1.º La jurisdicción episcopal, considerada en sí misma, esto es, en su institución hecha por Cristo..., es una jurisdicción absoluta e ilimitada respecto de cada diócesis.

2.º Antes de haber en la Iglesia cuerpo alguno de leyes o cánones que fueran de derecho común, los obispos establecían en sus sínodos provinciales los impedimentos de matrimonio. Por de contado que apenas acaba de sentar esta proposición, tropieza Pereira de manos a boca con la Decretal, de Siricio, primer documento legal en Occidente sobre la materia después del concilio de Ilíberis, y, no sabiendo cómo salir de tan mal paso, tiene que confesar (página 49) «que también los obispos recibían y aprendían de la Iglesia de Roma doctrina sobre los impedimentos».

3.º Por muchos siglos conservaron los obispos la facultad de dispensar hasta de los decretos de los concilios generales, y de los romanos pontífices, cuanto más de los impedimentos matrimoniales. Las autoridades de todo esto son Van-Espen, Gisbert y Febronio, con otros de la misma madera, citados como oráculos sin reserva, ni atenuación alguna. Las pruebas históricas más fuertes que en tantos siglos pudo arañar Pereira se reducen a tres o cuatro traslaciones de obispos hechas en tiempos muy difíciles y anormales, siendo de notar que aun en ellos, y en la misma Iglesia griega, tuvo que disculparlas el nada sospechoso Sinesio (en su epístola 67) con estas significativas palabras, que Pereira copia, y sobre las cuales pasa como sobre ascuas: *Formidolosis temporibus summum ius praetermitti necesse est* (en tiempos de trastorno hay que prescindir a veces del derecho común y superior). Si esos decretos generales, conciliares o apostólicos, eran para Sinesio *summum ius*, el más alto y eminente derecho; si a san Basilio el Magno le parecía (epístola 127) que, «atendida la dificultad de los tiempos, se podía perdonar a los obispos que lo habían hecho: igitur et temporis dificultatem considerantes. *Episcopis ignoscite*», ¿cómo había de estar reconocido en aquéllos, ni ser jurisprudencia corriente un hecho con todas las trazas de abuso, y para el cual se solicitaba indulgencia y pretermisión del derecho? ¿Cuándo el ejercicio de éste ha sido materia de perdón? El mismo Pereira recoge velas, y llega a reducir (página 81) esa facultad, que antes tan liberalmente otorgaba a los obispos, a un simple derecho de interpretación, que, entendido como debe entenderse, nadie rechazará y que explica esos casos excepcionales y fuera de cuenta.

4.º En todo el cuerpo del Derecho canónico no hay texto que niegue a los obispos la facultad de dispensar, y solo por costumbre o tolerancia de los obispos se fue reservando poco a poco la Sede Apostólica las dispensas.

5.º Sin el consentimiento de los obispos no podía el papa privarles de esa facultad, «porque el papa —prosigue Pereira (página 116)— es primado, pero no monarca de toda la Iglesia». La cualidad de reina solo compete a la Iglesia universal; la cualidad de monarca, al concilio ecuménico, que la representa.

6.º Cuando los obispos consintieron en las reservas, si es que consintieron en todas, fue con la condición de que, impedido por cualquiera vía el recurso a Roma, volviese a ellos interinamente la jurisdicción y poder que dimitían.

7.º Cuando los reyes y o príncipes soberanos impiden el acceso a Roma, no toca a los obispos averiguar la justicia de la causa, sino obedecer y proveer interinamente lo que fuere necesario para bien espiritual de los súbditos, porque a los súbditos (página 199) no es lícito discutir la justicia o injusticia de los procedimientos regios, ni tiene el rey obligación de dar parte a los súbditos de las razones que le mueven.

8.º En cuanto a no deber ni poder lícitamente dispensar sin justa causa, tan obligados están los papas como los obispos.

Las proposiciones novena y décima no son más que aplicaciones de los principios anteriores al estado de Portugal cuando se escribió este libro, el primero y más honradamente galicano que se ha impreso en nuestra Península, basado todo en las tradiciones y enseñanzas de la Sorbona, pero extremadas hasta el cisma, al cual lleva no por camino real y descubierto, sino por el tortuoso sendero de una erudición sofística, aparatosa y enmarañada, que confunde los tiempos y trabuca los textos. Y, sin embargo, tal es la fuerza de la verdad, que a veces con sus propias armas y testimonios puede replicársele. Así, por ejemplo, le parece mal que los obispos se intitulen obispos por gracia de la Sede

Apostólica y porfía que el poder y la jurisdicción viene solo e inmediatamente de Cristo y que por doce siglos no se creyó en la Iglesia otra cosa; y a renglón seguido trae este texto nada menos que de san Cipriano en su epístola a Cornelio: la cátedra de san Pedro, la Iglesia principal, de donde brotó la unidad sacerdotal (*ad Petri cathedram atque ad Ecclesiam principalem, unde unitas sacerdotalis exorta est*). Luego hay una transmisión inmediata de potestad y jurisdicción (*exorta est*), único medio de establecer esa unidad sacerdotal, diga lo que quiera Pereira, que no parece haber reparado en la contradicción, como tampoco pudo menos de confesar «que son hoy todos los obispos de la iglesia latina descendientes de los otros antiguos obispos, que los romanos pontífices enviaron en los primeros siglos a ilustrar con la luz de la fe a África, Francia, España, Italia y Alemania» (página 249).

Son curiosas y dignas de leerse, por lo que muestran el estado de la opinión en Portugal, las aprobaciones que acompañan al libro de Pereira, así de los calificadores del Santo oficio como del tribunal llamado Desembargo do paço. A todos ellos premió largamente Pombal, haciéndolos, entre otras cosas, individuos de aquel degolladero literario que llamó Real Mesa Censoria. «Es necesario que se publiquen libros para disipar las tinieblas de las preocupaciones en que estábamos y para que nos comuniquen las verdaderas luces, de que carecíamos», dice el carmelita descalzo fray Ignacio de san Caetano. Y fray Luis del Monte Carmelo todavía se explica con más claridad: «Los obispos de la Iglesia lusitana son tan píos y observantes del derecho y disciplina en que fueron educados y tan religiosamente afectos a la Santa sede apostólica, que pueden inocentemente dudar del vigor del ejercicio de su intrínseca jurisdicción...».

Creí yo —confiesa el franciscano fray Manuel de la Resurrección— que no habría en nuestro reino quien se atreviese a salir al público con estas verdades..., porque con los ojos cerrados, permanecían en el sistema contrario, y los más eruditos temían ensear la doctrina verdadera para que no les reputasen cismáticos.

Por lo cual se desata contra los obispos portugueses, empeñados en no dispensar propria auctoritate ni dar gusto al omnipotente Pombal, el benedictino fray Juan Bautista de san Cayetano, jansenista hasta los huesos aun mucho más que Pereira, pues, si éste restringe la facultad de las dispensas al tiempo de ruptura con Roma, el otro se inclina a admitirla aun en tiempo de libertad de recurso, y a los prelados que no quieran arrojarse a tales temeridades llama imágenes pintadas, entendimientos tiranizados por los libros de los jesuitas.

Los regalistas castellanos recibieron con palmas el libro de Pereira y felicitaron al autor en largas epístolas, que se guardan en la Biblioteca de Évora entre los papeles que ueron de fray Manuel do Cenaculo. Mayáns fue de los más entusiastas pereiristas. Solo un teólogo nuestro, el padre Gabriel Galindo, de los Clérigos Menores, osó contradecir la *Tentativa*, recordando a Pereira la doctrina tomística de la justa *epiekeia* y de la jurisdicción delegada aunque tácita. Lo cual dio asidero a Antonio Pereira para desatarse contra la infalibilidad del papa en una larga respuesta, condoliéndose de que, «a pesar de la expulsión de los jesuitas, no se hubiesen desterrado aún de España las tiranías ultramontanas».

Un volumen en cuarto tan abultado como la *Tentativa* forman los apéndices e ilustraciones de ella, encaminadas a probar «no ser dogma de fe que por derecho divino ande anexo a los obispos de Roma el sumo pontificado»; «que el texto *Pasce oves meas* comprende no solo a san Pedro, sino a todos los obispos, por lo cual deben ser llamados éstos sucesores y vicarios de san Pedro», del antiguo poder de los concilios, de la autoridad que los reyes tienen para establecer impedimentos del matrimonio como contrato; y, finalmente, que cuando los pontífices abusan de su autoridad en perjuicio de la Iglesia, deben los obispos irles a la mano; mezclado todo esto con largas disertaciones sobre los votos de los prelados españoles en Trento, sobre los concilios toledanos y la *Liturgia Mozárabe* y la supuesta caída de Liberio y los *Dictados*, atribuidos a san Gregorio VII. Dejando ya aparte la cuestión de dispensas, Pereira rompe lanzas en pro de la sesión quinta del *Constanciense*, y va tejiendo larga y caprichosa historia de la supuesta *Independencia de la Iglesia española*, desde el caso de Basílides y Marcial (¡un caso de apelación!) hasta la consulta de Melchor Cano, sin que falten por de contado ni el *Apologeticon*, de san Julián, ni el *Defensorio*, del Tostado, ni los pareceres del arzobispo Guerrero; eterno círculo de la erudición hispanista desde Pereira acá, siquiera en él conserve todavía alguna novedad. La crítica anda por los suelos, como en todo libro de partido; baste decir que Sarpi es para el autor de la *Tentativa* autoridad irrefragable en las cosas del concilio de Trento.

Completó Pereira su sistema, casi tan radical como el de Fe, bronio, en otro libro, que tituló *Demostración teológica, canónica e histórica del derecho de los metropolitanos de Portugal para confirmar y mandar consagrar a los obispos sufragáneos nombrados por su majestad y del derecho de los obispos de cada provincia para confirmar y consagrar a sus respectivos metropolitanos, también nombrados por su majestad aun fuera del caso de ruptura con la corte de Roma*.[101] ¿Qué pensar de un canonista que a mediados del siglo XVIII da por sentado (en su dedicatoria al arzobispo de Braga) que de España salieron las falsas decretales de Isidoro Mercator? Con este juicio y esta noticia de las cosas de su tierra escribían aún los más doctos entre aquella pléyade de renovadores de la pura disciplina, asalariados por el cesarismo de Pombal y de Aranda.

En estas proposiciones se encierra la doctrina de la *Demostración*:

1.º Confirmar el metropolitano a los obispos de su provincia es derecho de institución apostólica, confirmado por muchos concilios generales, desde el Niceno I hasta el Lateranense IV, y por muchos antiguos sínodos provinciales de África, de Francia y de España.

2.º Este mismo privilegio o regalía fue confirmado por los romanos pontífices desde el siglo V hasta el XII.

3.º Se conservó aún por las *Decretales* de Gregorio IX y por el Sexto de las Decretales, por las Clementinas y Extravagantes.

4.º Por más de doce siglos, los obispos de Portugal fueron siempre sufragáneos de los metropolitanos del mismo reino y no del papa.

5.º La ordenación de los metropolitanos, tanto por el derecho antiguo de los cánones como por el nuevo de las Decretales, corresponde al sínodo de la provincia.

6.º No era el palio quien daba la jurisdicción a los metropolitanos sino el sínodo provincial cuando confirmaba su elección.

---

101 *Demostraçao theologica canonica e historica do direito dos Metropolitanos de Portugal para confirmarem, e mandarem sagrar os Bispos suffraganeos nomeados por sua Majestade*: e do dircito dos Bispos de cada Provincia para confirmarem, e sagrarem os seus respectivos Metropolitanos, tamben nomeados por sua Majestade, ainda fora do caso de Rotura com a Corte de Roma. Seu Author Antonio Pereira de Figueiredo, deputado ordinario da Real Meza Censoria, e official de linguas da secretaria de Estado dos Negocios Estrangeiros (Lisbon, na reg. officina typographica, anno MDCCLXIX, 1769), XLIV + 474 páginas.

7.º Solo por las nuevas reglas de la Cancillería Apostólica, cuyo origen pone Pereira en tiempo de Clemente VI, comenzaron a reservar los papas el derecho de confirmación.

8.º Fuesen cuales fuesen los pretextos y causas de las reservas, no podían los papas abrogar de motu proprio la antigua disciplina.

9.º De la tolerancia de los obispos y condescendencia de los reyes saca todo su valor la presente disciplina de reservas; y así hallando en ella inconvenientes, pueden unos y otros reclamar, y resistir los obispos, como celadores de los cánones y de sus derechos; los reyes, como protectores de los cánones y de los obispos.

Aparte de esta argumentación, el autor defiende en varios lugares del libro la soberana potestad de los príncipes seculares en materias temporales, entiendo esta palabra en sentido latísimo, hasta incluir las cosas espiritualizadas; el derecho universal de patronato y nombramiento de obispos que les compete, como atributo inseparable de la majestad y no por privilegio o concesión apostólica, y la suprema autoridad del príncipe sobre los bienes eclesiásticos y hasta para la reforma del clero.

Trituró tales doctrinas provocantes al cisma el cardenal Inguanzo en su admirable y harto olvidado *Discurso sobre la confirmación de los obispos*,[102] donde, comenzando por sentar, cual hecho histórico innegable, que los metropolitanos habían ejercido legítimamente la facultad de confirmar obispos en distintas épocas de la Iglesia, se remontó a la fuerza y origen de este derecho, que no es otro que la jurisdicción delegada. ¿De qué sirve reconocer el primado, si una a una se le niegan todas sus prerrogativas? La jurisdicción universal de los apóstoles no pasó a sus sucesores; solo el primado de san Pedro tiene promesa de perenne duración en las Escrituras; solo él es inmediatamente de derecho divino, y de él procedieron como mandatarios los primeros obispos y el orden y forma de la Iglesia: *Episcoporum ordinatio et Ecclesiae ratio*, que dice san Cipriano (epístola 27 *De lapsis*). Los patriarcados, los arzobispados, son instituciones de derecho humano, sin más autoridad sobre los demás obispos que la que el papa quiere concederles. Si hubo cánones y concilios que les dieron grande

---

102 Impreso por primera vez en Cádiz el año 1813, siendo el autor diputado de las Cortes generales y extraordinarias. Reimpreso en Madrid 1836, Imprenta de don Eusebio Aguado, XV + 188 páginas.

autoridad, otros pudieron quitársela, porque unas leyes derogan otras, y esa potestad no era esencial ni irrevocable. Ni es cierto tampoco que se la diesen los concilios, pues el mismo de Nicea no hace más que sancionar la tradición antigua y apostólica: *Antiqui mores serventur*, cuyo origen ha de buscarse en san Pedro, que estableció los dos primeros patriarcados de Oriente. El papa, sin contradicción de nadie, delegaba vicarios a las iglesias griegas y latinas. No se hable de independencia de la nuestra, como no nos empeñemos en borrar de nuestra historia la apelación de Basílides, las dos decretales de Hormisdas nombrando vicarios a los obispos de Sevilla y Tarragona y decidiendo consultas suyas; la decretal de Siricio a Himerio *Tarraconense Salubri ordinatione disposita*, y cuyo cumplimiento se encarga lo mismo a los prelados de la Cartaginense que a los béticos, lusitanos y galaicos; la de Inocencio I anulando las elecciones anticanónicas de Rufino y Minicio; la de san León el Magno sobre el caso de los priscilianistas; el recurso de los obispos de la provincia cartaginense al papa san Hilario contra los desmanes de Silvano, que ordenaba obispos *auctoritate propria*; la causa del obispo de Málaga Ianuario, absuelto por Juan Defensor, a quien comisionó para ella san Gregorio el Magno, y a este tenor otros casos infinitos, en que los romanos pontífices aparecen interviniendo en la institución, destitución y traslación de obispos y en todo género de causas mayores. Y después que volvieron a la Iglesia romana, raíz y matriz de la Iglesia católica, como hermosamente dice san Cipriano, las facultades que ella en otro tiempo concedió a los metropolitanos, a nadie se le ocurrió invocar soñados derechos de reversión, reclamando lo que por su naturaleza había sido accidental y transitorio; y no se diga que en circunstancias difíciles puede tolerarse que confirmen los metropolitanos porque esto sería abrir la puerta para que todo gobierno hostil a la Iglesia, en el solo hecho de cortar las relaciones con Roma, pudiera introducir en la disciplina la confusión más espantosa, llenando la Iglesia de intrusiones y de escándalos. «No consiste el bien de la Iglesia en tener obispos como quiera —prosigue Inguanzo—, sino en tenerlos de modo que no peligre la unidad.» Tal es el nervio de la argumentación de Inguanzo, el primero de nuestros canonistas que osó romper con la detestable tradición galicana y jansenística del siglo XVIII, poniendo de manifiesto cuán monstruosa contradicción era reclamar para los metropolitanos el derecho de confirmación, mientras que se negaba u oscurecía el antiguo e inconcuso de la elección de los obispos por el clero y el pueblo.

Tornemos a la historia de Portugal, que ya es hora de conocer al sanguinario ejecutor de las teologías de Pereira. Fue éste Sebastián José de Carvalho y Mello, después conde de Oeiras y a la postre marqués de Pombal, tipo de excepcional perversidad entre los muchos estadistas despóticos, fríos y cautelosos que abortó aquella centuria. Pondérense en buena hora los adelantos materiales que Portugal le debe: la suntuosa reedificación de la parte baja de Lisboa después del terremoto de 1755; el establecimiento del Depósito público; la reforma de la Junta de Comercio; la apertura del canal de Oeiras; la institución de la Compañía General de las Viñas del Alto Duero; la fundación del Real Colegio de Nobles y de la Escuela de Comercio y de muchas cátedras de humanidades; y, sobre todo, la abolición de la esclavitud en el continente portugués. Pero ¿qué vale todo esto enfrente del inmenso desastre que en las costumbres, en las creencias y en el modo tradicional de ser del pueblo lusitano produjo aquella política, no ya desatentada, sino diabólica? Hoy es el día en que más se sienten los efectos de aquel régimen, que, empezando por dar a Portugal un esplendor ficticio, acabó por anularle sin remisión y convertirle en el país más progresista de la tierra, en el sentido grotesco que tirios y troyanos damos en España a esta palabra. Por más que la erudición y la crítica moderna, no ya de católicos, sino de racionalistas y protestantes, haya disipado todas las nieblas de odio y de ignorancia acumuladas contra las órdenes religiosas y contra Roma, todavía se está en Portugal[103] a la altura de la Enciclopedia, todavía se maldice en roncas voces a los jesuitas, y se tiene por evangelio la *Tentativa*, de Pereira, y a Pombal se le venera poco menos que como redentor y mesías de su raza. Y, sin embargo, Pombal no respetó ni uno solo de los elementos de la antigua Constitución portuguesa, ni una sola de las veneradas costumbres de la tierra; quiso implantar a viva fuerza lo bueno y lo malo que veía aplaudido en otras partes; gobernó como un visir otomano e hizo pesar por igual su horrenda tiranía sobre nobles y plebeyos, clérigos y laicos. Hombre de estrecho entendimiento, de terca e imperatoria voluntad, de pasiones mal domeñadas, aunque otra cosa aparentase; de odios y rencores vivísimos, incapaz de olvido ni misericordia,

---

103 Siempre hay excepciones honrosas, pero véanse los libros que salen de Lisboa, y nadie dudará en darme la razón.

en sus venganzas insaciable, como quien hacía vil aprecio de la sangre de sus semejantes; empeñado en derramar a viva fuerza y por los eficaces medios de la cuchilla y de la hoguera la ilustración y la tolerancia francesas; reformador injerto en déspota; ministro universal empeñado en regular lo mínimo como lo mínimo con ese pueril lujo de arbitrariedad que ha distinguido a ciertos tiranuelos de América, v. gr., al doctor Francia, dictador del Paraguay, ejerció implacable una tiranía a veces satánica y a veces liliputiense. Abatió al clero por odio a Roma y al catolicismo, como quien había bebido las mínimas de la impiedad en los libros de los enciclopedistas, por cuyos elogios anhelaba y se desvivía. Abatió la nobleza, no por sentimientos de igualdad democrática, muy ajenos de su índole, sino por vengar desaires de los Tavoras, que habían negado a su hijo la mano de una heredera suya. La historia de la expulsión de los jesuitas de Portugal parece la historia de un festín de caníbales.

¡Y también es extraño que comenzase la expulsión por aquel país predilecto de la Compañía, y que solo la debía beneficios! En otras partes, en Francia sobre todo, clamaban contra ella los insaciados odios jansenistas; pero en nuestra Península, en Portugal sobre todo, apenas era conocida de nombre aquella secta. De los protestantes no se hable. ¿Qué causa movió, pues, a nuestros gobernantes a hacerse solidarios de las venganzas de Port-Royal? Una sola: el enciclopedismo que ocultamente germinaba en las regiones oficiales, y que para descatolizar a las naciones latinas quería ante todo exterminar esa legión sagrada en cuyas manos estaba la enseñanza, que era preciso arrancarles a toda costa para infiltrar el espíritu laico en las generaciones nuevas. El pretexto no importaba: por fútil que pareciese, era bueno; si los pueblos no querían ni solicitaban tal expulsión, para eso tenían los reyes la espada del poder absoluto y la lengua asalariada de escritores sin conciencia, que calumniasen a las víctimas y entonteciesen al vulgo espectador. Entonces salieron a la arena todas las multiformes y portentosas invenciones que, desde Scioppio hasta Pascal, había engendrado la malignidad, el fervor de la controversia, el espíritu sectario y la mal regida saña. Entonces volvieron a estar en boga las *Provinciales*, libro admirable por el estilo (primer modelo de prosa francesa, tersa, viva, elegante y grave aun en medio de las burlas) y torpísimo por la intención; monumento insigne de mala fe, en el cual míseramente se empleó y se perdió un entendimiento nacido para ser gloria de la ciencia católica si no hubiera sido tan desalentado, escéptico y pesimista aun dentro de su fe, y, sobre todo, si no se hubiera rebajado hasta servir de testaferro a las mañosas falsificaciones y al ergotismo hipócrita de una secta. Por de contado que, aun dando de barato la legitimidad de los textos, las *Provinciales* o no probaban nada o mucho más allá de lo que Pascal hubiera querido; ni era lícita forma de ataque desenterrar de unos cuantos casuistas opiniones laxas o extravagantes y achácaselas a toda la Compañía, como si esta debiera responder de todo lo que sus miembros habían escrito durante dos siglos y como si no pudieran entresacarse otras proposiciones semejantes, y más graves y en mayor número, de moralistas de otras órdenes o de escritores seculares. Pero la ligereza de los franceses se dio por contenta, como siempre, con que se la hiciera reír; el estilo lo cubrió todo, como el pabellón protege la mercancía, y quedaron proverbiales los cuentecillos y ocurrencias de Pascal, en otras cosas tan tétrico y solemne, sobre Escobar y Busembaum. ¡Terrible don el del ingenio cuando se prostituye a la mentira y a la detracción!

En otras partes donde las gracias de Pascal no hacían tanta gracia traducidas, las *Provinciales* pasaron sin provocar tantos entusiasmos y exclamaciones ponderativas; y eso que los jansenistas tuvieron cuidado, muy desde el principio, de traducirlas a diversas lenguas y aun de hacer de ellas ediciones políglotas, en las cuales figura una versión castellana del señor Gracián Cordero, de Burgos, personaje no sé si real o mítico, puesto que no he podido identificarle. Esto en el siglo XVIII en que los jesuitas tenían dentro de España muy pocos, pero muy encarnizados enemigos, por la mayor parte prófugos de la Compañía, como lo fue el doctor Juan del Espino, natural de Vélez, Málaga, que en la *Antiepitomología* y en varios *Memoriales*, impresos entre 1642 y 1643, los delató y persiguió ante el Tribunal de la Inquisición, llevando luego la causa a Roma con tenacidad extraordinaria y colmándolos de injurias, muchas de las cuales, no sé si por coincidencia, han pasado a las *Provinciales*, debiendo advertirse que la guerra del doctor Espino contra el padre Poza primero, y luego contra toda la Compañía, fue guerra, aunque violenta, franca y a cara descubierta, y no alevosa, traicionera y de libelos anónimos, como la de Pascal y Nicole.

Queríase a toda costa acabar con los jesuitas, y cuando el siglo XVIII vino aunáronse para la común empresa jansenistas y filósofos. El impulso venía de Francia. Salieron a relucir el probabilismo, el regicidio, los ritos chinos y malabares, el sistema molinista de la gracia; y juntamente con esto se les acusó de comerciantes y hasta de contrabandistas, de agitadores de las misiones del Paraguay y de mantener en santa ignorancia a los indios de sus reducciones para eternizar allí su dominio. Dio calor a estas murmuraciones la resistencia de los colonos del Río de la Plata a consentir en el tratado de límites ajustado entre España y Portugal, mediante el cual cedíamos las siete misiones del Uruguay a cambio de la colonia del Sacramento, entrando en el trueque no solo el país, sino los habitantes, como si fuesen rebaños de carneros. Los indios se sublevaron en número de 15.000 después de haber protestado contra la cesión, pero pronto dieron cuenta de aquella turba indisciplinada las fuerzas combinadas de Portugal y España, dirigidas por Gomes Freyre de Andrade, dejando en el campo 2.000 cadáveres de insurgentes.[104] Y, aunque la hazaña no tenía nada de épica, mereció ser cantada por un poeta brasileño de grandes alientos, José Basilio de Gama, novicio de los jesuitas, renegado después de la Orden, y, por ende, favorito de Pombal, que le dio carta de nobleza e hidalguía y le hizo secretario suyo y oficial del Ministerio de Negocios Extranjeros. Su poema titulado *Uruguay*,[105] escrito en versos sueltos, armoniosos y de construcción elegantísima, no basta a cubrir y hacer perdonar, con hermosos detalles descriptivos de costumbres de los indígenas y de la naturaleza americana, la repugnancia que inspira ver a un jesuita pagado por los verdugos de su gente para insultar en buenos versos a sus hermanos. Sobre todo, el libro 5 es intolerable e indigno del ternísimo cantor de la muerte de Lindoya.

    La muerte de don Juan V en 1750 y el advenimiento al trono de José I, monarca imbécil, cuyo único acto conocido es haber nombrado ministro a Pombal, poniéndose a ciegas en sus manos, hizo que el tratado no se llevara a ejecución y que la colonia del Sacramento, activo foco de contrabando, quedase en poder de los portugueses. Díjose por de contado en Lisboa y en Madrid que los jesuitas habían tenido la culpa de todo, excitando a los indígenas a la revuelta, y hasta se esparció la voz absurda de que intentaban hacerse independientes en el Paraguay, eligiendo por rey a uno de ellos con nombre de Nicolás I.

---

104 Véase Coxe (William), *España bajo el reinado de la casa de Borbón*, tomo 3, página 349.
105 Véase Wolf, *Le Brésil littéraire*..., cap. 6, página 50 y siguientes.

Pombal comenzó la guerra contra la Compañía quejándose a Benedicto XIV de los sucesos de América e impetrando de él un breve para que el cardenal Saldanha visitara las misiones del Brasil y las reformase (1755). Pero todo esto era muy lento y de resultado inseguro, por lo cual Pombal imagino complicar a los jesuitas en una trampa diabólica, que le iba a dar fácil venganza de otros enemigos suyos.

En la noche del 3 de septiembre de 1758 volvía el rey José a su palacio desde el de la marquesa de Tavora, con quien parece sostenía tratos amorosos. Acompañábale un solo gentilhombre de cámara, dicho Pedro Texeira. De improviso, tres hombres a caballo se acercaron al coche e hicieron tres disparos, quedando el rey herido en un brazo. La noticia consternó al pueblo de Lisboa, y díjose de público que el duque de Aveiro y sus criados habían sido autores del atentado por cuestión de celos del susodicho duque.

Así corrieron más de tres meses sin hacerse luz en aquel misterioso caso, hasta que en la mañana del 13 de diciembre fueron reducidos a prisión, con grande estrépito y aparato de fuerza, algunos señores de las principales familias del reino, al mismo tiempo que, con general asombro, aparecieron cercadas de gente armada las casas y colegios de los jesuitas, cuyos papeles se recogieron y a quienes se conminó con gravísimas penas si intentaban salir de sus aposentos. El mismo día se publicó una especie de manifiesto excitando a los habitantes de Lisboa a delatar cuanto supiesen de los regicidas.

Pombal saltó por todas las formas legales, y, no encontrando dócil instrumento en el procurador fiscal, Antonio de Costa Freyre, no solo le apartó de la sumaria, sino que le procesó como cómplice de los reos, formó un tribunal especial para juzgarlos, o ms bien los juzgó y condenó él por sí mismo, prodigó con bárbaro lujo el tormento, y, después de infinitas iniquidades, dictó en 12 de enero de 1759 la sentencia[106] que es el mayor padrón de ignominia para su memoria. En ella se dice que, el duque de Aveiro, don José Mascarenhas, descontento por haber perdido la influencia que él y los suyos habían tenido en el reinado anterior, se dejó arrastrar del espíritu diabólico de soberbia, ambición e ira implacable contra la augustísima y beneficentísima persona de su

---

106 Está traducida a la letra en el *Dictamen fiscal* de don Francisco Gutiérrez de la Huerta, presentado y leído en el Consejo de Castilla, sobre el restablecimiento de los jesuitas (Madrid, Imprenta de Epinosa y Compañía, 1845), páginas 158 a 186.

majestad, para lo cual se puso de acuerdo con los jesuitas, hombres apestados y enemigos del feliz y glorioso Gobierno de su majestad, teniendo con ellos frecuentes conventículos en el colegio de san Antonio y en la casa profesa de san Roque y asegurándole ellos que el matar al rey no era pecado ni venial siquiera. Que luego entró en la conspiración doña Leonor, marquesa de Tavora (a pesar de la natural y antigua aversión que había entre la marquesa y el reo), asimismo impulsada por los jesuitas, y especialmente por el padre Malagrida, bajo cuya dirección había hecho ejercicios espirituales en Setúbal. Que ella persuadió a su marido, Francisco de Asís de Tavora y a sus hijos, Luis Bernardo y José María, y a su yerno, el conde de Atouguía, y a varios criados suyos, así como el duque de Aveiro a otros de su casa, que dispararon los dos sacrílegos y execrables tiros.

Los fundamentos con que se acusa de complicidad a los jesuitas son de lo más horriblemente peregrino que puede darse. A ellos ni siquiera se les había interrogado sobre el crimen del 3 de septiembre, cuanto más juzgarlos, y, sin embargo, se da por sentado que fueron instigadores de él, porque sola su ambición de adquirir dominios en el reino podía ser proporcional y comparable con el infausto atentado. ¿Hase visto más estúpida y ramplona iniquidad que llamar a esto no solo presunción jurídica, sino prueba incontestable según derecho?

Son horrendos los refinamientos de crueldad de la sentencia. Condénase al duque de Aveiro a que, «asegurado con cuerdas y con el pregonero delante, sea conducido a la plaza llamada de Caes, en el barrio de Belem, y, después de quebrarle las piernas y los brazos, sea expuesto sobre una rueda, para satisfacción de los vasallos presentes y futuros de este reino, y... enseguida se le queme vivo con el cadalso en que fuere ajusticiado, que se reduzca todo a cenizas y polvo, que deberán arrojarse al mar». Y para borrar del todo su nombre de la memoria de las gentes, se manda arrancar y picar sus escudos de armas, destruir sus casas, y sembrar de sal los solares, y cancelar y anular todos sus títulos de propiedad.

A iguales penas, jamás hasta entonces oídas en Portugal, se condenó a todos los restantes, Tavoras y Ataydes y a sus criados. Solo se exceptuó de la pena de fuego a la marquesa doña Leonor, condenándola solamente (así dice la sentencia), a ser decapitada y arrojadas al mar las cenizas, eximiéndola, por justas consideraciones, de las mayores y más graves penas que merecía por sus delitos.

Y es lo singular que a los tres jesuitas, Gabriel Malagrida, Juan de Matos y Juan Alejandro, a quienes en un documento judicial de esta naturaleza se califica de autores y sugestores del regicidio, no vuelve a mencionárselos en el proceso, donde mañosamente se calla la explícita retractación que el duque de Aveiro y los demás hicieron antes de morir de las declaraciones arrancadas contra ellos por el tormento.

Entre tanto, Pombal preparaba la opinión y hacía atmósfera, como ahora se dice, contra los jesuitas, esparciendo innumerables libelos, que pagaba con larga mano.[107]

[108] Entregó al padre Malagrida a la Inquisición, compuesta ya de hechuras suyas, y le hizo condenar, por visionario, iluminado y seudoprofeta, a la muerte en hoguera, saliendo encorozado a un auto de fe.

En 19 de enero, siete días después de la truculenta sentencia que acabamos de ver, se expidió un decreto confiscando todos los bienes y temporalidades de los jesuitas en Europa, en Asia y en América y ordenando su venta en pública

---

107 Tales son: *Retrato de los jesuitas, formado al natural por los más doctos y más ilustres católicos. Juicio hecho de los jesuitas, autorizado como auténticos e innegables testimonios, por los mayores y más esclarecidos hombres de la Iglesia y del Estado...* Traducido de portugués en castellano. Para desterrar las obstinadas preocupaciones y voluntaria ceguedad de muchos incautos e ilusos que, contra el hermoso resplandor de la verdad, cierran los ojos... Segunda impresión, con superior permiso. En Madrid, en la oficina de la viuda de Eliseo Sánchez. Año de 1768 (142 páginas en 4.º).

—*Continuación del retrato de los jesuitas, formado al natural por los sabios y más ilustres católicos...* Con superior permiso. En Madrid, en la oficina de Gabriel Ramírez, reimpreso en Barcelona por Tomás Piferrer, impresor del rey nuestro Señor, plaza del Ángel, 1768 (278 paginas en 4.º).

—*Deducción chronológico-analítica...* Donde por serie de gobiernos portugueses, desde don Juan III hasta el presente, se descubren los horrendos estragos que la Compañía llamada de Jesús ha cansado en Portugal y sus dominios por medio del plan y sistema que ha seguido inalterablemente desde que entró en el reino..., dada a luz por el doctor José de Seabra de Silva... (Lisboa 1767).

108 Hizo la traducción castellana de algunos de estos libelos el abogado don José Maimó y Ribes, que antes había traducido las obras pedagógicas del arcediano de Évora Verney, alias el Barhadinho.

subasta, al mismo tiempo que se hacía salir a los jesuitas de sus colegios para distribuirlos en varios conventos de regulares.[109]

En 20 de abril, José I, o séase Pombal, participaba al papa ClementeXIII (Rezzonico), recién exaltado a la Cátedra de san Pedro, su soberana voluntad de expulsar a los jesuitas como incompatibles con la tranquilidad del Estado.

Entre tanto, la enajenación de los bienes seguía, y el tribunal de la Inconfidenza o de sospechosos iba sepultando en las cárceles a todos los que pasaban por amigos o parciales de los jesuitas.

El papa concedió en 11 de agosto de 1759 un breve que el rey solicitaba para proceder contra los regulares en crimen de lesa majestad, pero encargando que se hiciera escrupulosa distinción entre los culpados y el instituto a que pertenecían. No satisfizo a Pombal el breve, retuvo las letras apostólicas y procedió ab irato al extrañamiento de los jesuitas, que comenzó en la noche del 16 de septiembre, embarcando a 113 en una nave ragusea con rumbo a Civita-Vecchia para que el papa los mantuviese.

El 5 de octubre de 1759 se fijó en las iglesias un edicto del cardenal Saldanha, patriarca de Lisboa, por el cual se participaba a los súbditos de su majestad fidelísima que desde aquella fecha quedaban «exterminados, desnaturalizalos, proscritos, y expelidos» los padres de la Compañía como rebeldes públicos, traidores, enemigos y agresores actuales y pretéritos contra la real persona y sus estados; vedándose, so pena de muerte, toda comunicación verbal o escrita con ellos; de cuyas draconianas disposiciones solo se exceptuaba a los novicios, «por no ser verosímil que se hallasen iniciados todavía en los terribles secretos de la Compañía». Pombal tenía la monomanía antijesuítica; hasta había querido atribuirles en 1756 el motín de Oporto, promovido por los cosecheros de vino contra la Sociedad del Alto Duero, que él protegía y de que era accionista.

No todos los obispos portugueses asintieron dóciles a aquella cínica violación de todo derecho. Protestaron el arzobispo de Bahía y los obispos de Cangranor y Cochin, haciendo patente la ruina que aquella expulsión iba a traer sobre las misiones. Pero Pombal, que no entendía de réplicas, los extrañó inmediatamente y los privó de sus temporalidades.

---

109 Véase Murr, *Historia de los Jesuitas en Portugal en tiempo de Pombal* (Nuremberg 1787), dos tomos.

Tras esto vino la expulsión del nuncio, la ruptura con la Santa sede, la publicación semioficial de las obras de Pereira, la prohibición de las bulas, *In Coena Domini Apostolicum pascendi munus* y *Animarum salutis*; el quitar a la Inquisición la censura de los libros, ordenando la creación de la Real Mesa Censoria, que prohibió todo género de obras compuestas por los jesuitas, dejando circular libremente muchas de los enciclopedistas; y, finalmente, la ridícula providencia de mandar borrar en los calendarios los nombres de san Ignacio, san Francisco Javier y san Francisco de Borja. La enseñanza se confió a maestros laicos, jansenistas o volterianos; penetraron en Coímbra todo género de novedades, hasta hacer de aquella Universidad un foco revolucionario, como veremos en el capítulo que sigue, y de tal manera se persiguió la memoria de los jesuitas, que la mayor parte de los libros publicados por ellos en Portugal en los dos siglos anteriores son hoy rarezas bibliográficas. ¡Tal fue la destrucción de ellos! Ni siquiera acertó Pombal a proteger las letras, y, si gustó de la empalagosa retórica de Cándido Lusitano y de las pastorales de la *Arcadia lisbonense*, nunca olvidará la posteridad que persiguió con intolerancia de déspota ignorante y dejó morir en un calabozo al Horacio portugués, Pedro Correa Garçao, el poeta más de veras que había en la España de entonces.

Nada violento permanece, y muchas de aquellas reformas, no orgánicas, sino impuestas por la fuerza, cayeron apenas murió el rey José a quien había tenido como secuestrado Pombal, y le sucedió su hija doña María I la Piadosa en 29 de febrero de 1777. Entonces se abrieron las puertas de las cárceles para las numerosas víctimas de Pombal, que llegaron a 800, de ellos sesenta jesuitas, únicos supervivientes entre tantos como habían perecido por la espada de la ley o al rigor de los tormentos. Obtuvieron proceso de rehabilitación los Tavoras en 10 de octubre de 1780, a solicitud del marqués de Alorna (padre de la célebre poetisa Leonor de Almeida, conocida entre los Arcades por Alcipe), principal representante de la casa, y en 7 de abril de 1781 fue reconocida la inocencia de todos los condenados en la sentencia de 1759, rehabilitada su memoria y declarado nulo el proceso por los patentes vicios legales que entrañaba. Volvieron a sus diócesis los obispos de Coímbra, Marañón, *et caetera*, extrañados y encarcelados en tiempo de Pombal por sus vigorosas protestas. La reparación fue aún más adelante; suprimido el tribunal de policía o de inconfedenza y examinados sus procesos, reconocióse pública y solemnemente la inocencia de más de

3.970 personas vejadas y oprimidas por Pombal sin forma de juicio. Aun nos parece leve el castigo del autor de tales tropelías, puesto que se contentó la reina con separarle de sus cargos y desterrarle a 20 leguas de la corte (decreto de 16 de agosto de 1781) por haberse atrevido a publicar una apología de su Gobierno. El disgusto y la vejez le acabaron al poco tiempo; murió en 1782, y los enciclopedistas le pusieron en las nubes «por haber librado a Portugal de los granaderos del fanatismo y de la intolerancia»: frase de D'Alembert.

II. Triunfo del regalismo en tiempo de Carlos III de España. Cuestiones sobre el catecismo de Mesenghi. Suspensión de los edictos inquisitoriales y destierro del inquisidor general. El pase regio. Libro de Campomanes sobre la «regalía de amortización»
En tiempo de Carlos III se plantó el árbol, en el de Carlos IV echó ramas y frutos, y nosotros los cogimos; no hay un solo español que no pueda decir si son dulces o amargos.

Con estas graves y lastimeras palabras se quejaba en 1813 el cardenal Inguanzo, y ellas vienen como nacidas para encabezar este relato, en que trataremos de mostrar el oculto hilo que traba y enlaza con la revolución moderna las arbitrariedades oficiales del pasado siglo.

De Carlos III convienen todos en decir que fue simple testa férrea de los actos buenos y malos de sus consejeros. Era hombre de cortísimo entendimiento, más dado a la caza que a los negocios, y aunque terco y duro, bueno en el fondo y muy piadoso, pero con devoción poco ilustrada, que le hacía solicitar de Roma, con necia y pueril insistencia, la canonización de un leguito llamado el hermano Sebastián, de quien era fanático devoto, al mismo tiempo que consentía y autorizaba todo género de atropellos contra cosas y personas eclesiásticas y de tentativas para descatolizar a su pueblo. Cuando tales beatos inocentes llegan a sentarse en un trono, tengo para mí que son cien veces más perniciosos que Juliano el Apóstata o Federico II de Prusia.[110] Pues qué ¿basta

---

110 El que quiera ver hasta dónde llegaba la ñoñez de Carlos III, lea íntegro el cap. 6 del lib. 6 (tomo 3) de su *Historia*, escrita por Ferrer del Río, fervoroso panegirista suyo. El estilo del autor corre parejas con la grandeza del héroe. Eso sí, él no sería un Felipe II, ni su historiador ningún Tácito; pero ¡qué costumbres domésticas tan apacibles e inocentes!

decir, como Carlos III decía a menudo, «no sé cómo hay quien tenga valor para cometer de, liberadamente un pecado aun venial»? ¿Tan leve pecado es en un rey tolerar y consentir que el mal se haga? ¿Nada pesaba en la conciencia de Carlos III la inicua violación de todo derecho cometida con las jesuitas? ¿Qué importa que tuviera virtudes de hombre privado y de padre de familia y que fuera casto y sobrio y sencillo, si como rey fue más funesto que cuanto hubiera podido serlo por sus vicios particulares? Mejor que él fue Felipe III, y más glorioso su reinado en algunos conceptos, y, sin embargo, no le absuelve la historia, aun confesando que hubiera sido excelente obispo o ejemplar prelado de una religión, así como de Carlos III lo mejor que puede decirse es que tenía condiciones para ser un especiero modelo, un honrado alcalde de barrio, uno de esos burgueses, como ahora bárbaramente dicen, muy conservadores y circunspectos, graves y económicos, religiosos en su casa, mientras dejan que la impiedad corra desbocada y triunfante por las calles.

A pesar de su fama, tan progresista como su persona, Carlos III es de los reyes que menos han gobernado por voluntad propia. En negocios eclesiásticos nunca la tuvo más que para la simpleza del hermano Sebastián. Empezó por conservar al último ministro de su hermano, al irlandés don Ricardo Wall, enemigo jurado del marqués de la Ensenada, del padre Rábago y de los jesuitas, a quienes había atusado de complicidad en las revueltas de Paraguay. Así es que uno de los primeros actos del nuevo rey fue pedir a Roma (en 12 de agosto de 1760) la beatificación del venerable obispo de la Puebla de los Ángeles, don Juan de Palafox y Mendoza, célebre, más que por sus escritos ascéticos y por la austeridad de su vida y por sus popularísimas notas, a veces harto impertinentes, a las cartas de santa Teresa, por las reñidas y escandalosas cuestiones que en América tuvo con los jesuitas sobre exenciones y diezmos. De aquí que su nombre haya servido y sirva de bandera a los enemigos de la Compañía y que sobre su proceso de beatificación se hayan reñido bravísimas batallas, dándose

---

Vean nuestros lectores alguna muestra, si es que pueden contener la risa: «Habitual capricho suyo era, cuando comía un huevo, poner hacia arriba en la huevera la parte de la cáscara no abierta, y descargarla tan atinado golpe con el mango de la cucharilla, que está quedaba perpendicular sobre aquella especie de promontorio».

Grandes fueron los pecados de Carlos III, aunque él creyera otra cosa; pero bien le castigó la Providencia deparándole un historiador progresista.

en el siglo XVIII el caso, no poco chistoso, de ser volterianos y librepensadores los que más vociferaban y más empeño ponían en la famosa canonización.

Carlos III, no contento con la carta postulatoria, mandó al inquisidor general, don Manuel Quintano y Bonifaz, arzobispo de Farsalia, quitar del *Índice* algunas obras de Palafox que habían sido prohibidas por edicto de 13 de mayo de 1759.

Por entonces obedeció el inquisidor general, dio nuevo edicto, revocando el primero, en 5 de febrero de 1161; pero el conflicto entre la Inquisición y el poder real quedó aplazado y no tardó en estallar con otro motivo. Entre tanto comenzó a ponerse en vigor el concordato de 1737 en lo relativo al subsidio eclesiástico y contribuciones de manos muertas.

Instigador oculto de toda medida contra el clero era el marqués Tanucci, ministro que había sido en Nápoles de Carlos III, cuya más absoluta confianza disfrutó siempre y de quien diariamente recibía cartas y consultas. Tanucci era un reformador de la madera de los Pombales, Arandas y Kaunitz; en la Universidad de Pisa, donde fue catedrático, se había distinguido por su exaltado regalismo y en Nápoles mermó cuanto pudo el fuero eclesiástico y el derecho de asilo; incorporó al real erario buena arte de las rentas eclesiásticas; formó un proyecto más amplio de desamortización, que por entonces no llegó a cumplido efecto, y ajustó con la Santa sede (aprovechándose del terror infundido por la entrada de las tropas españoles en 1736) dos concordias leoninas, encaminadas sobre todo a restringir la jurisdicción del nuncio. No contento con esto, atropelló la del arzobispo de Nápoles por haber procedido canónicamente contra ciertos clérigos y le obligó a renunciar la mitra.

Tal era él consejero de Carlos III; y su influencia, más o menos embozada, no puede desconocerse en el conjunto de la política de aquel reinado. Si Tanucci hubiera estado en España, quizá, según eran sus impetuosidades ordinarias, habría comenzado por dar al traste con la Inquisición. Pero Carlos III no se atrevió a tanto. «Los españoles la quieren y a mí no me estorba», cuentan que contestó a Roda. Pero sus ministros la humillaron de tal modo, que a fines de aquel reinado no fue ya ni sombra de lo que había sido.

Corría por entonces con mucho aplauso, sobre todo entre los sospechosos de galicanismo y jansenismo, cierta *Exposición de la doctrina cristiana* o *Instrución sobre las principales verdades de la religión*, publicada por primera vez en 1748 y varias veces reimpresa; su autor, el teólogo francés Mesenghi.

La Congregación del *Índice* la prohibió en 1757, lo cual no fue óbice para que se estampasen dos versiones italianas (1758 y 1760), suprimidos los párrafos en que más derechamente se atacaba la infalibilidad del papa. El autor suplicó a Clemente XIII que se hiciera nuevo examen del libro, y de nuevo salió condenado por mayoría de seis votos en la Congregación del *Índice*, que en 14 de junio de 1761 prohibió las traducciones italianas, como antes el original. Atribuyóse todo a amaños de los jesuitas, y Carlos III, que en teología debía ser fuerte, escribió a Tanucci: «No sé qué hacen los jesuitas con ir moviendo tales historias, pues con esto siempre se desacreditan más y creo que tienen muy sobrado con lo que ya tienen».[111]

Y no paró aquí la temeridad, sino que, habiendo recibido el arzobispo de Lepanto, nuncio de su santidad en Madrid, el breve condenatorio de Roma en 14 de junio de 1761, y transmitídole, según costumbre, al inquisidor general, Quintano Bonifaz, el rey, aconsejado por Wall y por el confesor fray Joaquín de Eleta, fraile gilito y luego obispo de Osma, a quien las memorias del tiempo llaman santo simple, prohibió la publicación del edicto y mandó recoger todos los ejemplares. ¿Quién eran Carlos III ni sus ministros ¡Dará impedir que tuvieran curso las censuras de Roma sobre un libro teológico de autor extranjero? ¡Qué impertinente y pueril abuso de fuerza! El inquisidor contestó que el edicto ya había empezado a circular por las parroquias de Madrid y que, de todas suertes, el mandato regio era irregular y contrario al honor del Santo oficio y a la obediencia debida a la cabeza suprema de la Iglesia, y más en materia que toca a dogma de doctrina cristiana.

A esta reverente, pero firme exposición, contestó Wall en 10 de agosto con una de aquellas alcaldadas tan del gusto de españoles, mandando salir desterrado al inquisidor al monasterio de benedictinos de Sopetrán, trece leguas de la corte. Bonifaz, que no había nacido para héroe (¿y quién lo era en aquel miserable siglo?), se humilló, suplicó y rogó antes de veinte días, protestando mil veces de su fina obediencia a todas las voluntades de su rey y señor, pidiendo perdón de todo si la real penetración había notado proposición o cláusula que desdijese de su ciega sumisión a los preceptos soberanos. ¡Y este hombre era sucesor de los Deza, Cisneros, Valdés y Sandoval! ¡Cuánto había degenerado la raza!

---

111 Ferrer del Río, tomo 1, página 387.

Satisfecho de tal humillación, el rey le levantó el destierro y le permitió volver a su empleo (en 2 de septiembre) por su propensión a perdonar a quien confesaba su error e imploraba su clemencia. Tan rastreros como su jefe estuvieron los demás inquisidores, y Carlos III, por primera vez en España, los conminó con el amago de su enojo en sonando inobediencia (8 de septiembre). Desde aquel día murió, desautorizado moralmente, el Santo oficio.

No perdieron Wall y los suyos la ocasión de dar su bofetada a Roma. Quitóles el miedo la debilidad del nuncio, que también quiso sincerarse echando toda la culpa al inquisidor, so color de que él no había hecho más que atemperarse a las prácticas establecidas. Se pidió parecer al Consejo de Castilla, que en dos consultas, de 27 de agosto y 31 de octubre, sacó a relucir todas las doctrinas de Salgado de *retentione*, acabando por proponer la retención del breve y la publicación solemne de la pragmática del *exequatur*, sin que de allí en adelante pudieran circular bulas, rescriptos ni letras pontificias que no hubiesen sido revisadas por el Consejo, excepto las decisiones y dispensas de la Sacra Penitenciaría para el fuero interno. El *exequatur* se promulgó en 18 de enero de 1762, y por reales cédulas sucesivas se prohibió al Santo oficio publicar edicto alguno ni *Índice expurgatorio* sin el visto bueno del rey o de su Consejo, ni hacer las prohibiciones en nombre del papa, sino por autoridad propia. Al fin, el proyecto de Macanaz estaba cumplido.

A punto estuvieron de perder en un día los regalistas el fruto de tantos afanes, pero fue nube de verano y se deshizo pronto. Alarmada la conciencia de Carlos III por los escrúpulos de su confesor el padre Eleta, mandó dejar en suspenso la pragmática del *exequatur* año y medio después de haberse promulgado. Con esto el ministro Wall se creyó desairado e hizo dimisión de su cargo. Tanucci, Roda y sus amigos se lamentaron mucho del «terreno que iba perdiendo el rey en el camino de la gloria», y atribuyeron a las malas artes de Roma la caída de Wall.

Ni fue éste grande inconveniente, porque en aquella corte todos eran peores in re canonica. A Wall sucedieron dos italianos: Grimaldi y Esquilache (mengua grande de nuestra nación en aquel siglo andar siempre en manos de rapaces extranjeros), y, muerto a poco tiempo el marqués del Campo de Villar, ministro de Gracia y Justicia, le sustituyó don Manuel de Roda y Arrieta, que había sido agente de preces y luego embajador de España en Roma. Aragonés de nacimiento y testarudo en el fondo, no lo parecía en los modales, que eran dulces e insinuantes al modo italiano. Sabía poco y mal, pero iba derecho a su fin con serenidad y sin escrúpulos. Su programa podía reducirse a estas palabras: acabar con los jesuitas y con los colegios mayores. Llamábanle regalista, y no alardeaba él de otra cosa, pero su correspondencia nos le muestra a verdadera luz tal como era: impío y volteriano, grande amigo de Tanucci, de Choiseul y de los enciclopedistas.

Por el mismo tiempo llegó a la fiscalía del Consejo, puesto de grande importancia desde los tiempos de Macanaz, otro fervoroso adalid de la política laica, menos irreligioso que Roda y de más letras que él: como que vino a ser el canonista de la escuela, representando aquí un papel semejante al de Pereira en Portugal. Era éste un abogado asturiano, don Pedro Rodríguez Campomanes, antiguo asesor general de Correos y Postas y consejero honorario de Hacienda; varón docto no solo en materias jurídicas, sino en las históricas, como lo acreditaban las Disertaciones sobre el orden y caballerías de los Templarios, que muy joven había dado a la estampa; sabedor de muchas lenguas, de lo cual eran clarísimo indicio su traducción del *Periplo de Hannon*[112] acompañada de largos discursos sobre las antigüedades marítimas de la república de Cartago; y la versión que, juntamente con su maestro Casiri, hizo de algunos pedazos el libro árabe de agricultura de Ebn el Awam; economista conforme a la moda del tiempo y más práctico y útil que ninguno; insigne por su respuesta fiscal sobre la abolición de la tasa y libertad del comercio de granos y por lo que contribuyó a cercenar los privilegios del Honrado Consejo de la Mesta y abusos de la ganadería trashumante (causa en gran parte de la despoblación de España) y por la luz que dio a los escritos de antiguos economistas españoles, como Álvarez Ossorio y Martínez de la Mata, aún más que por sus propios discursos de la Industria popular y de la Educación Popular, que él mandó leer en las iglesias como libros sagrados, al modo que los liberales de Cádiz lo hicieron con su Constitución. Era época de inocente filantropía, en que los economistas (¡siempre los mismos!) creían cándidamente, y con simplicidad columbina, que con solo repartir cartillas agrarias y fundar sociedades económicas iban a brotar, como por encanto, prados artificiales, manufacturas de lienzo y de algodón,

---

112 Tradujo además del griego, pero no llegó a publicar, el libro *De los dioses y el mundo*, que corre a nombre del filósofo Salustio.

compañías de comercio, trocándose en edenes los desiertos y eriales y reinando dondequiera la abundancia y la felicidad; esto al mismo tiempo que por todas maneras se procuraba matar la única organización del trabajo conocida en España, la de los gremios, a cuyas gloriosas tradiciones levantó Capmany, único economista de cepa española entre los de aquel tiempo, imperecedero monumento en sus *Memorias históricas de la marina, comercio y artes de la antigua ciudad de Barcelona*. Tenía Campomanes, en medio de la rectitud de su espíritu, a las veces muy positivo, un enjambre de bucólicas ilusiones, y esperaba mucho de los premios y concursos, de la introducción de artistas extranjeros, de los Amigos del País y de todos estos estímulos oficiales, tan ineficaces cuando el impulso no viene de las entrañas de la sociedad, a menos que nos contente un movimiento ficticio como el que ilustró los últimos años del siglo XVIII.[113]

Como quiera, el amigo de Franklin, el corresponsal de la Sociedad Filosófica de Filadelfia, aún más que de economista y de reformador, tenía de acérrimo regalista. Salgado, por una parte, y Febronio, por otra, eran sus oráculos. Durante su fiscalía del Consejo fue azote y calamidad inaudita para la Iglesia de España.

Empezó por atacarla en sus bienes y facultad de adquirir, publicando el *Tratado de la regalía* de la amortización, en el cual se demuestra por la serie de las varias edades desde el nacimiento de la Iglesia, en todos los siglos y países católicos, el uso constante de la autoridad civil Para impedir las ilimitadas enajenaciones de bienes raíces en iglesias, comunidades y otras manos muertas, con una noticia de las leyes fundamentales de la monarquía española sobre este punto, que empieza con los godos y se continúa en los varios Estados sucesivos, con aplicación a la exigencia actual del reino después de su reunión y al beneficio común de los vasallos, obra estampada por primera vez en 1765 (Imprenta Real), muchas veces reimpresa después, invocada como texto por

---

113 Véase acerca de Campomanes el *Ensayo de una biblioteca española de los mejores escritos del reinado de Carlos III*, por Sempere y Guarinós (Madrid 1785), tomo 2, página 42 a 107. Con ser tan extenso este catálogo de las obras de Campomanes, todavía no es completo.
Véase la Bibliografía Asturiana, de don Máximo Fuertes Acevedo (manuscrita, en la Biblioteca Nacional). Nuestro amigo don Vicente Abello, de Luarca, tiene recogidos casi todos los escritos impresos e inéditos de Campomanes.

todos los desamortizadores españoles, prohibida en el *Índice romano* desde 1825 y refutada por el cardenal Inguanzo en su libro del *Dominio de la Iglesia sobre sus bienes temporales.* Es el de Campomanes libro de mucha erudición, pero atropellada e insegura, donde llega a citarse como ley de amortización un canon del Concilio III de Toledo referente a los siervos del fisco. Campomanes con dificultad encontró aprobantes para su libro, pero al fin los venció la esperanza de futuras mercedes, y a uno de ellos, el escolapio padre Basilio de santa Justa y Rufina, le valió su aprobación la mitra arzobispal de Manila, donde dejó triste fama de jansenista y creó el clero indígena, constante peligro para la integridad de la monarquía española, como lo han mostrado sucesos posteriores.[114]

Bueno será advertir que Campomanes no propone ni defiende el inicuo despojo que luego hizo Mendizábal, sino que se limita a recopilar las leyes antiguas que ponen tasa a las adquisiciones de manos muertas, y, apoyado siempre en el derecho positivo, intenta prevenirlas para en adelante, lo cual no dejaba de ser un ataque, aunque indirecto menos escandaloso, al derecho de propiedad, siendo vano subterfugio el decir que la ley no tendría por objeto prohibir a los eclesiásticos adquirir bienes raíces, sino prohibir a los seglares enajenárselos.

Con alguna mayor templanza sostuvo en el fondo las mismas ideas el fiscal del Consejo de Hacienda, don Francisco Carrasco, primer marqués de la Corona, si bien opinaba que para poner en práctica la regalía convendría solicitar la aprobación del santo padre.

Desde el momento en que (por el concordato de 1737) pagaban contribución los bienes eclesiásticos, era violación arbitraria e ilógica del derecho común prohibir de raíz las adquisiciones. Así lo hizo notar el otro fiscal del Consejo, don Lope de Sierra, sosteniendo además que las leyes de Castilla no podían aplicarse a Aragón ni a Cataluña y que era contradictorio limitar la amortización cuando no se limitaba el número de eclesiásticos seculares y regulares que de

---

114 Aprobaron además la *Regalía de amortización*: fray José Luis de Lila, de la Orden de san Agustín, obispo de Guamanga; fray Isidoro de Arias, general de san Benito, catedrático de Teología en Salamanca; fray Juan Pérez, provincial de los Dominicos de Castilla; el padre José León, clérigo regular y antiguo lector de Teología. La *Regalía* se tradujo enseguida al italiano (1777), imprimiéndose en Milán y en Venecia.

algún modo habían de asegurar su subsistencia.[115] Por entonces no se pasó adelante y la desamortización quedó en proyecto.

III. Expulsión de los jesuitas de España

La conspiración de jansenistas, filósofos, parlamentos, universidades, cesaristas y profesores laicos contra la Compañía de Jesús proseguía triunfante su camino. El Parlamento de París había dado ya en 1762 aquel pedantesco y vergonzoso decreto (reproducido y puesto en vigor por un Gobierno democrático de nuestros días, para mayor vergüenza e irrisión de nuestra decantada cultura) que condena a los padres de la Compañía de Jesús, como «fautores del arrianismo, del socinianismo, del sabelianismo, del nestorianismo..., de los luteranos y calvinistas..., de los errores de Wicleff y de Pelagio, de los semipelagianos, de Fausto y de los maniqueos..., y como propagadores de doctrina injuriosa a los santos padres, a los apóstoles y a Abrahám». ¡Miseria y rebajamiento grande de la Magistratura francesa, que claudicaba ya como vieja decrépita, a la cual bien pronto dieron los filósofos pago como suyo suprimiéndola y dispersándola y escribiendo sobre su tumba burlescos epitafios; que así galardona el diablo a quien le sirve!

El ministro Choiseul, grande amigo de nuestra corte, con la cual había ajustado; para desdicha nuestra, el pacto de familia, se empeñó en que aquí siguiéramos cuanto antes el ejemplo de Francia e hiciéramos lo que Roda llamaba grotescamente la operación cesárea.

Hoy no es posible dudar de la mala fe insigne con que se procedió en el negocio de los jesuitas. En varias memorias del tiempo nada favorables a ellos, y especialmente en el manuscrito titulado *Juicio imparcial*, que algunos atribuyen

---

115 Véase estos dictámenes en el tercer tomo de la traducción italiana de la *Regalía*, impresa en Milán, 1777.
Sobre las materias tratadas en este párrafo, consúltense especialmente Ferrer del Río, *Historia del reinado de Carlos III de España* (Madrid 1956, Imprenta de Matute y Compagni), tomo 1 cs. 1 y 4, y Llorente, *Histoire critique de l'Inquisition* (París 1818), tomo 4, cap. 62.

al abate Hermoso[116] están referidos muy a la larga los amaños de pésima ley con que se ofuscó el entendimiento y se torció la voluntad de Carlos III.

La guerra más o menos sorda contra los jesuitas había comenzado entre los palaciegos de Fernando VI con ocasión de las turbulencias del Uruguay. El habilidoso Wall y los suyos consiguieron separar del real confesonario al padre Rábago con ayuda del embajador inglés, M. Keene, y de Pombal, que acusaron al confesor de fomentar la rebelión de los indios. Así lograron su triunfo segundo los partidarios de la alianza inglesa, como habían logrado el primero con la caída de Ensenada, que pasaba por amigo de los jesuitas.

Algo parecieron cambiar las cosas con el advenimiento del nuevo rey, pues, aunque su desafecto a los padres era evidente, algo le contrarrestaban la influencia de la reina madre Isabel Farnesio y la de la reina Amalia, sin contar con la muy escasa del marqués de Campo-Villar, ministro de Gracia y Justicia, más de nombre que de hecho. Pero todos los demás aúlicos que rodeaban al rey eran enemigos, más o menos resueltos, de la Compañía, especialmente los extranjeros Wall, Esquilache y Grimaldi, el duque de Alba y el famoso Roda, protegido suyo, los cuales poco a poco y cautelosamente iban ganando terreno, como bien a las claras se mostró en ciertas providencias dirigidas contra los jesuitas de Indias. Al mismo tiempo, y ya muy despejado el camino, con la muerte de la reina y la del ministro de Gracia y Justicia, comenzó Roda a llenar los consejos y tribunales de abogados de los llamados manteístas, especie de mosquetería de las universidades, escolares aventureros y dados a aquellas novedades y regalías con que entonces se medraba y hacía carrera, al revés de los privilegiados colegios mayores, grandes, adversarios de toda innovación, y a quienes se acusaba, con harta justicias, de tener monopolizados los cargos de la magistratura y de haber introducido en nuestras escuelas un perniciosísimo elemento aristocrático contrario de todo en todo a las intenciones de sus

---

116 El autor se firma solo *Un ilustrado español*. Se ha atribuido con ningún fundamento al padre Ceballos, de cuyas ideas y estilo desdice. Corren de él varias copias manuscritas; pero puede decirse que lo más interesante ha sido ya impreso, ora en los artículos que don Pedro de la Hoz publicó en *La Esperanza* contra la *Historia de Carlos III*, de Ferrer del Río, ora en el folleto de don Vicente de la Fuente *La Corte de Carlos III* (página 2.ª, Madrid 1868), que es de polémica con el mismo Ferrer. El autor del Juicio parece haber sido un abate o petimetre de poco seso y letras, muy pródigo de galicismos, pero merece estimación por lo curioso de las noticias y por la extraordinaria imparcialidad.

fundadores. Roda odiaba estos institutos de enseñanza todavía más que a los jesuitas, y de él decía donosamente Azara que «por el un cristal de sus anteojos no veía más que jesuitas, y por el otro, colegiales mayores». Al mismo tiempo comenzaron a ser presentados para las mitras los eclesiásticos más conocidos por su siniestra voluntad contra los hijos de san Ignacio. Se hizo creer al padre Eleta, confesor del rey, que los jesuitas intrigaban para desposeerle de su oficio, y, con el cebo de conservarle, entró, más por la flaqueza de entendimiento que por malicia, en la trama que diestramente iban urdiendo Roda, el duque de Alba y Campomanes.

Sobrevino entre tanto el ridículo motín llamado de Esquilache y también de las capas y sombreros (Domingo de Ramos de 1766), que puede verse larga y pesadamente descrito en todas las historias de aquel reinado, sobre todo en la de Ferrer del Río, modelo de insulsez y machaqueo. Los enemigos de los jesuitas asieron aquella ocasión por los cabellos para hacer creer a Carlos III que aquel alboroto de la ínfima ralea del pueblo, empeñada en conservar sus antiguos usos y vestimentas, mal enojada con la soberbia y rapacidad de los extranjeros y oprimida por el encarecimiento de los abastos; que aquella revolución de plazuela, que un fraile gilito calmó, y los sucesivos motines de Zaragoza, Cuenca, Palencia, Guipúzcoa y otras partes habían sido promovidos por la mano oculta de los jesuitas no por el hambre nacida de la tasa del pan y por el general descontento contra la fatuidad innovadora de Esquilache. Calumnia insolente llamo a tal reputación el autor del *Juicio imparcial*, y a todos los contemporáneos pareció descabellada, arrojándose algunos a sospechar que el motín había sido una zalagarda promovida y pagada por nuestros ministros y por el duque de Alba con el doble objeto de deshacerse de su cofrade Esquilache y de infamar a los jesuitas. No diré yo tanto, pero sí que en la represión del motín anduvieron tan remisos y cobardes como diligentes luego para envolver en la pesquisa secreta a los padres de la Compañía, y aun a algunos seglares tan inocentes de aquella asonada y tan poco clericales en el fondo como el erudito don Luis José Velázquez, marqués de Valdeflores, y los abates Gándara y Hermoso, montañés el primero y conocido por sus *Apuntes sobre el bien y el mal de España*, americano el segundo y nada amigo de la Compañía. Ni aun con procedimientos inicuos y secretos, donde toda ley fue violada, resultó nada de lo que los fiscales querían, porque una y otra vez declararon los tres acusados, especialmente Hermoso, que el motín había sido casual, repentino, y sin propósito deliberado; todo lo cual y la reconocida inculpabilidad del pobre abate no bastó para calmar la ciega saña de los pesquisidores, burlados en su esperanza de tropezar con alguna sotana jesuítica. Pero a lo menos tuvieron la bárbara satisfacción de dejar morir a Gándara en la ciudadela de Pamplona, de enviar a presidio por diez años al insigne autor del *Ensayo sobre los alfabetos de letras desconocidas* y de desterrar a Hermoso a cincuenta leguas de la corte, después de haber pedido para él tormento *tanquam in cadavere*. ¡Y esta barbarie les parecía razonable a los discípulos de Voltaire y de Beccaria![117] Aunque ni las denuncias, ni los testigos falsos, ni todo aquel aparato de inmoralidades jurídicas dieron el resultado que sus autores se proponían, Carlos III, a quien Dios no había concedido el don de la sabiduría en tan copioso grado como el hijo de David y Betsabé creyó buenamente que los jesuitas habían querido insurreccionarle el pueblo y hasta matarle; les tomó extraña ojeriza, sobre la prevención que ya traía de Nápoles, y se puso en manos del duque de Alba, de Grimaldi y del conde de Aranda, don Pedro Pablo Abarca de Bolea, militar aragonés, de férreo carácter, avezado al despotismo de los cuarteles, ordenancista inflexible, Pombal en pequeño, aunque moralmente valía más que él y tenía cierta honradez brusca a estilo de su tierra: impío y enciclopedista, amigo de Voltaire, de D'Alembert y del abate Raynal; reformador despótico, a la vez que furibundo partidario de la autoridad real, si bien en sus últimos años miró con simpatía la revolución francesa no más que por su parte de irreligiosa. Tal era el conde de Aranda cuando, bien reputado ya por sus servicios en las guerras de Italia, pasó de la Capitanía General de Valencia a la de Castilla la Nueva y a la presidencia del Consejo de Castilla (caso inusitado en España, puesto que no era hombre de toga), en reemplazo del obispo de Cartagena, don Diego de Rojas, a quien se sospechaba de complicidad con los amotinados.

Aranda comenzó a mostrar muy a las claras sus intenciones, prohibiendo las imprentas en clausura y lugares inmunes so pretexto de que servían para reproducir papeles clandestinos y sediciosos, impetrando de Roma letras para proceder contra los eclesiásticos complicados en los recientes alborotos, suspendiendo todo fuero mientras durasen los procedimientos contra los autores

---

117 Véase un extracto de esta pesquisa en el *Dictamen fiscal*, de Huerta, va citado, página 232 a 241. Es lectura edificante y sustanciosa.

del motín y encargando a obispos y prelados de religiones escrupulosa vigilancia sobre la conducta política de sus subordinados. Y entonces comenzaron las que el príncipe de la Paz llama,[118] atrocidades jurídicas de Aranda, que en breves días sosegó a Madrid no de otra manera que Pombal había sosegado a Lisboa después del terremoto: levantando una horca en cada esquina o, lo que es más abominable, asesinando secretamente en las cárceles.

Los trabajos contra los jesuitas adelantaban sobre todo después de la muerte de Isabel Farnesio. Aranda, como presidente de Castilla, designó al consejero don Miguel María de Nava y al fiscal don Pedro Rodríguez Campomanes para hacer secreta pesquisa sobre los excesos cometidos en Madrid, y ellos en 8 de junio de 1766 elevaron su primera consulta, en que, disculpando al vecindario, todo lo atribuían, con frases nunca hasta entonces oídas en España, a las malas ideas esparcidas sobre la autoridad real por los eclesiásticos y al fanatismo que por muchos siglos habían venido infundiendo en el pueblo y gente sencilla.

Campomanes, verdadero autor de esta consulta, fue asimismo el alma de la Sala Especial o Consejo Extraordinario, creado inmediatamente por Aranda para entender en el castigo de las turbulencias pasadas, y en nueva consulta de 11 de septiembre dio por averiguado su deseo, viendo en todo la mano de un cuerpo religioso que no cesa de inspirar aversión general al Gobierno y a las saludables mínimas que contribuyen a reformar los abusos, por lo cual convendría iluminar (sic) al pueblo para que no fuera juguete de la credulidad tan nociva, y desarmar a ese cuerpo peligroso que intenta en todas partes sojuzgar al trono, y que todo lo cree lícito para alcanzar sus fines, y mandar que los eclesiásticos redujeran sus sermones a especies inocentes, nada perjudiciales al Estado. La gallardía del estilo corre parejas con la nobleza de las ideas.

---

118 En carta a Ferrer del Río, que cita éste cándidamente en la página 104 de su segundo tomo, añadiendo que él no ha encontrado rastro de tales atrocidades. ¿Pequeña atrocidad le parecía a Ferrer del Río lo que se hizo con el abate Hermoso, con Velázquez y con mi pobre paisano Gándara, a quienes no se probó nada? ¿Es pequeño vituperio para don José Moñino (después conde de Floridablanca, y entonces delegado de Aranda) haber sido el último que aplicó el tormento en las cárceles de Cuenca, baldando de pies y manos a un infeliz labrador por complicidad real o supuesta en el motín de aquella ciudad? ¿No confiesa el mismo Ferrer del Río que de muchos de los encarcelados por Aranda no volvió a saberse nada? ¡Qué sindéreis de historiador!.

Espías y delatores largamente asalariados declararon haber visto entre los amotinados a un jesuita llamado el padre Isidro López vitoreando al marqués de la Ensenada. Díjose que en el colegio de jesuitas de Vitoria se había descubierto una imprenta clandestina, todo porque el rector de aquel colegio había enviado, por curiosidad, a un amigo suyo de Zaragoza ciertos papeles de los que se recibieron en el motín.

Sobre tan débiles fundamentos redactó Campomanes la consulta del Consejo Extraordinario de 29 de enero de 1767.[119] Allí salieron a relucir los diezmos de Indias y las persecuciones de Palafox, el regio confesonario y el padre Rábago, las misiones del Paraguay, los ritos chinos y, sobre todo el motín del domingo de Ramos. Repitióse que aspiraban a la monarquía universal, que conspiraban contra la vida del monarca, que difundían libelos denigrativos de su persona y buenas costumbres, que hacían pronósticos sobre su muerte, que alborotaban al pueblo so pretexto de religión, que enviaban a los gaceteros de Holanda siniestras relaciones sobre los sucesos de la corte, que en las reducciones del Paraguay ejercían ilimitada soberanía, así temporal como espiritual, y que en Manila se habían entendido con el general Draper durante la ocupación inglesa.

De este cúmulo de gratuitas suposiciones deducían los fiscales no la necesidad de un proceso, sino de una clemente providencia económica y tuitiva, mediante la cual, sin forma de juicio, se expulsase inmediatamente a los regulares, como se había hecho en Portugal y en Francia, sin pensar en reformas, porque todo el cuerpo estaba corrompido y por ser todos los padres terribles enemigos de la quietud de las monarquías. Convenía, pues, al decir del Consejo Extraordinario, que en la real pragmática no se dijesen motivos, ni aun remotamente se aludiera al instituto y mínimas de los jesuitas, sino que el monarca se reservase en su real ánimo los motivos de tan grave resolución e impusiese alto silencio a todos sus vasallos que en pro o en contra quisieran decir algo.

Como se propuso, así se efectuó. La consulta del Extraordinario fue aprobada en todas sus partes por una junta especial, que formaron, con otros de menos cuenta, el duque de Alba, Grimaldi, Roda y el confesor (20 de febrero de 1767).

---

119 Huerta dice en su *Dictamen fiscal* que, cuando en 1815 se le mandaron remitir todos los papeles concernientes a este asunto, de la primera consulta del Consejo «solo vino copia simple y tan defectuosa, que carecía de la primera parte, en que debió hacerse la historia del procedimiento y la especificación de los motivos legales» (página 5). Ferrer del Río suple en parte la falta con ayuda de documentos posteriores (página 137 del tomo 2).

Informaron en el mismo sentido el funesto arzobispo de Manila, de quien ya queda hecha una memoria; un fraile agustino dioho fray Manuel Pinillos, el obispo de Ávila y otros prelados tenidos generalmente por jansenistas. Así y todo, Carlos III no acababa de resolverse, y es voz común entre los historiadores que como argumento decisivo emplearon sus consejeros una supuesta carta interceptada, en que el general de los jesuitas, padre Lorenzo Ricci, afirmaba no ser Carlos III hijo de Felipe V, sino de Isabel de Farnesio y del cardenal Alberoni.[120] Por cierto que, visto al trasluz, el papel que se decía escrito en Italia resultó de fábrica española.

Convencido con tan eficaces razones, decretó Carlos III en 27 de febrero de 1767 el extrañamiento de los religiosos de la Compañía, así sacerdotes como coadjutores, legos profesos y aun novicios, si querían seguirlos, encargando de la ejecución al presidente de Castilla con facultades extraordinarias.

No se descuidó Aranda, y en materia de sigilo y rapidez puso la raya muy alto. Juramentó a dos ayudantes suyos para que transmitieran las órdenes, mandó trabajar en la Imprenta Real a puerta cerrada y preparó las cosas de tal modo, que en un mismo día y con leve diferencia a la misma hora pudo darse el golpe en todos los colegios y casas profesas de España y América.

El 1.º de abril amanecieron rodeadas de gente armada las residencias de los jesuitas, y al día siguiente se promulgó aquella increíble pragmática, en que por motivos reservados en su real ánimo, y siguiendo el impulso de su real benignidad, y usando de la suprema potestad económica que el Todopoderoso le había concedido para protección de sus vasallos, expulsaba de estos reinos, sin más averiguación, a cuatro o cinco mil de ellos; mandaba ocupar sus temporalidades, así en bienes muebles como raíces o en rentas eclesiásticas, y prohibía expresamente escribir en pro o en contra de tales medidas, so pena de ser considerados los contraventores como reos de lesa majestad.

Aún es más singular documento la instrucción para el extrañamiento, lucida muestra de la literatura del conde de Aranda: «Abierta esta instrucción cerrada y secreta en la víspera del día asignado para su cumplimiento, el executor se

---

120 Niega Ferrer del Río que tal carta existiese; pero lo afirman unánimes Cristóbal de Murr, diarista de Viena en 1780 (cit. Por Cretineau Joly, Clemente XIV, página 154); Ranke (*Historia del Papado*, tomo 4 de la trad. franc., página 494), Coxe (*España bajo el reinado de la casa de Borbón*, tomo 4, página 171 de la trad. esp.), Sismondi (*Histoire des Français*, tomo 29, página 370), el padre Ravignan y cincuenta, que fuera prolijo enumerar.

enterará bien de ella, con reflexión de sus capítulos, y disimuladamente echará mano de la tropa presente, o en su defecto se reforzará de otros auxilios de su satisfacción, procediendo con presencia de ánimo, frescura y precaución».

No eran necesarias tantas para la épica hazaña de sorprender en sus casas a pobres clérigos indefensos y amontonarlos como bestias en pocos y malos barcos de transporte, arrojándolos sobre los Estados pontificios. Ni siquiera se les permitió llevar libros, fuera de los de rezo. A las veinticuatro horas de notificada la providencia fueron trasladados a los puertos de Tarragona, Cartagena, Puerto de Santa María, La Coruña, Santander, etc. En la travesía desde nuestros puertos a Italia y durante la estancia en Córcega sufrieron increíbles penalidades, hambre, calor sofocante, miseria y desamparo, y muchos ancianos y enfermos expiraron, como puede leerse en las *Cartas familiares*, del padre Isla, y aún más en los comentarios, latino y castellano, que dejaron inéditos el padre Andrés y el mismo Isla, y que conservan hoy sus hermanos de religión.

El horror que produce en el ánimo aquel acto feroz de embravecido despotismo en nombre de la cultura y de las luces, todavía se acrecienta al leer en la correspondencia de Roda y Azara las cínicas y volterianas burlas con que festejaron aquel salvajismo. «Por fin se ha terminado la operación cesárea en todos los colegios y casas de la Compañía —escribía Roda a don José Nicolás de Azara en 14 de abril de 1767—. Allí os mandamos esa buena mercancía... Haremos a Roma un presente de medio millón de jesuitas»; y en 24 de marzo de 1768 se despide Azara: «Hasta el día del juicio, en que no habrá más jesuitas que los que vendrán del infierno». Aún es mucho más horrendo lo que Roda escribió al ministro francés Choiseul, palabras bastantes para descubrir hasta el fondo la hipócrita negrura del alma de aquellos hombres, viles ministros de la impiedad francesa: La operación nada ha dejado que desear; hemos muerto al hijo; ya no nos queda más que hacer otro tanto con la madre, nuestra santa Iglesia romana.[121]

---

121 Véase Cretineau Joly, Clemente XIV y los jesuitas, cap. 2, página 151 y siguientes de la trad. cast. (Madrid 1848); *El espíritu de don José Nicolás de Azara descubierto en sus cartas a don Manuel de Roda* (Madrid, Imprenta de Sojo, 1846), 3 tomos en 8.º (un descendiente del autor que ha hecho muchas biografías, álbumes y coronas poéticas a su memoria negó la autenticidad de estas cartas, pero sin convencer a nadie); Carayon (P. Augusto); *Charles III et les jesuites de ses états d'Europe et d'Amérique en 1767. Documents inédits*: París, L. Eucreux... (1868), en 4.º, 550 páginas: Colección general de las providencias hasta

En lo que no han insistido bastante los adversarios de la expulsión, y será en su día objeto de historia particular, que yo escribiré si Dios me da vida, es que aquella iniquidad, que aún está clamando al cielo, fue, al mismo tiempo que odiosa conculcación de todo derecho, un golpe mortífero para la cultura española, sobre todo en ciertos estudios, que desde entonces no han vuelto a levantarse; un atentado brutal y oscurantista contra el saber y contra las letras humanas, al cual se debe principalísimamente el que España, contando Portugal, sea hoy, fuera de Turquía y Grecia, aunque nos cueste lágrimas de sangre el confesarlo, la nación más rezagada de Europa en toda ciencia y disciplina seria, sobre todo en la filología clásica y en los estudios literarios e históricos que de ella dependen. Las excepciones gloriosas que pueden alegarse no hacen sino confirmar esta tristísima verdad. La ignorancia en que vive se agita nuestro vulgo literario y político es crasísima, siendo el peor síntoma de remedio que todavía no hemos caído en la cuenta. Hasta las buenas cualidades de despejo, gracia y viveza que nunca abandonan a la raíz son hoy funestas, y lo serán mientras no se cierre con un sólido, cristiano y amplio régimen de estudios la enorme brecha que abrieron en nuestra enseñanza, primero, las torpezas regalistas, y luego, los incongruentes, fragmentarios y desconcertados planes y programas de este siglo.[122]

---

aquí tomadas por el Gobierno sobre extrañamiento y ocupación de temporalidades de los regulares de la Compañía, etc. (Madrid, imprenta Real 1767); Coxe (William), *España bajo el reinado de la casa de Borbón* (tomo 4 de la trad. esp., página 171); *Dictamen fiscal* de Gutiérrez de la Huerta (Madrid 1845); Theiner (P. Agustín), *Historia del pontificado de Clemente XIV* (Florencia 1854), 4 vols.; padre Ravignan, *Clemente XIII y Clemente XIV* (admirable libro; el mejor que hay sobre el asunto); Ferrer del Río. Tomo 2, cap. 4, página 117 a 169; *La Corte de Carlos III* (dos opúsculos de don Vicente de la Fuente en 1867 y 1868; publicados antes en forma de artículos en *La Cruz*ada).

122 Jesuitas.
—Elogio de sus escuelas por el canciller Bacon:
«Ad paedagogiam quod attinet, brevissimum foret dictu: Consule scholas Iesuitarum; nihil enim, quod in usum venit, his melius. Quae nobilissima pars pristinae disciplinae revocata est aliquatenus quasi postliminio in Iesuitarum collegiis, quorum quum intueor industriam sollertiamque, tan in doctrina excolenda, quam in moribus informandis, illud occurrit Agesilae de Pharnabazo: Talis quum sis, utinam noster esses.»
(*De Augmentis scientiarum*.) Alzog. IV 261.

Nada queda sin castigo en este mundo ni en el otro; y sobre los pueblos que ciegamente matan la luz del saber y reniegan de sus tradiciones científicas, manda Dios tinieblas visibles y palpables de ignorancia. En un solo día arrojamos de España al padre Andrés, creador de la historia literaria, el primero que intentó trazar un cuadro fiel y completo de los progresos del espíritu humano; a Hervás y Panduro, padre de la filología comparada y uno de los primeros cultivadores de la etnografía y de la antropología; al padre Serrano, elegantísimo poeta latino; a Lampillas, el apologista de nuestra literatura contra las detracciones de Tirasboschi y Bettinelli; a Nuix, que justificó, contra las declamaciones del abate Raynal, la conquista española en América; a Masdéu, que tanta luz derramó sobre las primeras edades de nuestra historia, siempre que su crítica no se trocó en escepticismo, conforme al gusto de su tiempo; hombre ciertamente doctísimo, y a cuyo aparato de erudición no iguala ni se acerca ninguno de nuestros historiadores; a Eximeno, filósofo sensualista, matemático no vulgar e ingenioso autor de un nuevo sistema de estética musical; a Garcés, acérrimo purista, enamorado del antiguo vigor y elegancia de la lengua castellana, dique grande contra la incorrección y el galicismo; al padre Arévalo, luz de nuestra historia eclesiástica y de las obras de nuestros santos padres y poetas cristianos, que ilustró con prolegómenos tan inestimables como la Isidoriana o la Prudentiana, que Huet o Montfaucon o Zaccaria no hubieran rechazado por suyos; al padre Arteaga, a quien debe Azara la mayor parte de su postiza gloria, autor del mejor libro de estética que se publicó en su tiempo, historiador de las revoluciones de la ópera italiana, hombre de gusto fino y delicadísimo en toda materia de arte, sobre todo en la crítica teatral, como lo muestran sus juicios acerca de Metastasio y Alfieri, que Schegel adoptó íntegros; al padre Aymerich, que exornó con las flores de la más pura latinidad un asunto tan árido como el episcopologio barcelonés y que luego en Italia se dio a conocer por paradojas filológicas, entonces tan atrevidas, como la defensa del latín eclesiástico Y del deslinde de la lengua rústica y la urbana; al padre Pla, uno de los más antiguos provenzalistas, émulo de Bastero y precursor de Raynouard; al padre Gallisá discípulo y digno biógrafo del gran romanista y arqueólogo Ministres; a Requeno, el restaurador de la pintura pompeyana e historiador de la pantomima entre los antiguos; a Colomés y Lasala, cuyas tragedias admiraron a Italia y fueron puestas en rango no inferior a la *Mérope*, de Maffei; al padre Isla, cuya popularidad de satírico, nunca marchita, y el recuerdo del *Fray Gerundio* bastan; a Montengon, único novelista de entonces, imitador del *Emilio*, de Rousseau, en el *Eusebio*; al padre Aponte, maravilloso helenista, restaurador del gusto clásico en Bolonia, autor de los *Elementos ghefirianos*, maestro de Mezzofanti e insuperable traductor de Homero, al decir de Moratín; al padre Pou, por quien Herodoto habló en lengua castellana; a los matemáticos Campserver y Ludeña; al padre Alegre, insigne por su virgiliana traducción de Homero; al padre Landívar, cuya *Rusticatio mexicania* recuerda algo de la hermosura de estilo de las *Geórgicas* y anuncia en el poeta dotes descriptivas de naturaleza americana no inferiores a las de Andrés Bello; a Clavijero, el historiador de la primitiva México; a Molina, el naturalista chileno; al padre Maceda, apologista de Osio; al padre Terreros, autor del único diccionario técnico que España posee; al padre Lacunza, peregrino y arrojado comentador del *Apocalipsis*, acusado de renovar el milenarismo; al padre Gustá controversista incansable, siempre envuelto en polémica con jansenistas y filosofantes, impugnador de Mesenghi y Tamburini y apasionado biógrafo de Pombal; al padre Pons, que cantó en versos latinos la atracción newtoniana; al padre Prats, ilustrador de la inscripción de Rosetta y de la rítmica de los antiguos; a Prats de Saba, bibliógrafo de la Compañía y fecundísimo poeta latino, autor del Pelayo, del Ramiro y del Fernando, ingeniosos remedos virgilianos; a Diosdado Caballero, que echó las bases para la historia de la tipografía española, sin que hasta la fecha ni él ni el agustiniano Méndez hayan tenido sucesores; al padre Gil, vindicador y defensor de las teorías de Boscowich... ¿Quién podrá enumerarlos a todos?[123] ¿Quién hallará en la lengua palabras bastante enérgicas para execrar la barbarie de los que arrojaron de casa este raudal de luz, dejándonos para consuelo los pedimentos de Campomanes y las sociedades económicas?

¿Y quién duda hoy que la expulsión de los jesuitas contribuyó a acelerar la pérdida de las colonias americanas? ¿Qué autoridad moral ni material habían de tener sobre los indígenas del Paraguay ni sobre los colonos de Buenos Aires los rapaces agentes que sustituyeron al evangélico gobierno de los padres, llevando allí la depredación y la inmoralidad más cínica y desenfrenada? ¿Cómo

---

[123] Hay dos bibliografías de los jesuitas expulsos: una, por Prat de Saba (Roma 1803); otra, por Diosdado Caballero; pero son ambas muy incompletas, como lo es todavía, a pesar de los suplementos, la de los padres Backer (Agustín y Luis).

no habían de relajarse los vínculos de autoridad, cuando los gobernantes de la metrópoli daban señal de despojo, mucho más violento en aquellas regiones que en éstas, y soltaban todos los diques a la codicia de ávidos logreros e incautadores sin conciencia, a quienes la lejanía daba alas y quitaba escrúpulos la propia miseria? Mucha luz ha comenzado a derramar sobre estas oscuridades una preciosa y no bastante leída colección de documentos que hace algunos años se dio a la estampa con propósito más bien hostil que favorable a la Compañía.[124] Allí se ve claro cuán espantoso desorden, en lo civil y en lo eclesiástico, siguió en la América meridional al extrañamiento de los jesuitas; cuán innumerables almas debieron de perderse por falta de alimento espiritual; cómo fue de ruina en ruina la instrucción pública y de qué manera se disiparon como la espuma, en manos de los encargados del secuestro, los cuantiosos bienes embargados, y cuán larga serie de fraudes, concusiones, malversaciones, torpezas y delitos de todo jaez, mezclados con abandono y ceguedad increíbles, trajeron en breves años la pérdida de aquel imperio colonial, el primero y más envidiado del mundo. Voy a emprender la conquista de los pueblos de misiones (escribía a Aranda el gobernador de Buenos Aires, don Francisco Bucareli) y a sacar a los indios de la esclavitud y de la ignorancia en que viven.[125] Las misiones fueron, si no conquistadas, por lo menos saqueadas, y véase lo uno por lo otro. En cuanto a la ignorancia, entonces sí que de veras cayó sobre aquella pobre gente. «No sé qué hemos de hacer con la niñez y juventud de estos países. ¿Quién ha de enseñar las primeras letras? ¿Quién hará misiones? ¿En dónde se han de formar tantos clérigos?[126] dice el obispo de Tucumán, enemigo jurado de los expulsados.» «Señor excelentísimo, añade en otra carta a Aranda.[127] No se puede vivir en estas partes; no hay maldad que no se piense, y pensada, no se ejecute. En teniendo el agresor 20.000 pesos, se burla de todo el mundo.»

---

124 *Colección de documentos relativos a la expulsión de los jesuitas de la República Argentina y del Paraguay en el reinado de Carlos III, con introducción y notas por don Francisco Javier Brabo...* (Madrid, Imprenta de J. M. Pérez 1872), 404 páginas en 4.º El colector es tanto menos sospechoso cuanto que acusa a los jesuitas hasta de aspirar a la monarquía universal. Pero merece aplauso por la buena fe con que publicó sus documentos.
125 Páginas 30 y 31 de la colección citada.
126 Página 159.
127 Página 153.

¡Delicioso estado social! ¡Y los que esto veían y esto habían traído, todavía hablaban del insoportable peso del poder jesuítico en América![128]

IV. Continúan las providencias contra los jesuitas. Política heterodoxa de Aranda y Roda. Expediente del obispo de Cuenca. Juicio imparcial sobre el monitorio de Parma

El 31 de marzo de 1767 comunicó Carlos III al papa su resolución de extrañar a los jesuitas y de enviárselos para que estuvieran bajo su inmediata, santa y sabia dirección; providencia verdaderamente económica, aunque en muy diverso sentido de como el buen rey lo decía.

Clemente XIII, poseído de extraordinaria aflicción, respondió en 16 de abril con el hermosísimo breve *Inter acerbissima*. «¡Tú también, hijo mío —le decía a Carlos III—, tú rey católico, habías de ser el que llenara el cáliz de nuestras amarguras y empujara al sepulcro nuestra desdichada vejez entre luto y lágrimas! ¿Ha de ser el religiosísimo y piadosísimo rey de España quien preste el apoyo de su brazo para la destrucción de una orden tan útil y tan amada por la Iglesia, una orden que debe su origen y su esplendor a esos santos héroes españoles que Dios escogió para que dilatasen por el mundo su mayor gloria? ¿De esa manera quieres privar a tu reino de tantos socorros, misiones, catequesis, ejercicios espirituales, administración de los sacramentos, educación de la juventud en la piedad y en las letras? Y lo que más nos oprime y angustia es el ver a un monarca de tan recta conciencia que no permitiría que el menor de sus vasallos sufriese agravio alguno, condenar a total expulsión a una entera congregación de religiosos, sin juzgarlos antes conforme a las leyes, despojándolos de todas sus propiedades lícitamente adquiridas, sin oírlos, sin dejarlos defenderse. Grave es, señor, tal decreto, y si, por desgracia, no estuviese bastante justificado a los ojos de Dios, soberano juez de las criaturas, poco os habrán de valer la aprobación de vuestros consejeros, ni el silencio de vuestros súbditos, ni la resignación de los que se ven heridos a deshora por tan terrible golpe... Temblamos al ver puesta en aventura la salvación de un alma que nos es tan cara... Si culpables había, ¿por qué no se los castigó sin tocar a los inocentes?» Y seguidamente protestaba aquel gran pontífice, ante Dios y los hombres, que la Compañía de Jesús era inocente de todo crimen, y no solo inocente, sino

---

128 Página 151.

santa en su objeto, en sus leyes y en sus mínimas. Al reparo de los políticos: «¿Qué dirá el mundo si la pragmática se revoca?», contesta él: «¿Qué dirá el cielo?», y trae a la memoria del rey el noble ejemplo de Asuero, que revocó, movido por las lágrimas de Ester, el edicto de matanza contra los judíos.

A esta hermosa efusión del alma del gran Rezzonico respondió por encargo de Roda, el Consejo Extraordinario en su famosa consulta del día 30 (redactada, según es fama, por Campomanes), ramplona y autoritaria repetición de todos los cargos acumulados contra la Compañía en los infinitos libelos que mordiéndola corrían por el mundo. El lector los sabe de memoria como yo, y no hay que volver a ellos después que brillantemente los trituró Gutiérrez de la Huerta. Allí se invocaron contra la Compañía los odios de Melchor Cano, los recelos de Arias Montano, las quejas y advertencias intra claustra del austero padre Mariana, que nunca pensó en verlas publicadas; el despotismo del general Aquaviva, el probabilismo (olvidando, sin duda, que Tirso González había sido de la Compañía y general de ella); el molinismo (ni más ni menos que si fuese una herejía); la doctrina del regicidio, los ritos malabares, el Machitum de Chile, el alzamiento del Uruguay, el abandono espiritual de sus misiones, el motín del domingo de Ramos, etc., y, finalmente, la organización misma de aquel instituto, hasta decir que en la Compañía «los delitos eran comunes a todo el cuerpo, por depender de su gobierno hasta las menores acciones de sus individuos». A todo lo cual se juntaba la sangrienta burla de censurar la injerencia del papa en un negocio temporal aquellos mismos precisamente que, con ultraje manifiesto del derecho de gentes, acababan de enviarle a sus Estados temporales tan gran número de súbditos españoles. Por todas las cuales poderosas razones opinaban los fiscales que el rey debía hacer oídos de mercader a las palabras del vicario de Jesucristo y no entrar con él en más explicaciones, porque esto sería faltar a la ley del silencio impuesta por la pragmática. A tenor de esto contestó Carlos III, de su puño, en 2 de mayo, con frases corteses y que mostraban mucho pesar, pero ningún arrepentimiento.[129]

---

129 Ferrer del Río (l. 2, cap. 5) se toma mucho trabajo para demostrar que Carlos III no podía ver a los jesuitas y que puso empeño (que yo llamo irracional y ciega terquedad) en sostener lo hecho. Si así fue y en alguna cosa obró de motu proprio y no por instigación de sus consejeros aún es mayor su culpa, sin que baste a disculparle su estrechísimo y cerrado entendimiento.

En vista de tal obstinación, Clemente XIII se negó a recibir a los jesuitas, porque no podía ni debía recibirlos ni mantenerlos; y el cardenal secretario de Estado, Torrigiani, mandó asestar los cañones de Civita-Vecchia contra los buques españoles. ¿Tan leve *casus belli* era arrojar sobre un territorio pequeño como el Estado romano ocho mil extranjeros sin más recursos que una pensión levísima (unos 100 duros anuales), revocable además para toda la Compañía desde el momento en que a cualquiera de ellos se le ocurriese escribir contra la pragmática?

Todos estos motivos expuso Torrigiani en carta al nuncio Pallavicini (22 de abril de 1767), pero los nuestros no cejaron, y emprendieron negociaciones con los genoveses hasta conseguir que dieran albergue, o más bien presidio, a los expulsos en la inhospitalaria y malsana isla de Córcega, ensangrentada además por la guerra civil que sostenían los partidarios de Paoli. A vista de tal inhumanidad, Clemente XIII consintió, al fin, que se estableciesen en las legaciones de Bolonia y Ferrara cerca de 10.000, entre los procedentes de España y de América, en sucesivas expediciones. En los primeros meses ni siquiera tuvieron el consuelo de escribir a sus deudos y amigos, porque nuestro Gobierno interceptaba todas las cartas y perseguía bravamente a todo sospechoso, poco menos que como reo de lesa majestad. Roda escribía a Azara en 28 de julio:[130] «Se les han detenido varias cartas, en las que aplauden la resolución del papa en no admitirlos, y dicen que sufren estos trabajos como un martirio por el bien de la Iglesia perseguida. Los aragoneses son los más fanáticos».

Y a propósito de fanatismo será bueno hacer mérito del ridículo proceso que aquel mismo año se formó a unos infelices vecinos de Palma de Mallorca por haber creído que la Virgen de Monte Sión, que antes tenía las manos juntas, las había cruzado milagrosamente sobre el pecho. Una mujer del pueblo exclamó: «¡Pobres jesuitas, ahora se ve su inocencia!», y esto bastó para que se forjase un expediente enorme, y viniese al Consejo de Castilla, que ya en todo entendía, y provocara un dictamen fiscal de Floridablanca (entonces Moñino), el cual comienza con estas retumbantes palabras: No hay cosa más terrible que el fanatismo... Verdadera entrada de pavana que se inmortalizó al modo que en tiempos más cercanos a nosotros el principio de la representación de los llamados persas. Por eso, entre los zumbones que guardan memoria de cosas

---

130 Véase en Cretineau Joly, *Clemente XIV* (fol. 167 de la trad. cast.). Está en facsímil.

viejas, se llama esta causa la del fanatismo, aunque en su tiempo se imprimió con este apetitoso título: Instrumentos auténticos que prueban la obstinación de los regulares expulsos y sus secuaces, fingiendo supuestos milagros para conmover y mantener el fanatismo por su regreso.[131] Para evitar los tales supuestos milagros y revelaciones, se circularon al mismo tiempo órdenes severísimas a los conventos de monjas (23 de octubre de 1767), por creerle afecto a los jesuitas, se desterró de Madrid al arzobispo de Toledo.[132]

Peor le avino al anciano y virtuoso obispo de Cuenca, don Isidro Carvajal y Lancáster, con quien se extremó el furor regalista, aprovechando aquella ocasión de arrastrar por los tribunales la majestad del Episcopado, que tanto ponderaban en los libros. Procesar a un obispo era para ellos un triunfo no menor que la deportación en masa de la Compañía.

Arrebatado por su celo cristiano, aunque enfermo él y achacoso, había escrito el obispo una carta particular al confesor del rey, fray Joaquín Eleta, recordándole antiguos pronósticos suyos, ya próximos a cumplirse, en que le anunciaba la ruina de España, perdida sin remedio humano por la persecución que la Iglesia padecía, saqueada en sus bienes, ultrajada en sus ministros y atropellada en su inmunidad, corriendo libres en gacetas y mercurios (embrión del periodismo) las más execrables blasfemias contra la Iglesia y su cabeza visible. De todo lo cual, aunque con términos de casi fraternal cariño, atribuía no escasa parte de culpa al padre confesor, que, desvanecido con el arrullo de los que le incensaban para sus fines terrenos, no se cuidaba de hacer llegar la verdad a los oídos de Carlos III, más desgraciado en esto que el impío rey Achab, que tuvo a lo menos para aconsejarle bien al santo profeta Miqueas.

Calificar de sedicioso un documento privado de esta naturaleza, y por todos conceptos mesuradísimo en el lenguaje, era el colmo del escándalo, y, sin embargo, lo dieron el confesor y los ministros. La carta pasó a manos del rey; y éste, por cédula del 9 de mayo de 1767, rubricada por Roda, mandó declarar al obispo con santa ingenuidad y libremente lo que se le alcanzase del origen

---

131 Puede leerse en el tomo 2 de la *Colección* (oficial) de providencias, ya citada (páginas 8 a 30).

132 Este destierro está enlazado con un hecho muy curioso y significativo que refiere William Coxe (tomo 4, página 368 a 369 de la edición inglesa de 1815), y niega, sin fundamento alguno, Ferrer del Río (tomo 2, páginas 197-199), a saber: el clamor popular que pidió a Carlos III la vuelta de los jesuitas un día que se asomó el balcón de su palacio.

de aquellos males; todo entre mil protestas de catolicismo: «Me precio de hijo primogénito de tan santa buena madre, de ningún timbre hago más gloria que del catolicismo; estoy pronto a derramar la sangre de mis venas por mantenerlo». Explanó el obispo sus quejas, en virtud de tan amplio permiso, en una representación de 23 de mayo, quejándose de la pragmática del *exequatur*, de la mala administración de la renta del excusado, de los abusos en el recaudar de las tercias reales y de los proyectos de desamortización; de los atropellos contra el derecho de asilo y el fuero eclesiástico y de las impiedades que se vertían en los papeles periódicos, sin que nadie tratara de ponerles coto, sobre todo cuando iban enderezadas contra la Santa sede o los jesuitas.

Aunque esta carta, escrita a ruegos del rey, tenía de justiciable aún menos que la anterior, el rey, con mengua de su palabra, la pasó a examen del Consejo, y dio motivo a un largo expediente y a dos tremendas alegaciones de entrambos fiscales, don José Moñino y don Pedro Rodríguez Campomanes, aún mucho más dura y agresiva la del segundo que la del primero, como que en ella textualmente se afirma que las cartas del obispo son un tejido de calumnias... dictadas por la envidia y la venganza, un ardid astuto y diabólico para seducir al pueblo, frases nada jurídicas y menos corteses, sobre todo en aquel caso. Pero a Campomanes le traían fuera de sí las mitras; estaba entonces en su grado mínimo de furor clerofóbico; el obispo había osado poner lengua en su libro de la Amortización; motivos bastantes sin duda para que se olvidase de su gravedad ordinaria y de las solemnes tradiciones del Consejo, trocado entonces en inhábil remedo del Parlamento de París. Verdad es que para todo servía de antorcha a sus fiscales, y Campomanes es tan cándido que lo confiesa, «el famoso tratado de Justino Febronio, en que están puestas las regalías del soberano y la autoridad de los obispos en su debido lugar, con testimonios irrefragables de la antigüedad eclesiástica». A tal maestro, tales discípulos. De aquí que las malsonantes palabras estupidez, superstición, fanatismo, poder arbitrario del clero, hormigueen en aquel dictamen cual si fuera artículo de fondo de periódico progresista.

Podría el fiscal pedir —así acaba— que, en vista de las especies que en sus escritos manifiesta este prelado y su genio adverso a la potestad real, se le echase de estos reinos, quedando el régimen de su obispado en manos más afectas al rey, al ministerio y a la pública tranquilidad.

¡Qué idea tendrían de la potestad episcopal estos canonistas, que querían subordinarla a la voluntad del ministerio, como si se tratase de alguna intendencia de rentas!

Pero, en suma, el Consejo, aunque enternecido con la real cédula y con los suaves dictámenes de sus fiscales, no se decidió a echar de estos reinos al obispo para que el fanatismo no le venerase como mártir, y se dio por satisfecho con quemar sus papeles a voz de pregonero y hacerle comparecer en sala plena a sufrir una reprimenda, con amonestación de más duros rigores si volvía a incurrir en desacatos de esta especie, es decir, a quejarse en cartas particulares de las infinitas tropelías cismáticas de los ministros de entonces, o a poner en duda la infalible sabiduría de Febronio, de Pereira y de los fiscales. Tras de lo cual se le envió a su obispado con prohibición de volver a presentarse en la corte ni en los sitios reales, y a guisa de amenaza se expidió una circular a los demás obispos para que nadie fuera osado a seguir tan mal ejemplo (22 de octubre de 1767). El 14 de octubre de 1768 compareció el obispo en la posada del conde de Aranda, donde estaba reunido el Consejo, y tuvo que oír de pie la expresión del real desagrado.[133] Para solo esto sacaron de Cuenca a un anciano de sesenta y cinco años, postrado en el lecho por añejas e incurables dolencias. Y fue el postrer ensañamiento esperarle nueve meses a trueque de no indultarle. El caso era humillar la mitra ante la espada del conde de Aranda y la toga de los fiscales.

A ellos y a sus amigos les esponjaba el éxito. «Terrible librote es el proceso del obispo de Cuenca —escribía Azara a Roda—, entre semana lo leeré... Viva el Consejo con la condenación del forma brevis. Viva la resurrección del *exequatur*. Vivan los buenos libros que se darán al público. Viva... nuestro amo, que nos saca de la ignorancia y la barbarie en que nos han tenido esclavos.»[134]

Entre tanto, las Cortes borbónicas de Italia iban siguiendo el ejemplo del jefe de la familia, Carlos III, y por todas partes se desbordaban las turbias olas

---
133 *Memorial ajustado, hecho de orden del Consejo Pleno*, a instancia de los señores fiscales, del Expediente consultivo visto por remisión de su majestad a él, sobre el contenido y expresiones de diferentes cartas del R. Obispo de Cuenca... (Madrid 1768, oficina de Joaquín Ibarra), 204 folios.
134 Página 40 del tomo 1 de sus *Cartas*.

del regalismo. De Nápoles arrojó a los jesuitas el marqués de Campoflorido en noviembre de 1767. En Parma, el duque Fernando, discípulo de Condillac y del abate Mably, y dirigido por un aventurero francés, Tillot, imitador débil de Pombal y Aranda, dio ciertos edictos contra la potestad eclesiástica, prohibiendo llevar ningún litigio a tribunales extranjeros, sujetando a examen y retención las bulas y los breves, limitando las adquisiciones de manos muertas y creando una magistratura protectora de los derechos mayestáticos.

Ante tal declaración de guerra, la Santa sede, que siempre había reclamado derechos temporales sobre aquellos ducados, publicó en 30 de enero de 1768 unas letras en forma de breve, declarando incursos en las censuras de la bula de la cena a los autores de tales decretos y a los que en adelante los obedeciesen.

Semejante golpe no iba derechamente contra los nuestros, aunque de rechazo los alcanzase. Pero es lo cierto que tomaron la causa del duque como propia desde que Tanucci les dijo que se trataba de amedrentar al rey para que consintiese en la vuelta de los jesuitas. Y mientras el duque proseguía desbocado en su camino de agresiones y deportaba a los jesuitas, los demás Borbones recogieron a mano real el monitorio y pidieron la revocación por medio de sus ministros en Roma. No se les dio satisfacción, y en venganza ocuparon los franceses a Aviñón, y los napolitanos a Benevento, y en todas partes se prohibió la bula de la cena.

En España aún fue mayor el escándalo. Empezó por levantarse la suspensión de la pragmática del *exequatur*, que volvió a estar en vigor desde 18 de enero de 1768, y que todavía desdichadamente rige, habiendo servido en tiempos de doña Isabel II para retener el *Syllabus*.

Por de pronto se retuvo el monitorio de Parma, y Campomanes redactó en pocos meses un enorme y farragoso volumen en folio, que malamente se llama *Juicio imparcial*, cuando la parcialidad resalta desde la primera línea, llamando cedulones al breve. Es obra de Teracea, almacén de regalías, copiadas tumultuariamente de Febronio, de Van-Spen y de Salgado, sin plan, sin arte y sin estilo, atiborrado en el texto y en las márgenes de copiosas e impertinentísimas alegaciones del Digesto, de los concilios y de los expositores para cualquiera fruslería; tipo, en suma, perfecto y acabado de aquella literatura jurídica que hizo exclamar a Saavedra Fajardo en la *República literaria*: «¡Oh Júpiter! Si cuidas de las cosas inferiores, ¿por qué no das al mundo de cien en cien años un emperador Justiniano o derramas ejércitos de godos que remedien esta universal inundación?».

Rota aquella antigua y hermosa armonía, según la cual la potestad temporal se subordina a la espiritual como el cuerpo al alma que le informa, afírmase en el *Juicio imparcial*, como en tantos otros libros, no solo el dualismo, sino la pagana independencia y absoluta soberanía de la potestad temporal, reduciendo la espiritual a las apacibles márgenes del consejo y la exhortación y negándole toda jurisdicción contenciosa y coactiva. Y aun pasa a afirmar, sin venir a cuento ni por asomo, que la natural forma y verdadera constitución de la Iglesia es el régimen aristocrático o episcopalista, siendo todos los obispos perfectamente iguales en poder y dignidad. Después de tal confesión no es maravilla que el autor cite sin reparo, antes con grandes elogios de su doctrina, autores no ya cismáticos, sino protestantes vel quasi, como el tratado de exemptione clericorum, de Barclayo contra Belarmino, y los de Fra Paolo Sarpi en defensa de la república de Venecia[135] y hasta el Derecho natural, de Puffendorf. Ni disimula su mala voluntad al dominio temporal del patrimonio de san Pedro, antes tiene sus fundamentos por oscuros y opinables, y a él por nacido de tolerancia y prescripción. Por huir de la amortización, viene a dar en el elástico y resbaladizo principio de que la propiedad de los particulares se debe templar al tono que quiere darle el arbitrio del soberano. ¡Y luego nos quejamos de los socialistas! En suma, para muestra de lo que el *Juicio imparcial* es, basten estas palabras copiadas de la sección 9: «En los primeros siglos de la Iglesia..., nada se hizo sin la inspección y consentimiento real aun en materias infalibles, dictadas por el Espíritu santo».[136] ¡La inspección real corrigiendo la plana al Espíritu santo! Es hasta donde puede llegar el delirio de la servidumbre galicana. ¿Qué inspección real vigilaría los cánones de Nicea o de Sardis?

Con ser de tan cismático sabor el *Juicio imparcial* que hoy leemos, aun lo era mucho más en su primitiva redacción, que Carlos III sujetó a examen de cinco prelados, los cuales, jansenistas y todo, entre ellos el famoso arzobispo

---

135 A propósito de citas, es de notar en el *Juicio imparcial* la frescura con que Campomanes y el corrector Moñino se citan a sí propios llamando el segundo sublime a su literatura (nadie lo diría si él no lo jurase), y el primero, obra eruditísima, que nada deja que desear a la suya de la amortización. ¡Estos fiscales no tenían abuela!
136 Página 143 de la edición de Rivadeneyra (obras de Floridablanca).

de Manila, hubieron de escandalizarse de varias proposiciones, que luego corrigió el otro fiscal del Consejo, don José Moñino, tenido generalmente por hombre más frío y sereno que Campomanes.[137] Los primeros ejemplares hubo que recogerlos y quemarlos a lo menos algunas hojas y serán rarísimos, si es que alguno queda.

Entre tanto, se trabajaba con increíble empeño para lograr de Roma la total extinción del instituto de san Ignacio, cuya sombra amenazadora mortificaba sin cesar el sueño de los jansenistas y de los filósofos. Pombal había propuesto en noviembre de 1767 a las Cortes de España y Francia juntar sus esfuerzos contra los jesuitas, pedir a Roma la extinción e intimidar al papa con expulsiones del nuncio, clausura de tribunales, amenazas de concilio general y, finalmente, con una declaración de guerra si el papa no cedía. Nuestro Consejo Extraordinario aprobó tales proyectos en consulta de 30 del mismo mes, opinando, con todo eso que debían aplazarse todo género de medidas violentas hasta el futuro conclave, que ya se veía cercano. El monitorio contra Parma aceleró los sucesos, y

---

137 *Juicio Imparcial sobre las Letras en forma de Breve que ha publicado la Curia Romana*, en que se intentan derogar ciertos Edictos del Serenísimo Señor Infante duque de Parma, y disputarle la Soberanía temporal con este pretexto. Madrid, en la oficina de don Joaquín de Ibarra, impresor de Cámara de su majestad (1768 [la primera edición] y 1769, fol.).

Este libro está reimpreso (no se sabe por qué, siendo de Campomanes) en el tomo titulado *Obras originales del conde de Floridablanca y escritos referentes a su persona*, coleccionado por don Antonio Ferrer del Río para la *Biblioteca de autores españoles* (Madrid 1867). Este tomo tiene circunstancias muy singulares. En primer lugar, apenas hay en él doscientas páginas que pertenezcan a Floridablanca, porque el colector atiborró el volumen con el *Expediente del obispo de Cuenca* y otros papeles tan clásicos y amenos como éste. En segundo lugar, Floridablanca no era escritor, ni siquiera mediano, ni lo pretendió nunca, ni por ningún lado merece figurar en una colección de clásicos.

El mismo año que el *Juicio imparcial*, y para corroborarle más, se imprimió la *Historia legal de la Bula llamada «In Coena Domini»*, dividida en tres partes, en que se refieren su origen, su aumento y su estado; las defensas que los reyes católicos han hecho en particular a sus capítulos; las súplicas que han interpuesto de ellos a la Sede Apostólica, y lo que acerca de ellos han sentido y escrito diferentes autores por espacio de cuatro siglos y medio, desde el año de 1254 hasta el presente de 1698. Recopilado por el señor don Juan Luis López, del Consejo de su majestad en el Sacro y Supremo de Aragón. Va al fin, además del Apéndice, el discurso legal del señor don Joseph de Ledesma, Fiscal del Concejo (Madrid, Imprenta de don Gabriel Ramírez, 1768), folio. Con un prólogo de Campomanes.

en 30 de noviembre de 1768 redactó el Consejo nueva consulta, que Carlos III autorizó y envió a su embajador en Roma, don Tomás Azpuru, para que entablase en toda forma la suplicación.

Así lo hizo en 16 de enero de 1769, siguiendo a la *Memoria de España* otras de Francia y Nápoles, que tampoco hicieron mella en el ánimo heroico de aquel pontífice, en quien, viejo y todo, hervía la generosa sangre de los antiguos mercaderes togados de Venecia. Resuelto estaba a sostener a todo trance a la Compañía, cuando la muerte le salteó en 2 de febrero de 1769, eligiendo el conclave por sucesor suyo al franciscano Lorenzo Ganganelli (Clemente XIV), hombre de dulce carácter y de voluntad débil, agasajador e inactivo, cuyo advenimiento saludaron con júbilo los diplomáticos extranjeros por creerle materia dócil para sus intentos. Cretineau Joly afirma,[138] que habían logrado del papa electo la promesa simoníaca de extinguir a los jesuitas. Yo no quiero creerlo ni las pruebas son bastantes; pero conste que el embajador Azpuru, y nuestros cardenales Solís y La Cerda lo intentaron y que se jactaban de haber obtenido cierta seguridad moral. Esto es lo que Azpuru confesó a Grimaldi en correspondencia de 25 de mayo, y, tratándose de materia tan grave y de un papa, no es lícito dar por hecho averiguado las ligerezas del cardenal Bernis y del marqués de Saint-Priest. Repito que yo no lo creo hasta que alguien presente el texto del famoso pacto entre Clemente XIV y los españoles.[139]

V. Embajada de Floridablanca a Roma. Extinción de los jesuitas

El nuevo pontífice comenzó por anular de hecho el monitorio y absolver de las censuras al de Parma. En lo demás procedió ambiguamente, dando a los embajadores vagas esperanzas de satisfacer a las Cortes, mientras que por el breve *Coelestium* (12 de julio de 1769) renovaba los privilegios septenales de los jesuitas.

Los nuestros recogieron el breve a mano real, según su costumbre, y tomaron a hacer hincapié en la pasada suplicación, amenazando con acercar cuatro o seis mil hombres por la frontera de Nápoles so color de proteger al

---

138 Cap. 3 de su Clemente XIV. En la *Historia de los Jesuitas* anda menos explícito.
139 Véase Ferrer del Río, lib. 3, cap. 2. Con todo eso, Cretineau Joly en su réplica al padre Theiner (1853) prometió revelaciones supremas sobre este punto. Quizá acertó en callárselas, si es que las tenía.

papa contra el pueblo de Roma y las intrigas de los jesuitas. Aterróse con tal amenaza el flaco espíritu de Clemente XIV, y ofreció de palabra dar por bueno lo que habían hecha los borbones, aunque pidió largas, y sobre todo más documentos, antes de expedir el motu proprio.[140] En son de iluminarle, pidió Roma dictamen a los obispos (real cédula de 22 de octubre de 1769), aunque el resultado no fue del todo como él esperaba. Protestó abiertamente contra la expulsión el obispo de Murcia y Cartagena don Diego de Rojas, gobernador del Consejo, acusado de complicidad en el motín de Esquilache. Menos explícitos anduvieron, pero siempre favorables a la Compañía inclinándose a lo más a cierta reforma, los dos arzobispos de Tarragona y Granada y doce obispos más, entre ellos el de Santander, el de Cuenca y el elocuente predicador don Francisco Alejandro Bocanegra, de Guadix. Los de Ávila y León no contestaron. Los restantes se plegaron más o menos a la tiranía oficial, distinguiéndose por lo virulento el arzobispo de Burgos, Ramírez de Arellano (autor de la funesta pastoral *Doctrina de los expulsos extinguida*), con cuyo nombre es de sentir que anden mezclados los muy ilustres, por otra parte, de Climent, de Barcelona; Armañá, de Lugo, y Beltrán, de Salamanca. De los restantes, a unos los movía el espíritu regalista; a otros, la esperanza de mercedes cortesanas. La semilla empezaba a dar su fruto, y lo dio más colmado en tiempo de Carlos IV. Mala señal era ya ver calificada por un obispo[141] de pestilente contagio y podrido árbol a la Compañía, de maestros de moral perversa y engañosas mínimas a sus doctores y de cátedras de pestilencia las de sus colegios.[142]

Así se pasaron más de treinta meses, murmurándose en nuestra corte de la lentitud del embajador Azpuru, arzobispo de Valencia, a quien se suponía ganado por la curia romana con la esperanza del capelo. Y eso que en 3 de julio de 1769 había escrito a Aranda: «Su majestad debe insistir más que nunca en pedir formalmente la destrucción de la Compañía y negarse a todo acomoda-

---

140 Desgraciadamente son harto significativas estas palabras de Carlos III en carta de 26 de diciembre de 1769: «Ya miro como logrado este bien desde el punto que Vuestra Beatitud me lo anuncia» (Véase en Ferrer del Río, tomo 2, página 311). Bernis escribió a Choiseul: «Me ha entregado Su Santidad una carta para el rey..., en la cual se contiene la seguridad de que serán extinguidos los jesuitas, aunque con palabras encubiertas» (ibíd., página 310).
141 El de Segovia, don José Martínez Escalzo, y el de Zamora, don Antonio Jorge y Galván.
142 Así lo dice el obispo de Lugo, Armañá, más adelante arzobispo de Tarragona.

miento». De todas suertes, estaba achacoso y apenas podía firmar, aparte de su incapacidad diplomática, harto notoria. Atizaba el fuego Azara, deseoso quizá de levantarse sobre sus ruinas, acusándole de amigo de los jesuitas y de ser obstáculo grande para la canonización de Palafox. Carlos III quiso remediarlo, y envió a Roma al fiscal del Consejo de Castilla, don José Moñino, a quien llama, en carta a Tanucci, buen regalista, prudente y de buen modo y trato. El tal Moñino, más conocido, y asimismo más digno de loa por las cosas que hizo con el título de conde de Floridablanca que por las que ejecutó con su nombre propio escueto y desnudo, era hijo de un escribano de Murcia, y había hecho su carrera paso tras paso, con habilidad de abogado mañoso, y por el ancho camino de halagar las opiniones reinantes. Sabía menos que Campomanes, pero tenía más talento práctico y cierta templanza y mesura; hombre de los que llaman graves, nacido y cortado para los negocios; supliendo con asidua laboriosidad y frío cálculo lo que le faltaba de grandes pensamientos; conocedor de los hombres, ciencia que suple otras mucha y no se suple con ninguna; a ratos laxo y a ratos rígido, según convenía a sus fines, a los cuales iba despacio, pero sin dar paso en falso, conforme al proverbio antiguo festina lente; grande amigo del principio de autoridad, hasta rayar en despótico; muy persuadido del poder y de la grandeza de su amo, y más ferozmente absolutista que ninguno de los antiguos sostenedores de la *Lex Regia*, y a la vez reformador incansable, dócil servidor de las ideas francesas. Tal era el personaje que Carlos III envió a Italia, no sin celos de Roda, con instrucciones secretas y omnímodas para lograr la extinción de los jesuitas o por amenazas o por halagos.

Tres mortales capítulos dedicó a esta negociación Ferrer del Río, sin contar los datos que añadió luego en su introducción a las obras de Floridablanca. Así y todo, la correspondencia diplomática de éste, principal, si no única fuente utilizada por el historiador progresista, nos da una parte sola de la verdad, y para completarla y ver detrás de bastidores a los héroes de la trama hay que emboscarse en la picaresca y desvergonzada correspondencia del maligno y socarrón agente de preces don José Nicolás de Azara, aragonés,[143] como Roda y grande amigo y compadre suyo. Era Azara (antiguo colegial mayor en Salamanca) un espíritu cáustico y maleante, hábil sobre todo para ver el lado

---

143 Había nacido en Barbuñales, junto a Barbastro. Fue hermano del insigne viajero don Félix, que tanto ilustró la *Historia natural del Paraguay*.

ridículo de las cosas y de los hombres; rico en desenfados y agudezas de dicción, como quien había pasado su juventud en los patios de las universidades y en las oficinas de los curiales, de cuyas malas mañas tenía harta noticia; ingenio despierto y avisado, muy sabedor de letras amenas, muy inteligente en materia de artes, aunque juntaba la elegancia con la timidez; epicúreo práctico en sus gustos, volteriano en el fondo, aunque su propio escepticismo le hacía no aparentarlo. Más adelante logró fama no disputada, favoreciendo con larga mano las letras y las artes, amparando a Mengs y publicando sus tratados estéticos, haciendo ediciones de Horacio, de Virgilio, de Prudencio y de Garcilaso, y, sobre todo, protegiendo a Pío VI del furor revolucionario, cuando los ejércitos de la República francesa invadieron a Roma, y rechazando la soberanía de Malta, que le ofreció Napoleón. Pero el Azara embajador en tiempo de Carlos IV es muy diversa persona del Azara agente de preces, aborrecedor grande de las bestias rojas, y en 1772 más agriado, malévolo y pesimista que nunca, porque su incredulidad le hacía ser mal visto del rey, frustrando sus esperanzas de llegar a la apetecida Embajada. Así es que se desahogaba con Roda, llamando Don Quijote a Floridablanca por lo enjuto y emojamado de su persona y anunciando que caería de Rocinante.

Y, sin embargo, no fue así porque Moñino era más diplomático que Azara, aunque lo pareciese menos. Pero ¡qué diplomacia la suya! Con razón ha dicho Cretineau Joly que «él fue el verdugo de Ganganelli». En vano se niega la coacción moral; en las cartas de Azara está manifiesta: «Moñino dio al papa cuatro toques fuertes sobre el asunto...».[144] «Moñino le atacó de recio hasta el último atrincheramiento, y, no hallando salida el papa, prorrumpió que dentro de poco tomaría una providencia que no podrá menos de gustar al rey de España...»[145] «Moñino me ha dicho que ya estamos en el caso de usar del garrote...»[146] «Es cosa de hacer un desatino con el tal fraile.»[147] «El papa hace por no ver a Moñino.»[148] «Resta solo el arrancar la última decisión de manos del papa.»[149]

---

144 16 de julio de 1772 (*El Espíritu de Azara*, tomo 2, página 318).
145 3 de septiembre (página 334).
146 5 de noviembre (página 352).
147 3 de diciembre (página 362).
148 31 de diciembre (página 370).
149 11 de febrero de 1773 (página 285).

Et sic de caeteris. Al lado de esta correspondencia sincerísima por lo truhanesca, poca fuerza hacen los despachos ceremoniosos de Floridablanca. Así y todo, viene a confesar, con eufemismos diplomáticos, que desde su primera audiencia (13 de julio) amenazó al papa, exponiéndole con vehemencia que el rey, su amo, era monarca dotado de gran fortaleza en las cosas que emprendía. El desdichado pontífice se excusó con sus enfermedades y le mostró sus desnudos brazos herpéticos; pero Moñino, insensible a todo y calculando fríamente las resultas, prosiguió adherido a su presa. Atemorizó e inutilizó al cardenal Bernis, agente de Francia, hombre de cabeza ligerísima; desbarató cuantos efugios y dilaciones le opuso el franciscano Buontempi, íntimo del papa; y cuando éste, apremiado y perseguido, le prometió (en 23 de agosto) quitar a los jesuitas la facultad de recibir novicios, tenazmente se opuso a todo lo que no fuera la extinción absoluta e inmediata, y llegó a amenazar al papa con la supresión futura de todas las órdenes religiosas mediante conjuración de los príncipes contra ellas y con exaltar sobre toda medida la autoridad de los obispos.

Cuando Clemente XIV volvió de la villegiatura a principios de noviembre, Floridablanca redobló sus instancias, procurando infundir al papa el terror que absolutamente convenía (son sus palabras), bien que acompañado de reconvenciones dulces y respetuosas; no de otra manera que aquel personaje de la ópera cómica quería representar el papel de un tirano feroz y sanguinario, pero al mismo tiempo compasivo y temeroso de Dios. Tales terrores abatieron a Clemente XIV; pero ni aún así quería dar el breve *motu proprio,* sino abroquelándose con el *communis principum consensus.* Triste consejero es la debilidad y Moñino, con astucia maquiavélica, dejaba resbalar al papa y enemistarse con los jesuitas y sin cesar le recordaba sus añejas promesas, que pesaban sobre la conciencia de Clemente XIV como losa de plomo.

Al cabo cedió, angustiado por melancolías y terrores, y entre Floridablanca y el cardenal Zelada redactaron a toda prisa la minuta del breve, que se imprimió no en la tipografía Camerale, diga lo que quiera el padre Theiner, sino en una imprenta clandestina que existía en la Embajada de España, y de la cual se valían Floridablanca y Azara para esparcir libelos contra los jesuitas y hojas sediciosas que atemorizasen al papa. Aun surgieron otras dificultades sobre la restitución previa de Aviñón y Benevento; pero Floridablanca, resuelto ya a imponerse por la fuerza, disparó su arcabuz cargado con la conocida metralla (así escribía a Tanucci), amenazó con una ocupación armada, y al fin, en la noche del 16 de agosto de 1773, comunicóse a los jesuitas el famoso breve de extinción en todos los reinos cristianos, que comienzan con las palabras *Dominus et redemptor noster* (fecha 21 de julio), en el cual, después de todo, no se hace más que sancionar lo hecho, dejando a salvo el decoro de la Compañía.

Clemente XIV lo firmó entre lágrimas y sollozos y desde entonces no tuvo día bueno. Remordimientos y espantos nocturnos le llevaron en pocos meses al sepulcro. Esparcióse, por de contado, el necio rumor de que los jesuitas le habían envenenado. ¡A buena hora!

A Floridablanca le valió esta odiosa negociación el título de conde, y al poco tiempo, y caído Grimaldi, el Ministerio, muy contra la voluntad de Aranda, que cordialmente le aborrecía.[150] Así alcanzó la filosofía del siglo XVIII su primer triunfo, no sin que grandemente se burlasen los filosofistas de la ineptitud, torpeza y mal gusto de los ministros encargados de la ejecución. «Las causas no son las que han publicado los manifiestos de los reyes —decía D'Alembert—; los hechos alegados por el Gobierno de Portugal son tan ridículos como crueles y sanguinarios han sido los procedimientos... El jansenismo y los magistrados no han sido más que los procuradores de la filosofía, por quien verdaderamente han sido sentenciados los jesuitas. Abatida esta falange macedónica, poco tendrá que hacer la razón para destruir y disipar a los cosacos y jenízaros de las demás órdenes. Caídos los jesuitas, irán cayendo los demás regulares, no con violencia, sino lentamente y por insensible consunción.»

¿A qué he de sacar yo la tremenda moralidad de esta historia si ya la sacó D'Alembert y la reveló don Manuel de Roda?

VI. Bienes de jesuitas. Planes de enseñanza. Introducción de libros jansenistas. Prelados sospechosos. Cesación de los concilios provinciales

La ruina de los jesuitas no era más que el primer paso para la secularización de la enseñanza. Los bienes de los expulsos sirvieron en gran parte para sostener

---

150 La correspondencia diplomática de Floridablanca está publicada o extractada casi toda en la introducción de Ferrer del Río al tomo 59 de la Biblioteca de Ribadeneyra, que contiene las llamadas obras de aquel ministro (página XI a XXVI), y en el tomo 2, lib. 3 cs. 4, 5 y 6 de su *Historia de Carlos III*. Cotéjese siempre con las cartas de Azara, de que él hizo poco uso, y con los libros de Theiner, Cretineau Joly y Ravignan.

las nuevas fundaciones, y digo en gran parte porque la incautación o secuestro se hizo con el mismo despilfarro y abandono con que se han hecho todas las incautaciones en España. Libros, cuadros y objetos de arte se perdieron muchos o fueron a enriquecer a los incautadores. Solo dos años después, en 2 de mayo de 1769, se comisionó a Mengs y a Ponz para hacerse cargo de lo que quedaba.

Para justificar el despojo y la inversión de aquellas rentas en otros fines de piedad y enseñanza habían redactado los fiscales Moñino y Campomanes su dictamen de 14 de agosto de 1768, donde, haciéndose caso omiso del capítulo *Si quem clericorum vel laicorum* del Tridentino, única legislación vigente, se traían a cuento olvidadas vetusteces de los concilios toledanos y hasta sínodos falsos y apócrifos, como el de Pamplona de 1023.

Pero no bastaba despojar a los jesuitas y fundar con sus rentas focos de jansenismo, como lo fue la colegiata de san Isidro; era preciso acabar con la independencia de las viejas universidades y centralizar la enseñanza para que no fuera obstáculo a las prevaricaciones oficiales. Así, sucumbió a manos de Roda y de los fiscales, la antigua libertad de elegir rectores, catedráticos y libros de texto. Así, por el auto acordado de 2 de diciembre de 1768 y la introducción de 14 de febrero de 1769, sustituyéronse los antiguos visitadores temporales con directores perpetuos elegidos de entre los consejeros de Castilla. Así, por real provisión de 6 de septiembre de 1770 se sometieron a inspección de los censores regios, por lo general fiscales de audiencias y chancillerías, todas las conclusiones que habían de defenderse y se exigió tiránicamente a los graduandos el juramento de promover y defender a todo trance las regalías de la Corona: *Etiam iuro me nunquam promoturum, defensurum, docturum directe neque indirecte quaestiones contra auctoritatem civilem, regiaque Regalia* (real cédula de 22 de enero de 1771). De cuya providencia fueron pretexto ciertas conclusiones defendidas por el bachiller Ochoa, canonista de Valladolid, sobre el tema *De clericorum exemptione a temporali servitio et saeculari iurisdictione.* El doctor Torres, émulo del sustentante, las delató al Consejo, y éste las pasó a examen del Colegio de Abogados de Madrid, que por de contado opinó redondamente contra el pobre bachiller ultramontano, y contra el rector, que había tolerado las conclusiones; por lo cual se le privó de su cargo, reprendiéndose gravemente al claustro.

El bello ideal de los reformistas era un reglamento general de estudios; pero o no se atrevieron a darle fuerza de ley o no acabaron de redactarlo; lo cierto es que se contentaron con meter la hoz en los planes de las universidades y mutilarlos y enmendarlos a su albedrío, sometiéndolos en todo el visto bueno del Consejo. A raíz de la supresión de los jesuitas, el enciclopedista Olavide, de quien hemos de hablar en el capítulo siguiente, hombre arrojado, ligero y petulante, había propuesto, siendo asistente de Sevilla, un plan radicalísimo de reforma de aquella Universidad, con mucha física y muchas matemáticas; plan que fue adoptado por real cédula de 22 de agosto de 1769, aunque no llegó a plantearse del todo. A las demás universidades se mandó que presentaran sus respectivos programas e indicasen las mejoras necesarias en los estudios. La de Salamanca, luego tan revolucionaria, se mostró muy conservadora de la tradición. *Non erit in te Deus recens, neque adorabis deum alienum*, decían. «Ni nuestros antepasados quisieron ser legisladores literarios, introduciendo gusto más exquisito en las ciencias, ni nosotros nos atrevemos a ser autores de nuevos métodos.» Lástima que no alegasen motivos más racionales, como sin duda los tenían, para seguir abrazados a la *Suma* de santo Tomás, al modo de aquellos inmortales teólogos y maestros suyos los Sotos, Vitorias, Canos, Leones, Medinas y Báñez, cuya memoria gloriosísima, y no igualada por ninguna escuela cristiana, tenían el buen gusto de preferir a las novedades galicanas que a toda fuerza querían imponerle sus censores.[151] Ni era muestra de intransigencia el señalar para texto de filosofía la *Lógica* de Genovesi, autor claramente sensualista, y la *Física experimental*, de Muschembroek.

La Universidad de Alcalá secundó admirablemente las miras del Consejo, mostrándose ávida de novedades. Empezó por confesar y lamentar la decadencia de los estudios, no sin la consabida lanzada a los peripatéticos, y propuso para texto de filosofía al abate Leridano, con la *Física* de Muschembroek, y para el Derecho canónico, «viciado hasta entonces por las preocupaciones

---

151 Plan de estudios dirigido a la Universidad de Salamanca por el Real y Supremo Consejo de Castilla, y mandando imprimir de su orden. En Salamanca, por Antonio Villagordo y Alcaraz, y Tomás García de Honorato, año de 1771.

ultramontanas, contrarias a los decretos reales», la *Instituta*, de Cironio, y el Engel o Zoesio, las *Praenotiones*, de Doujat, y el Berardi.[152]

La Universidad de Granada, aunque recomendando a santo Tomás, se desató contra la teología escolástica, «conjunto de opiniones metafísicas y de sistemas, en su mayor parte filosóficos, tratados en estilo árido e inculto, con olvido de la Escritura, de la tradición, de la historia sagrada y del dogma».[153]

La de Valencia propuso la supresión de las disputas y argumentaciones públicas y en la materia de Derecho canónico se inclinó, como todas, al galicanismo, proponiendo como textos el *Praecognita iuris ecclesiastici universi*, de Jorge Segismundo Lackis; el *Ius Ecclesiasticum*, de *Van-Espen*, y las *Instituciones*, de Selvagio. En otras cosas, sobre todo en letras humanas y en medicina y en ciencias auxiliares, fue sapientísimo aquel plan,[154] ordenado por el rector, don Vicente Blasco, y vigorosamente puesto en ejecución por el arzobispo, don Francisco Fabián y Fuero, munificentísimo protector de la ciencia y de los estudiosos.

También las congregaciones religiosas comenzaron, a instancias del Consejo, a reformar sus estudios, aunque atropelladamente y con ese loco y estéril furor de novedades que en España suelen asaltarnos. Así, el general de los Carmelitas Descalzos, en una carta circular de 1781, recomendaba en tumulto a sus frailes la lectura de Platón, Vives, Bacon, Gassendi, Descartes, Newton, Leibnitz, Wolf, Condillac, Locke y hasta Kant (a quien llama Cancio), conocido entonces no por su *Crítica de la razón pura*, que aquel mismo año salió a la luz, sino por sus *Principiorum metaphysicorum nova dilucidatio* y por muchos opúsculos.[155] Así el padre Truxillo, provincial de los Franciscanos Observantes de Granada, exclamaba en una especie de exhortación o arenga ciceroniana a los suyos: «Padres

---

152 Real provisión del Consejo, que comprehende el Plan de Estudios que ha de observar la Universidad de Alcalá de Henares, año de 1772 (en Madrid, en la Imprenta de Pedro Marín).

153 Real Provisión de su majestad y señores del Consejo, por la que se establece el número de cátedras y el método de enseñanzas y estudios que ha de haber desde su publicación en la Real Universidad de Granada (Madrid, Imprenta de Blas Román, 1766).

154 Plan de Estudios aprobados por su majestad y mandado observar en la Universidad de Valencia (Madrid, en la Imprenta de la viuda de Ibarra, 1787).

155 Quizá sea más bien el teólogo y filósofo wolfiano Israel Canz, a quien cita mucho el padre Ceballos.

amantísimos, ¿en qué nos detenemos? Rompamos estas prisiones que miserablemente nos han ligado al Peripato. Sacudamos la general preocupación que nos inspiraron nuestros maestros. Sepamos que mientras viviéremos en esta triste esclavitud hallaremos mil obstáculos para el progreso de las ciencias». Para el Derecho canónico, principal preocupación de la época, no escrupuliza en recomendar el *Van-Espen*, la *Suma* de Lancelot con las notas de Doujat y el Berardi.[156]

Nervio de las universidades y de su autonomía habían sido los colegios mayores; pero la imparcialidad obliga a confesar que, decaídos lastimosamente de su esplendor primitivo, ya no servían más que para escándalo, desorden y tiranía, solicitaban imperiosamente una reforma. Los gobernantes de entonces, procediendo ab irato, según las aficiones españolas, prefirieron cortar el árbol en vez de podarle de las ramas inútiles; pero es lo cierto que los abusos clamaban al cielo. Léase el famoso memorial *Por la libertad de la literatura española*, que el sapientísimo Pérez Bayer, catedrático de hebreo en Salamanca y maestro del infante don Gabriel, presentó a Carlos III contra los colegiales, y se verá hasta dónde llegaban la relajación, indisciplina y barbarie de aquellos cuerpos privilegiados en los últimos tiempos. Aquellas instituciones piadosas, a la par que científicas, que llevarán a la más remota posteridad los gloriosos nombres de sus fundadores, don Diego de Anaya, don Diego Ramírez de Villaescusa, don Alonso de Fonseca, don Diego de Muros y los grandes cardenales Mendoza y Cisneros, habían comenzado por obtener dispensaciones del juramento de pobreza, primera base de la institución, y habían acabado por prescindir enteramente de él, y convertirse en instituciones aristocráticas con pruebas y limpieza de sangre, en sociedades de socorros mutuos para monopolizar las cátedras de las universidades, las prebendas de las catedrales, las togas y hasta las prelacías, y, finalmente, en asilo y hospedería de segundones ilustres o de mayorazgos de poca renta, que vivían de las muy pingües del colegio a título de colegiales huéspedes; todo lo cual parecía muy bien a los rectores, a trueque de que no rebajasen su dignidad y la del colegio aceptando un curato parroquial o ejerciendo la abogacía; caso nefando y que hacía borrar al reo

---

156 Véase el artículo *Planes de estudios*, en el tomo 4 del *Ensayo de una biblioteca española de los mejores escritores del reinado de Carlos III*, de Sempere y Guarinos, páginas 207 a 251.

de los registros de la comunidad. Y los que en otros tiempo habían fatigado las prensas con tantos y tan sabios escritos, cuya sola enumeración llena una cumplida biografía[157] donde figuran, amén de otros no tan ilustres, los nombres indelebles de Alonso de Madrigal, de Pedro de Osma, de Hernán Pérez de Oliva, de Pedro Ciruelo, de Domingo de Soto, de Gaspar Cardillo de Villalpando, de Martín de Azpilcueta, de don Diego de Covarrubias, de Pedro Fontidueñas, de Alvar Gómez de Castro, de Juan de Vergara, de don García de Loaysa y de don Fancisco de Amaya vegetaban en la más triste ignorancia, hasta haberse dado el lastimoso caso de emplear los colegiales de Alcalá para una función de pólvora buena parte de los manuscritos arábigos que el cardenal Jiménez les había dejado, aunque no los códices hebreos de la *Poliglota*, como malamente, y para informar a nuestra Universidad, que siempre los ha conservado con veneración casi religiosa, se viene diciendo.

Con solo que fuese verdad la tercera parte de los cargos acumulados por Pérez Bayer, cuya sabiduría y buena fe nadie pone en duda, merecería plácemes la idea de reformar los colegios, aunque no el modo violento con que la llevó a cabo Roda, secundado o no contrariado por algunos colegiales, como el arzobispo Lorenzana y el mismo Azara. Con volver a su antiguo cauce y benéfico instituto aquellas corporaciones, que aún mantenían íntegras sus cuantiosas rentas, se hubieran cortado de raíz los abusos; pero en España nunca hemos entendido el *insistere vestigiis*, y el reformar ha sido siempre para nosotros sinónimo de demoler. Desde el momento en que el Consejo se arrogó el derecho de examinar las antiguas constituciones y de vedar la provisión de nuevas becas (15 y 22 de febrero de 1771), los colegiales pudieron prepararse a su completa ruina, la cual les sobrevino por decreto de 21 de febrero de 1777, que en

---

157 Biblioteca de los escritores que han sido individuos de los seis colegios mayores: de san Ildefonso de la Universidad de Alcalá de Henares; de Santa Cruz de la de Valladolid; de san Bartolomé de Cuenca; de san Salvador de Oviedo y del arzobispo, de la de Salamanca... por don Josef de Rezabal y Ugarte (Madrid, en la Imprenta de Sancha, año de 1805).
El memorial de Pérez Bayer, *Por la libertad de la literatura española*, se conserva original en la biblioteca de la Universidad de Madrid y hay copia de él en la Nacional y en otras (dos tomos folio).

tiempos de Carlos IV coronó Godoy incautándose malamente de sus bienes y vendiéndolos en parte.[158]

Muchos de los colegios de jesuitas se destinaron a seminarios, y algunos obispos introdujeron en ellos reformas útiles, pero no sin algún virus galicano. Así, el obispo de Barcelona, don José Climent[159] prelado ciertamente doctísimo y benemérito, uno de los restauradores de la elocuencia sagrada, hombre austero, con austeridad un poco jansenística. Ya en su primera pastoral (1766) habló de reforma del estado eclesiástico por medio de sínodos que restableciesen la pureza y el rigor de la disciplina antigua. Después de la expulsión de los jesuitas publicó (en 1768) una carta y una instrucción pastoral, llenas de declamaciones contra la escolástica, el probabilismo, la concordia de Molina y las que él llama opiniones laxas. Ni siquiera le satisface la *Suma* de santo Tomás, y muestra deseos de que se escriba otro curso de teología, quitando las cuestiones inútiles que el santo tiene, y prefiriendo a la lectura de los teólogos la de los padres y concilios. Tan lejos llevaba su monomanía antijesuítica, que, habiendo de encabezar con un cierto libro francés *Sobre el sacramento del matrimonio*, traducido por la condesa de Montijo, no perdió ocasión de maltratar furiosamente al sutilísimo casuista Tomás Sánchez, de grotesca celebridad entre bufones ignorantes. Y, por otra parte, era tal el calor con que Climent hablaba de la autoridad episcopal, que los mismos regalistas, cuyo episcopalismo no era sincero en el fondo ni pasaba de una añagaza llegaron a alarmarse, y encargaron por real orden de 14 de octubre de 1769, que subscribió el conde de Aranda, hacer examen escrupuloso de los escritos, sermones y pastorales del obispo, de Barcelona, en los cuales se habían querido notar proposiciones ofensivas a la potestad pontificia y a la majestad real. Pero los censores, que fueron cinco arzobispos y los dos generales de la Merced y del Carmen, reconocieron en el autor muy sólida doctrina y un celo episcopal digno de los Basilios y Crisóstomos.[160] En nuestra literatura eclesiástica será memo-

---

158 Véase Gil de Zárate, *De la instrucción pública en España* (Madrid Imprenta del Colegio de Sordomudos, 1855), tomo 1, cap. 4.
159 Véase su artículo en el tomo 2 de Sempere y Guarinos, páginas 189 y siguientes.
160 Además de Climent, publicaron acerbas pastorales contra los jesuitas, obedeciendo al mandamiento real, el arzobispo de Burgos, Ramírez de Arellano, y, lo que es más de sentir, el insigne arzobispo de México y luego de Toledo, don Francisco Antonio Lorenzana, y el agustiniano fray Francisco Armañá, obispo de Lugo y después arzobispo de Tarragona,

rable por haber promovido una excelente edición de las obras de san Paciano,

varón piadosísimo y de inculpada vida.
La literatura antijesuítica en aquel reinado fue muy copiosa, pero nada original. Por el nombre de su autor, y no por otra cosa, puede citarse la *Delación de la doctrina de los intitulados jesuitas contra el dogma y la moral*, por el doctor don Fernando Huidobro y Velasco (Madrid 1768), seudónimo del padre Flórez, según nos reveló su biógrafo el padre Méndez.
Se publicaron, además, entre otros infinitos papeles:
—*Discurso sobre las enfermedades de la Compañía*, por el padre Juan de Mariana. Con una disertación sobre el autor y la legitimidad de la obra, y un apéndice de varios testimonios de jesuitas españoles que concuerdan con Mariana... (en Madrid, en la Imprenta de don Gabriel Ramírez... año de 1768), 308 páginas, 4.º (La disertación preliminar es de don José Miguel de Flores.)
—*Idea sucinta del origen, gobierno, aumento, excesos y decadencia de la Compañía del nombre de Jesús*, con un resumen de sus relaxadas y perniciosas opiniones morales (traducido del italiano, Madrid, por Joaquín Ibarra, 1768, 154 páginas).
Y por de contado, se tradujo también la *Monarquía de los Solipsos*, famoso libelo de Inchofer, y muchos folletos portugueses, entre ellos la *Deducción cronológica* de Seabra, a la cual puso notas Campomanes.
Tenía mucho de cómico esta manía de hablar, a tuertas o a derechas, de los jesuitas. ¿Quién esperaría encontrar en el prólogo que el doctor don Vicente Blasco, canónigo de Valencia, puso a los Nombres de Cristo, de fray Luis de León, en la edición de Valencia de 1770, una rabotada furiosa contra «las falsas doctrinas de la moral, que algunos, usurpándose el título de maestros de ella, han derramado en medio de la Iglesia, dándoles nombres de suaves y benignas, siendo en la verdad una ponzoña tanto más cruel cuanto más adormece al hombre para que no sienta su mal, y así camine con mentida paz a la muerte eterna»?
Hasta en los libros clásicos de latinidad impresos para los muchachos se ponían reclamos de este jaez. Así v. gr.: don Enrique Cruz Herrera, profesor de Letras humanas, *hoc est*, dómine de Oviedo, comienza el prólogo de una edición de los *Tristes*, de Ovidio, con las notas de Minelli, hecha en 1790 (y bastante menos correcta que la de Villagarcía), con estos retumbantes clausulones: *Illuxit tandem dies, qua velut fugatis tenebris, e cathedra deturbatis nebulonibus, optimisque suffectis in eorum locum magistris* (la modestia antes que todo), *per amoena Humanarum Litterarum vireta inoffenso pede expatiari possumus.* Y para que no se dude de la ilusión, cita por nota el tratado *De las enfermedades de la Compañía* y la pragmática, que él llama senatus-consulto, de 5 de octubre de 1767.

antecesor suyo en la mitra.[161]

Pero de las libertades y tradiciones de la Iglesia española se hacía en el fondo poco caso. Por entonces cesaron los concilios provinciales y sínodos diocesanos, que habían sido frecuentes en los primeros años del siglo; y cesaron porque el Consejo, es decir, el fiscal Campomanes, se empeñó en someterlos a su soberana inspección para que no perjudicasen a las regalías de la Corona; ordenando además el tiempo de su celebración y haciendo intervenir en ellos, a guisa de vigilantes, a los fiscales de las audiencias (10 de junio de 1768, 15 de enero de 1784).

Desde que Floridablanca fue ministro amansó un poco aquel furor y manía de legislar en cosas eclesiásticas. El mismo Aranda, hecho más tolerante a fuerza de escepticismo, escribía a Floridablanca desde la Embajada de París, en 10 de mayo de 1785, que quizá convendría dejar volver a los jesuitas expulsos y que con las universidades se tuviera tolerancia, prohibiendo solo los nombres de escuela: tomista, escotista, suarista y de cualquier otro autor pelagatos (sic). ¡Pelagatos santo Tomás, Escoto y Suárez! ¡Cómo habían puesto el seso al pobre señor sus amigos D'Alembert y Raynal!

Campomanes, elevado en 1783 de fiscal a gobernador del Consejo, fue haciéndose, cada día más autoritario y duro, pero menos reformador. Su biógrafo, González Arnao, canonista de su escuela, y aun algo más, biógrafo suyo (y afrancesado después), confiesa que «mientras gobernó el Consejo disminuyó extraordinariamente la vehemencia y ardor con que había desempeñado el oficio fiscal; de modo que se le veía muy detenido y mesurado en cosas que antes parecía querer llevar a todo su extremo».[162] Más adelante le hizo efecto terrorífico la revolución francesa, y sintió en la vejez remordimientos causados por la celebridad adquirida en su juventud. Así lo afirmó en las Cortes de Cádiz

---

161 El futuro arzobispo de Palmira, Félix Amat, fue discípulo predilecto de Climent, y procuró honrar su memoria en el curioso opúsculo que se titula *Breve relación de las exequias que por el alma del ilustrísimo señor Climent celebró su familia en el convento de predicadores de Barcelona en los días 19 y 20 de diciembre de 1781*, con la oración fúnebre que dijo el doctor don Félix Amat, su maestro de pajes y bibliotecario de la Biblioteca pública episcopal, y un elogio histórico para ilustración de la oración fúnebre (Barcelona, Imprenta de Bernardo Plá), 4.°, 99 páginas.

162 *Elogio del excelentísimo señor conde de Campomanes*, leído en junta ordinaria de la Real Academia de la Historia, el día 27 de mayo de 1803, n.° 40.

(sesión de 8 de enero de 1813) el diputado don Benito Hermida, muy sabedor de sus interioridades harto más que Argüelles, que vanamente quiso desmentirle.[163]

También el conde de Floridablanca, ministro ya y presidente de la Junta de Estado, se mostró persona muy distinta del don José Moñino, embajador en Roma. El regalismo de la *Instrucción* reservada de 1787 no corre parejas con el que había mostrado siendo fiscal del Consejo. Vémosle recomendar filial correspondencia con la Santa sede, sin que por ningún caso ni accidente dejen de obedecerse y venerarse las resoluciones tomadas en forma canónica por el santo padre; y decoro y prudencia en la defensa del patronato, acudiendo a indultos y concesiones pontificias aun en aquellas cosas que en rigor podrían resolverse por la sola autoridad regia; proponer medios suaves y lentos para la desamortización y reforma de regulares; favorecer el Santo tribunal de la Inquisición mientras no se desviase de su instituto, que es perseguir la herejía, apostasía y superstición, procurando que los calificadores sean afectos a la autoridad real, y hasta promover las conversiones al catolicismo dentro y fuera de España. En suma, si no se hablase tanto de regalías y no se mostrase tanta aversión a los sínodos diocesanos, no parecería que esta parte de la *Instrucción*,[164] había salido de la pluma de Floridablanca.

---

163 *Discusión del proyecto de decreto sobre el Tribunal de la Inquisición* (Cádiz, Imprenta Nacional, 1813), página 103. Además de los escritos de Campomanes hasta aquí citados, hay algunos de materia canónica en la *Colección de sus alegaciones fiscales* (cuatro tomos 4.°), que publicó en Madrid, por los años 1841 y 1843, el célebre ministro de Gracia y Justicia don José Alonso, autor de una tentativa cismática en tiempo de la Regencia de Espartero. Su edición de Campomanes contiene mucho inédito, pero adolece de voluntarias mutilaciones, según la comprobó don Vicente Abello cotejándola con los registros originales del Consejo. Así v. gr., en el expediente de amortización, cercena la consulta de 18 de julio de 1766, dejándose en el tintero la respuesta del fiscal Sierra y el dictamen de la mayoría del Consejo, opuesta entonces a Campomanes y Aranda (véase *Obras de Jovellanos*, tomo 3, que contiene sus *Diarios*, página 144, nota. Este tomo no está publicado, pero sí impreso casi del todo desde 1861, y yo tengo a la vista los pliegos de capillas merced a mi buen amigo y compañero el excelentísimo señor don Cándido Nocedal).

164 Véase *Obras de Floridablanca*, página 213 a 727. Por cierto que Ferrer del Río, que con tanto fárrago llenó este tomo, hubiera podido darnos en él algunos escritos que verdaderamente son de Moñino, y cuyos títulos constan en el *Ensayo de una biblioteca*, etc., de Sempere y Guarinos, sobre todo su *Respuesta fiscal sobre la libre disposición, patronato y protección inmediata de su majestad en los bienes ocupados a los jesuitas*, que corre

Andando el tiempo, le sobrecogió la revolución francesa; quiso obrar con mano fuerte y no pudo; le derribó una intriga cortesana en tiempo de Carlos IV, y fue desterrado a Pamplona, y luego a Murcia, donde los años, la soledad y la desgracia fueron templando sus ideas hasta el punto de ser hombre muy distinto, si bien no curado de todos sus antiguos resabios, cuando el glorioso alzamiento nacional de 1808 le puso al frente de la Junta Central. Pero entonces su antiguo vigor se había rendido al peso de la edad, y nada hizo, ni mostró más que buenos deseos. Cuentan los ancianos que en Sevilla solían decir: «Si logramos arrojar a los franceses, una de las primeras cosas que hay que hacer es reparar la injusticia que se cometió con los pobres jesuitas». Y de hecho procuró repararla, como presidente de la Junta, alzando la confinación a aquellos infelices hermanos nuestros (sic) por decreto de 15 de noviembre de 1808, uno de los pocos que honran a la Central. Dícese, aunque no con seguridad completa, que en Sevilla hizo, antes de morir, una retractación en forma de sus doctrinas antiguas. Y bien tenía de qué arrepentirse aun como político, que no acreditan ciertamente su sagacidad el imprudente auxilio dado a las colonias inglesas contra su metrópoli, para ejemplo y enseñanza de las nuestras, ni la

---

impresa en la Colección oficial de providencias, ya citada, y que sirvió de base a la consulta del Consejo extraordinario, al cual se agregaron entonces los dos arzobispos de Burgos y Zaragoza y los obispos de Tarazona, Albarracín y Orihuela; otras *Respuestas fiscales*, que pasan de doce, y su *Carta apologética sobre el tratado de Amortización*, de Campomanes. De donde resulta que las obras de Floridablanca se quedaron sin coleccionar, aunque hay un tomo, no pequeño, que lleva su nombre. Lo cual no es decir yo que valgan mucho la pena de ser coleccionadas, sobre todo como documentos literarios. Dos de estas respuestas fiscales son sobre diezmos y primicias y otras dos produjeron la recogida de sendos libros de derecho canónico antirregalista: los *Puntos de disciplina eclesiástica*, de don Francisco Alba, y la *Methodica ars iuris*, de autor cuyo nombre no se expresa.
Sobre la conversión de Floridablanca, véase la Fuente (*La Corte de Carlos III*, página 2.ª, página 198), que oyó referir lo de la retractación a don José María Huet y otros ancianos. Del duque de Alba cuenta el protestante Cristóbal de Murr (tomo 9, página 222 de su *Diario*, cit. por Cretineau Joly en su *Clemente XIV*, página 154) que confesó antes de morir haber sido fautor del motín del domingo de Ramos, de la carta interceptada sobre la legitimidad de Carlos III y de otras patrañas contra los jesuitas. Quede en tela de juicio esta noticia. El motín parece haber sido casual, aunque el de Alba y los suyos lo aprovecharon.

triste paz de 1784, fruto mezquino de una guerra afortunada en que estuvimos a pique de recobrar a Gibraltar.[165]

VII. Reinado de Carlos IV. Proyectos cismáticos de Urquijo. Contestaciones de varios obispos favorables al cisma. Tavira

En tiempo de Carlos IV, el jansenismo había arrojado la máscara y se encaminaba derechamente y sin ambages al cisma. Los canonistas sabían menos que Campomanes o Pereira y los hombres políticos eran deplorables, pero, en cambio, la impiedad levantaba sin temor la frente y las ideas de la revolución francesa encontraban calurosos partidarios y simpatías casi públicas. En aquel afán insensato de remedarlo todo no faltó quien quisiera emular la *Constitución civil del clero*.

Para honra de Godoy, debe decirse que no fue él el principal fautor de tales proyectos, sino otros gobernantes aún más ineptos y desastrosos que desde 1798 hasta 1801 tiranizaron la Iglesia española con desusada y anárquica ferocidad. Era el principal de ellos don Mariano Luis de Urquijo, natural de Bilbao y educado en Francia, diplomático y ministro a los treinta años gracias al favor del conde de Aranda, personaje ligero, petulante e insípido, de alguna instrucción, pero somera y bebida por lo general en las peores fuentes; lleno de proyectos filantrópicos y de utopías de regeneración y mejoras; hombre sensible y amigo de los hombres, como se decía en la fraseología del tiempo; perverso y galicista

---

[165] Entre los juriconsultos regalistas del reinado de Carlos III merecen especial mención, aparte de los citados, el fiscal del Consejo de Indias don Manuel Lanz de Casafonda, autor de la *Representación fiscal sobre el recogimiento del Breve «Coelestium»* de 12 de julio de 1769, y de una terrible respuesta en el expediente sobre extinción de los jesuitas, relativa, sobre todo, a diezmos y misiones de América, y supuesta usurpación de derechos reales (véase Sempere, tomo II, páginas 144 a 151); y el consejero don Pablo de Mora y Jaraba, a quien se atribuye el informe de Abogados sobre las conclusiones del bachiller Ochoa, en la cual se afirma, entre otras proposiciones gravísimas, que la regalía de los príncipes en la convocación, asistencia y aprobación de los Concilios no es efecto de la potestad eclesiástica o delegación de la autoridad canónica, sino derecho innato e imprescriptible de la soberanía. Además dejó manuscritos, según Sempere afirma (tomo IV, página 120), un *Diálogo entre un Abogado de corte y un Scéptico*, sobre *Recursos de fuerza*, y disertaciones varias sobre la inteligencia del Concordato, sobre el recurso de nuevos diezmos, sobre la provisión de beneficios, sobre la inmunidad local y las pensiones de los obispos.

escritor, con alardes de incrédulo y aun de republicano; conocido, aunque no con gloria, entre los literatos de aquel tiempo por una mala traducción de *La muerte de César*, de Voltaire, que el abate Marchena fustigó con un epigrama indeleble, aunque flojamente versificado:

> Ayer en una fonda disputaban
> de la chusma que dramas escribía
> cuál entre todos el peor sería.
> Unos: «Moncín»; «Comella», otros gritaban;
> el más malo de todos, uno dijo,
> es Voltaire, traducido por Urquijo.

A su lado andaban el conde de Cabarrús, aventurero francés, de quien se volverá a saber en el capítulo que sigue, arbitrista mañoso, creador del Banco de san Carlos, y el marqués Caballero, ruin cortesano, principal agente de las persecuciones de Jovellanos y hombre que se ladeaba a todo viento. Caballero alardeaba de canonista y los otros dos de filósofos. A Urquijo le importaban poco los cánones, si es que alguna vez los había aprendido; pero, como *enfant terrible* de la Enciclopedia, quería hacer con la Iglesia alguna barrabasada que le diera fama de librepensador y de campeón de los derechos del hombre. Y como el jansenismo regalista era por entonces la única máquina *ad hoc* conocida en España, del jansenismo se valió, resucitando los procedimientos de Pombal y la doctrina de Pereira, de Tamburini y de Febronio.

Para esto comenzó por mandar enajenar en 15 de marzo de 1798, todos los bienes raíces de hospitales, hospicios, casas de misericordia, de huérfanos y expósitos, cofradías, obras pías, memorias y patronatos de legos, conmutándolos con una renta del 3 por 100 (ley 24, tít. 6. 1.1 de la *Novísima*).

Enseguida determinó abrir brecha en la Universidad católica, proponiendo a Carlos IV, para resolver las dificultades económicas, admitir a los judíos en España, creyendo cándidamente, o aparentando creer, que con solo esto, el comercio y la industria de España iban a ponerse de un salto al nivel de las demás naciones. El ministro de Hacienda Varela, presentó a Carlos IV una memoria aconsejándole que entrase en negociaciones con algunas casas hebreas de Holanda y de las ciudades anseáticas para que en Cádiz y otros puntos estableciesen factorías y sucursales.[166] Pero este proyecto pareció demasiado radical y no pasó de amago.

Falleció entre tanto, prisionero de los franceses, el papa Pío VI (29 de agosto de 1799), y Urquijo y Caballero y los suyos vieron llegada la ocasión de arrojarse a un acto inaudito en España y que les diera una celebridad semejante a la de los Tamburinis, Riccis y demás promotores del conciliábulo de Pistoya, condenados por el difunto pontífice en la bula *Auctorem Fidei*. La idea era descabellada, pero tenía partidarios en el episcopado español, duro es decirlo, y veíase llegado por muchos el ansiado momento de romper con Roma y de constituirnos en Iglesia cismática, al modo anglicano. Además, con esto se daba gusto a los franceses, cuya alianza procuraban entonces los nuestros con todo género de indignidades.

Leyeron, pues, con asombro los cristianos viejos en la *Gaceta* de 5 de septiembre de 1799 un decreto de Carlos IV que a la letra decía así:

La divina Providencia se ha servido llevarse ante sí en 29 de agosto último, el alma de nuestro santísimo padre Pío VI, y, no pudiéndose esperar de las circunstancias actuales de Europa y de las turbulencias que la agitan que la elección de un sucesor en el pontificado se haga con aquella tranquilidad y paz tan debidas, ni acaso tan pronto como necesitaría la Iglesia; a fin de que entre tanto mis vasallos de todos mis dominios no carezcan de los auxilios precisos de la religión, he resuelto que, hasta que yo les dé a conocer el nuevo nombramiento de papa, los arzobispos y obispos usen de toda la plenitud de sus facultades, conforme a la antigua disciplina de la Iglesia, para dispensas matrimoniales y demás que le competen... En los demás puntos de consagración (sic) de obispos y arzobispos... me consultará la Cámara por mano de mi primer secretario de Estado y del despacho, y entonces, con el parecer de las personas a quienes tuviere a bien pedirle, determinaré lo conveniente, siendo aquel supremo tribunal el que me lo represente y a quien acudirán todos los prelados de mis dominios hasta una orden mía.

¡Extraño documento, donde la ciencia corre parejas con la ortodoxia! ¡Tendrían que ver el rey y el primer secretario del despacho consagrando

---

166 Amador de los Ríos, *Historia de los Judíos en España* (Madrid, Fortanet, 1876), páginas 552 y 53.

obispos! Para Urquijo lo mismo daba confirmación que consagración; no se hablaba de esto en la *Pucelle d'Orleans* y en los *Cuentos de mi primo Vadé* que eran sus oráculos. Siquiera el marqués Caballero tenía más letras canónicas, como que quiso mutilar los concilios de Toledo.

A este decreto increíble acompañaba una circular a los obispos, escrita medio en francés, la cual terminaba así: «Espera su majestad que V. S. I. se hará un deber el más propio en adoptar sentimientos tan justos y necesarios..., procurando que ni por escrito, ni de palabra, ni en las funciones de sus respectivos ministerios se viertan especies opuestas que puedan turbar las conciencias de los vasallos de su majestad y que la muerte de su santidad no se anuncie en el púlpito ni en parte alguna sino en los términos expresos de la *Gaceta*, sin otro aditamento». Y como si temieran que alguna voz se alzase desde la cátedra evangélica a protestar contra los republicanos franceses, verdugos del padre santo, encarga el marqués Caballero, que firma la circular, escrupulosa vigilancia sobre la conducta de los regulares, sin duda para que no trajesen compromisos internacionales sobre aquel miserable Gobierno.

Pero lo más triste no son el decreto ni la circular; lo que más angustia el ánimo y muestra hasta dónde había llegado la podredumbre y de cuán hondo abismo vino a sacarnos providencialmente la guerra de la Independencia son las contestaciones de los obispos. Me apresuro a consignar que no tenemos el expediente entero y que la parte de él publicada lo fue por un enemigo juramentado de la Iglesia, sospechoso además de mala fe en todos sus trabajos históricos.[167] Solo diecinueve contestaciones de obispos insertó Llorente en su *Colección diplomática*; lícito nos es, pues, decir que la mayoría del episcopado español todavía estaba sana y que respondió al cismático decreto con la reprobación o con el silencio. Además, no todas las diecinueve contestaciones son igualmente explícitas; las hay que pueden calificarse de vergonzantes evasivas. El arzobispo de Santiago, don Felipe Fernández Vallejo, doctísimo ilustrador de las antigüedades del templo toledano, solo contestó que obraría con el posible influjo «para cortar de raíz las mínimas y opiniones contrarias a la pureza de la disciplina eclesiástica». «Quedo enterado de las soberanas intenciones de su

---

167 *Colección diplomática de varios papeles antiguos y modernos sobre dispensas matrimoniales y otros Puntos de disciplina eclesiástica*. Su autor, don Juan Antonio Llorente... Segunda edición, Madrid, Imprenta de Tomás Alban y compañía, 1822, páginas 63 a 215.

majestad —dijo el obispo de Segovia—, y conforme a ellas y a lo que previenen los cánones y a la más sana y pura disciplina (no-dice cuál) de la Iglesia arreglaró puntualísimamente el uso de las facultades que Dios y la misma Iglesia me han confiado.» «Quedo en cumplirlo puntualmente, según se me ordena», dijo el de Zamora. «En el uso de las dispensas procederá con la economía prudente que exijan las necesidades, conforme al espíritu de los cánones antiguos», añadió el de Segorbe. El de Jaca llamó sabio al decreto. El de Urgel ofreció cumplirlo, «porque su majestad lo manda y porque es justo y conforme a las circunstancias, a los verdaderos sentimientos de la Iglesia y a la disciplina genuina y sana». El obispo prior de san Marcos, de León, se limitó a glosar las palabras del decreto, y dijo que viviría cuidadoso y daría arte de lo que ocurriera. «Si algún desgraciado se olvidare o desviare de su deber, dará parte a V. E. enseguida», escribió el obispo de Palencia. «Espero que en esta diócesis no han de ocurrir muchos de semejantes delitos, porque apenas se tiene en ella noticia de las ideas que tanto daño han acarreado a la subordinación, tranquilidad y orden público», advirtió el de Guadix. El de Ibiza procuró tranquilizar su conciencia, no del todo aquietada con la antigua disciplina, recordando que «las mismas reservas pontificias, según la más común y más fundada opinión, exigen que los ordinarios usen libremente de sus facultades cuando no se puede solicitar de otra parte el auxilio o remedio».

Otros anduvieron mucho más desembozados. El cardenal Sentmanat, patriarca de las Indias, se quedó extasiado ante la sabiduría y el celo de su majestad. El inquisidor general, arzobispo de Burgos, don Ramón José de Arce, hechura y favorito de Godoy, prometió el más escrupuloso cumplimiento de aquellas sabias y prudentes reglas. Estos siquiera, a título de prelados cortesanos, no se metieron en dibujos canónicos ni pasaron del *voluntas principis*, pero otros ensalzaron y defendieron la circular y el decreto como hombres de escuela. Así, el obispo de Mallorca, que en su respuesta dice: «Obrará por principios y convicción, y, por consiguiente, poco mérito creerá contraer en adoptar y practicar una doctrina que por espacio de doce siglos, y hasta que la ignorancia triunfó de la verdad, tuvo adoptada toda la iglesia católica». El arzobispo de Zaragoza, don Joaquín Company, dio una pastoral (16 de septiembre de 1799) en favor del decreto, que él juzgaba «propio de la suprema potestad que el Todopoderoso depositó en las reales manos de su majestad para el bien de la

Iglesia». El obispo de Barcelona escribió una Idea de lo que convendrá practicar en la actual vacante de la santa silla, y cuando está plena, para conservar los derechos del rey, y para el mayor bien de la nación y de sus iglesias; papel en que aboga por que las dispensas sean raras y gratis.

En una pastoral de 25 de enero de 1800, el obispo de Barbastro, don Agustín de Abad y Lasierra, tronó contra las falsas decretales de Isidoro Mercator, y dijo que la Santa sede solo tenía, en cuanto a las reservas, el título de una posesión antiquísima, de cuyo valor y fuerza no debe disputarse. Por lo cual redondamente afirmó que «la autoridad suprema que nos gobierna puede variar y reformar en la disciplina exterior o accidental de la Iglesia lo que considere perjudicial, según lo exijan los tiempos».

También el obispo de Albarracín, luego abad de Alcalá la Real, fray Manuel Truxillo, salió a la defensa de la circular contra los genios inquietos y sediciosos que ponían en cuestión su validez, y recomendó la lectura de las obras de Pereira, «sabio de primer orden, eruditísimo y muy versado en concilios, cánones, Escrituras y santos padres, aunque no se puede negar que habla del papa y de la curia con demasiada libertad».

En el mismo catecismo, o en otros peores, había aprendido el famoso obispo de Salamanca, antes capellán de honor, don Antonio Tavira y Almazán, tenido por corifeo del partido jansenista en España, hombre de muchas letras, aun profanas, y de ingenio ameno; predicador elocuente, académico, sacerdote ilustrado y filósofo, como entonces se decía; muy amigo de Meléndez y de todos los poetas de la escuela de Salamanca,[168] y muy amigo también de los franceses, hasta afrancesarse durante la guerra de la Independencia, logrando así que el general Thibaut, gobernador y tirano de Salamanca, le llamase el Fenelón español.

Tavira, pues, no se contentó con afirmar que «solo por olvido de las mínimas de la antigüedad y por el trastorno que produjeron las falsas decretales de Isidoro habían nacido las reservas, faltando así el nervio de la disciplina y haciéndose ilusorias las leyes eclesiásticas», sino que se desató en vulgares recriminaciones contra Roma, «que tanta suma de dineros llevaba», encare-

---

168 Tavira fue quien dijo en la Academia española que la égloga *Batilo* «olía a tomillo». Meléndez le pagó con dos odas muy lindas, en estilo de fray Luis de León. Sobre los sermones de Tavira, véase su breve artículo en la *Biblioteca* de Sempere y Guarinos.

ciendo hipócritamente los siglos de los Leones y Gregorios, «en que la Iglesia carecía aun de todas las ventajas temporales, de que toda la serie de sucesos de las presentes revoluciones la ha privado ahora», como alegrándose y regocijándose en el fondo de su alma del cautiverio de Pío VI y de la ocupación del Estado romano por los franceses.

No a todos parecieron bien la respuesta y el edicto de Tavira. Un teólogo de Salamanca le impugnó en una carta anónima y muy respetuosa[169] pero en que le acusa de querer trastornar todo el orden jerárquico de la Iglesia. En realidad, la cuestión de las dispensas era sencilla: cuando el recurso a la Sede Apostólica es absolutamente imposible, ¿quién duda que los obispos pueden dispensar por una jurisdicción tácitamente delegada? Pero no se trataba de eso; en primer lugar, el recurso estaba libre, y el conclave iba a reunirse canónicamente para elegir nuevo papa, a despecho de la tiranía francesa. Y luego, lo que pretendían Tavira y otros no era hacer uso de jurisdicciones delegadas, sino de la facultades que en virtud del carácter episcopal creían pertenecerles, fundando tales facultades no en pruebas de razón ni en la disciplina corriente desde el concilio de Trento, sino en cánones añejos y caídos en desuso, y en pocos, antiguos y mal seguros testimonios, que tampoco establecían el derecho, sino el hecho. «Los secuaces de estas mínimas... —dice el anónimo impugnador—, teniendo siempre en su boca los tiempos de la primitiva Iglesia..., están muy lejos en sus corazones del espíritu de ella.»

A esta carta respondieron con virulencia increíble el doctor don Blas Aguiriano, arcediano de Berveriago, dignidad y canónigo de la catedral de Calahorra y catedrático de disciplina eclesiástica en los Reales Estudios de san Isidro de Madrid, gran vivero de jansenistas, y un anónimo de Salamanca, quizá el mismo Tavira, en cinco cartas que coleccionó Llorente.[170] Uno y otro trabajaron con relieves y desperdicios del libro de Pereira. Aguiriano llega a rechazar el concilio Florentino porque declaró que el papa es padre y doctor de todos los cristianos; lo cual a él le parece muy mal, así como los especiosos títulos de vicario de Dios y vicario de Cristo. Todo el nervio de su argumentación consiste en establecer sofísticas distinciones entre los derechos del primado pontificio y los que pertenecen al papa como primado de Occidente. Lo mismo decían los

---

169 Véase en Llorente, página 75.
170 Páginas 90 y siguientes de la susodicha *Colección diplomática*.

jansenistas de la pequeña iglesia de Utrecht, Harlem y Daventer, a quienes el autor elogia mucho, y cuyo catolicismo defiende aun después de condenados y declarados cismáticos por Clemente XI. Ni le detiene tampoco el juramento que los obispos hacen de acatar las reservas pontificias y cumplir los mandatos apostólicos, porque esto solo se entiende «en cuanto el rey, como protector de la disciplina eclesiástica, no les mande lo contrario o les excite a usar de sus derechos primitivos». ¡Estupenda teología, que pone al arbitrio de un Godoy o de un Urquijo la Iglesia de España! El otro impugnador es menos erudito, pero más redundante y bombástico; quiere que las reservas cesen de todo punto, y, entusiasmado, exclama: «La verdad, oscurecida durante largos siglos por la ignorancia y por la superstición, una vez descubierta, debe subir de nuevo a su trono; sus derechos sagrados no pueden ser aniquilados por la prescripción de muchas edades».

Por entonces hizo también sus primeras armas canónicas el famoso don Juan Antonio Llorente, con quien tantas veces hemos tropezado y tantas hemos de tropezar aún, y nunca para bien, en esta historia. Este clérigo riojano, natural de Rincón de Soto, en la diócesis de Calahorra, era allí para sus adentros bastante más que jansenista y que protestante, pero hasta entonces solo se había dado a conocer por trabajos históricos y de antigüedades, especialmente por sus *Memorias históricas de las cuatro provincias vascongadas*, que escribió asalariado por Godoy para preparar la abolición de los fueros y loables costumbres de aquellas provincias, mal miradas por el Gobierno desde la desastrosa guerra con la República francesa, que acabó en la paz de Basilea. Tenía Llorente razón en muchas cosas, mal que pese a los vascófilos empedernidos; pero procedió con tan mala fe, truncando y aun falsificando textos y adulando servilmente al poder regio, que hizo odiosa y antipática su causa harto más que la débil refutación de Aranguren.

Llorente era entonces de los que más invocaban la pura disciplina de nuestra Iglesia en los siglos VI y VII, que él llama sublime Iglesia gótico-española, y clamaba por el restablecimiento íntegro de los cánones toledanos, con licencia del rey, aunque fuera sin asenso de Roma.[171] Por de contado que ni él mismo tomaba por lo serio estas descabelladísimas, pedantescas y anacrónicas lucubraciones; pero, como hombre ladino y harto laxo de conciencia, quería hacer efecto con su paradojal goticismo e ir medrando, ya que los vientos soplaban por esa banda.

Además de Llorente escribieron en pro del decreto de 5 de septiembre el obispo de Calahorra y La Calzada, don Francisco Mateo Aguiriano, pariente, sin duda, del canonista de Madrid y hermano gemelo suyo en ideas; don Joaquín García Domenech, que imprimió una *Disertación sobre los legítimos derechos de los obispos*, y don Juan Bautista Battifora, abogado de los Reales Consejos y catedrático de Cánones en la Universidad de Valencia, que publicó allí, en 1800, un *Ensayo apologético* a favor de la jurisdicción episcopal por medio de una breve y convincente refutación del sistema que fija en la Santa sede la soberanía eclesiástica absoluta y hace a los obispos sus vicarios inmediatos.[172] Ambos se distinguen por la templanza; el primero llama a la doctrina firme y ortodoxa hediondez pestilente que corrompe los sentidos y cenagoso charco de inmundicia, y se encara con el tan traído y llevado Isidoro Mercator o Peccator y le apostrofa, llamándole impostor malicioso, poseído de un sórdido interés, hombre vil y despreciable; indignación verdaderamente cómica tratándose de un copista del siglo IX, que acaso no hizo más que trasladar las falsedades de otros.

Los jansenistas andaban entonces desatados, fue aquélla su edad de oro, aunque les duró poco. Urquijo y Caballero hicieron imprimir subrepticiamente el Febronio *De statu Eclesiae*, en hermosa edición por cierto, hecha en Madrid, aunque la portada no lo dice[173] y quisieron vulgarizar la *Tentativa*, de Pereira, y el *Ensayo*, del abate italiano Cestari, sobre la consagración de los obispos, autorizados con un dictamen del Consejo, pero en éste los pareceres se dividieron,

---

171 Véase en la *Colección diplomática* (gracioso título para una colección de papeles contemporáneos, en que hay hasta cartas del autor, que él sin duda consideraba como diplomas) la representación que dirigió al obispo de Teruel, don Francisco Xavier de Lizana, en 17 de septiembre de 1799, página 44 y siguientes.
172 Los reimprimió Llorente, página 183 a 213.
173 Véase Inguanzo, *Discurso sobre la confirmación de los obispos*, página V del prólogo.

y por diecisiete votos contra trece se determinó que la impresión no pasara adelante.[174]

El nuncio, don Felipe Cassoni, había protestado contra el decreto de 5 de septiembre, y Urquijo le había dado los pasaportes, pero Godoy se interpuso y mudó el aspecto de las cosas. Entre tanto, la elección de Pío VII, canónica y tranquila contra lo que se había augurado, hizo abortar aquella y otras tentativas cismáticas por el estilo en varias partes de Europa, y nuestro Gobierno tuvo que cantar la palinodia en la *Gaceta* de 29 de marzo de 1800, volviendo las cosas al antiguo ser y estado. El nuevo pontífice se quejó amarguísimamente a Carlos IV de la guerra declarada que en España se hacía a la Iglesia, de las malas doctrinas y de la irreligión que públicamente se esparcían y, sobre todo, de la conducta de los obispos. Carlos IV, que al fin era católico, se angustió mucho y conoció que Urquijo le había engañado. Caballero, viendo que su amigo iba de capa caída, se puso del lado de los ultramontanos. El Príncipe de la Paz, por aquella vez siquiera, aconsejó bien al rey, y de sus consejos resultó la caída de Urquijo y el pase de la bula *Auctorem Fidei*, en que Pío VI había condenado a los jansenistas del conciliábulo de Pistoya; bula retenida hasta entonces por el Consejo (10 de diciembre de 1800).

VIII. Aparente reacción contra los jansenistas. Colegiata de san Isidro. Procesos inquisitoriales. Los hermanos Cuesta. El pájaro en la liga. Dictamen de Amat sobre las Causas de la revolución francesa, de Hervás y Panduro. La Inquisición en manos de los jansenistas

La Inquisición en tiempo de Carlos III apenas había dado señales de vida. Llorente asegura que la mayor parte de las causas no pasaron de las diligencia preliminares y que no se procedió contra Aranda, Roda, Floridablanca y Campomanes, aunque se recibieron delaciones acerca de sus dictámenes del Consejo; ni contra los arzobispos de Burgos y Zaragoza y los obispos de Tarazona, Albarracín y Orihuela, acusados de jansenismo por su informe sobre los bienes de los jesuitas. Por entonces vino a Madrid un M. Clément, clérigo francés, tesorero de la catedral de Auxerre, galicano inflexible, que muy pronto

---

174 *Vida del ilustrísimo señor don Félix Amat...* (1835, Madrid, Imprenta de Fuentenebro), página 87.

se hizo amigo de todos los nuestros y sugirió a Roda un proyecto para reformar la Inquisición, poniéndola bajo la dependencia de los obispos, y reformar las universidades, quitando los nombres y las banderías de tomistas, escotistas etc. M. Clément fue denunciado al Santo oficio,[175] y Roda le aconsejó que saliese de la corte y de España.

Urquijo pensó en abolir el Santo oficio o reformarle, a lo menos, con ayuda y consejo de Llorente, que había sido desde 1789 a 1791 secretario de la Suprema. El decreto llegó a presentarse a la firma del rey, pero Urquijo cayó y en su caída arrastró a todos sus amigos jansenistas. Ya en 1792 había sido denunciado uno de ellos, don Agustín Abad y Lasierra, obispo de Barbastro, como sospechoso de aprobar la *Constitución civil del clero* de Francia, dada por la Asamblea Constituyente, y de mantener correspondencia con muchos clérigos juramentados; pero la Inquisición de Zaragoza no se atrevió a proceder contra él o no halló pruebas bastantes. Verdad es que era entonces inquisidor general su hermano don Manuel, arzobispo de Selimbria[176] jansenista asimismo y muy protector del secretario Llorente, cuyos planes no llegó a poner en ejecución por su caída y confinamiento en el monasterio de Sopetrán en 1794.

El principal foco de lo que se llama jansenismo estaba en la tertulia de la condesa de Montijo, doña María Francisca Portocarrero, traductora de las Instrucciones cristianas sobre el sacramento del matrimonio, que Climent exornó con un prólogo. A su casa concurrían habitualmente el obispo de Cuenca, don Antonio Palafox, cuñado de la condesa; el de Salamanca, Tavira; don José Yeregui, preceptor de los infantes; don Juan Antonio Rodrigálvarez, arcediano de Cuenca, y don Joaquín Ibarra y don Antonio de Posada, canónigos de la colegiata de san Isidro.[177] Esta colegiata, fundada en reemplazo de los jesuitas, era cátedra poco menos que abierta y pública de las nuevas doctrinas. Un canónigo de la misma colegiata llamado don Baltasar Calvo, hombre tétrico y de malas entrañas, instigador en 1808 de la matanza de los franceses en Valencia, si hemos de creer al conde de Toreno[178] denunció desde el púlpito a sus cofrades.

---

175 Véase Llorente, tomo 4, página 85.
176 Llorente, tomo 3, página 92.
177 Véase Llorente, tomo 2, página 461.
178 Véase *Historia del levantamiento, guerra y revolución de España* (edición de la *Biblioteca de autores españoles*), página 72. Fue ahorcado en la cárcel a consecuencia de aquellas matanzas.

Otro tanto hizo el dominico fray Antonio Guerrero, prior del convento del Rosario, publicando en términos bastantes claros que en la casa de una principal dama juntábase un club o conciliábulo de jansenistas. El nuncio informó a Roma de lo que pasaba, y por fórmula hubo que hacer aquí un proceso irrisorio. Los inquisidores de Madrid eran en su mayor parte tan jansenistas, o digámoslo mejor, tan volterianos como los reos. Baste decir que regía entonces la Suprema uno de los favoritos de Godoy y cómplice de sus escándalos, asiduo comensal suyo, hombre que por medios nada canónicos, y tales que no pueden estamparse aquí había llegado, según cuentan los viejos, a la mitra de Burgos y al alto puesto de inquisidor general. Tal era don Ramón José de Arce, natural de Selaya, en el valle de Carriedo, muy elogiado por todos los enciclopedistas de su tiempo como hombre de condición mansa y apacible y de espíritu tolerante; afrancesóse luego, abandonó malamente su puesto y vivió emigrado en París hasta cerca de mediar el siglo XIX.

Con tal hombre, el peligro de los jansenistas no era grande desde que Godoy los protegía. Así es que los canónigos de san Isidro y el obispo de Cuenca salieron inmunes a pesar de una representación que dirigieron al rey contra los jesuitas.[179] Al capellán de honor, don José Espiga, a quien se atribuía la redacción el decreto de Urquijo, se le obligó a residir en la catedral de Lérida, donde era canónigo. La condesa de Montijo se retiró a Logroño, y allí vivió el resto de sus días, hasta 1808, en correspondencia con Grégoire, el obispo de Blois, y con otros clérigos revolucionarios de los que llamaban juramentados.[180]

Más resonancia y consecuencias más serias tuvo el proceso de los hermanos Cuesta (don Antonio y don Jerónimo), montañeses entrambos y naturales de Liérganes, arcediano el uno y penitenciario el otro de la catedral de Ávila. Del primero dice Torres Amat, autoridad nada sospechosa, que «disimulaba bien poco sus opiniones, mucho menos de lo que debiera». Por otra parte, su rectitud en el tiempo que fue provisor de Ávila le atrajo muchos enemigos, que tomaron de él y de sus hermanos fácil venganza cuando llegó a la silla de Ávila don Rafael Muzquiz, arzobispo de Santiago, después confesor de María Luisa,

---

179 Véase los respectivos artículos en el cap. 25 de Llorente.
180 Véase Llorente, tomo 2, página 462, *Apéndice a la Vida del ilustrísimo señor don Félix Amat, arzobispo de Palmira*, Madrid, imprenta que fue de Fuentenebro (1838).
Además, Llorente dio noticias de este proceso en dos o tres partes de su desordenadísima *Histoire critique de l'Inquisition*, especialmente en los cap. 25 y 43.

al cual Villanueva maltrata horriblemente en su *Vida literaria*. Muzquiz delató al arcediano Cuesta a la Inquisición de Valladolid en 1794, y por entonces no se pasó adelante; pero a fines de 1800 hízose nueva información, no en Valladolid, sino en la Suprema, instando Muzquiz con calor grande por el castigo de ambos hermanos, que le traían su iglesia desasosegada. Dictóse auto de prisión; pero, al ir a ejecutarle en la noche del 24 de febrero de 1801, el arcediano logró ponerse en salvo; trabajosamente atravesó el Guadarrama, cubierto de nieve, y vino a esconderse en Madrid, en casa de la condesa de Montijo, castillo encantado de los jansenistas, de donde a pocos días se encaminó a Francia escoltado por unos contrabandistas. Se le buscó con diligencia; pero, como tenía altos y poderosos protectores, pasó sin dificultad la frontera, y el 9 de mayo de 1801 le recibía en Bayona el conde de Cabarrús.

Su hermano el penitenciario se defendió bien; logró que cinco teólogos de san Gregorio, de Valladolid, declarasen sana su doctrina y que aquella inquisición se conformase con su dictamen en sentencia de 18 de abril de 1804, y como todavía apelasen sus enemigos a la Suprema, él impetró recurso de fuerza, y al cabo de dos años obtuvo una real orden (de 7 de mayo de 1806) en que Carlos IV, ejerciendo su soberana protección, le rehabilitaba del todo y mandaba darle plena satisfacción en el coro de la catedral de Ávila y en día festivo para que no le parasen perjuicio ni infamia su prisión y proceso. Torres Amat dice que «entrambos hermanos aplaudían las mínimas de la revolucin francesa».[181]

Hay algo de político en este proceso, no bien esclarecido aún. Parece que Muzquiz fue instrumento de la venganza de Godoy contra los Cuesta; pero, amansado luego el Príncipe de la Paz o convencido de que el arcediano no conspiraba contra su Gobierno, hizo pagar caro a Muzquiz el servicio, imponiéndole una multa de 8.000 ducados y otra de 4.000 al arzobispo de Valladolid. ¡Miserable tiempo, en que no valían más los regalistas que los ultramontanos!

También el obispo de Murcia y Cartagena, don Victoriano López Gonzalo, se le acusó en 1800 de jansenismo por haber permitido defender en su seminario cierta tesis sobre la aplicación del santo sacrificio de la misa y sobre los milagros.

---

181 El arcediano vivió mucho tiempo en París, dedicado al estudio de las ciencias naturales y de la economía política. Pasado el furor de la persecución, volvió a recibir su prebenda, y los liberales de Cádiz le hicieron en 1810 consejero de órdenes. En 1820 fue diputado a Cortes por Ávila. La reacción de 1823 le obligó a emigrar de nuevo. Murió en Calais el 18 de julio de 1828.

A los calificadores les parecieron mal, pero el obispo quedó a salvo, dirigiendo en 4 de noviembre de 1801 una enérgica representación al inquisidor general[182] y echando la culpa de todo a los jesuitas, según la manía del tiempo.

Los restos de aquella gloriosa emigración habían logrado volver a España, como clérigos seculares, aprovechando un momento de tolerancia (desde 1799 a 1801), y veintisiete de ellos murieron gloriosamente asistiendo a los apestados de la fiebre amarilla, que en el primer año del siglo devastó a Andalucía. Con la vuelta y el prestigio de los expulsos, ganado a fuerza de heroica virtud y de ciencia, comenzó a decrecer el exótico espíritu jansenista y a dejarse oír las voces del bando opuesto. Tradújose un folleto del abate italiano Bónola, intitulado *La liga de la teología moderna con la filosofía en daño de la Iglesia de Jesucristo, descubierta en la carta de un párroco de ciudad a un párroco de aldea* (Madrid 1798, sin nombre de traductor), opúsculo encaminado a demostrar que los llamados jansenistas formaban oculta liga contra la Iglesia con los filósofos y partidarios de la impiedad francesa y que de esfuerzos combinados había nacido la extinción de la Compañía.

Los jansenistas se alarmaron, y alguno de los más caracterizados en la Iglesia procuró que se refutase al abate Bónola, valiéndose para ello de la fácil pluma del agustiniano fray Juan Fernández de Rojas, fraile de san Felipe el Real, continuador oficial de la *España sagrada*, aunque poco o nada trabajó en ella; adicionador del *Año cristiano*, del padre Croiset, con las vidas de los santos españoles, y más conocido que por ninguno de estos trabajos serios por la amenidad y sal ática de su ingenio, manifiesta en la *Crotalogía o ciencia de las castañuelas*, burla donosísima del método analítico y geométrico, que entonces predominaba gracias a Condillac y a Wolf.[183] El padre Fernández, ingenio alegre y donairoso, aprovechó aquella nueva ocasión más bien para gracejar que para

---
182 Llorente, *Histoire critique*, tomo 4, página 115 y siguientes.
183 El padre Fernández fue discípulo de fray Diego González y coleccionó sus obras poéticas, anteponiéndoles la vida del autor muy bien escrita. Poéticamente se llamó Liseno; perteneció a la escuela salmantina y le estimaron mucho Meléndez y Jovellanos. Sus poesías se conservan inéditas entre los religiosos de su Orden, y yo tengo copia de algunas. No conozco más biografía suya que la que compuso el padre Olavarría para los *Saecula Augustiana de Lanteri* (Roma, typis Bernardi Morini, 1860), páginas 268 a 270. Allí nada se dice de *El pájaro en la liga*, pero Torres Amat, en la biografía de su tío el arzobispo de Palmira (página 86), se lo atribuye al padre Fernández, y la tradición lo confirma.

mostrar jansenismo, y escribió *El pájaro en la liga* o carta de un párroco de aldea, papel volante de más escándalo que provecho.

Urquijo tomó cartas en el asunto y pasó a examen del Consejo la Liga y su impugnación, prejuzgando ya el dictamen, puesto que en la real orden se decía: «Ha visto el rey con sumo dolor que en sus dominios han vuelto a excitarse de poco acá los partidos de escuelas teológicas, que han embrollado y oscurecido nuestra sagrada religión, quitándola el aspecto de sencillez y verdad... El objeto del libro del abate Bónola es el de establecer una guerra religiosa, atacando a las autoridades soberanas, cuyas facultades están prescritas por el mismo Dios y que se han reconocido y defendido en tiempos claros y de ilustración por los teólogos que llama el autor modernos, y son solo unos sencillos expositores de las verdades del Evangelio... El otro papel intitulado *El pájaro en la liga*, si bien está escrito con oportunidad y la ataca del modo que se merece, refutándola por el desprecio, con todo, da lugar a que en el cotejo haya partidos y disputas y se engolfe la gente en profundidades peligrosas en vez de ser útiles y obedientes vasallos».[184] Por todo lo cual se mandó recoger a mano real los ejemplares de uno y otro libro, advirtiendo al Consejo que de allí en adelante procediera con más cautela en dar permiso para la impresión de semejantes papeles, o más bien que los remitiera antes a la primera Secretaría de Estado para que viera su majestad si convenía la impresión. Así se dispuso con fecha de 9 de febrero de 1799.

Por culpa de esta intolerancia no pudo correr de molde hasta 1803 la obra de Hervás y Panduro *Causas de la revolución de Francia* en el año 1799 y medios de que se han valido para efectuarla los enemigos de la Iglesia y del Estado, y aun entonces se imprimió subrepticiamente con el título de *Revolución religionaria* (sic) *y civil de los franceses*, y fue delatada por los jansenistas a la Inquisición, que estaba ya en manos de los fieles de su bando.[185] El inquisidor Arce sometió el libro a la censura del arzobispo Amat, y éste opinó rotundamente por la nega-

---

184 Esta real orden se lee en el *Apéndice de la vida del arzobispo Amat*, páginas 129 a 131.
185 Véase la biografía del arzobispo Amat (páginas 105 y 106) y el apéndice (página 172 a 188), donde se inserta textualmente el dictamen de Amat, opinando por la prohibición. Don Fermín Caballero no tuvo noticia de este documento, y así la noticia bibliográfica que da de las *Causas de la revolución francesa* resulta inexacta y enredosa (Véase, Madrid, Imprenta del Colegio de Sordomudos..., 1868, páginas 121 a 129). El dictamen de Amat es de 27 de septiembre de 1803.

tiva, fundado en que la obra contenía expresiones injuriosas al Gobierno francés y, sobre todo, en que llamaba inicua a la expulsión de los jesuitas y quería desenmascarar la hipocresía del jansenismo. El arzobispo de Palmira, muy picado de aquella tarántula, responde que no todo jansenista es hereje, porque «puede defender solo alguna proposición que, aunque condenada, no lo sea con la nota de herética, o tal vez oponerse, con cualquier pretexto que sea, a las bulas y demás leyes de la Iglesia sobre jansenismo... Mil veces se ha dicho que los molinistas y jesuitas muy de propósito han procurado que la idea del jansenismo sea horrorosa, pero oscura y confusa, para que pueda aplicarse a todos los que sean contrarios de las opiniones molinianas sobre la predestinación y gracia y a todos los que antes promovieron la reforma o extinción de la Compañía y ahora embarazan su restablecimiento». Flaco servicio hizo el obispo de Astorga a la memoria de su tío con la publicación de este informe, en que vieron todos una solapada defensa de lo que Hervás impugnaba. El entusiasmo por los libros de Port-Royal había llegado a tales términos, que se quitaron del *Índice* las obras de Nicole gracias al informe favorable que de ellas dio una junta de teólogos formada por don Joaquín Lorenzo Villanueva; Espiga; el canónigo de san Isidro, santa Clara, el padre Ramírez, del Oratorio del Salvador, y tres frailes de los que el vulgo llama jansenistas.[186] Así lo cuenta el mismo Villanueva, que era entonces consultor del Santo oficio. ¡En buenas manos había caído la Inquisición!

IX. Literatura jansenista, regalista e «hispanista» de los últimos años del siglo. Villanueva, Martínez Marina Amat, Masdéu

Por entonces comenzaron a escribir y a señalarse, y aun llegaron al colmo de su fortuna eclesiástica, aunque no publicasen todavía sus obras más graves hoy incluidas en el *Índice*, los tres más notables teólogos y canonistas que jansenizaron o galicanizaron en España.

Era el primero de ellos don Joaquín Lorenzo de Villanueva, natural de Játiva (10 de agosto de 1757) y educado en la Universidad de Valencia, discípulo predilecto del insigne historiador del Nuevo Mundo, don Juan Bautista Muñoz, de quien tomó la afición a nuestros clásicos y el elegante y castizo sabor de

---

186 *Vida literaria de don Joaquín Lorenzo Villanueva, o Memoria de sus escritos y de sus opiniones eclesiásticas y políticas*, escritas por él mismo (Londres 1825), página 70 del tomo 1.

su prosa. Sobran datos para juzgar de su vida y opiniones; por desgracia son contradictorias. Entre la propia defensa, o más bien panegírico, que él hizo en su autobiografía, publicada en Londres en 1825, y las horrendas y feroces invectivas con que su enemigo Puigblanch le zahirió y mortificó, o más bien le despedazó y arrastró por todos los lodazales de la ignominia en los *Opúsculos gramático-satíricos*, el juicio imparcial y desapasionado es difícil. Mucho hemos de hablar aún de Villanueva y mucho de Puigblanch en esta historia; ahora baste hacer la presentación de entrambos personajes, trasladando el retrato picaresco que el segundo hizo del primero: «Es el Dómine Gafas (así le llamaba) por naturaleza entreverado de valenciano y de italiano, y por estado, sacerdote de hábito de san Pedro, y sacerdote calificado. Es alto, bien proporcionado de miembros y no mal carado...; da autoridad a su persona no una completa calva, pero sí una bien nevada canicie, de modo que no le hubiera sentado mal la mitra que le tenía preparada el cielo; pero quiso el infierno que, hallándose con los que regían la nave del Estado, se moviese una marejada que él no previó, y que, al desprenderse de las nubes la mitra, en vez de sentar en su cabeza, diese en el agua. Su semblante es compungido como de *memento mori*, aunque no tanto que le tenga macilento la memoria de la muerte. Su habla es a media voz y como de quien se recela de alguien, no porque haya quebrado nunca ningún plato, ni sea capaz de quebrarlo, sino por la infelicidad de los tiempos que alcanzamos... Tiene unas manos largas y unos dedos como de nigromántico, con las que y con los que todo lo añasca, extracta y compila, de modo que puede muy bien llamársele gerifalte letrado, y aun a veces lo hace de noche, como a los metales la urraca... Pondrá un argumento demostrativo en favor o en contra de una misma e idéntica proposición según que el viento está al norte o está al sur... Es implacable enemigo de los jesuitas, en quienes no halla nada bueno o que debe imitarse por nadie, y mucho menos por él, excepto el semblante compungido, el habla a media voz y la monita».[187]

Puigblanch era un energúmeno procaz y desvergonzadísimo, y no ha de creérsele de ligero cuando se relame y encarniza llamando a Villanueva «clérigo ambicioso y adulador nato de todo el que está en candelero, hombre de

---

[187] *Opúsculos gramático-satíricos* de doctor don Antonio Puigblanch contra el doctor don Joaquín Villanueva... (Londres, Imprenta de Guillermo Guthrie, 1828), tomo 1, páginas 207-208.

corrompido e inicuo fondo, hipócrita hasta dejarlo de sobra y de lo más réprobo que jamás se haya visto». Pero es indudable que Villanueva brujuleaba una mitra, prevalido de su aspecto venerable, que no parecía sino de un san Juan Crisóstomo o un san Atanasio[188] y de sus muchas letras, que Puigblanch malamente le niega, No era tan vestigador ni tan erudito como su hermano el dominico padre Jaime Villanueva, a quien pertenece exclusivamente el *Viaje literario a las iglesias de España*, por más que los cinco primeros tomos saliesen con el nombre de don Joaquín Lorenzo, más conocido y autorizado en los círculos de la corte. Pero escribía mejor que él y era hombre de más varia lectura y de juicio penetrante y seguro, siempre que la pasión o el propio interés no le torcían. Las obras que publicó antes de 1810 poco tienen que reparar en cuanto a pureza de doctrina, sobre todo su hermoso *Año cristiano de España*[189] el más crítico o, por mejor decir, el único que tenemos escrito con crítica, aunque Godoy Alcántara[190] le tacha de severidad jansenista. Tradujo con mediano estro poético y en versos flojos el poema de san Próspero contra los ingratos, es decir, contra los pelagianos, que negaban la gracia eficaz; libro que habían puesto en moda los adversarios del molinismo y del congruismo.[191] Y como alardeaba de rígida e incontaminata austeridad, divulgó dos tratados: *De la obligación de celebrar el santo sacrificio de la misa con circunspección y pausa* y *De la reverencia con que se debe asistir a la misa y de las faltas que en esto se cometen*[192] por los cuales, si otra cosa de él no supiéramos, habríamos de declararle monje del yermo o ermitaño de la primitiva observancia; tal recogimiento y devoción infunden. Quizá esforzó demasiado la conveniencia de leer la Biblia en romance; pero con todo eso, su tratado *De la lección de la Sagrada Escritura, en lenguas vulgares*,[193] es sólido, ortodoxo y eruditísimo, aunque en su tiempo le motejaron algunos con más violencia que razón, cuando después de todo no hacía más que comentar el breve de Pío VI al arzobispo de Martini.

Hase dicho que Villanueva comenzó por ser ultramontano. No es exacto: Villanueva, jansenizó siempre, pero no fue liberal hasta las Cortes de Cádiz, y

---

188 Puigblanch, página 216.
189 Madrid, Imprenta Real, 1791 a 1799, trece tomos.
190 *Historia crítica de los falsos cronicones*, página 331.
191 Madrid, Sancha, 1783; 8.º
192 Madrid, Imprenta Real, 1791; 8.º mayor. Tradujo también el Oficio de Semana santa.
193 Valencia, Montfort, 1791; folio. Hermosísima edición.

de aquí procede la confusión. El *Catecismo de estado según los principios de la religión*, publicado en 1793, en la Imprenta Real, y escrito con el declarado propósito de «preservar a España del contagio de la revolución francesa», es libro adulatorio de la potestad monárquica, por méritos del cual esperaba obispar, aunque luego le rechazó condenó (en su *Vida literaria*) viendo que a ultramontanos y liberales les parecía igualmente mal, aunque por motivos diversos. El *Filósofo Rancio* dijo que, leído un capítulo, no había sufrimiento para leer más; y el penitenciario de Córdoba, Arjona, que frisaba en enciclopedista, se mofó de la afectada severidad de Villanueva con este zonzo epigrama:

> Toda España de ti siente
> ser tu piedad tan sublime,
> que es cuanto por ti se imprime
> catecismo solamente.
> De tus obras afirmó
> que eran catecismo puro;
> lo confirmo, aunque aseguro
> que hay mucho que no es de fe.

Las *Cartas de un obispo español sobre la carta del ciudadano Grégoire, obispo de Blois*, publicadas con el seudónimo de don Lorenzo Astengo, que era su apellido materno,[194] son una calurosa defensa del Santo oficio, al cual sirvió en tiempo de Arce, y contra el cual se desató en las Cortes de Cádiz, sin reparar mucho en la contradicción. «Yo nunca sospeché —dice en su *Vida literaria*—[195] que el poder real llegara a convertirse en arma para abatir y arruinar la nación que la hipocresía vistiese el disfraz de la religión para infamarla y perseguirla.» No obstante, quien con atención lea aquellos primeros escritos, no dejará de descubrir en germen al futuro autor de *El jansenismo*, de las *Cartas de don Roque Leal*, de *Mi despedida de la curia romana* y de *La bruja*. Repito que muchas veces hemos de volver a encontrarle, y nunca para bien.

Don Francisco Martínez Marina, canónigo de la colegiata de san Isidro, donde todos menos uno picaban en jansenistas, era hombre muy de otro

---

194 Reimpresas en 1798. No he visto la primera edición.
195 Tomo 1, cap. 4.

temple, digno de la amistad de su paisano Jovellanos. Español a las derechas, estudioso de veras, sabedor como ningún otro hasta ahora de la antigua legislación castellana, austerísimo, no por codicia de honores y de mitras, sino por propia y nativa severidad y bien regida disciplina de alma, pensaba con firmeza y escribía con adusta sequedad y con nervio, asemejándose algo al moderno portugués Alejandro Herculano. El Martínez Marina del tiempo de Godoy no era aún el doctor y maestro de Derecho constitucional, cuya *Teoría de las cortes o grandes juntas nacionales* fue Alcorán de los legisladores de Cádiz y tantas cabezas juveniles inflamó de un extremo a otro de España. Tampoco era el sacerdote ejemplar que en los últimos años de su vida, retraído en Zaragoza y desengañado de vanas utopías, dictó la hermosísima *Vida de Cristo*. Pero ya bajo el reinado de Carlos IV difería hondamente de todos los demás regalistas, y especialmente de Sempere y Guarinos, fervoroso defensor de la potestad real, como buen jurisconsulto,[196] en su espíritu más democrático y admirador de las antiguas Cortes. El germen de la *Teoría* está en el *Ensayo crítico sobre la antigua segregación castellana*, que en la Academia de la Historia no quiso poner al frente de su edición de las *Partidas*, y que el autor publicó suelto en 1808. El espíritu de este libro en cosas eclesiásticas es desastroso. Asiendo la ocasión por los cabellos, cébase Martínez Marina en la *Primera partida*, acusándola de haber propagado y consagrado las doctrinas ultramontanas relativas a la desmedida autoridad del papa, al origen, naturaleza y economía de los diezmos, rentas y bienes de la Iglesia, elección de los obispos, provisión de beneficios, jurisdicción e inmunidad eclesiástica y derechos de patronato, despojando a nuestros soberanos de muchas regalías que como protectores de la Iglesia gozaron desde el origen de la monarquía, v. gr., erigir y restaurar sillas episcopales, señalar o fijar sus términos, extenderlos o limitarlos, trasladar las iglesias de un lugar a otro, agregar a éste los bienes de aquéllas en todo o en parte, juzgar las contiendas de los prelados, terminar todo género de causas y litigios sobre agravios, jurisdicción y derecho de propiedades. Por el contrario, el derecho canónico vigente trajo el trastorno de la disciplina, la relajación de

---

196 Los trabajos de Sempere, realista siempre y afrancesado, sobre las Cortes y el derecho real de España no pertenecen a esta época, en que el autor era conocido solo por su *Biblioteca Económico-Política*, por la de *Escritores del reinado de Carlos III* y por la *Historia del lujo y de la leyes suntuarias*.

los ministros del santuario, la despoblación del reino... El célebre concordato de 1753 se reputó como un triunfo, sin embargo, que hace poco honor a la nación, y todavía los reyes de Castilla no recobraron por él los derechos propios de la soberanía.[197] Todo esto dicho así con este magistral desenfado y sin más prueba histórica que referirse en tumulto, no ya a los concilios toledanos, porque a Marina no le parecía del todo bien la teocracia, sino a las excelentes leyes municipales, a los buenos fueros y a las bellas y loables costumbres de Castilla y León, que en su mayor parte nada tiene que ver con el punto de que se trata. ¡Engañoso espejismo de erudito querer encontrarlo todo en los fueros y en los cuadernos de cortes porque habían sido predilecto objeto de sus vigilias!

No se aventuraba tanto el confesor de Carlos IV, abad de san Ildefonso y arzobispo de Palmira *in partibus*, don Félix Amat, nacido en Sabadell en 1750, catalán de prócer estatura venerable y prelaticio aspecto, ejemplo raro de severidad y templanza en la corte de María Luisa y al lado de los Arce y los Muzquiz. Su sobrino, el obispo de Astorga don Félix Torres Amat, escribió con piedad cuasi filial su vida en dos grandes volúmenes, que merecen leerse, aunque a veces por la prolijidad de los detalles recuerdan un poco aquella biografía del obispo de Mechoacán de que habla Moratín en *El sí de las niñas*.[198] Educado

---

197 Impugnó estas afirmaciones el cardenal Inguanzo en el *Discurso* ya citado sobre confirmación de los obispos, páginas 55 a 61.

198 *Vida del ilustrísimo señor don Félix Amat, arzobispo de Palmyra*, Abad de san Ildefonso, confesor del señor don Carlos IV, del Consejo de su majestad, etc. La escribió por encargo de la Real Academia de la Historia, su individuo supernumerario don Félix Torres Amat, dignidad de sacristá de la santa iglesia de Barcelona, ahora obispo de Astorga... (Madrid, imprenta que fue de Fuentenebro, 1835; 316 páginas, en 4.º). *Apéndice a la Vida...* que contiene varias notas y opúsculos inéditos... (Madrid, imprenta que fue de Fuentenebro, 1838; 497 páginas, en 4.º).
Amat fue, sin duda, varón virtuoso, aunque en su tiempo se le acusaba de nepotismo. «Abad, ¿es cierto que tiene usted ochenta sobrinos?», cuentan que le preguntó un día María Luisa (*Vida*, página 153).
Y en un libro impreso en Burdeos (por Lawalle, sobrino) en 1829, intitulado *Poética y Sátiras* de don Manuel Norberto Pérez de Camino, magistrado afrancesado y semivolteriano, se lee, a la página 143, la filípica siguiente:

¿Has conocido a Amat? Sabio estimable,
de gobierno y de leyes escribía,
con imparcialidad inapreciable.

por Climent, de quien había sido familiar, y por el agustino padre Armaya, ilustre arzobispo de Tarragona, Amat galicanizaba *ex toto corde*. No había llegado hasta el sínodo de Pistoya, pero estaba aferrado a Bossuet y a su *Declaración del clero francés*. Afectaba, con todo eso, moderación relativa, y en ella se mantuvo hasta que escribió las *Observaciones pacíficas*, prohibidas en Roma, como a su tiempo veremos. En 1808 no se le conocía aún más que por su *Historia de la Iglesia* (en trece volúmenes), compendio bien hecho, aunque extractado por la mayor parte de Fleury y del cardenal Orsi. En los últimos tomos se desembozó algo más. Así v. gr., en el 11 (lib. 5, cap. 2, n.º 67) viene a aplaudir, aunque en términos ambiguos e impersonales, la expulsión de los jesuitas, escribiendo estas capciosas frases: «Eran antiguos los clamores de gente sabia y timorata

>   Doctor puro, a Molino combatía,
>   y de la seda huía y el retorte,
>   aunque el roquete altivo revestía.
>   De Basilio la faz, de Ambrosio el porte;
>   crece en fama, y el mérito eminente
>   le lleva por sus pasos a la corte.
>   Declárase el buen rey su penitente;
>   y los días dulcísimos de Astrea,
>   piensa de nuevo ver la hispana gente.
>   Mas ésta cede a una grosera idea;
>   amante de los usos nacionales
>   Amat en sostenerlos se atarea.
>   Y concilios cerrando y decretales,
>   acopia beneficios y en sus manos
>   dos báculos empuña pastorales,
>   Es poco: el alto ser de treinta hermanos,
>   cuatrocientos sobrinos le dio pío,
>   que reclaman los dones soberanos.
>   Amat oye su voz, sensible tío,
>   la toga invade, invade la milicia,
>   agota de la Iglesia el pingüe río.
>   Tal dignidad, tal puesto no codicia,
>   pues cuando ve si la mortal saeta
>   arranca el poseedor a su delicia.
>   Entonces él con precaución discreta
>   corre al cebo, y su raza inagotable
>   llena la promoción de la Gaceta.

contra algunas opiniones y mínimas de gobierno de la Compañía y los deseos de que se reformase. Eran fáciles de atinar algunas causas que influían en que se creyese entonces la reforma más necesaria y menos asequible, y, por consiguiente, convenientísima la expulsión. Era además cosa ridícula e injusta cerrar los ojos para no ver la buena intención con que muchas personas respetables por todas sus circunstancias procuraban la destrucción de la Compañía, como útil entonces a la Iglesia y a los estados. Y por lo mismo es un verdadero fanatismo atribuirla a manejos ateístas, manejos cuya existencia no se funda sino en leves sospechas y cuya eficacia en aquellos tiempos y circunstancias era del todo inverosímil». ¡Leyes sospechosas le parecían al arzobispo de Palmira las explícitas confesiones de D'Alembert!

Así procede Amat en todos los puntos de controversia, tímido y ecléctico, como quien camina *per ignes suppositos cineri doloso*. Pero no se guarda de disimular sus simpatías hacia «los famosos solitarios de Puerto-Real»; le cuesta trabajo llamarlos herejes; solo les culpa de falso celo y espíritu de partido. ¡Tan blando con Arnauld y Nicole, él, que en 1824 había de llamar iluso y fanático a José de Maistre![199] La *Historia eclesiástica* pasó sin tropiezo, aunque un fraile delató los primeros tomos a la Inquisición, no por el virus del jansenismo, sino por otros reparos menudos. Arce desestimó la delación y solo se mandó corregir una que parece errata de imprenta.

Amat aprobó, si no públicamente, en unas *Observaciones* que corrieron manuscritas, y que su sobrino publicó muchos años después, bien en detrimento de la buena memoria del tío, el decreto de Urquijo sobre dispensas, y aun insinuó que, «siendo uno de los mayores obstáculos para la reunión de las sociedades cristianas, separadas por el cisma o la herejía, el horror con que miran la dependencia del papa, parece que facilitaría mucho la conversión de herejes y cismáticos el espectáculo de un reino católico, como España, en que la primacía del papa quedase ceñida a sus derechos esenciales y los obispos

---

199 La *Historia eclesiástica* o *Tratado de la Iglesia de Jesucristo* comenzó a publicarse en Madrid, por Benito Cano, en 1792, y se acabó, por Bernardo Pla, en Barcelona, en 1803. Es preferible la segunda edición de 1807-1808 (Madrid, imprenta que fue de Fuentenebro), por tener añadido un resumen y dos índices, cronológico y alfabético de materias. Estas ediciones forman el tomo 13.
La delación del fraile y la respuesta de Amat están en el Apéndice de su *Vida*, página 196 a 211.

gozasen de su antigua libertad en el gobierno de las Iglesias».[200] Es decir, que los cismáticos vendrían a nosotros si promovíamos nosotros un nuevo cisma. ¡Excelente lógica! Por eso se inclinaba no a la abolición total y de un golpe de las reservas, sino a que éstas se fueren restringiendo, pero no por la voluntad aislada de cada obispo en su diócesis.

Aunque a Amat le parecía sabia y de sólida doctrina la *Tentativa*, de Pereira, cuando se trató de imprimirla traducida, y el Consejo se dividió y el cabildo de curas de Madrid la reprobó, al paso que los canónigos de san Isidro instaban por la publicación inmediata, el arzobispo de Palmira, acostándose en esto al parecer de don Luis López Castrillo, único prebendado de aquella colegiata que en esto difería de los restantes, opinó que las cosas no estaban bastante maduras en España para arrojarse a tal publicación.[201] Así y todo, el libro portugués corrió profusamente entre la juventud de las universidades, haciendo no poco estrago. ¿Y cómo no, si los obispos lo recomendaban en sus pastorales? Por el contrario, todo libro de tendencia opuesta era severamente recogido o se atajaba su impresión. Así hizo Amat con el de Hervás y Panduro. Así más adelante con la *Historia universal sacroprofana*, del jesuita don Tomás Borrego,[202] a la cual había añadido un tomo de reparos el fiscal don Juan Pablo Forner, buen católico, pero jurisconsulto regalista. Forner se inclinaba a que la obra se imprimiera corrigiendo algunas cosas. Amat se opuso por la manera como en el libro se hablaba de jesuitas, de jansenismo y de potestad de los papas, «en términos muy imprudentes, capaces de excitar disturbios muy terribles contra la pública tranquilidad». Y el libro de Borrego se quedó inédito e inédito yace todavía.

No todos los jesuitas opinaban como Hervás y Borrego. Hubo uno de ellos, de quien no diré que fuera galicano, porque mayor enemigo de Francia y de sus cosas no ha nacido en España, pero sí que hispanizó terriblemente, afeando con ésta y otras manías, propias de su genio áspero, indómito y soberbio, una obra extraordinaria, monumento insigne de ciencia y paciencia. Tal es la *Historia crítica de España*, de la cual llegó a publicar veinte tomos el padre Juan Francisco

---

200 Apéndice, página 136.
201 *Vida*, página 87.
202 Trece tomos en folio y tres de índices (está el manuscrito en la biblioteca de la Academia de Ciencias Morales y Políticas). Las *Reflexiones*, de Forner, en el tomo 2 del magnífico ejemplar manuscrito de sus *Obras*, que regaló al Príncipe de la Paz, y hoy se conserva en la Biblioteca Nacional. La censura de Amat, en el Apéndice de su *Vida*, página 232 a 235.

Masdéu desde 1784 a 1805.[203] Libro es éste de muy controvertido mérito, y, sin embargo, irreemplazable, y para ciertas épocas único, no tanto por lo que enseña como por las fuentes que indica, por los caminos que abre y hasta por las dudas racionales que hace nacer en el espíritu. Más que historia son disertaciones críticas previas y aparato e índice de testimonios para escribirla. Las notas valen más y son más útiles que el texto. Pero cuando Masdéu empuña el hacha demoledora y empieza a descuajar el bosque de nuestra historia con el hierro no de la crítica, sino de la negación arbitraria y del sofismo; cuando duda no más que por el prurito de dudar, tala implacable los personajes y hechos que no le cuadran bien o le son antipáticos o no encajan en su sistema, o declara a carga cerrada apócrifos cuantos privilegios y documentos se le oponen o le estorban, duélese uno profundamente de que tanto saber y tanta agudeza fuesen tan miserablemente agotados por el viento iconoclasta de aquel siglo. Masdéu es en historia la falsa, altanera y superficial crítica del siglo XVIII encarnada.

Esta crítica tocó a la jerarquía eclesiástica como a todo lo demás. Los tomos 8, 11 y 13 abundan en proposiciones aventuradísimas, que les han valido ser puestos en el *Índice de Roma donec corrigantur.* En España se levantó general clamoreo contra él y hubo quien le supusiese comprado por los jansenistas. Nada más falso; Masdéu era harto independiente y recto para venderse y amaba bastante a la Compañía de Jesús, en la cual vivió y murió para hacerle traición coligándose con sus más venenosos enemigos. Pero Masdéu adolecía de una ilusión histórica y de una soberbia científica desmedida. Como a muchos de aquel tiempo, púsosele en la cabeza, entusiasmado con las glorias de la primitiva Iglesia española, que era posible restablecer en su pureza aquella antigua disciplina, única verdadera y sana; de donde dedujo que todo cuanto había acaecido en España desde las reforma cluniacenses y la venida de los monjes galicanos la abolición del rito mozárabe eran usurpaciones e intrusiones de la corte romana, favorecida y ayudada por los franceses. Esta es la tesis que late en toda la *Historia* de Masdéu, repetida y glosada hasta la saciedad no solo en los tomos impresos, sino en cuatro más que existen inéditos,[204] y en un opúsculo titulado *Religión española,* escrito en Barcelona en los primeros meses de 1816,

---

203 En Madrid, en la Imprenta de Sancha. El tomo 18, impreso en 1797, contiene la *Apología católica.*
204 En las Bibliotecas Nacional y de la Academia de la Historia.

cuando el autor estaba ofendido y agraviado por disgustos de intra claustra. Este manuscrito acaba de publicarse en la *Revista de Ciencias Históricas de Barcelona*, con no muy buen acuerdo.[205] Tiene más de escandaloso que de útil; las regalías son hoy vejeces; en iglesias nacionales nadie piensa; y para conocer a Masdéu, nada añade ese papel que no supiéramos por su *Historia crítica* y por la *Apología católica*, en que, queriendo sincerarse, empeora su causa, como incapaz de guardar término ni mesura en nada.[206] En su historia de la España gótica todo está sacado de quicio y envenenado; véase, por ejemplo, cómo narra él las supuestas disputas de san Braulio y san Julián con la Santa sede. Quien siga extensamente el tomo primero de esta nuestra obra, hallará otros ejemplos de este ciego furor con que Masdéu interpreta la historia, siempre que se atraviesan regalías, inmunidad personal o local, concilios nacionales, jurisdicción pontificia, liturgia gótica, etc.

¿Y todo para qué? Y esto es lo más triste. Con ese fantasma de Iglesia española se amparaban decretos como el de Urquijo, y venía a renglón seguido el estupendo canonista marqués de Caballero, que los suscribía, preguntando con gran misterio si la publicación de los concilios de Toledo en la colección canónica que preparó el padre Burriel, y que iba a imprimir la Biblioteca Nacional, contendría algunas especies perjudiciales a la potestad real o a la paz del Estado. Oportunamente le advirtió el fiscal Sierra que los tales cánones eran más conocidos que la ruda, como que los habían impreso García de Loaysa, Aguirre y Villanuño, por lo menos. Si no aciertan a ser del dominio público, Caballero, Urquijo y Godoy los prohíben y los mutilan por revolucionarios, teo-

---

205 Véase el art. Masdéu en las *Memorias para ayudar a formar un diccionario crítico de escritores catalanes...* de Torres Amat (Barcelona, Verdaguer, 1836).

206 Ni era inédito tampoco el opúsculo de Masdéu que como tal publicó la *Revista de Ciencias Históricas de Barcelona*. Hace muchos años que estaba impresa con el siguiente título:
«Iglesia española», obra escrita en Roma, y dirigida al M. R. cardenal primado, y a los M. RR. arzobispos y obispos de España, por don Juan Francisco Masdéu, en 1815; añádese otro opúsculo del propio autor titulado *Bosquejo de una reforma necesaria en el presente mundo cristiano en materia de jurisdicción*, y presentada al gobierno de la misma en 1799. (Madrid 1841, Imprenta de Yenes, 8.º marquilla). Publicado, según creo, por el obispo de Astorga, Torres Amat.

cráticos y antirregalistas[207] a la manera que reservadamente mandaron en 2 de junio de 1805 quitar de la *Novísima recopilación* las leyes en que se habla de cortes o se cercena algo de las facultades del monarca. «Conviene más sepultar tales cosas en un perpetuo olvido —decía Caballero— que exponerlas a la crítica de la multitud ignorante.»

A tan vergonzoso estado de abyección y despotismo ministerial había llegado España en los primeros años del siglo XIX. La centralización francesa había dado sus naturales frutos, pero era solo ficticia y aparente. La masa del pueblo estaba sana. El contagio vivía solo en las regiones oficiales. Todo era artificial y pedantesco; remedo y caricatura del jansenismo y del galicanismo francés, como lo habían sido en Italia el regalismo de la *Historia civil de Nápoles*, de Giannone, o las reformas de Escipión Ricci, o la farsa semisacrílega de Pistoya. Aquellos goticismos e hispanismos cayeron en la arena y no fructificaron. La rueda superior que dirigía toda aquella máquina, ya la descubriremos en el capítulo siguiente.

Capítulo III. El enciclopedismo en España durante el siglo XVIII
I. El enciclopedismo en las regiones oficiales. Sus primeras manifestaciones más o menos embozadas. Relaciones de Aranda con Voltaire y los enciclopedistas. II. Proceso de Olavide y otros análogos. III. El espíritu enciclopédico en las sociedades económicas. El doctor Normante y Carcaviella. Cartas de Cabarrús. IV. Propagación y desarrollo de la filosofía sensualista. Sus principales expositores: Verney, Eximeno, Campos, Foronda, etc. V. El enciclopedismo en la amena literatura. Procesos de Iriarte y Samaniego. Filosofismo poético de la escuela salmantina. Tertulia de Quintana. Sus odas. Vindicación de Jovellanos. VI. Resistencia ortodoxa. Principales impugnadores del enciclopedismo. El padre Rodríguez, Ceballos, Valcárcel, Forner, el padre Castro, Jovellanos, fray Diego de Cádiz, etc.

I. El enciclopedismo en las regiones oficiales. Sus primeras manifestaciones más o menos embozadas. Relaciones de Aranda con Voltaire y los enciclopedistas
En la introducción de este volumen quedan consignados los orígenes, tendencias y caracteres de la impiedad francesa del siglo XVIII, vulgarmente conocida

---
207 Véase *Independencia de la Iglesia española*, por don Judas José Romo (2.ª edición), página 463. Allí están las órdenes.

con el nombre de enciclopedismo. De Francia irradió a toda Europa, contagiando a reyes, príncipes y ministros, a todos los rectores de los pueblos, a la vieja aristocracia de la sangre y a las otras dos, de las letras y de la Banca, que desde Voltaire y desde el sistema económico de Law habían comenzado a levantar la cabeza. Al pueblo llegaron los efectos mucho más tarde, y solo después que sus monarcas habían agotado los esfuerzos para descristianizarle y corromperle. Por de contado que ellos fueron las primeras víctimas en cuanto rompió la valla el furor de la plebe amotinada. ¡Cuán ciego es quien no ve la mano de la Providencia en las grandes expiaciones de la Historia!

Los estragos de la Enciclopedia en Italia y en España son más subterráneos y difíciles de descubrir que en Rusia o en Alemania. Es preciso hacer un estudio analítico y minucioso, atar cabos sueltos y seguir atentamente los más tenues e imperceptibles hilos de agua hasta dar con el escondido manantial de toda la política heterodoxa que estudiamos en el capítulo anterior. Por otra parte, en España, donde es tal la penuria de memorias, relaciones y correspondencias, y tratándose del siglo XVIII, que casi todos los españoles miran por instinto como época sin gloria y que apenas estudia nadie, la dificultad sube de punto, ningún dato es pequeño, ni despreciable, ora venga de los documentos escritos, ora de la tradición oral, aunque pobre y desmedrada, cuando se trata de conocer el estado moral de una época tan cercana a nosotros, y tan remota, sin embargo, de nuestro conocimiento por más que contuviera en germen todos los errores y descarríos de la presente.

Producciones literarias francamente volterianas o traducciones que no fuesen clandestinas, no las hay ciertamente hasta fines del siglo; pero, si antes no se ve al monstruo cara a cara, harto se le conoce por sus efectos en las regiones oficiales, por lo que informa y tuerce el espíritu económico, por el colorido general que imprime a las letras y por el clamor incesante de sus impugnadores. Todo esto será materia de estudio en el capítulo presente.

No bastan las tradiciones regalistas, no basta el jansenismo francés o pistoyano para explicar aquella lucha feroz, ordenada, regular e implacable que los consejeros de Carlos III y de Carlos IV, los Aranda, Rodas, Moñinos, Campomanes y Urquijos emprendieron contra la Iglesia en su cabeza y en sus miembros. Y cuando vemos repetirse el mismo hecho en todas las monarquías de Europa, y a la filosofía sentada en todos los tronos, y que a Pombal responde

Choiseul, y a Choiseul, Tanucci, y a Tanucci, Kaunitz, y que Catalina II civiliza a la francesa a los tártaros y a los cosacos, y que Federico de Prusia, ayudado por el Patriarca, remeda en Potsdam justamente los gustos de Tiberio y los de Juliano el Apóstata; mientras que el emperador de Austria José II, poseído de extraño y pedantesco furor canonista, arregla como sacristán mayor, las iglesias de su imperio; en medio, digo, de todas estas coincidencias y del método y de la igualdad con que todo se ejecuta, ¿quién dudará ver en todo el continente un solo movimiento, cuyo impulso inicial está en Francia, y del cual son dóciles adeptos y servidores, cual si obedeciesen a una secreta consigna, todos esos consejeros, reyes, ministros y hasta obispos?

Los hechos hablan muy alto. Limitémonos a España y al tiempo de Carlos III. Ya sabemos que Roda, escribiendo a Choiseul, con nada menos se contentaba, después de la expulsión de los jesuitas, que con exterminar a la madre, es decir, como él añade con cínico desenfado, para evitarnos todo peligro de mala inteligencia nuestra santa madre la Iglesia romana. Tal era *le mot d'ordre*, mejor dicho, la bandera y el grito de toda la escuela: *Écrasez l'infame*.

De la impiedad del conde de Aranda y de sus relaciones con los enciclopedistas, nadie duda. Recorramos las obras de Voltaire; ¿dónde buscar más autorizado testimonio?

Aunque los nombres propios (leemos en el *Diccionario filosófico*) no sean objeto de nuestras cuestiones enciclopédicas, nuestra sociedad literaria se ha creído obligada a hacer una excepción en favor del conde de Aranda, presidente del Consejo Supremo de España y capitán general de Castilla la Nueva, el cual ha comenzado a cortar las cabezas de la hidra de la Inquisición, justo era que un español librase la tierra de este monstruo, ya que otro español le había hecho nacer (Santo Domingo)... Las caballerizas de España estaban llenas, desde más de quinientos años, de las más asquerosas inmundicias; lástima grande era ver tan hermosos potros sin más palafreneros que los frailes, que les oprimían la boca y les hacían arrastrarse en el fango. El conde de Aranda, que es excelente jinete, empieza ya a limpiar los establos de Augías de la caballería española.

Bendigamos al conde de Aranda, porque ha limado los dientes y cortado las uñas al monstruo.[208]

En prosa y en verso no se cansó Voltaire de celebrar a Aranda. Así exclama en la oda *A mi bajel*:

> Vete hacia esas columnas, que en otro tiempo separó el terrible hijo de Alcmena, domador de los leones y de la hidra, el que desafió siempre el odio de las celosas deidades. En España encontrarás un nuevo Alcides, debelador de un hidra más fatal; él ha rasgado la venda de las supersticiones y sepultado en la noche del sepulcro el infernal poder de la Inquisición. Dile que hay en Francia un mortal que le iguala.[209]

> Va plut vers ces monts qu'autrefois sépara
> le redoutable fils d'Alcme,
> qui dompta les lions, sous qui l'hydre expira,
> et qui des dieux jaloux brava toujours la haine.
> Tu verras en Espagne un Alcide nouveau,
> vainqueur d'une hydre plus fatale,
> des superstitions déchirant le bandeau,
> plongeant dans la nuit du tombeau
> de l'Inquisition la puissance infernale.
> Dis lui qu'il est en France un mortel qui l'égale.

El conde de Aranda quedó encantado de verse comparar en términos tan retumbantes con el hijo de Alcmena, desquijarrador del león nemeo. Y en muestra de agradecimiento envió a Voltaire exquisita colección de vinos españoles, don gratísimo para el viejo patriarca de Ferney, que los celebró como buen gourmet, en una poesía ligera y nada edificante, que se llama en las ediciones *Jean qui pleure et Jean qui rit*: «Cuando por la tarde, en compañía de algunos libertinos y de más de una mujer agradable, como mis perdices y bebo

---

208 *Oeuvres complètes de Voltaire* (edición de 1820 de l'imprimerie Carez), tomo 33, página 421.

209 *Oeuvres complètes de Voltaire... Poésies*, tomo 4 (1821), páginas 172 y 173.

el buen vino con que el conde de Aranda acaba de adornar mi mesa; cuando, lejos de bribones y de tontos, sazono los entremeses de un delicioso almuerzo con las gracias, las canciones y los chistes, llego a olvidarme de mi vejez», etc., etc.

> Et je bois le bons vins
> dont monsieur d'Aranda vient de garnir ma table.[210]

El regalo de Aranda era espléndido; no solo envió muestras de nuestros mejores vinos, sino porcelanas, sedas, paños y toda manera de productos de la industria nacional. Voltaire le escribía desde Ferney: «Señor conde, tengo la manufactura de vuestros vinos por la primera de Europa. No sabemos a cuál dar la preferencia, al canarias o al garnacha, al malvasía o al moscatel de Málaga. Si este vino es de vuestras tierras, deben de caer muy cerca de la tierra prometida. Nos hemos tomado la libertad de beber a vuestra salud en cuanto han llegado. Juzgad qué efecto habrán hecho en gentes acostumbradas al vino de Suiza. Vuestra fábrica de media porcelana es muy superior a la de Estrasburgo. Mi alfarería es, en comparación de vuestra porcelana, lo que Córcega en cotejo de España. También hago medias de seda, pero las vuestras son de una delicadeza admirable. De paños no tenemos nada. Vuestros hermosos merinos, de lana tan suave y delicada, son desconocidos aquí... Recibid, señor, el testimonio de mi profunda admiracin por un hombre que desciende a todos estos pormenores en medio de tan grandes cosas. De seguro que en tiempo del duque de Lerma y del conde-duque de Olivares no tenía España tales fábricas. Conservo como reliquia preciosa el decreto solemne de 7 de febrero de 1770[211] que desacreditó un poco las fábricas de la Inquisición. Europa entera debía felicitaros por él. Si alguna vez queréis engalanar el dedo de una ilustre dama española con un reló en forma de anillo... adornado de diamantes, sabed que solo en mi aldea se hacen, y que estoy a vuestras órdenes. No lo digo por vanidad, porque es puro acaso el que ha traído a mi pueblo al único artista que trabaja en estos pequeños prodigios. Los prodigios no deben desagradaros».[212]

---

210 *Oeuvres de Voltaire, Poésies*, tomo 2 (9 de la colección), página 503.
211 El que quitó a la Inquisición las causas de bigamia.
212 *Oeuvres de Voltaire*, tomo 54 de la edición cit., página 342.

Bien dice el Príncipe de la Paz en sus *Memorias* que a Aranda le embriagaron los elogios de los enciclopedistas, que se habían propuesto reclutarle para sus doctrinas, y que adoptó sin examen cuanto de malo, mediano y bueno,[213] había producido aquella secta. Y, siendo hombre de tan terca voluntad como estrecho entendimiento, oyó a los franceses como oráculos, fue sectario fanático y adquirió, más que la ciencia, la ambición y los ardores de la escuela.[214] «Es un pozo profundo, pero de boca angosta», decía de él el napolitano Caraccioli.

A Carlos III llegó a hastiarle tan desembozada impiedad, y sin duda por eso le mantuvo casi siempre lejos de la corte, en la Embajada de París, donde trató familiarmente al abate Raynal y a D'Alembert, que acabaron de volverle el juicio con sus elogios. Rousseau me dice, que continuando España así dará la ley a todas las naciones —escribía Aranda a Floridablanca en 7 de junio de 1786— y, aunque no es ningún doctor de la Iglesia, debe tenérsele por conocedor del corazón humano y yo estimo mucho su juicio.[215]

Los franceses creían a Aranda capaz de todo. Por entonces vino a España un mozalbete que decían el marqués de Langle, quien publicó en 1784, con el seudónimo de Fígaro, entonces de moda por la comedia de Beaumarchais, un *Viaje por España*, lleno de necedades y dislates más que ningún otro de los que sus compatriotas han escrito sobre la Península. Allí dice textualmente:[216] «El conde de Aranda es el único hombre de quien puede envanecerse al presente la monarquía española; el único español de nuestros días cuyo nombre escribirá la posteridad en sus libros. Él había propuesto admitir en España todas las sectas sin excepción y quería grabar en el frontispicio de todos los templos, reuniéndolos en una misma cifra, los nombres de Calvino, de Lutero, de Confucio, de Mahoma, del Preste Juan, del gran Lama y de Guillermo Penn. Quería que en adelante, desde las fronteras de Navarra hasta el estrecho de Gibraltar, los nombres de Torquemada, Isabel, Inquisición, autos de fe, se castigasen como blasfemias. Quería, por último, poner en venta las alhajas de los santos, las

---

213 ¿Qué entendería por bueno don Manuel Godoy?
214 Prosigue, hablando el Príncipe de la Paz, cuyas *Memorias*, atribuidas comúnmente al abate don Mariano Sicilia, son muy curiosas, amenas y dignas de leerse, aunque escritas en perverso castellano, como el que se hablaba a principios del siglo.
215 Ferrer del Río, *Historia de Carlos III*, página 43 del tomo 4.
216 *Voyage de Fígaro en Espagne*. A Saint-Malo (1784, 8.º, página 224. Parece edición furtiva).

joyas de las vírgenes y convertir las reliquias, las cruces, los candeleros, etc., en puentes, canales, posadas y caminos reales».

El marqués de Langle era un señorito de sociedad ignorantísimo y petulante. Si a Aranda o a cualquier español de entonces se le hubieran ocurrido tales desvaríos no se habría hallado en Zaragoza jaula bastante fuerte para encerrarle. Pero se trae aquí este testimonio para probar el crédito que tenía Aranda entre los hermanos (frase de Voltaire).

Bien dijo Pío VI que los ministros de Carlos III eran hombres sin religión. Aquel monarca, piadoso, pero cortísimo de alcances y dirigido por un fraile tan ramplón y vulgar como él, estaba literalmente secuestrado por la pandilla de Aranda y Roda, que Voltaire llamaba *coetus selectus*. Léase la siguiente carta del patriarca de Ferney al marqués de Miranda, camarero mayor del rey de España, escrita en 10 de agosto de 1767.

Señor, tenéis la audacia de pensar libremente en un país donde esta libertad ha sido las más veces mirada como un crimen. Hubo tiempo en la corte de España, sobre todo cuando los jesuitas dominaban, en que estaba casi vedado el cultivo de la razón y era mérito en la corte el embrutecimiento del espíritu... Al fin lográis un ministro ilustrado (¿Aranda o Roda?) que tiene mucho entendimiento y permite que otros lo tengan. Sobre todo, ha sabido conocer el vuestro, pero las preocupaciones son todavía más fuertes que vos y que él... Tenéis en Madrid aduana de pensamientos; a la puerta los embargan como si fuesen géneros ingleses... Los griegos esclavos disfrutan cien veces más libertad en Constantinopla que vosotros en Madrid. Os parecéis a aquella reina de *Las mil y una noches*, que, siendo fea con extremo, castigaba de muerte a todo el que se atrevía a mirarla cara a cara. Tal era, señor, el estado de vuestra corte hasta el Ministerio del conde de Aranda y hasta que un hombre de vuestro mérito se acercó a la persona de su majestad. Pero aún dura la tiranía monacal. No podéis descubrir el fondo de vuestra alma sino a algunos amigos íntimos, en muy pequeño número. No os atrevéis a decir al oído de un cortesano lo que diría un inglés en pleno Parlamento. Nacisteis con un ingenio superior; hacéis tan lindos versos como Lope de Vega, escribís en prosa mejor que Gracián. Si estuvieseis en Francia se os creería hijo del abate Chaulieu y de madame de Sévigné. Si hubieseis nacido inglés, seríais oráculo de la Cámara de los Pares. ¿Pero de qué os servirá esto en Madrid? Sois un águila encerrada en una aula y custodiada por lechuzas... En Madrid y en Nápoles, los descendientes del Cid tienen que besar la mano y el hábito de un dominico. Los frailes y los curas son los que engordan con la sangre de los pueblos. Supongo que habéis encontrado en Madrid una sociedad digna de vos y que podéis filosofar libremente en vuestro coetus selectus. Insensiblemente educaréis discípulos de la razón; educaréis las almas asimilándolas a la vuestra, y cuando lleguéis a los altos puestos del Estado, vuestro ejemplo y vuestra protección dará a las almas el temple de que carecen. Basta con dos o tres hombres de valor para cambiar el aspecto de una nación... ¡Ojalá señor, que podáis encadenar al ídolo, ya que no podéis derribarle!.[217]

Contra Aranda se recibieron cuatro denuncias en la Inquisición y aun resultó complicado en el proceso de Olavide[218] pero su alta dignidad le escudó, lo mismo que a Azara, tan volteriano en sus cartas; a Campomanes y a Roda. Olavide pagó por todos, como veremos en el párrafo siguiente, aunque por modo de amonestación se hizo asistir a su autillo al gobernador del Consejo y a otros grandes señores de la corte.

El volver de los sucesos castigó providencialmente a Aranda en tiempo de Carlos IV. Apasionadísimo por la causa de la República francesa, tuvo en Aranjuez, el 14 de mayo de 1794, áspera disputa con el omnipotente Godoy, y, dejándose llevar de su ruda y aragonesa sinceridad, única condición que le hace simpático, dijo durísimas verdades al privado en la presencia misma del rey. Aquella tarde, y con el mismo arbitrio y despótico rigor con que él había tratado a los jesuitas, fue expulsado de la corte y conducido de castillo en castillo hasta su villa de Epila, donde murió confinado en 1798. ¡Cuán inapelables son los caminos del Señor![219]

---

217 Voltaire, tomo 52 (8 de la *Correspondencia*), páginas 269 a 632.
218 Llorente, *Histoire critique*, tomo 2, página 533.
219 Parece que Godoy, después de la caída de Aranda, tuvo empeño en que el Santo oficio le procesase. El inquisidor general, don Manuel Abad y la Sierra que era jansenista se negó a hacerlo, y de resultas tuvo que renunciar a su cargo. Sobre esto se lee en el *Diario inédito de Jovellanos* (páginas 197): «El inquisidor cayó por no haber perseguido al viejo (el vicio era Aranda); díjole Manolito un día que era preciso procesarle; respondió que se iría informando; pasaron dos meses; preguntóle cómo iba de ello, dijo no hallar causa; irritado aquél, le repuso... (aquí una frase malsonante); insinuóle que pretextase su sor-

¿Murió Aranda como cristiano o como gentil? Un documento oficial, su partida de defunción, citada por Ferrer del Río, asegura que el conde recibió los sacramentos de penitencia, santo viático y extremaunción. La tradición del país, referida por don Vicente de la Fuente, afirma que Aranda persistió en su impenitencia y que el capuchino que a ruegos de la familia entró a auxiliarle salió llorando, sin que en adelante quisiera declarar cosa ninguna.[220] Habiendo sido Aranda pecador público y enemigo jurado de la Iglesia; incurso en las censuras del capítulo *Si quem clericorum* del Tridentino, necesaria era una retractación pública y en toda forma, de que no hay en Épila el menor vestigio, y, por tanto, la duda subsiste en pie. *Publice peccantes, publice puniendi*.

II. Proceso de Olavide (1725-1804) y otros análogos[221]

Don Pablo Olavide era peruano y hombre de toga. Habíase dado a conocer, siendo oidor de la Audiencia de Lima, en el horrible terremoto que padeció aquella ciudad en 1746. Al reparar los efectos de aquel desastre, mostró serenidad, aplomo y desinterés no vulgares, y por su mano pasaron los caudales

---

dera para retirarse; esto por carta confidencial; respondió que, siendo la causa anterior, fuese cosa ridícula alegarla por pretexto; pero se le mandó expresamente y lo hizo. Dícese o témese que se le haga causa por una carta que supone haber escrito a un defensor de ciertas conclusiones, asegurándole que estuviese tranquilo, porque sus principios estaban acordes».

Godoy en sus *Memorias* lo cuenta todo al revés, y supone que él libró a Aranda de un proceso inquisitorial. Nueva prueba de la mala fe con que aquellas *Memorias* están escritas.

220 Así lo oyó el doctor la Fuente a un capuchino aragonés del convento de Jarque, patrimonio de la casa de Aranda (Véase *La Corte de Carlos III*, Madrid, 1867, página 55, y la segunda parte del mismo folleto, Madrid, 1868, página 135 a 142). El conde de Aranda yacía en el monasterio de san Juan de la Peña hasta que fueron a sacarle de allí y pasearle en irrisoria pompa, con otros muertos de más honrada fama, los promovedores de la farsa del Panteón Nacional. Al cabo, Aranda, como gloria progresista, legítimamente les pertenecía.

221 Nota del editor.
—Al margen del ejemplar de la primera edición que tenemos a la vista se lee, en letra de Menéndez Pelayo, la siguiente acotación: «Este capítulo sobre Olavide debe sustituirse con otro más extenso que he publicado en el prólogo del tomo 3 de la *Antología de poetas hispano-americanos*».
Conservamos esta primera redacción de *Los heterodoxos*, y pueden los suscriptores de las *Obras completas de Menéndez Pelayo* consultar la segunda en el tomo 2 de la *Antología de poetas hispano-americanos*, vol. 34 de esta colección.

de los mayores negociantes de la plaza, dejándole con mucha reputación de íntegro. Así y todo, no faltó quien murmurase de él, sobre todo por haber construido un teatro con el fondo remanente después de aquella calamidad. Se le mandó venir a Madrid y rendir cuentas. Propicia se le mostró la fortuna en España. Gallardo de aspecto, cortés, elegante y atildado en sus modales, ligero y brillante en la conversación, cayó en gracia a una viuda riquísima que decían doña Isabel de los Ríos, heredera de dos capitalistas, y logró fácilmente su mano.[222]

Desde entonces, la casa de Olavide en Leganés y en Madrid fue punto de reunión para lo que ahora llamaríamos buena sociedad o *high life*. En aquel tiempo, los salones eran raros y más fácil el monopolio del buen tono. Olavide, agradable, insinuante, culto a la francesa, con aficiones filosóficas y artísticas, que alimentaba en sus frecuentes viajes a París; ostentoso y espléndido, corresponsal de los enciclopedistas y gran leyente de sus libros, hacía ruidoso y vano alarde de su proyectos innovadores. Aranda se entusiasmó con él y le protegió mucho, haciéndole síndico personero de la villa de Madrid y director del Hospicio de san Fernando. Los ratos de ocio dedicábalos a las bellas letras; puso en su casa un teatro de aficionados, como era de moda en los *chateaux* de Francia y como lo hacía el mismo Voltaire en Ferney, y para él tradujo algunas tragedias y comedias francesas. Moratín[223] le atribuye solo la *Zelmira*,

---

222 Acerca de Olavide véanse: Coxe (adicionado por Muriel), cap. 47, tomo 4 de la traducción esp. Páginas 244 a 247, y lo que dice el mismo Muriel en una nota a su Gobierno del Señor rey don Carlos III o Instrucción *Reservada para dirección de la Junta de Estado que creó este Monarca* (París 1838); Ferrer del Río, *Historia de Carlos III*, tomo 3, lib. 4, cap. 1; Cueto (D. L. A.), *Bosquejo histórico-crítico de la poesía castellana en el siglo XVIII*, cap. 14; de la Fuente (don Vicente), *Historia eclesiástica de España*, tomo 4, página 67, e *Historia de las sociedades secretas*, tomo 1, página 132, y muchas biografías sueltas de Olavide, esparcidas en varios periódicos y revistas, sobre todo una de don Ángel Fernández de los Ríos, publicada en la *Ilustración española y americana*. He tenido a la vista, en tomos de papeles varios, diferentes relaciones del autillo de fe en que fue penado. Téngase además en cuenta la biografía satírica que citaré luego.

223 *Catálogo de piezas dramáticas del siglo XVIII*, página 320 del tomo de sus *Obras*, edición de Rivadeneyra.

la *Hipermnestra* y *El desertor francés*, pero don Antonio Alcalá Galiano[224] añade a ellas una, que corrió anónima, de la *Zaida* («Zaire») de Voltaire, tan ajustada al original, que de ella se valió como texto don Vicente García de la Huerta para su famosa *Jaira* (tan popular todavía entre los ancianos que recogieron algo de la tradición de aquel siglo), convirtiendo los desmayos y rastreros versos de Olavide en rotundo y bizarro romance endecasílabo. Realmente, Olavide nada tenía de poeta ni en lo profano ni en lo sagrado, que después cultivó tanto; sus versos son mala prosa rimada, sin nervio, ni color, ni viveza de fantasía. A veces, traduciendo a Voltaire, le sostiene el original, y, a fuerza de ser fiel lo hace mejor que Huerta. Así en estas palabras, casi últimas, de Orosman:

> Di que la amaba y di que la he vengado...
> (Dis que je l'adorais, et que je l'ai vengée.)

Pero estos aciertos son raros. Era medianísimo en todo, de instrucción flaca y superficial, propia no más que para deslumbrar en las tertulias, donde el prestigio de la conversación suple más altas y peregrinas dotes. Con esto y con dejarse llevar del viento de la moda filosófica, no al modo cauteloso que Campomanes y otros graves varones, sino con todo el fogoso atropellamiento de los pocos años, de las vagas lecturas y de la imaginación americana. Olavide cautivó, arrebató, despertó admiración, simpatía y envidia y acabó por dar tristísima y memorable caída.

Pero antes la protección de Aranda le ensalzó a la cumbre, y en 1769 era asistente de Sevilla. De aquel tiempo (22 de agosto) data su famoso plan de reforma de aquella Universidad, el más radicalmente revolucionario que se formuló por entonces.[225] Todo él respira el más rabioso centralismo y odio encarnizado a todas las fundaciones particulares y libertades universitarias. Laméntase

---

224 *Lecciones de literatura del siglo XVIII...*: (Madrid, Imprenta de la Sociedad Literaria y Tipográfica, 1845), página 243. La traducción de Olavide se imprimió por dos veces en Barcelona, la primera sin año, la segunda en 1782, por Carlos Gibert y Tudó (Véase Sempere y Guarinos en el artículo de Huerta).

225 Sempere y Guarinos le omite, pero puede leerse extractado en el libro de don Antonio Gil y Zárate *De la instrucción pública en España* (Madrid, Imprenta del Colegio de Sordomudos, 1855), página 59 a 62. Gil y Zárate le elogia mucho, y es natural. Después de todo, allí está en germen el desdichado plan del 45.

de que «España sea un cuerpo compuesto de muchos cuerpos pequeñas, en que cada provincia... solo se interesa en su propia conservación, aunque sea con perjuicio y depresión de las demás, y en que cada comunidad religiosa, cada colegio, cada gremio, se separe del resto de la nación para reconcentrarse en sí mismo». «De aquí proviene aquel fanatismo con que tantos han aspirado a la gloria de fundadores, queriendo cada particular establecer una república aparte con leyes suyas y nuevas; vanidad que se ha introducido hasta en la religión y en la libertad de los que mueren... Por estos principios se puede hoy mirar la España como un cuerpo sin vida ni energía, como una república monstruosa, formada de muchas pequeñas que mutuamente se resisten.» Difundíase, por de contado, en largas invectivas contra los colegios mayores, pero aún trataba peor, y con supina ignorancia y ligereza, al escolasticismo. «Este es aquel espíritu de error y de tinieblas que nació en los siglos de ignorancia... Mientras las naciones cultas, ocupadas en las ciencias prácticas, determinan la figura del mundo o buscan en el cielo nuevos luminares, nosotros consumimos nuestro tiempo en vocear las cualidades del ente o el *principium quod* de la generación del Verbo.» ¿Para qué queremos teología ni metafísica? «Son cuestiones frívolas e inútiles —dice Olavide—, pues o son superiores al ingenio de los hombres, o incapaces de traer utilidad, aun cuando fuese posible demostrarlas... Así se ha corrompido la simplicidad y pureza de los principios evangélicos.»

 Olavide era un iluso de filantropía, pero con cierta cándida y buena fe, que a ratos le hace simpático. Allí en Sevilla protegió, a su modo, las letras, y sobre todo la economía política, y alentó y guió los primeros pasos de Jovellanos. De su tertulia, y con ocasión de una disputa sobre la comedia larmoyante de *La Chaussée* y la tragedia bourgeoise de Diderot, salió *El delincuente honrado*, drama algo lánguido y declamatorio, pero tierno y bien escrito, si bien echado a perder por la monotonía sentimental del tiempo, como que su ilustre autor se propuso «inspirar aquel dulce horror con que responden las almas sensibles al que defiende los derechos de la humanidad». Rasgos tan inocentes como éste, y más cuando vienen de tan grande hombre como Jovellanos, no deben perderse ni olvidarse, porque pintan la época mejor que lo harían largas disertaciones. La *Julia* y el *Tratado de los delitos y de las penas* entusiasmaban por igual a aquellos hombres, y para que la afectación llegase a su colmo juntaban la mascarada pastoril de la *Arcadia* con la filantropía francesa, llamándose entre ellos el mayoral Jovino y el facundo Elpino. Este era Olavide, y su amigo le cantaba así en versos sáficos bien poco afortunados:

> Cuando miraba del cimiento humilde
> salir erguido el majestuoso templo,
> el ancho foro, y del facundo Elpino
> la insigne casa.
> Cuando el anciano documentos graves
> daba, y al joven prevenciones blandas,
> y a las matronas y a las pastorcillas
> santos ejemplos.

Jovellanos conservó siempre muy buen recuerdo de Olavide, por fortuna de éste, puesto que basta la amistad de tal varón para salvarle del olvido y hacer indulgente con él al más áspero censor, *Ni en próspera ni en adversa fortuna* flaqueó el cariño de Jovino, que aún describía en 1778 a sus amigos de Sevilla.

> Mil pueblos que del seno enmarañados
> de los marianos montes, patria un tiempo
> de fieras alimañas, de repente
> nacieron cultivados, do a despecho
> de la rabiosa envidia, la esperanza
> de mil generaciones se alimenta;
> lugares algún día venturosos,
> del gozo y la inocencia frecuentados,
> mas hoy de Filis,[226] con la tumba fría
> y con la triste y vacilante sombra
> del sin ventura Elpino ya infamados
> y a su primero horror restituidos.[227]

Entre los mil proyectos, más o menos razonables o utópicos, que en aquella época de inconsciente fervor economista se propalaban para remediar la des-

---
226 Una hija de Olavide llamada doña Engracia.
227 *Obras de Jovellanos* (edición Rivadeneyra), página 41, 22 y 77.

población de España y abrir al cultivo las tierras eriales y baldías, era uno de los más favorecidos por la opinión de los gobernantes el de las colonias agrícolas, hoy tenido por remedio pobre e insuficiente. «Colonizar —ha dicho el vigoroso autor de la *Población rural*— en un pensamiento caduco que ni todos los disfraces de la ambición ni los afeites de la moda podrán rejuvenecer.»[228]

Pero en el siglo XVIII aún no había aclarado la experiencia lo que hoy vemos patente, y parecían muy bien las colonias, como todo medio artificial y rápido de población y cultivo. Ya Ensenada había pensado establecerlas, y en tiempo de Aranda volvió a agitarse la idea con ocasión de un *Memorial* de cierto arbitrista prusiano que se hacía llamar don Juan Gaspar Thurriegel. Campomanes entró en sus designios, redactó una consulta favorable en 26 de febrero de 1767, y sin dilación tratóse de poblar los yermos de Sierra Morena, albergue hasta entonces de forajidos, célebres en los romances de ciego y terror de los hombres de bien. Thurriegel se comprometió a traer, en ocho meses, 6.000 alemanes y flamencos católicos; y la concesión se firmó el 2 de abril de 1767, el mismo día que la pragmática de expulsión de los jesuitas.

Para establecer la colonia fue designado, con título de superintendente, Olavide, como el más a propósito por lo vasto y emprendedor de su índole. No se descuidó un punto, y con el ardor propio de su condición novelera y con amplios auxilios oficiales fundó en breve plazo hasta trece poblaciones, muchas de las cuales subsisten y son gloria única de su nombre. Fue aquél para Olavide una especie de idilio campestre y filantrópico, una *Arcadia sui generis* como la que Gessner fantaseaba en Suiza. Por desgracia propia, el superintendente no se detuvo en la poesía bucólica, y pronto empezaron las murmuraciones contra él entre los mismos colonos. Un suizo don José Antonio Yauch, se quejó en un *Memorial* de 14 de marzo de 1769 de la falta de pasto espiritual que se advertía en las colonias, a la vez que de malversaciones, abandono y malos tratamientos. Confirmó algo de estas acusaciones el obispo de Jaén; envióse de visitadores al consejero Valiente, a don Ricardo Wall y al marqués de la Corona, y tampoco fueron del todo favorables a Olavide sus informes. Entre los colonos habían

---

228 Don Fermín Caballero, *Fomento de la población rural* (Madrid, Imprenta Nacional, 1864), página 15. Libro que, aparte de sus yertos progresistas en materia de amortización eclesiástica, debe citarse como monumento insigne de buena fe, de sabiduría práctica y de hermosa y rica lengua castellana, que el autor hablaba como el más culto labrador del buen tiempo. Quizá no es tan española la misma Ley agraria.

venido disimuladamente varios protestantes, y, en cambio, faltaban clérigos católicos de su nación y lengua. De conventos no se hable; Aranda los había prohibido para entonces y para en adelante, en términos expresos, en el pliego de concesiones que ajustó con Thurriegel. Al cabo vinieron de Suiza capuchinos, y por superior de ellos, fray Romualdo de Friburgo, que, escandalizado, aunque extranjero, de la libertad de los discursos del colonizador, hizo causa común con los muchos enemigos que éste tenía dentro del Consejo y entre los émulos de Aranda. Las imprudencias, temeridades y bizarrías de Olavide iban comprometiéndole más a cada momento. Ponderaba con hipérboles asiáticas el progreso de las colonias, y sus émulos lo negaban todo. Él se quejaba de los capuchinos que le alborotaban la colonia[229] y ellos de que pervertía a los colonos con su irreligión.

Al cabo, fray Romualdo de Friburgo delató en forma a Olavide en septiembre de 1775 por hereje, ateo y materialista, o a lo menos naturalista y negador de lo sobrenatural, de la revelación, de la Providencia y de los milagros, de la eficacia de la oración y buenas obras; asiduo lector de los libros de Voltaire y de Rousseau, con quienes tenía frecuente correspondencia; poseedor de imágenes y figuras desnudas y libidinosas; inobservante de los ayunos y abstinencias eclesiásticas y distinción de manjares, profanador de los días de fiesta y hombre de mal ejemplo y piedra de escándalo para sus colonos. A esto se añadían otros cargos risibles, como el de defender el movimiento de la tierra y oponerse al toque de las campanas en los nublados y al enterramiento de los cadáveres en las iglesias.

El Santo oficio impetró licencia del rey para procesar a Olavide aprovechando la caída y ausencia de Aranda, y se le mandó venir a Madrid para tratar de asuntos relativos a las colonias. Él temió el nublado que se le venía encima y escribió a Roda pidiéndole consejo. En la carta, que es de 7 de febrero de 1776,[230] le decía: «Cargado de muchos desórdenes de mi juventud, de que pido a Dios perdón, no hallo en mí ninguno contra la religión. Nacido y criado en un

---

229 Carta de Olavide a Campomanes en 13 de mayo de 1770: «¡Y ojalá pudiera despedir a algunos que por su genio díscolo y poco prudente... nos excitan y perturban, excitando a los colonos a quejas y disgustos en lugar de aquietarlos y aconsejarlos bien...!» (apud Ferrer del Río, tomo 3, página 44).
230 Carta a Roda (Archivo de Simancas, Proceso de Olavide), véase del Río, *Historia de Carlos III*, tomo 3, página 47 a 50.

país donde no se conoce otra que la que profesamos, no me ha dejado hasta ahora Dios de su mano por haber faltado nunca a ella; he hecho gloria de la que, por desgracia del Señor, tengo; y derramaría por ella hasta la última gota de mi sangre... Yo no soy teólogo, ni en estas materias alcanzo más que lo que mis padres y que maestros me enseñaron conforme a la disciplina de la Iglesia... Y estoy persuadido a que en las cosas de la fe de nada sirve la razón, porque no alcanza..., siendo la dócil obediencia el mejor sacrificio de un cristiano... Es verdad que yo he hablado muchas veces con el mismo fray Romualdo sobre materias escolásticas y teológicas y que disputábamos sobre ellas, pero todas católicas, todas conformes a nuestra santa religión... Él podrá interpretarlas ahora como su necedad le sugiera; pero, aun dejando aparte mi religión, ¿qué prueba hay de que fuera yo a proferir discursos censurables delante de un religioso que yo sabía ser mi enemigo, que escribía contra mí a todos y que, hasta en las cartas que incluyo, me tenía amenazado con la Inquisición?».

Roda, que quizá tenía en el fondo menos religión que Olavide, pero que a toda costa evitaba el ponerse en aventura, le dejó en manos del Santo oficio, contentándose con recomendar la mayor lenidad posible al inquisidor general. Éralo entonces el antiguo obispo de Salamanca, don Felipe Beltrán, varón piadoso y docto, no sin alguna punta de jansenismo, e inclinado, por ende, a la tolerancia con los innovadores. Así y todo, los cargos eran graves, y tuvo que condenar a Olavide, pero le excusó la humillación de un auto público, reduciendo la lectura de la sentencia a un autillo a puerta cerrada, al cual se dio, sin embargo, inusitada solemnidad. Verificóse ésta en la mañana del 24 de noviembre de 1778, con asistencia de los duques de Granada, de Híjar y de Abrantes, de los condes de Mora y de Coruña, de varios consejeros de Hacienda, Indias, Órdenes y Guerra, de tres oficiales de Guardias y de varios padres graves de diferentes religiones. Aquel acto tenía algo de conminatorio; recuérdese que entre los invitados estaba Campomanes. La Inquisición, aunque herida y aportillada, daba por última vez muestra de su poder ya mermado y decadente, abatiendo en el asistente de Sevilla al volterianismo de la corte y convidando al triunfo a sus propios enemigos.

Olavide salió de la ceremonia sin el hábito de Santiago, con extremada palidez en el rostro y conducido por dos familiares del Santo tribunal. Oyó con terror grande leer la sentencia y al fin exclamó: «Yo no he perdido nunca la fe aunque lo diga el fiscal». Y tras esto cayó en tierra desmayado. Tres horas había durado la lectura de la sumaria; los cargos eran sesenta y seis, confirmados por setenta y ocho testigos. Se le declaraba hereje convicto y formal, miembro podrido de la religión; se le desterraba a cuarenta leguas de la corte y sitios reales, sin poder volver tampoco a América, ni a las colonias de Sierra Morena, ni a Sevilla; se le recluía en un convento por ocho años para que aprendiese la doctrina cristiana y ayunase todos los viernes; se le degradaba y exoneraba de todos sus cargos, sin que pudiera en adelante llevar espada, ni vestir oro, plata, seda, ni paño de lujo, ni montar a caballo; quedaban confiscados sus bienes e inhabilitados sus descendientes hasta la quinta generación.

Cuando volvió en sí hizo la profesión de fe con vela verde en la mano, pero sin coroza, porque le dispensó el inquisidor, así como de la fustigación con varillas.

Los enemigos de Olavide, que tenía muchos por el asunto de las colonias, se desataron contra él indignamente después de su desgracia. Corre manuscrita entre los curiosos una sátira insulsa y chabacana, cuyo rótulo dice: El siglo ilustrado, vida de don Guindo Cerezo, nacido, educado, instruido y muerto según las luces del presente siglo, dada a luz para seguro modelo de las costumbres, por don Justo Vera de la Ventosa.[231] Es un cúmulo de injurias sandias, despreciables y sin chiste. Por no servir, ni para la biografía de Olavide sirve, porque el anónimo

---

[231] No sé que el don Guindo se haya impreso nunca. Yo le tengo manuscrito, dádiva de mi amigo y maestro don Cayetano Vidal y Valenciano, catedrático de la Universidad de Barcelona. Júzguese de lo que será el libro por este epitafio con que el autor le termina:

El que macho nació tan ilustrado,
el que instruido fue con tantas luces,
el hombre más civil contra andaluces,
el timbre luminoso de un Estado,
el bachiller don Guindo el alumbrado*
el capitán valiente contra cruces,
el marido que obtuvo más capuces,
el juez más recto contra el inculpado.

---

* Alumbrados o iluminados llamaban muchos a los impíos del siglo XVIII en España por suponerlos de la secta que fundó Weishaupt en Alemania, y de que dio tantas noticias el abate Barruel.

maldiciente estaba muy poco enterado de los hechos y aventuras del personaje contra quien muestra tan ciego ensañamiento.

A muchos pareció excesivo el rigor con que se trató a éste, y quizá lo era, habida consideración al tiempo, en que las penas de infamia iban cayendo en desuso. Sobre todo, parecía poco equitativo que se castigasen con tanta dureza las imprudencias de un subalterno, mientras que seguían impunes, no por mejores, sino por más disimulados o más poderosos, los Arandas y los Rodas, enemigos mucho más pestíferos de la Iglesia.

Olavide era una cabeza ligera, un *enfant terrible*, menos perverso de índole que largo de lengua, y sobre él descargó la tempestad. Comenzó por abatirse y anonadarse, pero luego vino a mejores pensamientos, no cayó en desesperación y la fe volvió a su alma. Retraído en el monasterio de Sahagún, sin más libros que los de fray Luis de Granada y el padre Señeri, tornó a cultivar con espíritu cristiano la poesía, que había sido recreación de sus primeros años, y compuso los únicos versos suyos que no son enteramente prosaicos. Llámanse en las copias manuscritas *Ecos de Olavide*,[232] y vienen a ser una paráfrasis del *Miserere*, que luego incluyó, retocada, en su traducción completa de los *Salmos* del real profeta:

> Señor: misericordia; a tus pies llega
> el mayor pecador, mas ya contrito,
> que a tu infinita paternal clemencia
> pide humilde perdón de sus delitos.
> A mis oídos les darán entonces
> con tu perdón consuelo y regocijo,
> y mis huesos exámines y yertos
> serán ya de tu cuerpo miembros vivos.
> Porque, si tú quisieras otra ofrenda,
> ninguna te negaré el amor mío,
> pero no quieres tú más holocausto
> que un puro amor y un ánimo sumiso.
> Señor, pues amas y deseas tanto

---

232 *Líricos del siglo XVIII*, coleccionados por don Leopoldo A. de Cueto, tomo 3, lib. 7, página 505 (Biblioteca de Rivadeneyra).

a tu siervo salvar, dispón benigno
que en la inmortal Jerusalén del alma
se labre de tu amor el edificio.

El arrepentimiento de Olavide ya entonces parece sincero, pero aún no había echado raíces bastante profundas. Era necesario que la desgracia viniera a labrar en aquella alma superficial y distraída no como sobre arena, sino como sobre piedra. Burlando la confianza del inquisidor general, y no sin connivencia secreta de la corte, huyó a Francia, y allí vivió algunos años con el supuesto título de conde del Pilo,[233] trabando amistad con varios literatos franceses, especialmente con el caballero Florián, ingenio amanerado y de buena intención, discreto fabulista y uno de los que acabaron de enterrar la novela pastoril. Olavide le ayudó a refundir la *Galatea*, de Cervantes, mereciendo que en recompensa le llamase «español tan célebre por sus talentos como por sus desgracias».

Los enciclopedistas recibieron en triunfo a Olavide, y aunque de España se reclamó su extradición, el mismo obispo de Rhodez, en cuya diócesis vivía, le dio medios para refugiarse en Ginebra. La revolución le abrió de nuevo las puertas de Francia y le declaró ciudadano adoptivo de la república una e indivisible, con lo cual, tornado él a su antiguo vómito, escribió contra los frailes,[234] y compró gran cantidad de bienes nacionales. La conciencia no le remordía aún y esperaba vivir tranquilo en cómodo aunque inhonesto retiro. Pero no le sucedió como pensaba. Dejémosle hablar a él mismo en mal castellano, pero con mucha sinceridad:

La Francia estaba entonces cubierta de terror y llena de prisiones. En ella se amontonaban millares de infelices, y los preferidos para esta violencia eran los más nobles, los más sabios o los hombres más virtuosos del reino. Yo no tenía ninguno de estos títulos, y, por otra parte, esperaba que el silencio de mi soledad y la oscuridad de mi retiro me esconderían de tan general persecución. Pero no

---

233 Véase Llorente, *Histoire critique de l'Inquisition*, tomo 2, páginas 543 a 547, que toma en buena parte sus noticias del *Nouveau Voyage d'Espagne*, publicado en París por Regnault en 1789.

234 Afírmalo don Adolfo de Castro en el *Discurso preliminar* a su *Colección de Filósofos*, tomo 55 de la Biblioteca de Rivadeneyra.

fue así. En la noche del 16 de abril de 1794, la casa de mi habitación,[235] se halló de repente cercada de soldados, y por orden de la Junta de Seguridad General fui conducido a la prisión de mi departamento.[236] En aquel tiempo, la persecución era el primer paso para el suplicio. Procuró someterme a las órdenes de la divina Providencia... ¡Pero pobre de mí! ¿Qué podría hacer yo? Viejo, secular, sin más instrucción que la muy precisa para mí mismo y encerrado en una cárcel con pocos libros que me guiasen y ningunos amigos que me dirigiesen.[237]

Y más adelante, Olavide se retrata en la persona de «aquel filósofo que no dejaba de tener algún talento y que nació con muchos bienes de fortuna. Pero, habiendo recibido en su niñez la educación ordinaria, había aprendido superficialmente su religión; no la había estudiado después, y en su edad adulta casi no la conocía, o, por mejor decir, solo la conocía con el falso y calumnioso semblante con que la pinta la iniquidad sofística... Un infortunio lo condujo a donde pudiera escuchar las pruebas que persuaden su verdad, y, a pesar de su oposición natural y, lo que es más, de sus envejecidas malas costumbres, no pudo resistir a su evidencia, y, después de quedar convencido, tuvo valor, con la asistencia del cielo, para mudar sus ideas y reformar su vida».[238]

Dudar de la buena fe de estas palabras y atribuirlas a interés o a miedo, sería calumniar la naturaleza humana, mentir contra la historia y no conocer a Olavide, alma buena en el fondo y de semillas cristianas, aunque hubiese pecado de vano, presumido y locuaz.

No dudo, pues, aunque lo nieguen los viejos, por la antigua mala reputación de Olavide, y lo nieguen algunos modernos, por repugnarles que el espectáculo de la libertad revolucionaria fuera bastante medicina para curar de su envejecida impiedad a un filósofo incrédulo, víctima de los rigores inquisitoriales; no dudo, repito, que la conversión de Olavide fue sincera y cumplida y no una añagaza para volver libremente a España. Léase el libro que entonces escribió *El Evangelio en triunfo* o historia de un filósofo desengañado, donde, si la ejecución no satisface, el fondo por lo menos es intachable, sin vislumbres, ni aun

---

235 Vivía en Meung.
236 Era el de Orleáns.
237 *El Evangelio en Triunmpho o Historia de un philósopho desengañado*, 3.ª edición. En Valencia, en la Imprenta de Joseph de Orga, año MDCCXCVIII; tomo 1, página VIII.
238 Página IX.

remotos, de doblez e hipocresía. Ya lo veremos al analizar más adelante esta obra entre las demás impugnaciones españoles del enciclopedismo. Dicen, y con alguna apariencia de razón, que expone con mucha fuerza los argumentos racionales de los incrédulos y que se muestra flojo en la defensa, acudiendo a razones históricas o a impulsos del sentimiento, pero esto no arguye mala fe, sino medianía de entendimiento, como la tuvo Olavide en todo, y poca habilidad y muy escasa teología, que él reconoce y deplora. Así y todo, a fuerza de ser tan buena la causa y tan firme el arrepentimiento del autor, no ha de tenerse por vulgar su libro, y fue además buena obra, por ser de quien era, volviendo al redil mucha oveja descarriada.

Del éxito inmediato tampoco puede dudarse; publicada en Valencia en 1798 sin nombre de autor, se reimprimió cuatro veces en un año, y llegó hasta el último rincón de España, provocando una reacción favorable a Olavide. De ella participó el egregio inquisidor general don Francisco Antonio Lorenzana, y aquel mismo año le permitió volver a España. Llorente dice que entonces le conoció en Aranjuez, y que tendría unos setenta y cuatro años. Para la mayor parte de los españoles, su nombre y sus fortunas eran objeto de admiración, de estupor. Los vientos corrían favorables a sus antiguas ideas; pero Dios había tocado en su alma y le llamaba a penitencia. Desengañado de las pompas y halagos del mundo, rechazó todas las ofertas de Urquijo y se retiró a una soledad de Andalucía, donde vivió como filósofo cristiano, pensando en los días antiguos y en los años eternos, hasta que le visitó amigablemente, y no digamos que le salteó la muerte en Baza el año 1804, dejando con el buen olor de sus virtudes edificados a los mismos que habían sido testigos o cómplices de sus escandalosas mocedades.

Además de *El Evangelio en triunfo*, publicó Olavide una traducción de los *Salmos*, estudio predilecto de los impíos convertidos, como lo mostró La Harpe, haciendo al mismo tiempo que Olavide, y en una cárcel no muy distante, el mismo trabajo. Pero en verdad que, si La Harpe y Olavide trabajaron para su justificación y para el buen ejemplo de sus prójimos, ni las letras francesas ni las españolas ganaron mucho con su piadosa tarea. Ni uno ni otro sabían hebreo, y tradujeron muy a tientas sobre el latín de la *Vulgata*, intachable en lo esencial de la doctrina, pero no en cuanto a los ápices poéticos. De aquí que sus traducciones carezcan en absoluto de sabor oriental y profético y nada conserven de la exuberante imaginativa, de la oscuridad solemne, de la majestad sumisa y de aquel volar insólito que levanta el alma entre tierra y cielo y le hace percibir un como dejo de los sagrados arcanos cuando se leen los *Salmos* originales. Además, Olavide no pasaba de medianísimo versificador; a veces acentúa mal, y siempre huye de las imágenes y de cuanto puede dar color estilo, absurdo empeño cuando se traduce una poesía colorista por excelencia, como la hebrea, en que las más altas ideas se revisten siempre de fantasmas sensibles. El metro que eligió con monótona uniformidad (romance endecasílabo) contribuye a la prolijidad y al desleimiento del conjunto. No solo queda inferior Olavide a aquellos grandes e inspirados traductores nuestros del siglo XVI, especialmente a fray Luis de León, alma hebrea y tan impetuosamente lírica cuando traduce a David como serena cuando interpreta a Horacio. No solo cede la palma a David Abenatar Melo y otros judíos, crudos y desiguales en el decir, pero vigorosos a trechos, sino que, dentro de su misma época y escuela de llaneza prosaica, queda a larga distancia del sevillano González-Carvajal, no muy poeta, pero grande hablista, amamantado a los pechos de la magnífica poesía de fray Luis de León, que le nutre y vigoriza y le levanta mucho cuando pensamientos ajenos le sostienen. A Olavide ni siquiera llega a inflamarle el calor de los Libros santos. Véase algún trozo de los mejores. Sea el salmo 109: *Dixit Dominus Domino meo*:

    Dijo el Señor al que es el Señor mío:
Siéntate a mi derecha hasta que haga
que, puestos a tus pies tus enemigos,
servir de apoyo puedan a tus plantas.
    Hará el Señor que de Sión augusta
de tu ínclita virtud salga la vara,
que en medio de tus mismos enemigos
los venza, los domine y los abata.
    Esta vara es el cetro de tu imperio,
y lo empuñó tu mano soberana
cuando todo el poder, toda la gloria,
de mi eterna virtud mi amor te pasa.
    En medio de las luces y esplendores

que en el cielo a mis santos acompañan,
pues te engendró en mi seno antes que hiciera
al lucero magnífico del Alba.
El Señor lo afirmó con juramento,
y nunca se desmiente su palabra;
tú eres, le dice, Sacerdote eterno,
Melchisedech el orden te prepara.
El Señor que te tiene a tu derecha,
en el día fatal de su venganza,
redujo a polvo y convirtió en ceniza
a los más grandes reyes y monarcas.
Juzgará las naciones. De ruinas
al universo llenará su saña,
porque destrozará muchas cabezas
que su ley violan y su culto atacan.
En el torrente que el camino corta
se detendrá para beber de su agua,
y por eso de gloria revestido,
alza la frente y su cabeza exalta.[239]

Además de los *Salmos*, tradujo Olavide todos los cánticos esparcidos en la Escritura, desde los dos de Moisés hasta el de Simeón, y también varios himnos de la Iglesia, v. gr., el *Ave Maris Stella*, el *Stabat Mater*, el *Dies irae*, el *Te Deum*, el *Pange lingua* y el *Veni Creator*; todo ello con bien escaso numen. Y ojalá que se hubiera limitado a traducir tan excelentes originales; pero, desgraciadamente,

---

239 *Salterio español*, o *Versión Parafrástica de los Salmos de David*, de los *Cánticos de Moisés*, de otros *Cánticos*, y algunas oraciones de la Iglesia en verso castellano, a fin de que se puedan cantar. Para uso de los que no saben latín. Por el autor del *Evangelio en Triunfo*. En Madrid, en la Imprenta de don Joseph Doblado. Año MDCCC (1800). 4.º, XIX + 491. Esta versión fue muy popular así en España como en América. Hay una reimpresión de ella, hecha en París (1850, librería de Rosa y Bouret); y del salmo *Miserere* y del *De profundis* existe una edición suelta; Versión parafrástica del salmo 50 *Miserere* y 129 *De profundis* por el autor del *Evangelio en Triunfo*, reimpresa por un devoto (Véase Vera e Isla, *Noticia de las versiones poéticas del salmo Miserere*, Madrid, Fuentebro, 1879, páginas 198 a 201).

le dio por ser poeta original y cantó en lánguidos y rastreros versos pareados *El fin del hombre, El alma, La inmortalidad del alma, La Providencia, El amor del mundo, La penitencia* y otros magníficos asuntos hasta dieciséis, coleccionados luego con el título de *Poemas christianos*.[240] Olavide *serpit humi* en todo el libro; válgale por disculpa que quiso hacer obra de devoción y no de arte; para eso anuncia en el prólogo que ha desterrado de sus versos las imágenes y los colores. Así salieron ellos de incoloros y prosaicos. El desengaño le hizo creyente, pero no llegó a hacerle poeta. Increíble parece que quien había pasado por tan raras vicisitudes y sentido tal tormento de encontrados efectos, no hallase en el fondo de su alma alguna chispa del fuego sagrado, ni se levantase nunca de la triste insipidez que denuncian estos versos elegidos al azar, porque todos los restantes son de la misma ralea:

> En la tierra los míseros mortales
> están llenos de penas y de males,
> que el turbulento mundo les produce,
> y, con todo, este mundo les seduce.
> A muchos atormenta, a otros engaña,
> o bien los alucina, o bien los daña.
> A unos trata con ásperos rigores,
> a otros vende muy caros sus favores,
> y estos mismos favores que les vende,
> los trueca presto en mal que los ofende.

Harto nos hemos alejado del asunto para completar la monografía de Olavide. Fuera del suyo, son muy escasos los procesos de enciclopedismo en tiempos de Carlos III. Recordemos, no obstante, el del arcediano de Pamplona, don Felipe Samaniego, caballero de Santiago y consejero, que invitado a asistir al autillo de Olavide, entró en tales terrores, que al día siguiente se denunció con toda espontaneidad como lector de gran número de libros vedados, especialmente los de Hobbes, Espinosa, Bayle, Voltaire, Diderot, D'Alembert,

---

240 *Poemas Christianos* en que se exponen con sencillez las verdades más importantes de la Religión, por el autor del *Evangelio en Triunfo*. Publicados por un amigo del autor. Segunda edición en Madrid, en la Imprenta de Joseph Doblado. 4.º X + 377 páginas.

Rousseau y otros, que le habían hecho caer en un absoluto pirronismo religioso. Pidió misericordia, y ofreció para en adelante no desviarse un ápice de la verdad católica. Se le absolvió de las censuras *ad cautelam* después que confirmó con juramento su declaración y presentó al santo Tribunal una lista circunstanciada de las personas que le habían facilitado los libros y de aquellas otras con quien había tenido coloquios sobre semejantes novedades y que parecían inclinarse a ellas. Denunció, entre otros, al general Ricardos, después conde de Truillas y héroe de la primera campaña del Rosellón; al general don Jaime Masones de Lima; al conde de Montalvo, embajador en París y hermano del duque de Sotomayor; a O'Reilly, Lacy y el conde de Ricla, ministro que fue de la Guerra en tiempo de Carlos III, y, finalmente, al duque de Almodóvar, de quien tornaremos a hablar por su traducción de Raynal y su *Década epistolar*. En ninguno de estos procesos se pasó de las primeras diligencias, ora por falta de pruebas, ora por debilidad del Santo oficio. Solo el matemático don Benito Baíls,[241] ya muy anciano y achacoso, estuvo algún tiempo en las cárceles secretas, asistido por una sobrina suya. Se le acusaba de ateo y materialista, y él se confesó reo de vehementes dudas sobre la existencia de Dios y la inmortalidad del alma. En vista de lo sincero de su arrepentimiento y del mal estado de su salud, fue absuelto con penitencias, y se le dio su casa por cárcel, con obligación de confesar en las tres Pascuas del año. Esta sencilla relación, que tomamos de Llorente,[242] dice bien claro que no fue el motivo de la persecución de Baíls su discurso sobre policía de cementerios, como generalmente se afirma.[243]

En tiempo de Carlos IV fueron vanos e irrisorios todos los esfuerzos de la Inquisición, minada sordamente por el jansenismo de sus principales ministros. Todavía el cardenal Lorenzana tuvo en 1796 el valor laudable de admitir tres denuncias que otros tantos frailes le presentaron contra el Príncipe de la Paz como sospechoso de bigamia y ateísmo y pecador público y escandaloso. El arzobispo de Sevilla, don Antonio Despuig y Dameto, famoso como arqueólogo

---

241 Sus *Elementos de matemáticas* (en diez tomos en 4.º, impresos desde 1772 a 1783), escritos por encargo de la Academia de san Fernando, no pasan de un arreglo bien hecho de varios tratados extranjeros, especialmente del de Mr. Bézout.
242 Llorente, *Histoire critique de l'Inquisition*, tomo 2, páginas 425 a 427, 549 a 551.
243 Pruebas de ser contrario a la práctica de todas las naciones y a la disciplina eclesiástica y perjudicial a la salud de los vivos, enterrar los difuntos en las iglesias y poblados (Madrid 1785).

y fundador del museo de Raxa, y el obispo de Ávila, Muzquiz, confesor de la reina, juntaron sus esfuerzos contra el privado y acabaron de persuadir a Lorenzana, varón virtuoso y muy docto, pero que pasaba por tímido e irresoluto, a emprender la instrucción secreta que debía preceder al mandamiento de prisión. Llorente[244] refiere, aunque su narración parece novelesca y poco creíble, que Bonaparte interceptó en Génova un correo de Italia en que venían cartas del nuncio Vincenti al arzobispo Despuig sobre este negocio, y que, deseoso de congraciarse con Godoy, las puso en sus manos por medio del general Pérignon, embajador de la República francesa en Madrid. A consecuencia de esto fueron desterrados de España Lorenzana, Despuig y Muzquiz en 14 de marzo de 1797 con el irrisorio pretexto de mandarlos a consolar a Pío VI. Lorenzana murió en Roma después de haber mostrado magnificencia, digna de un príncipe italiano del Renacimiento, en costear las ediciones críticas que hizo el padre Arévalo de san Isidoro, de Prudencio, de Draconcio y de otros monumentos de nuestra primitiva Iglesia. Nunca logró volver a España; se le obligó a renunciar la mitra y le sustituyó el infante don Luis de Borbón.

Si Godoy no pasaba por buen católico, mucho menos Urquijo, de quien queda hecha larga memoria en el capítulo anterior. Su infeliz traducción de *La muerte de César*, tragedia de Voltaire, y algunas proposiciones del discurso que la antecedía sobre la influencia del teatro en las costumbres llamaron la atención del Santo oficio, que le declaró levemente sospechoso de incredulidad y escepticismo y le absolvió *ad cautelam* en una audiencia de cargos, exigiéndole que consintiese en la prohibición de la tragedia y del discurso. El edicto tiene la fecha de 9 de julio de 1796 y en él no se nombran para nada al traductor, que a la sazón estaba en candelero.

Urquijo se vengó más adelante del Santo oficio mermando de cuantas maneras pudo su jurisdicción y sustrayendo de su vigilancia, por decreto de 11 de octubre de 1799, los libros y papeles de los cónsules extranjeros que moraban en los puertos y plazas de comercio de España. A cuyo decreto restrictivo dio margen un allanamiento de domicilio verificado por los inquisidores

---

244 *Histoire critique*..., tomo 4, página 119 a 121. Más verosímil es lo que dice don José Presas en su opúsculo *Pintura de los males que ha causado a la España el gobierno absoluto* (Burdeos 1827), página 10 y siguientes. De su relato se infiere que la carta interceptada era de Lorenzana al papa pidiéndole consejo sobre el modo de proceder en aquel arduo proceso.

de Alicante en el Consulado de Holanda para recoger los libros prohibidos que tenía entre los suyos el finado cónsul de aquella plaza, don Leonardo Stuck.[245]

III. El enciclopedismo en las sociedades económicas. El doctor Normante y Carcaviella. Cartas de Cabarrús

La economía política, en lo que tiene de ciencia seria, no es anticristiana, como no lo es ninguna ciencia; pero la economía política del siglo XVIII, hija legítima de la filosofía materialista que más o menos rebozada lo informaba todo, era un sistema utilitario y egoísta con apariencias de filantrópico. Y, aunque en España no se mostrase tan a las claras esta tendencia como en Escocia o en Francia, debe traerse a cuento la propagación del espíritu económico, porque en medio de aquellas candideces humanitarias y sandios idilios, y en medio también de algunas mejoras útiles y reformas de abusos que clamaban al cielo, y de mucho desinteresado, generoso y simpático amor a la prosperidad y cultura de la tierra, fueron en más de una ocasión los economistas y las sociedades económicas excelentes conductores de la electricidad filosófica y revolucionaria, viniendo a servir sus juntas de pantalla o pretexto para conciliábulos de otra índole, según es pública voz y fama, hasta convertirse algunas de ellas, andando el tiempo,

---

245 Llorente (tomo 4, página 105 a 114) habla largamente de Urquijo, poniéndole en las nubes. Compárese con lo que dice en sus *Memorias* el Príncipe de la Paz.
Véase *Elogio de don Luis de Urquijo*, ministro secretario de Estado de España, por don Antonio de Beraza. París, 1820. 4.°, 80 páginas.
n.° 680 de la Biblioteca del Bascofilo, de Allende-Salazar.
Aparte de los ya citados, hubo otros procesos de menos cuantía por acusación de materialismo e impiedad. Uno poseo, formado por la Inquisición de Sevilla en 1776 a un médico de Cádiz llamado don Luis Castellanos. Se le acusó, entre otras, de las siguientes proposiciones:
«Que nuestra religión católica no era la más perfecta, pues en cualquiera otra se pueden salvar los hombres sin el conocimiento de nuestro interior. Que no había infierno, demonios, ni purgatorio. Que nada valía la protección de Nuestra Señora. Que era tiempo perdido el que se ocupaba en oír misa. Que como filósofo no conocía a Dios y que le pesaba no haber nacido en Londres.»
Lo confesó todo, y abjuró públicamente, con lágrimas y muestras de arrepentimiento, en un auto de fe celebrado en 30 de junio del año citado, al cual asistieron el duque de Medinaceli y otros señores principales e innumerable concurso de gentes. Se le condenó a diez años de presidio en el hospital de Orán (papeles que me facilitó don Adolfo de Castro).

en verdaderas logias o en sociedades patrióticas. Con todo eso, y aunque sea discutible la utilidad directa o remota que las sociedades económicas ejercieran difundiendo entre nosotros ora los principios fisiocráticos de la escuela agrícola de Quesnay, Turgot y Mirabeau, el padre, que se hacía llamar ridículamente el amigo de los hombres, mientras vivía en continuos pleitos de divorcio con su mujer, ora las teorías más avanzadas de Adam Smith sobre la circulación de la riqueza, es lo cierto que para su tiempo fueron instituciones útiles, no por lo especulativo, sino por lo práctico, introduciendo nuevos métodos de cultivo, perfeccionando, restaurando o estableciendo de nuevo industrias, roturando terrenos baldíos y remediando en alguna parte la holgazanería y la vagancia, males endémicos de España. Lo malo fue que aquellos buenos patricios quisieron hacerlo todo en un día, y muchas veces se contentaron con resultados artificiales de premios y concursos, mereciendo que ya en su tiempo se burlase de ellos sazonadísimamente el célebre abogado francés Linguet, azote implacable de los economistas de su tierra y fuera de ella, poseídos entonces como ahora de ese flujo irrestañable de palabras, calamidad grande de nuestra raza, que, no pudiendo ejercitarse entonces en la política, se desbordaba por los amenos prados de la economía rural y fabril. ¡Oh con cuánta razón, aunque envuelta en amarga ironía, escribía Linguet!:

> Si España espera repoblar sus campos con las frases disertas que haya consignado en el papel un agricultor teórico, se engaña grandemente. Si imagina que sus manufacturas van a renacer porque una muchacha dirigida por un economista entusiasta, en vez de serlo por un confesor, hile en un año dos o tres libras más que su vecina, no se engaña menos... Estos establecimientos son distracciones de la impotencia y no síntomas de vigor. No reparan nada, no sirven para nada, no producen nada más que mal... El tiempo que se dedica a una teoría es inútil para la práctica... ¿Qué invención estimable ha salido de esos registros de sociedades pro patria, de Amigos del País, de agricultura, de fomento, esparcidas por toda Europa?... Los particulares hacen las grandes cosas; las sociedades no hacen más que grandes discursos.[246]

---

246 *Anales políticos*, citados por Sempere y Guarinos, Biblioteca de Escritores del reinado de Carlos III, tomo 5, página 143 a 145.

Apresurémonos, sin embargo, a declarar que no todas las sociedades económicas fueron dignas de igual censura, ni mucho menos todos sus miembros, entre los cuales los había muy prácticos y muy bien intencionados. Téngase, además, en cuenta que no todo lo que digamos de las sociedades económicas ha de tomarse en desdoro suyo, puesto que hubo muchas, sobre todo de las de provincias, donde el espíritu irreligioso no penetró nunca o fueron ternísimos sus efectos.

No así en las Vascongadas, que sirvió de modelo de todas. Dícenos el biógrafo de Samaniego que «en aquella edad en que la educación estaba atrasada en España y las comunicaciones con el interior del reino eran difíciles por falta de caminos, los caballeros de las provincias de Álava, Guipúzcoa y Vizcaya, que vivían cerca de la frontera de Francia, encontraban más cómodo el enviar a sus hijos a educarse a Bayona o a Tolosa que el dirigirlos a Madrid».[247] Los efectos de esta educación se dejaron sentir muy pronto. De ella participó el famoso conde de Peñaflorida, don Javier María de Munive e Idíaquez (nació en Azcoitia el 23 de octubre de 1729), joven de buena sociedad, agradable y culto, algo erudito a la violeta, como lo reconocía y confesaba él mismo con mucha gracia. «Es verdad que he gustado siempre de la lectura, pero tan lejos de oler a estudio, que ha sido sin sujeción, método o cosa que lo valga; a pasar el rato y no más. Prueba de esto es que en mi vida he concluido juego entero de libros, sino es la *Historia del pueblo de Dios*, la de *Don Quijote* y las *Aventuras de Telémaco*; todo lo demás ha sido pujos y picando aquí y allá. La mesa de mi gabinete suele estar sembrada de libros ascéticos, poéticos, físicos, músicos, morales y romancescos, de suerte que parece mesa de un Gerundio que está zurciendo algún sermón de los retazos que pilla, ya de éste, ya del otro predicable.»[248]

Cuánto adolecía el conde de Peñaflorida de la elegante ligereza y suficientísima presunción de su tiempo, bien lo manifestó dedicando, en son de chunga, un opúsculo «al vetustísimo, calvísimo, arrugadísimo, gangosísimo, y evaporadísimo señor el señor don Aristóteles de Estagira, príncipe de los Peripatos, mar-

---

247 En Santander era frecuente enviarlos a Londres, como yo he notado en la biografía de don Telesforo Trueba y Cosío.
El pasaje anterior está tomado de la *Vida de Samaniego*, que antecede a las *Obras inéditas* o poco conocidas de aquel insigne fabulista, publicadas por don Eustaquio Fernández de Navarrete (Vitoria, Imprenta de los Hijos de Manteli, 1866), página 11.
248 *Obras del padre Isla* (edición Rivadeneyra) 391.

grave de Antiperistasis, duque de las Formas Sustanciales, conde de Antipatías, marqués de Accidentes, barón de las Algarabías, vizconde de los Plenistas, señor de los lugares de Tembleque, Potrilea y Villavieja, capitán general de las cualidades ocultas y alcalde mayor perpetuo de su preadamítico mundo».[249]

Aparte de estas bufonadas, el conde de Peñaflorida, aunque no pasase de dilettante, tampoco era de los que él llama «críticos a la cabriolé que con cuatro especies mal digeridas de las *Memorias de Trévoux* o el *Journal* extranjero, *peinaditas en ailes de pigeon* y empolvadas con polvos finos *à la lavande* o *à la sans pareille*, quieren parecer personas en la república de las letras». Al contrario, cultivaba con mucha aplicación la física experimental y las matemáticas, hizo traer una máquina eléctrica y otra neumática, estableció en su casa de Azcoitia una academia de ciencias naturales y un gabinete, al cual concurrían varios clérigos y dos caballeros del pueblo, don Joaquín de Eguía y don Manuel Altuna, a quienes y al conde llamaba el padre Isla el *triunvirato de Azcoitia*.[250] Cuando se publicó el primer tomo de *Fray Gerundio* de Campazas, en uno de cuyos capítulos quiere impugnar el padre Isla la física moderna con razones pobrísimas, fútiles e indignas de su ingenio, los caballeritos de Azcoitia salieron a impugnarle con mucho donaire y no menos desenvoltura en cinco cartas, que corrieron impresas clandestinamente con el título de *Los aldeanos críticos o cartas críticas sobre lo que se verá*. Aunque iban anónimas, el padre Isla supo muy pronto de dónde le venía el golpe, y se quejó amargamente al conde de Peñaflorida, entablándose entre ellos una correspondencia no poco desgarrada y virulenta, en que, después de haber competido en improperios,

---

249 Los aldeanos críticos, o *Cartas críticas sobre lo que se verá*, dadas a luz por don Roque Antonio de Cogollar. Impreso en Évora, año de 1758 (el pie de imprenta es fingido; dicen que se imprimió en Valladolid).

250 En esta Academia se trataba: los lunes, de matemáticas; los martes, de física; los miércoles, de historia; los jueves y domingos había música; viernes y sábados se discutían los asuntos de actualidad (nota bene).
Véase *Historia compendiada de la Real Sociedad Bascongada* (sic) *de los Amigos del País...*, por don Nicolás de Soráluce y Zubizarreta (San Sebastián, establecimiento tipográfico de Juan Osés, 1880), página 102.

acabaron por hacer las paces y quedar muy amigos.[251] El triunvirato de Azcoitia no podía ver a los teólogos: «Ya sabe vuestra merced que esto de teólogo en España es lo mismo que hombre universal... Si un caballero tiene que entrar en alguna dependencia política, primero lo ha de tratar con el teólogo; si un comerciante quiere hacer compañía con otro o hacer algún asiento con el rey, ha de ser después de haberlo consultado con el teólogo...; si hay que formar alguna representación al soberano, lo ha de firmar el teólogo; si es cosa de extender un testamento, venga el teólogo... Mire vuestra merced ahora qué papel haremos nosotros, que, como ellos dicen, no somos más que unos pobres corbatas, qué otro fruto sacaremos sino el que nos trate el vulgo de herejes y ateístas».

Con estas laicas y anticlericales animosidades, que sin ton ni son mezclaban aquellos caballeros con sus lecturas de la *Física* del abate Nollet y sus experimentos en la máquina neumática, no es de extrañar que recibiesen con entusiasmo la nueva de la expulsión de los jesuitas y tratasen de aprovecharla para ir secularizando la enseñanza. Ya en julio de 1763 se, había presentado a las juntas forales de Guipúzcoa, celebradas en Villafranca, un *Proyecto o plan de agricultura, ciencias y artes útiles, industria y comercio*, firmado por el conde de Peñaflorida y por quince procuradores de otros tantos pueblos guipuzcoanos.

Se aprobó el plan en las juntas de 1764, celebradas en Azcoitia, y comenzó a formarse una sociedad llamada de Amigos del País, título filantrópico que hubiera entusiasmado al buen marqués de Mirabeau, y cuyo objeto había de ser «fomentar, perfeccionar y adelantar la agricultura, la economía rústica, las ciencias y artes y todo cuanto se dirige inmediatamente a la conservación, alivio y conveniencias de la especie humana».

Los estatutos se imprimieron en 1766, autorizados con una carta del ministro Grimaldi. Sirvió de lema el Irurachat con las tres manos unidas. Entró en la sociedad la flor de la nobleza vascongada, muchos caballeros principales de

---

251 Estas cartas se publicaron por primera vez en el tomo 15 de la Biblioteca de Rivadeneyra (*Obras del padre Isla*), páginas 367 a 393, juntamente con los Aldeanos críticos. No puede negarse que el conde de Peñaflorida y sus amigos atacan con mucha sal a los peripatéticos. «Yo conocí a un estudiante que tenía tanta devoción al gran Aristóteles, que le rezaba todas las noches indefectiblemente un padrenuestro y avemaría, y no dejaba de dar sus razones a su modo. Me acuerdo haberle oído, hablando de filósofos modernos: allá se compongan con sus patrañas y embelecos; más nos vale jugar a lo seguro y andar a la pata la llana, siguiendo las pisadas de nuestro cristiano viejo Aristóteles.»

otras provincias y bastantes eclesiásticos ilustrados que sabían francés y estaban al tanto de las novedades de allende los puertos. Cuando en abril de 1767 se expulsó a los jesuitas, sin duda para alivio y conveniencia de la especie humana, los Amigos del País no se descuidaron en apoderarse de su colegio de Vergara y fundar allí una escuela patriótica a su modo, que se inauguró definitivamente, con el nombre de Real Seminario, en 1776, festejando su fundación mil arengas y desahogos retóricos, en que le llamaba «luminar mayor que llenará de luces a todo el reino, inagotable manantial de sabiduría que con sus copiosos raudales inundará felizmente a España».

De tales cándidas ilusiones rebaja mucho la posteridad, con todo y dar altísimo precio a los trabajos metalúrgicos de Lhuyard y Proust, y alguno, aunque menor, a las *Recreaciones políticas* de Arriquibar y a las deliciosas fábulas de Samaniego, que nacieron o se desarrollaron al calor de la Sociedad y del Seminario. Pero, en general, el espíritu de la institución era desastroso; hacíase estudiado alarde de preferir los intereses materiales a todo y de tomar en boca el nombre de Dios, dicho en castellano y a las derechas, lo menos que se podía. Cuando se hacía el elogio de un socio muerto, decíase de él no que había sido buen cristiano, sino ciudadano virtuoso y útil a la patria y que su memoria duraría mientras durase en los hombres el amor a las virtudes sociales. El Seminario fue la primera escuela laica de España. Entre aquellos patriotas daban el tono Peñaflorida, cuyas tendencias conocemos ya, su sobrino el fabulista Samaniego, autor de cuentos verdes al modo de La Fontaine; don Vicente María Santibáñez, traductor de las *Novelas morales*, de Marmontel (de bien achacosa moralidad por cierto), y don Valentín Foronda, intérprete de la *Lógica*, de Condillac.[252] La tradición afirma unánime, y bastantes indicios lo manifestarían aunque ella

---

252 Véase acerca de la Sociedad Vascongada, además de la *Memoria* de Soráluce, ya mencionada:
—*Ensayo de la Sociedad Bascongada de los Amigos del País*. Año de 1766, dedicado al rey nuestro señor. En Vitoria, por Tomás de Robles. Año de 1768. 8.º
—*Elogio del conde de Peñaflorida*, por don Vicente María Santibáñez, leído en las juntas generales de 1785 (Madrid, en la Imprenta de Sancha, 1785). (Del mismo es el *Elogio de don Ambrosio de Meave*, impreso en Vitoria en 1782; torpe imitación uno y otra de los de Thomas, entonces tan famosos.)
—*Elogio del conde de Peñaflorida*, por don Martín Fernández Navarrete (tomo 2 de sus *Opúsculos*, Madrid, Imprenta de la Viuda de Calero, 1848), página 337 a 381.

faltase, que las ideas francesas habían contagiado a los nobles y pudientes de las provincias vascas mucho antes de la guerra de la Independencia. El señor Cánovas recuerda a este propósito que allí tuvo más suscritores la Enciclopedia que parte alguna de España. Cuando, vencidas nuestras armas en la guerra con la República francesa en 1794, llegaron los revolucionarios hasta el Ebro, pequeña y débil fue la resistencia que en el camino encontraron. Las causas de infidencia formadas después denunciaron la complicidad de muchos caballeros y clérigos del país con los invasores y sus ocultos tratos para facilitar la anexión de aquellas provincias a la República francesa o el constituirse en estado independiente bajo la protección de Francia. Clérigo guipuzcoano hubo que autorizó y bendijo los matrimonios civiles celebrados en las municipalidades que los franceses establecieron en varios lugares de aquella provincia y aun publicó un folleto donde sostiene las más radicales doctrinas sobre este punto, hasta decir que el matrimonio es puro contrato civil.[253] [254]

---

253 Véase *Satisfacción del presbítero don Diego de Lazcano*, capellán que fue de las religiosas brígidas de la población de Lasarte, a los cargos que se le hacen sobre la conducta que ha tenido, desde la última invasión del exército Francés en la provincia de Guipúzcoa, el 1.º de agosto de 1794. En Bayona, en la Imprenta de la Viuda Duhart-Fauvet, 1797; 155 páginas, 8.º
Al mismo Tavira, que no pecaba de escrupuloso, escandalizó la lectura de este opúsculo, y le puso algunos reparos, como es de ver en una carta suya a Jovellanos, inserta al fin de la *Colección diplomática*, de Llorente.
254 (A. M. Altuna. París, le 30 juni 1748.)
«A quelle rude épreuve mettez-vous ma vertu, en me rappelant sans cesse un projet qui faisoit l'espoir de ma vie! J'aurois besoin, plus que jamais, de son exécution pour la consolation de mon pauvre coeur accablé d'amertume, et pour le repos que demanderoient mes infirmités; mais, quoi qu'il en puisse arriver, je n'achèterai pas une félicité pour un lâche déguisement envers mon ami. Vous connaissez mes sentiments sur un certain point: ils sont invariables, car ils sont fondés sur l'évidence et sur la démonstration, qui sont, quelque doctrine qui l'on embrasse, les seules armes que l'on ait pour l'établir. En effet, quoique ma foi m'apprenne bien des choses qui sont au-déssus de ma raison, c'est, premiérement, ma raison qui m'a forcé de me soumettre à ma foi. Mais n'entrons point dans ces discussions. Vous pouver parler, et je ne le puis pas; cela met trop d'avantage de vôtre coté. D'ailleurs vous cherchez, par zèle, à me tirer de mon état, et je me fais un devoir de vous laisser dans le vôtre, comme avantageux pour la paix de vôtre esprit, et également bon pour vôtre félicité future, si vous y êtes de bonne foi, et si vous conduisez selon les divins et sublimes préceptes du christianisme. Vous voyez donc que, de toute

Tan mala fama tenía la Sociedad Económica, que algunos de sus miembros más influyentes no se libraron de tropiezos inquisitoriales. Así Samaniego, como veremos pronto, y así también el marqués de Narros, a quien muchos testigos de su misma tierra acusaron de haber defendido proposiciones heréticas sacadas de los escritos de Voltaire, Rousseau, Holbach y Mirabeau, que asiduamente leía. Se le hizo venir con otros pretextos a la corte y abjuró *de levi*, y con penitencias secretas, en la Suprema,[255] salvándole de más rigor la protección de Floridablanca.

Treinta y nueve sociedades económicas habían brotado como por encanto así que el Gobierno aprobó y recomendó la vascongada e hizo correr profusamente ejemplares del discurso de Campomanes sobre la Industria popular. Algunas de ellas murieron en flor; otras no hicieron cosa que de contar sea, y algunas llevaron a término mejoras útiles, dignas de ser referidas en historia de más honrado asunto que la presente. El mal está en que, como dice el historiador positivista Buckle, solo se removió la superficie. Madrid, Valencia, Segovia, Mallorca, Tudela, Sevilla, Jaén, Zaragoza, Santander..., debieron a estas sociedades positivos y más o menos duraderos beneficios, pero mezclados con mucha liga. La Sociedad cantábrica mandó traducir las obras de ideología materialista de Destutt-Tracy.[256] En Zaragoza produjo no pequeño escándalo el doctor don Lorenzo Normante y Carcaviella, que explicaba economía civil y comercio en la Sociedad aragonesa por los años de 1784, defendiendo audaces doctrinas en pro de la usura y de la conveniencia económica

---

manière, la dispute sur ce point-là est interdite entre nous. Du reste, ayez assez bonne opinion du coeur et de l'sprit de vôtre ami pour croire qu'il a réfléchi plus d'une fois sur les lieux communs que vous lui alléguez, et que sa morale de principes, si ce n'est celle de sa conduite, n'est peas inférieure à la vôtre, mi moins agréable à Dieu. Je suis donc invariable sur ce point. Les plus affreuses douleurs, ni les approches de la mort, n'ont rien qui ne m'affermisse, rien qui ne me console, dans l'espérance d'un bonheur eternel que j'espère partager avec vous dans le sein de mon Créateur.

—J. J. Rousseau.»

(*Oeuvres complètes de J. J. Rousseau*, citoyen de Genève. París, Verdiere, qual des Augustins; A. Santelet et C.º Place de la Bourse; A. Dupond et Roret, rue Vivienne. MDCCCXXVI.) (Tomo único, página 1364.)

255 Véase noticia de este proceso en Llorente, *Histoire critique*, tomo 4, página 103.

256 Se anuncia esta traducción en el n.º 3 de las *Variedades de Ciencias, Literatura y Artes* (1.º de febrero de 1804).

del lujo y en contra del celibato eclesiástico. Muchos se alarmaron y le delataron a la Inquisición, pero sin fruto, aunque fray Diego de Cádiz y su compañero de hábito fray José Jerónimo de Cabra hicieron contra sus errores una verdadera misión. Así comenzó la enseñanza pública de la economía política en España.[257]

De la Sociedad Económica Matritense fue árbitro y dictador Campomanes, y después de él el conde de Cabarrús, aventurero francés, ingenioso, brillante y fecundo en recursos, tipo del antiguo arbitrista modificado por la civilización moderna hasta convertirlo en hacendista y hombre de Estado. El mayor elogio que de él puede hacerse es que mereció la amistad firme, constante y verdadera de Jovellanos, que todavía en su *Memoria en defensa de la Junta Central* le llama «hombre extraordinario, en quien competían los talentos con los desvaríos y las más nobles calidades con los más notables defectos». Adquirió mucha notoriedad por haber conjurado la crisis monetaria con la creación del Banco de san Carlos; paliativo ineficaz a la larga, como lo insinuó Mirabeau en un célebre folleto y lo probó luego la experiencia cuando el Banco apareció en 1801 con un déficit de 17 millones.

De las fortunas sucesivas de Cabarrús no hay que hablar; fueron tan varias como inquieta y móvil su índole, viéndose ya en el Poder, ya en las cárceles de Batres, ora festejado como salvador y regenerador, ora maldecido como

---

[257] Escribió el doctor Normante:
—*Discurso sobre la utilidad de los conocimientos económico-políticos y la necesidad de su estudio metódico*, compuesto por comisión de la Real Sociedad Aragonesa para la abertura de su enseñanza gratuita, que dijo al público el día 25 de octubre de 1784 (Zaragoza 1784).
—*Proposiciones de economía civil y comercio*, sobre las cuales ejercitarán en setiembre de 1785 los discípulos de la misma escuela de Zaragoza (Zaragoza 1784).
—*Espíritu del señor Melón en su Ensayo político sobre el comercio*, cuyas máximas político-económicas, modificadas en parte y reducidas a mejor orden, estuvieron dispuestos a explicar y defender don Dionisio Catalán, Bachiller en Jurisprudencia, y Manuel Berdejo y Gil, en los días 22 y 24 de julio de 1786 (Zaragoza 1786, 4.º).
Véase Latassa, *Biblioteca nueva de escritores aragoneses*, tomo 6, página 175 y Colmeiro, Biblioteca de los economistas españoles de los siglos XVI, XVII y XVIII, página 165 (en las Memorias de la Real Academia de Ciencias Morales y Políticas, Madrid, imprenta Nacional, 1861).
Sobre las sociedades económicas en general véanse los tomo 5 y 6 del *Ensayo de una biblioteca española de los mejores escritores del reinado de Carlos III*, de Sempere y Guarinos (Madrid, Imprenta Real, 1789).

intrigante y afrancesado. En 1792 dirigió a Jovellanos cinco cartas sobre los obstáculos que la naturaleza, la opinión y las leyes oponen a la felicidad pública, las cuales, precedidas de otra al Príncipe de la Paz (escrita bastante después, en 1795), llegaron a imprimirse en Vitoria, en 1808, reinando el intruso José.[258] En todo lo que no es economía política, de lo cual otros juzgarán, Cabarrús delira, como quien había leído el *Contrato social* sin digerirle. «La vocación del hombre en el estado de la naturaleza —dice— es el sueño después del pasto; la vocación en las sociedades políticas es la imitación a la costumbre.» «La enseñanza, enteramente laica; apodérese el Estado de la generación naciente; exclúyase de esta importante función todo cuerpo y todo instituto religioso...; la educación nacional es puramente humana y seglar, y los seglares han de administrarla para que los niños no contraigan la tétrica hipocresía monacal. ¿Tratamos, por ventura, de encerrar la nación en claustros y de marchitar estas dulces y encantadoras flores de la especie humana?» Si Cabarrús es muy enemigo de la educación frailuna, todavía lo es más de las universidades, cloacas de la humanidad y que solo han exhalado sobre ella la corrupción y el error. (Él, por de contado, no había puesto los pies en ninguna para no contagiarse, metiéndose a hacendista y salvador de la patria, como tarea más fácil.) ¿Para qué universidades? ¿Para qué los dogmas abstractos de la teología y los errores y mínimas absurdas de que abunda? «Enséñese a los niños el Catecismo político, la Constitución del Estado.» Ya veremos cómo aprovecharon y fecundizaron esta idea risible los legisladores gaditanos, hasta mandar leer su mamotreto, a guisa de evangelio, en las misas mayores.

---

258 Luego se reimprimieron en Madrid, por Burgos, en 1820. 8.° Y también están incluidas en el tomo 2 del *Epistolario español* (62 de la Biblioteca de Rivadeneyra, página 551 a 603), y a la verdad que no alcanzo la razón por qué figuran en una colección de clásicos, pues en el fondo están llenas de herejías y dislates, y en cuanto a estilo y lengua, escritas medio en francés. El padre Vélez, arzobispo de Santiago, combatió estas cartas en su *Apología del Altar y el Trono* (Madrid, Repullés, 1825), páginas 47 a 71 y 5 a 23. En 1787, el señor don Antonio Rodríguez Villa, infatigable investigador, publicó ciertas *Cartas político-económicas, escritas por el conde de Campomanes*, primero de este título, al conde de Lerena (Madrid, Murillo). Que no son de Campomanes estas cartas, ni por las ideas ni por el estilo, parece indudable. Mucho se parecen a las de Cabarrús, y hay quien afirma haberlas visto impresas con su nombre. Parecen escritas desde 1787 a 1790.

«Se trata de borrar las equivocaciones de veinte siglos —grita Cabarrús—; veinte años bastan para regenerar la nación...; impidamos que se degrade la razón en los hombres.» ¿Y cómo? Volviendo al estado de la naturaleza: «adorando al omnipotente Hacedor en aquellos templos humildes y rústicos, en aquellos altares de césped en que le adoraba la humanidad naciente». Para llegar a este feliz estado, conviene no solo secularizar la instrucción pública, sino incautarse de los seminarios conciliares y que los dirija el Estado, para que no se introduzca en ellos la superstición y no se enseñe más que el Evangelio, y no tantas devociones apócrifas y ridículas, que pervierten la razón, destruyen toda virtud y dan visos de gentilidad al cristianismo. De órdenes religiosas no se hable: «sería muy fácil probar que todos aquellos institutos carecen ya de los objetos para los cuales se fundaron; y, además, criada elementalmente una generación como hemos propuesto, ¿quién había de meterse fraile?». A este tenor es todo el plan de reforma, cuyo autor llega a defender intrépidamente el divorcio, contra los comentadores absurdos y discordes y la estúpida costumbre que sostienen la indisolubilidad del matrimonio. Los argumentos que trae no son canónicos ni jurídicos, sino *ad hominem*, y de los más deliciosos dentro del género: «Pido a todo hombre sincero que me responda si está bastante seguro de sí para prometerse querer siempre a la misma mujer y no querer a otra...».

El ánimo se abisma al considerar que un hombre tan ligero y tan vano, predicador sentimental de los más absurdos delirios antisociales, llegó a ser ministro y a regir las riendas de esta pobre nación bajo un Gobierno que se decía católico y absoluto. ¡Qué España la de Carlos IV! El estilo declamatorio y panfilista de estas cartas las denuncia a tiro de cañón como hijas legítimas o bastardas de Rousseau y del abate Mably. Porque es de notar que el conde de Cabarrús, a diferencia de otros volterianos aristócratas o ennoblecidos de su tiempo, propende al radicalismo político, acepta el pacto social y la moral universal y se declara acérrimo enemigo de la nobleza hereditaria en una carta calcada sobre el *Discurso acerca de la desigualdad de condiciones*. Su libro, aunque venía de un afrancesado, fue arsenal de argumentos, poliantea y florilegio para los patriotas de Cádiz, que convirtieron en leyes muchos de los ensueños idílicos del padre de la querida del convencional Tallien. Legislar como en un barbecho, fantasear planes de educación y de vida común a la espartana, querer trocar en un día la constitución social de un pueblo, lentamente edificada por los siglos, con solo arrojar cuatro garabatos sobre el papel; tomar palabras huecas y rasgos de retórica y novelería por fundamentos de un código, cual si se tratase de forjar reglamentos para el orbe de la Luna, puede ser ejercicio lícito, aunque sandio, de estudiantes ociosos, pero es vergonzosa e indigna puerilidad en hombres de gobierno. Querer regenerar la constitución monárquica sentando al bueno de Carlos IV en un banco rústico o haciéndole manejar un arado, como Cabarrús propone, es ñoñez y simplicidad insigne y poesía bucólica de mala ley; es buscar el principio de autoridad en el Numa Pompilio del caballero Florián o en los idilios de Gessner. Pase por inocentada y pase por entusiasmo del momento el elogio de la Asamblea constituyente de Francia, «la mayor y más célebre agregación de talentos que haya honrado a la humanidad». Pero ¿qué decir de esta proposición: «las leyes que no se fundan en el pacto social son obras de la pasión y del capricho; carecen del atributo de la ley»? Aunque el pacto social no fuera utopía y sueño, sería en todo caso un hecho, y ¿quién puso sobre un hecho el fundamento metafísico de la justicia?

IV. Propagación y desarrollo de la filosofía sensualista. Sus principales expositores: Verney, Eximeno, Foronda, Campos, Alea, etc.

Hemos visto en capítulos anteriores el estado de la filosofía a principios del siglo XVIII: las novedades gassendistas del padre Tosca y de Zapata, las tendencias cartesianas de don Gabriel Álvarez de Toledo, el experimentalismo, mezclado eléctricamente con otras direcciones, del padre Feijoo y de Martín Martínez. El predominio de Gassendi y Descartes duró poco; más tiempo dominaron Bacon y Newton, porque la admiración nos venía impuesta desde Francia; luego llegaron por sus pasos contados Locke y Condillac, y, por fin y corona de todo, el sensualismo se trocó en materialismo, y a principios del siglo XIX imperaron solos Condorcet, Destutt-Tracy y Cabanis. Con unos diez o doce años de regazo íbamos siguiendo todos los pasos y evoluciones de Francia.

Así y todo, la filosofía española de aquel tiempo, tomada en conjunto, valía más que la de ahora, no por los sensualistas y materialistas, sino a pesar de ellos y de sus rastreros y degradantes sistemas. Para gloria de nuestra nación, debe decirse que solo un expositor ilustre tuvo aquí Locke, que los demás no se alzaron un punto de la medianía, y que, en cambio, los más ilustres pensadores del siglo XVIII, el cisterciense Rodríguez, el jeronimiano Ceballos, los canónigos Valcárcel y Castro, el insigne médico Piquer y su discípulo Forner, en quienes pareció renacer el espíritu de Vives; el sevillano Pérez y López, émulo de Sabunde, y, finalmente, el jesuita Hervás y Panduro, uno de los padres de la antropología como lo es de la lingüística comparada, se mantuvieron inmunes de tal contagio, lidiaron sin tregua contra la invasión intelectual de Francia, procuraron reanudar la cadena de oro de nuestra cultura y fueron fervorosos espiritualistas, al revés de los que negaban toda actividad del alma anterior y superior a las sensaciones y buscaban en la sensación, de varios modos transformada, la raíz de todo conocimiento, aplicando torpemente el método analítico.

El primero en fecha de los intérpretes y propagadores de la filosofía sensualista entre nosotros, aunque no la propugnase sino de soslayo y con atenuaciones, es un portugués, Luis Antonio Verney, arcediano de Évora, de quien podemos decir que fue el filósofo de Pombal, como Pereira fue su canonista. Dióle extraordinario crédito en su tiempo el *Verdadero método de estudiar para ser útil a la república y a la Iglesia*, escrito en forma de cartas de un religioso italiano capuchino, por ende llamado el Barbadiño, a un amigo suyo, doctor de la Universidad de Coímbra. Plan es el que traza el Barbadiño de reforma para todas artes y disciplinas, y especialmente para los estudios teológicos, pero en tan ardua empresa procedió con harto apresuramiento, escasa cautela y desmedida satisfacción propia, junta con indiscreto afán de novedades, conforme al gusto del tiempo, mereciendo bien la acre censura que de un gran filósofo español hizo injustamente el asperísimo Melchor Cano, es decir, que acertó a señalar las causas de la corrupción de los estudios, pero no tanto al proponer los remedios. Los tiros del Barbadiño iban principalmente enderezados contra las escuelas de los jesuitas, a quienes, no obstante, parece que quiso desagraviar con una amistosa dedicatoria. Pero los padres de la Compañía no se dejaron adormecer por el incienso, y salieron con duplicados bríos a la defensa de sus métodos de enseñanza, distinguiéndose en esta polémica el padre Isla, que muy inoportunamente la introdujo en su *Fray Gerundio*, afeando con ella dos o tres largos capítulos; el padre Codorniú, que escribió un *Desagravio de los autores y la facultades que ofende el Barbadiño*, y el padre Serrano, a quien la intolerancia antijesuítica que comenzaba a reinar impidió vulgarizar por la estampa una *Carta crítica sobre los desaciertos de Verney en materia de poesía, gramática y humanidades*.[259]

Realmente, el libro del Barbadiño abunda en singulares extravagancias, entre ellas cuento la de pedir que se castigue no menos que de muerte a los estudiantes que hagan burlas pesadas a los novatos, al modo que las hicieron con don Pablo los estudiantes de Alcalá. Pedir tal rigor por muchachadas, solo entre portugueses y en tiempos de Pombal, en que el crimen de lesa majestad y la pena capital andaban de moda, se concibe como verosímil.

Por lo demás, los tres tomos del Barbadiño son útiles y muy amenos, y razonables en muchas cosas, porque la larga residencia del autor en Italia había pulido su gusto y desengañándole de los vicios de la educación en Portugal, infundiéndole ardentísimo amor a la pura latinidad y a los primores de las letras humanas. Por eso anduvo muy feliz al censurar el pésimo sistema de enseñar la lengua latina (aunque no acertó en encarnizarse con el padre Manuel Álvarez, harto mejor humanista que él), y no menos al reprobar los vicios de la oratoria sagrada, con tal energía y donaire, que el mismo autor del *Fray Gerundio* le quedó envidioso. Pero acontecía a Verney lo que a muchos que, por haber residido largo tiempo en un país más culto, viniendo de otro menos ilustrado, desprecian en montón las cosas todas de su tierra; de tal suerte, que el *Verdadero método de estudiar* puede tomarse por sátira sangrienta y espantosa contra Portugal y los portugueses. Nada encuentra bueno; ni siquiera a Camoens, a quien desenfadadamente maltrata y zahiere, tanto y más que en nuestros días el padre Macedo. Otro yerro más grave aún, y asaz común en todos los reformadores del siglo XVIII, fue querer introducir en un día, y como por sorpresa y asalto, cuanto veían ensalzado fuera, por donde el plan de enseñanza del Barbadiño viene a dar en utopía impracticable. Nada menos quiere que oprimir la memoria y el entendimiento del principiante teólogo con una balumba de prolegómenos históricos, geográficos, cronológicos,

---

259 *Verdadero método de estudiar para ser útil a la república y a la Iglesia*, proporcionado al estado y necesidad de Portugal, expuesto en varias cartas escritas en idioma portugués, por el reverendo padre Barbadiño, de la Congregación de Italia, al reverendo padre doctor en la Universidad de Coímbra. Traducido al castellano por don Joseph Maymó y Ribes, doctor en Sagrada Teología y Leyes, Abogado de los Reales Consejos y del colegio de esta corte. Madrid, por Joachín Ibarra, 1760 (en 4.º). Tres tomos tengo a la vista, ignoro si se publicó alguno más.

indumentarios..., recomendándole, cual si hubiera de dedicarse ex profeso a las ciencias auxiliares, cuantos mapas, tablas cronológicas y atlas, no ya de la tierra santa y de las edades bíblicas, sino de todos países y lugares, habían salido de las prensas italianas y francesas. A este tenor es todo; a una intemperancia de erudición moderna, las más veces impertinente, mézclase absoluto menosprecio de la filosofía y teología escolásticas, que llega a calificar de perjudicialísimas a los dogmas de la religión, y que quiere sustituir con la vaga lectura y el estudio mal dirigido de los padres y concilios, de los expositores y controversistas, de la historia eclesiástica y de la liturgia; nociones utilísimas sin duda, pero que, dadas sin discreción al estudiante, en vez de aquella admirable leche para párvulos que se llama teología escolástica, donde está ordenado y metodizado lo más selecto y, digámoslo así el extracto y la quintaesencia, el saber de padres y doctores, solo engendrará un confuso centón de especies inconexas y no merecerá nombre de ciencia, el cual solo compete a lo que está sujeto a norma y ley y forma un cuerpo bien trabado, en que las verdades se enlazan y derivan unas de otras. Bien hizo Verney en recomendar el estudio de las lenguas orientales, como indispensable al teólogo expositivo y muy conveniente a cualquiera otra especie de teólogo; bien en reprobar el lenguaje bárbaro y las cuestiones inútiles, pero de aquí no debió pasar, so pena de temerario. Además, en todo lo que dice de teología mostró muy subido sabor jansenianо.

Como literato curioso y amante de la novedad, abierto a todo viento de doctrina y amigo de lo nuevo por nuevo y no por verdadero ni por bueno, Verney aceptó sin discusión por dogmas de eterna verdad cuantas opiniones propalaban los modernos o neotéricos, y cayó, como Genovesi y Condillac, en mil frialdades contra el Peripato y Aristóteles y el silogismo. Pero, como era espíritu más retórico que filosófico, inagotable de palabras más que firme de ideas, se mantuvo por lo general en una especie de sincretismo elegante, que ni a eclecticismo llegaba. Todo se le vuelve recomendar la historia de la filosofía, como hacen todos los que vagan sin ningún sistema.[260] De Descartes era grande admirador, pero mucho más de Bacon, y sobre todo de Locke, con quien está acorde en la cuestión capital del origen de las ideas. Lógica y cronológicamente las refiere todas a los sentidos; pero, además de la sensación, admite la reflexión

---

260 «Este es el sistema moderno: no tener sistema», confiesa en la carta 10, página 71 del tomo 3.

y comparación[261] como actividades del alma que trabajan sobre el dato de los sentidos. Supone que la idea de sustancia se forma por agregación de las ideas parciales de los accidentes, mezcladas con cierta idea confusa del sustentáculo en que residen. Comparando el alma las ideas simples que debe a la percepción sensible, forma las ideas de relación. Los universales se forman «considerando una cosa que tiene otras semejantes, y considerándolas luego todas juntas en una masa, sin observar diferencia alguna particular»,[262] filosofía ciertamente pobre, ramplona e incomprensible en medio de su aparente facilidad, puesto que quiere aunar cosas tan contradictorias como el alma pasiva y esclava del dato empírico o de la experiencia, y el alma considerando, aunque sea con ideas confusas, que no sabemos de dónde le vienen, y moviéndose libremente como entelequia. Natural era que tal hombre despreciase soberanamente[263] toda especulación acerca de los universales y el principio de individuación y que no viese en la ontología escolástica más que quimeras. Hay entendimientos en quien no cabe un adarme de metafísica, y tiene además el empirismo en todas sus formas la propiedad de atrofiar, o a lo menos de mutilar, el entendimiento y de cortarle las alas. Por eso, el tratado *De re metaphysica*, de Verney, en lo que tiene de útil y laudable, no es tal metafísica, sino física, o cuestiones malamente sacadas de la lógica y de otras partes de la filosofía. En física se va con los neotéricos a banderas desplegadas, cosa buena en lo experimental, pero que no le autoriza para declarar ociosa toda disputa sobre los primeros principios de los cuerpos, borrando así de una plumada la cosmología, que ahora llaman filosofía de la naturaleza. Por el mismo principio echa abajo la ética especula-

---

261 Véase *Verdadero método de estudiar* (tomo 2, carta 8, página 298 y siguientes): «No tenemos otros conocimientos que los que entran por los sentidos... Algunas ideas entran en nosotros con la meditación o reflexión... Otras, entran unas veces por sensación; otras, por la reflexión, v. gr., el gusto, dolor, existencia unidad, potencia, sucesión ete... Las ideas compuestas que el alma forme se pueden reducir a tres clases: modos, sustancias y relaciones».

262 Página 305 del tomo 2.

263 «Metafísica intencional es pura lógica; metafísica real es pura física, y todo lo demás son puerilidades... Debían quitarla el título de metafísica y unirla con la lógica y la física» (página 8 del tomo 3). Todo el libro está sembrado de proposiciones por el estilo, especialmente la carta 5, *De la metafísica*.

tiva[264] tildando con los apodos de ridícula y metafísica, expresión de oprobio en boca suya, a la indagación de los fundamentos del deber, sin calcular que así con pocos embates, vendría por tierra la ética práctica, a la cual él reduce todo el derecho natural y de gentes, para el cual recomienda como texto, sin escrúpulos ni prevenciones de ningún género, a Grocio, a Puffendorf y, con ciertos repulgos, a Locke, que trató del derecho natural con su acostumbrada penetración y profundidad. Hasta para Tomás Hobbes[265] tiene palabras de disculpa y de elogio el buen arcediano de Évora, no por herejía suya, sino por pueril vanidad de mostrarse leído en libros extranjeros y superior a todas las preocupaciones y trampantojos de su tierra.

Muchos escolásticos y algunos jesuitas que no lo eran del todo salieron a impugnar terriblemente el plan del Barbadiño, especialmente un fraile que se ocultó con el seudónimo de fray Arsenio de la Piedad; pero a Pombal le pareció de perlas, y mandó ponerle en práctica, sirviendo de texto los tres tomitos a que el elegante Barbadiño había reducido toda la filosofía en virtud del desmoche que de sus partes más caritales había hecho.[266] Lo mejor de todo es el tratado de *re logica*, que así y todo, no pasa de un plagio del italiano Genovesi, de quien era amigo y a quien sigue paso a paso en el método, en las ideas y en las citas. Nuestro insigne médico don Andrés Piquer, autor del mejor tratado de

---

264 «No entiendo por ética aquella infinita especulación que no establece máxima alguna útil para la vida civil o religiosa» (página 117 carta 11).

265 Página 182: «Hobbes fue filósofo y matemático grande, y escribió muy bien en materia de prudencia civil en sus tres libros Elementa Philosophica de cive...; pero entre ellos introdujo mil supuestos falsos y temerarios y es un verdadero epicúreo».

266 *Aloysii Antonii Verneii Equitis Torquati Archidiaconi Eborensis*, Apparatus ad Philosophiam et Theologiam ad usum Lusitanorum Adolescentium, libri sex. Romae, 1751.
—*Ex Typographia Palladis Apud Nicolaum et Marcum Palearinos*. Superiorum facultate (en 8.°; XXIII + 536 páginas, con una dedicatoria al rey don José I y otra a los jóvenes lusitanos). Es una historia crítica de la filosofía y de la teología, con observaciones sobre su utilidad y método.
Aloysii Antonii Verneii Equitis Torquati Archidiaconi Eborensis, De re metaphysica ad usum Lusitanorum Adolescentium Libri quator. Romae, MDCCLIII (1753). Ex Typographia generosi Salomonis in foro S. Ignatii, superiorium facultate (en 8.°; XXII + 240 páginas).
Aloysii Antonii Verneii Equitis Torquati, Archidiaconi Eborensis De Re Logica Ad usum Lusitanorum Adolescentium Libri quinque. Romae, 1751. *Ex Typographia Palladis Apud Nicolaum et Marcum Palearinos*, Superiorum facultate (en 8.°; XI + 388 páginas).

lógica que se escribió en el siglo XVIII en España y fuera de aquí con mucha diferencia de los restantes, juzga severísimamente el trabajo de Verney: «Nada nuevo hay en esta lógica tan voluminosa, y, aunque en ella se tratan materias de todas las artes, siendo así que es poquísimo lo que hay de verdadera lógica, no tuvo otro trabajo que el de copiar a otros modernos que han hecho lo mismo. La erudición es mucha, pero hacinada, y con señas de no haberse sacado de los originales, por donde es tumultuaria, desordenada y do ningún modo a propósito para instruir con fundamento a los lectores, pero sí acomodada para llenarles la cabeza de varias especies y hacer que parezcan sabios sin serlo. Sobre todo es intolerable el desprecio que hace de los antiguos y la ciega deferencia a los modernos, hasta decir que "el librito de la lógica de Heinecio o de Wolfio... excede en grande manera a las bibliotecas de Aristóteles, Theophrasto y Crisippo. Llama pedantes a Erasmo, Huet, Scalígero, Vosio, Salmasio y aun al mismo Grocio. Dejo aparte los desprecios de Aristóteles, continuados y repetidos en toda la obra, porque estoy seguro que Verney no le ha leído, y se echa de ver en la poca exactitud con que refiere sus opiniones"».[267]

Es de advertir que Verney, al contrario de otros innovadores filosóficos de su tiempo, no gustaba del método geométrico de Wolf, Gravesande y Keil, antes hacía profesión de escritor cultísimo y de atildado ciceroniano, hasta el ridículo extremo de pasearse muchas veces por las calles de Roma con un libro de Cicerón en las manos. Así es que trata con tal desdén el silogismo, que le relega a un apéndice: *Appendix, de re syllogistica*.[268]

---

267 *Lógica* de don Andrés Piquer, médico de Cámara de su majestad (Madrid, Ibarra, 1781), página XLI de la Introducción.

268 Después de la extinción de los jesuitas se popularizó mucho el curso de Verney así en las escuelas de Portugal como en las de Castilla. Reimprimió la *Lógica* en Valencia (1769) el historiador del Nuevo Mundo, don Juan Bautista Muñoz, de quien es el prefacio latino que la encabeza, elegantísimo como todos los suyos.

El padre Isla tuvo siempre entre ceja y ceja al autor del *Verdadero método de estudiar*, y no solo le maltrató en el *Fray Gerundio*, viniendo a cuenta y sin venir, sino que dice de él en una carta familiar, escrita en 10 de enero de 1761: «Engañó al difunto papa Benedicto XIV, como tantos otros eruditos de repente, osados y superficiales, en quienes se equivocó el concepto de aquel laborioso pontífice, sin duda porque, como leía tanto, no tenía tiempo para examinarlo todo. Él era el brazo derecho de Carvalho (Pombal) y de su embajador en aquella corte, el comendador de Almada, teniendo por cierto para mí que él fue el autor del famoso libelo *República del Paraguay*, porque el estilo y el artificio

Como Verney pensaban en lo ideológico algunos jesuitas españoles de los desterrados a Italia, y el que más se acerca a él es su paisano el padre Ignacio Monteiro, que, en su notable *Curso de filosofía ecléctica*, aboga por la libertad de filosofar, citando el ejemplo de Inglaterra, se muestra muy conocedor de todos los libros de los impíos de su tiempo, a quienes impugna con sobrada moderación e indulgencia, no escatimando los elogios a Locke y a Bayle, ni aun al optimista Shaftesbury, a Rousseau y a Helvecio, de quienes declara haber tomado doctrinas para la ética, así como de Montaigne y de Charron. Pero mucho más sabio y más prudente que Verney, sigue en otras cosas, así de sustancia como de método, a los antiguos escolásticos peninsulares, especialmente a Pedro de Fonseca, eximio comentador de la metafísica de Aristóteles y lumbrera de la Universidad de Coímbra. Y aunque Locke y el Genuense de una parte, y Leibnitz y Wolf, de otra, parezcan ser sus predilectos, de donde resulta un conjunto bastante híbrido y más erudito que filosófico, lo que es en la cuestión del origen de las ideas no vacila en apartarse toto caelo del sensualismo condillaquista, y defiende las «ideas, especies o nociones innatas, infundidas en nuestro entendimiento por Dios». Otras ideas de inferior calidad las refiere a los sentidos, otras a la meditación o reflexión.[269]

---

no le pierde pinta al que gasta en las demás obras suyas». Al padre Isla le ciega la pasión hasta decir que los tres tomos de filosofía del Barbadiño «están llenos de ignorancias, de inconsecuencias y de puerilidades» (*Obras del padre Isla*, edición de Rivadeneyra, página 592) y que están plagiadas de la Lógica de Port-Royal, siendo así que no se parecen nada y que el verdadero original es el Genuense, como queda dicho en el texto.

El campeón y propagador de la doctrina de Verney en España fue un abogado catalán que decían don José Maymó y Ribes. Publicó una *Defensa del Barbadiño*, contra el padre Isla, y éste replicó en su *Carta escrita por el barbero de Corpa a don José Maymó y Ribes*, doctor en Teología y Leyes, abogado de los Reales Consejos y del colegio de esta corte... en que le da cuenta de una conversación que tuvieron la tarde de san Roque, a la puerta de la botica, el señor cura del lugar, fray Julián el agostero y Miguel el boticario (*Obras del padre Isla*, página 359). Al fin anuncia tres cartas más, que no se permitieron imprimir por la animadversión que había contra los jesuitas.

269 «A mente quidem ipsa eliciuntur aut manant, sed praeter eam mentis efficaciam... aliae ab innatis speciebus seu notionibus menti nostrae a Deo inditis... maxima pars a sensuum actionibus, aliae demum a meditatione originem ducunt.»
(Véase *Ars Critica rationis dirigendae*, seu philosophica humanae mentis institutio Logica communi uso nuncupata secundum Eclecticae Philosophiae leges adornata Auctore Ignatio Monteiro. Tomus, lib. Pars., lib. Editio secunda Veneta ab Auctore correcta aucta et

El padre Monteiro era desertor de todos los campos. Nos dice en el proemio de la física que militó muchos años bajo las banderas de Aristóteles; pero «como era amantísimo de la libertad filosófica y despreciador de la autoridad en las cosas que caen bajo la jurisdicción de la humana mente, dejó a los peripatéticos y estudió el atomismo de Gassendi, que tampoco le satisfizo el todo. De allí pasó a Descartes, y de Descartes a Newton, hasta que entendió que «la verdad no estaba en un solo sistema, sino difusa y esparcida en todos, con mezcla de muchas proposiciones dudosas o falsas». Entonces abrazó fervorosamente el experimentalismo, basando toda su física en la observación, en la experiencia y en el cálculo, aceptando o rechazando, conforme a este único criterio, lo que en Aristóteles o en Epicuro, en Descartes, en Newton, en Clarke y en Leibnitz hallaba de razonable. No siguió el método geométrico, ni tampoco el escolástico, sino el expositivo, aunque da mucha importancia a los cálculos. En la división de la filosofía se aparta de todos los tratadistas; la distribuye en neumática, o tratado de los espíritus; moral y física. En ésta era realmente doctísimo; pero, ¡cosa singular!, un hombre tan aficionado a novedades, no admitía del todo la atracción newtoniana.

Si el padre Monteiro acertó a librarse del sensualismo, no así el doctísimo valenciano Antonio Eximeno, a quien llamaron el Newton de la música por haber establecido nuevo sistema de ella, refutando los de Tartini, Euler, Rameau y D'Alembert. Ya en el mismo libro *Del origen y reglas de la música*, donde trata del instinto con ocasión de la palabra, define la idea sensación renovada, y en otra parte la identifica con la impresión material. Mucho más explícito anda en su elegante tratado *De Studiis Philosophicis et mathematicis insti-*

---

illustrata Venetiis, MDCCLXXVIL, Typis Antonii Zalta..., 366 páginas en 8.º) En el prefacio proclama las excelencias del método experimental psicológico. La *Philosophia Libera seu Eclectica*, del padre Monteiro, a la cual pertenece ese tratado, consta de doce tomos; el primero contiene la geometría y la historia de la filosofía; el segundo y tercero, la física general; el cuarto, la astronomía física; el quinto, la geometría física (en que entran la hidrométrica y la hidráulica); el sexto, la aerometría, la meteorología y las teorías del fuego y la electricidad; el séptimo, la Física de los vivientes, o sea la fisiología, y además la óptica, la catóptrica y la dióptrica; el octavo, la metafísica; el noveno y décimo, la ética; el undécimo y duodécimo, la lógica.

Monteiro, lo mismo que Condillac, reduce los sentido al tacto:

«Manifeste constat omnes plane sensus ad unum tactuna reduci.»

tuendis, especie de discurso sobre el método, que sirve de introducción a sus *Institutiones philophophicae et mathematicae*.[270] Esta obra quedó incompleta por haberse extraviado el tercer tomo en un naufragio cuando el manuscrito venía a España para imprimirse, pero la parte que nos queda basta y sobra para mostrar sus tendencias. El curso es breve; la parte propiamente filosófica queda reducida a un tratado de análisis psicológico sobre las facultades de la mente humana y el origen de los conocimientos; todo lo demás es física y matemáticas; de metafísica, ni palabra,[271] la lógica está embebida en el análisis preliminar, cuyas fuentes son el *Ensayo* de Locke sobre el entendimiento humano y el *Tratado de las sensaciones* de Condillac,[272] en quienes halla nuestro jesuita cuanta ciencia puede desearse, *quantam licet scientiam comparare*. No se hable de filosofías eclécticas ni de transiciones con las inepcias aristotélicas, porque tales esfuerzos son dignísimos de risa. La filosofía, según Eximeno, viene a reducirse a lo siguiente:

1.º Todo lo que el hombre hace, siente, medita y quiere, ha de referirse, como a último término, a su utilidad y conservación.

2.º Todo lo que el hombre siente, piensa y quiere es inseparable de algún placer o dolor.

---

270 *Antonii Eximeni Presbyteri Valentini De Studiis Philosophicis et mathematicis instituendis. Ad virum clarissimum suique amicissimum Joannem Andresium. Liber unus.* Matriti. Ex Typographia Regia, 1789 (en 8.º; 315 páginas).
—*Institutiones philosophicae et mathematicae.* Matriti, ex Typographia Regia, 1796 (dos tomos en 8.º).

271 Hasta el nombre de metafísica aborrece Eximeno:
«Metaphysica, si plerisque credimus, est scientia de ente in genere, eiusque proprietatibus. Sed quidnam rei (mecum ipse aiebam) eiusmodi ens in genere?» (página 16 *De Studiis Philosophicis et mathematicis instituendis*.).

272 «Quapropter qui de rebus illis quantam licet scientiam comparare sibi cupiat, assidua verset manu Lockiam eiusque interpretem (Condillacium) a quo de negligentia Lockii et erroribus, severius fortasse quam oportuerat, admonebitur» (página 27).
Algo tomó también de Descartes, Malebranche y Leibnitz y del ginebrino Bomnet en su *Palingenesia*.

3.º No hay idea que no haya sido adquirida por intermedio de algún sentido, ni siquiera la misma idea de Dios.²⁷³

4.º Las percepciones, sensaciones o impresiones (para Eximeno todo es uno) quedan en la memoria, y se ensalzan entre sí por cierto nexo, el cual consiste en la misma textura de las fibras del órgano, que enlaza entre sí los vestigios de las ideas.

5.º «Todos los placeres y dolores del hombre tienden a un solo y simplicísimo fin, es a saber, a su conservación deleitosa..., conspirando todas las ideas a advertir al hombre que se cuide y conserve para disfrutar de los placeres de la vida...²⁷⁴ A toda idea acompaña alguna impresión agradable o desagradable.»

6.º El hombre está dotado de la facultad de comparar y enlazar entre sí las ideas y de mudar el nexo y orden con que se engendran. A esto se llama facultad activa del alma.

7.º Por comparación entre las ideas singulares y por abstracción después se forman las ideas generales.

8.º La percepción del placer o del dolor presente es la razón que determina al hombre a querer o a no querer.²⁷⁵

¡Singular poder de la moda, y cuán pocos se sustraen de él! El hombre que con tanto desenfado propugnaba no ya el sensualismo lockista, sino la moral utilitaria, con resabios deterministas, y hasta la teoría del placer, al modo de los epicúreos o de la escuela cirenaica, era un religioso ejemplar y católico a toda ley, como lo era también el clarísimo padre Andrés, a quien él dedica su libro, historiador de todas las ciencias, y entre ellas de la filosofía con criterio

---

273 «Quid a sensibus magis alienum quam Deus? De eo tamen nunquam cogitasses, nisi eius nomen et attributa audisses et legisses, vel si mundi spectaculum, adhibita causae idea a corporum mutationibus hausta» (página 52).

274 He aquí el texto de este increíble pasaje, que no hubiera desaprobado el mismo Helvecio: «En conmune vinculum omnes complecteris ideas: omnes hominis voluptates et dolores in unum, simplicissimum finem conspirant, in eius scilicet conmodum et voluptabilem conservationem: neque ulla excogitari potest voluptas, ullus dolor, quin cum caeteris omnibus doloribus et voluptatibus multas habeat relationes, ut, si unae sint, unae conspirent ad admonendum hominem de se tuendo et conservando, ut vitae voluptatibus perfruatur. Quae res inter se magis dissitae quam Homeri Ilias, et hominis nunc viventis hepas? Nihilominus huius hominis dolor hepatis levari potest voluptate capta ex Iliade» (página 56)

275 Página 81 del *De Studiis Philosophicis*.

ecléctico, pero sin disimular sus inclinaciones sensualistas. Para él Locke es el Newton de la metafísica; «no podía el entendimiento humano haber caído en mejores manos; Locke ha abierto un nuevo mundo, del cual podemos sacar ricos tesoros de nuevos y útiles conocimientos; solo después de su *Ensayo* hemos empezado a estudiar bien nuestra mente, a seguirla más atentamente en sus operaciones, a conocernos en la parte más noble de nosotros mismos... Él prefirió una verdad rancia a una especiosa y aplaudida novedad»[276] (la de las ideas innatas). Pero todavía Locke no le parece bastante sensualista al abate Andrés; aún reserva mayores elogios para Condillac, en quien encuentra «la más fina anatomía del espíritu humano y de sus facultades y operaciones», las cuales demostró, contra el sistema lockiano de la reflexión, que no son más que la misma sensación transformada de diversos modos.[277] No hay más filosofía racional y posible: «Descartes y Malebranche tienen demasiados caprichos fantásticos, a vueltas de algunas verdades útiles; Leibnitz y Clarcke se han entretenido en especulaciones demasiado sutiles, en que no se puede llegar a la certeza; Wolfio y Genovesi conservan todavía mucho de la herrumbre escolástica; solo Locke, Condillac y el ginebrino Bonnet pueden formar juntos un curso de práctica y útil metafísica, porque han examinado las sensaciones y puesto en claro la influencia de las palabras y de los signos en las ideas». ¡Es decir, porque han reducido la filosofía a la gramática! No da cuartel a los demás enciclopedistas, pero sí a D'Alembert, con cuyo *Discurso preliminar* se extasía, llamándole «el más bello cuadro que pluma filosófica trazó nunca» y rompiendo en admiraciones del tenor siguiente: «¡Qué extensión y profundidad de miras! ¡Qué inteligencia y posesión de las materias y de sus recíprocas relaciones! ¡Qué conocimiento de las facultades de nuestra alma y de los caminos que han recorrido su incansable actividad!». Los *Elementos de filosofía*, de D'Alembert, son una iluminada y segura guía que, conduciendo al filósofo por los inmensos campos de la naturaleza, le muestra los terrenos fértiles que puede cultivar con

---

[276] Véase *Dell'origine, progresi e stato attuale d'oqni letteratura* dell'Abate don Giovanni Andres Socio della R. Academia de Scienze e Belle Lettere di Mantova. Parma, della Stamperia Reale, 1794.
Tomo 5, lib. 3 *Della filosofia* léase todo él, pero especialmente las página 545 a 548 y 562 a 566. Esta obra la tradujo al castellano don Carlos Andrés, hermano del autor.
[277] Página 568 del tomo referido.
Llama a Bonnet *il gran pensatore e il sommo filosofo de nostri di*.

seguridad de coger nuevos y útiles frutos, y los lugares estériles y áridos, donde después de muchos trabajos y fatigas no puede esperar más que espinas o frutos ásperos e insípidos y tal vez dañinos.[278]

Dentro del empirismo, que excluye toda noción de lo absoluto y de lo eterno y reduce los universales a meros nombres o *flatus vocis* sin contenido ni eficacia, solo un refugio quedaba a los pensadores creyentes; el de suponer recibidas las primeras nociones de la humana mente de la tradición o enseñanza, que por cadena no interrumpida se remontaba hasta Adán, que las recibió directamente de Dios. Este sistema, del que ya pueden encontrarse vislumbres en los rabinos y en Arias Montano, llámase desde Bonald acá tradicionalismo, y a él se refugiaron muchos filósofos nuestros del siglo XVIII[279] (y, sin duda, otros de otras partes, porque las mismas causas producen los mismos efectos), afirmando, con Hervás y Panduro, que el pensar es pedisecuo del hablar, o diciendo, como Verney, que las ideas abstractas las recibimos de nuestros mayores o que son el fruto de enseñanza ajena.

Si ésta era la doctrina de los más sesudos y prudentes, júzguese adónde llegarían, sin este efugio tradicionalista, los innovadores resueltos y, de pocas o dudosas creencias. Dos traducciones se hicieron de la *Lógica* de Condillac; libro pobrísimo, pero muy famoso. Fue autor de la primera don Bernardo María de Calzada, capitán de un regimiento de caballería, el cual la dedicó al general Ricardos, procesado por el Santo oficio como sospechoso de adhesión a los errores franceses.[280] Tampoco Calzada salió inmune de las aventuras a que le llevó su desdichado afán de traducir, cuyo oficio era en él alivio de menesteroso. Abjuró *de levi*, según refiere Llorente, que fue el encargado de prenderle y que

---

278 Página 565.
279 Véase *Del tradicionalismo en España*, por don Gumersindo Laverde, en sus *Ensayos críticos de filosofía, literatura e instrucción pública*, páginas 470 a 486.
280 *La lógica o los primeros elementos del Arte de pensar.* Obra aprobada por la Junta de Dirección de las Escuelas Palatinas, y aplaudida por célebres Universidades. Escrita en francés por el Abad de Condillac, y traducida por don Bernardo María de Calzada, capitán del Regimiento de Caballería de la reyna. Madrid, 1784. Por don Joachín Ibarra, impresor de cámara de su majestad... (en 8.°; VI + 203 páginas. Hay 2.ª edición de 1789).

se enterneció mucho[281] Calzada, a quien llama, Moratín aquel eterno traductor de mis pecados, había puesto en verso castellano, con escaso numen, muchos poemas franceses, entre ellos las fábulas de La Fontaine. *La religión*, de Luis Racine; la tragedia de Voltaire *Alzira* o *los americanos* y la comedia de Diderot *El hijo natural*.

La segunda traducción de la *Lógica*, que más bien debe llamarse arreglo, es de don Valentín Foronda, miembro influyente de la Sociedad Económica Vascongada y cónsul en los Estados Unidos, autor de unas *Cartas sobre los asuntos más exquisitos de la economía política y sobre las leyes criminales*[282] y traductor del *Belisario* de Marmontel, novela o poema en prosa soporífero, hoy olvidado, pero que en su tiempo llamó estrepitosamente la atención por haber censurado la Sorbona uno de sus capítulos, en que se defiende a las claras la tolerancia o más bien la indiferencia religiosa.

Foronda no se limitó, como Calzada, a traducir literalmente, aunque con supresiones, la *Lógica* de Condillac, sino que la puso en diálogo para acomodarla a la capacidad de su hijo, y la adicionó con varias reflexiones tomadas de la *Aritmética moral*, de Buffon, y con un tratado de la argumentación y del desenredo de sofismas, copiado de la *Enciclopedia metódica*.[283] El estilo de Foronda es agradable y sencillo, casi igual en limpieza y claridad al del autor que traduce.

---

281 Calzada era cuñado del marqués de Manca, grande enemigo de Floridablanca. Asistió a su prisión el duque de Medinaceli como familiar del Santo oficio (Véase Llorente, tomo 4, página 101, el cual atribuye la desgracia de Calzada a una sátira que compuso y que le granjeó muchos enemigos entre los frailes). Un catálogo no completo de sus traducciones puede verse en Sempere y Guarinos, Biblioteca del reinado de Carlos III, página 231 y 232 del tomo 6.

282 Madrid, Imprenta de Manuel González, 1789. El índice de sus escritos puede verse en Sempere y Guarinos, tomo 5, página 177 y 178. Entre ellas figuran una *Carta escrita a la Academia de Ciencias y Artes de Barcelona sobre la necesidad de enmendar los errores físicos, chímicos y mathemáticos que se encuentran en la obra de Feyjoo*; una traducción de las *Instituciones políticas*, de Bielfeld, y otra del *Belisario*, de Marmontel, que la censura no le permitió publicar. Después escribió unas notas críticas al *Quijote* y otros opúsculos que no constan en Sempere. Foronda fue gran protegido de Cabarrús y defendió el Banco de san Carlos contra Mirabeau.

283 *Lógica* de Condillac, puesta en diálogo por don Valentín de Foronda, y adicionada con un pequeño tratado sobre toda clase de argumentos, y de sofismas, y con varias reflexiones de la *Aritmética Moral* de Bufón, sobre medir las cosas inciertas, sobre el modo de apreciar las relaciones de verosimilitud, los grados de probabilidad, el valor de los testimonios,

Muchos traducían la Enciclopedia sin decirlo. Así lo hizo el doctor don Tomás Lapeña, canónigo de Burgos que imprimió allí en 1806 un *Ensayo sobre la historia de la filosofía*, en tres volúmenes. Ya anuncia en el prólogo que no ha hecho más que reducir y sistematizar lo que halló en otros libros, suprimiendo solo lo que podía inspirar cierta libertad de pensamiento, no poco perjudicial.[284] Alguna vez muestra haber recurrido a la gran compilación de Brucker y a otras fuentes serias, pero todo lo demás está copiado *ad pedem litterae* del gran diccionario de Diderot y D'Alembert, con solo suprimir la parte más francamente heterodoxa e impía y juntar en un solo cuerpo lo que andaba desparramado en muchos artículos.

El más original e inventivo de nuestros nominalistas de entonces es el valenciano don Ramón Campos, autor de un libro llamado *El don de la palabra*[285] donde se sostiene sin embages que «la abstracción no es operación del pensamiento, sino que se hace por medio del lenguaje articulado», de donde deduce que «no es posible infundir ninguna idea abstracta ni general en los sordos de nacimiento». ¿Qué será una abstracción hecha por medio de la palabra sin intervención del pensamiento? Misterio más singular y maravilloso no le hay en ninguna ideología espiritualista. Destutt-Tracy fue el primero que dio en tal desvarío, verdadero oprobio y rebajamiento de la mente humana, por más que le adoptasen algunos de los primeros tradicionalistas, afirmando que «solo los signos artificiales, o, por mejor decir, los signos articulados, dan cuerpo a

---

la influencia de las casualidades, el inconveniente de los riesgos y sobre formar el juicio del valor real de nuestros temores y esperanzas. Con licencia. Madrid, en la Imprenta de González, MDCCXCIV (1794).

284 *Ensayo sobre la historia de la filosofía desde el principio del mundo hasta nuestros días*: escrito por el doctor don Tomás Lapeña, canónigo de la santa iglesia metropolitana de la ciudad de Burgos. En Burgos, en la Imprenta de don Ramón de Villanueva. MDCCCVI... (tres tomos en 4.°; el segundo y tercero están impresos en 1807 en la Imprenta de Navas).

285 *El don de la palabra en orden a las lenguas y al exercicio del pensamiento*, o *Teórica de los principios y efectos de todos los idiomas posibles* (Madrid, Imprenta de Gómez Fuentenebro y Compañía; en 8.°, 1804, 107 páginas).

Don Ramón Campos era natural de Burriana. Estudió en san Fulgencio, de Murcia. Fue catedrático de Física en los Reales Estudios de san Isidro, de Madrid. Murió heroicamente peleando como guerrillero contra los franceses cerca de Belmonte en 1808 (véase Fúster, *Biblioteca Valenciana*). Publicó, además de la obra citada, un *Sistema de lógica* (Madrid 1790), en 8.°

las ideas arquetipas y a las ideas de sustancia generalizadas», y que «sin tales signos no hay ideas abstractas ni deducciones».

A muchos sensualistas les retrajo de ir tan allí a pesar del espíritu de sistema, la observación clarísima de lo que pasa con los sordomudos. A Destutt-Tracy y a Campos les refutó gallardamente el abate Alea, amigo y contertulio de Quintana, colaborador suyo en las *Variedades de Ciencias, Literatura y Artes* y muy protegido por el Príncipe de la Paz, que le puso al frente del Colegio de Sordomudos y de la Comisión Pestalozziana.[286] Alea, aunque materialista en el fondo, admite que los sordomudos son tan capaces de abstraer y generalizar como los demás hombres, sin más diferencia que la del método y la del tiempo. Lejos de él creer, como Campos, que «el pensamiento, por su naturaleza, es incapaz de abstracciones y de toda idea general» y que «la memoria y la formación de las ideas universales son efectos del don de la palabra, y de ningún modo operación del pensamiento». Estas brutalidades antirracionales indignan al elegante abate, quien se limita a decir prudentemente que «las ideas se reciben o engastan en los signos, y en particular en los articulados, los cuales, después que la lengua está formada y rica en términos abstractos, son ocasión para el pensamiento de mil ideas nuevas que no tendrían sin ellos». Y con lógica irrebatible pregunta a Campos: «Los inventores de las palabras más abstractas, ¿no concibieron la abstracción antes de inventar la palabra que la expresa?».

Campos señala el último límite de degradación filosófica, no es posible caer más bajo. Para él, las facultades humanas se reducen a dos: imaginación y memoria, y aun éstas dependen del don de la palabra. La imaginación es el pensamiento de las cualidades unidas con sus objetos o de los objetos de sus cualidades, la memoria es el pensamiento de los objetos o de las cualidades no en concreto, sino pegados y adheridos a las palabras, y tomando, por decirlo así la

---

286 Alea publicó estos artículos por primera vez en las *Variedades de Ciencias, Literatura y Artes* (cuya publicación duró desde 1803 a 1805), y luego los reimprimió al fin de las *Lecciones analíticas para conducir a los sordomudos al conocimiento de las facultades intelectuales, al del Ser Supremo y de la moral*: obra igualmente útil para los que oyen y hablan, escrita en francés por R. A. Sicard... traducida y aumentada con un apéndice de observaciones ideológicas sobre la capacidad de los sordomudos, para las ideas abstractas y generales, por don José Miguel Alea... (Madrid, imprenta Real, 1807; 320 páginas).

forma de éstas, es decir, separados o reunidos según que la palabra los separa o reúne. La unidad de idea depende de la unidad de movimiento en la sílaba.

¡A tal grado de miseria había llegado la filosofía en la patria de Suárez! Y por lo mismo que parecían fáciles a la compresión las groserías empíricas, propagáronse como la lepra, y fueron la única filosofía de nuestros literatos y hombres políticos en los primeros treinta años del siglo XIX. Esa es la que propagaron Reinoso en Sevilla, el padre Muñoz en Córdoba y don Juan Justo García, don Ramón de Salas[287] y otros muchos en Salamanca, cuya Universidad, y especialmente el Colegio de Filosofía, eran, a fines de la XVIII centuria, un foco de ideología materialista y de radicalismo político. De allí salieron la mayor parte de los legisladores de 1812 y de los conspiradores de 1820. Quintana, Gallardo, Muñoz Torrero... eran hijos de las aulas salmantinas. Meléndez, que también se había educado allí dice en una carta a Jovellanos que «al *Ensayo sobre el entendimiento humano*, de Locke, debió todo lo que sabía discurrir».[288] No es extraño que su discípulo Quintana, trazando la biografía del maestro, se entusiasme con aquella escuela «que desarrugó de pronto el ceño desabrido y gótico de los estudios escolásticos y abrió la puerta a la luz que a la sazón brillaba en Europa..., difundiendo el conocimiento y gusto de las doctrinas políticas y de las bases de una y otra jurisprudencia..., los buenos libros que salían en todas partes, y que iban a Salamanca como a un centro de aplicación y de saber; en fin, el ejercicio de una razón fuerte y vigorosa, independiente de los caprichos y tradiciones abusivas de la autoridad».[289]

De todas estas indicaciones y de las que reuniremos en el párrafo siguiente, se saca en claro que el espíritu de la Universidad en sus últimos tiempos era desastroso. Los canonistas jansenizaban: «Toda la juventud salmantina es port-royalista (dice Jovellanos en su *Diario inédito*), de la secta *pistoyense*: Obstraect, Zuola y, sobre, todo, Tamburini andan en manos de todos; más de tres mil ejemplares había ya cuando vino su prohibición; uno solo se entregó».[290]

---

287 Las obras de todos ellos se publicaron después del año 20, y en su lugar serán analizadas.
288 *Poetas líricos del siglo XVIII*, tomo 2, página 73.
289 Vida de Meléndez por Quintana (en las *Obras* de éste, tomo 19 de la *Biblioteca de autores españoles*, página 110).
290 *Obras de Jovellanos* (tomo 3, no publicado, de la edición de Rivadeneyra, página 164). Poseo las capillas por bondad inestimable de don Cándido Nocedal.

Los afiliados del flamante filosofismo solían reunirse y solazarse en casa del catedrático de Jurisprudencia, don Ramón de Salas,[291] a quien luego veremos figurar como propagador de las teorías utilitarias de Bentham. y diputado en las Cortes del año 20, siendo quizá uno de los autores del proyecto del Código penal.[292] Su casa en, Salamanca era de disipación y de juego. Aun no había escrito sus *Lecciones de derecho público constitucional*, pero públicamente se le tildaba de volteriano y descreído, por lo cual fue delatado a la Inquisición en 1796. Confesó haber leído las obras de la mayor parte de los corifeos del deísmo y del ateísmo en Francia, pero para refutarlos; y los inquisidores de entonces, que eran tan sospechosas como él, no solo le dieron por libre, sino que quisieron perseguir al dominico padre Poveda, que le había denunciado, y dar de este modo a Salas una satisfacción pública. El padre Poveda no se dio por vencido, e hizo que el proceso volviese a los calificadores hasta dos veces. Pero los calificadores y el Consejo de la Suprema se empeñaron en declarar inocente a Salas, a pesar de la opinión contraria del sapientísimo arzobispo de Santiago, don Felipe Vallejo, que había conocido el fondo de las doctrinas de Salas en varias discusiones que tuvo con él en Salamanca. Tanto insistió y tan bien probó su intento, que el catedrático salmantino tuvo que abjurar *de levi*, fue absuelto *ad cautelam* y desterrado de Salamanca y Madrid. Desde Guadalajara, adonde se retiró, levantó formal queja a Carlos IV contra el cardenal Lorenzana, inquisidor general; pidió la revisión de las piezas del proceso, y, como los vientos eran favorables a sus ideas, logró un decreto, redactado por Urquijo, en que se prohibía a los inquisidores prender a nadie sin noticia del rey. El Príncipe de la Paz se interpuso y el decreto no llegó a publicarse.[293]

A difundir las nuevas ideas contribuía desde 1791 una librería exclusivamente francesa que los editores Alegría y Clemente habían establecido en Salamanca. Ni era tampoco pequeño estímulo la creación de las cátedras de derecho natural y de gentes que habían comenzado a establecerse desde el tiempo

---

291 Natural de Belchite, en Aragón.
292 Pudo ser de los inspiradores, pero no el autor. Le escribió don José María Calatrava.
293 Véase Llorente, *Histoire critique*, tomo 2, página 469 a 472.

de Carlos III[294] y que, comenzando por Grocio y Puffendorf y continuando por Vattel y Montesquieu, habían acabado en Rousseau y en su *Contrato social*. Los estudiantes son siempre de la oposición, y poco les importa de qué calidad sea lo nuevo, con tal que la novedad lo proteja. Así iba la revolución naciente reclutando sus oradores entre las huestes universitarias, y especialmente entre los legistas. Tampoco los seminarios conciliares estaban libres del contagio, especialmente los de Salamanca, Burgos, Barcelona y Murcia. Del primero, fue rector Estala, ex escolapio trocado en abate volteriano.

En vano Floridablanca, que había impulsado al principio este movimiento, se aterró y quiso resistirle cuando empezaban a sonar a nuestras puertas los alaridos de la Revolución francesa; en vano cerró las cátedras de Derecho público y de Economía política e hizo callar al periodismo, que ya empezada a desmandarse, y cortó el vuelo de las sociedades económicas, que a toda prisa iban degenerando en sociedades patrióticas, a estilo de Francia; y comenzó a ejercer vigilancia, quizá nimia y suspicaz, en los actos y conclusiones públicas de las universidades, queriendo convertir a España, según expresión sarcástica del funesto Príncipe de la Paz, en un claustro de rígida observancia. Porque toda esta prudente y aun necesaria represión apenas duró dos años, y en dos años no era posible que enmendase tanto desacierto el mismo que los había causado, y que en el fondo de su alma solo difería de los innovadores resueltos en ser más tímido o más inconsecuente. Por eso fácilmente le derribó Aranda, cuyo nuevo advenimiento en 1792 festejaron con increíble entusiasmo los revolucionarios franceses por boca de Condorcet: «La filosofía va a reinar sobre España, decía... La libertad francesa... encontrará en vuestra persona uno de sus defensores contra la superstición y el despotismo. El destructor de los jesuitas será el enemigo de todas las tiranías. Me parece ver a Hércules limpiando el establo de Augías y destruyendo esa vil canalla que, bajo el nombre de sacerdotes y de nobles, son la plaga del Estado. Sois el ejecutor testamentario de los filósofos con quienes habéis vivido; la sombra de D'Alembert os protege. Vais a demos-

---

294 La primera de estas cátedras fue la de los Reales Estudios de san Isidro, regentada por don Joaquín Marín y Mendoza, que publicó una *Historia del derecho natural y de gentes* (Madrid 1776; por D. M. Martín), y una edición de los *Elementa iuris naturae et gentium, de Heineccio* (1776, ex officina Emmanuelis Martini; en 4.º). Era obligatoria la asistencia por un año a esta cátedra para todos los que en Madrid practicasen la abogacía.

trar a la Europa que el mayor servicio que se puede hacer a los reyes es romper el centro del despotismo y convertirlos en los primeros siervos del pueblo».[295]

Tampoco duró mucho el predominio de Aranda, pero su espíritu en todo lo malo pasó a Godoy, que en sus *Memorias* se jacta de haber dado libertad a las luces, metáfora francesa muy de moda entonces, y de haber levantado el entredicho que pesaba sobre las letras, estimulando las reuniones que mantenían el patriotismo y ejercitaban los talentos con provecho común. ¡Así salió ello! El favorito de María Luisa, aunque hombre ignorantísimo, tenía, como otros personajes de su laya, la manía de la instrucción pública, y, sobre todo, de la instrución primaria lega y sin catecismo. Por entonces andaban en moda el sistema pedagógico de un suizo llamado Enrique Pestalozzi, así como ahora privan el método de Froebel, la enseñanza intuitiva y los jardines de la infancia; pedanterías de dómines ociosos. Y como el tal sistema cuadraba muy bien con el espíritu filantrópico, candoroso y humanitario de la época, el Príncipe de la Paz no se descuidó en fundar un Instituto Pestalozziano, poniendo al frente, entre otros, al abate Alea y al sevillano Blanco (White). ¡Buen par de apóstoles!

V. El enciclopedismo en las letras humanas. Propagación de los libros franceses. Procesos de algunos literatos: Iriarte, Samaniego. Prensa enciclopedista. Filosofismo poético de la escuela de Salamanca. La tertulia de Quintana. Vindicación de Jovellanos

Además de los decretos oficiales y de la economía política irreligiosa, organizada en sociedades, y de las cátedras de filosofía sensualista, era eficacísimo elemento de desorganización la poesía y la amena literatura, que en el siglo XVIII tienen poco valor estético, pero mucho interés social. Todavía quedaban en la España de entonces venerables reliquias de los buenos estudios pasados; todavía era frecuente el conocimiento de los modelos de la antigüedad griega y romana, no eran desconocidos los italianos; de los nuestros del buen siglo, sobre todo de los líricos, teníase más que mediana noticia, y algunos los imitaban con discreta habilidad en cuanto a la forma más externa. Pero todo grande espíritu literario, así el original y castizo como el de imitacin sobria y potente,

---

295 Esta carta se publicó en *El Procurador* (periódico de 30 de octubre de 1814), y la reproduce el padre Vélez, arzobispo de Santiago, en el tomo 2 de su *Apología del Altar y del Trono* (Madrid, Repullés, 1825), página 11 y 12.

habían huido, y en los mejores solo quedaba la corteza. El viento de Francia se nos había calado hasta los huesos; y el prosaísmo endeble, la timidez elegante, la etiqueta de salón, la ligereza de buen tono, el esprit enteco y aquella coquetería o sutileza de ingenio que llamaban mignardise lo iban secando todo. Ni paraba aquí el daño, porque los libros franceses, que eran entonces insano alimento de nuestra juventud universitaria, tras de difundir un sentimentalismo de mala ley, enfermizo y pedestre, nos traían todo género de utopías sociales, de bestiales regodeos materialistas y de burlas y sarcasmos contra todo lo que por acá venerábamos.

Las escasas traducciones de los enciclopedistas franceses y de sus afines que por aquellos días se hicieron no bastan ni con mucho, a dar idea de la extraordinaria popularidad de la literatura de allende los puertos en España. La censura estaba vigilante, a lo menos para evitar el escándalo público de las traducciones. Del mismo Montesquieu no se conoció en lengua vulgar el *Espíritu de las leyes* hasta el año 20, en que Peñalver le tradujo; ni las *Cartas persas* hasta después de 1813, cuando el abate Marchena las hizo correr a sombra de tejado. Más suerte tuvieron las obras propiamente literarias de Voltaire; dos veces se tradujo en verso castellano su *Henriada*, la primera por un afrancesado, dicho don Pedro Bazán y Mendoza (1816); la segunda, por don José Joaquín de Virués y Espínola (1821)[296] si bien una y otra, aunque hechas muchos años antes, se publicaron ya fuera del período que historiamos. Voltaire pasaba por oráculo literario aun entre sus enemigos; y la misma Inquisición española, que por edicto de 18 de agosto de 1762 prohibió todas sus obras aun para los que tuviesen licencias, dejaba traducir libremente sus tragedias y sus historias con tal que en la portada no se expresase el nombre del autor, mal sonante siempre a oídos piadosos. Por no haber guardado esta precaución sufrió censura *La muerte de César*, que tradujo el ministro Urquijo.

Por el teatro, más que por ningún otro camino, penetró Voltaire en España. Pero ha de distinguirse siempre entre las tragedias de su primera manera, simples ejercicios literarios sin mira de propaganda, y las de su vejez, muy inferiores

---

296 El autor de esta traducción cuenta en un prólogo que «el primero de nuestros poetas (¿Meléndez o Quintana?) le decía que esta traducción es acaso el libro español que contiene mayor número de aquellos versos felices que se graban en la memoria de todos inevitablemente y para siempre». ¡Terrible hipérbole, aunque no se ha de negar que hay buenos versos en esta traducción olvidada!

a las otras en la relación artística, verdaderos *pamphlets* contra el sacerdocio, en forma dialogada, las cuales, si en la historia del arte pesan poco, para la historia de las ideas en el siglo XVIII no son indiferentes. Nuestra escena, como todas las de Europa, vivía en gran parte de los despojos de Voltaire. De su obra maestra, la *Zaira*, donde la inspiración cristiana y patriótica levanta a veces extraordinariamente al poeta y le hace lograr bellezas de alta ley, a despecho de su escepticismo, como si Dios se hubiera complacido en hacerle poeta, por excepción, la única vez que buscó la inspiración por buen camino, fueron leídas y aplaudidas en España hasta tres versiones sucesivas; una, de don Juan Francisco del Postigo (don Fernando Jugazzis Pilotos, 1765); otra de Olavide (1782), y otra, de don Vicente García de la Huerta,[297] ingenio muy español y de mucha pompa y sonoridad, que fácilmente eclipsó a los restantes, dilatándose hasta nuestros días la fama tradicional de su *Zaira* sostenida por el recuerdo de Maiquez. *El huérfano de la China*, tragedia ya de decadencia, y una de aquellas en que el patriarca siguió su favorita manía de ensalzar, en odio a los hebreos, la prodigiosa antigüedad y cultura del celeste imperio, fue puesta en verso castellano, con pureza de lenguaje, pero sin nervio, por don Tomás de Iriarte y representada en los Sitios Reales para cuyo teatro tradujo por superior encargo (desde 1769 a 1772) el mismo discretísimo intérprete otras piezas dramáticas francesas, entre ellas *La escocesa*, comedia de Voltaire o más bien sátira indigna contra su émulo Frerón.[298] *Alzira o los americanos* tuvo peor suerte, cayendo en manos del inhabilísimo don Bernardo María de Calzada,[299] que acabó de estropear aquel supuesto cuadro de costumbres americanas, en que un cacique indio se llama Zamora. *Mahoma o el fanatismo*, absurdo melodrama, lleno de inverosímiles horrores, con cuyo exótico tejido se propuso Voltaire herir por tabla el fanatismo cristiano, abroquelándose para mayor seguridad con una humilde dedicatoria a

---

297 La fe triunfante del amor y cetro. Tragedia en que se ofrece a los aficionados la justa idea de una traducción poética, por don Vicente García de la Huerta, entre los Fuertes de Roma Antioro, entre los *Arcades Alelotóphilo Deliade*... (Madrid, oficina de Pantaleón Aznar, 1784) en 8.º

298 Colección de obras en verso y prosa de don Tomás de Iriarte (Madrid, imprenta Real, 1805).

299 Madrid, imprenta Real, 1788. Está en endecasílabo asonante.

Benedicto XIV[300] no llegó con eso a representarse en Francia cuando su autor lo escribió, e igual suerte tuvo en España la traducción, nada vulgar, de don Dionisio Solís, apuntador del teatro del Príncipe, que también dejó inédita *La Gazmoña* o *La Prude*, comedia del mismo Voltaire, refundición de la escabrosísima del poeta inglés Wicherley *The Plain Dealer*.[301] El marqués de Palacios, don Lorenzo de Villavel, pésimo dramaturgo, dio a las tablas la *Semíramis*, llegando a hacer proverbial la *Sombra de Nino*, que se tuvo entonces en Francia y en España por grande atrevimiento dramático. Un don José Joaquín Mazuelo arregló a nuestra escena la *Sofonisba*. Y por los mismos años, en tan apartada región como Caracas, entretenía sus ocios juveniles el luego eminentísimo filósofo y poeta Andrés Bello, poniendo en endecasílabos castellanos otra de las más infelices tragedias de Voltaire, la *Zulima*. ¿Y cómo admiramos de que tal afición despertasen obras que hoy nos parecen tan pálidas e insignificantes, cuando recordamos que el primer ensayo del futuro poeta de los *Amantes de Teruel* fue, allí por los años de 1830, una refundición de la *Adelaida Duguesclin*, trocada en Floresinda?

Voltaire tenido hoy entre los suyos por trágico de segundo orden, y esto solo en cuatro o cinco de sus tragedias, era para nuestros literatos de principios del siglo uno de los tres reyes de la escena, de la escena francesa se entiende, porque ellos no sabían de otra. Quintana, en su *Ensayo didáctico sobre las reglas del drama* (escrito en 1791), no encuentra elogio bastante para el teatro de Voltaire, «por que se propuso destruir la superstición en *Mahoma* y dar lecciones de humanidad en *Alzira*». Sus tragedias de asunto griego y romano no fueron tan bien recibidas; agradaron más las de Alfieri por más austeras y republicanas, y fue suerte grande que el *Bruto o Roma libre* y el *Orestes* lograsen intérpretes como Savillón y Solís, que se acercaron muchas veces a la viril y nerviosa poesía del original italiano. Alfieri fue el ídolo de los literatos soñadores de libertades espartanas; así Cienfuegos en el *Idomeneo* y en el *Pítaco*,

---

300 La carta está en italiano y es deliciosa de leerse: *La santitá vostra perdonerá l'ardire che prende uno de piú infimi fedeli... di sottometere al capo della vera religione questa opera contro il fundatore d'une falsa e barbara setta.* Y acaba pidiendo al papa *le sue bendizioni.* Así eran los hombres del siglo XVIII.

301 Véase la bibliografía de don Dionisio Solís, por Hartzenbusch, en el tomo de los *Poetas líricos del siglo XVIII*, de Cueto. Los manuscritos de Solís paran hoy en la Biblioteca Nacional.

que la Academia española no premió por encontrarla demasiado revolucionaria, aunque en desquite abrió las puertas al autor, y Quintana en su *Pelayo*, obra de efecto político, pero de ningún efecto dramático ni color local de época alguna. El teatro a fines del siglo XVIII iba tomando, más o menos inocentemente, más o menos a las claras, cierto carácter de tribuna y de periodismo de oposición. Por una parte, las declamaciones alfierianas contra el ente de razón llamado tirano, especie de cabeza de turco, en quien viene ensañándose el flujo retórico de muchos colegiales desde el siglo XVI acá. A cada paso resonaban en nuestro teatro aquellas mínimas huecas de libertad política abstracta, que, juntamente con las lecciones del derecho natural de algunas universidades, iban calentando muchas cabezas juveniles y enamorándolas de un ideal mezclado de tiesura estoica y énfasis asiático, al cual se juntaba, para echarlo a perder todo, la filantropía, que Hermosilla llamó donosamente panfilismo. De aquí que la moral casera y lacrimatoria de los dramas de Diderot, dramas mímicos en gran parte, puesto que entran en ellos por mucho el gesto y las muecas, tuviese grandes admiradores, que no son tanto de culpar los pobrecillos, ya que el gran crítico alemán Lessing claudicó como ellos, elogiando en su *Dramaturgia* aquellos peregrinos engendros. *El hijo natural* fue traducido por Calzada, y del padre de familia se hicieron nada menos que tres versiones distintas: una, del marqués de Palacios; otra, de don Juan Estrada, y la tercera, de don Francisco Rodríguez de Ledesma, que por entonces imitaba o parodiaba también varias tragedias de Alfieri, de ellas la *Virginia* y la *Conjuración de los Pazzi*.[302]

Así se mantuvo la tradición de este teatro precursor y compañero de las novedades políticas, del cual fueron las últimas y más señaladas muestras en las dos épocas constitucionales del 12 y del 20 *La viuda de Padilla*, de Martínez de la Rosa; el *Lanuza*, de don Ángel Saavedra, y el *Juan Calás* y el *Cayo Graco*, traducidos de José María Chenier por don Dionisio Solís.

No estaban tan fácilmente abiertos al nuevo espíritu otros géneros como el teatro. Solo muy tarde y clandestinamente publicó el abate Marchena, como veremos en su biografía, su traducción exquisita, en cuanto a la lengua, de las *Novelas* y *Cuentos* de Voltaire, y del *Emilio* y de la *Julia*, de Rousseau. Un don Leonardo de Uría trasladó en 1781 la *Historia de Carlos XII*, no sin que el

---

302 Tradujo además el *Mahoma*, de Voltaire.

Santo oficio mandase borrar algunas líneas.³⁰³ Por Asturias se esparcieron en 1801 algunos ejemplares de una traducción del *Contrato social*, que se decía impresa en Londres en 1799, y que sirvió para perder a Jovellanos, de quien el anónimo traductor hacía grandes elogios en una nota.³⁰⁴ *La historia natural*, de Buffon, con su teoría de la tierra y demás resabios de mala cosmogonía, fue lectura vulgar de muchos españoles desde 1785, en que don José Clavijo y Fajardo, héroe de una historia de amor en las *Memorias* de Beaumarchais y en una comedia de Goethe, la tradujo con gran pureza de lengua, de tal modo que aun hoy sirve de modelo.³⁰⁵ Mayor atrevimiento fue poner en castellano la *Enciclopedia metódica*, y, sin embargo, en tiempo de Floridablanca, el editor Sancha acometió la empresa, contando con la protección oficial, que luego le faltó. Solo llegaron a salir los tomos de *Gramática* y *Literatura*, cuya revisión corrió a cargo del padre Luis Mínguez, de las Escuelas Pías, buen humanista. Hasta aquí se llegó por entonces; solo a favor de la revolución política y de la ruina del Santo oficio corrieron de mano en mano, hasta inundar todos los rincones de la Península, los infinitos libelos anticristianos de Voltaire, Diderot, Holbach, Dupuis y Volney. En la biografía de Meléndez, su maestro, habla Quintana en términos muy embozados de cierta misteriosa causa sobre la impresión de las Ruinas, de Volney, formada después de la caída del conde de Aranda. «Vióse en ella —dice— dar a una simple especulación de contrabando el carácter de una gran conjuración política y tratar de envolver como reaccionarios y facciosos a cuantos sabían algo en España. Las cárceles se llenaron de presos, las familias de terror, y no se sabe hasta dónde la rabia y la perversidad hubieran llevado tan abominable trama si la disciplina ensangrentada de un hombre austero y respetable y el ultraje atroz que con ocasión de ella se le hizo no hubieran venido oportunamente a atajar este raudal de iniquidades.»³⁰⁶ Confieso no entender palabra de este sibilino párrafo, y todavía aumenta más

---

303 Véase el *Índice* de 1790, página 292.
304 Véase Ceán Bermúdez, *Memorias de Jovellanos* (Madrid, Imprenta de Fuentenebro, 1814), página 80.
305 Aun pueden recordarse otras versiones, especialmente la de la *Historia filosófica de las dos Indias*, del abate Raynal, por el duque de Almodóvar (Eduardo Malo de Luque), que la expurgó mucho (Madrid, Sancha, 1784 y siguientes). Del mismo duque es la *Década epistolar o cartas sobre el estado de las letras en Francia*, escritas desde París en 1780.
306 *Obras de Quintana*, edición de Rivadeneyra, página 110.

mi confusión lo que en nota añade Quintana. «Para los lectores que no tengan noticias de este acontecimiento singular, no basta la indicación sumaria que aquí se hace, y quizá sería conveniente... para escarmiento público entrar en largas explicaciones. Pero el pudor y la decencia no se lo consienten a la historia.» ¿Qué escandaloso misterio habrá en todo esto?

Extendido prodigiosamente el conocimiento de la lengua francesa desde que el padre Feijoo dio en recomendarle con preferencia al de la griega, que él ignoraba, no eran necesarias traducciones para que las ideas ultrapirenaicas llegasen a noticia de la gente culta. En vano menudeaba la Inquisición sus edictos. Estos mismos edictos y el *Índice* de 1790 y el *Suplemento* de 1805 denuncian lo inútil de la resistencia. No solo figuran allí todos los padres y corifeos de la impiedad francesa, sino todos los discípulos, aun los más secundarios, y además una turbamulta de libros obscenos y licenciosos que venían mezclados con los otros, o en que la depravación moral se juntaba con la intelectual y le servía para insinuarse, a modo de picante condimento.[307] La misma abundancia de libros franceses y la exactitud con que se dan las señas indican cuán grande era la plaga. El poder real intervino a veces, pero de una manera desigual e inconsecuente, que frustró y dejó vanas todas sus disposiciones. Así, por ejemplo, en 21 de junio de 1784 se prohibió la introducción de la *Enciclopedia metódica*, circulando órdenes severísimas a las aduanas. En 5 de enero de 1791 se mandó entregar todo papel sedicioso y contrario a la felicidad pública. Por circulares del Consejo de 4 de diciembre de 1789, 2 y 28 de octubre de 1790 y 30 de noviembre de 1793 se vedaron, entre otras obras de menos cuenta, los opúsculos titulados *La Francia libre*, *De los derechos y deberes del ciudadano*, *Correo de París o publicista francés*. En el año 92 el peligro arrecia, y las prohibiciones gubernativas también. Por real orden de 15 de julio y cédula del Consejo de 23 de agosto de 1792 se manda recoger en las aduanas y enviar al Ministerio de Estado «todo papel impreso o manuscrito que trate de la revolución y nueva Constitución de Francia desde su principio hasta ahora», y no solo los libros, sino

---

307 Véase *Índice* último de los libros prohibidos y mandados expurgar: para todos los reinos y señoríos del Católico rey de las Españas don Carlos IV (en Madrid, Imprenta de don Antonio de Sancha, 1790).
—Suplemento al *Índice expurgatorio* del año 1790, que contiene los libros prohibidos y mandados expurgar... desde el edicto de 13 de diciembre de 1789 hasta el 25 de agosto de 1808 (Madrid, imprenta Real).

los abanicos, cajas, cintas y otras maniobras (sic por manufacturas) que tengan alusión a los mismos asuntos. Aún es más singular y estrafalaria otra disposición de 6 de agosto de 1790, que prohíbe la venta de ciertos chalecos que traían bordada la palabra Libertad.

¿De qué serviría todo este lujo de prohibiciones, si al mismo tiempo se arrancaba al Santo oficio, más o menos a las claras, su antigua jurisdicción sobre los libros, mandando que todos los escritos en lengua francesa se remitiesen a los directores generales de Rentas, y por éstos al gobernador del Consejo? ¿Quién no sabe que nuestras oficinas de entonces pululaban de regalistas volterianos? Por eso la legislación de imprenta en aquel desdichado período es un caos indigesto y contradictorio, masa informe de flaqueza y despotismo y monumento insigne de la torpe ignorancia de sus autores. *Corruptissimae republicae plurimae leges.* Las pragmáticas menudeaban y unas reñían con otras. Lo mismo se prohibían los libros en pro de la revolución que en contra; ni había en Godoy y los suyos espíritu formal de resistencia, sino miedo femenil y absoluta inopia de todo propósito fecundo. En todo aquel siglo llevábamos errado el camino, y no habían de ser ellos, contagiados hasta los huesos, los que le enderezasen, reanudando el majestuoso curso de la vieja civilización española. En todo se procedía a ciegas. Un día se vedaba la entrada de la Constitución francesa (28 de julio de 1793), y al año siguiente se recogía una defensa de Luis XVI o se negaba el pase al libro de Hervás y Panduro. Se hacía un reglamento en 11 de abril de 1805 creando un juzgado de imprentas, con jurisdicción absoluta e independiente de la Inquisición y del Consejo de Castilla; y al frente del nuevo tribunal, fundado para proteger «la religión, buenas costumbres, tranquilidad pública y derechos legítimos de los príncipes», se ponía a un volteriano refinado, el abate don Juan Antonio Melon. Así toda providencia resultaba irrisoria; los dos revisores que por real orden de 15 de octubre de 1792[308] habían de presidir en las aduanas al reconocimiento de los libros, lo dejaban correr todo, por malicia o por ignorancia, a título de obras desconocidas o que no constaban *nominatim* en los índices, siendo imposible que éstos abarcasen todos los

---

308 Véase reunidas las disposiciones de este período (bastante de las cuales no figuran en la Novísima) en los *Apuntes de don José Eugenio de Eguizábal para una historia de la legislación española sobre imprenta...* (Madrid, Imprenta de la Revista de Legislación, 1879).

infinitos papeles clandestinos que abortaban sin cesar las prensas francesas, ni mucho menos contuvieran los dobles y triples títulos con que una misma obra se disimulaba. Además era frecuente poner en los tejuelos un rótulo muy diverso del verdadero contenido del libro, y no era caso raro que las cubiertas de un san Basilio o de un san Agustín sirviesen para amparar volúmenes de la Enciclopedia. No exagero si digo que hoy mismo están inundadas las bibliotecas particulares de España de ejemplares de Voltaire, Rousseau, Volney, Dupuis, etc., la mayor parte de los cuales proceden de entonces. En tiendas de los libreros se agavillaban los descontentos para conspirar casi públicamente, tratando de subvertir nuestra Constitución política. Así lo dice una ley de enero de 1798, que encarga, asimismo, inútil vigilancia, a los rectores de universidades, colegios y escuelas para que no dejen en manos de los estudiantes libros prohibidos, ni permitan defender conclusiones impías y sediciosas. En esto el escándalo había llegado a su colmo. En abril de 1791 sostuvo en la Universidad de Valladolid el doctor don Gregorio de Vicente, catedrático de Filosofía, veinte proposiciones saturadas de naturalismo[309] sobre el modo de examinar, defender y estudiar la verdadera religión. La primera decía a la letra: «No podemos creer firmemente lo que no hemos visto ni oído». El Santo oficio prohibió las conclusiones por edicto de 2 de diciembre de 1797, y el doctor Vicente abjuró con penitencias, después de una prisión de ocho años, salvándole de mayor rigor la protección de un tío suyo inquisidor de Santiago. Tan graves eran sus proposiciones, aunque a Llorente le parecieron ortodoxas.[310] Hasta siete u ocho cuadernos más de conclusiones escandalosas tuvo que recoger la Inquisición en menos de nueve años. ¡Cuántas más se sostendrían en actos públicos, sin imprimirse!

Las huellas de esta anarquía y depravación intelectual han quedado bien claras en la literatura del siglo XVIII, y ciego será quien no las vea. Hay quien descubre ya huellas de espíritu volteriano en tiempo de Felipe V, y trae a cuento la sazonadísima sátira de don Fulgencio Afán de Ribera intitulada *Virtud al uso y mística a la moda*.[311] Prescindamos de que en 1729, en que las cartas de Afán de Ribera salieron a luz, apenas comenzaba a darse a conocer Voltaire en su

---

309 Véase Suplemento al *Índice expurgatorio* (1805).
310 Véase *Histoire critique de l'Inquisition*... Tomo 2, página 479.
311 Puede leerse en el tomo 2 de *Novelistas posteriores a Cervantes* de la Biblioteca de Rivadeneyra (tomo 33). Del autor nada sé.

propia tierra, y más como poeta que como librepensador. Pero, fuera de esto, la *Virtud al uso*, aunque es cierto que la Inquisición[312] la prohibió por el peligro de que las burlas del autor sobre la falsa devoción se tomasen por invectiva contra la devoción verdadera, no arguye espíritu escéptico ni la más leve irreligiosidad en el ánimo de su autor, que era en ideas y estilo un español de la vieja escuela, tan desenfadado como los del siglo XVII, pero tan buen creyente como ellos. Sus libertades son a lo Quevedo y a lo Tirso. Más que otra cosa, su libro parece una chanza sangrienta contra los iluminados y molinosistas.

Por entonces, nadie hacía gala de las condenaciones del Santo oficio, antes remordían o pesaban en la conciencia cuando por ignorancia o descuido se incurría en ellas. Al buen doctor don Diego de Torres y Villarroel le prohibieron un cuaderno intitulado *Vida natural y católica*, y él, cuando oyó leer por acaso el edicto en una iglesia de Madrid, «atemorizado y poseído de rubor espantoso, se retiró a buscar el ángulo más oscuro del templo, y luego por las callejas más desusadas se retiró a su casa, pareciéndole que las pocas gentes que le miraban eran ya noticiosas de su desventura y le maldecían en su interior».

Pero cambiaron los tiempos, y llegaron otros en que, como decía el coplero Villarroel, distinto del doctor Torres:

Hasta la misma herejía,
si es de París, era acepta.

«Comíamos, vestíamos, bailábamos y pensábamos a la francesa», añade Quintana, y la autoridad es irrecusable. En lo literario, quizá Moratín el padre y algún otro se libraron a veces del contagio; en las ideas, casi ninguno. Gloria fue de don Nicolás resistir noblemente las sugestiones del conde de Aranda, que le inducía a escribir contra los jesuitas, a lo cual respondió con aquellos versos del Tasso:

Nessuna a me col busto esangue e muto
riman piu guerra: egli mori qual forte.[313]

---

312 Véase los *Índices* de 1747 a 1790.
313 *Vida de don Nicolás Fernández de Moratín*, por su hijo don Leandro (en las *Obras* de entrambos, tomo 2 de la *Biblioteca de autores españoles*).

Algún tributo pagó en sus mocedades a la poesía licenciosa[314] llaga secreta de aquel siglo e indicio no de los menores de la descomposición interior que le trabajaba. No es lícito sacar a plaza ni los títulos siquiera de composiciones infandas que, por honra de nuestras letras, hemos de creer y desear que no estén impresas, pero sí es necesario dejar consignado el fenómeno histórico de que, así en la literatura castellana y portuguesa como en la francesa e italiana, fueron los versos calculadamente lúbricos y libidinosos (no los ligeros, alegres y de burlas, desenfado más o menos intolerable de todas épocas, a veces sin extremada malicia de los autores) una de las manifestaciones más claras, repugnantes y vergonzosas del virus antisocial y antihumano que hervía en las entrañas de la filosofía empírica y sensualista, de la moral utilitaria y de la teoría del placer. Todos los corifeos de la escuela francesa, desde Voltaire, con su sacrílega *Pucelle d'Orleans* y con los cuentos de *Guillermo Vadé*, hasta Diderot, con el asqueroso fango de las *Alhajas indiscretas* o de *La religiosa*, mancharon deliberadamente su ingenio y su fama en composiciones obscenas y monstruosas, no por desenvoltura y fogosidad juvenil, sino por calculado propósito de poner las bestialidades de la carne al servicio de las nieblas y ceguedades del espíritu. No era la lujuria grosera de otros tiempos, la de nuestro *Cancionero de burlas*, por ejemplo, sino lujuria reflexiva, senil, refinada y pasada por todas las alquitaras del infierno. ¡Cuánto podía decirse de esta literatura secreta del siglo XVIII y de sus postreras heces en el XIX[315] si el pudor y el buen nombre de

---

314 No en sus obras impresas, sino en cierto poema inédito, cuyo título no puede estamparse aquí, aunque lo está con todas sus letras en un edicto de la Inquisición de 20 de junio de 1777 y en el *Índice* de 1790 (página 16). Las copias son raras afortunadamente. Consta de cuatro cantos.

315 Tristísima prueba de ello un inmundo *Cancionero*, publicado en Sevilla por cierto bibliófilo, en que se ven figurar, con dolor, aparte de algunos poetas del siglo XVIII, nombres muy ilustres del XIX, sin que falten ni los más españoles y simpáticos, ni los correctos y atildados.

Los epigramas ya indicados se atribuyen a la famosa condesa de Montijo, procesada por la Inquisición como fautora de los jansenistas. A este propósito dice el doctor don Vicente de la Fuente en su *Historia de las sociedades secretas* (tomo 1, página 144): «La condesa de Montijo fue célebre por su odio a los institutos religiosos y por los epigramas burlescos contra los frailes, de que se la supone autora, y que andan en boca de todos los que se educaron en los cinco primeros lustros de este siglo... Estos epigramas obscenos e impíos

nuestras letras no lo impidiesen! ¡Cuánto de los cuentos del fabulista Samaniego y de aquellos cínicos epigramas contra los frailes atribuidos a una principalísima señora de la corte que por intermitencias alardeaba de austeridades jansenistas!

Y, aun sin descender a tales *spintrias* y lodazales, es siempre mal rasgo para el historiador moralista la abundancia inaudita de la poesía erótica, no apasionada y ardiente, sino de un sensualismo convencional, amanerado y empalagoso, de polvos de tocador y de lunares postizos; mascarada impertinente de abates, petimetres y madamiselas disfrazados de pastores de la Arcadia; contagio risible que se comunicó a toda Europa so pretexto de imitación de lo antiguo, como si la antigüedad, aun en los tiempos de su extrema decadencia, aun en os desperdicios de la musa elegíaca del Lacio, si se exceptúa a Ovidio, hubiera tenido nunca nada de común con esa contrahecha, fría, desmazalada y burdamente materialista apoteosis de la carne, no por la belleza, sino por el deleite. Y crece el asombro cuando se repara que la tal poesía era cultivada en primer término por graves magistrados y por doctos religiosos y por estadistas de fama, y, lo que aún es más singular que todo, valía togas y embajadas y aun prebendas y piezas eclesiásticas. Hasta treinta y tres odas, entre impresas e inéditas, dedicó Meléndez a la *paloma de Filis* y a sus caricias y recreos, sin que, a pesar de la mórbida elegancia del estilo del poeta, resultasen otra cosa que treinta y tres lúbricas simplezas, cuya lectura seguida nadie aguanta. ¡Todo para decir mal y prolijamente lo que un gran poeta de la antigüedad dijo en poco más de dos versos:

.........plaudentibus alis
insequitur, tangi patiens, cavoque foveri
laeta sinu, et blandas iterans gemebunda querelas!

---

eran recitados de sobremesa en los convites y francachelas, a que Godoy convidaba también a la autora aunque se dice que eran más bien de otro poeta afrancesado (¿Moratín? ¿Meléndez?). En aquellos epigramas hace siempre el gasto un capuchino, algún confesor de monjas o por lo menos alguna beata. Lo malo que se publica ahora apenas alcanza el cinismo de aquello».

Salvá poseía dos cartapacios llenos de versos escandalosos del siglo XVIII, entre los cuales figuran los nombres literarios más conocidos de aquella época: Iriarte, Meléndez, Moratín, el hijo, etc., etc.

¿Qué decir de un poeta que se imagina convertido en palomo, y a su amada en paloma, cubriendo a la par los albos huevos? Y no digamos nada de la intolerable silva de *El palomillo*, que el mismo Meléndez no se atrevió a imprimir, aunque su indulgente amigo fray Diego González la ponía por las nubes.[316] Del mismo género son *La gruta del amor*, *El lecho de Filis*, y otras muchas, cuyos solos títulos, harto significativos, justifican demasiado la tacha de afeminación y molicie que les puso Quintana en medio de la veneración extraordinaria que por su maestro sentía. Que un magistrado publicara sin extrañeza de nadie volúmenes enteros de esta casta de composiciones, es un rasgo característico del siglo XVIII. Lo mismo escribían todos cuando escribían de amores; poesías verdaderamente apasionadas, de fijo no hay una sola. Cadalso anduvo frenético y delirante por una comedianta, la quiso aun después de muerta, y hasta intentó desenterrar con sacrílegos intentos su cadáver; y, con todo eso, no hay un solo rasgo de emoción en los versos que la dedicó, ni en las afectadísimas *Noches* que compuso siguiendo a Young.[317]

Este coronel Cadalso, ingenio ameno y vario, maestro de Meléndez y uno de los padres y organizadores de la escuela salmantina, se había educado en Francia, y volvió de allí encantado, según dice su biógrafo, «de Voltaire, de Diderot y de Montesquieu». Imitó las *Cartas persas*, del último, en unas *Cartas marruecas*, harto más inocentes que su modelo, y aun tan inocentes, que llegan a rayar en insípidas. El espíritu no es malo en general, y parece como que tira a defender a España de las detracciones del mismo Montesquieu y otros franceses.

De Cadalso no consta que fuese irreligioso; del fabulista Iriarte y de su émulo don Félix María Samaniego, sí y ambos dieron en qué entender al Santo oficio. Llorente[318] cuenta mal y con oscuridad entrambos procesos o porque no los supiera bien o porque quisiera disimular. Solo dice de don Tomás de Iriarte «que fue perseguido por la Inquisición en los últimos años del reinado de Carlos III como sospechoso de profesar la filosofía anticristiana; que se le dio por cárcel la villa de Madrid, con orden de comparecer cuando fuese llamado; que el procedimiento se instruyó en secreto; que se declaró a Iriarte leviter suspectus y

---

316 *Poetas líricos del siglo XVIII*, tomo 2, página 167.
317 *Poetas líricos del siglo XVIII*, tomo 1, página CVI.
318 Llorente, *Histoire critique*, página 449.

que abjuró a puerta cerrada, imponiéndosele ciertas penitencias». La tradición añade que entonces fue desterrado a Sanlúcar de Barrameda.

Aunque por los altos empleos y el favor notorio que Iriarte y sus hermanos disfrutaban en la corte se hizo noche alrededor del proceso, aun existen la pieza capital de él, mejor dicho, el cuerpo del delito, el cual no es otro que una fábula que, después de andar mucho tiempo manuscrita en poder de curiosos, llegó a estamparse en *El Conciso*, periódico de Cádiz, durante primera época constitucional, y de allí pasó a la Biblioteca Selecta, publicada por Mendíbil y Silvela en Burdeos el año 1819. Es la poesía heterodoxa más antigua que yo conozco en lengua castellana. Se titula *La barca de Simón*, es decir, la de san Pedro:

> Tuvo Simón una barca
> no más que de pescador,
> y no más que como barca
> a sus hijos la dejó
>   Mas ellos tanto pescaron
> e hicieron tanto doblón,
> que ya tuvieron a menos
> no mandar buque mayor.
>   La barca pasó a jabeque,
> luego a fragata pasó
> de aquí a navío de guerra,
> y asustó con su cañón.
>   Mas ya roto y viejo el casco
> de tormentas que sufrió
> se va pudriendo en el puerto.
> ¡Lo que va de ayer a hoy!
>   Mil veces lo ha carenado,
> y al cabo será mejor
> desecharle y contentarnos
> con la barca de Simón.[319]

---

319 *Poetas líricos del siglo XVIII*, tomo 2, página 66.

Samaniego, sobrino del conde de Peñaflorida y uno de los fundadores de la Sociedad Económica Vascongada, se había educado en Francia, y, conforme narra su excelente biógrafo don Eustaquio Fernández de Navarrete[320] «allí le inocularon la irreligión: su corazón vino seco; se aumentó la ligereza de su carácter, y trajo de Francia una perversa cualidad, que escritores franceses han mirado como distintivo de su nación, y es la de considerar todas las cosas, aun las más sagradas, como objeto de burla o chacota». Pero no era propagandista, y se contentó con ser cínico y poeta licencioso al modo de La Fontaine, pues sabida cosa es que los fabulistas, como todos los moralistas laicos, han solido ser gente de muy dudosa moralidad. Compuso, pues, Samaniego, aparte de sus fábulas, una copiosa colección de cuentos verdes, que algunos de sus amigos más graves (mentira parecería si no conociéramos aquel siglo) le excitaban a publicar, y que todavía corren manuscritos o en boca de la gentes por tierras de Álava y la Rioja. En ellos suelen hacer el gasto frailes, curas y monjas, como era entonces de rigor. Tales desahogos, sin duda, y además las ideas *non sanctas* y los chistes de mala ley que Samaniego vertía en sus conversaciones, y que debían de escandalizar mucho más en un país como el vascongado, hicieron que el Tribunal de Logroño se fijara en él y hasta dictase auto de prisión en 1793. Samaniego, hombre de ilustre estirpe y muy bien emparentado, logró parar el golpe, yéndose sin tardanza a Madrid, donde, por mediación de su amigo don Eugenio Llaguno, ministro de Gracia y Justicia, se arregló privadamente el asunto con el inquisidor general, Abad y la Sierra, jansenista declarado y grande amigo de Llorente.

Así y todo, es tradición en las Provincias que, a modo de penitencia, se ordenó a Samaniego residir algún tiempo en el amenísimo retiro del convento de carmelitas llamado el Desierto, entre Bilbao y Portugalete. Los frailes le recibieron y trataron con agasajo, y él les pagó con una sátira famosa y algunas partes saladísima, donde quiere pintar la vida monástica como tipo de ociosidad, regalo y glotonería:[321]

---

320 *Obras inéditas o poco conocidas del insigne fabulista don Félix María de Samaniego*, precedidas de una biografía del autor, escrita por don Eustaquio Fernández de Navarrete (Vitoria, Imp. de los Hijos de Manteli, 1866), página 13.

321 Los fragmentos que quedan de esta larga sátira se imprimieron en la ya citada Biblioteca Selecta, de Mendíbil y Silvela, y luego, y con más corrección, en las *Obras inéditas de Samaniego*, página 190 y siguientes. Se copió y recopió bastante en el siglo XVIII.

> Veré entrar con la mente fervorosa
> por su puerta anchurosa
> los gigantescos legos remangados,
> cabeza erguida, brazos levantados,
>   presentando triunfantes
> tableros humeantes,
> coronados de platos y tazones,
> con anguilas, lenguados y salmones.
>   Veré digo, que el mismo presidente
> levante al cielo sus modestas manos...
> y al son de la lectura gangueante,
> que es el ronco clarín de esta batalla,
> todo el mundo contempla, come y calla.

Samaniego murió cristianamente, encargando al clérigo que le asistía que quemase sus papeles. Por desgracia, de los *Cuentos*[322] habían corrido muchas copias, y la colección existe casi entera, aunque ha de advertirse que la gente de La Guardia y de otras partes de la Rioja alavesa la adiciona tradicionalmente con mil dicharachos poco cultos, que no es verosímil que saliesen nunca de los labios ni de la pluma de Samaniego, el cual era malicioso, pero con la malicia elegante de La Fontaine. Ejemplo sea, en otro género, aquel epigrama contra Iriarte:

> Tus obras, Tomás, no son
> ni buscadas ni leídas,
> ni tendrán estimación,
> aunque sean prohibidas
> por la santa Inquisición.

---

322 Solo dos de estos cuentos, *El sombrero* y *Los huevos moles*, parecieron bastante limpios para poder incluirse en la colección ordenada por el señor Navarrete.
Quizá perteneciera a la misma colección de *Cuentos*, puesto que en la de *Fábulas* no se decidió a incluirla el autor, *El dios Escamandro*, que es imitación de La Fontaine y acaba con este apotegma,
¡Oh vil superstición! ¿Y hay quién te alabe?

Y era verdad, aunque triste, por aquellos días, y bastante por sí sola para dar luz sobre el espíritu reinante, que las prohibiciones inquisitoriales eran doble incentivo y a veces el único para que se leyera un libro. Tal fue el caso del *Eusebio*, novela pedagógica de Montengón.[323] Montengón había sido novicio jesuita, participó noble y voluntariamente del destierro de la Compañía y la siguió en todas sus fortunas. No hay motivo para sospechar de la pureza de su fe. Y, sin embargo, poniéndose a imitar con escasa fortuna el *Emilio*, de Rousseau,[324] incurrió, como su modelo, en el yerro trascendental de no dar a su educando, en los dos primeros volúmenes, ninguna noción religiosa, ni aun de religión natural, ni siquiera las de existencia de Dios e inmortalidad del alma. Los únicos que tienen religión en el libro son los cuáqueros, de quienes el autor hace extremadas ponderaciones.

El escándalo fue grande, y aunque Montengón acudió a remediar el daño en los dos tomos siguientes, la Inquisición prohibió el *Eusebio*, que logró con esto fama muy superior a su mérito; tanto, que para atajar el daño pareció mejor consejo irle expurgado en 1807. Desde entonces nadie leyó el *Eusebio*.[325]

Montengón, sin ser propiamente enciclopedista, adolecía de la confusión de ideas, propias de su tiempo. Así le vemos ensalzar, por una parte, en prosaicas odas a Aranda y a Campomanes, y presentar, por otra, en su novela pastoril *El Mirtilo*, la caricatura de un hidalgo portugués, especie de *Don Quijote* de la falsa filosofía, que va por la tierra desfaciendo supersticiones, al modo de aquel Mr. Le-Grand que, en tiempos más cercanos a nosotros, retrató con tosco pincel Siñériz, echando a perder un hermoso asunto.

Desfacedores de supersticiones comenzaban a ser, en tiempo de Montengón, los periodistas, mala y diabólica ralea, nacida para extender por el mundo la ligereza, la vanidad y el falso saber, para agitar estérilmente y consumir y entontecer a los pueblos, para halagar la pereza y privar a las gentes del racional

---

323 Montengón era alicantino: nació en 18 de julio de 1745 y murió en Nápoles en 1821. Véase su biografía, escrita por don Gumersindo Laverde en sus *Ensayos críticos de filosofía y literatura* (Lugo 1868), página 107 a 142.

324 Eusebio. *Parte primera, sacada de las memorias que dexó él mismo* (en Madrid, por don Antonio de Sancha, 1786; página 2.ª 1787), cuatro tomos en 8.º mayor.

325 Las diferencias entre una y otra edición las nota Usoz en su apéndices a las *Artes de la Inquisición* (página 88), de Reinaldo Montano (ed. cast.).

y libre uso de sus facultades discursivas, para levantar del polvo y servir de escabel a osadas medianías y espíritus de fango, dignos de remover tal cloaca. Los papeles periódicos no habían alcanzado en tiempos de Carlos III la triste influencia que hoy tienen, y, aunque bastantes en número para un tiempo de régimen absoluto, se reducían a hablar de literatura, economía política, artes y oficios, con lo cual el mayor daño que podían hacer, y de hecho hacían, era fomentar la raza de los eruditos a la violeta, que Cadalso analizó, clasificó y nombró con tanta gracia, por lo mismo que él pertenecía a aquella especie nueva; a la manera que el francés Piron, tenacísimo en la manía de versificar, alcanzó por una vez en su vida la belleza literaria cuando hizo de su predilecta afición el asunto de su deliciosa comedia la *Metromanía*, que vivirá cuanto viva la lengua francesa.

Una ley de 2 de octubre de 1788 (no incluida en la Novísima) encarga a los censores especial cuidado para impedir que en los papeles públicos y escritos volantes «se pongan expresiones torpes o lúbricas, ni sátiras de ninguna especie, ni aun de materias políticas, ni cosas que desacrediten las personas, los teatros e instrucción nacional, y mucho menos las que sean denigrativas al honor y estimación de comunidades o personas de todas clases, estados, dignidades o empleos, absteniéndose de cualesquiera voces o cláusulas que puedan interpretarse o tener alusión directa contra el Gobierno y sus magistrados», etc.

A pesar de tan severas restricciones, como la fermentación de las ideas era grande, el espíritu enciclopédico se abrió fácil camino en las prensas, comenzando por atacar el antiguo teatro religioso y conseguir la prohibición de los autos sacramentales.

Así lo hicieron Clavijo y Fajardo en varios artículos de *El Pensador* (1762), colección de ensayos a la manera de los del *Spectator*, de Addison; y Moratín el padre, en los *Desengaños al teatro español*, que, si no eran periódicos ni salían en plazo fijo, por lo menos deben calificarse de hojas volantes análogas al periodismo.

Otros fueron más lejos, y especialmente *El Censor*, que dirigía el abogado don Luis Cañuelo, asistido por un cierto Pereira y por otros colaboradores oscuros, a los cuales se juntaba de vez en cuando alguno muy ilustre. Allí se publicaron por primera vez, desgraciadamente con mutilaciones que hoy no podemos remediar, las dos magníficas sátiras de Jovellanos y la *Despedida del anciano*, de Meléndez. *El Censor* fue desde el principio un periódico de abierta oposición, distinto de las candorosas publicaciones que le habían antecedido. «Manifestó –dice Sempere y Guarinos–[326] miras arduas y arriesgadas, hablando de los vicios de nuestra legislación, de los abusos introducidos con pretexto de religión, de los errores políticos y de otras cosas semejantes.» En 1781 comenzó a publicarse, y los números llegaron a 161, aunque fue prohibido y recogido el 79 por real orden de 29 de noviembre de 1785. Sus redactores hacían gala de menospreciar y zaherir todas las cosas de España so pretexto de desengañarla, quejándose a voz en grito de que una cierta teología, una cierta moral, una cierta jurisprudencia y una cierta política nos tuviesen ignorantes y pobres, y repitiendo en son de triunfo aquella pregunta de la Enciclopedia: «¿Qué se debe a España? ¿Qué han hecho los españoles en diez siglos?». Llegaron a atribuir sin ambages nuestro abatimiento, ignominia, debilidad y miseria a la creencia en la inmortalidad del alma, puesto que, absortos con la esperanza de la vida futura, y no concibiendo más felicidad verdadera y sólida que aquélla, descuidábamos la corporal y terrena (Disc. 113, página 849). Allí salieron a relucir por primera vez los obstáculos tradicionales, y *El Censor* se encarnizó, sobre todo, en la que podamos llamar crítica de sacristía, llenando sus números ya de vehementes invectivas contra la superstición, ya de burlas volterianas sobre las indulgencias, y las novenas, y el escapulario de la Virgen del Carmen, y todo género de prácticas devotas. Otro día ofreció una recompensa al que presentase el título de

---

326 Véase Biblioteca Española del reinado de Carlos III: artículos Cañuelo y Papeles periódicos; este último es muy interesante. Véase además Llorente, *Histoire critique de l'Inquisition d'Espagne*, tomo 2, página 431.

Don Juan Pablo Forner fue grande enemigo de *El Censor*, y combatió ásperamente sus ideas impías y antiespañolas en varios folletos, especialmente en el titulado *Demostración palmaria de que El Censor, su Corresponsal, el Apologista Universal y los demás papeles de esta laya son inútiles y perjudiciales*. Publícala el Bachiller Regañadientes. Además escribió un *Diálogo entre El Censor y el Apologista Universal* y una admirable y vigorosísima réplica a los discursos 113 y 120 de *El Censor*, la cual puede leerse al fin de su *Oración apologética por la España y su mérito literario...* (Madrid 1786, en la Imprenta Real) (apéndice de 86 páginas con nueva foliatura).

Con motivo de la recogida del n.º 79 de *El Censor*, se publicó otro opúsculo con el título de *Diálogo crítico-político, sobre si conviene o no desengañar al público de sus errores y preocupaciones*, y que si los que son capaces de ello, arriesgarán algo en hacerlo. Escrito por don Joaquín de Sandoval... (Madrid 1786, Imp. de la Viuda de Ibarra).

cardenal para san Jerónimo y el de doctora para santa Teresa de Jesús, e hizo gran chacota de los nombres pomposos que daban los frailes a los santos de su orden: el melifluo, el angélico, el querubín, el seráfico. Por todo esto, Cañuelo fue delatado varias veces al Santo oficio, tuvo que abjurar *de levi*, a puerta cerrada, y mató el periódico a los cuatro años de publicación. También Clavijo y Fajardo, aunque se había aventurado menos, fue condenado a penitencias secretas y abjuró *de levi* como sospechoso de naturalismo, deísmo y materialismo, cosa nada de extrañar en quien había tratado familiarmente a Voltaire y al conde de Buffon en París.

A pesar de estos escarmientos y de las severas providencias oficiales para que «se respetase con veneración suma nuestra religión santa y todo lo que es anexo a ella», no cesó aquella plaga de críticos y discursistas menudos de que Forner se quejaba. De las ruinas de *El Censor* se alzaron, con el mismo espíritu, *El Corresponsal del Censor* y *El Correo de los Ciegos de Madrid*, y algo participó de él, aunque menos, *El Apologista Universal*,[327] que redactaba solo el padre M. fray Pedro Centeno, de la Orden de san Agustín, lector de artes en el colegio de doña María de Aragón. Solo llegaron a salir catorce números, en que hay chistes buenos y otros pesados y frailunos. *Vir fuit* —dice del padre Centeno el último bibliógrafo de su Orden— *acri ingenio praeditus atque ad satyricorum sermonem propensiori*. El propósito de su periódico, es decir, defender en burlas a todos los malos escritores, requería, con todo, mayor ingenio que el suyo, y especialmente uso discreto y sazonado de la ironía para que no resultase monótona.

El padre Centeno no se iba a la mano en sus chistes y buen humor aun sobre cosas y personas eclesiásticas. Además le tildaban de jansenista, como a otros agustinos de san Felipe el Real, y por lo menos era atrevido, temerario e imprudente en sus discursos. Así es que llovieron contra él denuncias, en que ya se le acusaba de impiedad, ya de luteranismo, ya de jansenismo, según

---

327 El *Apologista Universal*. Obra periódica que manifestará, no solo la instrucción, exactitud y bellezas de las obras de los autores cuitados que se dejan zurrar de los semi-críticos modernos, sino también el interés y utilidad de algunas costumbres y establecimientos de moda (Madrid, en la Imprenta Real, 1786). En los *Saecula Augustiniana*, de Lanteri (Romae 1860), tomo 3, página 270, hay una brevísima noticia del padre Centeno, que murió en Toro a fines del siglo XVIII. Había colaborado con el padre Fernández en las adiciones al *Año cristiano* y *Vidas de los santos españoles*.

el humor y las entendederas de cada denunciante. La Inquisición le procesó a pesar de los esfuerzos que hizo Floridablanca para impedirlo. Se le condenó como *vehementer suspectus de haeresi*; abjuró, con diversas penitencias, y murió recluso y medio loco en un convento. Si hemos de creer a Llorente, los capítulos de acusación fueron: 1.º Haber desaprobado muchas prácticas piadosas, especialmente las novenas, rosarios, procesiones, estaciones, etc., mostrando mala voluntad decidida contra las obras exteriores. 2.º Haber negado la existencia del limbo de los niños, obligando, como censor eclesiástico, al editor de un catecismo para las escuelas gratuitas de Madrid a suprimir la pregunta y la respuesta, so color de que, no siendo punto de dogma la existencia del limbo, no debía incluirse en un catecismo.[328]

Es error vulgar atribuir al padre Centeno la *Crotalogía o ciencia de las castañuelas*.[329] Esta donosa sátira contra la filosofía analítica de los condillaquistas y el método geométrico de los wolfianos es obra de un ingenio mucho más culto y ameno que él; de su compañero fray Juan Fernández de Rojas, uno de los poetas de la escuela salmantina, discípulo de fray Diego González y amigo de Jovellanos y Meléndez.

El padre Fernández jansenizaba no poco, como lo muestra *El pájaro en la liga*, y aun quizá volterianizaba. Por de contado era religioso demasiado alegre

---

328 El Suplemento al *Índice expurgatorio* de 1805 prohíbe los siguientes opúsculos de Centeno, de algunos de los cuales he visto copias manuscritas:
—*Oración que en la solemne acción de gracias que tributaron a Dios en la iglesia de San Felipe el Real de esta corte las pobres niñas del barrio de la Comadre, asistentes a su escuela gratuita*, dijo el día 20 de septiembre de 1789.
—El manuscrito que empieza Amigo y Señor don Ramón (es la famosa carta en que quiere probar que los catecismos están llenos de herejías). Escrita en 1789.
—Otro manuscrito, que empieza ilustrísimo Señor: En cumplimiento de lo acordado, y le firman San Felipe el Real el 21 de noviembre de 1791 (es la apología sobre el limbo).
329 El título completo, que por lo largo y solemne no es la menor chanza del libro, dice a la letra: *Crotalogía o ciencia de las castañuelas*. Instrucción científica del modo de tocar las castañuelas para baylar el Bolero, y poder fácilmente, y sin necesidad de maestro, acompañarse en todas las mudanzas de que está adornado este gracioso Bayle Español. Parte primera. Contiene una noción exacta del instrumento llamado castañuelas, su origen, modo de usarlas, y los preceptos elementales reducidos a riguroso método geométrico, juntamente con la invención de unas castañuelas armónicas, que se pueden templar y arreglar con los demás instrumentos. Su autor el Licenciado Francisco Agustín Florencio. Quinta Edición. En Valencia, en la imprenta del Diario, año 1792.

y poco aprensivo, como quien en sus versos inéditos se lamenta de ser fraile, siendo cuerdo y joven.[330] Pero el mal gusto le desagradaba en todas partes. ¡Y ojalá que su sátira hubiese perdido toda aplicación! Pero por desdicha viven pedanterías científicas iguales a las que el padre Fernández trató de desterrar, y nunca he podido leer los prolegómenos, introducciones y planes de los llamados en España krausistas sin acordarme involuntariamente de las definiciones, axiomas y escolios de la *Crotalogía*: «El objeto de la crotalogía son las castañuelas debidamente tocadas». —«En suposición de tocar, mejor es tocar bien, que tocar mal.» —«Un mismo cuerpo no puede a un mismo tiempo tocar y no tocar las castañuelas.» —«El que no toca las castañuelas no se puede decir que las toca ni bien ni mal.»

También hizo el padre Fernández una muy amena rechifla del *Hombre estatua*, de Condillac, lamentándose él, por su parte, de no haber podido exornar su libro con una estatua que, a fuerza de definiciones, corolarios, hipótesis y problemas, bailase el bolero y tocara perfectísimamente las castañuelas.

Mal debían saberles estas burlas del padre Fernández a sus amigos de Salamanca, grandes apasionados de Condillac y de Destutt-Tracy y muy dados a filosofar en verso. Este que pudiéramos llamar filosofismo poético es la segunda manera de Meléndez, y de él lo aprendieron y exageraron Cienfuegos y Quintana. Acontecíó un día que Jovellanos,[331] espíritu grave y austero, llegó a empalagarse del colorín de Batilo y de la palomita de Filis, y aconsejó a su dulce Meléndez que se dedicara a la poesía seria y filosófica. Meléndez, que era dócil, tomó al pie de la letra el consejo y, abandonando la poesía amorosa y descriptiva, a la cual su genio le llamaba, se empeñó de todas veras en hacer discursos, epístolas y odas filosóficas, imitando el *Ensayo sobre el hombre*, de

---

330 Los versos citados pueden verse en el *Bosquejo histórico-crítico de la poesía castellana en el siglo XVIII*, del señor Cueto, página 201.
La biografía del padre Fernández puede verse en Lanteri, *Saecula Augustiniana* (tomo 3, página 269). Estuvo encargado de la continuación de la *España Sagrada*, pero no parece que escribió una letra. Sus versos líricos se conservan inéditos en poder de los religiosos de su Orden, y algunos entre los papeles que fueron de Jovellanos (hoy del marqués de Pidal).
331 Sobre sus relaciones con Meléndez derraman mucha luz las *Cartas literarias* de éste, publicadas por primera vez en el tomo 2 de *Poetas líricos del siglo XVIII*, página 73 a 85. Posee los originales nuestro ilustrado amigo el marqués de Pidal.

Pope, y las *Noches*, de Young, y la *Ley natural*, de Voltaire; libros que se leían asiduamente en Salamanca, y todavía más el *Emilio*, de Juan Jacobo, y la *Nueva Eloísa* y el *Contrato social*.

De todo ello hay huellas innegables en la poesía de Meléndez, que no era filósofo, pero ponía en verso las ideas corrientes en su tiempo: ese amor enfático y vago a la humanidad, esa universal ternura, ese candoroso e indefinido entusiasmo por las mejoras sociales. En la hermosa epístola a Llaguno cuando fue elevado al ministerio de Gracia y Justicia llamaba a las universidades

>............tristes reliquias
>de la gótica edad...........

y pedía que no quedase en pie

>una columna, un pedestal, un arco
>de esa su antigua gótica rudeza.

Cantó la mendiguez y la beneficencia, porque

>.........su tierno pecho
>fue formado.........
>para amar y hacer bien.........

Dijo con más retórica que sinceridad que en menos estimaba una corona que hacer un beneficio (seguro de que la corona nadie había de ofrecérsela); ponderó la bondad de los salvajes.

>.........Preciosa mucho más que la cultura
>infausta, que corrompe nuestros climas
>con brillo y apariencias seductoras.
>...
>Su pecho solo a la virtud los mueve,
>la tierna compasión es su maestra
>y una innata bondad de ley les sirve.

....
Una choza, una red, un arco rudo,
tales son sus anhelos............

¿Cómo habían de creer estos hombres las declaraciones que escribían, y que puso en moda Rousseau, sobre la excelencia, virtud y felicidad de los caníbales y antropófagos? ¡Con cuánta razón envuelta en chanza, al acabar de leer la primera paradoja de Juan Jacobo, le escribía Voltaire: «Cuando os leo, me dan ganas de andar en cuatro pies»! ¡Y con cuán amarga profundidad sostuvo José de Maistre, en las *Veladas de San Petersburgo*, que los salvajes no son humanidad primitiva, sino humanidad degenerada!

Pero Meléndez solo buscaba tema para amplificaciones retóricas, y de esto adolecen sobremanera sus epístolas, por otra parte bellísimas a trozos, aunque sean sus menos conocidas composiciones. Tampoco lo es mucho la oda *Al fanatismo*, no de las mejores suyas por más que tenga hondamente estampado el cuño de la época:

El monstruo cae, y llama
al celo y al error; sopla en su seno,
y a ambos al punto en bárbaros furores
su torpe aliento inflama.
La tierra, ardiendo en ira,
se agita a sus clamores;
iluso el hombre y de su peste lleno,
guerra y sangre respira,
y, envuelta en una nube tenebrosa,
o no habla la razón o habla medrosa.
....
Entonces fuera cuando
aquí a un iluso extático se vía,
vuelta la inmóvil faz al rubio oriente,
su tardo dios llamando;
en sangre allí teñido
el bonzo penitente;

> sumido a aquel en una gruta umbría;
> y el rostro enfurecido,
> señalar otro al vulgo fascinado
> lo futuro, en la trípode sentado.
> ....
> De puñales sangrientos
> armó de sus ministros, y lucientes
> hechas la diestra fiel; ellos clamaron,
> y los pueblos, atentos
> a sus horribles voces,
> corriendo van; temblaron
> los infelices reyes, impotentes
> a sus furias atroces,
> Y, ¡ay!, en nombre de Dios gimió la tierra
> en odio infando y execrable guerra.

Todo esto y lo demás que se omite es ciertamente una hinchada declamación, muy lejana de la pintoresca energía que tiene en Lucrecio el sacrificio de Ifigenia o el elogio de Epicuro; pero la historia debe registrarlo a título de protesta contra el Santo oficio, al cual van derechos en la intención los dardos de Meléndez por más que afecte hablar solo de los mahometanos, de los brahmanes y de los gentiles.

Blanco White dice rotundamente que Meléndez era el único español que él había conocido que, habiendo dejado de creer en el catolicismo, no hubiera caído en el ateísmo... «Era —añade— un devoto deísta por ser naturalmente religioso o por tener muy desarrollado, como dicen los frenólogos, el órgano de la veneración.»[332] ¿Dirá la verdad Blanco White? ¿Es posible que no fuera cristiano en el fondo de su alma el que escribió las hermosas odas de *La presencia de Dios* y de *La prosperidad aparente de los malos*, levantándose en ellas a una

---

[332] *The life of the Rev. Joseph Blanco White...* (1845), tomo 1, cap. 2 cuenta que le conoció en Salamanca y que era «an amiable man, with much information and great taste. He was the only Spaniard, I ever knew, who disbelieving Catholicism, had not embraced Atheism. He was a devout Deist... Melendez appears to me to have been naturally religious, or to borrow the convenient language of the phrenologists, to have had a strong organ of veneration».

pureza de gusto a que nunca llega en sus demás composiciones? ¿Basta el arte a remedar así la inspiración religiosa? ¿Basta el seco deísmo a encender en el alma tan fervorosos afectos?

Lo cierto es que las ideas del tiempo trabajaron reciamente su alma. En 1796 fue denunciado a la Inquisición de Valladolid por haber leído libros prohibidos y gustar de ellos, especialmente de Filengieri, Rousseau y Montesquieu. Faltaron pruebas, y la causa no pasó adelante.[333] Esto es lo único que apunta Llorente. No anda mucho más explícito Quintana en la vida de su maestro, y aun lo que dice parece aludir más bien a una persecución política y a intrigas palaciegas, que produjeron el destierro del poeta a Zamora en 1802. Su amantísimo discípulo nos dice de él, en son de elogio, que «pensaba como Turgot, como Condorcet y como tantos otros hombres respetables que esperan del adelantamiento de la razón la mejora de la especie humana y no desconfían de que llegue una época en que el imperio del entendimiento extendido por la tierra dé a los hombres aquel grado de perfección y felicidad que es compatible con sus facultades y con la limitación de la existencia de cada individuo». Era, pues, creyente en la doctrina del progreso indefinido, y a su modo intentó propagarla artísticamente, aunque su índole de poeta tierno y aniñado solo consiguió viciarse con tales filosofías, que parecen en él artificiales y superpuestas.

De esta escuela, que Hermosilla y Tineo llamaban con sorna anglo-galo-filosófico-sentimental, fueron los principales discípulos Cienfuegos y Quintana, con una diferencia capitalísima entre los dos, aparte de la distancia inconmensurable que hay en genio y gusto. Cienfuegos, que viene a ser una caricatura de los malos lados del estilo de Meléndez, a la vez que un embrión informe de la poesía quintanesca y hasta de cierta poesía romántica, y aun de la mala poesía sentimental, descriptiva, nebulosa y afilosofada de tiempos más recientes, no es irreligioso, o a lo menos no habla de religión ni en bien ni en mal; tampoco es revolucionario positivo, digámoslo así y demoledor al modo de Quintana; es simplemente hombre sensible y filántropo, que mira como amigo hermanal (sic) a cada humano; soñador aéreo y utopista que pace y alimenta su espíritu

---

333 Llorente, *Histoire critique...*, tomo 2, página 455. Sospéchase que Meléndez anduvo complicado en la causa de los dos hermanos montañeses Cuesta, de que ya queda hecha relación, y no parece inverosímil, porque era muy amigo de la Montijo y del obispo Tavira y de todos los llamados jansenistas de aquel tiempo.

con quimeras de paz universal y se derrite y enloquece con los encantos de la dulce amistad, llamando a sus amigos en retumbantes apóstrofes: «Descanso de mis penas, consuelo de mis aflicciones, remedio de mis necesidades, númenes tutelares de la felicidad de mi vida». Nunca fue más cómica la afectación de sensibilidad, y cuanto dice el adusto Hermosilla[334] parece poco. Pasma tanto candor, verdadero o afectado. Unas veces quiere el poeta, entusiasmado con los idilios de Gessner, hacerse suizo, y sin tardanza exclama en un castellano bastante turbio y exótico como suele ser el suyo:

> ¡Oh Helvecia, oh región donde natura
> para todos igual, ríe gozosa
> con sus hijos tranquilos y contentos!
> ¡Bienhadado país! ¡Oh quién me diera
> a tus cumbres volar! Rustiquecido
> con mano indiestra, de robustas ramas
> una humilde cabaña entretejiera,
> y ante el vecino labrador rendido le dijera
> «Oye a un hombre de bien.»

Otras veces se queja de que el octubre empampanado no le cura de sus melancolías, las cuales nacen de ver que el hombre rindió su cuello

> a la dominación que injusta rompe
> la trabazón del universo entero,
> y al hombre aísla y a la especie humana.

A veces, a fuerza de inocencia, daba en socialista. La oda en alabanza de un carpintero llamado Alfonso[335] pasa de democrática y raya en subversiva:

---

334 Véase *Juicio crítico de los principales poetas españoles de la última era* (París, Garnier, 1853).

335 De ella dijo brutalmente Hermosilla, con aquel ameno estilo que usaban nuestros críticos del siglo XVIII en sus polémicas, que «no había en nuestro Parnaso composición más llena de basura». Cienfuegos no la publicó en la primera edición de sus versos (1798), pero corrieron muchas copias manuscritas, y llegó a imprimirse en la edición póstuma de 1816, a pesar de que los tiempos eran de gobierno absoluto. Pero la gloriosísima muerte de

¿Del palacio en la mole ponderosa
que anhelantes dos mundos levantaron
sobre la destrucción de un siglo entero
morará la virtud? ¡Oh congojosa
choza de infeliz! A ti volaron
la justicia y razón desde que fiero,
ayugando al humano,
de la igualdad triunfó el primer tirano.
¿Pueden honrar el apolíneo canto
cetro, torsión y espada matadora,
insignias viles de opresión impía?

Y luego, encarándose con los reyes y poderosos de la tierra, los llama generación del crimen laureado. Así, merced a indigestas y mal asimilados lecturas, iba educándose la raza de los padres conscriptos del año 12 y de los españoles justos y benéficos, para quienes ellos con simplicidad pastoril legislaron.

He dicho que Cienfuegos, aparte de alguna alusión muy transparente del Idomeneo contra los sacerdotes y el llamar en la misma tragedia a la razón único oráculo que al hombre dio la deidad, respetó en lo externo el culto establecido. No así Quintana, propagandista acérrimo de las más radicales doctrinas filosóficas y sociales de la escuela francesa del siglo pasado. Las incoloras utopías de Cienfuegos se truecan en él en resonante máquina de guerra; los ensueños filantrópicos, en peroraciones de club; el Parnaso, en tribuna; las odas, en manifiestos revolucionarios y en proclamas ardientes y tumultuosas; el amor a la Humanidad, en roncas maldiciones contra la antigua España, contra su religión y contra sus glorias. Era gran poeta, lo confieso, y por eso mismo fue más desastrosa su obra. Dígase en buen hora, como demostró Capmany, que no es modelo de lengua que abunda en galicismos y neologismos de toda laya y, lo que es peor, que amaneró la dicción poética con un énfasis hueco y declamatorio. Dígase que la elocuencia de sus versos es muchas veces más oratoria que poética y aun más retórica y sofística que verdaderamente oratoria. Dígase que la tiesura y rigidez sistemática y el papel de profeta, revelador y hierofante cons-

---

Cienfuegos lo cubría todo, y hacía indulgentes a sus más encarnados enemigos.

tituyen en el arte un defecto no menor que la insipidez bucólica o anacreóntica y que tanto pecado y tanta prostitución de la poesía es arrastrarla por las plazas y convertirla en vil agitadora de las muchedumbres como en halagadora de los oídos de reyes y próceres y en instrumento de solaces palaciegos. Dígase, y no dudará en decirlo quien tenga verdadero entendimiento de la belleza antigua, que Quintana podrá ser gentil porque no es cristiano, pero no es poeta clásico, a menos que el clasicismo no se entienda a la francesa o al modo italiano de Alfieri, porque todo lo que sea sobriedad, serenidad, templanza, mesura y pureza de gusto está ausente de sus versos (hablo de los más conocidos y celebrados), lo cual no obsta para que sea uno de los poetas más de colegio y más lleno de afectaciones y recursos convencionales. Dígase, en suma, porque esto solo le caracteriza, que fue en todo un hombre del siglo XVIII y que, habiendo vivido ochenta y cinco años y muerto ayer de mañana, vivió y murió progresista, con todos los resabios y preocupaciones de su juventud y de su secta, sin que la experiencia le enseñase nada ni una sola idea nueva penetrase en aquella cabeza después de 1812. Por eso se condenó al silencio en lo mejor de su vida. Se había anclado en la Enciclopedia y en Rousseau; todo lo que tenía que decir, ya estaba dicho en sus odas. Así envejeció, como ruina venerable, estéril e infructuoso, y, lo que es más, ceñudo, y hostil para todo lo que se levantaba en torno suyo, no por envidia, sino porque le ofendía el desengaño.

Así y todo, aquel hombre era gran poeta, y no es posible leerle sin admirarle y sin dejarse arrebatar por la impetuosa corriente de sus versos, encendidos, viriles y robustos. No siente ni ama la naturaleza; del mundo sobrenatural nada sabe tampoco; rara vez se conmueve ni se enternece; como poeta amoroso, raya en insulso; el círculo de sus imágenes es pobre y estrecho; el estilo desigual y laborioso; la versificación, unas veces magnífica y otras violenta, atormentada y escabrosa, ligada por transacciones difíciles y soñolientas o por renglones que son pura prosa, aunque noble y elevada. Y, con todo, admira, deslumbra y levanta el ánimo con majestad no usada, y truena, relampaguea y fulmina en su esfera poética propia, la única que podía alcanzarse en el siglo XVIII, y por quien se dejara ir, como Quintana, al hilo de la parcialidad dominante y triunfadora. Tuvo, pues, fisonomía propia y enérgicamente expresiva como cantor de la humanidad, de la ciencia, de la libertad política, y también, por feliz y honrada inconsecuencia suya, como Tirteo de una guerra de resistencia emprendida por la vieja y frailuna España, contra las ideas y los hombres que Quintana adoraba y ponía sobre las estrellas.

Y a la verdad que no se concibe como en 1808 llegó a ser poeta patriótico y pudo dejar de afrancesarse el que en 1797, en la oda a Juan de Padilla, saludaba a su madre España con la siguiente rociada de improperios:

>¡Ah! Vanamente
>discurre mi deseo
>por tus fastos sangrientos, y el contino
>revolver de los tiempos; vanamente
>busco honor y virtud; fue tu destino
>dar nacimiento un día
>a un odioso tropel de hombres feroces,
>colosos para el mal...
>
>................................
>
>Y aquella fuerza indómita, impaciente,
>en tan estrechos términos no pudo
>contenerse, y rompió como torrente
>llevó tras sí la agitación, la guerra
>y fatigó con crímenes la tierra;
>indignamente hollada
>gimió la dulce Italia, arder el Sena
>en discordias se vio, la África esclava,
>el Bátavo industrioso
>al hierro dado y devorante fuego.
>¿De vuestro orgullo, en su insolencia ciego,
>quién salvarse logró?...
>Vuestro genio feroz hiende los mares,
>y es la inocente América un desierto.

Tras de lo cual el poeta llamaba a sus compatriotas, desde el siglo XVI acá viles esclavos, risa y baldón del universo, y encontraba en la historia española un solo nombre que aplaudir, el nombre de Padilla, buen caballero, aunque no muy avisado, y medianísimo caudillo de una insurrección municipal, en servicio de la cual iba buscando el maestrazgo de Santiago. A Quintana se debe originalmente la peregrina idea de haber convertido en héroes liberales y patrioteros, mártires en profecía de la Constitución del 12 y de los derechos del hombre del abate Siéyes, a los pobres comuneros, que de fijo se harían cruces si levantasen la cabeza y llegaran a tener noticias de tan espléndida apoteosis.

También fue de Quintana la desdichada ocurrencia de poner, primero en verso y luego en prosa (véanse las proclamas de la Junta Central), todas las declamaciones del abate Raynal y de Marmontel y otros franceses contra nuestra dominación en América. Los mismos americanos confiesan que en la oda *A la vacuna* y en los papeles oficiales de Quintana aprendieron aquello de los tres siglos de opresión y demás fraseología filibustera, de la cual los criollos, hijos y legítimos descendientes de los susodichos opresores, se valieron, no ciertamente para restituir el país a los oprimidos indios, que, al contrario, fueron en muchas partes los más firmes sostenedores de la autoridad de la metrópoli, sino para alzarse heroicamente contra la madre Patria cuando ésta se hallaba en lo más empeñado de una guerra extranjera. Y, en realidad, ¿a qué escandalizarnos de todo lo que dijeron Olmedo y Heredia, cuando ya Quintana desde 1806 se había hartado de llamar bárbaros y malvados a los descubridores y conquistadores, renegando de todo parentesco y vínculo de nacionalidad y sangre con ellos?:

No somos, no, los que a la faz del mundo
las alas de la audacia se vistieron
y por el ponto Atlántico volaron;
aquellos que al silencio en que yacías,
sangrienta, encadenada te arrancaron.

En suma, ¿qué podía amar, qué estimar de su patria, el hombre que, en la epístola a Jovellanos, la supone sometida por veinte siglos al imperio del error y del mal? ¿El que en 1805 llamó a El Escorial

........padrón sobre la tierra
de la infamia del arte y de los hombres.

y se complació en reproducir abultadas todas las monstruosas invenciones que el espíritu de secta y los odios de raza dictaron a los detractores de Felipe II, con lo cual echó a perder y convirtió en repugnante y antiestética, a fuerza de falsedad intrínseca, una fantasía que pudo ser de solemne hermosura?

Digámoslo bien claro, y sin mengua del poeta: esos versos, más que obras poéticas, son actos revolucionarios, y como tales deben juzgarse, y más que a la historia del arte, pertenecen a la historia de las agitaciones insensatas y estériles de los pueblos. Acontecen éstas cuando un grupo de reformistas, acalorados por libros y enseñanzas de otras partes y desconocedores del estado del pueblo que van a reformar, salen de un club, de una tertulia o de una logia ensalzando la Constitución de Inglaterra, o la de Creta, o la de Lacedemonia, y se echan por esas calles maldiciendo la tradición y la historia, que es siempre lo que más les estorba y ofende. Y acontece también que ellos nada estable ni orgánico fundan, pero sí destruyen, o a lo menos desconciertan lo antiguo y turban y anochecen el sentido moral de las gentes, con lo cual viene a lograrse el más positivo fruto de las conquistas revolucionarias.

¡Cuánto más valdría la oda *A la imprenta* si no estuviese afeada con aquella sañuda diatriba contra el Papado, tan inicua en el fondo y tan ramplona y pedestre en la forma!:

> ¡Ay del alcázar que al error fundaron
> la estúpida ignorancia y tiranía!...
> ¿Qué es del monstruo, decid, inmundo y feo
> que abortó el dios del mal, y que insolente
> sobre el despedazado Capitolio,
> a devorar al mundo impunemente
> osó fundar su abominable solio?

Cuando la Inquisición de Logroño en 1818 pidió a Quintana cuentas de estos versos, él contestó 1.º Que estaban impresos con todo género de licencias desde 1808, lo cual no es enteramente exacto, porque la edición de aquella fecha está llena de sustanciales variantes, faltando casi todo este pasaje. 2.º Que el *despedazado Capitolio* es frase metafórica y no literal, y que alude no al señorío de los Papas, sino a la barbarie que cayó sobre Occidente después de la invasión de las tribus del Norte.[336] Podrá ser, pero nadie lo cree, y si ciento leen este pasaje, ciento le darán la misma interpretación, así amigos como enemigos. Para honra de Quintana, debe repetirse que, cuando los soldados de la revolución francesa vinieron a sembrar el grano de la nueva idea, tuvo la generosa y bendita inconsecuencia de abrazarse a la bandera de la España antigua y de adorar, por una vez en su vida, todo lo que había execrado y maldecido. Dios se lo pagó con larga mano, otorgándole la más alta y soberana de sus inspiraciones líricas, la cual es (¡inescrutables juicios de Dios!) una glorificación de la católica España del siglo XVI, una especie de contraprueba a los alegatos progresistas que se leen en las páginas anteriores:

¿Qué era, decidme, la nación que un día
reina del mundo proclamó el destino;
la que a todas las zonas extendía
su cetro de oro y su blasón divino?
Volábase a Occidente,
y el vasto mar Atlántico sembrado
se hallaba de su gloria y su fortuna;
do quiera España: en el preciado seno
de América, en el Asia, en los confines
de África, allí España. El soberano
vuelo de la atrevida fantasía
por abarcarla se cansaba en vano;
la tierra sus mineros le ofrecía;
sus perlas y coral el Océano,
y adonde quier que revolver sus olas
él intentarse a quebrantar su furia,
siempre encontraba playas españolas.

---

336 Véase la *Defensa de sus poesías*, en el tomo de sus *Obras inéditas* (Madrid, Medina y Navarro, 1782), página 77 a 108. Véase además la *Apología del Altar y el Trono*, del padre Vélez (Madrid 1852), tomo 1, página 71 a 94, y, tomo 2, página 23 a 37; el excelente discurso de don Leopoldo de Cueto al tomar asiento en la Real Academia Española y el prólogo discretísimo del señor Cañete al frente del tomo de *Obras inéditas*.

¡Hermosa efusión! Pero ¿cómo había olvidado el cantor de Juan de Padilla que los que hicieron todas esas grandes cosas eran un odioso tropel de hombres feroces, nacidos para el mal y escándalo del universo? ¡Ahora tanto y antes tan poco! Y ¿cómo no se le ocurría invocar, para que diesen aliento y brío a nuestros soldados en el combate, otras sombras que las de aquellos antiguos españoles, todos creyentes, todos fanáticos de la vieja cepa?:

> Ved del tercer Fernando alzarse airada
> la augusta sombra: su divina frente
> mostrar Gonzalo en la imperial Granada,
> blandir el Cid la centelleante espada,
> y allí sobre los altos Pirineos
> del hijo de Jimena
> animarse los miembros giganteos.

¡Hermoso, hermosísimo; nunca escribió mejor el poeta! Gonzalo..., el Cid..., el hijo de Jimena... San Fernando, gran quemador de herejes, canonizado por el monstruo inmundo y feo. ¿Qué hubieran dicho Condorcet y el abate Raynal si hubieran oído a su discípulo?[337] En los primeros años del siglo, Quintana influía mucho como cabeza de secta, no solo por sus poesías, sino por su famosa tertulia. De ella trazó un sañudo borrón Capmany, amigo de Quintana en un tiempo y desavenido luego con él en Cádiz. Con más templanza habla de ella Alcalá Galiano,[338] que algo la frecuentó, siendo muy joven, allá por los años de 1806. Asistían habitualmente don Juan Nicasio Gallego, antiguo escolar salmantino, rico de donaires y malicias, entonces capellán de honor y director eclesiástico de los caballeros pajes de su majestad, luego diputado en las Cortes de Cádiz,

---

337 En la *Miscelánea religiosa, política y literaria* (Madrid, Aguado, 1870), obra del difunto clérigo aragonés don Gaspar Bono Serrano, apreciable traductor de la *Poética*, de *Vida*, hay un curioso artículo intitulado *Cristiana muerte de Quintana*. De él resulta que el insigne poeta permaneció, hasta la vejez, duro y tenacísimo en sus antiguos errores, pero que en su última enfermedad, y movido por las exhortaciones del mismo señor Bono Serrano, que sin cesar le acompañaba, recibió, con muestras de piedad, los Santos Sacramentos, que le administró el cura de su parroquia en 11 de marzo de 1857.

338 *Recuerdos de un anciano* (Madrid, Navarro, 1878), página 80. *De los opúsculos de Capmany* se hablará más adelante.

donde defendió la libertad de imprenta y figuró siempre entre los liberales más avanzados, y hoy famosísimo por sus espléndidas poesías, y algo también por el recuerdo de sus chistes y agudezas, harto poco ejemplares y clericales; el abate don José Miguel Alea, asiduo cortesano del Príncipe de la Paz, inspector del Colegio de Sordomudos e individuo de la Comisión Pestolazziana, ideólogo a lo Garat y a lo Sicard, prosista bastante correcto, como lo prueba su traducción del Pablo y Virginia, de Benardino de Saint Pierre, entendido en cuestiones gramaticales, de lo cual dan fe sus adiciones a los escritos lingüísticos de Du-Marsais, y hombre, finalmente, de poca o ninguna religión, como lo probó en sus últimos días dando la heroica zambullida, que decía Mor de Fuentes, es decir, arrojándose al Garona en Burdeos, adonde emigró por afrancesado; los dos canónigos andaluces Arjona y Blanco White, de quienes se hablará inmediatamente; don Eugenio de Tapia, literato mediano, que alcanzó larga vida y más fama y provecho con el *Febrero reformado* y otros libros para escribanos que con sus poesías y con sus dramas, de todo lo cual quizá sea lo menos endeble una traducción del *Agamenon*, de Lemercier; el ya citado Capmany, único que allí desentonaba por español a la antigua y católico a machamartillo, hombre en quien las ideas políticas del tiempo, por él altamente profesadas en las Cortes de Cádiz, no llegaron a extinguir la fe ni el ardentísimo amor a las cosas de su tierra catalana y de su patria española, custodio celosísimo de la pureza de la lengua y duro censor de la prosa de Quintana; Arriaza, que tampoco picaba en enciclopedista, no porque tuviera las ideas contrarias, sino porque la ligereza de su índole y educación militar excluían el grave cuidado de unas y otras; versificador facilísimo y afamado repentista, poeta de sociedad, favorito entonces del Príncipe de la Paz y luego de Fernando VII a quien sirvió fielmente, no tanto por acendradas ideas realistas cuanto por adhesión y agradecimiento noble a la persona del monarca; Somoza (don José, uno de los más claros ingenios de la escuela salmantina, humorista a la inglesa, ameno y sencillo pintor de costumbres rústicas, volteriano impenitente, que vivió hasta nuestros días retraído en las soledades de Piedrahita),[339] el abate Marchena, en la breve temporada que

---

339 Como de Somoza no ha de volver a hablarse, conviene dar aquí alguna noticia de su vida y opiniones. Quintana le dedicó el tomo IV de su colección de *Poesías selectas*, llamándole hombre de corazón sensible y afectuoso y de razón fuerte y despejada. Nació en Piedrahita el 29 de noviembre de 1781. En sus mocedades fue estudiante perdulario, dado al trato de toreros y gente del bronce. Protegióle mucho la famosa duquesa de Alba, y él

residió en Madrid, y otros de menos cuenta cuyos nombres no ha enaltecido la fama literaria. Comúnmente se trataba de letras, y algo también de filosofía y de política. La casa de Quintana pasaba por el cenáculo de los efectos a las nuevas ideas. Alcalá Galiano dice que «aquella sociedad era culta y decorosa, cuadrando bien al dueño de la casa, hombre grave y severo». No lo confirma Capmany antes habla de poemas escandalosos y nefandos que allí se leyeron, si bien deja a salvo la gravedad y buenas costumbres del amo de la casa.

---

le pagó con buena y delicada amistad. Estuvo a punto de ser envuelto en la causa de los hermanos Cuesta. Escribió mucho, así en verso como en prosa, pero sus obras no están coleccionadas, y es lástima. Lo mejor de ellas se contiene en dos tomitos, uno de *Poesías* y otro de *Artículos en prosa*, publicados en Madrid (Imprenta Nacional, 1842). Creía en la transmigración sidérica de las almas, que hoy es uno de los cánones de la secta espiritista. A lo menos, así parece que han de interpretarse estos versos de dos odas suyas:

¿Y es del hombre la cuna
Y el féretro este punto limitado?
¿Vivir en forma alguna,
De globo en globo alzado,
De perfección en perfección no es dado?
Sí, que alternando un día
Con cuantos tienen en la luz asiento,
La inmensa jerarquía
Del bien recorrer cuento,
Y eterna escala ve el entendimiento.
¡Ay!, mariposa bella,
Guíame por la escala de esperanza,
Que a la más alta estrella
Desde la tierra alcanza,
Y los seres de un mundo en otro lanza.

Estas ideas están corroboradas en prosa en cierta *Conversación sobre la eternidad*, que cierra el libro de Somoza, y que parece tomada de la *Palingenesia*, del ginebrino Carlos Bonnet.
Por éstas y otras audacias, el obispo de Ávila condenó el libro, como inductivo al materialismo y panteísmo. El autor fingió someterse de burlas, y quedó desde entonces en mala opinión con los católicos. Murió sin sacramentos (quizá porque no le alcanzaron) en 11 de octubre de 1852. No se le dio sepultura eclesiástica, porque no cumplía con los preceptos de la Iglesia, y fue enterrado en su heredad de *La Pesqueruela*, conforme a la voluntad que muchas veces había manifestado.

Enfrente del grupo de Quintana, y hostilizándole más o menos a las claras, estaba el de Moratín el hijo, a quien seguían el abate Estala, Melon, don Juan Tineo y don José Gómez Hermosilla, señalados todos más como críticos que como poetas. Así como la escuela de Quintana era esencialmente revolucionaria en política, y se distinguían por el radicalismo y el panfilismo, estos otros, con ser irreligiosos en el fondo, eran conservadores y amigos del Poder y se inclinaban a un volterianismo epicúreo, pacífico y elegante. Casi todos se afrancesaron después. En gusto acrisolado y pureza de lengua eran muy superiores a los quintanistas, a quienes acerbamente maltrataban, y mucho más clásicos que ellos, siguiendo por lo común el gusto latino e italiano. Y, aunque convenían con los otros en la admiración a los recientes escritos franceses, en el modo de manifestarla eran mucho más cautos y contenidos. Moratín atacó de propósito la falsa devoción en *La mogigata*, débil imitación del *Tartuffe*, que ya por sí parece pálido si se le compara con *Marta la Piadosa*, obra de un cristianísimo poeta. Quintana, al dar cuenta de *La mogigata* en las *Variedades de Ciencias, Literatura y Artes*,[340] la encontró demasiado tímida, atribuyéndolo más a las circunstancias que a culpa del autor. Murmuróse de algún rasgo volteriano, v. gr.:

> Le recetaron la unción,
> que para el alma es muy buena.

Los cuales rasgos abundan, mucho más que en las ediciones impresas reconocidas por el autor, en las copias manuscritas que guardan los curiosos. La frase de virtudes estériles y encerradas en un sepulcro, aludiendo a las del claustro, está en los manuscritos y no en las ediciones. Aun a la misma primorosísima comedia de *El sí de las niñas* tildósela de poner en ridículo la educación monjil, como si hiciera a las muchachas hipócritas y encogidas.

---

340 Revista quincenal que redactaron en 1804 y 1805 Quintana y varios amigos suyos, especialmente el abate Alca, el médico don Eugenio de la Peña, catedrático de San Carlos, autor de un tratado de fisiología, que anda manuscrito; el agrónomo Álvarez Guerra, el geógrafo don Isidoro Antillón, el químico don Luis Prouts y algunos otros; publicándose además en varios números versos de Gallego, Marchena, Tapia, García Suelto, González Carvajal y Sánchez Barbero. La colección completa es muy importante y muy rara. Al juicio de Quintana sobre *La Mogigata* contestó Tineo en una carta inserta en las mismas *Variedades*.

Con el nombre de Moratín anda impresa, pienso que en Valencia, aunque la portada dice que en Cádiz, una traducción bien hecha, como suya, del *Cándido*, de Voltaire, y además respiran finísimo volterianismo las saladas notas al *Auto de fe de Logroño* de 1610, publicadas por él cuando el rey José abolió el Tribunal de la Inquisición. Cualquiera las tendría por retazos del *Diccionario filosófico*. Su correspondencia privada con el abate Melon aún nos deja ver más clara la sequedad extraordinaria de su alma. A renglón seguido de haber hecho una elegantísima oda a la Virgen de Lendinara escribe a sus amigos que «ha cantado a cierta *virgencilla* del Estado véneto». Y, sin embargo, la oda es preciosa, a fuerza de arte, de estilo y sobriedad exquisita, debiendo decirse en loor de Moratín que estéticamente comprendía la belleza de la poesía sagrada, como lo muestra una nota de sus *Poesías sueltas*. «Una mujer —escribe Moratín—, la más perfecta de las criaturas, la más inmediata al trono de Dios, medianera entre él y la naturaleza humana, madre amorosa, amparo y esperanza nuestra, ¿qué objeto se hallará más digno de la lira y del canto? La Grecia, demasiado sensual, en sus ficciones halagüeñas no supo inventar deidad tan poderosa, tan bella, tan pura, tan merecedora de la reverencia y el amor de los hombres.» Gracias a este sentido crítico, que le libró en parte de las preocupaciones enciclopedistas, acertó alguna vez con la inspiración religiosa, aunque fuese prestada, especialmente en esa oda, superior quizá a todas las de asunto piadoso que entonces se escribieron. Moratín murió paganamente en Burdeos el año 1828; por cierto que su biógrafo y *fidus Achates*, don Manuel Silvela, afrancesado como él, lo cuenta sin escándalo ni sorpresa: «Su muerte —dice— fue un sueño pacífico, y al cerrar sus párpados pareció decir, como Teofrasto: "La puerta del sepulcro está abierta; entremos a descansar".[341] Ni él pidió los Sacramentos ni sus amigos pensaron en dárselos; el testamento, que escribió de su puño y letra en 1827, empieza y acaba sin ninguna fórmula religiosa».

Duras son de decir estas cosas, y más tratándose de nombres rodeados de tan justa aureola de gloria literaria como la que circunda el nombre de Inarco; pero la historia es historia, y pocas cosas dan tanta luz sobre el espíritu de las

---

341 *Obras póstumas de don Leandro Fernández de Moratín...* (Madrid, imprenta de Rivadeneyra, 1867), página 58 del tomo 1. Léase toda la correspondencia de Moratín en los tomos 2 y 3 para formar juicio de su carácter.
La traducción del *Cándido* se imprimió hacia 1839, pienso que por Cabrerizo, en Valencia. Los biógrafos de Moratín no suelen hablar de ella.

épocas como estos pormenores personales y minuciosos. El abate Estala, amigo de Moratín, era un ex escolapio, buen helenista y buen crítico, muy superior a todos los de su tiempo, versificador mediano, infelicísimo en la traducción del Pluto, de Aristófanes, pero afortunado a veces en la del Edipo tirano, de Sófocles, y editor de la colección de poetas castellanos, que se publicó a nombre de don Ramón Fernández. Mal fraile, como otros muchos de su tiempo, a cada paso se lamenta en sus cartas inéditas a Forner[342] de los disgustos de su estado. En una de ellas llega a exclamar: «¿De qué me sirve la vida, si falta el placer que hace apetecible a vida? Voy arrastrando una fastidiosa existencia, en que no hallo más que una monotonía maquinal de operaciones periódicas». Teníase por desgraciadísimo, y en una carta lo atribuye sinceramente a «la corrupción de su ánimo, efecto del trato cortesano y de la lectura». Al fin logró secularizarse, y el Príncipe de la Paz le protegió mucho. Fue rector del seminario de Salamanca, donde quedan tristísimos recuerdos de él. No era revolucionario, antes muy amigo del Poder y aborrecedor de los horrores de la revolución francesa y de sus perversas doctrinas, de las políticas entendido, porque a otras harto más graves y perversas pagaba largo tributo. Luego figuró en primera línea, como veremos, entre los servidores del rey intruso, y Gallardo, en el *Diccionario crítico-burlesco*, le cita como afiliado en una logia de las que establecieron los franceses. Murió canónigo de Toledo, no sé en qué fecha.

La escuela sevillana, centro poético creado por remedo y emulación de la de Salamanca, participó, como todos los restantes grupos literarios, del mal ambiente filosófico que entonces se respiraba. Por excepción figuraron en ella espíritus creyentes y hasta piadosos, como el austero y ejemplarísimo cura de san Andrés, don José María Roldán, autor de *El ángel del Apocalipsis*, y no ha de negarse que la poesía religiosa predomina en esta escuela más que en las otras, aunque por lo común es poesía de imitación y estudio, poco animada y fervorosa, tacha de que no se libra ni siquiera la hermosa oda de don Alberto Lista *A la muerte de Jesús*, en la cual abundan más las bellezas oratorias que las poéticas. El mismo Lista, en general pacífico, mesurado y de un buen gusto que

---

342 Posee estas *Cartas don Luis Villanueva en Barcarrota* (Extremadura), con los demás papeles que fueron de Forner. Las cita y copia de ellas algunos trozos don Leopoldo A. de Cueto en su eruditísimo *Bosquejo histórico-crítico de la poesía castellana en el siglo XVIII*, especialmente en las páginas 117, 118 y 143.

rayaba en timidez, como lo muestran casi todos los actos de su vida literaria y de su desdichada vida política, cantó *El triunfo de la tolerancia*, maldijo la opresión del libre pensamiento:

> No veis, no veis al ciego fanatismo
> de su ominoso solio derrocado;
> cual gimiendo, se lanza, despechado,
> a la negra mansión del negro abismo?
> ....
> El libre pensamiento los impíos
> oprimiendo en oscura servidumbre,
> consagraron a un Dios de mansedumbre
> de humana sangre caudalosa ríos.
> ....
> (Oda a la beneficencia.)

Y en versos muy declamatorios y muy vacíos, pero progresistas de ley, y tales que no los hubiera rechazado el mismo Quintana, pintó desplomadas, a impulso del rey José las aras del sangriento fanatismo; llamó al Santo oficio espelunca de horrores y cantó sus exequias de esta manera:

> ¡Y tú oh España, amada patria mía!
> Tú sobre el solio viste,
> con tanta sangre y triunfos recobrado,
> alzar al monstruo la cerviz horrenda,
> y adorado de reyes,
> fiero esgrimir la espada de las leyes.
> ¡Execrables hogueras! Allí arde
> vuestra primera gloria;
> la libertad común yace en cenizas
> so el trono y so el altar. Allí se abate
> bajo el poder del cielo
> del libre pensamiento el libre vuelo.

Los versos no son ciertamente buenos ni pasan de ser una pasmarotada altisonante, pero todavía son peores otros, en que Lista, arrebatado de sentimentalismo *rusoyano*, defiende la bondad natural del hombre, sin acordarse para nada del pecado original, por cuyas reliquias vive el hombre inclinado al mal desde su infancia:

> ¿Malo el hombre, insensato?
> ¿Corrompido en su ser? De la increada,
> de la eterna beldad vivo retrato,
> en quien el sacro original se agrada,
> ¿sólo un monstruo será que horror inspira,
> prole de maldición, hijo de ira?
> ....
> Gritó entonces artera
> la vil superstición: «Tristes humanos,
> sufrid y obedeced; si brilla fiera
> la dura espada en homicidas manos,
> sufrid; nacisteis todos criminales;
> así Jove castiga a los mortales».

Reinoso no se desmandó nunca en la poesía, pero en sus lecciones ideológicas propugnó sin reparos el materialismo de Desttut-Tracy, y en sus obras políticas, v. gr., en el famoso *Examen de los delitos de infidelidad a la patria*, verdadero crimen de lesa nación, no compensado por los méritos del estilo, que es prosa francesa con palabras castellanas, basó la doctrina de la sumisión pasiva en un utilitarismo rastrero y de baja ley que hubiera avergonzado al mismo Bentham.[343]

---

343 Oscuros poetastros difundían las ideas más antisociales y extravagantes. En el *Diario de Sevilla* de 10 de noviembre de 1792 se publicó el siguiente soneto (firmado con las iniciales E. A. D. B.) en loor al suicidio:

Si la vida es un bien, será la muerte
otro bien concedido a los mortales,
con que salen de penas y de males
que acabarse no pueden de otra suerte.

De otros personajes de la escuela sevillana francamente heterodoxos, como Marchena y Blanco (White), se hablará en capítulos siguientes. De los que no llegaron tan allá[344] fue carácter común el doctrinarismo político, elástico, aco-

> Búscala el sabio, la procura el fuerte,
> y los pechos más nobles y leales
> hallaron su consuelo en los puñales
> cuando mejor remedio no se advierte.
> Catón se mata, Séneca y Petronio,
> por salir de una vida ignominiosa,
> que tales debe ser aborrecida.
> De sabios nos dejaron testimonio
> porque morir así no fue otra cosa
> que acabar con los males de la vida.

Cumplida respuesta dio al mísero vate, en el número siguiente del mismo *Diario*, el insigne magistrado don Juan Pablo Forner:

> Catón se mata; Séneca y Petronio
> no se matan, que mueren mal su grado,
> y se mata cualquier desesperado
> que se lleva el mismísimo demonio.
> Quien se mata, ora Cayo, ora Sempronio,
> no es un sabio, es un fatuo encaprichado,
> que hace un crimen proscrito y reprobado
> por toda ley, cual sabe el más bolonio.
> La vida es, pues, un bien, y un mal la muerte,
> según toda moral filosofía:
> quien se mata, es el débil y no el fuerte.
> Es saberse vencer sabiduría,
> y solo pensar puede de otra suerte
> algún falso filósofo del día.

[344] Uno de ellos, don Manuel María de Arjona, penitenciario de Córdoba, que era el más poeta de todos ellos, fundador en su patria, Osuna, de la Academia Poética del Sile y uno de los primeros individuos de la de Letras Humanas. Vivía en Italia con el cardenal Despuig por los años de 1797 y se le atribuyen tradicionalmente estos versos contra Roma:

> Quid sit Roma, petis? Cunctarum illusio rerum,
> Roma caput mundi, fraudis et ipsa caput.

modaticio y atento solo a la propia conveniencia. Casi todos se afrancesaron, unos por afición, otros por miedo. Amnistiados el año 20, formaron una especie de partido moderado y de equilibrio dentro de aquella situación, a cuya caída contribuyeron en viéndola perdida. En tiempo del rey absoluto fueron grandes partidarios del despotismo ilustrado, y durante la regencia de Cristina, constitucionales tibios. Lista y Reinoso, Miñano, Hermosilla, Burgos, son los padres y progenitores del moderantismo político, cuyos precedentes han de buscarse en *El Censor* y en la *Gaceta de Bayona*. Lista educó en literatura y en política a lo más granado de la generación que nos precedió

Un gran nombre hemos omitido en esta revista del siglo pasado y sin duda el nombre más glorioso de todos, el de Jovellanos. A ello nos movió la diferencia señalada de doctrinas que entre él y los demás escritores de aquel tiempo se observa la misma discordia de opiniones que han manifestado los críticos al exponer y juzgar la del insigne gijonense. Yo creo que más que otro alguno han acertado don Cándido Nocedal y Don Gumersindo Laverde, considerando a Jovellanos como «liberal a la inglesa, innovador, pero respetuoso de las tradiciones; amante de la dignidad del hombre y de la emancipación verdadera del espíritu, pero dentro de los límites de la fe de sus mayores y del respeto a los dogmas de la Iglesia». Y de la verdad de este juicio se convence por la lectura de las *Obras de Jovellanos*, cuyas doctrinas políticas no presentamos, con todo eso, por modelo, como ningún otro sistema ecléctico y de transición, aunque distemos mucho de considerarlas como heterodoxas.

Presbyteri indocti sunt, absque honore puellae;
femina plena dolo; vir sine lege thori;
venditur hic fumus venduntur dogmata Christi,
venditur hic pietas, venditur omne nefas.
Haec est verissima romanae gentis imago,
urbs sine lege hominum, urbs sine lege Dei.

Don Antonio María García Blanco, catedrático de Hebreo de la Universidad de Madrid y paisano de Arjona, conservaba estos versos en la memoria y solía citarlos, ya como traídos de Roma por don Manuel María de Arjona, ya como repetidos por el catedrático jansenista don Joaquín Lumbreras pocas horas antes de su muerte. Pero yo dudo que sean de Arjona, aunque él tuviera costumbre de repetirlos; encuéntranse manuscritos, de letra del siglo XVIII o de principios del actual, al folio 138 de un libro en cuarto de manuscritos

Que Jovellanos pagó algún tributo a las ideas de su siglo, sobre todo en las producciones de sus primeros años, es indudable. Pero las ideas de su siglo eran muchas y variadas y aun contradictorias, y Jovellanos no aceptó las irreligiosas, aunque sí algunas económicas de muy resbaladizas consecuencias. Protegido por Campomanes e íntimo amigo de Cabarrús y de Olavide, no podía dejar de tropezar algo, y de hecho tropezó en la Ley agraria, acostándose a las doctrinas de *La regalía de amortización*, de su paisano. Por eso figura la *Ley agraria* en el *Índice de Roma* desde 5 de septiembre de 1825, en que se prohibió también el libro de Campomanes. No fue tan lejos como él Jovellanos, pero se mostró durísimo en la censura de la acumulación de bienes en manos

---

varios, titulado *Cancionero*, que perteneció a don Juan Pérez de Guzmán, y hoy para en poder del duque de T'Serclaes (Sevilla). Tales versos tienen el siguiente epígrafe: *Descripción de Roma dada por un ilustre viajero inglés en 6 de septiembre de 1792, en los cuatro dísticos siguientes*. En el último verso, en lugar de urbs, dice dos veces gens.

La Academia del Sile fue delatada a la Inquisición de Sevilla como logia masónica, dando cuerpo a este rumor lo extravagante de sus ritos y ceremonias, los nombres históricos, pastoriles y fabulosos de los socios, el sello de la Academia, que era un niño con el dedo en los labios, y este mote: *Ridentem dicere verum, quis vetat?*, y, finalmente, un himno que los socios cantaban en coro, y cuya letra era de Arjona:

De densa y oscura niebla
cubre a España infausto velo,
y a su sombra la ignorancia
extiende su hórrido cetro.
Mas las luces triunfadoras
brillan ya del claro Febo,
y la turba desdichada
se precipita al Averno.
Barbarie augusta,
tu trono excelso
en vil escoria
va a ser deshecho.

El sentido de estos versos parece sospechoso, pero todos los demás datos que tenemos de aquella sociedad inducen a mirarla como juego de muchachos, y así debió pensarlo el Santo oficio, puesto que los dejó continuar sus tareas sin tropiezo. Todo esto consta en un apunte manuscrito de don Antonio García Blanco que he hallado entre los papeles de Usoz.

muertas, trajo a colación, lo mismo que su maestro, antiguas leyes de Castilla, como opuestas a las mínimas ultramontanas, de Graciano; propaló no leves yerros históricos sobre los monasterios dúplices y la relajación monástica antes de la reforma cluniacense; solicitó con ahínco, en beneficio de la agricultura, una ley de amortización para que la Iglesia misma enajenase sus propiedades territoriales, trocándolas en fondos públicos o dándolas en *enfiteusis*...; pero de aquí no pasó. Terminantemente afirma que el clero goza de su propiedad con títulos justos y legítimos, y quiere que se prefieran el consejo y la insinuación, al mando y a la autoridad[345] una abdicación generosa, a una vil aquiescencia al despojo. Las frases son terminantes y no admiten interpretaciones; pero ¿cómo no ve Jovellanos que la prohibición de amortizar en adelante, que él juzga indispensable, es un ataque no menor, aunque sea menos directo, al derecho de propiedad? ¿Con qué justicia se exceptúa de la ley común a las congregaciones religiosas, privándolas de la facultad de adquirir por los medios legítimos y ordinarios? Si poseían la antigua propiedad con títulos justos, ¿por qué no han de poder acrecentarla de la misma suerte?

Pero fuera de este error, grave, aunque no sea dogmático, y fuera también de algunas expresiones vagas y enfáticas, verbigracia, épocas de superstición y de ignorancia, estragos del fanatismo, que son pura fraseología y mala retórica de aquel tiempo, ni más ni menos que el convencionalismo pastoril y arcádico, resulta acendrada y sin mácula la ortodoxia de Jovellanos.[346] Poco vale lo que

---

345 Página 103 de la ed. Rivadeneyra.
346 Sobre este punto se suscitó curiosa polémica hace algunos años con ocasión de los dos elegantes y discretos prólogos del señor Nocedal a los tomos de Jovellanos, que coleccionó para la *Biblioteca de autores españoles* (1858 y 1859). Tomaron parte en ella un seudónimo, que se firmaba W. Franquet en la *Revista de instrucción pública* (números de octubre, noviembre y diciembre de 1859 y enero de 1860), impugnando la ortodoxia de Jovellanos, y nuestro querido amigo don Gumersindo Laverde, defendiéndole en tres artículos que se imprimieron en los periódicos de Oviedo, y luego, muy refundidos y mejorados, en sus *Ensayos críticos* (Lugo, Soto, Freire, 1868, página 393 a 431). Sobre las ideas filosóficas de Jovellanos, véase el excelente estudio del mismo Laverde sobre el tradicionalismo en el siglo XVIII (página 481).
A pesar de tan doctos y bien encaminados esfuerzos, todavía es moda confundir a Jovellanos con la turbamulta de reformadores impíos de siglo XVIII. Recuerdo a este propósito un artículo de cierto alemán llamado Baumgarten, que, traducido al castellano, se publicó en la *Revista Contemporánea*, y fue luego altísimamente recomendado por el

se alega contra ella: frases y trozos desligados, que parecen malsonantes, cuando no se repara en que cada cual habla forzosamente la lengua de su época. Ya hemos confesado que Jovellanos fue economista, y no es éste leve pecado, como que de él nacen todos los demás suyos. Pero de aquí a tenerle por incrédulo y revolucionario hay largo camino, que solo de mala fe puede andarse. Sobre todo las obras de su madurez, apenas dan asidero a razonable censura. Pudo en su juventud dejarse arrebatar del hispanismo reinante y hablar con mucha pompa de las puras decisiones de nuestros concilios nacionales en oposición a las mínimas ultramontanas de los decretalistas, según vemos que lo hace en su *Discurso* de recepción en la Academia de la Historia (1781); pudo recomendar, más o menos a sabiendas, libros galicanos, y hasta jansenistas, en el *Reglamento* para el Colegio Imperial de Calatrava; pudo mostrar desapego y mala voluntad a la escolástica; pero ¿quién se libró entonces de aquel escollo?

---

krausista don G. de Azcárate, profesor de la Institución Libre de Enseñanza, en una carta a la *Ilustración Gallega y Asturiana*. Al buen señor le parecía, sin duda, que aquélla era la última palabra sobre Jovellanos, y presentaba con énfasis el tal artículo como muestra del profundo criterio con que nos juzgan los alemanes cuando se dignan tratar de nuestras cosas. Ahora bien: en el susodicho artículo o embolismo, Baumgarten, que en su tierra está tenido por un vulgar propagandista protestante, aunque escribe en 1874, no se da por entendido del segundo tomo de las *Obras de Jovellanos*, publicado por el señor Nocedal en 1858. ¡Adelantados de noticias están en Alemania! ¡Y cuidado que en el segundo tomo está la *Ley agraria* y toda la correspondencia de Jovellanos, de todo lo cual muy bonitamente prescinde el susodicho sapientísimo doctor estrasburguense! El cual nos dice, además, que los versos de Jovellanos no tienen importancia ni valor alguno. Será para él, que no los entiende, o para sus cofrades de la Institución Libre, que, como viven tan olvidados de las cosas de su patria y lengua, dan por buenos sin reparo tan enormes dislates. Bien sabemos que Jovellanos hizo versos flojos y medianos, pero también es cierto que sus dos sátiras y la epístola del Paular y quizá otras epístolas son las mejores poesías castellanas del siglo XVIII sin excepción alguna, aunque entren en cuenta las primeras odas de Quintana. Jovellanos fue en esos casos verdadero y grandísimo poeta, más sincero, más robusto, más espontáneo y más profundo que ningún otro de su tiempo. Pero iya se ve, dice lo contrario un señor que se llama Baumgarten y escribe desde Estrasburgo! ¿Qué felicidad llamarse Baumgarten y ser tudesco para caer en gracia a los señores de la Enseñanza Libre! ¡Infeliz del que se llama García o Fernández y escribe desde Medina del Campo! ¡También es fuerte e intolerable cosa que cualquier papelejo borrajeado por cualquier revistero alemán haya de ser evangelio y autoridad infalible hasta en las cosas que ellos no entienden ni pueden entender!

Ni uno solo que yo sepa, y todavía es honra de Jovellanos el no haber insistido en tal vulgaridad, con ser tan numerosos sus escritos, apuntándola solo de pasada.

Aunque Jovellanos no escribió de propósito libros de filosofía, dejó esparcido en todos los suyos indicios bastantes para que podamos sin temeridad reconstruir sus opiniones sobre los puntos capitales de lo que entonces se llamaba ideología. Paga, como todos, su alcabala a Locke y Condillac (y algo también a Wolf), pero más que sensualista es tradicionalista acérrimo, como todos los buenos católicos que picaban en sensualistas. De aquí su mala voluntad a las especulaciones puramente ontológicas y su desconfianza de las fuerzas de la razón y del poder de la metafísica. «Desde Zenón a Espinosa y desde Thales a Malebranche, ¿qué pudo descubrir la ontología sino monstruos o quimeras, o dudas o ilusiones? ¡Ah! Sin la revelación, sin esa luz divina que descendió del cielo para alumbrar y fortalecer nuestra oscura, nuestra flaca razón, ¿qué hubiera alcanzado el hombre de lo que existe fuera de la naturaleza? ¿Qué hubiera alcanzado aun de aquellas naturales verdades que tanto ennoblecen su ser?» Así se expresa en la *Oración inaugural* del Instituto Asturiano. No hubiera dicho más Bonald y de fijo no hubiera dicho tanto el padre Ventura.

Ahí va a parar el sensualismo de Jovellanos. Perdida la tradición escolástica, ¿qué otro camino restaba entonces al pensador católico? Asentar que las palabras son signos necesarios de las ideas, y no solo para hablar, sino para pensar; decir que adquirimos las ideas por los signos, y nunca sin ellos; concordar hasta aquí con Desttut-Tracy, y luego repetir que, sin la tradición divina (revelación) o sin la tradición humana (enseñanza), la razón es una antorcha apagada. Esto hizo Jovellanos, y por cierto en escritos en que nada le obligaba al disimulo, puesto que no se publicaron durante su vida. Hombres feroces y blasfemos que se levantan contra el cielo como los titanes llamó a los enciclopedistas en la ya citada *Oración inaugural*, donde asimismo se queja de que la impiedad pretenda corromper el estudio de las ciencias naturales. Ritos cruentos, moral nefanda y gloria deleznable apellidó a los de la revolución francesa, e impía a la bandera tricolor, como puede ver el curioso en la oda sáfica a Poncio:

¡Guay de ti, triste nación, que el velo
de la inocencia y la verdad rasgaste

cuando violaste los sagrados fueros
de la justicia!
¡Guay de ti, loca nación, que al cielo
con tan horrendo escándalo afligiste
cuando tendiste la sangrienta mano
contra el Ungido!

Y cuando, no muchos meses antes de su muerte, trazaba la *Consulta sobre convocación de Cortes*, volvía a afirmar con el mismo brío que «una secta de hombres malvados, abusando del nombre de la filosofía, habían corrompido la razón y las costumbres y turbado y desunido la Francia». ¿Qué más necesitamos para declarar que Jovellanos, como Forner, como el insigne preceptista Capmany y como todos los españoles de veras (que los había, aunque en número pequeño, entre nuestros literatos de fin del siglo XVIII), tenía a los enciclopedistas por «osados sacrílegos, indignos de encontrar asilo sobre la tierra?» ¡Impío Jovellanos, que en 1805 comulgaba cada quince días, y rezaba las horas canónicas con el mismo rigor que un monje, y llamaba al Kempis su antiguo amigo! ¿No han leído los que eso dicen su *Tratado teórico-práctico de enseñanza*, que compuso en las prisiones de Bellver? Véase cómo juzga allí el *Contrato social* y los derechos ilegislables y los principios todos de la revolución francesa: «Una secta feroz y tenebrosa ha pretendido en nuestros días restituir los hombres a su barbarie primitiva, disolver como ilegítimos los vínculos de toda sociedad... y envolver en un caos de absurdos y blasfemias todos los principios de la moral natural, civil y religiosa... Semejante sistema fue aborto del orgullo de unos pocos impíos, que, aborreciendo toda sujeción... y dando un colorido de humanidad a sus ideas antisociales y antirreligiosas...; enemigos de toda religión y de toda soberanía y, conspirando a envolver en la ruina de los altares y de los tronos todas las instituciones, todas las virtudes sociales..., han declarado la guerra a toda idea liberal y benéfica, a todo sentimiento honesto y puro... La humanidad suena continuamente en sus labios, y el odio y la desolación del género humano brama secretamente en sus corazones... Su principal apoyo son ciertos derechos que atribuyen al hombre en estado de libertad e independencia natural... Este sistema es demasiado conocido por la sangre y las lágrimas que ha costado a Europa... No se puede concebir un estado en que el hombre fuese enteramente libre ni enteramente independiente; luego unos derechos fundados sobre esta absoluta libertad e independencia son puramente quiméricos». Herejía política llamaba Jovellanos al dogma de la soberanía nacional en la *Consulta sobre Cortes*. Y en el *Tratado teórico-práctico de enseñanza* había dicho antes que el grande error en materia de ética consistía en «reconocer derechos sin ley o norma que los establezca, o bien reconocer esta ley sin reconocer su legislador», y que «la desigualdad no solo es necesaria, sino esencial a la sociedad civil».

Acorde con estos principios, Jovellanos en sus escritos políticos, v. gr., en las cartas a don Alonso Cañedo y en los apéndices de la *Memoria en defensa de la Junta Central*, abomina de la manía democrática y de las constituciones quiméricas, abstractas y *a priori*, «que se hacen en pocos días, se contienen en pocas hojas y duran muy pocos meses»; llama injusto, agresivo y contrario a los principios del derecho social todo procedimiento revolucionario y subversivo; la Constitución de que habla es siempre la efectiva, la histórica, la que no en turbulentas asambleas ni en un día de asonada, sino en largas edades, fue lenta y trabajosamente educando la conciencia nacional con el concurso de todos y para el bien de la comunidad; Constitución que puede reformarse y mejorarse, pero que nunca es lícito, ni conveniente, ni quizá posible destruir, so pena de un suicidio nacional, peor que la misma anarquía. ¡Qué mayor locura que pretender hacer una Constitución como quien hace un drama o una novela![347] Jovellanos encuentra bueno, necesario y justo (véase el *Tratado teórico-práctico de enseñanza*) que se ataje la licencia de filosofar, que se persiga a las sectas corruptoras, que se prohíban las asociaciones tenebrosas y los escritos de mala doctrina, abortos de la desenfrenada libertad de imprimir y, finalmente, que se ponga coto a las monstruosas teorías constitucionales, es decir, a las del pacto social.

Esto es Jovellanos en sus escritos públicos; pero aun hay un testimonio menos sospechoso: sus diarios privados, que todavía no han llegado a la común

---

347 Bueno será advertir que los reformistas de su tiempo jamás contaron a Jovellanos por de los suyos. Blanco-White (*Letters from Spain*) le supone lleno de preocupaciones supersticiosas (página 343).

noticia.³⁴⁸ En esta especie de confesión o examen de conciencia que Jovellanos hacía de sus actos y hasta de sus más recónditos pensamientos, nada se halla que desmienta el juicio que de él hemos formado, sino antes bien nuevos y poderosos motivos para confirmarle. Alcanzan estos diarios desde agosto de 1790 a 20 de enero de 1798, precisamente la época álgida de la revolución francesa, sobre la cual nos dan el verdadero modo de pensar del autor. En 1793 conoció Jovellanos en Oviedo a un cónsul inglés que decían Alejandro Hardings (cuyo nombre suele españolizar él llamándole Jardines), que había viajado mucho por Europa y América y era miembro de un club de filósofos, del cual lo fue en otro tiempo Danton. Jovellanos tuvo con él larga conversación filosófica, que no le satisfizo del todo; los principios de Hardings le parecieron humanos, enemigos de guerra y sangre y violencia, pero graduó sus planes de utópicos e inverificables. Retraído después en Gijón, recibió en préstamo de Hardings las *Confesiones* y varios opúsculos de J. Jacobo Rousseau; los leyó en sus paseos solitarios y le agradaron poco. «Hasta ahora no he hallado en Rousseau —decía— sino impertinencias bien escritas, muchas contradicciones y muchas contradicciones y mucho orgullo, como de espíritu suspicaz quejumbroso y vano.» La revolución le espantaba; véase cómo da cuenta de la muerte de Danton. «Estos bárbaros se destruyen unos a otros y van labrando su ruina; horroriza el furor de las proscripciones; por fortuna, mueren todos los malos.» El revolucionario Hardings quería a toda costa catequizarle y aun comprometerle, pero Jovellanos le responde que «el furor de los republicanos franceses nada producirá sino empeorar la raza humana y erigir en sistema la crueldad, cohonestada con formas y color de justicia y convertida contra los defensores de la libertad». Otras veces le escribía que «nada bueno se puede esperar de las

---

348 Posee los originales autógrafos de estos *Diarios don Vicente Abello*, de Luarca. Los imprimió el señor Nocedal para que sirviesen de tercer tomo a las *Obras de Jovellanos*, e impresos están, aunque no publicados, desde 1861. Tengo a la vista los pliegos de prensa.

En este *Diario*, Jovellanos habla a veces de sus lecturas, especialmente de la de Gibbon (Imperio Romano), «que le encantaba, aunque le hallaba preocupado contra la religión y con deseos de seducir» (página 103). También leía a Locke, Condillac y Tomás Payne.

Urge la publicación de estos *Diarios*, que son de amenísima lectura y están sembrados de noticias topográficas, históricas, descriptivas, arqueológicas y de costumbres de todas las regiones de España que visitó Jovellanos.

revoluciones en el gobierno, y todo de la mejora de las ideas; que las reformas deben proceder de la opinión general; que es inicua siempre la guerra civil; que el ejemplo de Francia depravará a la especie humana; que la idea de la propiedad colectiva es un sueño irrealizable». Y luego, proféticamente, exclama: «Francia quedará república, pero débil, turbada y expuesta a la tiranía militar, y, si la vence, recobrará luego su esplendor; Inglaterra, sabia y ambiciosa, aumentará su poder con colonias, pero su grandeza será siempre precaria; solo las artes pacíficas pueden evitar la ruina de las demás naciones».

Hardings insistía, pero Jovellanos no tardó en descubrir la hilaza: «No me gustan ya sus ideas políticas, y menos las religiosas —escribe—; distamos inmensamente en uno y otro... Detesto la opinión del abate Mably sobre la guerra civil... Jamás creeré que se debe procurar a una nación más bien del que puede recibir...; llevar más adelante las reformas es ir hacia atrás». Encontraba imposible aplicar el gobierno democrático a los grandes dominios, probándolo con el ejemplo de Roma y «con la actual situación de Francia, tiranizada por Robespierre». En agosto de 1794 escribe a Hardings «que desconfía de los *freethinkers* (librepensadores); que no quiere correspondencia con ellos ni pertenecer a ninguna secta; que no teme por la seguridad pública; que es bueno todo gobierno que asegure la paz y el orden internacional; que los vicios internos de la democracia están, demostrados con el funesto ejemplo de Francia, y que, si los principios revolucionarios prevalecen, una secta sucederá a otra en la opresión, y la estúpida insensibilidad, hija del terror, allanará el camino para el triunfo de la barbarie». Los thermidorianos le repugnaban tanto como Robespierre; la revolución mansa, tanto o más que la terrorífica y sangrienta; iba derecho al fondo de las cosas, y veía que Tallien y los suyos «habían mudado de forma y no de espíritu ni mínimas». «Un cáncer político —anota cuando se firmó la paz de Basilea— va corroyendo rápidamente todo el sistema social, religioso y moral de Europa.»

En estas efusiones, aún más recónditas que las cartas familiares, nadie sospechará doblez ni intención segunda. Con todo eso, los enemigos de Jovellanos, los que atrajeron sobre él aquella terrible persecución de 1801, que no castigó culpas, sino celo del bien público y censura tácita de los escándalos y torpezas reinantes, no se descuidaron de presentarle como impío y propagandista de malos libros. Ya en 1795 mostraba Jovellanos temores y sospechas de que le delatasen al Santo oficio: «El cura de Somió —así leemos en el *Diario*— hizo a Mr. Dugravier vanas preguntas acerca de los libros de la biblioteca del Instituto Asturiano, en tono de dar cuidado a éste. Dígole que está sin cuidado..., que vea quién entra; que no permita que nadie, en tono de registrar o reconocer los libros, copie el inventario, como parece se solicitó ya...». Y al día siguiente añade: «Fui al instituto, y hallé al cura de Somió leyendo en Locke. No pude esconder mi disgusto, pero le reprimí hasta la hora. Dadas las tres, salí con él; díjele que no me había gustado verle allí que cierto carácter que tenía (el de comisario de la Inquisición) me hacía mirarle con desconfianza y aun tomar un partido muy repugnante a mi genio, y era prevenirle que sin licencia mía no volviese a entrar en la biblioteca. Se sorprendió, protestó que solo le había llevado la curiosidad; que no tenía ningún encargo; que otras veces había venido, y se proponía volver, y le era muy sensible privarse de aquel gusto, aunque cedería por mi respeto... ¿Qué será esto? ¿Por ventura empieza alguna sorda persecución contra el Instituto? ¡Y qué ataques! Dirigidos por la perfidia, dados en las tinieblas, sostenidos por la hipocresía...; pero yo sostendré mi causa; ella es santa, nada hay en mi institución, ni en la biblioteca, ni en mis consejos, ni en mis designios que no sea dirigido al único objeto de descubrir las verdades útiles» (página 217).

Por entonces se conjuró la tormenta. Años después fue exaltado Jovellanos al Ministerio, donde solo duró siete meses, permaneciendo aún envueltas en oscuridad las misteriosas causas de su elevación y de su gloriosa caída.[349]

---

349 Lo que dice Llorente no merece en esta parte crédito alguno, ni se lo dará quien conozca aquella corte y aquellos hombres. Jovellanos no era, ciertamente, amigo de la Inquisición, tal como existía en su tiempo, y quizá pensó en reformarla; pero que fuera ésta la causa de su caída... *credat Iudaeus Apella*. ¿Qué les importaba la Inquisición a Caballero, ni a Godoy, ni María Luisa? Decir que tales gentes formaban un partido católico que persiguió a Jovellanos, es el colmo de la extravagancia.

Casi me arrepiento de haber dicho que son oscuras las causas del destierro y encarcelamiento de Jovellanos. El que quiera saberlas punto por punto, lea y medite este sustancioso párrafo de Blanco-White en las *Letters from Spain*, donde hay tan curiosos detalles acerca de los amores de María Luisa.

The ceremony of Godoy's marriage was scarcely over, when he resumed his intimacy with La Tudó in the most open and unguarded manner. The Queen, under a relapse of jealousy, seemed to determined to clip the wings of her spoiled favourite, that Jovellanos was deceived into a hope of making this pique the means of reclaiming his patron, if not

Ni con su destierro en Gijón se dio por satisfecho el odio implacable de sus émulos y el del omnipotente privado, que en vano quiere disculparse en sus *Memorias* de aquella tropelía inicua, cuyo amargo remordimiento pesaba, más que otra cosa alguna, sobre su memoria. Entonces se hizo circular por Asturias el *Contrato social* en castellano, con notas en que se elogiaba a Jovellanos, y aunque él prometió recoger cuantos ejemplares hallase, la respuesta fue arrancarle de su casa en la noche del 13 de marzo de 1801 y conducirle de justicia en justicia, como un malhechor, hasta la isla de Mallorca, donde se le encerró primero en la cartuja de Valldemosa y luego en el castillo de Bellver. Y aquí debe decirse de una vez para siempre: que en aquel acto de horrenda tiranía minis-

---

to path of virtue, at least to the rules of external propriety. Saavedra, better acquainted with the world, and well aware that Godoy could, at pleasure, resume any degree of ascendancy over the Queen, entered retuctancly into the plot. Not so Jovellanos. Treating this Cour intrigue as one of the regular lawsuit on which he had so long practised his skill and imparciality, he could not bring himself to proceed without serving a notice upon the party concerned. He accordingly forwarded a remonstrance to the Prince of the Peace, in which be reminded him of his public and conjugal duties in the most forcible style of forensic and moral eloquence. The Queen, in the mean time, had worked un her husband into a feeling approaching anger against Godoy, and the decree for his banishment was all but signed, before the offending gallant thought himself in such danger as to require the act of submission which alone could restore him to the good graces of his neglected mistress. He owed, however, his safety to mothing but Saavedra's indecision and dilatoriness... Godoy in the mean time, obtained a private interview whit the Queen, who under the influence of a long-checked and returning passion, in order to exculpate herself, represented the Ministers... as the authors of the plot, etcétera (página 346).

De todo lo cual resulta que Jovellanos fue víctima de su austeridad moral, y que no por enemigo de la Inquisición ni por haber favorecido la difusión del enciclopedismo, sino por haber querido cortar escandalosas relaciones y traer a la reina al recto sendero, sufrió destierros, cárceles y persecuciones. Por algo no se le formó proceso. Por algo guardó él toda su vida, según apunta su biógrafo Ceán Bermúdez, alto y caballeresco silencio sobre la temporada de su Ministerio; como que en ello se interesaba la reputación de una dama y de una reina.

Y ya que del Ministerio de Jovellanos hablo, bueno es dejar consignado que durante él formó, entre otros mil benéficos proyectos, el de llamar a España a buena parte de los jesuitas expulsos para que formaran una congregación o academia que tuviera por instituto el cultivo de la historia eclesiástica de España. En esta academia debían entrar los padres Arévalo, Maceda, Menchaca y otros.

Debo esta curiosa noticia a la mucha bondad y erudición del padre Miguel Mir.

terial, prolongado por siete años con todo género de crueles refinamientos, no intervino proceso inquisitorial ni de otra especie alguna, sino de arbitrariedad y opresión, rara vez vistas en España hasta que los ministros a la francesa se dieron a remedar las famosas *lettres de cachet*.

No; cuanto más se estudia a Jovino, más se adquiere el convencimiento de que en aquella alma heroica y hermosísima, quizá la más hermosa de la España moderna, nunca ni por ningún resquicio penetró la incredulidad. Por eso, cuando se elogie al varón justo e integérrimo, al estadista todo grandeza y desinterés, al mártir de la justicia y de la patria, al grande orador, cuya elocuencia fue digna de la antigua Roma; al gran satírico, a quien Juvenal hubiera envidiado, al moralista, al historiador de las artes, al político, al padre y fautor de tanta prosperidad y de tanto adelantamiento, no se olviden sus biógrafos de poner sobre todas esas eminentes calidades otra mucho más excelsa, que, levantándole inmensamente sobre los Campomanes y los Floridablancas, es la fuente y la raíz de su grandeza como hombre y como escritor, y la que da unidad y hermosura a su carácter y a su obra, y la que le salva del bajo y rastrero utilitarismo de sus contemporáneos, hábiles en trazar caminos y canales y torpísimos en conocer los senderos por donde vienen al alma de los pueblos la felicidad o la ruina. Y esa nota fundamental del espíritu de Jovellanos es el vivo anhelo de la perfección moral, no filosófica y abstracta, sino «iluminada —como él dice en su *Tratado de enseñanza*— con la luz divina que sobre sus principios derramó la doctrina de Jesucristo, sin la cual ninguna regla de conducta será constante, ni verdadera ninguna». Esta sublime enseñanza dio aliento a Jovellanos en la aflicción y en los hierros. No quería destruir las leyes, sino reformar las costumbres, persuadiendo de que sin las costumbres son cosa vana e irrisoria las leyes. Nada esperaba de la revolución, pero veía podridas muchas de las antiguas instituciones, y no le pesaba que la ola revolucionaria viniese a anegar aquellas clases degeneradas que con su torpe depravación y mísero abandono habían perdido hasta el derecho de existir:

>...
>Mira, Arnesto,
>cuál desde Gades a Brigancia el vicio
>ha inficionado el germen de La vida

y cuál su virulencia va enervando
la actual generación
¿Y es éste un noble, Arnesto? ¿Aquí se cifran
sus timbres y blasones? ¿De qué sirve
la clase ilustre, una alta descendencia,
sin la virtud?
El más humilde cieno
fermenta y brota espíritus altivos,
que hasta los tronos del Olimpo se alzan.
¿Qué importa? Venga denodada, venga
la humilde plebe en irrupción, y usurpe
lustre, nobleza, títulos y honores;
sea todo infame behetría, no haya
clases ni estados. Si la virtud sola
les puede ser antemural y escudo,
todo sin ella acabe y se confunda.

Tal fue Jovellanos, austero moralista, filósofo católico, desconfiando hasta con exceso de las fuerzas de la razón, como es de ver en la epístola a Bermudo:

Materia, forma, espíritu, movimiento
y estos instantes que veloces huyen,
y del espacio el piélago sin fondo,
sin cielo y sin orillas, nada alcanza,
nada comprende

tradicionalista en filosofía, reformador templado y honradísimo, como quien sujetaba los principios y experiencias de la escuela histórica a una ley superior de eterna justicia; quizá demasiado poeta en achaques de economía política...[350] pudo, sin embargo, exclamar con ánimo sincero en todas las fortunas prósperas y adversas de su vida:

---

350 Sobre todo cuando escribía en verso. En una epístola a Moratín llama infame y funesto al derecho de propiedad.

Sumiso y fiel la religión augusta
de nuestros padres y su culto santo
sin ficción profesó.

¡Cuán pocos podían decir lo mismo entre los hombres del siglo XVIII!

VI. El enciclopedismo en Portugal, y especialmente en las letras amenas. Anastasio da Cunha. Bocage. Filinto

La obra de Pombal había engendrado sus naturales frutos. Extinguidos los jesuitas, secularizada la enseñanza, triunfante el regalismo, entronizada en las aulas la filosofía sensualista, divulgados por todas partes los libros de Francia no bastó la activa reacción de los primeros años del gobierno de doña María I la Piadosa a detener el contagio, y solo sirvió para mostrar a las claras la profundidad del mal y las hondas raíces que había echado en el ánimo de los hombres de letras.

«En el siglo XVIII —dice Braga—,[351] la poesía fue el órgano de propagación de las ideas de los enciclopedistas en Portugal.» Y, realmente, nombres literarios son los primeros, por no decir los únicos, que figuran entre los apóstoles de las nuevas doctrinas. Es el primero de ellos José Anastasio da Cunha, más conocido y celebrado como matemático, y cuyo mérito exagera Almeida Garret hasta decir que su *Curso de matemáticas puras*, no mucho más original que el de Bails, es el mejor que existe en Europa. Quizá la posteridad respete más su corona de poeta. «Ni las rectas de Euclides —prosigue el mismo Garret— ni las curvas de Arquímedes estorbaron a este infeliz ingenio el cultivar las musas... Todos sus versos son filosóficos, tiernos, y algunos tan henchidos de suave melancolía, que dejan en el alma un como eco de armonía interior, que no procede del metro, sino de las ideas y de los sentimientos.[352] Así y todo, no es Anastasio da Cunha modelo de lengua; lo mismo que su amigo y modelo Bocage, abunda en galicismos, y todavía son más galicanos sus pensamientos que sus frases. Pero no era materialista vulgar. Como hombre de alma lírica y soñadora, tendía más bien al panteísmo naturalista, e invocaba el alma del

---

351 *Parnaso portuguez moderno...* (Lisboa, Francisco Arthur da Silva, 1877), introducción, página X.
352 *Introducción al Parnaso Lusitano* (París, Aillaud), página 65.

mundo, esencias incomprensible, alma o rey del universo, patente en todo e invisible, en cuyo seno esperaba encontrar reposo y caricias como de madre. La principal de las composiciones suyas en que esta tendencia se manifiesta es la *Oración universal*. A esto y a sus melancolías panfilistas y nebulosas descripciones ossiánicas debe su originalidad literaria, pudiendo decirse de él que es como Cienfuegos, a quien en muchas cosas se parece, débil precursor del romanticismo, no del histórico y tradicional, sino del interno y subjetivo de René y Obermann.

Fue catedrático de matemáticas en Coímbra. Procesado inquisitorialmente, no solo por sus ideas irreligiosas, sino por haber dogmatizado en un círculo de amigos, especialmente oficiales de Artillería, abjuró de sus yerros de naturalismo e indiferentismo y fue recluso por tres años en la casa llamada *das Neccessidades*, de Lisboa, que pertenecía a la Congregación de padres del Oratorio, y desterrado luego por otros cuatro años a Evora. La sentencia es de 15 de septiembre de 1778. Fue su mayor enemigo y promotor de su desgracia José Monteiro da Rocha, catedrático de astronomía en Coímbra.

No sobrevivió mucho Anastasio da Cunha a su desgracia: murió en 1787. Sus versos quedaron inéditos, pero la prohibición multiplicó las copias manuscritas, sobre todo su traducción o imitación de la *Heroida de Eloisa a Abelardo*, de Pope, como en Castilla aconteció con la de Marchena. También tradujo el *Mahoma*, de Voltaire, y se le atribuye tradicionalmente la paternidad de una composición impía rotulada la *Voz de la razón*, que en muchos manuscritos corre con el título de *Verdades sencillas*. Pero es tan pedestre y tan de especiero ilustrado el volterianismo de las tales *Verdades* (de las cuales dice Teófilo Braga que «todavía hoy son estímulo secreto que lleva a la clase burguesa en Portugal a hacer el proceso crítico de su conciencia»), que cuesta trabajo achacarlas al insigne matemático, mucho más cuando en su proceso no se hace memoria de ella, como se hace de tantas otras cosas menos graves. Por eso, muchos, entre ellos el bibliófilo Inocencio de Silva,[353] comenzaron a negar que la *Voz de la razón* le perteneciese, y ahora recientemente, Teófilo Braga[354] insiste en atribuír-

---

353 *Diccionario bibliografico portuguez*, tomo 4, página 225.
354 No en su libro sobre *Bocage, sua vida e epocha literaria*, sino en el prólogo ya citado al *Parnaso portuguez moderno* (página XI). Las razones que alega son débiles: que la *Voz de la razón* se llamó *Verdades singellas*, como para hacer *pendant* con las *Verdades duras*, título verdadero de la *Pavorosa*, de Bocage; que el seudónimo poético del autor es Lidio

sela a Bocage, de quien también me parece indigna por la pobreza del estilo y por la falta de color poético y do brio en la versificación.[355]

Con Anastasio da Cunha fueron procesados varios amigos suyos, unos militares y otros profesores de Coímbra, uno de ellos Francisco de Mello Franco, que en el *Imperio de la estupidez*, débil imitación de la *Dunciada*, de Pope, cubrió de irrisión y mofa los antiguos métodos universitarios, que ya en prosa había desacreditado Verney y comenzado a reformar Pombal. El espíritu volteriano se insinúa más o menos así en este poema heroico-cómico, sobre todo en la picaresca descripción de los exorcismos, como en el agraciadísimo *Hisopo*, de Antonio Diniz, cuya impresión no autorizó Pombal, pero sí la dispersión de infinitas copias manuscritas, imitación mejorada del *Lutrin* de Boileau, y más poética que el Lutrin; desenfado, en suma, más *facecioso* que irreverente, al

---

y que Bocage se llamaba *L'Hedois de Bocage*, y así se firmó hasta 1790. Nada de esto convence ni ayuda a encontrar el nombre del autor.

355 La *Voz de la razón* se imprimió por vez primera en Coímbra (aunque la portada dice París) en 1822, 16.º, y fue reimpresa clandestinamente en Lisboa (también con nombre de París) en 1826. Figura además en la *Collecçao de epistolas eróticas e philosóphicas* de padre Aillaud (París 1834, 12.º), donde están también la *Heroida*, de Pope, y la *Pavorosa*, de Bocage.

El bibliófilo Inocencio da Silva coleccionó con esmero los versos que pudo hallar de Anastasio da Cunha, y publicó una colección de ellos en 1839: *Composiçoens poeticas do Doutor Joseph Anastasio da Cunha natural de Lisboa, Lente de Mathemática na Universidade de Coimbra*, falecido no anno de 1787 agora colligidas pela primeira vez. Lisboa Na Typ. Carvalhense. Anno de 1839 (XIII + 201 páginas). (Del prólogo resulta que Anastasio da Cunha nació en 1742 y fue catedrático desde 1773.) Además del *Mahoma* (Lisboa, na officina da Academia Real das Sciencias, 1787), tradujo fragmentos de la *Alzira*. En la página 143 comienzan las epístolas de Eloisa y Abelardo; la primera es traducción de Colardeu; la segunda, original, pero distinta de la que anda en castellano atribuida a Marchena.

La obra más conocida de Anastasio da Cunha son sus *Principios Matemáticos*; pero además escribió un *Ensayo sobre los principios de la Mechanica* (Londres 1807), una *Carta phisico-mathemática sobre a teoría da polvora* (Porto 1838), y aun quedan inéditas otras *Memorias* suyas, v. gr., *Nueva resolución numérica de las ecuaciones de todos grados. Teoría de lo infinito. Contra la doctrina de las razones primeras y últimas de las cantidades. Sobre los principios de cálculo de las fluxiones. Reducciones de unas integrales binomias a otras. Examen de algunos pasajes de las memorias de Lagrange sobre las cuerdas sonoras. Solución del problema de los isoperímetros. Sobre la Balística, de Galileo*, etc., etc.

cual dio margen un famoso recurso de fuerza del deán y cabildo de la Iglesia de Elvas contra su prelado por cuestiones de pueril etiqueta.[356]

Si Diniz y Mello Franco gracejaron con las cosas eclesiásticas más o menos ligeramente, los poetas de la segunda *Arcadia lisbonense*, sobre todo Bocage y Filinto, dieron de lleno en la poesía heterodoxa, y muestran, mejor que otro dato alguno, el estado de las ideas en Portugal a fin del siglo.

Manuel María Barbosa de Bocage era quizá el hombre con más condiciones nativas de poeta que había aparecido en Portugal desde Camoens. Pero la falta de doctrina, de estudio y de sosiego; lo inquieto y arrebatado de su índole, extremosa así en lo bueno como en lo malo; la depravación callejera y el desorden y oprobio tabernario de su vida; el ansia de fáciles aplausos; la miseria de carácter, propia del menesteroso baldío, le hicieron dar con su conciencia moral y literaria por los suelos, prostituir su musa indignamente sobre las mesas de los cafés, arrastrarla por todos los lodazales de la obscenidad, de la baja adulación y del indulto descocado, vivir al día en círculo estrechísimo y malsano, sin cuidado de la gloria ni verdadera devoción al arte; consumir su existencia en brutales excesos báquicos o en amoríos de casa pública más brutales aún y derramar la mejor parte de su ingenio en el estéril ejercicio de la improvisación. Era, sin duda, repentista extraordinario, y quizá ninguno de los italianos le lleve ventaja, a lo menos en la factura métrica de los sonetos. Pero la improvisación es pésima escuela, y a la larga vicia y echa a perder las mejores naturalezas. Bocage que pudo ser artista de estilo, como lo muestran sus traducciones del latín y del francés; poeta ternísimo e intérprete sencillo de los más puros afectos del alma, como lo patentiza la *Saudade* materna; hábil remozador de antiguos asuntos, verbigracia, en el *Hero y Leandro*, poeta descriptivo de gran lozanía en el idilio de Tritón; vehementísimo en la expresión de los celos y de toda pasión enérgica y furiosa, cual lo testifica la *Cantata de Medea*; poeta satírico de vigoroso empuje, en la *Pena del talión*, y hasta, ¿quién lo diría?, poeta amoroso, delicado y de un idealismo petrarquesco en algunos sonetos..., afeó todas estas admirables disposiciones con su abandono continuo y desastrosa facilidad, y no dejó más que fragmentos, pudiendo encerrarse, todos los que merecen vivir, en un muy pequeño volumen. Y aun así no fue pequeña su suerte en dejar algo

---

356 Así el poema de Diniz como el de Mello Franco pueden verse en el tomo de *Satyricos Portuguezes* (París, Aillaud, 1834).

digno de leerse, porque suele ser la improvisación flor de una aurora, que se deshoja a la siguiente.

Bocage, no obstante su habitual desenfreno, era un alma naturalmente cristiana, y sus últimos días fueron hasta piadosos y edificantes. Pero en aquella turbulenta mocedad suya, la sed de brillar y de ser aplaudido por la juventud incrédula a la moda y quizá el secreto deseo y esperanza de encontrar en la mala filosofía justificación o excusa para sus vicios y torpezas de cada día y de cada hora, que por grados parecían llevarle al embrutecimiento, le condujeron a alardear de liberalismo y de impiedad. Se alistó en una logia masónica, de la cual era venerable Benito Pereira do Carmo, y orador, José Joaquín Ferreira, uno y otro conocidos más adelante como diputados de las Cortes de 1821.[357] Saludó la aurora de la libertad en Francia y la invocó para Portugal:

        Da santa redempçao e vinda a hora
        a esta parte do mundo, que desmaia.

¡Oh, venha! ¡Oh, venha! e tremulo descaia despotismo feroz que nos devora!

Y, finalmente, compuso cierta *Epístola a Merilia*, más conocida por la *Pavorosa*, porque comienza:

        Pavorosa illusao da eternidade...;

pieza no solo brutalmente impía y volteriana, sino contraria a toda ley moral, decoro y honestidad, como que su fin declarado es quitar a una muchacha el temor del infierno y de la vida futura para hacerla consentir en los lascivos deseos del poeta. ¡Filosofía ciertamente recóndita y profunda!

De esta escandalosa epístola,[358] digna de la execración de toda alma honrada, se esparcieron muchas copias manuscritas, así como de varios sonetos

---

357 *Poesías eróticas* de Bocage, página 204.
358 Los mejores editores de las obras de Bocage, por ejemplo, Inocencio Francisco da Silva, han excluido como indigna del poeta esta abominable composición, mala moral y hasta literariamente. Se lee en el tomo de las *Poesías eróticas, burlescas e satyricas* de M. M. Barbosa du Bocage, nao comprendidas na ediçâo que das obras d'este poeta su publicou em Lisboa anno pasado de 1853 (Bruselas 1854). Excuso advertir que se imprimió en Lisboa. Por cierto que don Antonio Romero Ortiz, que en su libro de *La literatura por-*

irreligiosos y del fárrago de versos obscenos en que cada día se revolcaba la desgreñada inspiración de Bocage. El intendente general de Policía, Ignacio de Pina Manique, creyó necesario tomar alguna providencia contra aquel escándalo vivo y azote perenne de las buenas costumbres, y en 10 de agosto de 1797 mandó conducirle a las cárceles del Limoeiro y entablar proceso contra él como autor de papeles impíos y sediciosos. Desde la prisión importunó con cartas, versos y protestas de arrepentimiento a todos los próceres y ministros, al marqués de Ponte de Lima, al marqués de Abrantes, a José Seabra de Silva. Sus amigos, para salvarle de las garras de la Policía, discurrieron entregarle a la Inquisición, que en Portugal, como en Castilla, era por aquellos días un tribunal no solo benigno, sino vano e irrisorio; como que tenía las garras limadas por Aranda y Pombal. El Santo oficio se contentó con recluir a Bocage por breve temporada en el monasterio de Nuestra Señora das Necessidades, al cuidado de los padres oratorianos, que le trataron muy bien y parecieron convertirle. Todos los versos que compuso desde entonces son una verdadera palinodia:

> Das patrias justas leis me é doce o peso,
> amo a religiao ....;

dice en un soneto:

> Vejo a copia de un Deus no soberano;
> curvo-me a's aras; em silencio adoro
> d'alta religiao o eterno arcano ....
> ....
> Desventurado sou, nao sou perverso;
> ao jugo de altas leis o collo inclino,
> e no humano poder contemplo, adoro,
> augusta imagen do poder divino.
> ....

---

tuguesa en el siglo XIX (Madrid, Estrada, 1870) omite hablar de —o cita de pasada— las mejores producciones poéticas de Bocage, transcribe a la larga y con visible fruición (sin duda para popularizar su doctrina) la mencionada epístola (página 139 a 145), que califica de admirable y sublime.

(Epístola al marqués de Abrantes.)

Con todo eso, en 1803 le volvió a delatar a la Inquisición como pedreiro libre (así llamaban en Portugal a los francmasones) una beata llamada María Teodora Severiana Lobo: «Y dijo que el tal Bocage había dibujado encima de un banco un triángulo, y en un ángulo de él un ojo, y dentro de él el Sol y la Luna, y algunas estrellas y dos manos dadas, y que había dicho que no había otro cielo sino aquél; y que dicho Bocage, cuando le declaró estas cosas, no le declaró el lugar ni el tiempo de sus asambleas, pero sí que la sociedad tenía muchos afiliados, tanto en este reino como en otros, y que se comunicaban y ayudaban unos a otros, y que tenían varias señales con que se entendían».[359] La Inquisición, o por la debilidad o por no hallar suficientes indicios, no procedió contra el poeta. Parece que el centro o conciliábulo de las tramas revolucionarias era el café o botillería de un tal José Pedro da Silva, en la plaza del Rocío, de Lisboa, llamado burlescamente el agujero de los sabios, adonde concurría asiduamente Bocage, dividiendo sus horas entre la improvisación tumultuaria y las bebidas espirituosas.[360]

Y, sin embargo, en aquella alma degradada quedaban semillas de creyente, que llegaron a germinar en los últimos meses de su dolorosa existencia, cuando la enfermedad y la pobreza acabaron de postrarle, levantando su alma a más serena esfera y a más altos pensamientos.[361] La inspiración religiosa era en él

---

[359] Los documentos relativos a este negocio se hallan, con los demás papeles de la Inquisición, en el Archivo de la Torre do Tombo. Los publicó José Feliciano de Castilho en su extensa biografía de Bocage (tomo 2, página 128 y ss).

[360] Véase el prólogo de José Agostinho de Mácedo a su poema *Os Burros* (en los *Satyricos Portuguezes* [París, Aillaud, 1834], página 205).

[361] Para estas noticias de Bocage he tenido presente sus *Poesías...* colligidas en nova e completa ediçao, dispostas e annotadas por J. F. da Silva, e precedidas de un estudo biographico e litterario sobre o poeta, escripto por Luiz Augusto Rebello da Silva..., 6 vols. 4.º (Lisboa 1853). Del estudio de Rebello da Silva hay edición suelta (Lisboa, Typografía da Academia, 1854). *Manoel Maria du Bocage. Excerptos seguidos de huma noticia sobre sua vida e obras, um juicio critico*, etc., etc., por José Feliciano de Castilho Barreto e Noronha. Rio Janeiro, Livraria de B. L. Garnier (París, Typ. Portuguesa de Raçon y C.ª, 1867). Tres tomos que forman parte de la colección titulada *Livraria Classica*, que empezaron a publicar los hermanos Castilho. Esta biografía es la más rica en datos acerca de Bocage.

como nativa y le dictó bellísimos sonetos. Su ateísmo no había sido dogmático, sino práctico, y por una singularidad muy de poeta y muy española había conservado, en medio del tumulto de la orgía y del desenfreno de las ideas, cierta devoción a Nuestra Señora, cuyo adorable misterio de la Concepción celebró con verdadera efusión lírica en una cantata espléndida:

> Salve, ¡oh salve, inmortal, serena Diva,
> do Nume occulto incombustivel zarza,
> rosa de Jerichó por Deus disposta!
> Flor, ante quem se humilhan
> os cedros de que o Libano alardea.

Sus postreros sonetos, los de expiación y arrepentimiento, verbigracia, los que comienzan:

> Meu ser evaporei na lida insana
> ....
> ¡Oh! tu que tens no seio a eternidade!...
> ....
> Se o grande, o que nos orbes diamantinos.
> ....
> Comtigo, alma suave, alma formosa...

son, con mucha diferencia de los otros, los más hermosos que compuso. Ocasiones hay en que parecen poesía lamartiniana del buen tiempo. Tan cierto es que la pureza de las ideas engrandece y sublima al poeta.[362] Dios le premió con buena y cristiana muerte en 21 de diciembre de 1805.

---

362 La transformación de las ideas en Bocage había sido tan completa, que llegó a aborrecer y maldecir la revolución francesa en una vigorosísima elegía a la muerte de María Antonieta:

Seculo horrendo aos seculos vindouros,
que ias inutilmente accumulando
das artes, das sciencias os thesouros;
Seculo infame, seculo nefando...
marcado foste pella man do Eterno...

335

Francisco Manuel do Nascimento, entre los árcades Filinto Elysio, fue cabeza de una secta literaria opuesta a la de los elmanistas o partidarios de Bocage. Su principal preocupación era la manía lingüística y el odio al galicismo. Más filólogo que poeta, como lírico horaciano de escuela se aventajó mucho, y solo cede la palma a Correira Garçao. El entusiasmo por la patria y por las conquistas de la ciencia da a veces a Filinto originalidad y calor, y entonces entra en la corriente general de los poetas del siglo XVIII, asimilándose, aunque con menos inspiración, a Quintana. Así, su oda *A la independencia de las colonias angloamericanas* trae, sin querer, a la memoria la oda *A la vacuna* hasta por el falso y superficial modo de entender la historia:

> Geme America ao peso
> que insolente lhe agrava
> dos vicios a cohorte maculosa:
> o veneno de Europa se derrama...

Filinto era sacerdote, pero adoptó enteramente las ideas francesas, y toda su vida fue pertinacísimo incrédulo. Alma seca, en que fácilmente prendió el materialismo utilitario, no tenía un adarme de creencia, como no fuera en cierto progreso vago e indefinido de la humanidad, al modo que le fantaseaba Condorcet. La Inquisición de Lisboa recibió en 1785 repetidas delaciones contra Filinto, que, advertido por sus amigos, y especialmente por el conde da Cunha, juzgó conveniente embarcarse y huir a tierra extraña. Estuvo en París hasta 1792, en que se atrevió a volver a Portugal como secretario del conde de Barca; pero, faltándole al poco tiempo la sombra de su protector, tornó a emigrar, y murió pobrísimo y oscuro en París por los años de 1819. Su nombre vive en una de las *Meditaciones* de Lamartine, que le llama el divino Manuel. Con su persecución y su destierro se recrudecieron sus ideas enciclopédicas, que eran de las más vulgares y superficiales del siglo XVIII. Los tomos que publicó en Francia, y que más o menos clandestinamente circularon en Portugal, están llenos de

---

Hay en castellano otra poesía al mismo asunto y mucho más inspirada. El tono es de ardentísima diatriba: su autor, el poeta gaditano don Juan González del Castillo, más conocido por sus sainetes.

prosaicas lamentaciones sobre su destierro y proscripción, de dicterios contra la ralea frailuna, de maldiciones contra los *bonzos* y *nayres*, nombres que él da a los clérigos y a los déspotas de Roma, que engordan con dispensas, anatas e indulgencias. No puede darse nada más grosero e insípido que la famosa epístola que comienza:

     Em quanto punes pelos sacros foros.
     ....

o las odas:

     Maldicto o Bonzo, e mais maldicto o Nayre...
     Hoje quatre de Julho foi o dia...
     quatro de Julho, memoravel dia...
     Apagadas con crenzas, con chimeras...

Tales versos no tienen interés literario, sino histórico, pero así ellos como los inmundos sonetos.

     Christo morreou ha mil e tanto annos...
     Nasci, logo a meus paes custou dinheiro...

denuncian una propaganda activa, que contribuyó, más que la de ningún otro poeta, más que la de Bocage, más que la de Anastasio da Cunha, a difundir en Portugal cierto liberalismo de taberna y de cuartel, delicias de la burguesía y de los zapateros ilustrados.

Toda la filosofía de Francisco Manuel se reduce a haber descubierto que Cristo murió hace mil años, pero que todavía no cesan de pedir por él los franciscanos; que los frailes comen, beben y huelgan y nos llevan dinero por todo; que las devociones y los rezos, penitencias y rosarios son ritos *risiveis* y obra de frailes, y, finalmente, que los clérigos son unos ruines abejarucos o zánganos que se comen la miel de la social colmena y que suelen apuñalar a los reyes o mandarlos al otro mundo con veneno sutil, traidoramente. Por lo cual aconseja a los monarcas que rompan las tiránicas clausuras, que anulen los votos y que dejen a la imprenta alzar el claro grito, como ya lo había hecho en Francia y en América.³⁶³

Está juzgado el hombre; ahora solo falta añadir que el señor Romero Ortiz le llama filósofo concienzudo. Y, en efecto, como filósofo progresista no tiene precio; todo es relativo, y bien puede ser Filinto, el santo Tomás o el Descartes de su escuela. Yo tengo para mí que su obra más filosófica fue una traducción de la *Doncella*, de Voltaire.

El impulso escéptico comunicado por Bocage y Filinto a las letras portuguesas se deja sentir, más o menos, en todos los escritores de principios del siglo, divididos en los dos bandos de filintistas y elmanistas. Pero casi todos son oscuras medianías y no merecen particular recuerdo. Discípulo de Anastasio da Cunha fue el matemático José María de Abreu, condenado en el auto de 1778 a tres años de reclusión por lectura de libros prohibidos. Discípulo de Bocage fue Nuno Pereira Pato Moniz, poeta lírico no vulgar, revolucionario famosísimo, secretario del Grande de Oriente lusitano, periodista y diputado en la época constitucional de 1820 y deportado a las islas de Cabo Verde en 1827. El teatro sirvió de arma a los innovadores; los elogios dramáticos y las tragedias clásicas dieron voz a la nueva idea, pero todo fue rematadamente insípido hasta que en 1821 apareció el Catón, de Almeida Garret, obra al cabo de verdadero poeta, aunque por entonces le atasen los lazos de la falsa imitación clásica y le extraviase el ejemplo de Addison.

VII. Literatura apologética. Impugnadores españoles del enciclopedismo. Pereira, Rodríguez, Forner, Ceballos, Valcárcel, Pérez y López, el padre Castro, Olavide, Jovellanos, fray Diego de Cádiz, etc., etc.

No conoce el siglo XVIII español quien conozca solo lo que en él fue imitación y reflejo. No bastan las tropelías oficiales, ni la mala literatura, ni los ditirambos económicos para pervertir en menos de cien años a un pueblo. La vieja España vivía, y con ella la antigua ciencia española, con ella la apologética cristiana, que

---

363 La mejor edición de las obras de Filinto es la de París, 1817 a 1819, en once volúmenes, por Augusto Bobée. La mayor parte de los versos volterianos y escandalosos están en el tomo 5. El primer canto de la traducción de la *Pucelle* se publicó suelto, e Inocencio da Silva dice que él poseía manuscritos el segundo y el tercero.

daba de sí granados y deleitosos frutos, no indignos de recordarse aun después de haber admirado en otras edades los esfuerzos de san Paciano contra los novacianos, de Prudencio contra los marcionitas, patripassianos y maniqueos, de Orosio contra los pelagianos, de san Leandro contra el arrianismo, de san Ildefonso contra los negadores de la perpetua virginidad de Nuestra Señora, de Liciniano y el abad Sansón contra el materialismo y antropomorfismo, de Ramón Martí contra judíos y musulmanes, de Ramón Lull contra la filosofía averroísta y de Domingo de Soto, Gregorio de Valencia, Alfonso de Castro, el cardenal Toledo, don Martín Pérez de Ajara, Suárez y otros innumerables contra las mil cabezas de la hidra protestante. Justo es decir, para honra de la cultura española del siglo XVIII, que quizá los mejores libros que produjo fueron los de controversia contra el enciclopedismo, y de cierto muy superiores a los que en otras partes se componían. Estos libros no son célebres ni populares, y hay una razón para que no lo sean: en el estilo no suelen pasar de medianos, y las formas, no rara vez, rayan en inamenas, amazacotadas, escolásticas, duras y pedestres. Cuesta trabajo leerlos, harto más que leer a Condillac o a Voltaire; pero la erudición y la doctrina de esos apologistas es muy seria. Ni Bergier ni Nonotte están a su altura, y apenas los vence en Italia el cardenal Gerdil. No hubo objeción, de todas las presentadas por la falsa filosofía, que no encontrara en algún espaol de entonces correctivo o respuesta. Si los innovadores iban al terreno de las ciencias físicas, allí los contradecía el cisterciense Rodríguez; si atacaban la teología escolástica, para defenderla, se levantaban el padre Castro y el padre Alvarado; si en el campo de las ciencias sociales maduraban la gran conjuración contra el orden antiguo, desde lejos los atalayaba el padre Ceballos y daba la voz de alarma, anunciando proféticamente cuanto los hijos de este siglo hemos visto cumplirse y cuanto han de ver nuestros nietos. En todas partes y con todo género de armas se aceptó la lucha: en la metafísica, en la teodicea, en el derecho natural, en la cosmología, en la exégesis bíblica, en la historia. Unos, como el canónigo Fernández Valcárcel, hicieron la genealogía de los errores modernos, siguiéndolos hasta la raíz, hasta dar con Descartes, y comenzaron por la duda cartesiana el proceso del racionalismo moderno. Otros, como el médico Pereira, convirtieron los nuevos sistemas, y hasta la filosofía sensualista y analítica latamente interpretada, en armas contra la incredulidad; y algunos, finalmente, como Piquer y su glorioso sobrino Forner, resucitaron del polvo la antigua filosofía española, para presentarla, como en sus mejores días, gallarda y batalladora delante de las hordas revolucionarias que comenzaban a descender del Pirineo. ¡Hermoso movimiento de restauración católica y nacional, que hasta tuvo su orador inspirado y vehementísimo en la lengua de fuego de aquel apostólico misionero capuchino, de quien el mismo Quintana solía hablar con asombro, y ante quien caían de rodillas, absortos y mudos, los hombres de alma más tibia y empedernidamente volteriana!

La resistencia española contra el enciclopedismo y la filosofía del siglo XVIII debe escribirse largamente, algún día se escribirá porque merece libro aparte, que puede ser de grande enseñanza y no menor consuelo. La revolución triunfante ha divinizado a sus ídolos y enaltecido a cuantos le prepararon fácil camino; sus hombres, los de Aranda, Floridablanca, Campomanes, Roda, Cabarrús, Quintana..., viven en la memoria y en lenguas de todos; no importa su mérito absoluto; basta que sirviesen a la revolución, cada cual en su esfera; todo lo demás del siglo XVIII ha quedado en la sombra. Los vencidos no pueden esperar perdón ni misericordia. *Vae victis.*

Afortunadamente, es la historia gran justiciera, y tarde o temprano también a los vencidos llega la hora del desagravio y de la justicia. Quien busque ciencia seria en la España del siglo XVIII, tiene que buscarla en esos frailes ramplones y olvidados. Más vigor de pensamiento, más clara comprensión de los problemas sociales, más lógica amartilladora e irresistible hay en cualquiera de las cartas del *Filósofo Rancio*, a pesar del estilo culinario, grotesco y de mal tono con que suelen estar escritas, que en todas las discusiones de las Constituyentes de Cádiz, o en los raquíticos tratados de ideología y derecho público, copias de Destutt-Tracy o plagios de Bentham, con que nutrió su espíritu la primera generación revolucionaria española, sin que aprendiesen otra cosa ninguna en más de cuarenta años.

En esta historia, que no es de los antiheterodoxos, sino de los heterodoxos, no cabe más que presentarse de pasada a los primeros, y, por decirlo así ponerlos en lista, para que otro venga y haga su historia, que será por cierto más amena y de más honra para España que la presente. Con todo eso, hagamos constar el hecho de la resistencia y los nombres de los principales adalides, para que no imagine nadie que por ignorancia o por miedo dejaron los católicos abandonado y desguarnecido el campo.

Colocaremos por orden cronológico los nombres de estos apologistas. Sea el primero don Luis José Pereira, portugués de nacimiento, según por clarísimos indicios conjeturamos, doctor en Filosofía y Medicina, individuo de la Academia Portopolitana (es decir, de Oporto), el cual leyó en la Médica Matritense, de Madrid, un *Compendio de theodicea, con arreglo a los principios del sistema mecánico, dispuesto por método geométrico*; obra que aun antes de imprimirse fue reciamente impugnada por muchos escolásticos y por otros que no lo eran del todo, como el doctor Piquer, a quien clarísimamente se alude en el prólogo.[364] Decían que el nombre de *theodicea* era inaudito en España y traía cierto sabor de optimismo leibniciano; que el autor era crudamente sensualista (y esto sí que es verdad); que el método geométrico y el abuso de neologismos y términos abstractos comunicaba extraordinaria aridez a la obra, y, finalmente, que el autor parecía inclinado a sistemas nuevos y extravagantes, como el de Astruc sobre la generación vermicular del hombre, y que hacía demasiado caudal del nombre de religión y ley natural, muy usado por los incrédulos de fuera. El autor se defendió en un largo prólogo, y, a decir verdad, leído sin prevención el libro, mucho más parece bien intencionado que sospechoso, debiendo atribuirse los resabios de mala filosofía a influjos del tiempo y tenerse la *Theodicea*, de Pereira, por tentativa poco afortunada, aunque bastante ingeniosa, para concordar el sensualismo con los principios de la religión revelada. Su originalidad consiste en haber basado sus demostraciones en la anatomía, levantándose al conocimiento de Dios desde el conocimiento de la maravillosa estructura del cuerpo humano; lo cual no es más que una aplicación particular del principio general *Invisibilia Dei a creatura mundi*. Por medio de una serie de definiciones nominales, postulados y proposiciones, dispuestas al modo de la geometría, y parodiando la *Ética*, de Espinosa, arranca del principio de que el cuerpo humano y la vida animal no son ni pueden ser obras del acaso, y de que el movimiento no es esencial a

---

364 *Theodicea, o la Religión Natural*, defendida contra sus enemigos, los antiguos y nuevos Philósofos, con demostraciones Metaphysicas que ofrece el Systema Mechánico dispuestas con método geométrico. Su autor don Luis Josph Pereyra, Doctor en Philosofía y Medicina, Académico con exercicio de la Real Academia Médica Matritense, y de número de la Portopolitana. Con licencia (en Madrid, en la oficina de Pantaleón Aznar, calle del Arenal, 1771) (esta fecha no consta en la portada, pero está manuscrita en el ejemplar que poseemos). 8.º, 316 páginas sin las de la dedicatoria al conde de Aranda y la introducción, no foliadas.

la materia, y por grados va elevándose al conocimiento de una primera causa y espíritu creador y conservador de todas las cosas con providencia suprema y perfectísima, sin que la necesidad de su ser implique necesidad de obrar. Combate el error de la eternidad de la materia, que por lo que tiene de sucesiva no puede ser eterna, y por lo que tiene de divisible no puede ser inmensa, y por lo que tiene de extensa es contradictoria con el pensamiento. Para impugnar a Espinosa distingue el ente de suyo (Dios), ente necesario, en quien la esencia, la existencia y todas las perfecciones no necesitan de otro ente, y el ente por sí, que salva la dependencia de la causa que le produce y conserva, no requiere otro sustentante para existir. La materia, añade, no es una con unidad numérica, sino con unidad específica. Del optimismo anda muy lejos; solo admite que el mundo sea óptimo relativo para sus fines, no óptimo absoluto; y no menos dista del pesimismo de Robinet en su *Física de los espíritus*.

En ideología anda menos atinado Pereira que en cosmología, y, como otros muchos de entonces, se refugia en el tradicionalismo sensualista, afirmando que recibimos todas las ideas por vía de las sensaciones y de los signos articulados, sin los cuales el alma tiene solo una fuerza pasiva; los cuales signos se aprenden y reciben de la tradición social, por cuya corriente se remontan a una inspiración o revelación primitiva.

Poca o ninguna influencia ejerció este libro, sin duda por la aridez extraordinaria, de su forma y por el perverso castellano en que está escrito, aunque no pueden negársele fácil encadenamiento y austero rigor lógico. Hoy mismo es uno de los libros más raros y desconocidos del siglo XVIII. No tanto el *Philoteo*,[365] del padre Rodríguez, cisterciense del monasterio de Veruela. La mayor y mejor parte de este libro es respuesta a las objeciones de los naturalistas incrédulos. El autor, aunque monje, no era profano en tales materias, y brillaba, sobre todo, como anatómico y fisiologista. Su *Palestra crítico-médica*

---

365 El *Philoteo en conversaciones del Tiempo*, escritas por el R. Padre Maestro Don Antonio Joseph Rodríguez, Monge Cisterciense en el Real Monasterio de Santa María de Beruela; Doctor en Sagrada Theología; Consultor de Cámara del Serenísimo Señor Infante Don Luis; Theólogo y Examinador de la Nunciatura; Examinador Synodal del Arzobispado de Toledo y de los Obispados de Tarazona y Jaca; Socio de las Reales Academias de Sevilla, Matritense y Portopolitana, etc. Dedicadas a Jesuchristo, Hijo de Dios vivo... En Madrid: en la Imp. Real de la Gaceta. Año MDCCLXXVI (dos tomos en 4.º, el primero de XIV + 398 páginas, y el segundo, de 506).

y su *Nuevo aspecto de teología moral* o *Paradoxas phísico-teológicas*, muy elogiados por el padre Feijoo y por Martín Martínez, dan derecho a contarle entre los más atrevidos renovadores del método experimental y entre los padres y progenitores, al igual de Foderé, de la medicina legal, que le debió positivos adelantos, como lo evidencian sus famosas disertaciones sobre la operación cesárea, sobre las pruebas de la virginidad y sobre el maleficio. Si de algo pecaba, era de audacia, por lo cual anduvo vigilante con sus escritos la mano expurgadora del Santo oficio.

El padre Rodríguez pues, fogoso experimentalista más avezado a las mesas de disección que a la controversias de las aulas, emprendió la refutación analítica de las teorías heterodoxas en la parte que él mejor conocía, y lo hizo en forma de diálogo entre dos librepensadores y dos católicos. La traza del *Philoteo* es amena, y el estilo, vigoroso, original y no a rendido ni copiado, aunque no exento de neologismos y redundancias. Sus teorías físicas no satisfacen hoy, pero eran las más avanzadas de su tiempo, y dentro de ellas razona con gran desembarazo y perfecta noticia, no solo de lo que habían dicho los enciclopedistas, sino de cuanto se contenía en los libros ingleses de Burnet, Woodward, Wisthon, etc., de donde ellos sacaban sus argumentos. Demostrar las causas finales por el espectáculo del mundo es el objeto principal del *Philoteo*; de aquí que en él ocupe largo espacio la indagación de los principios naturales y la teoría de la tierra. El autor dista *toto caelo* de las formas aristotélicas y ningún moderno descubrimiento le arredra, antes en todos ve mayor confirmación de la verdad de las Escrituras. «Lo que inmediatamente se deduce de los textos —dice—, es el dogma de la creación; esto era necesario, y por eso está claro en las sagradas Letras. Lo demás quedó para la investigación humana, pero con altísimo designio y propio de una providencia eterna. Quiso, como nos lo manifiesta la experiencia, que de siglo en siglo y de año en año fuesen presentándose motivos nuevos que prueben y confirmen la sabiduría y omnipotencia en los descubrimientos físicos, astronómicos y anatómicos.»[366]

¡Hermosas y sapientísimas palabras, que nunca debe apartar de los ojos el naturalista católico! ¿Cómo la verdad ha de ser contraria a la verdad, ni la luz a la luz? Aunque solo esto contuviera el *Philoteo*, por solo esto merecía vivir.

---

[366] Página 48.

Pero lo merece, además, por la varonil y desenfadada elocuencia con que todo él está escrito y por la fuerza sintética y condensadora con que el autor demuestra el orden admirable del universo, sin salir un punto del terreno de la observación. Acérrimo enemigo de los neptunianos, más bien se inclina al sistema plutónico, aunque procura filosofar sin prevención de escuela, con datos empíricos que nadie rechaza. En lo máximo y en lo mínimo ve las huellas del Hacedor. Saluda el glorioso advenimiento de la química, que ya comenzaba a madurar en las retortas de Fourcroy y Lavoisier. «La filosofía está hoy dividida en muchos ramos; es menester recorrerlos todos para ver y palpar las obras de la creación, porque todos concurren a enseñarnos lo que hay en la entidad más pequeña...; la verdadera física es contraste palpable de los sueños de epicúreos, cartesianos y cuantos filósofos compusieron el mundo por solo el movimiento causal de una materia vaga y homogénea.»

Así, para el padre Rodríguez, cada adelanto y cada triunfo del espíritu humano, cada nueva ciencia que aparece, cada experimento, cada descomposición química, es un himno de gloria al Creador, una lengua de fuego que publica sus maravillas. Con tan amplio espíritu está hecha su apología; los lunares que tiene, lunares son y vicios y errores de la ciencia de entonces; a nadie se le puede exigir que se adelante a su siglo; harta gloria suya es no haber rechazado por temor ningún descubrimiento. Si en algunas cosas no le satisfacen los principios de Newton, tampoco satisfacen hoy en lo que tienen de hipotético y sistemático, que él distingue cuidadosamente en la certeza de los cálculos del gran geómetra inglés, pudiendo decirse que en esto más bien se muestra adelantado que atrasado respecto de los newtonianos fanáticos, como Voltaire y madame de Chatelet, para quienes el libro de los *Principios* era como las columnas de Hércules del espíritu humano. De los torbellinos de Descartes y de su concepción del mundo es declarado enemigo, y no menos de la pluralidad de mundos y habitación planetaria, tal como Fontenelle la había defendido, aunque buen cuidado tiene de advertir que la rechaza por razones físicas, y que, entendida tal opinión como debe entenderse, y con las cortapisas y limitaciones que la nulidad de la observación y las reglas del buen sentido imponen a la más desaforada fantasía, no riñe con la fe y puede propugnarse sin recelo.

Aunque el argumento de las causas finales y la impugnación del panteísmo, del materialismo y de todo sistema de ciega causalidad llenan la mitad del

Philoteo, tampoco merece olvido la otra mitad, en que se discurre contra los deístas sobre la autenticidad de los libros del *Pentateuco*, las pruebas de la revelación, los milagros y las profecías y la concordia de los evangelios. Mucho ha adelantado la exégesis bíblica; otras son hoy las objeciones y otras las respuestas; no impera ya Voltaire, sino Strauss y la escuela de Tubinga; más para los reparos pueriles y las insensatas *facecias* del *Diccionario filosófico* y de la Biblia al fin explicada, monumentos de la más crasa ignorancia en las cosas de la antigüedad oriental, bastante medicina eran las contundentes réplicas del padre Rodríguez. Admitir la existencia de un Dios personal y negarle toda relación con las criaturas; confesar su sabiduría y providencia infinitas y poner en duda la posibilidad y necesidad de la revelación; entrarse por las Escrituras negando a bulto cuanto les parecía extraordinario y milagroso; hablar a tuertas y a derechas de indios, chinos y persas, y de su remotísima antigüedad y alta sabiduría; plagiar remiendos del pirronismo histórico de Bayle; soñar que Moisés fue la misma cosa que Baco o que Prometeo (vergonzoso delirio de Voltaire); imaginar que *Esdras* falsificó los libros de la ley después del cautiverio babilónico; tener por cosa baladí la jamás interrumpida y siempre incorrupta trasmisión de las Escrituras en la sinagoga; ver en el *Génesis* imitaciones y copias de Sanconiaton y hasta de Platón; cortar y rajar a roso y velloso en los textos hebreos sin conocer siquiera el valor de las letras del alefato, como ni Voltaire ni casi ninguno de los suyos lo conocía y, después de haber mostrado soberano desprecio al pueblo judío, ir a desenterrar del fárrago talmúdico, y del *Toldot Jesu* las más monstruosas invenciones para contradecir el relato evangélico, tal era la ciencia petulante y vana de los deístas y espíritus fuertes de la centuria pasada. ¿Qué extraño es que algo de esta ligereza se comunicase a sus impugnadores, y que el mismo padre Rodríguez pecase de nimia credulidad, dando por buenas las inscripciones de la alcazaba de Granada, que forjó Medina Conde, y trayéndolos por monumento legítimo y sincero del cristianismo español de los primeros siglos?

Célebre más que Rodríguez y que ningún otro de aquellos apologistas, pero no tan leído como corresponde a su fama, a la grandeza de su saber y entendimiento y al fruto que hoy mismo podemos sacar de sus obras, es el jeronimiano fray Fernando de Ceballos y Mier,[367] gloria de la Universidad de Sevilla y del monasterio de san Isidro del Campo, refugio en otro tiempo de herejes, y en el siglo XVIII, morada del más vigoroso martillo de ellos, a quien Dios crió en estos miserables tiempos (son palabras de fray Diego de Cádiz) para dar a conocer a los herejes y reducir sus mínimas a cenizas. Su vida fue una continua y laboriosa cruzada contra el enciclopedismo en todas sus fases, bajo todas sus máscaras, así en sus principios como en sus más remotas derivaciones y consecuencias sociales, que él vio, con claridad semiprofética (perdónese lo atrevido de la expresión) y denunció con generoso brío, sin que le arredrasen prohibiciones y censuras laicas ni destierros y atropellos cesaristas. Guerra tenaz, sin tregua ni descanso, porque el padre Ceballos estuvo siempre en la brecha, y ni él

---

367 Nació en Espeja, provincia de Cádiz, en 9 de septiembre de 1732. Era de oriundez montañesa por parte de padre y madre. A los veintidós años se graduó de doctor en Teología, Derecho y Cánones por la Universidad de Sevilla. Al poco tiempo, como movido por sobrenatural vocación, entró monje en san Isidro del Campo (27 de marzo de 1758). En su comunidad fue espejo de virtudes y asombro de saber; prior observantísimo y muy celoso de la pureza de la regla, así como del esplendor artístico de su convento. Melancolías y disgustos ocasionados por persecuciones e intolerancias de los ministros regalistas aceleraron su muerte, acaecida en 1 de marzo de 1892. Allanado y profanado por el huracán revolucionario de nuestros días aquel artístico convento de Santiponce (sepulcro de Guzmán el Bueno), trataron algunos buenos patricios y literatos sevillanos de salvar de pérdida y olvido seguros los restos del padre Ceballos, y así se hizo en 16 de abril de 1863, exhumándolos solemnemente y trasladándolos con pompa fúnebre a la iglesia de la Universidad de Sevilla, donde descansan los restos de Arias Montano, de Arguijo, de Rodrigo Caro y de otros sabios varones andaluces. La Diputación Arqueológica de Sevilla, a la cual se debe, en primer término el acto patriótico de la traslación, costeó además la edición de una obra inédita del padre Ceballos, *La Sidonia bética, o disertación acerca del sitio de la colonia Asido y cátedra episcopal asidonense* (Sevilla 1864), con noticias biográficas del autor, recogidas por el laboriosísimo bibliotecario de la Universidad de Sevilla, don Juan José Bueno, cuya reciente pérdida lloran los buenos estudios.
Las obras del padre Ceballos fueron innumerables, pero casi todas yacen manuscritas en poder del señor Carbonero y Sol. Todas, excepto la *Sidonia*, la *Itálica* (que quedó incompleta), la *Disertación sobre el culto de san Gregorio*, patrón de Alcalá del Río y algún otro estudio arqueológico o de materia piadosa, son refutaciones más o menos analíticas y directas de las teorías heterodoxas, y, por consiguiente, el autor se repite mucho. Yo creo que la mayor parte de esas obras, que luego mencionaré, entraban como otros tantos capítulos en el primitivo e inmenso plan de *La falsa filosofía*, aunque hoy las veamos desligadas y sueltas.

se hartó de escribir ni sus adversarios de perseguirle. Su obra apologética, llamemos así al conjunto de sus escritos, es de carácter enciclopédico, porque no dejó de acudir a todos los puntos amenazados ni de cubrir y reparar con su persona todos los portillos y brechas por donde cautelosamente pudiera deslizarse el error. *La falsa filosofía*, si estuviera acabada, sería una antienciclopedia. Junta en fácil nudo el padre Ceballos dos aptitudes muy diversas; el talento analítico, paciente y sagaz, que no deja a vida libro de los incrédulos, y la fuerza sintética, que, ordenando y trabando en un haz todos los desvaríos que venían de Francia y mostrando sus ocultos nexos y recónditas afinidades, dando, por decirlo así a los sistemas heterodoxos cierta lógica, consecuencia y unidad que muchas veces no sospecharon sus mismos autores, levanta en frente de ellas otra síntesis suprema, expresión de la verdad católica en todos los órdenes y esferas del humano conocimiento, desde la ontología y la antropología hasta las últimas ramificaciones de la ética y del derecho natural y de gentes. Todo, hasta la pedagogía, hasta la estética, entra en el inmenso *Cosmos* del padre Ceballos. ¡Cuán grande nos parece su gigantesco desarrollo de la idea del orden cuando nos acordamos de aquella filosofía volteriana, cuyas profundidades estribaban en tal cual dicharacho soez sobre las lentejas de Esaú o el harén de Salomón!

Por razones que luego se dirán, muchas obras del padre Ceballos quedaron inéditas, y así no gozamos ni su *Análisis del Emilio o tratado de la educación*, de J. Jacobo Rousseau, ni su *Examen del libro de Beccaria sobre los delitos y las penas*, que motivó la condenación inquisitorial del mismo libro; ni sus *Noches de la incredulidad*, ni sus *Causas de la desigualdad entre los hombres*, ni su impugnación de *El deísmo extático*, ni su *Ascanio*, o discurso de un filósofo vuelto a su corazón, ni sus apologías y defensas, ni lo que trabajó contra el tratado de *Educación claustral*, del padre Pozzi, y contra el *Juicio imparcial*, de Campomanes. Todo este tesoro es aún inédito y de propiedad particular.

Pero todo ello cede ante la obra magna del padre Ceballos, *La falsa filosofía, crimen de Estado*, de la cual poseemos impresos seis abultados volúmenes, que apenas componen la mitad de la obra a juzgar por el aparato del tomo primero. No es el estilo del padre Ceballos acendrado ni muy correcto, pero sí fácil y abundante, a la vez que recio y de buen temple, como de quien trata altas verdades atento sobre todo a la sustancia de las cosas. «Una erudición criada al fresco —dice el mismo— y en lo húmedo del ocio, aunque crezca, crece como una planta regalada y tierna. Toda se va en follaje, en gracias, en flores, pero no sabe sufrir un Sol o un cierzo...; tropieza en una coma, pierde un mes en redondear un período o en acabar un verso; la desconcierta una expresión fuerte, la asombra o la escandaliza una licencia varonil y la desmaya la vista de un objeto serio y pesado.»[368]

El principal fin del padre Ceballos, que publicó su libro en 1774, muchos años antes de ver desencadenada la revolución francesa, fue mostrar la ruina de las sociedades, el allanamiento de los poderes legítimos, el desorden y la anarquía, como último y forzoso término de la invasión del naturalismo y del olvido del

---

368 *La falsa filosofía, o el ateísmo, deísmo, materialismo y demás nuevas sectas, convencidas de crimen de estado contra los soberanos y sus regalías, contra los magistrados y potestades legítimas*. Se combaten sus máximas, sediciosas y subversivas de toda sociedad, y aun de la humanidad. Tomo primero. Aparato, que contiene avisos y prevenciones para dicha obra, escrita por fray Fernando de Zevallos, monge gerónimo del monasterio de san Isidro del Campo. Segunda impresión... Con privilegio y las licencias necesarias. En Madrid. En la Imprenta de don Antonio de Sancha. Año de 1775. 4.º 402 páginas sin las preliminares e índices.

—Libro primero. Donde se combaten las varias hypótesis y principios sediciosos de los ateístas, deístas, fatalistas, naturalistas y demás pretendidos filósofos. Tomo segundo. En Madrid, en la Imprenta de don Antonio de Sancha. Año de 1774. 358 + 96 páginas foliadas, sin las de preliminares y fines.

—Continuación y conclusión del libro primero, donde se combaten los principios de los naturalistas, contrarios a la religión christiana y a la paz y felicidad humana. Tomo tercero (por el mismo autor y en el mismo año). 508 páginas.

—Libro segundo. Donde se combaten las máximas sediciosas de los pseudo-filósofos y los otros impíos; y se convencen por las mismas sediciones que han causado contra los príncipes y gobiernos. Tomo cuarto. Madrid, por Sancha, 1775. 372 páginas.

—Continuación del libro segundo, donde se descubre más el quadro de las turbaciones y ruinas de Estados causadas por dichos impíos; y se combaten sus especiales máximas contrarias a las regalías de criar magistrados, hacer leyes, decretar la guerra contra los enemigos extraños y pronunciar sentencias capitales contra los reos de adentro. Tomo quinto... En Madrid. En la Imprenta de Antonio Fernández. Año de 1775. 388 páginas.

—Conclusión del libro segundo, donde se disipan las cavilaciones sangrientas de los falsos filósofos contra la vida de los príncipes; se desvanecen sus calumnias contra la religión cathólica: se muestran las ventajas de ésta para cualquiera forma legítima de gobierno. Se desata el problema de la grandeza de la monarquía de España; y se ve que, pesar de los límites puestos por los filósofos, dura por la religión, y no por la tiranía, como ellos fingen. Tomo sexto. Madrid, por Fernández, 1776. 383 páginas.

orden sobrenatural así en la ciencia como en la vida y en el gobierno de los pueblos. Corrieron los tiempos, y la revolución confirmó, y sigue confirmando con usura, los vaticinios del monje filsofo.

Un libro no menor que La falsa filosofía fuera necesario para recorrer y examinar de nuevo las mil cuestiones metafísicas, éticas, políticas y sociológicas, como ahora bárbaramente dicen, que allí se remueven, y que son en sustancia las mismas que hoy agitan los espíritus y sirven de manzana de discordia entre incrédulos y apologistas. El padre Ceballos sacó la polémica teológica de los ruines términos en que solían encerrarla los sectarios de la Enciclopedia, generalizó las proposiciones y los argumentos y dejó prevenidas armas de buen temple y acerado corte, no solo contra los volterianos de aquella centuria, sino contra sus hijos y nietos de ésta. Aquí baste dar sucinta idea del plan de tan grandioso libro, menos expuesto a envejecer que ningún otro de aquella edad por lo mismo que en él se da grande importancia a la fase política de lo que llaman ahora problema o crisis religiosa sus gárrulos adeptos y sus tentadores.

Comienza el padre Ceballos por indagar el origen, historia y progresos de los llamados deístas, libertinos, espíritus fuertes y *freethinkers*. No se detiene en los socinianos, ni siquiera en el espíritu de libre examen derramado por la Reforma. Va más allá los encuentra expresos en la Sagrada Escritura, condenados en el *Eclesiastés* y en *Job*; los sigue en Grecia, indaga las fuentes del atomismo de Demócrito y de Epicuro y las sucesivas evoluciones del materialismo, hasta que llega a Roma y se formula en los valientes versos de Lucrecio, y muestra cómo después del cristianismo sobreviven y fermentan estas reliquias de la impiedad antigua y cómo, al través de *gnósticos*, maniqueos y albigenses, van descendiendo, por la turbia corriente de la Edad media, hasta el siglo XVI, en que dan razón de sí por boca de Pomponazzi. Desde entonces es fácil seguir a sus secuaces, ora broten dentro del protestantismo, llamándose unitarios, ora los engendre en Francia la perversión de las costumbres y de las ideas con el apodo de libertinos.

¿Conviene impugnar estas sectas? Nunca más que en el siglo XVIII, por lo mismo que el desorden ha llegado al colmo y que parecen acercarse los tiempos apocalípticos. Pero, si la empresa es grande y útil, también es ardua, porque, negando los adversarios la autoridad de las Sagradas Escrituras y los fundamentos de toda racional filosofía, no es fácil hallar campo neutral en qué entenderse, y, por otra parte, ellos esquivan todo acometimiento serio, contestando con burlas y cuchufletas a los más acerados dardos de la lógica. ¿Qué recurso queda? *Ex fructibus eorum cognoscetis eos*: mostrar a los príncipes y magistrados el germen de disolución social oculto en esas doctrinas, denunciarlas como sediciosas y trastornadoras del público reposo; enemigas no solo de Dios, sino del principio de autoridad en el orden humano y de las bases en que descansan la propiedad y la familia. No se esquiva por eso la controversia especulativa; antes, al contrario, por ella ha de empezarse y ella ha de ser el fundamento de todo. La religión nada tiene que temer de la filosofía, al paso que la filosofía, cuando se quiebra los dientes en el dogma, acaba por condenarse a sí misma y muere suicidada, como hoy la mala metafísica en frente de los positivistas. *Pleniores haustus ad religionem reducere*. El ateísmo y el verdadero espíritu filosófico son incompatibles, y el mayor fruto de la sana filosofía es hacer dócil el ánimo y fácil el acto de creer. La razón en estado de salud es *naturaliter christiana*, y aspira a reducir sus ideas a una simplicidad perfecta, a una regla simple, fiel y recta que jamás discorde ni se mude, y cuando ella sea más una y nosotros estemos más unidos a ella, más nos acercaremos a la verdad primera inteligible. Esta tendencia a la unidad lógica pone ya el entendimiento a las puertas de la religión y le hace suspirar por una lumbre soberana que aclare los misterios y arcanos de la naturaleza, y por la cual los mismos filósofos gentiles anhelaron.

Y si por los frutos se conoce el árbol, ¿qué pensar de esa falsa filosofía que, lejos de ser maestra de la disciplina y de las costumbres, inventora de las sabias leyes y de la vida sociable (como aquella de la cual hermosamente dijo Cicerón en las *Tusculanas*: *tu dissipatos homines in societatem vitae convocasti, tu eos primo inter se domiciliis, deinde coniugiis, tum litterarum et vocum communicatione iunxisti*), arruina con el principio utilitario el fundamento del deber y de la ley, llama a la rebelión a los pueblos que primero ha corrompido, quitándoles la esperanza y el temor de otra vida, disuelve los lazos del matrimonio y de la familia, llega a defender, por boca de oscuros sofistas franceses, la poligamia, el infanticidio, la exposición de los hijos y hasta la antropofagia (de todo hubo ejemplos en el desbordamiento intelectual del siglo XVIII), hace en el *Sistema de la naturaleza* la apoteosis del suicidio, reduce al interés personal las causas de las acciones virtuosas, relega a los pobres y a los siervos la humildad, la resignación, la sobriedad, el agradecimiento y otras modestas virtudes cristianas y destierra la bendita eficacia y el escondido venero de consolación de la oración? Ni es menos funesta la licencia filosófica al progreso de las ciencias y de las artes, que nada ganan con ella sino tejer hilos sutiles de araña, o arderse en cuestiones vanas de las que agotan el entendimiento o le distraen errante y vago de una a otra parte, sin fe, ni certeza, ni asiento en nada, hasta caer en la degradante impotencia del solitario escepticismo. ¿Ni qué esperan las ciencias de una filosofía que en lo teológico empieza por negar el objeto de la misma ciencia; que en metafísica rechaza todos los universales, toda idea abstracta y, general; que en física excluye la averiguación de las causas de la composición de los cuerpos y nada sabe de las leyes del universo? ¿Qué moral ni qué leyes caben en una secta que comienza por negar la libertad humana? Y, finalmente, hasta la historia se vicia cuando al espíritu crítico sustituye el espíritu escéptico y hasta las amenas letras languidecen y mueren con una elegancia afectada y sin jugo cuando les falta el calor de las grandes ideas.

Echadas así las zanjas de la obra, procede el padre Ceballos a impugnar los principios ateológicos, demostrando: 1.º la existencia de Dios contra los ateos; 2.º Dios creador y rector del universo, contra los deístas y materialistas, 3.º Dios salvador y glorificador del mundo, contra los naturalistas de todo género y, negadores de la revelación. El segundo tomo es un excelente tratado de teodicea; el tercero está sacado todo de las entrañas de la más exquisita teología positiva. No es posible dar en pocas palabras idea de tanta riqueza y de la novedad con que están remozados los argumentos en sí vulgares como el del consenso común, el de la idea del ser perfecto, el de la noción de la verdad, el de lo necesario y contingente, el de la razón suficiente. Al padre Ceballos le era familiar cuanto razonamiento se había presentado contra los ateos desde san Anselmo, santo Tomás y Sabunde hasta Descartes, Wolf, Samuel Clarcke y un cierto Canzio (que ha de ser el teólogo wolfiano Israel Canz, más bien que el famoso filósofo de Koenisberg, autor en sus mocedades de una disertación de *existentia Dei*); pero todo sabe asimilárselo y hacerlo doctrina propia, mostrando a la vez erudición filosófica inmensa, y más de otros autores; que de escolásticos, y gallardía de pensador firme y agudo. La cual brilla, sobre todo, en su nueva teoría del espacio, que él no llega a reducir a una categoría del entendimiento como Kant; pero que considera como cosa incorpórea e inmaterial, aunque real, como «el inmenso espíritu donde todos nos movemos, vivimos y estamos, no como partes o modos de una sustancia infinita, sino como sustancias particulares y creadas... La idea del espacio no indica extensión, sino sustentación de lo extenso. Este *pneuma* o ser espiritual está fuera y dentro de nosotros, nos toca y nos penetra íntimamente; es, en fin, la misma inmensidad de Dios».

Los gérmenes de esta opinión, más especiosa que sólida, están en Newton y en Clarcke. No se le ocultan al padre Ceballos los inconvenientes, pero responde que, no admitiendo en el espacio cantidad ni materia, y no suponiéndole extenso, sino inmenso, está salvado el resbaladero del espinosismo o el riesgo no menos de materializar, como lo hacía Newton, uno de los atributos divinos.

Menos original, aunque extensa y nerviosa, es su refutación de la *Ética*, de Espinosa, hecha toda a la luz del principio de contradicción, y quizá erró en no ir derechamente a la raíz del árbol, es decir, a la mala definición de la sustancia y del ente, fijándose más bien en las internas contradicciones que resultan de juntar en Dios espíritu y materia o de suponer sus atributos infinitos, por una parte, y por otra, finitos y limitados. Si Dios es suficientísimo para sí mismo de todas maneras aun dentro de la concepción espinosista, ¿no implica también contradicción el suponer la creación necesaria y no obra libre del poder divino?

Con no menos ingenio están desarrolladas las pruebas filosóficas de la Providencia contra los deístas; ya la del orden, fundamento de la verdad metafísica; ya la de la conservación y duración de las especies; permaneciendo en sus semillas la virtud o fuerza de la acción de Dios, que les dio el ser primero; ya la de la necesidad del mal metafísico en el sistema del universo, como que es mera limitación o defecto inherente al ser de toda criatura.

«Sin religión sería el hombre una especie sin diferencia y hubiera quedado manca en él la Providencia sapientísima»; dice el padre Ceballos que de buen grado la definiría animal religioso o capaz de religión aún más que animal racional, ya que Lactancio y otros conceden racionalidad a los brutos, y del conocimiento todos convienen en que les grado genérico, aplicable a la noticia de lo sensible y a la noción de lo abstracto. Sin religión, fuera el hombre mucho más infeliz que los brutos, por lo mismo que es más perfecto y que son altísimas e insaciadas sus aspiraciones a la verdad y al bien. Pero ¿bastará la religión natural? Y ante todo, ¿qué cosa es la religión natural? La que los filósofos predican, dista *toto caelo* de aquella antigua ley natural en que los patriarcas vivieron, y que se llamaba así no porque les faltase luz de lo sobrenatural, directamente recibida de la primitiva tradición y de influjos y comunicaciones divinas, ni porque careciese de cultos, ceremonias y preceptos, sino porque no estaba escrita, como lo estuvo después entre los hebreos. Y como aquella fe y esperanza de los antiguos patriarcas miraba a Cristo como a su término, ¿qué cosa más absurda que querer escudarse con ella los adversarios de la divinidad de Cristo y de todo dogma que trasciende de lo natural?

¿Y por qué se llaman racionalistas —prosigue el padre Ceballos, a quien vamos compendiando a nuestro modo—, cuando, siendo la ciencia el fin del ejercicio de la razón, no quieren subyugar su entendimiento a la fe por algunos instantes para merecer saber y comprender siempre? ¿En qué estudio no se comienza por el asenso al maestro y la fe humana? ¿No es siempre mayor el número de las cosas creídas que el de las sabidas? ¿No ponderan a cada paso los filósofos las flacas fuerza; de la razón y muchos desconfían en absoluto de ella? Más ciencia descubre la noche de la fe que el día humano. La fe levanta a la razón sobre su esfera natural, a la manera que el telescopio acrece el poder y el alcance de la vista. No es antirrazón, sino ante y sobre razón. ¿Por las impresiones de nuestros sentidos queremos argüir al que los hizo? Quien arroje el telescopio, no verá los misterios del cielo; quien prescinda de la revelación, nunca entenderá el misterio de las cosas ni alcanzará a rastrear las maravillas del plan divino. Además, la filosofía es insuficiente para la virtud y para la práctica de la vida; no ataca la raíz de la concupiscencia, vestigio del pecado original; carece de sanción eterna o no tiene en que fundarla; a lo sumo, y, prescindiendo de sus contradicciones, convencerá el entendimiento, pero no moverá la voluntad, ni sanará el corazón, ni dará a los hombres la paz que sobrepuja a todo sentido, la alegría y gozo del Espíritu santo, el espíritu de verdad y santificación, que graciosamente se nos comunica por los sacramentos. ¡Qué repentina y eficaz metamorfosis la que obró la revelación en el mundo antiguo! ¡Cómo se realzó la naturaleza humana! Es digno de leerse lo que el padre Ceballos dice de las expiaciones y de los sacrificios, adelantándose a Saint-Martin y a José de Maistre y sin extremar, como ellos, las cosas por amor a la paradoja. La sangre de Cristo, que no se corrompe, sino que a cada instante se ofrece, vino a librar a nuestra especie del duro tributo de sangre que debía por el primer pecado.

En el primitivo plan del padre Ceballos no entraban las pruebas de la religión revelada; pero Campomanes le aconsejó que las añadiera, y él lo hizo, viniendo a formar una especie de demostración evangélica semejante a la de Huet, y basada toda en argumentos históricos y morales. Los testimonios humanos no certifican la palabra divina, pero, confunden la incredulidad, y no pueden sustituirse ni con el iluminismo fanático ni con la demostración geométrica y *a priori*. Redúcese toda la demostración a dos puntos: 1.º Probar que Dios habló lo que creemos: a los fieles, con profecías; a los infieles, con señales y milagros; 2.º Probar que es manifiesta la verdad de lo revelado. Ya lo dijo san Agustín contra los maniqueos: *Unum, cum dicis Spiritum Sanctum esse qui loquitur, et alterum, cum dicis manifestum esse quod loquitur*. De aquí un tratado sobre los caracteres y del milagro (causa, utilidad, perfección, modo, medios y fin) sobre el silencio de los antiguos oráculos, impugnando a Van-Dale y Fontenelle, que negaron en ellos toda intervención demoníaca, suponiéndolos trápala y embrollo de sacerdotes, y otro sobre el cumplimiento de las profecías, especialmente de las mesiánicas, y sobre las notas de la verdadera y falsa profecía, asunto muy bien tratado por el doctor Horozco y Covarrubias, obispo de Guadix, en el siglo XVI.

Hemos llegado a la segunda parte de *La falsa filosofía*; en ella el objeto del padre Ceballos es demostrar que, lejos de ser los pareceres incrédulos vanas especulaciones sin consecuencia, son errores perniciosísimos para el bienestar de la república y fecundo semillero de mínimas anárquicas, aún peores que el temor supersticioso y la nimia credulidad. Al ateísmo en el universo corresponde la anarquía en el Estado o la obediencia forzada a una estúpida o ilustrada tiranía; pestes ambas del género humano, como ya advirtió el mismo Bayle. El ateísmo es declaración de guerra contra la sociedad y la justicia, y quien la hace queda en la categoría de enemigo público y de bajel armado en corso contra el orden social, sin distinción de imperios ni formas de gobierno. ¿Qué pabellón amparará al pirata? Negada la providencia divina, ¿dónde buscar la finalidad de todo poder humano, público o doméstico? ¿Dónde la razón y el fundamento del derecho? ¿Acaso en el supuesto estado de la naturaleza, del cual salieron los hombres por el influjo de la fuerza o por las blandas cadenas del soñado pacto social? Ni Hobbes, ni Rousseau, ni siquiera Montesquieu, resuelven el problema. Negada la libertad humana, se destruye el sujeto de los gobiernos, que es el ciudadano libre; ni queda en pie ley civil que pueda llamarse vínculo obligatorio. ¿Qué sentido tienen en un sistema materialista y fatalista las palabras conciencia moral y motivos de las acciones humanas? ¡Tiempos miserables aquellos del siglo XVIII, en que, como dice el deán Swift, habían llegado a tenerse por prejuicios de educación todas las ideas de justicia, de piedad, de amor a la patria, de divinidad, de vida futura, de cielo y de infierno! Por eso, el padre Ceballos, con profundidad de vidente, a vista de los primeros tumultos y chispazos y de los varios motines que precedieron de lejos a la revolución francesa, declara punto por punto la calamidad inminente, anuncia la interna descomposición que hoy vemos de la naciente democracia americana, y tiene por ineficaz todo remedio que no sea volver a entrar, gobernantes y gobernados, por las vías del santo temor de Dios: filosofía eterna aunque carezca vulgar y de viejas, porque ¿qué cosa más vieja y vulgar que la verdad? Escribíase esto en 1775.

¿Pero bastará cualquier especie de religión para refrenar el contagio, bastará la religión formada o reformada a gusto y arbitrio de los gobernantes y como ramo de policía? ¡Error insigne; la religión no es suplemento de las Bastillas y de la gendarmería! Esas religiones oficiales se resuelven siempre en la incredulidad y en deísmo privado. Quien, transformando el orden jerárquico, somete la Iglesia al Estado, como hicieron los protestantes, deja solo un simulacro de religión estéril y vacío. Por eso todas las sectas reformadas, ya lo nota con perspicua sagacidad el padre Ceballos, van caminando a toda prisa al racionalismo, aunque la fórmula oficial permanezca íntegra, como en Inglaterra y en Ginebra.

Sin Dios no hay ley; sin ley no cabe sociedad ni humanidad; una doctrina como la de Helvetius, que pone en el interés y en el deleite las fuentes de toda acción justa, niega de raíz el derecho natural y disipa el derecho positivo. Esta es la tesis de una larga disertación del padre Ceballos sobre los fundamentos de la legislación, basados en lo justo esencial, de quien es participación, comunicación o mandato la ley impresa en nuestra alma por el Hacedor, la cual sirve de modelo y norma a todas las leyes humanas en lo que tienen de rectas y conformes a honestidad. Error es creer que el derecho natural se limita al fuero humano y no se alarga más de los lindes de esta vida, como si, quitando a la ley la sanción de la vida futura, no se truncase a la jurisprudencia de su parte más noble, que es el sumo bien del hombre.

Algo flaquea el padre Ceballos en las disertaciones subsiguientes así por el método como por la sustancia, y hubiera acertado en suprimirlas, a lo menos la que trata de la cuestión de tortura en juicios criminales y aun la del derecho de guerra en lo que se refiere al alquiler militar de los suizos. Además de pequeñas y secundarias, son siempre odiosas tales disquisiciones, y en una apología de la religión, odiosísimas amén de impertinentes. Para rebatir las teorías penales del abuelo de Manzoni, para defender el derecho de castigar y la pena de muerte, no era preciso extremar tanto el intento contrario. Tampoco se ve la necesidad ni la justicia de atribuir universalmente a los filósofos impíos la doctrina del tiranicidio y regicidio, que rechazan muchos de ellos, especialmente los del siglo XVIII, fervorosos conservadores y muy partidarios de la autoridad, cuanto más de la vida, de los reyes. Mucho se hubiera asombrado el chambelán Voltaire de que se tomasen por mínimas políticas los apóstrofes retóricos que él puso en Bruto o en *La muerte de César*. Más que los reyes (casi todos de su bando), eran los pueblos cristianos, y más que los pueblos, la Iglesia, lo que les estorbaba a los reformadores del siglo XVIII. Tuvo, con todo, esta disertación del padre Ceballos profético cumplimiento en la sangre expiatoria de Luis XVI.

Con hermosos colores describe nuestro apologista el cuadro de una sociedad católica, donde los supremos imperantes ni son tímidos ni temibles y los pueblos ni temen ni dan que temer: ventaja independiente de cualquier forma de gobierno cuando la ciudad de mundo se funda en el amor de Dios y del prójimo, y no en el torpe egoísmo y en la utilidad privada, bastantes a depravar el régimen exteriormente más perfecto, al paso que la caridad puede sanar y perfeccionar hasta el gobierno despótico, convirtiéndole en autoridad paterna, que a tanto alcanza la santa, interna y gloriosa instauración del derecho traída por el cristianismo, el cual hizo libre a la misma servidumbre, sin distinción de climas, ni de razas, ni de repúblicas y monarquías. No está ligada al norte la libertad, ni al sur la dependencia, dice nuestro autor, contradiciendo a Montesquieu.

El gobierno moderado y suave es el que más conviene al espíritu del Evangelio, y por eso el padre Ceballos, que ve en las sagradas Letras grandes ejemplos contra el despotismo fatalista y ateo, se inclina a la monarquía templada, como el gobierno de menores inconvenientes, confirmando su tesis con la historia y las leyes de España, cuyos derechos de conquista sobre el Nuevo Mundo establece y prueba en una robusta apología.

Hasta aquí llegaba el fácil y sereno curso de *La falsa filosofía*, con universal aplauso de los católicos, que agotaron en pocos meses dos ediciones del primer volumen, cuando el Poder público creyó necesario detenerle como obra perjudicial al orden de cosas establecido en tiempo de Carlos III, y sobre todo a las regalías de su majestad. Ciertamente que al padre Ceballos no le parecían bien, y en su tomo sexto procura precaver a los príncipes de la funesta manía de meterse a pontífices y reformadores, anunciando muy a las claras el propósito de tratar más de cerca la materia en tomos sucesivos.

Además, había hecho acres censuras de dos libros entonces venerados como divinos y que todo jurisconsulto ponía sobre su cabeza: el *Espíritu de las leyes* y el *Tratado de los delitos y de las penas*.[369] Esto bastó para que, en obsequio a la libertad científica, se prohibiese al padre Ceballos seguir escribiendo, por más que él, como sintiendo acercarse el nublado, había procurado abroquelarse con una cortesana y lisonjera dedicatoria a Campomanes. Los primeros tomos parecieron bien al conde y a los suyos; nadie puso reparo mientras la pendencia fue con Espinosa, con Hobbes o con Bayle, pero desde el cuarto tomo empezaron a ver muy claro[370] que la bandera que les parecía amiga o neutral era bandera de guerra. Nada bastó para vengar las regalías de su majestad. Se fiscalizaron las conversaciones del padre Ceballos y las cartas que escribía a sus hermanos de religión de Guadalupe y de El Escorial, se le quiso complicar en un proceso, y por fin se le negó la licencia para el séptimo tomo. Se avistó con Carlos III: todo en vano. Desesperado del imprimir el resto de la obra en Castilla, hizo muchos años después, en 1800, dos viajes a Lisboa, y allí publicó un volumen más, pero tan raro, que jamás he podido verle ni sé de ningún bibliófilo que lo posea. Pasaron algunos ejemplares la frontera, pero el regente de la Audiencia de Sevilla los

---

369 Había sido traducido al castellano por don Juan Antonio de las Casas (Madrid 1774). Se prohibió por edicto de 20 de junio de 1777. También se tradujo la *Ciencia de la Legislación*, de Filangieri (Madrid 1787), siendo el intérprete don Jayme Rubio. Fue igualmente prohibida en 7 de marzo de 1790, aunque Llorente tomó con mucho calor su defensa (*Histoire critique de l'Inquisition*, tomo 1, página 485).

370 En un papel que corrió manuscrito contra Floridablanca, intitulado *El bachiller Porras: cuadros históricos y morales de la España reformada*, hay algunas noticias de la persecución del padre Ceballos.

recogió a mano real e hizo información sobre el caso. Tantos sinsabores aceleraron la muerte del padre Ceballos, acaecida en 1 de marzo de 1802. Dicen que Voltaire alcanzó a leer los primeros tomos de *La falsa filosofía* y que no habló del autor con la misma insolente mofa que solía emplear con sus adversarios. En sus obras no recuerdo que le mencione jamás. Sus discípulos de por acá encontraron más cómodo amordazar al padre Ceballos que responderle.

Dos escritos suyos han sido salvados en estos últimos años de la oscuridad en que yacían, pero ninguno de ellos iguala a *La falsa filosofía* ni bastará a dar idea del mérito del padre Ceballos a quien solo por ellos le conozca. Es el primero el *Juicio final de Voltaire*,[371] especie la alegoría satírica, compuesta en los cinco meses que siguieron a la muerte del patriarca de Ferney, a quien juzgan y sentencian en los infiernos Luciano, Sócrates, Epicuro, Virgilio y Lucrecio. La empresa de juzgar a Voltaire, y de juzgarle entre burlas y veras, requería sobre todo talento literario y gracia de estilo, precisamente las cualidades de que andaba más ayuno el ilustre pensador jeronimiano. Sus chistes son chistes de refectorio o tienen algo de soñoliento y de forzado. Tampoco escoge bien los puntos de ataque e insiste mucho en pueriles acusaciones de plagio. ¿Quién le inspiraría la maligna idea de lidiar irónicamente contra el rey de la ironía y de la sátira?

El otro libro es la *Insania o demencias de los filósofos confundidas por la sabiduría de la cruz*,[372] especie de compendio popular de *La falsa filosofía*, escrito en forma de *Cartas de Demócrito a Sofía*, como si el autor se hubiera propuesto, sobre todo, precaver a las mujeres del contagio de la impiedad y del libertinaje. Las violencias del estilo en estas obras del padre Ceballos son extraordinarias y feroces, y a veces grotescas y de pésimo gusto. *Ne quid nimis.*

---

371 *Juicio final de Voltaire con su historia civil y literaria y el resultado de su filosofía en la funesta revolución de Europa.* Escrito por el Viajero de Lémmos (fray Fernando Ceballos). Le da a luz don León Carbonero y Sol (Sevilla 1856; se publicó por primera vez en la revista titulada *La Cruz*).

372 *Insania, o las demencias de los filósofos confundidas por la sabiduría de la cruz.* Obra inédita del M. reverendo padre fray Fernando de Cevallos, autor de *La falsa filosofía, crimen de Estado*; la publica don León Carbonero y Sol, director de *La Cruz*... Madrid, Imprenta de don Antonio Pérez Dubrull... (1878), 4.º, XLVI + 321 páginas. Preceden unos *Apuntes bibliográficos*, escritos por don Juan J. Bueno; varios documentos para la vida del padre Ceballos, y un catálogo de sus obras.

Sírvale de disculpa que escribió en años turbulentos, achacoso y perseguido, sobreexcitada su imaginación meridional con el espectáculo de la revolución francesa, y, como no tenía la elocuencia de José de Maistre y vivía en tiempos en que toda corrupción literaria había llegado a su colmo, algo se le ha de perdonar de sus resabios gerundianos y del galicismo cursi que afea a trechos estas últimas producciones suyas, tan lejanas de la noble austeridad de *La falsa filosofía*.

El afán de las empresas enciclopédicas fue carácter común en los hombres más señalados del siglo XVIII. Cegábales el ejemplo, de Diderot y D'Alembert, y venían a empeñarse en obras inmensas, inasequibles a las fuerzas de un solo hombre, y que por lo regular quedaban muy a los principios. Cuando esta ambición recaía en espíritus ligeros y superficiales, engendraba compendios y libros de tocador. Cuando los autores eran nombres serios y de muchas letras, trazaban planes cuya sola enunciación asusta, y se ponían a desarrollarlos en muchos y abultados volúmenes, hasta que la vida o la paciencia les faltaban. Ni acertaban a limitarse ni a fijar un asunto concreto; todo lo querían abarcar y reducir a sistema. No se hacía la historia de tal o cual literatura particular, sino que se investigaban, al modo del abate Andrés, los orígenes y progresos de toda literatura, tomada esta palabra en su acepción latísima, es decir, comprendiendo todos los monumentos escritos, aunque no fuesen de índole estética. Si alguien se limitaba a su propia nación, era para incluir en la historia de la literatura la de todas las actividades humanas, hasta la táctica militar y la construcción de navíos y el arte de tejer el cáñamo, o para llenar cinco o seis volúmenes con indagaciones sobre la cultura de las razas prehistóricas de España, como hicieron los padres Mohedanos. Otros con nada menos se contentaban que con trazar la *Idea del universo* o la *Historia del hombre*, como lo hizo en más de veinte volúmenes el doctísimo Hervás y Panduro, que a lo menos fue digno de tener tan altos pensamientos, puesto que supo más que otro hombre alguno del siglo XVIII y hasta adivinó y creó ciencias nuevas.

Casi tan vasta en el plan como la *Idea del universo*, aunque muy inferior en tesoros de erudición y doctrina, es la obra que con el título de *Dios y la natu-*

raleza, compendio histórico, natural y político del universo,[373] publicó en 1780 y en los años siguientes el canónigo gallego don Juan Francisco de Castro, de honroso recuerdo entre nuestros jurisconsultos por sus *Discursos críticos sobre las leyes y sus intérpretes* (libro que influyó mucho en la difusión del estudio del derecho nacional y en la reforma de los métodos) y de buena memoria en su país natal de Lugo como promovedor de la industria popular y de las mejoras económicas.

Sin combatir directamente las teorías heterodoxas como el padre Ceballos, se propuso, a manera de antídoto, desarrollar con toda amplitud el argumento de las causas finales por el espectáculo físico y moral del universo. Explica los principios del orden en el mundo intelectual, la teoría de hombre, la oposición y unión de la materia y del espíritu, las consecuencias del pecado original, y de aquí procede a la descripción de entrambos mundos, el físico y el moral, entrelazando y comparando sus leyes. Diez tomos llegaron a imprimirse; uno más se conserva manuscrito en Galicia; pero la obra llevaba camino de crecer *in immensum*, puesto que abarcaba, además, de la filosofía, todos los pormenores de la historia natural y civil y la exposición de la religión, leyes, costumbres y ceremonias de todas las razas, desde las más cultas hasta las más bárbaras. Bien puede exclamarse aquí con el poeta: «Yo amo al que desea lo imposible». Para alcanzar la perfecta demostración del principio del orden en el mundo no era preciso descender a tales menudencias, y en esto, como en todo, mostró talento filosófico muy superior al de Castro el sevillano don Antonio Xavier Pérez y López, autor de un libro muy original por la forma (tomando esta palabra forma en el sentido más alto, esto es, como una singular manera de concebir, encadenar y exponer la doctrina), que autorizó a su autor para llamarle *Nuevo sistema filosófico*. Y, en efecto; aunque la idea capital y madre del sistema, la idea de poner el orden esencial de la naturaleza por fundamento de la moral y de la política, sea viejísima y venga a reducirse en último término al procedimiento de la *Teología natural* o *Liber creaturarum*, de Sabunde, de cuyo prólogo

---

373 *Dios y la naturaleza. Compendio histórico, natural y político del universo, en que se demuestra la existencia de Dios y se refiere la historia natural y civil, la religión, leyes y costumbres de las naciones antiguas y modernas más conocidas del orbe.* Madrid, por don Joachín Ibarra (1780-1781 y siguientes). Diez tomos 4.º

hay evidentes huellas en el *Discurso preliminar*, de Pérez y López,[374] tampoco ha de negarse que éste hizo propia esa concepción armónica, exponiéndola, de una manera ceñida y rigurosamente sistemática, con el método geométrico, que entonces privaba tanto, y con mucha novedad en los pormenores y en la manera de hilar y deducir unos de otros los razonamientos, no sin fuerte influencia de la *Teodicea*, de Leibnitz, y de varios escritos de Wolf.[375] En algún pasaje, olvidándose el autor de su ontología armonista, propende a un tradicionalismo que hoy diríamos mitigado, más próximo al del padre Ventura que al de Bonald. Pero nunca pierde de vista su favorito principio sabundiano: «El orbe es el gran código de la ley natural donde están grabados los fines de Dios y de las cosas creadas». Apartemos el desorden producido por la primitiva corrupción de la naturaleza humana; fijémonos en la instauración del orden traída por el beneficio de Cristo, y veremos con claridad el orden metafísico, el orden físico y el orden moral, donde las leyes, obligaciones y derechos radican. Tal es la tesis de este sustancioso libro, que en trescientas páginas no cabales compendia la filosofía así especulativa como práctica.

Pero, entre todos nuestros filósofos del siglo XVIII, ninguno igualó en erudición, solidez y aplomo al insigne médico aragonés don Andrés Piquer. En él fue inmensa la copia de doctrina; varia, amena y bien digerida la lectura; elegante con sencillez, modesto el estilo y firmísimo el juicio; de tal suerte, que en él pareció renacer el espíritu de Vives. Ni los prestigios de la antigüedad ni los halagos de la innovación le sedujeron; antes que encadenarse al imperio de la moda, escogió filosofar por cuenta propia, leyendo y analizando toda suerte de

---

374 Así v. gr., dice Sabunde: *Istum mundum visibilem dedit Deus tanquam librum infalsificabilem... ad demonstrandam homini sapientiam et doctrinam sibi necessariam ad salutem.* Y dice Pérez y López: «Si el espectáculo de la naturaleza... es bueno para manifestar la esencia y atributos de Dios, ¿por qué no ha de serlo para mostrar su voluntad divina, conocida por la propia naturaleza?». Así se prolonga, a distancia de tres siglos, la tradición de la ciencia española, hasta con sus exageraciones aventureras.

375 *Principios del orden esencial de la naturaleza, establecidos por fundamentos de la moral y política y por prueba de la religión. Nuevo sistema filosófico*. Su autor don Antonio Xavier Pérez y López, del claustro y gremio de la Real Universidad de Sevilla en el de Sagrados Cánones, su diputado en la Corte, abogado del colegio de ella e individuo de la Real Academia de Buenas Letras de dicha ciudad... Madrid, en la imprenta Real: Año de 1785. 4.º, XXVIII + 300 páginas. Don Federico de Castro, catedrático de la Universidad de Sevilla, publicó un estudio sobre este libro en la *Revista de la Universidad de Madrid*.

filosofías, probándolo todo y reteniendo solo lo bueno, conforme a la sentencia del Apóstol, eligiendo de los mejores lo mejor, y trayéndolo todo, las riquezas de la erudición, las joyas de la experiencia, las flores de la amena literatura, a los pies de la verdad católica. Fue ecléctico en el método, pero jamás se le ocurrió hacer coro con los gárrulos despreciadores de la escolástica. Al contrario, de ella tomó lo sustancial y útil, desechando solamente las cuestiones ociosas y enriqueciéndolo todo con el fruto de los nuevos estudios después de bien cernido y cribado. Unos le llamaron innovador, otros retrógrado, y él prosiguió su camino, inmensamente superior a todos. Quien quiera conocer lo mejor de nuestra ciencia del siglo XVIII y cuánto y cuán vergonzosamente hemos retrocedido después, lea sus obras filosóficas, y hasta las de medicina. Su edición del texto griego de algunos tratados de Hipócrates y su traducción del mismo aun han merecido en nuestros días los elogios de Littré juez competentísimo en la materia. Pero todavía valen más su *Lógica*, aristotélica en el fondo, y en ella el tratado sobre las causas de los errores; su *Filosofía moral*, y en ella el tratado de las pasiones; su *Discurso sobre el mecanismo*, verdadero preservativo no solo contra las teorías materialistas, sino contra todo sistema fantástico que en cuestiones de física contradiga al método de observación, y, finalmente, su *Discurso sobre el uso de la lógica en la teología* y el *De la aplicación de la filosofía a los asuntos de religión*, hermosísima muestra del religioso, sencillo y sano temple de alma de su autor (*vis bonus philosophandi peritus*), que, con saber todo lo que se sabía en su tiempo así de filosofía como de ciencias naturales y haber leído cuanto había que leer, desde los primitivos fragmentos de la filosofía griega hasta el último libro de Rousseau o D'Alembert, y con haber pasado el resto de su vida en las salas de disección y en las academias de Medicina, jamás dudó, ni vaciló, ni se inquietó en las cosas de fe, ni se rindió en lo más leve al contagio enciclopedista precisamente porque era sabio, muy sabio: *pleniores haustus ad religionem reducere*. ¡Hermoso ejemplo de serenidad y alteza de espíritu! Cuando se pasa de los libros de la escuela volteriana a los suyos, parece que el ánimo se ensancha y como que se siente una impresión de frescura, placidez y rectitud moral, que nos transporta a los mejores tiempos de la antigua sabiduría o a los nuestros del siglo XVI. Aunque no hizo Piquer apologías directas de la religión, debe recordársele aquí por lo acendrado del espíritu cristiano que informa su filosofía y porque en repetidas ocasiones y de todas maneras inculcó a los jóvenes aquella sentencia del Apóstol: *Videte ne quis vos decipiat per philosophiam et inanem fallaciam.*[376] ¿Y qué fue, en suma, toda la obra filosófica de Piquer, tan amplia, tan sesuda y tan varia, sino una gloriosa tentativa de eclecticismo erudito a la luz de las tradiciones científicas nacionales, un retoñar de la prudente crítica vivista, no matadora, sino reformadora de la escolástica; un cuerpo de ciencia sólida, íntegra, profundamente cristiana, sin timideces ni escrúpulos ñoños, acaudalada con los despojos de toda filosofía y con los maravillosos descubrimientos de las ciencias físicas e históricas, que son progresivas por su índole misma; ciencia, finalmente seria, y de primera mano, aprendida en las fuentes y rigurosa en el método, antítesis en todo de la superficialidad y de la falsa ciencia que desde el tiempo del padre Feijoo, aunque no por culpa del padre Feijoo, venía invadiéndonos?

Discípulo y secuaz de Piquer y continuador de su filosofía en muchas cosas, aunque en otras disienta, fue su sobrino don Juan Pablo Forner, que, además de la afinidad de sangre, tiene con él parentesco de ideas muy estrecho. Forner, aunque malogrado a la temprana edad de cuarenta y un años, fue varón sapientísimo, de inmensa doctrina al decir de Quintana, que por las ideas no debía admirarle mucho; prosista fecundo, vigoroso, contundente y desenfadado, cuyo desgarro nativo y de buena ley atrae y enamora; poeta satírico de grandes alientos, si bien duro y bronco; jurisconsulto reformador, dialéctico implacable, temible controversista y, finalmente, defensor y restaurador de la antigua cultura española y caudillo, predecesor y maestro de todos los que después hemos trabajado en la misma empresa. En él, como en su tío, vive el espíritu de la ciencia española, y uno y otro son eclécticos; pero lo que Piquer hace como

---

376 *Lógica de don Andrés Piquer, médico de cámara de su majestad.* Madrid, 1781, por don Joaquín de Ibarra.
—*Philosofía moral para la juventud española,* compuesta por el doctor don Andrés Piquer... Tercera edición. Madrid, 1787, en la oficina de Benito Cano. Dos tomos, 4.º
—*Discurso de don Andrés Piquer... sobre el sistema del mecanismo,* Madrid, por Ibarra, 1768.
—*Discurso sobre la aplicación de la filosofía a los asuntos de religión...* Tercera edición. Madrid, en la Imprenta de la Administración del Real Arbitrio de Beneficencia, 1805. (De todos estos libros hay multiplicadas ediciones: la noticia más extensa de la vida y escritos de Piquer es la que precede a sus *Obras póstumas,* publicadas por su hijo don Juan Crisóstomo en 1785.)

dogmático, lo lleva a la arena Forner, escritor polémico, hombre de acción y de combate.[377] No ha dejado ninguna construcción acabada, ningún tratado didáctico, sino controversias, apologías, refutaciones, ensayos, diatribas, como quien pasó la vida sobre las armas, en acecho de literatos chirles y ebenes o de filósofos transpirenaicos. Su índole irascible, su genio batallador, aventurero y proceloso, le arrastraron a malgastar mucho ingenio en estériles escaramuzas, cometiendo verdaderas y sangrientas injusticias, que, si no son indicios de alma torva, porque la suya era en el fondo recta y buena, denuncian aspereza increíble, desahogo brutal, pesimismo desalentado o temperamento bilioso, cosas todas nada a propósito para ganarle general estimación en su tiempo, aunque hoy merezcan perdón o disculpa relativa. Porque es de saber que en las polémicas de Forner, hasta en las más desalmadas y virulentas (*El asno erudito, Los gramáticos chinos, Carta de Bartolo, Carta de Varas, Suplemento al artículo Trigueros*, etc.), hay siempre algo que hace simpático al autor en medio de sus arrojos y temeridades de estudiante, y algo también que sobrevive a todas aquellas estériles riñas de plazuela con Iriarte, Trigueros, Huerta o Sánchez, y es el macizo saber, el agudo ingenio, el estilo franco y despreocupado del autor, el hirviente tropel de sus ideas y, sobre todo, su amor entrañable, fervoroso y filial a los hombres y a las cosas de la antigua España, cuyos teólogos y filósofos conocía más minuciosamente que ningún otro escritor de entonces. No dejaba por eso de participar de algunas de las preocupaciones dominantes, sobre todo del regalismo, que entendía a la manera vieja, y de que hay larga muestra

---

377 Una biografía extensa y bien hecha de Forner podría encerrar toda la historia literaria de su tiempo. Entre tanto consúltese su *Elogio*... leído en la junta general extraordinaria de la Real Academia de Derecho español y Público de Madrid, por don Joaquín María Sotelo, el 23 de mayo de 1797. Todavía no se ha hecho colección de los escritos de Forner, y algunos de los mejores y más extensos yacen manuscritos en la Biblioteca Nacional de Madrid, donde se guarda el magnífico ejemplar de sus *Obras inéditas*, en siete tomos en folio, que regaló el autor al Príncipe de la Paz. Otros corrieron impresos anónimos o seudónimos, y es hoy difícil reunirlos. Don Luis Villanueva, poseedor de muchos de sus papeles, comenzó a publicar una edición de todos ellos en 1841, pero no pasó del primer tomo. Después se han impreso todas las poesías y algunas obras en prosa, especialmente la curiosísima sátira *Exequias de la lengua castellana*, en el tomo 2 de la colección de *Poetas líricos del siglo XVIII*, magistralmente ordenada por don Leopoldo Augusto de Cueto (*Biblioteca de autores españoles*), que reunió al frente de ellas innumerables noticias sobre Forner.

en sus doctas *Observaciones* (inéditas todavía) a la *Historia universal*, del ex jesuita Borrego, a quien tacha de haber dilatado en demasía los términos de la potestad eclesiástica, sobre todo al tratar de la célebre declaración del clero galicano, y de haber menoscabado los fundamentos del recurso de fuerza. Y bien da a entender su biógrafo Sotelo que la energía, fuerza y solidez con que defendió los derechos de la autoridad civil fueron los principales méritos que llevaron a Forner en edad tan temprana a la fiscalía del Consejo de Castilla. Pero fuera de esta mácula, de que nadie se libró entonces, Forner, enemigo de todo resto de barbarie y partidario de toda reforma justa y de la corrección de todo abuso, como lo prueba el admirable libro que dejó inédito sobre la perplejidad de la tortura y sobre otras corruptelas introducidas en el derecho penal, fue, como filósofo, el enemigo más acérrimo de las ideas del siglo XVIII, que él no se cansa de llamar «siglo de ensayos, siglo de diccionarios, siglo de diarios, siglo de impiedad, siglo hablador, siglo charlatán, siglo ostentador», en vez de los pomposos títulos de «siglo de la razón, siglo de las luces y siglo de la filosofía» que le daban sus más entusiastas hijos.

Contra ellos se levanta la protesta de Forner más enérgica que ninguna; protesta contra la corrupción de la lengua castellana, dándola ya por muerta y celebrando sus exequias; protesta contra la literatura prosaica y fría y la corrección académica y enteca de los Iriartes; protesta contra el periodismo y la literatura chapucera, contra los economistas filántropos, que a toda hora gritan: «humanidad, beneficencia», y protesta, sobre todo, contra las flores y los frutos de la Enciclopedia. Su mismo aislamiento, su dureza algo brutal en medio de aquella literatura desmazalada y tibia, le hacen interesante, ora resista, ora provoque. Es un gladiador literario de otros tiempos, extraviado en una sociedad de petimetres y de abates; un lógico de las antiguas aulas, recio de voz, de pulmones y de brazo, intemperante y procaz, propenso a abusar de su fuerza, como quien tiene conciencia de ella, y capaz de defender de Sol a Sol tesis y conclusiones públicas contra todo el que se le ponga delante. En el siglo de las elegancias de salón, tal hombre, aun en España, tenía que asfixiarse.

Entonces se entraba en la república literaria con un tomo de madrigales o de anacreónticas. Forner, estudiante todavía, no entró, sino que forzó las puertas con dos o tres sátiras atroces, tan atroces como injustas, contra Iriarte y otros, y, después de varios mojicones literarios dados y recibidos y de una verdadera inundación de papeles polémicos que cayeron como plebe de langosta sobre el campo de nuestras letras, llegó a imponerse por el terror, y aprovechó un instante de tregua para lanzar contra los enciclopedistas franceses su *Oración apologética por la España y su mérito literario*.[378]

Era entonces moda entre los extraños, no sin que los secundasen algunos españoles mal avenidos con el antiguo régimen, decir horrores de la antigua España, de su catolicismo y de su ciencia. Ya no se contentaban con atribuirnos el haber llevado a todas partes la corrupción del gusto literario, el énfasis, la hipérbole y la sutileza, como sostuvieron en Italia los abates Tiraboschi y Bettinelli, a quien brillantemente respondieron nuestros jesuitas Serrano, Andrés, Lampillas y Masdéu, sino que se adelantaban a negarnos en las edades pretéritas toda cultura, buena o mala, y aun todo uso de la racionalidad. Así, un geógrafo oscuro, Mr. Masson de Morvilliers, preguntó en el artículo *Espagne*, de la *Enciclopedia metódica*: ¿Qué se debe a España? Y después de dos siglos, después de cuatro, después de diez, ¿qué ha hecho por Europa?

A tan insultante reto contestaron un extranjero, el abate Denina, historiador italiano refugiado en la corte de Federico II de Prusia, y un español, el abate Cavanilles (insigne botánico), en ciertas *Observations... sur l'article «Espagne» de la Nouvelle Encyclopédie*, que imprimió en París en 1784.

Forner tomó en su apología nuevo rumbo, y, partiendo del principio de que solo las ciencias útiles y que se encaminan a la felicidad humana, tomada esta expresión en el sentido de la ética espiritualista y cristiana, merecen loor a sus cultivadores, y que no las vanas teorías, ni los arbitrarios sistemas, ni la creación de fantásticos mundos intelectuales, ni menos el espíritu de insubordinación y revuelta y el desacato contra las cosas santas deben traerse por testimonio del alto grado de civilización de un pueblo, sino antes bien de su degradación y ruina, probó maravillosamente y con varonil elocuencia que, si era verdad que la ciencia española no había engendrado, como la de otras partes, un batallón de osados sofistas contra Dios y su Cristo, había elaborado, entre las nieblas

---

378 *Oración apologética por la España y su mérito literario* para que sirva de exornación al discurso leído por el abate Denina en la Academia de Ciencias de Berlín, respondiendo a la cuestión «¿Qué se debe a España?», por don Juan Pablo Forner. Madrid en la imprenta Real, 1786. XVIII + 228 páginas + 86 páginas de *Contestación al discurso* 112 de *El Censor*, + 44 páginas con el texto original del *Discurso* del abate Denina, al cual precede nueva portada.

de la Edad media, la legislación más sabia y asombrosa, había ensanchado en el Renacimiento los límites del mundo, había impreso la primera *Poliglota* y el primer texto griego del *Nuevo Testamento*, había producido en Luis Vives y en Melchor Cano los primeros y más sólidos reformadores del método en teología y en filosofía del lenguaje, había derramado la luz del cristianismo hasta los últimos confines de la tierra, ganando para la civilización mucha más tierra que la que conocieron o pudieron imaginar los antiguos; había descrito por primera vez la naturaleza americana y había traído, con Laguna, Villalobos, Mercado y Solano de Luque, el bálsamo de vida y de salud para muchas dolencias humanas; cosas todas tan dignas, por lo menos, de agradecimiento y de alabanza como el haber dado cuna a soñadores despiertos o a audaces demoledores del orden moral. «Vivimos en el siglo de los oráculos —dice Forner—; la audaz y vana verbosidad de una tropa de sofistas ultramontanos, que han introducido el nuevo y cómodo arte de hablar de todo por su capricho, de tal suerte ha ganado la inclinación del servil rebaño de los escritores comunes, que apenas se ven ya sino infelices remendadores de aquella despótica revolución con que, poco doctos en lo íntimo de las ciencias, hablaron de todas antojadizamente los Rousseau, los Voltaire y los Helvecios... Tal es lo que hoy se llama filosofía; imperios, leyes, estatutos, religiones, ritos, dogmas, doctrinas..., son atropellados inicuamente en las sofísticas declaraciones de una turba a quien con descrédito de lo respetable del hombre, se aplica el de filósofos.»

Para salvarse de tan espantosa anarquía y desbarajuste intelectual, Forner, enemigo jurado de los enciclopedistas y asimismo poco satisfecho con el método cartesiano ni con el optimismo de Leibnitz, retrocede a Luis Vives y a Bacon, y encuentra en su crítica y en el método de inducción la piedra de todo conocimiento. «¿Qué saben todavía los filósofos del íntimo artificio de la naturaleza? Sus principios constitutivos se esconden siempre en el pozo de Demócrito..., y no debe contarse por ciencia lo opinable, lo incierto, lo hipotético.» El *ars nesciendi* es la gran sabiduría. ¡Qué gran filósofo el filósofo de Valencia que le proclamó. El entusiasmo de Forner por él no tiene límites, y estalla en apóstrofes elocuentes, no exentos de algún resabio de declaración, que recuerda los elogios de Thomas, entonces tan de moda, sobre todo el *Elogio de Descartes*. Así y todo, no se ha hecho de Luis Vives juicio mejor ni más sustancioso y nutrido que el que hace Forner; apenas tiene dos páginas, y hay en él todos los gérmenes de un libro.

No faltaron españoles que atacasen la *Oración apologética*, unos (los más), por torcida voluntad contra el autor o agriados con él por anteriores polémicas; otros, por espíritu enciclopedístico y aversión a las cosas de España. De estos últimos fue *El Censor* en su discurso 113, y de ellos también el autor anónimo de las *Cartas de un español residente en París a su hermano residente en Madrid sobre la Oración apologética* (Madrid 1788); opúsculo que se atribuye a uno de los Iriartes, consistiendo todo el nervio de su argumentación contra España en desestimar la teología y todas las ciencias eclesiásticas, la metafísica y cuanto Forner elogiaba como ciencias que no influyen derechamente en la prosperidad del Estado, al revés de la historia natural, la química, la mineralogía, la anatomía, la geografía y la veterinaria, que son, en concepto del anónimo impugnador, positivista rabioso, los únicos estudios serios. La cuestión del mérito literario de España, entonces como ahora, ocultaba diferencias más hondas, diferencias de doctrina, y era mucho más de lo que parece en la corteza. No es dado a ojos materialistas alcanzar el mérito de una civilización toda cristiana desde la raíz hasta las hojas.

A ambos impugnadores satisfizo Forner, desenmascarándolos y yendo derechamente al fondo de la cuestión, así en un apéndice contra *El Censor*, unido a la *Oración apologética*, como en otra réplica que llamó *Pasatiempo*. Hizo más: comprendió que era llegada la hora de atacar de frente a los maestros de la vergonzante impiedad de por acá, y publicó en 1787 sus *Discursos filosóficos sobre el hombre*,[379] donde hay que distinguir cuidadosamente dos partes: los *Discursos* mismos, que están en verso y vienen a constituir una especie de poema didáctico al modo del *Ensayo sobre el hombre*, de Pope, o de la *Ley natural*, de Voltaire, y las *Ilustraciones*, que son mucho más extensas, importantes y eruditas que los *Discursos*. Obras éstas de la primera juventud del autor, se resienten de dureza y sequedad más que todos sus restantes versos; el razonamiento ahoga y mata la espontaneidad lírica, como sucede en casi todos los poemas didácticos, género híbrido y desastroso; y es tal la aridez y falta de color poético de estos *Discursos*, que semejan sediento páramo, donde

---

[379] *Discursos filosóficos sobre el hombre*, de don Juan Pablo Forner. En Madrid, en la Imprenta Real, 1787. XVI + 398 páginas.

ni crece un arbusto ni se descubre un hilo de agua corriente. Con todo, en la dedicatoria al varón virtuoso y en otros pasajes, la firmeza de las ideas alienta y da calor al estilo.

Aunque los *Discursos* y las *Ilustraciones,* como escritos en diversos tiempos, no forman cuerpo de doctrina, sino más bien una serie de disertaciones sin más enlace que el propósito común, todavía puede sacarse de ellos enlazada serie de proposiciones, que se dan mucho la mano con el sistema del *Orden esencial,* de Pérez y López:

1.º El hombre, en cuanto racional, no entra en la ordenación puramente física de la naturaleza material, sino que obra libremente y tiene un orden peculiar suyo, que consiste en la recta constitución y ponderación de sus facultades intelectuales y morales.

2.º El fin de las obras de este orden es Dios, y, si Él no existiera, las obras humanas carecerían de finalidad, quedando baldíos y frustrados en su incesante anhelo el entendimiento y la voluntad.

3.º El orden del universo tiene por finalidad el orden del hombre; pero el orden del hombre está corrompido, como lo prueba la rebeldía de las pasiones y el abuso de la voluntad.

4.º Para restituir el orden primitivo, la infinita bondad perfeccionó la ley natural con la religión revelada.

Las *Ilustraciones,* escritas con mucho brío, como toda la prosa de Forner, son tesoro de erudición filosófica, sobre todo de erudición filosófica española. No solo Luis Vives, principal maestro de Forner, sino Raimundo Lulio, Sabunde, Gómez Pereira y sus impugnadores, Francisco Vallés y muchos escolásticos, vienen a corroborar sus opiniones, juntamente con los filósofos de la antigüedad citados en sus originales griegos. Lo mismo se observa en otro excelente libro suyo, que tituló *Preservativo contra el ateísmo* (1795), donde recuerda y admirablemente expone la profunda doctrina del padre Gabriel Vázquez, reproducida por Leibnitz, acerca del constitutivo esencial de la moralidad, que radica no en la voluntad divina, sino en la propia esencia de Dios.

Era tal la aversión de Forner a la filosofía francesa, que llegó a trazar el croquis de un poema satírico en verso y prosa, especie de sátira *menipea,* burlándose del *Contrato social,* y más aún de las teorías de los condillaquistas sobre la palabra y de aquel primitivo estado salvaje en que el hombre, por no haber inventado todavía la palabra,

> ... ... siendo racional no razonaba,
> y con entendimiento no entendía,
> que así su ser el hombre ejercitaba.
> Rousseau lo afirma, que lo vio, a fe mía,
> y trató a dos salvajes que le hablaron,
> aunque él dice que nadie hablar sabía.

¡Lástima que de este poema tan en la cuerda del autor no queden más que rasguños sueltos! Proponíase que el teatro de la fábula fuese una isla desierta, regida en paz y justicia por la ley natural, hasta que llegaban a ella, arrojados por una tempestad, varios filósofos y sabios, que en poco tiempo la corrompían, perturbaban y hacían infeliz, con sus sistemas preñados de gérmenes de discordia.[380]

Tal fue este ingenio independiente y austero, tan enemigo de las utopías filosóficas como de las sociales, español de pura casta, en quien el espectáculo de la revolución francesa y el dogma de la soberanía nacional y de la justicia revolucionaria no hicieron mella sino para execrarlos en los viriles versos del canto de *La paz*. Ya en 1795 vio proféticamente que el cesarismo era el término forzoso de la demagogia desbocada:

> Libre llamas la tierra en sangre roja,
> libre a ti porque matas, porque gimes;
> buscas la libertad entre cenizas,
> y libre tú a ti mismo te esclavizas.
> Que no, no ha visto el Sol desde que ufano
> los anchos horizontes pinta y dora,
> un pueblo de sí mismo soberano,
> aunque afecte potencia engañadora.
> No bien se ajusta a la inexperta mano

---

[380] Véase los retazos que quedan de este poema en el tomo 2 de *Poetas líricos del siglo XVIII*, página 341.

arduo timón de corpulenta prora,
fantástico poder tal vez le engríe
y ensalza a un Sila que le oprime y ríe.

El *Sila* anunciado por nuestro poeta fue Napoleón.

La intolerancia oficial, que había atajado la voz del padre Ceballos, borró del canto de *La paz* las octavas en que se aludía a la infiel sofistería y prohibió la representación de una comedia de Forner intitulada *El Ateísta*.

Quizá esta misma intolerancia fue causa de que no pasaran del cuarto tomo, con pérdida grande para nuestra ciencia, los *Desengaños filosóficos*[381] [382] del doctor don Vicente Fernández Valcarce (así se firma él, por más que la forma ordinaria del apellido sea Valcárcel), canónigo y luego deán de la santa iglesia de Palencia; aunque el autor, temiendo tal fracaso, había procurado escudarse con la protección de Floridablanca, dedicándole su libro, al modo que el padre Ceballos había dirigido el suyo a Campomanes, y Pereira su *Theodicea* al conde

---

[381] *Desengaños filosóficos* que, en obsequio de la verdad, de la religión y de la patria, da al público el doctor don Vicente Fernández Valcarce, canónigo de la santa iglesia de Palencia. Con licencia, en Madrid. Año de 1787. Por don Blas Román. Tomo 1, página VI + 252.
—Tomo 2 (1788), XXVI + 608.
—Tomo 3 (1790), XXII + 554.
—Tomo 4 (1797), XXIV + 523.
¡Qué abandono el de nuestro país! No existe ninguna biografía del doctor Valcárcel, con haber sido uno de los pensadores más insignes del siglo XVIII, y hasta se ignoran su patria, el año de su nacimiento y el de su muerte.

[382] En la primera edición de esta obra me lamentaba de no haber encontrado ninguna biografía del doctor Valcárcel, ni siquiera noticia exacta de su patria, ni del año de su nacimiento, ni del de su muerte. Hoy no puedo decir lo mismo gracias al curioso artículo publicado en *La Propaganda Católica*, de Palencia (27 de febrero de 1897), por don Matías Vielva. De él resulta que don Vicente Fernández Valcárcel nació en Palencia el 4 de abril de 1723 y fue bautizado diez días después en la parroquia de san Miguel: que fue beneficiado en Medina de Rioseco y cura en varios pueblos del arzobispado de Toledo, penitenciario de la Real Capilla y predicador de su majestad en 1761, canónigo presentado en Granada, y luego de Palencia en 1786, y, finalmente, deán de esta última catedral en 1796. Falleció en 28 de enero de 1798, y yace en la capilla de san Sebastián, de aquella iglesia mayor, al lado del evangelio. El autógrafo de su obra, que no pasa de los cuatro tomos impresos, se conserva en la biblioteca capitular de Palencia. Otros detalles interesantes para la biografía de Valcárcel, pero que no caben en esta nota, consigna en su artículo el señor Vielva.

de Aranda. El doctor Valcárcel no era ciertamente hombre de tan varia y clásica erudición como Forner, pero se había nutrido con la medula de león de la filosofía escolástica, y, aunque escribía mal, pensaba con aplomo y firmeza, y en la disección de las opiniones contrarias era penetrante y sagacísimo. En alguna parte he leído que Valcárcel confundió a los antiescolásticos con los incrédulos. No hay tal confusión, sino que Valcárcel se remontó a la fuente y al escondido manantial de las turbias aguas del enciclopedismo, y empezó por llamar a juicio y residencia a Descartes, y después de él a Malebranche, a Locke y a Leibnitz. La originalidad de su libro estriba precisamente en la impugnación de los principios cartesianos, donde descubre los opuestos gérmenes del idealismo y del materialismo. No ha ido más lejos ni ha profundizado más ninguno de los restauradores modernos de la escolástica. Descartes, al decir del doctor Valcárcel, sembró los gérmenes de toda duda con la suya metódica, abandonó el estudio de las causas finales, al mismo paso que con su ocasionalismo llenó el mundo de milagros; partió en dos el ser humano, y tuvo que recurrir a un prodigio continuo para explicar la armonía operaciones del compuesto; con la doctrina de la subjetividad de las cualidades sensibles, que atribuimos a la materia, abrió la puerta al idealismo de Berkeley, y tuvo que recurrir a la certeza del testimonio divino para probar la existencia de los cuerpos; con negar el alma de las bestias y con hacer dependientes del mecanismo todas las acciones vitales, dio argumentos a los materialistas. El entimema claudica por su base o es una petición de principio. Descartes confundió el ser con el conocer y el pensamiento con la esencia del alma, y esta confusión ha trascendido a toda su filosofía, dentro de la cual nadie probará con evidentes razones que el pensamiento y la materia extensa sean términos antitéticos, teniendo en esto Locke razón contra los cartesianos. Y no le pasma poco a Valcárcel que ensalzasen tanto el nombre de Descartes, como apóstol de nueva filosofía, los que no habían dejado en pie ni una sola palabra de su física y de su metafísica; contradicción que aún dura, y que hace de la gloria de Descartes una gloria negativa, fundada principalmente en el espíritu racionalista que informa lo que apenas puede llamarse su doctrina.

Pensador no menos agudo y sutil se muestra el deán de Palencia en la crítica del ontologismo iluminado de Malebranche, que él gradúa de hermano gemelo del espinosismo, y en la del sensualismo lockiano, que llama superficial y vulgar filosofía, la cual ronda el castillo de la metafísica y nunca llega a penetrar en él, porque ve solo una partecilla del entendimiento humano y no se atreve a levantar los ojos de la tierra. El resto de los *Desengaños filosóficos* se compone de disertaciones sueltas, ya sobre la tolerancia religiosa, ya sobre la distinción que pretenden establecer los nuevos filósofos, a modo de precaución oratoria, entre la verdad teológica y la filosófica; ya sobre milagros y revelaciones, agüeros, profecías, artes divinatorias, éxtasis y raptos, posesión demoníaca y aparecidos, pluralidad de mundos, martirio voluntario, institutos monásticos, vida eremítica y solitaria, salvación del alma del emperador Trajano e historia de los siete durmientes, todo ello muy a la larga, con hartas puerilidades, nimia credulidad y desorden inaudito, pero con chispazos de talento en medio de tan incongruente fárrago. El autor tenía pésimo gusto; era de los que, para asentar verdades como el puño, ponen en escuadrón tres o cuatro testimonios de Marco Tulio, de Séneca o de san Pablo, y además se había propuesto hacer entrar a viva fuerza en su libro todo lo que sabía, siquiera fuese arrastrado por las greñas. Triste cosa es que tan a menudo anden divorciados el saber filosófico y la amenidad literaria; de donde resulta ser los filósofos hoscos e intratables, y los literatos, insípidos y ayunos de ideas y de sustancia. Como quiera, haría muy señalado servicio el que quitase a los *Desengaños filosóficos* esa corteza pedantesca y reimprimiese, limpios de repeticiones y en orden menos anárquico, los discursos puramente críticos y los que se refieren a la moral y al derecho de gentes, especialmente la impugnación del sistema de Puffendorf. ¡Lástima que no llegase a publicar la disertación sobre el *Método*, que tantas veces anuncia, y que hubiera sido una nueva impugnación del cartesianismo y una nueva apología de la escolástica!

Suple en parte su falta, y aun no deja grandes deseos de leer otra, la que en seis gruesos volúmenes trabajó, por los años de 1792, el franciscano fray Joseph de san Pedro de Alcántara Castro,[383] lector de Teología y padre grave en su Orden, como que llegó a provincial y definidor general de ella. Su libro es uno de esos libros excelentes y llenos de sólida doctrina y de especies útiles, pero que es imposible leer seguidos sin un poderosísimo y aun heroico esfuerzo

---

383 *Apología de la theología escholástica*. Obra póstuma del R. M. padre fray Joseph de Alcántara Castro, lector de theología, secretario general de la Orden de san Francisco, provincial que fue de la de san Pablo y elector definidor general por nuestro santísimo padre Pío VI. Dedicada al excelentísimo y reverendísimo padre fray Joaquín Company, ministro general de la misma Orden, a nombre de la provincia de san Pablo, por su secretario,

de voluntad. Eso sí deja apurada la materia, pero su estilo mazorral, inculto y erizado de cardos, más que de un teólogo condecorado, parece de un zafio sayagués, criado entre villanos de hacha y capellina. Quien lea con paciencia encontrará como yo he encontrado, perlas en aquel fango, y frutos en aquel zarzal espesísimo, que recuerda los peores tiempos de la escolástica, no solo por la barbarie continua y el desaseo inaudito del estilo, sino por el menosprecio que el autor afecta de las letras humanas, de la filología oriental, de la física moderna y de todo estudio que salga fuera de los lindes del Peripato. Llevar la defensa a tales extremos era perniciosísimo, era dar la razón a todos los impugnadores de la escolástica y atrasar o más bien hacer imposible la legítima reforma del método. El padre Castro probó, y probó muy bien y con erudición extraordinaria, que muchos escolásticos, así antiguos como modernos, habían sido peritísimos en las lenguas griega y hebrea. Pues si eso sabía, ¿por qué puso tanto conato en retraer de él a los teólogos de su tiempo, como cosa de mero lujo y no necesaria para la cabal inteligencia de las Escrituras? ¿Por qué reproduciendo añejas aprensiones del hipocondríaco León de Castro, mil veces refutadas por los hebraizantes, se obstinó en defender como probable que los judíos habían alterado los códices hebreos de la Escritura en odio a Cristo, cuando precisamente la conservación y trasmisión inmaculada del *Antiguo Testamento* en la sinagoga vierte, por altísimos juicios de Dios, a corroborar la autoridad de los sagrados textos, convirtiendo a los judíos por tantas y tantas edades en bibliotecarios nuestros? ¿A qué traer a cuenta los puntos vocales de los Masoretas, como si implicasen corrupción o mudanza en el texto? Y si los escolásticos, aun en los tiempos más ásperos e incultos, leyeron con cuidadosa diligencia los padres latinos y lo que alcanzaban de los griegos para certificarse de la tradición dogmática, ¿para qué apartar directa o indirectamente de tan saludables y copiosos manantiales a los teólogos del siglo XVIII, que precisamente por las nuevas exigencias de la patrística, de la exegesis y de la controversia debían revolver con diurna y nocturna mano tales libros? Semejantes trabajos anacrónicos dañan más que aprovechan, y duele ver comprometida

---

comisionado y editor fray Bartholomé de las Llagas Astudillo, lector de Theología. Con licencia. Segovia; Imprenta de Espinosa, 1796. Seis tomos en 4.º; el último se imprimió en 1797. Fue obra póstuma. El autor, cuyo retrato va al frente, había fallecido en 8 de marzo de 1792.

tan buena causa como la que emprendió defender el padre Castro, y afeada tan enorme erudición como la que rebosa en su ingente alegato con tales resabios de goticismo y de rudeza. Así, escribiendo tan mal, aunque se supiese tanto, despreciando a carga cerrada los experimentos, la historia y las lenguas, y llamando, v. gr., cosillas de modernos al descubrimiento de la circulación de la sangre, se atrasó hasta nuestros días la reivindicación de la escolástica, se dejó cargarse de aparente razón a todos los que hablaban del estiércol y de la hediondez del Peripato, prevaleció el vulgar error de que los teólogos eran gente sin Escritura, sin padres y sin concilios, y por fin y postre de todo, la admirable y única ontología de los escolásticos, su cosmología, su lógica, su moral, toda aquella ciencia tan de veras, pero tan mal expuesta y tan mal defendida por apologistas como el padre Castro, se vio menospreciada y desierta, mientras que la juventud iba miserablemente a llenarse de vanidad y de ligereza sensualista en los compendios de Condillac y Desttut-Tracy o a aprender en Voltaire truhanerías y bufonadas. De esta manera vinieron a ser contraproducentes muchos libros, o nacieron muertos, entre ellos la misma *Apología*, de que voy hablando, victoriosa, sin embargo, y contundente en casi todo lo que es filosofía pura y monumento de inmenso saber y de labor hercúlea.[384]

Entre estos atletas de la escolástica decadente ha de contarse, en primer término, a par de Valcárcel y del padre Castro, al insigne tomista sevillano fray Francisco Alvarado, de la Orden de santo Domingo, que años adelante alcanzó en la controversia política alto y no disputado renombre, llamándose en sus peleas con los constitucionales de Cádiz el *Filósofo Rancio*. Pero ya en su juventud, hacia 1787, había dado hermosa muestra de su ciencia filosófica y del gracejo de su estilo en las *Cartas de Aristóteles*,[385] donde molió y trituró

---

384 De muy distinto modo defendió la escolástica el sabio jesuita catalán padre Juan Bautista Gener en su *Scholastica vindicata, seu dissertatio historico-chronologico-critico-apologetica pro Theologia Scholastica vel speculatrice* (Génova 1766).

385 *Cartas filosóficas que, bajo el supuesto nombre de Aristóteles, escribió el reverendísimo padre maestro fray Francisco Alvarado, conocido ya comúnmente por el Filósofo Rancio*, en las que demuestra la insubsistencia y futilidad de la filosofía moderna para el conocimiento de la naturaleza, su oposición con los dogmas de nuestra santa religión, sus perniciosas doctrinas contra las buenas costumbres y su influencia en el trastorno de los gobiernos legítimos. Las da a luz... el reverendísimo vicario general, del Orden de santo Domingo. Con licencia. Madrid, Imprenta de E. Aguado, 1825.

como cibera a los débiles partidarios que en Sevilla comenzaba a tener la nueva filosofía ecléctico sensualista del Genovesi y de Verney. Los nombres de estos adversarios del padre Alvarado no constan en sus cartas, y, a la verdad, poco se pierde, pues debían de ser hombres ignorantísimos, a juzgar por los enormes lapsus, no ya de filosofía, sino de latinidad elemental, en que los coge el *Filósofo Rancio*. ¡También era donosa idea la de los tales filósofos: clamar contra la barbarie de la escuela en un latín atestado de solecismos! Puede, con todo eso, rastrearse por algunos indicios que uno de sus novadores, el más conspicuo de ellos, era el padre Manuel Gil, de los Clérigos Menores, famoso predicador, a quien llamaban Pico de Oro; fraile inquieto y revolvedor, que años después aparece complicado en la conspiración del marino Malaspina y de la marquesa de Matallana contra el Príncipe de la Paz.

Pero séanse los tales Barbadiñistas quienes fueren, lo cierto es que en cabeza suya asestó el padre Alvarado golpes certeros y terribles al llamado eclecticismo, que venía a ser un sensualismo vergonzante; puso de manifiesto la inanidad de juicio propio y el ningún plan ni propósito con que no ecléctica, sino sincréticamente, se habían barajado en las lógicas de Genovesi y de Verney mil especies contradictorias, producto de vagas y no bien asimiladas lecturas, y cuán inútil empeño era querer sustituir ese confuso miscuglio de ideas cartesianas, baconistas, leibnizianas, malebranchianas y lockistas, hija cada cual de su padre y siempre mal avenidas al fuerte y vividero organismo de la lógica de Aristóteles. El padre Alvarado escogió admirablemente los puntos de ataque, redujo al silencio a sus émulos desde las primeras cartas, volvió al redil tomista a mucha oveja descarriada y se hizo leer hasta de los indiferentes con chistes, cuentos y ocurrencias, en que, a su modo, solía ser felicísimo. Nadie le negará donaire, aunque no sea gracia ática y de la mejor ley, sino donaire entre frailuno y andaluz, algo chocarrero y no muy culto, desmesurado sobre todo, hasta rayar en prolijidad y fastidio. Echar a puñados la sal nunca da buena sazón a los manjares. Así y todo, en estas *Cartas aristotélicas* hay menos desentonos chabacanos y menos groserías de dicción que en las cartas políticas, y a veces la ironía es fina y de buen temple.

Aunque impresas estas *Cartas* por primera vez en la fecha indicada, estaban escritas desde 1787. Son diecinueve, pero el autor pensó escribir algunas más, que no parecen

Por poco escolástico que uno sea, llega a dar involuntariamente la razón al padre Alvarado, en medio de su exclusivismo tomista, y aun al padre Castro, con su herrumbre escotista y todo, cuando se repara en la mísera inopia de doctrina y de seso que caracteriza a los que por entonces se dieron a reformar la filosofía y los planes de enseñanza. Ejemplo señaladísimo de ello es el *Ensayo de Educación claustral*,[386] que en 1778 hizo salir de las prensas de Sancha un benedictino italiano llamado don Cesáreo Pozzi, abad de la Congregación de Monte Oliveto, el cual se hacía llamar profesor de matemáticas en la Sapienza de Roma, examinador de obispos, bibliotecario de la Biblioteca Imperial y correspondiente de las más célebres academias de Europa. Recibímosle muy bien, por esa confianza y generosa propensión que tenemos los españoles de honrar a todo extranjero que llega a nuestro país con fama de letras, y él nos pagó el hospedaje declamando largamente contra la barbarie de nuestros monjes y trazando programas para reformarla. Afortunadamente, le atajó los pasos el cosmógrafo mayor de Indias y elegantísimo historiador de ellas, don Juan Bautista Muñoz,[387] filósofo valenciano de la escuela de Piquer y consumado latinista, mostrando que el *Ensayo sobre la Educación claustral* era un centón zurcido de remiendos de Bielfeld, D'Aguesseau, Maupertuis, Helvetius, Rousseau, Warburton, Locke y de varios anónimos franceses que habían escrito de antropología y pedagogía con sentido materialista y fatalista, por donde, sin quererlo ni saberlo el buen examinador de obispos, sino solo por empeño de parecer varón leído y muy de su siglo, había llenado su libro de proposiciones heréticas, epicúreas y utilitarias. El efecto del *Juicio*, de Muñoz, fue admirable, tanto, que el padre Pozzi, corrido y avergonzado, huyó de España[388] y la Inquisición prohibió inmediatamente su libro.

---

386 *Saggio di educazione claustrale per li giovani, che entrano nei Noviziati Religiosi, acommodato alli tempi presenti...* di don Cesareo Pozzi, Abbate della Congregazione Benedettina di Monte Olivete, Professore di Mattemática nella Universitá della Sapienza di Roma, Esaminatore dei Vescovi, Bibliotecario della Biblioteca Imperiale.., Con licenza dei Superiori. In Madrid. Nella Stamperia di don Antonio de Sancha. Anno 1778. 4.º

387 *Juicio del Tratado de educación*, del M. R. D. Cesáreo Pozzi. Lo escribía por el honor de la literatura española don Juan Bautista Muñoz, cosmógrafo mayor de Indias. Madrid, 1778, Por don Joaquín Ibarra. 8.º, 153 páginas. Muñoz escribió además una oración latina, *De recto philosophiae recentis in Theologia usu* (Valencia 1767).

388 En Perpiñán publicó una réplica a Muñoz (1780) que no he llegado a ver.

No es de olvidar la parte que en este movimiento de resistencia tomaron algunos de los jesuitas deportados a Italia, aunque, por no haber escrito generalmente en lengua castellana, sus obras fueron menos conocidas aquí. El más infatigable de estos controversistas fue el padre Francisco Gustá barcelonés, que tradujo al italiano el opúsculo de Muñoz contra Pozzi[389] y un opúsculo francés rotulado *El testamento político de Voltaire*,[390] con muchas adiciones y escolios de su cosecha, y escribió además originalmente muchas obras, ya contra los filósofos ya contra los jansenistas, v. gr., las *Memorias de la revolución francesa*,[391] la *Influencia de los jansenistas en la revolución de Francia*,[392] los *Errores de Pedro Tamburini en sus prelecciones de ética cristiana*,[393] el *Espíritu del siglo XVIII*,[394] la *Respuesta a una cuestión sobre el juramento del clero francés*,[395] el *Antiguo proyecto de Bourg-Fontaine realizado por los modernos jansenistas*,[396] la *Respuesta de un párroco católico a las reflexiones democráticas del doctor Juan Tumiati*,[397] la *Vida del marqués de Pombal*,[398] el *Ensayo crítico teológico sobre los catecismos modernos*[399] y otras muchas, en

---

389 *Giudizio critico sul trattato di educazione Claustrale del reverendo padre Pozzi con aggiunte* (Florencia 1780).
390 Florencia, sin año.
391 *Memorie della revoluzione francese tanto politica che eclesiastica, e della gran parte che vi anno avuto i Giansenisti* (Asís 1793), por Octavio Sgariglia.
392 Es la misma obra anterior, más correcta. Se imprimió en Ferrara.
393 Foligno, por Tomassini (1791). Dos tomos, 8.º
394 Ferrara 1792.
395 *Risposta al quesito, qual giudizio debba formarsi delle persore che in paesi cattolici vogliono sostenere il giuramiento prescrito dall'asamblea nazionali di Francia.*
396 Venecia, por Francisco Andreola, 1800 (juntamente con la obra anterior).
397 Venecia 1799.
398 *Vita di Sebastiano Giusseppe di Carvalho e Melo, marchese di Pombal, conte di Oeyras, segretario di stato e primo ministro del Re di Portogallo don Giusseppe*, L. 1781. Cuatro tomos, 8.º
399 Foligno, Tomassini. 1793.
El padre Gustá escribió además otras obras, cuyo catálogo puede verse en la Biblioteca de escritores catalanes de Torres Amat (página 503).
Otros jesuitas publicaron también excelentes libros en que, de propósito o por incidencia, refutan alguna doctrina heterodoxa. Merecen citarse, sobre todo, el padre José Pons, que escribió *Dissertationes binae de intima et naturali humanarum actionum, ante omnem legem honestate atque inhonestate: necnon de inhonestarum actionum merito et impu-*

que fustiga valientemente a los enemigos de la Compañía, mostrando la oculta conjuración de regalistas, port-royalistas e incrédulos contra la Iglesia, fenómeno histórico de que hoy nadie duda, aunque también sea cierto que muchos de los que a él contribuyeron lo hacían sin plena conciencia de la causa y de los resultados.

El mismo espíritu predomina en las *Causas de la revolución francesa*, de Hervás y Panduro, encaminadas a demostrar que el menoscabo de la religión en Francia, comenzado por los sectarios de Port-Royal y coronado por los enciclopedistas, y manifiesto en hechos como el de la expulsión de los jesuitas, había traído por consecuencia forzosa la ruina de aquella monarquía, porque nunca subsisten los imperios cuando flaquea o queda vacilante el fundamento de la fe religiosa y cuando penetra toda carne la lepra social del escepticismo.

También el abate Masdéu, aunque claudicaba en el punto de regalías, fue antirrevolucionario fervoroso; así lo prueban su *Discurso al género humano contra la libertad e igualdad de la República francesa* y sus *Cartas a un republicano de Roma sobre el juramento de odio a la Monarquía*.[400]

---

tabilitate ad poenam (Bononiae, ex typographia S. Thomae Aquinatis, 1780, 8.º), hermosa defensa de los principios católicos del derecho natural contra Puffendorf y Wolfio; el padre Diosdado Caballero (mallorquín), que dejó inédito un libro sobre la posibilidad y certeza de los milagros probada contra los sofismas de David Hume; el padre Gallisá y Costa (catalán como el anterior), que dejó manuscritos unas *Observaciones sobre la Teodicea de Leibnitz*; el padre Meliá y Ribelles, que imprimió en Bolonia, en 1783, una vigorosa defensa del celibato eclesiástico, la cual inmediatamente se tradujo al castellano con el título de las *Excelencias de la virginidad evangélica, en tres libros* (Madrid, Benito Cano, 1790), y otros de que dan cuenta la Biblioteca jesuítica de los padres Backer y el Suplemento.

[400] Aunque escritas muchos años antes, no se publicaron estas obrillas hasta 1812 y 1814 en Valencia (Véase Torres Amat, 403).

El libro de Hervás, mucho más conocido, se rotula *Causas de la revolución de Francia y medios de que se han valido para efectuarla los enemigos de la religión y del Estado* (Madrid 1807), dos tomos en 4.º (Sin nombre de impresor, pero se sabe que le publicó medio clandestinamente el librero Sojo en las prensas de Villalpando o de Benito Cano.) Véase la monografía de don Fermín Caballero sobre la vida y escritos de Hervás, página 121 a 128, donde procura deshacer este embrollo bibliográfico.

En las obras de estos padres de la Compañía,[401] escritas en presencia de la inmensa hoguera que abrasa a Francia, amenazando devorar el resto de Europa, la controversia desciende ya del terreno especulativo al de lo que llaman política palpitante, no de otra suerte que los apologistas anteriores habían ido pasando, conforme lo pedían los tiempos, de las cuestiones metafísicas y cosmogónicas a las cuestiones de ética y de derecho natural, y de éstas a las postreras aplicaciones del derecho de gentes, reflejando fielmente en sus escritos todas las modificaciones y tormentas de la época. Así, v. gr., predomina el elemento político y antieconómico en el tratado de *La monarquía*,[402] que publicó en 1793 el arcediano de Segovia don Clemente Peñalosa y Zúñiga con pretensiones de imitar el *Espíritu de las leyes* en la disposición y en el modo, aunque el criterio sea muy distinto y, a decir verdad, algo abigarrado y confuso, siendo de aplaudir en el autor, más que otra cosa, su buen deseo de apuntalar el antiguo edificio. Dice un laborioso historiador de la economía política que *La monarquía* de Peñalosa no estaría muy poblada de economistas. Pequeño mal por cierto, si éstos habían de ser como los que por antonomasia llamamos así en España.[403]

Aunque los tratados apologéticos hasta aquí citados son los más notables bajo el aspecto científico y los más dignos de leerse, no fueron, con todo eso, los más populares y leídos por nuestros padres. Cupo tal honor a otros dos libros que podemos llamar de vulgarización amena, y que hoy mismo rara vez faltan en ninguna casa cristiana del antiguo régimen. Es el primero la *Armonía*

---

401 *La monarquía*, por don Clemente Peñalosa y Zúñiga Fernández de Velasco, arcediano titular de la S. L. de Segovia, caballero de la Real y Distinguida Orden española de Carlos III y de la Real Academia de san Fernando (Madrid 1793). 8.º mayor.

402 Aún pueden añadirse otras, v. gr., las del padre Rafael Nuix, que publicó en Asís, desde 1788 a 1797, *Orationes quinque Ad Romanos pro humanae republicae felicitate adversus incredulam saeculi XVIII philosophiam*.

403 *Armonía de la razón y de la religión*, o teología natural, obra escogida del padre don Teodoro de Almeida contra las absurdas opiniones de los filósofos del día. Este tratado particular sirve de, tomo 9, y es el complemento de la Recreación Filosófica. Madrid, 1798, en la Imprenta de la Rifa del Real Estudio de Medicina Práctica. 8.º, 368 páginas sin las preliminares. Hay muchas ediciones, entre ellas una reciente de la *Librería Religiosa*, de Barcelona.

de la razón y de la religión,⁴⁰⁴ o diálogos sobre la teología natural, compuestos en lengua portuguesa por el padre Teodoro de Almeida, del Oratorio de san Felipe Neri, de Lisboa, a quien no sin hipérbole han llamado el Feijoo portugués, escritor fecundísimo, fiel a la divisa de instruir deleitando, cuyas Recreaciones filosóficas contribuyeron, juntamente con el *Teatro crítico* y con el *Espectáculo de la naturaleza*, del abate Pluche, y con las *Reflexiones filosóficas*, de Sturm, a difundir entre los jóvenes y las mujeres y el vulgo no erudito de la Península una noticia más o menos superficial, más o menos razonada, de los fenómenos naturales y de los adelantos de la física experimental. Por tal manera, el padre Almeida, hombre cándido, modesto y virtuosísimo, vino a lograr extraordinaria fama, multiplicándose enormemente las ediciones de sus obras, que le dan derecho a figurar entre los más beneméritos propagadores de la general cultura, si bien nunca pasa de exponer con elegante perspicuidad observaciones y noticias muy comunes. Era tal el prestigio de su nombre, que hasta una especie de novela que compuso, intitulada *El hombre feliz independiente del mundo y de la naturaleza*, alcanzó, por dos o tres generaciones sucesivas, innumerables lectores (de fijo más que los que tenía Cervantes), y eso que, a pesar de su moralidad acrisolada, es obra tan soñolienta, lánguida y sin gracia, que solo, atendida la penuria de novelas españolas en el siglo XVIII y primera mitad del XIX, llega uno a comprender cómo pudieron hincarle el diente ni las mismas contemporáneas de Richardson, habituadas a los innumerables volúmenes de la Clarisa Harlowe y de la Pamela.

---

404 Merece ocupar también honroso lugar entre este género de apologistas el catalán don Francisco Javier Dorca (mucho más conocido por haber depurado con excelente crítica las noticias de los *Santos de Gerona* y otras memorias de aquella antigua iglesia). Escribió *Verdadera idea de la sociedad civil, gobierno y soberanía temporal* (1803), *Manual de reflexiones sobre la verdadera religión católica, o motivos de credibilidad* (1804), *Discurso en que se manifiesta que la potestad soberana la reciben los príncipes inmediatamente de Dios y no del pueblo* (1806), *Discurso sobre el primado del papa* (1802), Ídem sobre la potestad del obispo (1803) y otros varios tratados sobre las principales controversias de su tiempo. Ni debe omitirse tampoco el nombre de otro ilustre catalán, Benito Moxó y de Francolí, arzobispo de Charcas, víctima de la lealtad española en las turbulencias de la América del Sur (1816), el cual, entre otras elegantes disertaciones, publicó en Cervera, donde fue catedrático de letras humanas, una *De philosophia cum religione adversus sophistas atheos foederata* (1802), y antes otra *De vetustissimis philosophis ab atheismi crimine vindicandis* (1798).

En materias filosóficas, el padre Almeida, que comenzó a escribir en la primera mitad del siglo y que hasta cierto punto hereda el impulso del padre Tosca y de Feijoo, propende al cartesianismo y sigue a Descartes hasta en lo de negar el alma de los brutos. En los mismos diálogos de la *Armonía*, cuando trata de la distinción entre la materia y el espíritu y de sus constitutivos esenciales, descubre huellas evidentes de las *Meditaciones cartesianas*. Por lo demás, la *Armonía* es una teodicea popular, fácil, agradable y sencilla, en que se prueban con los argumentos más acomodados a la general comprensión la existencia de Dios, la ley natural, la espiritualidad e inmortalidad del alma, la necesidad de la revelación y del culto y los premios y castigos de la otra vida.

Todavía más famoso que el libro del padre Almeida fue el *Evangelio en triunfo*, de Olavide,[405] que hoy mismo conserva nombradía muy superior a su mérito por circunstancias no dependientes de éste. El autor era impío convertido, penitenciado por el Santo oficio, espectador y víctima de la revolución francesa. Sus extrañas fortunas hacían que unos le mirasen con asombro, otros con recelo, achacando el extraordinario y súbito cambio de sus ideas, unos, a propio interés y móviles mundanos; otros, a la dura lección del desengaño. Acertaban estos últimos, como luego lo mostró la vida penitente y austera de Olavide y su muerte cristianísima. Dios había visitado terriblemente aquella alma, que no se hubiera levantado sin un poderoso impulso de la gracia divina. Cada página del *Evangelio en triunfo*, libro, por otra parte, medianísimo, porque el talento del autor no alcanzaba a más, respira convicción y fe. Fue, sin duda, obra grata a los ojos de Dios, expiación de anteriores extravíos y buen ejemplo, que, por lo ruidoso de quien le daba, hizo honda impresión en el ánimo de muchos y trajo a puerto de salvación a otros infelices como el autor. Así debe juzgarse el *Evangelio en triunfo*: más como acto piadoso que como libro. Es la abjuración, la retractación pública y brillante de un impío, la reparación solemne de un pecado de escándalo. Todo esto vale harto más y es de más trascendencia social que hacer un buen libro. Imagínese el poder de tal ejemplo a fines del siglo XVIII y cuán hondamente debió resonar en las almas esa voz que salía de las cárceles del Terror adorando y bendiciendo lo que toda su vida había trabajado por

---

405 *El Evangelio en triumpho, o Historia de un filósofo convertido*. Tercera edición... En Valencia, en la Imprenta de Joseph de Orga, año 1798. Cuatro tomos que el primero, de XX + 416 páginas; el segundo, de 432; el tercero, de 404; el cuarto, de 394.

destruir. El éxito fue inmenso: en un solo año se hicieron tres ediciones de los cuatro voluminosos tomos del *Evangelio en triunfo.*

Con todo eso, la malicia de algunos espíritus suspicaces no dejó de cebarse en las intenciones del autor. Decían que exponía con mucha fuerza los argumentos de los incrédulos contra la divinidad de Jesucristo y la autenticidad de los libros santos que se mostraba frío y débil en la refutación. Algo de verdad hay en esto, pero por una razón que fácilmente se alcanza: Olavide había vuelto sinceramente a la fe, pero con la fe no había adquirido la ciencia teológica ni el talento de escritor, que nunca tuvo. Su lectura predilecta y continua por la mayor parte de su vida habían sido los libros de Voltaire y de los enciclopedistas; aquello lo conocía bien, y estaba muy al tanto de todas las objeciones. Pero en teología católica y en filosofía claudicaba, porque jamás las había estudiado, como él mismo confiesa, ni leído apenas libro alguno que tratase de ellas. Así es que su instrucción dogmática, a pesar de las buenas lecturas en que se empeñó después de su conversión, no pasaba de un nivel vulgarísimo, bueno para el simple creyente, pero no para el apologista de la religión contra los incrédulos. Además, como su talento, aunque lúcido y despierto, no se alzaba mucho de la medianía, tampoco pudo suplir con él lo que de ciencia le faltaba, así que resultaron flojas algunas partes de su *Apología,* si bien, a fuerza de sinceridad y firmeza y de ser tan burda la crítica religiosa de los volterianos, fácilmente suele conseguir el triunfo.

Literariamente, el libro de Olavide vale poco y está escrito medio en francés (como era de recelar, dadas sus lecturas favoritas y su larga residencia en París), no solo atestado de galicismos de frases y giros, sino de rasgos enfáticos y declamatorios de la peor escuela de entonces. El autor abusa de los recursos de sentimiento, cosa mala y ocasionada siempre, y más en una apología de la religión; así echó a perder Chateaubriand las suyas. Querer hacer cristianos por el sentimiento solo, es el peor de todos los caminos. Es cosa demasiado movediza, inestable y femenil el sentimiento y suele andar mezclado con harta liga para que sobre él pueda fundarse una creencia robusta y estable. Cuando se dan por demostraciones dogmáticas lágrimas y sollozos, la conversión queda en el aire, si Dios no lo remedia. Debe el sentimiento concurrir con todas las facultades humanas a recibir la luz de la fe que le ilustre y purifique, pero no usurpar el puesto que se debe a otras potencias de orden más alto.

De este pecado, no infrecuente en los apologistas franceses, adolece mucho el libro de Olavide, donde la preparación y demostración evangélicas están ahogadas en una especie de novela lacrimatoria, que tiene cierto interés autobiográfico, pero que daña al valor absoluto y a la seriedad del libro. Olavide debió escoger entre escribir una defensa de la religión o escribir sus propias *Confesiones*. Prefirió mezclar ambas cosas, y resultó una producción híbrida, de muy dudoso valor y perteneciente a un género que pasó de moda.

¡Cuán fresca y hermosa juventud conserva, por el contrario, el *Tratado teórico-práctico de enseñanza*, que en las cárceles de Bellver compuso Jovellanos[406] para la Sociedad Económica Mallorquina! Monumento insigne de pedagogía cristiana se ha llamado y debe llamarse a este tratado, nunca más oportuno que en el día de hoy, cuando una pedagogía pedantesca e intuitiva aspira a crear la escuela sin Dios para corromper desde la cuna a las generaciones futuras. Ya entonces apuntaba esa perversa tendencia, y Jovellanos acudió a neutralizarla, formando un plan en que el estudio de la religión y de la moral cristianas sigue y acompaña a los demás estudios en toda su duración y se enlaza y fortifica con todo género de ejercicios piadosos. Y al desarrollarle, si se quitan algunos resabios sensualistas sobre los signos y el lenguaje, o más bien tradicionalistas, con que forzosamente había de imprimir su sello aquella edad, nada se hallará en Jovellanos que desdiga de la más acendrada enseñanza católica, sino, antes bien, recias invectivas contra las novísimas teorías de ética y derecho natural, que suponen y reconocen derechos sin ley o norma que los establezca, y leyes sin legislador, sociedades sin jerarquía y perfecciones sociales inasequibles. Ni le satisfacen las secas enseñanzas y las fastuosas virtudes de la moral pagana ni puede resignarse a ver los preceptos éticos separados por un solo momento del catecismo. «Quisiéramos —dice— que la enseñanza de las virtudes morales se perfeccionase con esta luz divina que sobre sus principios derramó la doctrina de Jesucristo, sin la cual ninguna regla de conducta será constante, ninguna virtud verdadera y digna de un cristiano.»[407]

---

406 Véase en el cap. 1 de sus *Obras* (edición de Rivadeneyra), página 230 a 267.
407 Aunque Jovellanos no fue nunca del bando de los enciclopedistas, no puede negarse que en los años posteriores a su deportación se aclararon y rectificaron mucho sus ideas; no era ya el hombre que en el *Reglamento para el Colegio de Calatrava* recomendaba sin reparos el *Van-Espen* y el *Curso teológico lugdunense*. También, en cuanto al valor de la razón, modificó mucho sus opiniones; en el *Reglamento* dice que la razón pura y despreo-

También la poesía contribuyó a esta obra de resistencia ortodoxa por boca del mismo Jovellanos, de Forner y de algunos otros. ¿Qué son las epístolas a Bermudo y a Posidonio sino elocuentes manifiestos contra la falsa filosofía y contra la embriaguez y vanagloria de la ciencia humana?

Con menos fortuna, porque su talento era exigido, pero con buen deseo, lidiaron en el mismo palanque varios poetas mediocres y justamente olvidados, incapaces de resistir el empuje de la musa heterodoxa de Quintana. Solo por lo honrado de su propósito puede hacerse memoria del beneficiado de Carmona, don Cándido María Trigueros, escritor laboriosísimo y que tuvo todas las ambiciones literarias, nunca o rara vez coronadas por el éxito, pero sí acerbamente vapuleadas por el irascible Forner. Trigueros es autor de *El poeta filósofo o poesías filosóficas en verso pentámetro, cuyos asuntos son, entre otros, El hombre, La desesperación, La falsa libertad o el libertinismo*.[408] No puede darse cosa más abominable y prosaica; los llamados pentámetros son alejandrinos pareados a la francesa. ¡Gran progreso hacer retroceder nuestra métrica a la quaderna vía de Gonzalo de Berceo y al martilleo acompasado del mester de clerecía! Por entonces nadie siguió a Trigueros, pero como no hay extravagancia que no tenga eco, las parejas de alejandrinos han resucitado en nuestros días por torpe imitación francesa, sobre todo en Portugal, donde Antonio Feliciano del Castilho y su hijo y sus amigos los han vuelto a poner en moda.

Además de Trigueros, un don José Calvo de Irizábal, capitán de navío, escribió cierto *Poema en defensa de la religión*, que se conserva manuscrito entre los papeles de Jovellanos[409] y que, si no por el vigor poético, se distingue a lo menos por la violencia asperísima.

---

cupada es la única fuente de la ética y del derecho natural, y en el *Tratado teórico-práctico* la llama oscura y flaca, y restringe cuanto puede su esfera de acción.

408 *El poeta filósofo, o Poesías filosóficas en verso pentámetro*. Las da a luz, por amistad que profesa a su autor, don Juan Nepomuceno González de León, académico del número de la Real de Buenas Letras de Sevilla. Sevilla, año de 1774. En la Imprenta de Manuel Nicolás Vázquez. 4.º

409 Hoy los posee el marqués de Pidal.

Más digna de recuerdo es *La galiada o Francia revuelta*,[410] que compuso el célebre sainetista gaditano don Juan González del Castillo, rival en su género de don Ramón de la Cruz y maestro de Böhl de Faber. En su tiempo pasaba por republicano, y sin duda para sincerarse escribió *La galiada*, que, así y todo, pareció a muchos un modo indirecto de esparcir las mismas doctrinas que fingía anatematizar. El héroe de *La galiada* es Mirabeau, a quien se le aparecen las furias por la noche, conforme a la maquinaria de la epopeya clásica. Bastarán los dos primeros versos para dar idea del increíble y chistoso prosaísmo con que está escrita:

> Hay en Italia un sitio (según dicen)
> que los griegos llamaban el averno

El autor era hombre de bien, y no se atreve a asegurar que haya tal sitio, sino solo que lo dicen.

Y, sin embargo, Castillo era poeta no solo cómico, sino lírico, aunque desigual e incorrectísimo, y buena prueba es de ello, así como de la sinceridad de sus sentimientos antirrevolucionarios, su valiente e inspirada, aunque algo declamatoria, *Elegía a la injusta cuanto dolorosísima muerte de la constante heroína María Antonia de Lorena, reina de Francia, víctima inmolada en las aras de la impiedad, del fanatismo y de la anarquía*. Hay algo allí que no es poesía de escuela, y que sale del alma y retrata fielmente la generosa indignación que se apoderó de todos los ánimos nobles ante las iniquidades del tribunal revolucionario, afrenta del humano linaje:

> Sí porque de otro modo, ¿cómo hubieran
> puesto esos monstruos sus nefarias manos
> en su reina infeliz? ¿Cómo pudieran
> marchitar, ¡oh gran Dios!, esos tiranos
> aquella rosa, honor del galo suelo;
> aquella estrella de su antiguo cielo?

---

410 Está en el tomo 2 de sus *Obras* (Sainetes de don Juan del Castillo con un discurso sobre este género de composiciones, y por don Adolfo de Castro. Cádiz, Imprenta de la *Revista Médica*... 1846), páginas 267 a 282.

almas crueles, ¿es esa a quien ceñisteis la corona?
¿A esos pies ofrecisteis los laureles?
¿Quién hizo a una gavilla de asesinos
árbitros de la ley, jueces del trono?
¿Quién creó un tribunal de libertinos
do vota la impiedad, dicta el encono?

En otros géneros de amena literatura se distinguieron, por la pureza del sentido moral, algunos escritores valencianos, especialmente el jesuita don Juan Bautista Colomés, que escribió en lengua francesa un diálogo lucianesco, imitación de la Almoneda de vidas, del satírico de Samosata, con el título de *Les philosophes al encant* (Los filósofos en pública subasta),[411] sátira más ingeniosa que amarga de los sistemas del siglo XVIII, y el franciscano fray Vicente Martínez Colomer, autor de varias novelas morales del género del padre Almeida y Montegón, entre las cuales recuerdo el Valdemaro y el Impío por vanidad. Y es digno de apuntarse aquí por lo extraño del caso, que a este fraile tan católico se debió la primera traducción del René de Chateaubriand, padre y dogmatizador de toda una literatura pesimista y malsana, de misántropos no comprendidos.

Cerremos este cuadro de la literatura católica y apologética del siglo XVIII, hoy sepultada en densas nieblas por el odio de los sectarios, como lo está la del XIX, trayendo a la memoria los nombres de algunos oradores sagrados, que difundieron por todos los ámbitos de la Península la luz de la cristiana enseñanza y acosaron sin tregua al renovado anticristianismo de Celso, de Porfirio y de Juliano. Pongamos ante todos a fray Diego de Cádiz, misionero capuchino (1743, 1801) y varón verdaderamente apostólico, cuyo proceso de beatificación está muy adelantado. Él fue en un siglo incrédulo algo de lo que habían sido san Vicente Ferrer en el siglo XV y el Venerable Juan de Ávila, apóstol de Andalucía, en el XVI. Desde entonces acá, palabra más elocuente y encendida no ha sonado en los ámbitos de España. Los sermones y pláticas suyas que hoy leemos son letra muerta y no dan idea del maravilloso efecto que, no bajo las bóvedas de una iglesia, sino a la luz del mediodía, en una plaza pública o en un

---

411 La primera edición es de Parma (1793), 8.°, Imprenta de Carmiñani; la segunda lleva la falsa data de Cosmópoli (1796). Se tradujo al castellano (Madrid 1819. 8.°) con el mismo título, *Los filósofos en el encante* (sic).

campo inmenso, ante 30.000 o más espectadores, porque las ciudades se despoblaban y corrían en turbas a recibir de sus labios la divina palabra, producía con estilo vulgar, con frase desaseada, pero radiante de interna luz y calentada de interno fuego, aquel varón extraordinario, en quien todo predicaba: su voz de trueno, el extraño resplandor de sus ojos, su barba, blanca como la nieve; su hábito y su cuerpo amojamado y seco. ¿Qué le importaban a tal hombre las retóricas del mundo, si nunca pensó en predicarse a sí mismo?

Para juzgar de los portentosos frutos de aquella elocuencia, que fueron tales como no los vio nunca el ágora de Atenas, ni el foro de Roma, ni el Parlamento inglés, basta acudir a la memoria y a la tradición de los ancianos. Ellos nos dirán que a la voz de fray Diego de Cádiz, a quien atribuyen hasta don de lenguas, se henchían los confesonarios, soltaba o devolvía el bandido su presa, rompía el adúltero los lazos de la carne, abominaba el blasfemo su prevaricación antigua y 10.000 oyentes rompían a un tiempo en lágrimas y sollozos. Quintana le oyó y quedó asombrado, y todavía en su vejez gustaba de recordar aquel asombro, según cuentan los que le conocieron. Y otro literato del mismo tiempo, académico ya difunto, hijo de Cádiz, como fray Diego, pero nada sospechoso de parcialidad, porque fue volteriano empedernido, traductor en sus mocedades del *Ensayo*, del barón de Holbach, sobre las preocupaciones, y hombre que en su edad madura no juraba ni por Roma ni por Ginebra, don José Joaquín de Mora, en fin, ensalzaba en estos términos la elocuencia del nuevo apóstol de Andalucía:

> Yo vi aquel fervoroso capuchino,
> timbre de Cádiz, que con voz sonora,
> al blasfemo, al ladrón, al asesino,
> fulminaba sentencia aterradora.
> Vi en sus miradas resplandor divino,
> con que angustiaba el alma pecadora,
> y diez mil compungidos penitentes
> estallaron en lágrimas ardientes.
> Le vi clamar perdón al trono augusto,
> gritando humilde: «No lo merecemos»,
> y temblaban, cual leve flor de arbusto,

ladrones, asesinos y blasfemos;
y no reinaban más que horror y susto
de la anchurosa plaza en los extremos,
y en la escena que fue de impuro gozo
solo se oía un trémulo sollozo.[412]

Orador más popular, en todos los sentidos de la palabra, nunca le hubo, y aun puede decirse que fray Diego de Cádiz era todo un hombre del pueblo, así en sus sermones como en sus versos, digno de haber nacido en el siglo XIII y de haber andado entre los primeros hermanos de san Francisco.

Con el padre Cádiz compartió la gloria de misionero y le excedió mucho como escritor, porque era hombre más culto y literato, el capuchino fray Miguel Suárez, honra de esta ciudad de Santander, donde tuvo su cuna y de la cual tomó el apellido de religión. Su fama no ha llegado a nosotros tan intacta como la del padre Cádiz. A fray Miguel de Santander, obispo auxiliar de Zaragoza, protegido del arzobispo Arce y afrancesado luego por flaqueza o por voluntad, le perjudicaron sobremanera las vicisitudes políticas de los tiempos, y con ser él hombre de vida irreprensible y austerísima, vióse objeto de tremendas acusaciones de traición, de las cuales se defendió muy mal.[413]

---

412 *Poesías de don José Joaquín de Mora, individuo de número de la Real Academia española* (Madrid, Mellado, 1853, página 531). Falta una biografía completa de fray Diego de Cádiz. Véase, entretanto, la que se titula *El misionera capuchino*, compendio histórico de la vida del venerable siervo de Dios el M. reverendo padre fray Diego de Cádiz..., por el padre fray Serafín de Hardales... Real isla de León, por don Miguel Segovia, Año de 1840 (en 4.°).
El padre Cádiz murió del vómito negro en Ronda el 24 de marzo de 1801.

413 Véase (aunque más valiera que tales papeles hubiesen desaparecido de la faz de la tierra) *Nuevos documentos para continuar la historia de algunos famosos traidores refugiados en Francia*; Respuesta de fray Manuel Martínez mercedario calzado, a la carta que desde Montpellier le escribió el ilustrísimo señor Santander, obispo auxiliar de Zaragoza, y el Apéndice a la representación que don Francisco Amorós, «sois disant», consejero de Estado español, dirige a su majestad el rey don Fernando VII (Madrid, en la imprenta Real, año de 1815).
—*Apuntaciones para la apología formal de la conducta religiosa y política* del ilustrísimo señor don Miguel Suárez de Santander; *Respuesta de este ilustre prelado a otra muy irreverente y calumniosa que le escribió e imprimió en Madrid, en el año de 1815*, el padre fray Manuel Martínez, mercedario calzado. Año de 1817 (sin lugar; pero sé que se imprimió en Burdeos).

Juzgar al padre Santander como orador sagrado es empresa larga y no para este lugar. Quedan de él hasta once tomos de sermones, entre dogmáticos, morales y panegíricos, y ejercicios de sacerdotes y pláticas para religiosas, con otros opúsculos de menos cuenta, que por mucho tiempo han sido arsenal de los predicadores españoles. El primer tomo de este inmenso repertorio está destinado a probar, contra los incrédulos, la divinidad de la religión de Jesucristo, asunto nuevo en la oratoria sagrada española cuando el autor escribía y predicaba. Son materia de estos sermones, mucho más doctrinales que oratorios y semejantes a los que hoy se llaman en Francia conferencias, la existencia de Dios, la necesidad de la religión revelada, la divinidad de los *Evangelios*, la certidumbre de las profecías y de los milagros, la inmortalidad del alma, el pecado original y las causas y pretextos de la incredulidad. El tono es templado y de enseñanza, aunque no faltan felices movimientos oratorios.[414] El padre Santander escribía punto por punto sus sermones antes de predicarlos; de aquí que se eche de menos en ellos el calor y la vida que solo comunica la

---

El padre Santander, a quien los franceses nombraron obispo de Huesca y arzobispo de Sevilla, murió en Santa Cruz de Iguña el 2 de marzo de 1831. Los que le recuerdan se hacen lenguas de su extraordinaria virtud. Puede leerse una breve biografía de él en el tomo 51 de la *España sagrada* (página 17 a 20), que acaba de publicar la Real Academia de la Historia.

414 *Sermones dogmáticos* que escribía el ilustrísimo señor don fray Miguel de Santander, del consejo de su majestad, obispo amazonense, auxiliar gobernador y visitador general del arzobispado de Zaragoza. Para instrucción de los fieles y conversión de los incrédulos. Tomo primero (y único). Madrid, en la Imprenta de don José Collado, año de 1805.
Escribió además *Doctrinas y sermones para misión...* (Madrid, Imprenta de Collado, 1808; en el ejemplar que tengo a la vista hay tomos de 1803, Imprenta del real arbitrio de Beneficencia, lo cual prueba que algunos se reimprimieron varias veces, son cinco en todo.)
—*Sermones panegíricos de varios misterios, festividades y santos* (Madrid, imprentas de Villalpando y de la Viuda de Aznar, 1814; 3.ª edición). Dos tomos.
—*Ejercicios espirituales para los sacerdotes...*, 3.ª edición (Madrid, Imprenta de Collado, 1814). Dos tomos.
—*Ejercicios espirituales para las religiosas* (Madrid, por don Francisco Martínez Dávila, 1814).
A todo esto debe agregarse un tomo de *Cartas familiares* y *Opúsculos en prosa y verso*, que no he llegado a ver.

improvisación. Viven más como depósito de doctrina que como monumento de elocuencia.

También deben mencionarse, como protestas y gritos de alarma contra la creciente incredulidad, algunas pastorales de obispos, entre ellas las singularísimas del venerable prelado de Santander, don Rafael Tomás Menéndez de Luarca, portento de caridad, padre de los pobres y bienhechor grande de la tierra montañesa, digno de buena memoria en todo menos en sus escritos, que son, así los prosaicos como los poéticos, absolutamente ilegibles. A tal punto llega lo estrafalario, macarrónico y gerundiano de su estilo, que yo mismo, con ser montañés y preciarme de impertérrito leyente, nunca he podido llegar al cabo ni puedo dar razón sino de algunas páginas salteadas. Los títulos mismos bastan para hacer retroceder al más arrojado. Remedio ígneo, fumigatorio, fulminante, se rotula una de estas pastorales. Años adelante, y creciendo en él con la vejez el mal gusto, escribió un enorme poema filosófico, que debió constar de siete volúmenes, pero que, afortunadamente, quedó reducido a dos.[415] Viene a ser una refutación de las teorías enciclopédicas, pero no se publicó hasta 1814, y, por consiguiente, no entra en el período que historiamos. La portada tiene cincuenta renglones; baste el principio: El recíproco sin y con de Dios y de los hombres, buscado por medio de aloquios al mismo Dios... y reconocido del propio modo en lo que son el Sumo Ser y los otros seres, especialmente el hombre..., con los mejores arbitrios de pasar desde nuestro Todo-nada (nada doble) al que hemos de ser Nada-Todo.[416] Cualquiera diría que este título y el poema entero habían salido de la pluma de Sanz del Río o de Nicolás Salmerón.

---

415 *El reino de Dios y su justicia... exhortación que el obispo de Santander hacía a sus diocesanos... sobre guerrear, fuerte en la fe, las guerras del Señor, contra sus enemigos los franceses libres. Año de 1794.*
—*Mentidos arbitrios de felicidad preconizados por el gobierno español a fines del último reinado.*
—*Remedio fumigatorio, ígneo, fulminante, extremo, que el obispo de Santander procura... a los que hay en España enfermos, pestíferos, moribundos, víctimas de la infernal filosofía volteriana.*
Algunos de estos escritos se hallan reproducidos en los *Opúsculos cristiano-patrios...* del obispo de Santander (La Coruña 1812). Cuatro tomos en 4.º, cuya foliatura y señas bibliográficas son embrolladísimas.
416 Santander, Imprenta de Mendoza y Riesgo.

Capítulo IV. Tres heterodoxos españoles en la Francia revolucionaria. Otros heterodoxos extravagantes o que no han encontrado fácil cabida en la clasificación anterior

I. El teósofo Martínez Pascual. Su *Tratado de la reintegración de los seres*. La secta llamada de los «martinezistas». II. El «*theophilánthropo*» Andrés María Santa Cruz. Su *Culto de la humanidad*. III. El abate Marchena. Sus primeros escritos: su traducción de Lucrecio. Sus aventuras en Francia. Vida literaria y política de Marchena hasta su muerte. IV. Noticia de algunas «alumbradoo»: la beata Clara, la beata Dolores, la beata Isabel, de Villar del Águila. V. El cura de Esco. Adición: ¿Puede contarse entre los heterodoxos españoles al padre Lacunza?

I. El teósofo Martínez Pascual. Su Tratado de la reintegración de los seres. La secta llamada de los «martinezistas»

No serán peregrinos, para quien quiera que haya estudiado con atención el movimiento filosófico de las primeras décadas de este siglo y la especie de reacción antisensualista que en Francia se produjo, para venir a engendrar, de una parte, el espiritualismo ecléctico, y de otra, el tradicionalismo católico, el nombre y los escritos del teósofo Claudio de Saint Martin comúnmente llamado el filósofo desconocido, en cuyos escritos, de nebuloso y aéreo misticismo, se hallan los gérmenes de ciertas ideas sobre la revolución francesa y su ley providencial, sobre la culpa y la expiación y sobre los sacrificios, que poco después fueron desarrolladas con elocuencia de fuego y difundidas de gente en gente por el regio espíritu de José de Maistre.

La celebridad de Saint Martin vive, aún más que en sus oscuros libros, en los estudios que han dedicado a rehabilitar su memoria críticos tan elegantes e ingeniosos como Caro y Sainte-Beuve, y sobre todo en los extensos libros que primero Matter, el historiador del gnosticismo, y luego Franck, el expositor de la cábala, han dedicado a su doctrina, a los precedentes de ella, a sus maestros y a sus discípulos.[417]

---

417 *Saint Martin, le philosophe inconnu, sa vie et ses écrits*, son maître Martinez et leurs groupes, d'après des documents inédits, par M. Matter, conseiller honoraire de l'Université de France, ancien Inspecteur général des bibliothèques publiques, etc. París, Librairie Académique, Didier et Compagnie... 1862. 4.º
—*La Philosophie mystique en France a la fin du XVIII siècle*, Saint Martin et son maître

Saint Martin era algo más y algo menos que pensador y filósofo. No era cristiano, o lo era a su modo, y no afiliado en secta conocida; pero era místico, y con ser místico heterodoxo, no llegaba a panteísta, y se quedaba en el deísmo de su tiempo. La lectura de los libros del zapatero alemán del siglo XVI Jacobo Boehme le hizo teósofo, pero tampoco se paró en la teosofía, sino que llegó a la teurgia, pretendiendo comunicaciones inmediatas y directas con los seres sobrenaturales y luces y revelaciones extraordinarias.

En vano se quiere extirpar del humano espíritu la raíz de lo maravilloso; ¿quién la arrancará de cuajo? Derechas o torcidas, sus ramas buscan siempre el cielo. Cuando la demolición escéptica deja vacía de fe y de consuelos un alma, refúgiase ésta, si no es totalmente ruda, grosera y apegada a la materia, en cierto misticismo vago, en nieblas espiritualistas, y con más frecuencia aún en las ciencias ocultas y en las artes mágicas y vedadas. Cuando el aquejado de tan grave dolencia de incredulidad es todo un siglo, brotan en él como por encanto los seudoprofetas, los fingidores de milagros, los prestidigitadores científicos, los magnetizadores y nigromantes, los evocadores de espíritus los aventureros de longevidad portentosa, los intérpretes de las escondidas y misteriosas propiedades de piedras y plantas, los fisionomistas dotados del poder de la adivinación, los transmutadores de metales, los inventores de panaceas..., toda la turbamulta de personajes estrafalarios y grotescos, ora soñadores e ilusos, ora truhanes y buscavidas, que iluminaron con tan extraña luz los últimos años del siglo XVIII: Cagliostro, Casanova, Lavater, Swedemborg, Saint-Germain, los filaletas, Mesmer y otros innumerables, de cuyas influencias no se libertó la juventud de Goethe.

Saint Martin procedía de estos singulares conciliábulos, santuarios místicos o logias, cuya red se extendía por toda Europa; pero su alma generosa, cándida e inclinada al bien fue apartándole poco a poco de aquellas tenebrosidades y llevándole a los espacios serenos de la pura filosofía, que llegó a entrever en sus últimos libros, donde la tendencia cristiana y providencialista es manifiesta. Pero antes de llegar a este término, el futuro autor del *Ministerio del hombre-espíritu*, el que deshizo y trituró, en su controversia con Garat, la doctrina condillaquista de la influencia de los signos en la abstracción, el precursor de De Maistre en

---

Martinez Pasqualis, par Ad. Franck, membre de l'Institut, professeur au college de France. París, Germer Baillière, 1866. (De la Bibliothèque de Philosophie Contemporaine.)

las *Consideraciones filosóficas y religiosas sobre la revolución francesa*, había pasado por muchas y extraordinarias aventuras intelectuales, sometiéndose dócilmente al yugo de pietistas, reveladores y hierofantes muy inferiores a él, ora antiguos y olvidados, como Jacobo Boehme, ora contemporáneos suyos, como Martínez Pascual, a quien todos convienen en tener por su maestro. Saint Martin, militar joven, incrédulo ya a consecuencia de sus lecturas de Voltaire y Diderot, pero naturalmente inclinado a creer, ya fuese en Dios o en el demonio, y, por decirlo así hambriento de lo maravilloso, se hallaba de guarnición en Burdeos cuando varios oficiales amigos suyos le ofrecieron iniciarle en una logia o conventículo dirigida por un judaizante español de quien se contaban maravillas. Y Saint Martin se dejó llevar dócil a la escuela de los martinezistas.

El singular personaje que gobernaba aquella caverna debía ser, a no dudarlo, hombre de extraordinaria potencia intelectual y de fuerza de voluntad no menor, cual se requerían para fanatizar hasta el delirio a sus numerosos adeptos. A diferencia de otros taumaturgos, era desinteresado, lo cual contribuía a alejar toda sospecha y a acrecentar su crédito. Su biografía permanece envuelta en nieblas; unos le llaman español; otros, portugués; para nosotros, todo es uno, y además nadie fija el lugar de su nacimiento. El *Tratado de la reintegración de los seres* denuncia escaso conocimiento de la lengua francesa y está atestado de frases bárbaras, que lo mismo pueden ser castellanismos que lusismos. Era de familia judía, pero había recibido el bautismo, como todos los de su ralea que andaban por España; luego emigró, y dejó de ser cristiano, pero no para volver al judaísmo, sino para crear una especie de secta, mezcla informe de cábala y tradiciones rabínicas, de gnosticismo y teosofía, de magnetismo animal y de espiritismo, complicado todo con el aparato funéreo y mistagógico de las sociedades secretas.

Para juzgar de esta doctrina tenemos dos fuentes diversas; primero, la obra capital del mismo Martínez, intitulada *Tratado de la reintegración de los seres* en sus primeras propiedades, virtudes y potencias espirituales y divinas; segunda, los libros y tradiciones de sus discípulos, que reproducen la enseñanza de Martínez, más o menos adulterada en puntos sustanciales.

El *Tratado de la reintegración* nunca se ha impreso entero, y quizá no llegue a imprimirse nunca, porque su forma es bárbara e indigesta; su lectura, cansadísima. Las copias manuscritas son muy raras, y Matter declara no conocer más que dos: una, que él poseía en Francia, y otra, en la Suiza francesa. De la copia de Matter se valió Franck para reproducir las 26 primeras hojas, o introducción, del manuscrito,[418] que bastan, juntamente con el análisis de Matter, para dar idea del plan y contenido de la obra, que, como se verá es cábala pura.

Desde la eternidad —dice Martínez Pascual— emanó Dios seres espirituales para su propia gloria en su inmensidad divina. Estos seres estaban obligados a un culto, que la divinidad les había prescrito con leyes, preceptos y mandamientos eternos. Eran libres y distintos del Criador y tenían propiedades o virtudes espirituales y personales. Antes de su emanación existían en el pensamiento de la divinidad, pero sin distinción de acción, pensamiento o entendimiento particular, porque en Dios hay innata una fuente irrestañable de seres, que Él emana cuando place a su libre voluntad. Los primeros espíritus que emanaron del seno de la divinidad se distinguían entre sí por sus virtudes, su poder y su nombre; ocupaban la inmensa circunferencia divina, llamada vulgarmente dominación, y con nombre más misterioso círculo denario. Estos cuatro primeros principios espirituales atesoraban una parte de la dominación divina, un poder superior, mayor, inferior y menor (en esta gradación: 18, 10, 8, 4) por el cual conocían todo lo que podía existir en los seres espirituales que no habían emanado aún del seno de la divinidad. Esta virtud innata en ellos la conservaron después de su prevaricación y caída porque es de saber que su pecado consistió en que, habiendo nacido para obrar como causas segundas, quisieron prevenir, condenar y limitar el pensamiento divino en sus operaciones de creación, así pasadas como presentes y futuras, o ser ellos mismos creadores de causas terceras y cuartas. He aquí la raíz del mal espiritual, y por eso los tales seres fueron desterrados a lugares de sujeción, privación y miseria impura, contraria a su naturaleza inmaterial.

¿Y cuáles fueron esos lugares? El universo físico, que, Dios creó expresamente para que los espíritus perversos ejercitasen su malicia. El hombre fue emanado y emancipado mucho más tarde, pero con virtudes y poderes iguales a los que tenían los primeros espíritus. El hombre primitivo era espíritu puro, y con esta forma gloriosa operaba sobre todas las formas corpóreas activas y pasivas, generales y particulares. Adán en su primer estado de gloria venía a ser el émulo del Creador, y leía como en libro abierto los pensamientos y operaciones divinas y

---

418 Véase, página 203 y siguientes de su libro sobre Saint Martin.

mandaba en todo ser activo y pasivo de los que habitan la corteza terrestre y su centro, hasta el centro celeste, llamado cielo de Saturno. Gozaba de extraordinarias potencias taumatúrgicas, pero la soberbia le perdió, instigándole los ángeles malos a operar, en calidad de ser libre, ya sobre la divinidad, ya sobre toda la creación; en suma, a reformarla y hacer obra nueva.

A tal tentación, Adán se sintió extraordinariamente sobrecogido, y cayó en éxtasis espiritual animal, del cual se aprovechó el espíritu maligno para insinuarle su poder demoníaco, en oposición a la ciencia divina que el Creador le había enseñado para sostener todos los seres inferiores a él. Adán, apenas despertó, repitió las palabras y el ceremonial que habían usado los ángeles malos en su tentativa de creación. Colocado Adán, a quien simbólicamente se llama el menor, en la tierra levantada sobre todo sentido, se dejó seducir por las voces de los espíritus, que en coros le decían: "Adán, tienes innato el verbo de creación en todos géneros; eres poseedor de todos los valores, pesos y medidas; ¿por qué no operas con el poder de creación divina que hay en ti?". Adán, lleno de orgullo, trazó seis círculos a semejanza de los del Criador; es decir, operó seis actos de pensamientos espirituales, ejecutó físicamente y en presencia del espíritu seductor su criminal operación; pero ¡cuál sería su sorpresa cuando en vez de la forma gloriosa que esperaba, se encontró con una forma tenebrosa, material, pasiva, opuesta a la suya y sujeta a la privación y corrupción! No era realmente la suya, sino una semejante a la que debía recibir después de su prevaricación. Así degradó su propia forma impasiva, de la cual hubieran emanado formas gloriosas como la suya, una posteridad de Dios sin límites ni fin, porque las dos voluntades de creación hubieran sido una en dos sustancias. Dios, en castigo de tan criminal operación, cambió la forma de Adán en una forma de materia impura, semejante a la que él había fraguado, y le arrojó a la tierra como los demás animales. Entonces Adán conoció su crimen, se humilló y dirigió al Señor de los espíritus buenos y malos, Dios fuerte del Sábado, una plegaria, cuyo texto nos da al pie de la letra el autor ni más ni menos que si la hubiera oído.

Hasta aquí llega la parte impresa del tratado, faltando, por consiguiente, el principio de la reintegración o palingenesia, que consistirá como en todos los sistemas *gnósticos*, en la vuelta de los *eones* a la sustancia divina de donde emanaron. Puede conjeturarse que como medios para acelerar esta reintegración, que no era del hombre solo, sino de todas las criaturas, y hasta del demonio, aconsejaba Martínez Pascual la purificación moral y ciertas prácticas teúrgicas.

Cójase ahora cualquier exposicion del *Zohar*, recuérdese lo que en otras partes de esta Historia queda dicho de los *sephirot* y del Adam-Kadmon de los cabalistas, y se verá con poco trabajo cuál era el fondo de las especulaciones teológicas o teosóficas de Martínez, en que hasta la forma es oriental y anacrónica en el siglo XVIII; no de filósofo que razona, sino de vidente inspirado que revela a los mortales lo que descubrió en los divinos arcanos y cuenta con extraordinaria sencillez las conversaciones de los ángeles. Como falta la segunda parte de su tratado en los dos manuscritos que se conocen, no puede sacarse en claro lo que pensaba de la divinidad de Cristo, y, a decir verdad, solo dos puntos capitales de su doctrina se conocen bien: la teoría de la emanación y la del pecado original.

Para todo lo demás es preciso acudir a sus discípulos, pero con algún escrúpulo y parsimonia, porque no todos le entendieron, y otros hicieron con él lo que Platón con Sócrates, poniendo en cabeza suya mil imaginaciones propias aún más extrañas que la de la reintegración.

Los trabajos de iniciación de Martínez traían larga fecha: habían comenzado en 1754, extendiéndose con más o menos resultado a París, Burdeos y Lyón. Pero, entre tantos afiliados, ninguno llegó a poseer todo el secreto de la enseñanza esotérica. Al mismo Saint Martin no le hizo las comunicaciones supremas. Tampoco adelantaron mucho más el abate Fournie, el conde de Hauterive, la marquesa de Lacroix ni el mismo Cazotte. A cada uno comunicó solamente Martínez aquella parte de la doctrina que convenía a su disposición y alcance.

El abate Fournie era un visionario ignorante que quería conciliar el catolicismo con la teurgia. Refugiado en Londres durante la revolución, publicó allí en 1801 su apocalipsis con el extraño título de *Lo que hemos sido, lo que somos y lo que seremos*, especie de parodia del tratado de *La reintegración*, lleno, como éste, de pormenores cabalísticos y de extrañas teorías neumatológicas sobre los ángeles y, lo que es más singular, empapado en las ideas cristológicas de Miguel Servet y de los más antiguos unitarios, con un sabor panteísta muy acentuado, de que, por el contrario, Saint Martin está inmune.

He aquí como explica Fournie la reintegración: «Y conforme recibamos el Espíritu de Dios, que insensiblemente se nos comunica, y lleguemos al conocimiento perfecto de su esencia, nos haremos uno, como Dios es uno, y seremos confundidos en la unidad eterna de Dios padre, Hijo y Espíritu Eterno y anegados en el piélago de las celestiales y eternas delicias».

Pero lo curioso para nosotros en el libro del abate Fournie no es esta especie de aniquilación o nirvana industánico, sino los datos que nos comunica sobre los procedimientos de iniciación que en su logia usaba Martínez. «Después de haber pasado mi juventud —escribe su discípulo— de una manera tranquila y oscura, según el mundo, quiso Dios inspirarme ardiente deseo de que fuese realidad la vida futura y cuanto yo oía decir de Dios, de Jesucristo y de los apóstoles. Unos dieciocho meses pasó en la agitación que me causaban estos deseos, hasta que Dios me otorgó la merced de encontrar a un hombre que me dijo familiarmente: "Venid a verme; somos hombres de bien. Abriréis un libro, miraréis la primera hoja, leyendo solo algunas palabras por el centro y por el fin, y sabréis todo lo que el libro contiene. Mirad cuánta gente pasa por la calle: pues bien, ninguno de ellos sabe por qué camina, pero vos lo sabréis". Este hombre que me hablaba de un modo tan extraordinario se llamaba Don Martinets de Pasquallis (sic). Al principio creó que era un hechicero o el mismo diablo en persona, pero a esta primera idea sucedió luego otra. "Si este hombre —me dije interiormente— es el diablo, es prueba de que realmente existe Dios, y como yo no deseo más que llegar a Dios, irá caminando siempre hacia él, aunque el diablo crea llevarme hacia sí." Pensando esto, fui a casa de Martínez y me admitió en el número de los que le seguían. Sus instrucciones diarias eran que pensásemos siempre en Dios, que creciésemos en virtudes y que trabajásemos para el bien general... Muchas veces nos dejaba suspensos y dudando si era verdad o falsedad lo que veíamos; si era él bueno o malo, si era ángel de luz o demonio... De tiempo en tiempo recibía ya algunas luces y rayos de inteligencia, pero todo se me desaparecía como un relámpago. Otras veces, aunque raras, llegué a tener visiones, y creía yo que M. de Pasquallys tenía algún secreto para hacer pasar estas visiones por delante de mí y que para que todas a los pocos días se realizasen.»

Con el tiempo, el abate Fournie acabó de perder el seso, y tuvo apariciones, entre ellas la de su propio maestro, ya difunto. «Un día que estaba arrodillado en mi cuarto pidiendo a Dios que me socorriese, oí de pronto (serían como las diez de la noche) la voz de Martínez, mi director, que había muerto corporalmente hacía más de dos años, y que hablaba con toda distinción fuera de mi cuarto, cuya puerta estaba cerrada, así como las ventanas. Miro del lado del jardín, de donde procedía la voz, y veo con mis ojos corporales, delante de mí a M. de Pasqually, y con él a mi padre y a mi madre, que estaban asimismo corporalmente muertos. ¡Dios sabe qué noche tan terrible pasé! Entre otras cosas, sentí mi alma herida por una mano, que traspasó mi cuerpo, dejándome una impresión de dolor que lengua humana no puede expresar, y que me pareció dolor no del tiempo, sino de la eternidad... Veinticinco años han pasado, pero aquel golpe fue tan terrible, que daría de buen grado todo el universo, todos sus placeres y su gloria, por no volver a ser herido de aquella manera. Digo que vi en mi cuarto a M. de Pasquallys con mi padre y mi madre y que me hablaron y les hablé como los hombres hablan ordinariamente entre sí. También se me apareció una de mis hermanas, que estaba corporalmente muerta hacía veinte años, y, en fin, otro ser que no pertenece al género humano. Poco después vi pasar distintamente ante mí y cerca de mí a nuestro divino maestro, Jesucristo, clavado en el árbol de la cruz.»

Prosigue refiriendo otras visiones, en que no interviene Martínez, y añade con acento de inquebrantable convicción: «Todo esto lo vi por mis ojos corporales hace más de veinticinco años, mucho antes que se supiera en Francia que existía Swedemburg ni se conociese el magnetismo animal». Fournie se considera como un médium y da su libro por transcripción literal de sus inspiraciones. Vivía en continuo consorcio con los espíritus. «No solo los he visto una vez, sino años enteros y constantemente, yendo y viniendo con ellos, en casa y fuera de ella, de día y de noche, solo y acompañado, hablándonos mutuamente y como los hombres se hablan entre sí.»

De la marquesa de Lacroix, discípula predilecta de Martínez en París, cuenta Saint Martin que tenía manifestaciones sensibles, es decir, que veía y oía a los espíritus, interrumpiendo a veces la conversación que sostenía con las entes que llenaban sus salones para dirigirse a los seres invisibles que se aparecían de repente a los ojos de su extraviada fantasía.

En Lyón había fundado Martínez la logia de la Beneficencia, de la cual era el alma el conde de Hauterive, con quien Saint Martin trabajó en las ciencias ocultas por los años de 1774, 1775 y 1776, sin que se sepa a punto fijo lo que consiguieron, porque la fraseología de los martinezistas es tan oscura, que nos deja a media miel cuando mayores cosas anuncia. Pero debían de ser ejercicios estupendos, puesto que querían llegar nada menos que «al conocimiento físico de la causa activa e inteligente», es decir, a la visión o intuición directa y sensible del Hijo de Dios. Díjose que el conde de Hauterive tenía, como Hermótimo de Claromene, la facultad de abandonar el cuerpo cuando quería, pero Saint Martin redondamente lo niega.

De todos los discípulos de Martínez, él y Cazotte, célebre por su profecía supuesta de la revolución francesa, eran los que menos se avenían con el aparato y la maquinaria taumatúrgica que usaba el español para las iniciaciones. «¿Cómo, maestro, son necesarias todas estas cosas para ver a Dios?», le preguntó un día, y Martínez contestó sin dejar su tono de inspirado: «Es preciso contentarnos con lo que tenemos», es decir, entendemos con las potencias inferiores a falta de comunicación directa con la causa suma. Saint Martin nos refiere que en la escuela de Martínez las comunicaciones sensibles y físicas eran numerosas y frecuentes, y que en ellas se comprendían todos los signos indicativos del Reparador, esto es, si la interpretación de Franck no parece errada, Cristo crucificado, Cristo resucitado, Cristo en gloria y majestad. Pero esto era solo para los principiantes, entre quienes se contaba Saint Martin, porque otros llegaban a la grande obra interior, habiendo hombre que durante los equinoccios, y mediante una especie de descomposición, veía su propio cuerpo sin movimiento, como separado de su alma.

Como Martínez Pascual pasó su vida en trabajos subterráneos, apenas quedan datos positivos de él, no obstante su extraordinaria influencia, ni es fácil siquiera determinar las fechas. Saint Martin debió conocerle y ponerse bajo su dirección entre los años de 1766 y 1771. Consta que en 1779 murió Martínez en Puerto-Príncipe de Santo Domingo.

Pero no murió con él la secta; lo que hizo fue dividirse. De ella nacieron otras dos: la de los grandes profesores y la de los philaletas. Estos últimos, cuyo centro residía en Versalles, buscaban la piedra filosofal, por lo cual Saint Martin se apartó de ellos con enojo, teniéndolos por gente grosera, codiciosa e iniciada solo en la parte formal de la teurgia. Deben ser los mismos que José de Maistre llama los cohen, y que formaban una jerarquía especial y superior entre los iluminados. En Alemania se propagó extraordinariamente una rama de los martinezistas, con el nombre de Escuela del Norte, y en ella se alistaron personajes de cuenta como el príncipe de Hesse, el conde de Bernstorf, la condesa de Reventlow... Poco después Swedemborg oscureció y destronó a Martínez Pascual, y su nombre y la tradición de su enseñanza se perdieron en la turbia corriente del sonambulismo y del espiritismo moderno. Hay, con todo, una diferencia radical entre los espiritistas y Martínez Pascual: los unos limitan por lo general sus invocaciones a las almas de los muertos, al paso que Martínez, dotado de virtudes más activas, ofrecía por término de su enseñanza la intuición sensible de Dios. Yo también he tenido algo de lo físico, decía Saint Martin, y la frase es digna de registrarse, porque Saint Martin era un espíritu elegante y delicado, nacido para el idealismo. Necesaria era toda la espantosa anarquía y desorganización intelectual del siglo XVIII, en que el materialismo había borrado todos los linderos del mundo inmaterial y del terrestre, sin calmar por eso la ardiente e innata aspiración a lo suprasensible que hierve en el fondo del alma humana, para que un dogmatismo como el de Martínez Pascual, parodia inepta del Antiguo y *Nuevo Testamento*, mezclada con los sueños de vieja de los antiguos rabinos y con escamoteos y prestidigitaciones de charlatán de callejuela, lograra ese dominio y esa resonancia y arrastrase detrás de sí tan claros entendimientos como el del autor de *L'homme de désir*, en quien había muchas de las cualidades nativas de un egregio filósofo cristiano.[419]

II. El theophilánthropo Andrés María Santa Cruz. Su Culto de la humanidad

Cuando cejó un tanto el furor ateo de los primeros tiempos revolucionarios y cayó desprestigiado por su mismo exceso de ferocidad el culto de la diosa Razón, comenzó a notarse cierta reacción espiritualista y deísta, que tomó al principio las formas más grotescas. Declaróse oficialmente la existencia del Ser Supremo, y Robespierre organizó fiestas, himnos y procesiones en honor suyo. Los convencionales habían determinado perdonar la vida al Ser Supremo, visto que un pueblo no podía vivir sin religión. El inventar una coartada a su talle y medida e imponerla por ley con su correspondiente y revolucionaria sanción

---

419 Las demás noticias que Matter y Franck dan en sus libros se refieren a Saint Martin y no a Martínez. Los castellanísimos apellidos de éste han sido alterados de mil maneras por los franceses: don Martinets, Martínez Pasqualis.

penal, les parecía cosa hacedera y sencillísima. Además, muchos de ellos no eran ateos, sino deístas o algo más, y juraban sobre la *Confesión del vicario saboyano*, que les servía de Evangelio.

Tales cultos duraron menos que sus mismos autores. El de Robespierre cayó con él en 9 de thermidor. Pero no fue bastante este fracaso para impedir nuevas tentativas de este género, entre las cuales logró cierta nombradía, en tiempo del Directorio, la secta de los *theophilánthropos*.

Atribúyese su fundación al director La Revéillère Lepeaux, pero él lo niega rotundamente en sus *Memorias*.[420] «No tomó ninguna parte en la institución del culto de los *theophilánthropos*, que creó Valentín Haüy, hermano del célebre mineralogista e inventor de procedimientos de educación para los ciegos. Se había asociado con otros ciudadanos que yo tampoco conocía.»

Estos ciudadanos vinieron a buscar a La Revéillère, que, desde luego, les prometió su apoyo oficial, aunque ni él ni su mujer quisieron nunca asistir a las ceremonias teofilantrópicas, y solo una vez consintieron que su hija fuese. El Directorio dio órdenes al ministro de Policía, Sotin, para que protegiese a los fundadores de la nueva institución y les suministrase los módicos recursos que exigía un culto tan sencillo y poco dispendioso, como que se reducía a recomendar, en interminables pláticas, el amor a Dios y a los hombres, la fraternidad universal y la ley de la naturaleza, el panfilismo y las virtudes filosóficas a lo Sócrates, a lo Epicteto o a lo Marco Aurelio. Mucha túnica blanca, mucho coro de niños y de doncellas, mucha reminiscencia de las candideces del *Telémaco*, mucho discurso soporífero, nada de misterios, teologías ni símbolos.

El Gobierno protegió mucho aquel culto flamante, que traía la pretensión de extinguir los odios religiosos y hermanar a los mortales con vínculos de amor indisoluble. Se imprimieron y repartieron con profusión catecismos y manuales, que juntos forman hoy una colección bastante rara; se publicó para uso de los afiliados una pequeña biblioteca de moralistas antiguos, desde Zoroastro y Confucio hasta los estoicos; se recomendó a los padres de familia que enviasen sus hijos a aquellos templos y escuelas de la humanidad, que habían de educar una generación más fuerte y viril que la de España; y dieron al nuevo culto el

---

420 Estas *Memorias*, aunque impresas desde 1873, no han circulado todavía. Puede verse un extracto de ellas en el número de la *Revue Historique*, correspondiente a los meses de mayo y junio de 1879.

apoyo de su nombre algunos literatos de fama, entre ellos el ingenioso y delicado autor de Pablo y Virginia, Bernardino de Saint-Pierre, que fue toda su vida fervoroso idólatra de la naturaleza, aunque debió a reminiscencias y dejos del sentimiento cristiano la mejor parte de su gloria.

Figuraba en primera línea entre los *theophilánthropos* un español llamado Andrés María Santa Cruz, de quien restan muy pocas y oscuras noticias.[421] Natural de Guadalajara y sujeto de no vulgar instrucción, lo estrafalario de su carácter y sus ideas le habían tenido casi siempre en la miseria, que él arrastró por todas las capitales de Europa. Un príncipe alemán le encontró en Tours, y, compadecido de su desastroso estado, le hizo ayo de sus hijos. Al tiempo de estallar la revolución francesa se hallaba en Londres y, entusiasmado con los principios cuyo triunfo alboreaba, abandonó a sus discípulos, y a fines de 1790 estaba ya en París, trabajando por su cuenta en la emancipación universal y perorando en las sociedades patrióticas. Entonces se hizo amigo de La Revéillère Lepeaux, cuyos peligros, fugas y ocultaciones compartió después de la prisión de los girondinos y en la época del Terror.

Fuera de esto, Santa Cruz parece haber sido personaje muy oscuro e ignorado, y ninguno de los historiadores de la revolución francesa le menciona. Quizá con las *Memorias* de La Revéillère Lepeaux, que solo conocemos en extracto, puesto que impresas en 1873, aún no han pasado al dominio público y duermen en un subterráneo de Angers, puedan ampliarse o corregirse algo estas noticias. En los trozos publicados, el famoso revolucionario guarda alto silencio acerca del pobre Santa Cruz.

Poco medró éste con el advenimiento de sus amigos al Poder, pero se consoló arrojándose en cuerpo y alma en la secta de los *theophilánthropos*, de la cual fue uno de los primeros sacerdotes, y cuyos dogmas expuso en un folleto titulado *Le culte de l'humanité*, que se imprimió en París el año V de la república. Dicen los que le han visto que es una especie de código de la tolerancia, en que se enaltece pomposamente la moral y se afirma la existencia de Dios y la caridad universal, sin otro dogma ninguno. Todos mis esfuerzos para haber a las manos este opúsculo han sido infructuosos hasta ahora. En vano recorrió las bibliotecas de París y escribió a varios eruditos de allí. Como Bermúdez de

---

421 Están contenidas en unos artículos que el señor don Salvador Bermúdez de Castro publicó en *El Iris*, periódico que salía a luz en 1841.

Castro, único biógrafo que asegura haber leído el *Culto de la humanidad*, da las señas tan imperfectamente, ha sido imposible hallarle. Quizá se publicó anónimo o seudónimo; quizá habrá perecido, como tantos otros cuadernos de pocas páginas. La pérdida no es muy de sentir, porque los diez o doce librejos que he visto de los teofilántropos son el colmo de la insulsez soñolienta. Con todo eso, yo me alegraría de añadir a mi colección, a título de curiosidad bibliográfica, un ejemplar del *Culto de la humanidad*.

A pesar de la protección oficial, la teofilantropía no llegó a madurar y murió en flor. Solo en París y en algunos departamentos del Norte logró secuaces; ni uno solo en el mediodía. El público los silbó, y al poco tiempo nadie se acordaba de ellos. Santa Cruz, más desalentado y más miserable cada día, pero republicano siempre y aborrecedor del régimen bonapartista, determinó volver a España, donde nadie se acordaba de él, y acabar en paz sus trabajosos días. Cubierto de harapos llegó a una posada de Burgos en 1803, y allí le asaltó agudísima fiebre, de la cual a pocos días murió, sin haber querido descubrir su nombre a persona alguna. Abierta su maleta, aparecieron muchos papeles y varios ejemplares del *Culto de la humanidad*.

III. El abate Marchena. Sus primeros escritos: su traducción de Lucrecio. Sus aventuras en Francia. Vida literaria y política de Marchena hasta su muerte

Como propagador de la sofistería del siglo XVIII en España; como representante de las tendencias políticas y antirreligiosas de aquella edad en su mayor grado de exaltación; como único heredero, en medio de la monotonía ceremoniosa del siglo XVIII, del espíritu temerario, indisciplinado y de aventura que lanzó a los españoles de otras edades a la conquista del mundo intelectual y a la del mundo físico; como ejemplo lastimoso de talentos malogrados y de condiciones geniales potentísimas, aunque el viento de la época las hizo eficaces para el mal, merece el abate Marchena que su biografía se escriba con la posible claridad y distinción, juntando los datos esparcidos y añadiendo bastantes cosas nuevas que resultan de los papeles suyos que poseemos.[422] [423]

Don José Marchena Ruiz de Cueto, generalmente conocido por el abate Marchena, nació en Utrera el 18 de noviembre de 1768. Sus padres eran labradores de mediana fortuna.

Comenzó en Sevilla los estudios eclesiásticos, pero sin pasar de las órdenes menores; aprendió maravillosamente la lengua latina, y luego se dedicó al francés, leyendo la mayor parte de los libros impíos que en tan gran número abortó aquel siglo, y que circulaban en gran copia entre los estudiantes de la metrópoli andaluza, aun entre los teólogos. Quién le inició en tales misterios, no se sabe; solo consta que antes de cumplir veinte años hacía ya profesión de materialista e incrédulo y era escándalo de la Universidad. No eran mejores que él casi todos sus condiscípulos, los poetas de la flamante escuela sevillana, pero disimulaban mejor y se avenían fácilmente con las exterioridades del régimen tradicional, mientras que Marchena, ardiente e impetuoso, impaciente de toda traba, aborrecedor de los términos medios y de las restricciones mentales, indócil a todo yugo, proclamaba en alta voz lo que sentía, con toda la imprevisión y abandono de sus pocos años y con todo el ardor y vehemencia de su condición inquieta y mal regida. Decidan otros cuál es más funesta: la impiedad mansa, hipócrita y cautelosa o la antojadiza y desembozada; yo solo diré que siento mucha menos antipatía por Marchena revolucionario y jacobino, que por aquellos doctos clérigos sevillanos afrancesados primero, luego fautores del despotismo ilustrado, y a la postre, moralistas utilitarios, sin patria y sin ley, educadores de dos o tres generaciones doctrinarias.

El primer escrito de Marchena fue una carta contra el celibato eclesiástico, dirigida a un profesor suyo que había calificado sus mínimas de perversas y opuestas al espíritu del Evangelio. Marchena quiere defenderse y pasar todavía

---

422 Han escrito biografías curiosas, pero muy incompletas, de Marchena el presbítero don Gaspar Bono Serrano, en su *Miscelánea religiosa, política y literaria* (Madrid, Aguado, 1870), página 308, y M. Antoine de Latour, en *Le Correspondant* (25 de febrero de 1867). Véanse, además, los importantísimos, datos reunidos por don Leopoldo Augusto de Cueto en los tomos 1 y 3 de su bella colección de *Poetas líricos del siglo XVIII*.

423 Esta biografía debe sustituirse con otra más extensa que he escrito en la edición de las obras de Marchena hecha en Sevilla (Véase Ed. Nac. *Estudios y Discursos de Crítica Histórica y Literaria*, vol. 4, página 107).

por católico; pero con la defensa empeora su causa. El señor Cueto ha tenido a la vista el original de esta carta entre los papeles de Forner, y dice de ella «que es obra de un mozo inexperto y desalumbrado, que no ve más razones que las que halagan sus instintos y sus errores», y que en ella andan mezclados «sofismas disolventes, pero sinceros, citas históricas sin juicio y sin exactitud..., sentimentalismo filosófico a la francesa, arranques de poesía novelesca».[424]

Más importante es otra obra suya del mismo tiempo, que poseo yo, y que parece haberse ocultado a la diligencia de los anteriores biógrafos. Es una traducción completa del poema de Lucrecio *De rerum natura*, en versos sueltos, la única que existe en castellano. No parece original, sino copia de amanuense descuidado, aunque no del todo imperito. No tiene el nombre del traductor, pero sí sus cuatro iniciales, J. M. R. C., y al fin la fecha, 1791, sin prólogo, advertencia ni nota alguna. La versificación, dura y desigual, como en todas las poesías de Marchena, abunda en asonancias, cacofonías, prosaísmo y asperezas de todo género; denuncia dondequiera la labor y la fatiga; pero en los trozos de mayor empeño se levanta el traductor con inspiración verdadera, y su fanatismo materialista le sostiene. En los trozos didácticos decae; a los pasajes mejor interpretados siguen otros casi intolerables por lo desaliñado del estilo y lo escabroso de la metrificación. Marchena era consumado latinista, y por lo general entiende el texto a las mil maravillas; pero su gusto literario, siempre caprichoso e inseguro, lo parece mucho más en este primer ensayo. Así es que, entre versos armoniosos y bien construidos, no titubea en intercalar otros que hieren y lastiman el oído más indulgente; repite hasta la saciedad determinadas palabras, en especial la de naturaleza; abusa de los adverbios en mente, antipoéticos por su índole misma, y atiende siempre más a la fidelidad que a la elegancia. Véanse algunos trozos para muestra así de los aciertos como de las caídas del traductor. Sea el primero la famosa invocación a Venus: *Aeneadum genitrix divum hominumque voluptas*:

Engendradora del romano pueblo,
placer de hombres y dioses, alma Venus,

---

[424] El original autógrafo de este escrito de Marchena (17 páginas, 4.º) existe en poder de don Luis Villanueva, en Barcarrota (Extremadura). Lleva una nota autógrafa de don Joaquín María Sotelo, durísima para Marchena.

que bajo la bóveda del cielo,
por do giran los astros resbalando,
pueblas el mar que surca nao velera
y las tierras fructíferas fecundas;
por ti todo animal respira y vive;
de ti, diosa, de ti los vientos huyen;
ahuyentas con tu vista los nublados,
te ofrece suaves flores varia tierra,
las llanuras del mar contigo ríen
y brilla en nueva luz el claro cielo.
Al punto que galana primavera
la faz descubre y su fecundo aliento
recobra ya Favonio desatado,
primero las ligeras aves cantan
tu bienvenida, ¡oh diosa!, porque al punto
con el amor sus pechos traspasaste;
en el momento por alegres prados
retozan los ganados encendidos
y atraviesan la férvida corriente.
Prendidos del hechizo de tus gracias
mueren todos los seres por seguirte
hacia do quieras, diosa, conducirlos,
y en las sierras adustas, y en los mares,
en medio de los ríos caudalosos,
y en medio de los campos que florecen,
con blando amor tocando todo pecho,
haces que las especies se propaguen.

Tampoco carece de frases y accidentes graciosos esta traducción de un lozanísimo pasaje del mismo libro primero:

¿Tal vez perecen las copiosas lluvias,
cuando las precipita el padre Eter
en el regazo de la madre Tierra?
No, pues hermosos frutos se levantan,

las ramas de los árboles verdean,
crecen y se desgajan con el fruto,
sustentan a los hombres y alimañas,
de alegres niños pueblan las ciudades...
Y dondequiera, en los frondosos bosques
se oyen los cantos de las aves nuevas;
tienden las vacas de pacer cansadas
su ingente cuerpo por la verde alfombra
y sale de sus ubres atestadas
copiosa y blanda leche; sus hijuelos,
de pocas fuerzas, por la tierna hierba
lascivos juguetean, conmovidos
del placer de mamar la pura leche.

Ni falta vigor y robustez en esta descripción de la tormenta:

La fuerza enfurecida de los vientos
revuelve el mar, y las soberbias naves
sumerge, y desbarata los nublados;
con torbellino rápido corriendo
los campos a la vez, saca de cuajo
los corpulentos árboles; sacude
con soplo destructor los altos montes,
el Ponto se enfurece con bramidos
y con murmullo aterrador se ensaña.
Pues son los vientos cuerpos invisibles
que barren tierra, mar y el alto cielo
y esparcen por el aire los destrozos;
no de otro modo corren y arrebatan
que cuando un río de tranquilas aguas
de improviso sus márgenes extiende,
enriquecido de copiosas lluvias
que de los montes a torrentes bajan,
amontonando troncos y malezas;
ni los robustos puentes la avenida

> resisten de las aguas impetuosas;
> en larga lluvia rebosando el río,
> con ímpetu estrellándose en los diques,
> con horroroso estruendo los arranca
> y revuelve en sus ondas los peñascos...

    Quizá en ninguno de sus trabajos poéticos mostró Marchena tanto desembarazo de dicción como traduciendo al gran poeta epicúreo y naturalista. Parece como que se sentía en su casa y en terreno propio al reproducir las blasfemias del poeta gentil contra los dioses y los elogios de aquel varón griego:

>   De cuya boca la verdad salía
> y de cuyas divinas invenciones
> se asombra el universo, y cuya gloria,
> triunfando de la muerte, se levanta
> a lo más encumbrado de los cielos.
> (Canto 6.º)
>   ¡Oh tú ornamento de la griega gente,
> que encendiste el primero entre tinieblas
> la luz de la verdad!...
> Yo voy en pos de ti, y estampo ahora
> mis huellas en las tuyas, ni codicio
> ser tanto tu rival como imitarte
> ansío enamorado. ¿Por ventura
> entraré en desafío con los cisnes
> la golondrina, o los temblantes chotos
> volarán con el potro en la carrera?
>   Tú eres el padre del saber eterno,
> y del modo que liban las abejas
> en los bosques floríferos las mieles,
> así también nosotros de tus libros
> bebemos las verdades inmortales...
> (Canto 3.º)

No era Marchena bastante poeta para hacer una traducción clásica de Lucrecio, pero estaba identificado con su pensamiento; era apasionadísimo del autor y casi fanático de impiedad; y, traduciendo a su poeta, le da este fanatismo un calor insólito y una pompa y rotundidad que contrasta con la descolorida y lánguida elegancia de Marchetti y de Lagrange. Los buenos trozos de esta versión son muy superiores a todo lo que después hizo, si es que la vanidad de poseedor no me engaña.

> Los sitios retirados del Pierio
> recorro, por ninguna planta hollados;
> me es gustoso llegar a íntegras fuentes
> y agotarlas del todo, y me deleita,
> cortando nuevas flores, coronarme
> las sienes con guirnalda brilladora,
> con que no hayan ceñido la cabeza
> de vate alguno las perennes musas,
> primero porque enseño cosas grandes
> y trato de romper los fuertes nudos
> de la superstición agobiadora,
> y hablo en verso tan dulce, a la manera
> que cuando intenta el médico a los niños
> dar el ajenjo ingrato, se prepara
> untándoles los bordes de la copa
> con dulce y pura miel...[425]

Marchena saludó con júbilo la sangrienta aurora de la revolución francesa, y, si hemos de fiarnos de oscuras tradiciones, quiso romper a viva fuerza los lazos de la superstición agobiadora, y entró con otros mozalbetes intonsos y con algún extranjero de baja ralea en una descabellada tentativa de conspiración republicana, que abortó por de contado, dispersándose los modernos Brutos, y

---

[425] El manuscrito de mi biblioteca, único que conozco, me fue regalado por mi amigo don Damián Menéndez Rayón. Por si alguna vez llega a publicarse, he hecho en él numerosas correcciones, con intento de remediar los lunares de estilo y versificación, tan abundantes en el trabajo de Marchena.

cayendo uno de ellos, llamado Picornell, en las garras de la Policía. Marchena, que era de los más comprometidos en aquella absurda intentona y que además tenía cuentas pendientes con la Inquisición, se refugió en Gibraltar y desde allí pasó a Francia.

La facilidad extraordinaria que poseía para hablar y escribir lenguas extrañas, el ardor de sus ideas políticas, que llegaban entonces a la demagogia más feroz; sus terribles condiciones de polemista acre y desgreñado y la exaltación de su cabeza le dieron muy pronto a conocer en las sociedades patrióticas, y especialmente en el club de los jacobinos. Marat se fijó en él y le asoció a la redacción de su furibundo periódico *L'ami du peuple*. Allí Marchena escribió horrores; pero, como en medio de todo conservaba cierta candidez política y cierto buen gusto y los crímenes a sangre fría le repugnaban extraordinariamente, comenzó a disgustarse del atroz personaje con quien su mala suerte le había enlazado y de la monstruosa y diaria sed de sangre que aquejaba a aquel energúmeno. Al poco tiempo le abandonó del todo, y, aconsejado por Brissot, se pasó al bando de los girondinos, cuyas vicisitudes, prisiones y destierros compartió con noble y estoica entereza.

Sobre este interesantísimo período de la vida de Marchena derraman mucha luz las *Memorias* de su amigo compañero de cautiverio el marsellés Riouffe.[426] De ellas resulta que Marchena fue preso en Burdeos el mismo día que Riouffe, es a saber, el 4 de octubre de 1793; conducido con él a París y encerrado en los calabozos de la Conserjería. Riouffe le llama a secas el español; pero monsieur Thiers nos descubre su nombre al contarnos la figura de los girondinos por el mediodía de Francia: «Barbaroux, Pétion, Salles, Louvet (el autor del *Faublas*), Meilhan, Guadet, Kervelégan, Gorsas, Girey-Dupré, Marchena, joven español que había ido a buscar la libertad a Francia; Riouffe, joven que por entusiasmo se había unido a los girondinos, formaban este escuadrón de ilustres fugitivos perseguidos como traidores a la libertad».[427]

Después de la prisión, Riouffe es más explícito. «Me habían encarcelado —dice— juntamente con un español que había venido a buscar la libertad a Francia

---

426 Le llamo marsellés porque de Marsella eran sus padres, aunque él nació casualmente en Roma. El título de su libro, muy utilizado por todos los historiadores de la época del Terror, es *Mémoires d'un détenu pour servir á l'histoire de la tyrannie de Robespierre*. Latour le ha extractado en lo concerniente a Marchena.
427 *Historia de la Revolución francesa*, cap. 24.

411

bajo la garantía de la fe nacional. Perseguido por la inquisición religiosa de su país, había caído en Francia en manos de la inquisición política de los comités revolucionarios. No he conocido un alma más verdadera y más enérgicamente enamorada de la libertad ni más digna de gozar de ella. Fue su destino ser perseguido por la causa de la república y amarla cada vez más. Contar mis desgracias es contar las suyas. Nuestra persecución tenía las mismas causas; los mismos hierros nos habían encadenado; en las mismas prisiones nos encerraron, y un mismo golpe debía acabar nuestras vidas...»

El calabozo donde fueron encerrados Riouffe, Marchena y otros girondinos tenía sobre la puerta el número 13. Allí escribían, discutían y se solazaban con farsas de pésima ley. Todos ellos eran ateos, muy crudos, muy verdes, y para inicua diversión suya vivía con ellos un pobre benedictino, santo y pacientísimo varón, a quien se complacían en atormentar de mil exquisitas maneras. Cuándo le robaban su breviario, cuándo le apagaban la luz, cuándo interrumpían sus devotas oraciones con el estribillo de alguna canción obscena. Todo lo llevaba con resignación el infeliz monje, ofreciendo a Dios aquellas tribulaciones, sin perder nunca la esperanza de convertir a alguno de aquellos desalmados. Ellos, para contestar a sus sermones y argumentos, imaginaron levantar altar contra altar, fundando un nuevo culto con himnos, fiestas y música. Al flamante e irrisorio dios le llamaron Ibrascha, y Riouffe redactó el símbolo de la nueva secta, que se parecía mucho al de los *theophilánthropos*. Y es lo más peregrino que llegó a tomarla casi por lo serio, y todavía, cuando muchos años después redactaba sus Memorias, no quiso privar a la posteridad del fruto de aquellas lucubraciones y las insertó a la larga, diciendo que «aquella religión (!) valía tanto como cualquiera otra y que solo parecía pueril a espíritus superficiales».

Las ceremonias del nuevo culto comenzaron con grande estrépito: entonaban a media noche un coro los adoradores de Ibrascha, y el pobre monje quería superar su voz con el *De profundis*; pero, débil y achacoso él, fácilmente se sobreponía a sus cánticos el estruendo de aquella turba desaforada. A ratos quería derribar la puerta del improvisado santuario, y ellos le vociferaban: «¡Sacrílego, espíritu fuerte, incrédulo!».

En medio de esta impía mascarada adoleció gravemente Marchena; tanto, que en pocos días llegó a peligro de muerte. Apuraba el benedictino sus esfuerzos para convertirle; pero él a todas sus cristianas exhortaciones respondía con el grito de ¡Viva Ibrascha! Y, sin embargo, en la misma cárcel, teatro de estas pesadísimas bromas con la eternidad y con la muerte, leía asiduamente Marchena la *Guía de pecadores*, de fray Luis de Granada. ¿Era todo entusiasmo por la belleza literaria? ¿Era alguna reliquia del espíritu tradicional de la vieja España? Algo había de todo, y quizá lo aclaren estas palabras del mismo Marchena al librero Faulí en Valencia el año 1813: «¿Ve usted este volumen, que por lo ajado muestra haber sido tan manoseado y leído como los breviarios viejos en que rezan diariamente nuestros clérigos? Pues está así porque hace veinte años que le llevo conmigo, sin que se pase día en que deje de leer en él alguna página. Él me acompañó en los tiempos del Terror en las cárceles de París; él me siguió en mi precipitada fuga con los girondinos; él vino conmigo a las orillas del Rhin, a las montañas de Suiza, a todas partes. Me pasa con este libro una cosa que apenas sé explicarme. Ni lo puedo leer ni lo puedo dejar de leer. No lo puedo leer, porque convence mi entendimiento y mueve mi voluntad de tal suerte, que, mientras lo estoy leyendo, me parece que soy tan cristiano como usted y como las monjas y como los misioneros que van a morir por la fe católica a la China o al Japón. No lo puedo dejar de leer, porque no conozco en nuestro idioma libro más admirable».[428]

El hecho será todo lo extraño que se quiera, pero su explicación ha de buscarse en las eternas contradicciones y en los insondables abismos del alma humana y no en el pueril recurso de decir que el abate gustaba solo en fray Luis de la pureza de lengua. No cabe en lo humano encariñarse hasta tal punto con un escritor cuyas ideas totalmente se rechazan. No hay materia sin alma que la informe; ni nadie, a no estar loco, se enamora de palabras vacías, sin parar mientes en el contenido.

Pero tornemos a Marchena y a sus compañeros de prisión. Todos fueron subiendo, uno después de otro, al cadalso: solo Marchena salió incólume de la general proscripción de los girondinos, y eso que, sintiéndose ofendido por el perdón, había escrito a Robespierre aquellas extraordinarias provocaciones, algo teatrales a la verdad, aunque el valor moral del autor las explique y defienda. «Tirano, me has olvidado.» «O mátame o dame de comer, tirano.» Hay en todos estos apotegmas y frases sentenciosas del tiempo de la revolución algo de laconismo y de estoicismo de colegio, un infantil empeño de remedar a

---

428 Así lo oyó el señor Bono Serrano de boca del mismo Faulí en 1827, y así lo oyeron otros muchos de boca de don Juan Nicasio Gallego.

Leónidas y al rey Agis, a Trasíbulo, y a Timoleón y Tráseas, que echa a perder toda la gracia hasta en las situaciones más solemnes. Plagiar, al tiempo de morir, palabras de Bruto es lo más desdichado y antiestético que puede entrar en cabeza de retórico, y nadie contendrá la risa aunque la autora del plagio sea la mismísima madame Roland. Yo no llamaría como Latour, sublimes insolencias a las de Marchena, porque toda afectación, aun la de valor, es mala y viciosa. La muerte se afronta y se sufre honradamente cuando viene: no se provoca con carteles de desafío ni con botaratadas de estudiante. Así murieron los grandes antiguos, aunque no mueran así los antiguos del teatro.

Pero los tiempos eran de retórica, y a Robespierre le encantó la audacia de Marchena. Es más: quiso atraer y comprar su pluma, a lo cual Marchena se negó con altivez nobilísima, siguiendo en la Conserjería, siempre bajo el amago de la cuchilla revolucionaria, hasta que vino a restituirle la libertad la caída y muerte de Robespierre en 9 de thermidor (27 de julio de 1794).

La fortuna pareció sonreírle entonces. Le dieron un puesto en el Comité de Salvación Pública, y empezó a redactar con Poulthièr un periódico, que llamó *El amigo de las Leyes*. Pero los thermidorianos vencedores se dividieron al poco tiempo, y Marchena, cuyo perpetuo destino fue afiliarse a toda causa perdida, se declaró furibundo enemigo de Tallien, Legendre y Fréron; escribió contra ellos venenosos folletos, perdió su empleo, se vio otra vez perseguido y obligado a ocultarse, sentó, como en sus mocedades, plaza de conspirador, y fue denunciado y proscripto en 1795 como uno de los agitadores de las secciones del pueblo de París en la jornada de 5 de octubre con Convención.[429]

Pasó aquella borrasca, pero no se aquietó el ánimo de Marchena; al contrario, en 1797 le vemos haciendo crudísima oposición al Directorio, que para deshacerse de él no halló medio mejor que aplicarle la ley de 21 de floreal contra los extranjeros sospechosos y arrojarle del territorio de la república. Conducido por gente armada hasta la frontera de Suiza, fue su primer pensamiento refugiarse en la casa de campo que tenía en Coppet su antigua amiga madame de Staël, cuyos salones, o los de su madre, madame Necker, había frecuentado él en París. Corina no quería comprometerse con el Directorio o no gustaba de la insufrible mordacidad y cinismo nada culto de Marchena, a quien Chateaubriand,

---

[429] De todo esto hay datos en la *Bibliographie Universelle*, de Michaud, y en una nota de don Sebastián Miñano a su traducción de la *Historia de la Revolución francesa* de Thiers.

que le conoció en aquella casa, define en sus *Memorias* con dos rasgos indelebles: «sabio inmundo aborto lleno de talento». Lo cierto es que la castellana de Copet dio hospitalidad a Marchena, pero con escasas muestras de cordialidad, y que a los pocos días riñeron del todo, vengándose Marchena de Corina con espantosas murmuraciones.

Decidido a volver a Francia, entabló reclamación ante el Consejo de los Quinientos para que se le reconocieran los derechos de ciudadano francés, y, mudándose los tiempos según la vertiginosa rapidez que entonces llevaban las cosas, logró no solo lo que pedía, sino un nombramiento de oficial del Estado Mayor en el ejército del Rhin, que mandaba entonces el general Moreau, famoso por su valor y por sus rigores disciplinarios.

Agregado Marchena a la oficina de contribuciones de ejército en 1801, mostró desde luego aventajadísimas dotes de administrador militar, laborioso e íntegro, porque su entendimiento rápido y flexible le daba recursos y habilidad para todo. Quiso Moreau en una ocasión tener la estadística de una región no muy conocida de Alemania, y Marchena aprendió en poco tiempo el alemán, leyó cuanto se había escrito sobre aquella comarca y redactó la estadística que el general pedía con el mismo aplomo que hubiera podido hacerlo un geógrafo del país.

Pero no bastaban la topografía ni la geodesia a llenar aquel espíritu curioso, ávido de novedades y esencialmente literario; por eso en los cuarteles de invierno del ejército del Rhin volvía, sin querer, los ojos a aquellos dulces estudios clásicos que habían sido encanto de las serenas horas de su juventud en Sevilla. Entonces forjó su célebre fragmento de Petronio, fraude ingenioso, y cuya fama dura aún entre muchos que jamás le han leído. Los biógrafos de Marchena han tenido muy oscuras e inexactas noticias de él. Unos han supuesto que estaba en verso; otros han referido la vulgar anécdota de que, habiendo compuesto Marchena una canción harto alegre en lengua francesa y reprendiéndole por ella su general Moreau, se disculpó con decir que era traducción de un fragmento inédito de Petronio, cuyo texto latino inventó aquella misma noche, y se le presentó al día siguiente, cayendo todos en el lazo.

Pero todo esto es inexacto y hasta imposible, porque el fragmento no está en verso, ni tiene nada de lírico, ni ha podido ser nunca materia de una canción, sino que es un trozo narrativo, compuesto *ad hoc* para llenar una de las lagunas del *Satyricón*; de tal suerte, que apenas se comprendería si le desligásemos del cuadro de la novela en que entra. Sabido es que la extraña novela de Petronio, *auctor purissimae impuritatis*, monumento precioso para la historia de las costumbres del primer siglo del imperio, ha llegado a nosotros en un estado deplorable, llena de vacíos y truncamientos, en que quizá haya desaparecido lo más precioso, aunque haya quedado lo más obsceno. El deseo de completar tan curiosa leyenda ha provocado supercherías y errores de todo género, entre ellos aquel que con tanta gracia refiere Voltaire en su *Diccionario filosófico*. Leyó un humanista alemán en un libro de otro italiano no menos sabio: *Habemus hic Petronium integrum, quem saepe meis oculis vidi, non sine admiratione*. El alemán no entendió sino ponerse inmediatamente en camino para Bolonia, donde se decía que estaba el Petronio entero. ¡Cuál sería su asombro cuando se encontró en la iglesia mayor con el cuerpo íntegro de san Petronio, patrono de aquella religiosa ciudad!

Lo cierto es que la bibliografía petroniana es una serie de fraudes honestos. Cuando en 1662 apareció en Trau de Dalmacia el insigne fragmento de la cena de Trimalción, que casi duplicaba el volumen del libro, no faltó un falsario llamado Nodot que, aprovechándose del ruido producido en la *Europa literaria* por aquel hallazgo, fingiese haber encontrado en Belgrado (Alba-Graeca), el año 1688, un nuevo ejemplar de Petronio en que todas las lagunas estaban colmadas. A nadie engañó tan mal hilada invención, porque los fragmentos de Nodot están en muy mediano latín y abundan de groseros galicismos, como lo pusieron de manifiesto Lebnitz, Crammer, Perizonio, Ricardo Bentley y otros muchos cultivadores de la antigüedad; pero como quiera que los suplementos de Nodot, a falta de otro mérito, tienen el de dar claridad y orden al mutilado relato de Petronio, siguen admitiéndose tradicionalmente en las mejores ediciones.

Marchena fue más afortunado, por lo mismo que su fragmento es muy breve y que puso en él los cinco sentidos, bebiendo los alientos al autor con aquella portentosa facilidad que él tenía para remedar estilos ajenos. Toda la malicia discreta y la elegancia un poco relamida de Petronio, atildadísimo cuentista de decadencia, han pasado a este trozo, que debe incorporarse en la descripción de la monstruosa zambra nocturna de que son actores Giton, Quartilla, Pannychis y Embasicóetas. Claro que un trozo de esta especie, en que el autor no ha emulado solo la pura latinidad de Petronio, sino también su desvergüenza inaudita, no puede trasladarse en parte alguna, ni menos en obra de asunto tan grave como la presente, con todo eso, y a título de curiosidad filológica, pongo en nota algunas líneas que no tienen peligro, y que bastan a dar idea de la manera del abate andaluz en este singular ensayo.**430**

El éxito de esta *facecia* fue completísimo. Marchena la publicó con una dedicatoria jocosa al ejército del Rhin y con cinco notas de erudición picaresca, que pasan, lo mismo que el texto, los límites de todo razonable desenfado. Así y todo, muchos sabios cayeron en el lazo; un profesor alemán demostró en la *Gaceta*

---

430 Véase *Fragmentum Petronii ex bibliothecae S. Galli antiquissimo* ms. excerptum, nunc primum in lucem editum, gallice vertit ac notis perpetuis illustravit Lallemandus, Sacrae Theologiae doctor. Toda esta portada es burlesca, como se ve; la edición se hizo en Basilea, en 1802; es hoy rarísima, y apenas hay biblioteca pública que la posea. Ha sido reimpresa el año 1865 en Bruselas, con la falsa data de Soleure, precedida de una introducción biográfica escrita por el bibliófilo Jacob (Paul Lacroix). La tirada fue cortísima y solo para aficionados (112 ejemplares y 20 más en papel superior). Es un cuaderno de VIII + 53 páginas.

El fragmento sin las notas puede leerse en uno de los apéndices del *Catulo*, de Noël (año XI, 1803, página 344), y, traducido al francés, figura también en el *Petronio*, de Nisard, donde es lástima que falte el texto latino. Véase alguna muestra de él:

Haec dum fiunt, ingenti sono fores repente perstrepunt, omnibusque quid tam inopinus sonitus esset mirantibus, militem, ex excubiis nocturnis unum, districto gladio, adolescentolorumque turba stipatum, conspicmus. Trucibus ille oculis ac Thrasonico gestu omnia circumspiciebat: tandem Quartillam intuens: Quid est, inquit, mulier impudentissima? Falsis me pollicitationibus ludis, nocteque promissa fraudas? At non impune feres, tuque amatorque iste tuus me esse hominem intelligetis... Tunc vero anus illa ipsa, quae dudum me domicilium quaerentem luserat, velut e caelo demissa, miserae Pannychidi auxilio fuit. Magnis illa clamoribus domum intrat, vicum pererrare praedones autumat; frustra cives Quiritium fidem implorare, nec vigilium excubias, aut somno sopitas, aut comessationibus intentas praesto esse. Hic miles graviter commutus, praecipitanter se ex Quartillae domo abduxit, eum insecuti comites, Pannychida impendente periculo, nos omnes metu liberarunt... Siento no poder transcribir lo más característico de este relato.

Noël, que, como queda dicho, lo copia entero y le elogió mucho, llama a Marchena español notable por la prodigiosa variedad de sus conocimientos.

A propósito de la segunda a Safo, de que hay en castellano cinco o seis traducciones, entre ellas una mía, recordaré que nuestro insigne comentador Aquiles Stacio completó la versión latina de Catulo con la siguiente estrofa, no digna, ciertamente, de caer en olvido:

Sudor it late gelidas tremendi
artubus totis, violamque vincit
insidens pallor, moriens nec auras
ducere possum.

Literaria Universal de Jena la autenticidad de aquel fragmento; el Gobierno de la Confederación Helvética mandó practicar investigaciones oficiales en busca del códice del monasterio de san Gall, donde Marchena declaraba haber hecho el descubrimiento. ¡Cuál sería la sorpresa y el desencanto de todos cuando Marchena declaró en los papeles periódicos ser el único autor de aquel bromazo literario! Y cuentan que hubo sabio del Norte que ni aun consintió en desengañarse.

En las notas quiso alardear Marchena de poeta francés, como en el texto se había mostrado ingenioso prosista latino. Su traducción de la famosa oda o fragmento segundo de Safo, tan mal traducida y tan desfigurada por Boileau, no es ciertamente un modelo de gusto y adolece de la palabrería a que inevitablemente arrastran los alejandrinos franceses; pero tiene rasgos vehementísimos y frases ardorosas y enérgicas, que se acercan al original griego o a lo menos a la traducción de Catulo, más que la tibia elegancia de Boileau, de Philips o de Luzán:

> À peine je te vois, à peine je t'entends.
> Immobile, sans voix, accablé de langueur,
> d'un tintement soudain mon oreille est frappée,
> et d'un nuage obscur ma vue enveloppée:
> un feu vif et subtil se glisse dans mon coeur.

El *tintinnant aures* nunca se ha traducido mejor.

Perdónense estos detalles literarios; no es fácil resistir a una inclinación arraigada, y, además, ¡cuánto sirven para templar la aridez de la historia y para completar el retrato moral de los personajes! Consuélese el lector con que nuestros heterodoxos de este siglo suelen ser gente de poca y mala y nada clásica literatura y que han de entretenernos poco con su latín ni con su griego.

Animado Marchena con el buen éxito de sus embustes, quiso repetirlos, pero esta vez con poca fortuna, por aquello de *non bis in idem*. Escribió, pues, cuarenta hexámetros a nombre de Catulo, y como si fueran un trozo perdido del canto de las Parcas en el bellísimo epitalamio de *Tetis y Peleo*, y los publicó en París el año 1800,[431] en casa de Fermín Didot, con un prefacio de burlas en que zahería poco caritativamente la pasada inocencia de los sesudos filólogos alemanes: «Si yo hubiera estudiado latinidad —decía— en el mismo colegio que el célebre doctor en Teología Lallemand, editor de un fragmento de Petronio cuya autenticidad se demostró en la *Gaceta de Jena*, yo probaría, comparando este trozo con todo lo demás que nos queda de Catulo, que no podía ser sino suyo; pero confieso mi incapacidad, y dejó este cuidado a plumas más doctas que la mía».

Pero esta vez el supuesto papiro herculanense no engañó a nadie, ni quizá Marchena se había propuesto engañar. La insolencia del prefacio era demasiado clara; los versos estaban henchidos de alusiones a la revolución francesa, y a los triunfos de Napoleón, y además se le habían deslizado al hábil latinista algunos lapsus de prosodia y ciertos arcaísmos afectados, que Eichstaedt, profesor de Jena, notó burlescamente como variantes.

El aliento lírico del supuesto fragmento de Catulo es muy superior al que en todos sus versos castellanos mostró Marchena. ¡Fenómeno singular! Así él, como su contemporáneo Sánchez Barbero, eran mucho más poetas usando la lengua sabia que la lengua propia. Véase una muestra de esta segunda falsificación:

> Virtutem herois non finiet Hellespontus.
> Victor lustrabit mundum, qua maxumus arva
> aethiopum ditat Nilus, qua frigidus Ister
> germanum campos ambit, qua Thybridis unda
> laeta fluentisona gaudet Saturnia tellus.
> Currite, ducentes subtemina, currite, fusi:

---

431 *Catulli fragmentum* (París 1806, Firminus Didot). No hay más portada que ésta. Le reimprimió Fedición Schoell en su *Répertoire de littérature ancienne* (París 1808), página 184 a 188, con las correcciones de Eichstaedt, publicadas en un programa de la Universidad de Jena el 7 de agosto de 1807, con ocasión del nombramiento de nuevo rector.
Eichstaedt dice de Marchena: Iosephus Marchena, natione Hispanus, inter Francogallos bellica virtute non minus quam scientia clarus, caeterum, ut Catullino quodam praeconio omnia complectamur, homo venustus et dicax et urbanus.
En mis *Estudios poéticos* está traducido en verso castellano el fragmento de Marchena tal como se publicó al principio y sin los versos que añadió Eichstaedt.

> Hunc durus Scytha, Germanus Dacusque pavebunt;
> nam flammae similis, quom ardentia fulmina caelo
> Iuppiter iratus contorsit turbine mista,
> si incidit in paleasque leves, stipulasque sonantes,
> tunc Eurus rapidus miscens incendia victor
> saevit, et exultans arva et silvas populatur:
> hostes haud aliter prosternens alter Achilles
> corporum acervis ad mare iter fluviis praecludet.
> Currite, ducentes subtemina, currite, fusi.
> At non saevus erit, cum iam victoria laeta
> lauro per populos spectandum ducat ovantem,
> vincere non tantum norit, sed parcere victis.

Además de estos trabajos, publicó Marchena en Francia muchos opúsculos políticos e irreligiosos, de que he logrado escasa noticia, y algunas traducciones. Entre los primeros figuran un ensayo de teología,[432] que fue refutado por el doctor Haeckel en la cuestión de los clérigos juramentados, no sin que Marchena aprovechase tal ocasión para declararse espinosista; algunas reflexiones sobre los fugitivos franceses, escritas en 1795, y *El Espectador Francés*, periódico de literatura y costumbres, que empezó a publicar en 1796 en colaboración con Valmalette, y que no pasó del primer tomo, reducido a pocos números.

Después de la desgracia de Moreau, Marchena se hizo bonapartista y fogoso partidario del imperio, que consideraba como a última etapa de la revolución y primera de lo que él llamaba libertad de los pueblos, es decir, el entronizamiento de las ideas de Voltaire, difundidas por la poderosa voz de los cañones del césar corso. No entendía de otra libertad ni otro patriotismo Marchena, aunque entonces pasase por moderado y estuvieron ya lejos aquellos días de la Convención en que él escribía sobre la puerta de su casa: *Ici l'on enseigne l'atheisme par principes*.

La verdad es que no tuvo reparos en admitir el cargo de secretario de Murat cuando en 1808 fue enviado por Napoleón a España. Acción es ésta que basta

---

432 *Essai sur la Théologie* (París 1797).
    —*Heckel à Marchena sur les prêtres assermentés*, 8.º Quelques réflexions sur les fugitifs français (1795), 8.º Le Spectateur Français, año 5 (1796), 12.º

para deshonrar a Marchena cuando recordamos que ni siquiera la sangre de mayo bastó a separarle del infame verdugo del Prado y de la Moncloa. ¡Cuán verdad es que, perdida la fe religiosa, no tiene el patriotismo en España raíz ni consistencia, ni apenas cabe en lo humano que quien reniega del agua del bautismo y escarnece todo lo que sus padres adoraron y lo que por tantos siglos fue sombra tutelar de su raza, y educó su espíritu, y forma su grandeza, y se mezcló como grano de sal en todos los portentos de su historia, pueda sentir por su gente amor que no sea retórica hueca y baladí como es siempre el que se dirige al ente de razón que dicen Estado! Después de un siglo de Enciclopedia y de filosofía sensualista y utilitaria y sin más moral ni más norte que la conveniencia de cada ciudadano, es lógica la conducta de Marchena, como es lógico el examen de los delitos de infidelidad de Reinoso, que otros han llamado defensa de la traición a la patria. Uno de los más abominables efectos del fanatismo político por libertades y reformas abstractas es amortiguar o cegar del todo en muchas almas el desinteresado amor de la patria. Viniera de donde viniese el destructor de la Inquisición y de los frailes, le aceptaban los afrancesados, y de buen grado le servía Marchena.

Por aquellos días que antecedieron a la jornada de Bailén solía asistir a la tertulia de Quintana. Allí le conoció Capmany, que nos dejó en cuatro palabras su negra semblanza entre las de los demás tertulios: «Allí conoció al impío apóstata Marchena, renegando de su Dios, de su patria y de su ley, fautor y cómplice de los franceses que entraron en Madrid con Murat».

Ya antes de este tiempo andaba Marchena en relaciones con Quintana y los suyos. Ciertas alusiones de los versos del abate nos inducen a creer que en sus mocedades cursó algún tiempo las aulas salmantinas. Lo cierto es que fue desde 1804 colaborador de las *Variedades de Ciencias, Literatura y Artes*, no con su propio nombre, sino con las iniciales J. M., presentándole los editores como «un español ausente de su patria más de doce años había y que en medio de las vicisitudes de su fortuna no había dejado de cultivar las musas castellanas». Allí se anunció que proyectaba una nueva traducción de los poemas ossiánicos más perfecta e íntegra que las de Ortiz y Montengón, y se pusieron para muestra varios trozos. A Marchena, falsario por vocación, le agradaban todas las supercherías, aun las ajenas, y traduciendo los pastiches de Macpherson, anduvo mucho más poeta que en sus versos originales, de tal suerte que es de lamentar la pérdida de la versión entera. Como las *Variedades*[433] son tan raras, yo nunca he visto ejemplar completo, ni lo es el que tengo, y como, por otra parte, la poesía ossiánica, no obstante su notoria falsedad, conserva cierta importancia histórica, como primer albor del romanticismo nebuloso y melancólico y como primera tentativa de poesía artificialmente nacional y autónoma, quizá no desagrade a los lectores ver estampado aquí tal como lo interpretó Marchena, el famoso apóstrofe *Al Sol* con que termina el poema de Cárton, original del *Himno al Sol*, de Espronceda:

¡Oh, tú que luminoso vas rodando
por la celeste esfera
como de mis abuelos el bruñido
redondo escudo! ¡Oh, Sol! ¿De dó manando
en tu inmortal carrera
va, di, tu eterno resplandor lúcido?
Radiante en tu belleza,
majestuoso te muestras, y, corridas
las estrellas, esconden su cabeza
en las nubes; las ondas de occidente,
las luces de la Luna oscurecidas,
sepultan en su seno; reluciente
tú en tanto vas midiendo el amplio cielo.
¿Y quién podrá seguir tu inmenso vuelo?
Los robles empinados
del monte caen; el alto monte mismo
los siglos precipitan al abismo;
los mares irritados
ya menguan y ya crecen,
ora se calman y ora se embravecen.
La blanca Luna en la celeste esfera
se pierde; más tú ¡oh Sol!, en tu carrera,
de eterna luz brillante,
ostentas tu alma faz siempre radiante.

---

433 Los fragmentos ossiánicos de Marchena están en los números 16, 17 y 18 (1804).

Cuando el mundo oscurece
la tormenta horrorosa y cruje el trueno,
tú riendo sereno,
muestras tu frente hermosa
en las nubes y el cielo se esclarece.
¡Ay!, que tus puros fuegos
en balde lucen, que los ojos ciegos
de Ossian no los ven más, ya tus cabellos
dorados vaguen bellos
en las bermejas nubes de occidente,
ya en las puertas se muevan de oriente.
Pero también un día su carrera
acaso tendrá fin como la mía;
y, sepultado en sueño, en tu sombría
noche, no escucharás la lisonjera
voz de la roja aurora;
Sol, en tu juventud gózate ahora.
Escasa es la edad yerta,
como la claridad de Luna incierta
que brilla entre vapores nebulosos
y entre rotos nublados...

Estos versos jugosos y entonados, aunque pobres de rima, son muestra clarísima de que sus largas ausencias y destierros, no habían sido parte a que Marchena olvidara la dicción poética española, sin que para abrillantarla ni remozarla necesitara recurrir entonces a los extraños giros, inversiones y latinismos con que en sus últimos años afeó, prosa o verso, cuanto compuso.[434]

A los pocos días de haber llegado Marchena a Madrid, imperando todavía pro formula el antiguo régimen, se creyó obligado el tolerantísimo y latitudinario inquisidor general, don Ramón José de Arce, a mandar prender al famoso

---

[434] Alguien ha atribuido estos fragmentos a Maury; pero ni las iniciales (que en este caso deberían ser J. M. M.), ni las señas que se dan del traductor, ni el estilo, ni la versificación convienen. Además hay un dato que corta toda cuestión, y es el existir dos poemas de Ossián en el códice de poesías de Marchena, recientemente descubierto en París. De Maury no sabemos que tradujera nunca al supuesto bardo caledonio.

girondino, cuya estrepitosa notoriedad de ateo había llegado hasta España. Se le prendió y se mandó recoger sus papeles (algunos de los cuales tengo yo a la vista); pero Murat envió una compañía de granaderos, que le sacó a viva fuerza de las cárceles del santo Tribunal. Con esta ocasión compuso Marchena cuatro versos insulsos, que llamó epigrama, y que, han tenido menos suerte que su chanza contra Urquijo.

El rey José hizo a Marchena director de la *Gaceta* y archivero del Ministerio del Interior (hoy de Gobernación), le dio la cruz del Pentágono y le ayudó con una subvención para que tradujera el teatro de Molière, secundando a Moratín, que acababa de trasladar a la escena española con habilidad nunca igualada *La escuela de los maridos*. Marchena puso en castellano las comedias restantes,[435] pero solo llegaron a representarse e imprimirse *El avaro*, *El hipócrita* (*Tartuffe*) y *La escuela de las mujeres*, recibidas con mucho aplauso en los teatros de la Cruz y del Príncipe. Estas traducciones, ya bastante raras, disfrutan de fama tradicional, en gran parte merecida. Con todo eso, Marchena no tenía verdadero ingenio cómico, y sus versos, ásperos como guijarros y casi siempre mal cortados, nada conservan de la fluidez y soltura necesarias al diálogo de la escena. Pero el hombre de talento dondequiera lo muestra, aun en las cosas más ajenas de su índole, y por eso las traducciones de Marchena se levantan entre el vulgo de los arreglos dramáticos del siglo XVIII *quantum lenta solent inter viburna cupressi*. Hubiera acertado en hacerlas todas en prosa. Los romances de su *Tartuffe*[436] son tan pedestres y de tan vulgar asonancia como los de *El barón* y *La mojigata*. Además de las comedias de Molière, tradujo y dio a los actores Marchena otras piezas francesas de menos cuenta: *Los dos yernos* y *Filinto o el egoísta*, célebre comedia de Fabre de L'Eglantine, que quiso hacer con ella una especie de *contre-partie* o de tesis contradictoria de la del *Misántropo*.

Marchena no hizo gran fortuna ni siquiera con los afrancesados[437] gracias a su malísima lengua, tan afilada y cortante como un hacha, y a lo áspero, violento y desigual de su carácter, cuyas rarezas, agriadas por su vida aventurera y miserable, ni a sus mejores amigos perdonaban. Acompañó al rey José en su

---

435 Así lo afirma en sus *Lecciones de filosofía moral*, pero se ignora el paradero de esta versión completa.
436 La reimpresión que de él tengo carece de año y de lugar y de toda advertencia o prólogo.
437 Así lo afirma uno de ellos, don José de Lira, en carta al señor de Cueto, escrita desde París en 1859 (*Poetas líricos del siglo XVIII*, página 621).

viaje a Andalucía en 1810, y, hospedado en Córdoba, en casa del penitenciario Ariona, escribió, de concierto con él, una oda laudatoria de aquel monarca, muy mala, como obra de dos ingenios y hecha de compromiso pero no escasa de tristes adulaciones, hasta llamar al intruso rey delicias de España y Sol benigno que venía a dorar de luces pías las márgenes del Betis:

> Así el Betis te admira cuando goza
> a tu influjo el descanso lisonjero,
> al tiempo que de Marte el impío acero
> aun al rebelde catalán destroza.[438]

Los versos son malos, pero aún es peor y más vergonzosa la idea. ¡Y no temían estos hombres que turbasen sus sueños las sombras de las inultas víctimas de Tarragona! No hay gloria literaria que alcance a cohonestar tales infamias, ni toda el agua del olvido bastará a borrar aquella oda en que Moratín llamó digno trasunto del héroe de Vivar al mariscal Suchet, tirano de Barcelona y de Valencia.

Siguió Marchena en 1813 la retirada del ejército francés a Valencia. Allí solía concurrir de tertulia a la librería de don Salvador Fauli, que había convertido en cátedra de sus opiniones antirreligiosas. Los mismos afrancesados solían escandalizarse, a fuer de varones graves y moderados, y le impugnaban, aunque con tibieza, distinguiéndose en esto Meléndez y Moratín. El librero temió por la inocencia de sus hijos, que oían con la boca abierta aquel atajo de doctas blasfemias, y fue a pedir cuentas a Marchena, a quien encontró leyendo la *Guía de pecadores*. El asombro que tal lectura le produjo acrecentóse con las palabras del abate, que ya en otro lugar quedan referidas.

Ganada por los ejércitos aliados la batalla de Vitoria, Marchena volvió a emigrar a Francia, estableciéndose primero en Nimes y luego en Montpellier y Burdeos, cada vez más pobre y hambriento y cada vez más arrogante y descomedido. En 28 de septiembre de 1817 escribe Moratín[439] al abate Melon: «Marchena, preso en Nimes por una de aquellas prontitudes de que adolece;

---

438 Véase esta oda entre las poesías de Arjona (*Poesías líricas del siglo XVIII*, tomo 2, página 516).
439 *Obras póstumas*, tomo 2, página 292.

dícese que le juzgará un consejo de guerra a causa de que insultó y desafió a todo un cuerpo de guardia. Yo no desafío a nadie y nadie se mete conmigo». Y en posdata añade: «Parece que ya no arcabucean a Marchena, y todo se ha compuesto con una áspera reprimenda espolvoreada de adjetivos».

Como recurso de su miseria, a la vez que medio de propaganda, emprendió Marchena para editores franceses la traducción de varios libros de los que por antonomasia se llamaban prohibidos, piedras angulares de la escuela enciclopédica. Vulgarizó, pues, las *Cartas persianas*, de Montesquieu;[440] el *Emilio* y la *Nueva Eloísa*, de Rousseau; los *Cuentos y novelas* de Voltaire (*Cándido, Micromegas, Zadig, El ingenuo*, etc.); el *Manual de los inquisidores*, del abate Morellet (extracto infiel del *Directorium*, de Eymerich), el *Compendio del origen de todos los cultos*, de Dupuis; el *Tratado de la libertad religiosa*, de Bénoit, y alguna obra histórica, como la titulada *Europa después del Congreso de Aquisgrán*, por el abate De Pradt. En un prospecto que repartió en 1819 anunciaba, además, que en breve publicaría el *Essai sur les moeurs* y *El siglo de Luis XIV*, y quizá alguna otra que no haya llegado a mis manos, porque Marchena

---

440 Como todas estas traducciones se imprimieron y reimprimieron muchas veces clandestinamente, no siempre es fácil apurar las fechas. De las *Cartas persianas* conozco dos ediciones: Nimes 1818 y Tolosa 1821, aunque hay ejemplares con la falsa data de Cádiz.
—*Emilio o la educación* (Burdeos 1817), tres tomos 12.º, reimpreso hacia 1850 en el folletín de *Las Novedades*, aunque sin los nombres de Rousseau y Marchena para evitar el escándalo.
—*Julia o la nueva Eloísa* (Tolosa 1821), cuatro tomos 8.º, impreso en Barcelona, 1834.
—*Cuentos y novelas* de Voltaire (Burdeos 1819, Sevilla 1836), tres tomos 12.º (hay otras ediciones anteriores y una muy reciente, 1878, de la Biblioteca Perojo (dos tomos 4.º).
—*Origen de los cultos* (Barcelona 1820, Burdeos 1821).
—*De la libertad religiosa* (Barcelona 1821).
—*Manual de los inquisidores* (Burdeos 1819).
Estas son las traducciones en que el abate Marchena puso su nombre; pero con más o menos fundamento es común atribuirle algunas otras, que por el estilo parecen suyas, v. gr., una de la *Pucelle*, de Voltaire, que suena impresa en Cádiz, 1820, y otra (en verso suelto) de la *Guerra de los dioses*, sacrílego y monstruoso poema de Parny, que se ha impreso dos veces por lo menos en castellano. Otros la atribuyen al periodista Ramajo, uno de los redactores de *El Conciso*, de Cádiz.
El *Coup d'oeil sur la force, l'opulence et la population de la Grande-Bretagne*, par le docteur Clarke (con la correspondencia inédita de Hume) se imprimió en París, 1802, 8.º, y el *Voyage aux Indes Orientales*, en 1808.

inundó literalmente a España de engendros volterianos. Muchas de estas traducciones son de pane lucrando, hechas para salir del día, con rapidez de menesteroso y sin propósito literario. De aquí enormes desigualdades de estilo, según el humor del intérprete y la mayor o menor largueza del librero. Apenas puede creerse que salieran de la misma pluma la deplorable traducción de las *Cartas persianas*, tan llena de galicismos, que parece obra de principiantes; la extravagantísima del *Emilio*, atestada de arcaísmos, inversiones desabridas y giros inarmónicos, y la fácil y donairosa de *Cándido* y de *El ingenuo*, que casi compiten en gracia y primor de estilo con los cuentos originales.

Del inglés tradujo Marchena a lengua francesa la *Ojeada*, del doctor Clarke, sobre la fuerza, opulencia y población de la Gran Bretaña, y del italiano, el *Viaje a las Indias Orientales*, del padre Paulino de san Bartolomé. Publicó por primera vez la correspondencia inédita de David Hume y del doctor Tucker y en los *Anales de viajes* insertó una descripción de las provincias vascongadas.

Pero su trabajo más meritorio por aquellos días fue la colección de trozos selectos de nuestros clásicos, intitulada *Lecciones de filosofía moral y elocuencia*,[441] no por la colección en sí que parece pobrísima y mal ordenada si se compara con otras antologías del mismo tiempo o anteriores, como *Teatro crítico de la elocuencia española*, de Capmany, o la de *Poesías selectas* de Quintana, sino por un largo discurso preliminar y un exordio, en que Marchena teje a su modo la historia literaria de España, y nos da, en breve y sustancioso resumen, sus opiniones críticas, e históricas y hasta morales y religiosas. La resonancia de tal discurso fue grandísima, sobre todo en la escuela hispalense, y aún no dista mucho de nosotros el tiempo en que los estudiantes sevillanos solían recibir de sus maestros, a modo de préstamo clandestino, los dos volúmenes de Marchena, como si contuvieran la última ratio de la humana sabiduría y el misterio esotérico, solo revelable a los iniciados. ¿Quién no ha conocido famosos demócratas andaluces que se habían plantado en el abate Marchena, y por su nombre juraban, resolviendo de plano con el criterio del *magistir dixit*, más o menos disimulado, toda cuestión de estética y aun de teología?

---

441 *Lecciones de filosofía moral y elocuencia*, o colección de los trozos más selectos de poesía, elocuencia, historia, religión y filosofía moral y política de los mejores autores castellanos, puestas en orden por don Josef Marchena... (Burdeos, Imprenta de don Pedro Beaume), tomo 1, 147-460 páginas; tomo 2, 656 páginas, 4.º

Usando de una expresión vulgarísima, pero muy enérgica, tengo que decir que el alma se cae a los pies cuando, engolosinado uno con tales ponderaciones, acomete la lectura del célebre discurso y quiere apurar los quilates de la ciencia crítica de Marchena. Hoy, que el libro ha perdido aquella misteriosa aureola que le daban de consumo la prohibición y el correr a sombra de tejado, pasma tanto estruendo por cosa tan mediana y baladí. La decantada perfección lingüística de Marchena estriba en usar monótona y afectadamente el hipérbaton latino con el verbo al fin de la cláusula, venga o no a cuento y aunque desgarre los oídos; en embutir dondequiera las frases muy más, cabe, so capa y eso más que, aunque esta última, que se le antojó castiza, no sé por cual razón le arrastre a singulares anacolutos; en encrespar toda la oración con vocablos altisonantes al lado de otros de bajísima ralea; en llenar la prosa de fastidiosísimos versos endecasílabos y en torcer y descoyuntar de mil modos la frase, dándose siempre tal maña, que escoge la combinación de palabras o de sílabas más áspera y chillona para rematar el período. ¡Menguado estudio de los clásicos había hecho Marchena, si no le habían enseñado lo primero que debe aprenderse de ellos: la naturalidad! Estilo más enfático y pedantesco que el de este discurso, yo no lo conozco en castellano, digo, entre las cosas castellana que merecen leerse.

Porque lo merece, sin duda, siquiera está lleno de gravísimos errores de hecho y de derecho y escrito con rencorosa saña de sectario, que transpira desde las primeras líneas. La erudición de Marchena en cosas españolas era cortísima; hombre de inmensa lectura latina y francesa, había saludado muy pocos libros españoles, aunque éstos los sabía de memoria. Garcilaso, el bachiller La Torre, Cervantes, ambos Luises, Mariana, Hurtado de Mendoza, Herrera y Rioja, Quevedo y Solís, Meléndez y Moratín constituían para él nuestro tesoro literario. De ellos y poco más formó su colección; de ellos casi solos trata en el *Discurso preliminar*. La poesía de la Edad media es para él letra muerta aun después de las publicaciones de Sánchez; de los romances, tampoco sabe nada, o lo confunde todo, y ni uno solo de los históricos, cuanto más de los viejos, admite en su colección. Los juicios sobre autores del siglo XVI suelen ser de una necedad intolerable; llama a las obras de santa Teresa adefesios que excitan la indignación y el desprecio, y no copia una sola línea de ellas. Tampoco del Venerable Juan de Ávila ni de otro alguno de los predicadores españoles, porque son títeres espirituales. Los ascéticos, con excepción de fray Luis de Granada, le parecen mezquinos y risibles; las obras místicas y de devoción, cáfila de desatinos y extravagancias, disparatadas paparruchas. Los Nombres de Cristo, de fray Luis de León, le agradan por el estilo. ¡Lástima que el argumento sea de tan poca importancia, como que nada vale! De obras filosóficas no se hable, porque tales ciencias (basta que lo diga Marchena bajo su palabra) nunca se han cultivado ni podídose cultivar en España, donde el abominable Tribunal de la Inquisición aherrojó los entendimientos, privándolos de la libertad de pensar. ¿Ni qué luz ha de esperarse de los historiadores, esclavos del estúpido fanatismo y llenos de milagros y patrañas? Borrémoslos, pues, sin detenernos en más averiguaciones y deslindes.

Por este sistema de exclusión prosigue Marchena hasta quedarse con Cervantes y con media docena de poetas. Tan extremado en la alabanza como antes lo fue en el vituperio, no solo afirma que nuestros poetas líricos vencen con mucho a los demás de Europa, porque resulta, según su cálculo y teorías, que el fanatismo, calentando la imaginación, despierta y aviva el estro poético, sino que se arroja a decir que la canción *A las ruinas de Itálica* vale más que todas las odas de Píndaro y de Horacio; tremenda andaluzada, que ni siquiera en un hijo de Utrera, paisano de Rodrigo Caro, puede tolerarse. Bella es la canción de las *Ruinas*, y tuvo en su tiempo la novedad de la inspiración arqueológica; pero, ¡cuántas odas la vencen, aun dentro de nuestro Parnaso! Marchena, amontonando yerro sobre yerro, atribuye, como don Luis José Velázquez, los versos del bachiller La Torre a Quevedo; cita como prueba de la originalidad de éste una traducción de Horacio, que es del Brocense, y, finalmente, decreta el principado de las letras a los andaluces, poniéndose él mismo en el coro y al lado del divino Herrera, no sin anunciar que ya vendrá día en que la posteridad la levante una estatua, vengándole de sus inicuos opresores.

Por el mismo estilo anda todo, con leves diferencias. De vez en cuando centellean algunas intuiciones felices, algunos rasgos críticos de primer orden; tal es el juicio del Quijote, tal alguna que otra consideración sobre el teatro español, perdida entre mucho desvarío, que quiere ser pintura de nuestro estado social en el siglo XVIII tan desconocido para Marchena como el XIV; tal la distinción entre la verdad poética y la filosófica; tal lo que dice del platonismo erótico; tal el hermoso paralelo entre fray Luis de León y fray Luis de Granada, que es el mejor trozo que escribió Marchena, por mucho que le perjudique la forma, siempre retórica, de la simetría y de la antítesis, tal el buen gusto con que en

429

pocos y chistosísimos rasgos tilda el castellano de Cienfuegos y de Quintana, en quien le agradaban las ideas, pero le repugnaba el neologismo. Pero repito que todos estos brillantes destellos lucen en medio de un lobreguez caliginosa, donde a cada paso va el lector tropezando, ya con afirmaciones gratuitas, ya con juicios radicalmente falsos, ya con ignorancias de detalle, ya con alardes intempestivos de ateísmo y despreocupación, ya con brutales y sañudas injurias contra España, ya con vilísimos rasgos de mala fe. En literatura, su criterio es el de Boileau, y, aunque parezca inverosímil, un hombre que en materias religiosas, sociales y políticas llevaba hasta la temeridad su ansia de novedades y solo vivía del escándalo y por el escándalo, en literatura es, como su maestro Voltaire, el más sumiso a los cánones de los preceptistas del siglo de Luis XIV, el más conservador y retrógrado y el más rabioso enemigo de los modernos estudios y teorías sobre la belleza y el arte, «esa nueva oscurísima escolástica con nombre de estética que califica de romántico o novelesco cuanto desatino la cabeza de un orate imaginarse pueda». Marchena, como todos los volterianos rezagados, es falsamente clásico, a la manera de La Harpe, y para él, Racine y Molière son las columnas de Hércules del arte. A Shakespeare le llama lodazal de la más repugnante barbarie; a Byron, ni aun le nombra; de Goethe no conoce o no quiere conocer más que el Werther.

Juzgadas con este criterio nuestras letras, todo en ellas ha de parecer excepcional y monstruoso. Restringido arbitrariamente el principio de imitación, entendida con espíritu mezquino la antigüedad (¿qué ha de esperarse de quien dice que Esquilo violó las reglas del drama, es decir, las reglas del abate D'Aubignac?), convertidos en pauta, ejemplar, y dechado único los artificiales productos de una civilización refinadísima, flores por la mayor parte de invernadero, solo el buen gusto y el instinto de lo bello podían salvar al crítico en los pormenores y en la aplicación de sus reglas, y de hecho salvan más de una vez a Marchena. Pero es tan inseguro y contradictorio su juicio, son tan caprichosos sus amores y sus odios y tan podrida está la raíz de su criterio histórico, que los mismos esfuerzos que hace para dar a su crítica carácter trascendental y enlazar la historia literaria con las vicisitudes de la historia externa solo sirven para despeñarle. Bien puede decirse que todo autor español le desagrada en el hecho de ser español y católico. No concibe literatura grande y floreciente sin espíritu irreligioso, y, cegado por tal manía, ora se empeña en demostrar que los españoles de la Edad media eran muy tolerantes y hasta indiferentes, como si no protestaran de lo contrario las hogueras de san Fernando, las matanzas de judíos y la Inquisición catalana y todos nuestros cuerpos legales; ora se atreve a poner lengua, caso raro un español, en la veneranda figura de Isabel la Católica, «implacable en sus venganzas y sin fe en la conducta pública» y; ora colocar al libelista fray Paolo Sarpi sobre todos nuestros historiadores por el solo hecho de haber sido protestante, aunque solapado; ora llama bárbara cáfila de expresiones escolásticas a la ciencia de santo Tomás o de Suárez; ora niega porque sí y por quitar una gloria más a su patria, la realidad del mapa geodésico del maestro Esquivel, de que dan fe Ambrosio de Morales y otros testigos irrecusables por contemporáneos; ora explica la sabiduría de Luis Vives por haberse educado fuera de la Península; ora califica de patraña un hecho tan judicialmente comprobado como el asesinato del Niño de la Guardia; ora imagina, desbarrando, que los monopantos de Quevedo son los jesuitas; ora calumnia feamente a la Inquisición, atribuyéndola el desarrollo del molinosismo, que ella castigó sin paz y sin tregua; ora nos enseña como profundo descubrimiento filosófico que los inmundos trágicos de la *Epístola moral* «son nuestros frailes, los más torpes y disolutos de los mortales, encenegados en los más hediondos vicios, escoria del linaje humano»; ora (*risum teneatis!*) excluye casi de su colección a fray Luis de Granada por inmoral. Y ciertamente que su moral era todo lo contrario de la extraña moral de Marchena, que en otra parte de este abigarrado discurso truena con frases tan estrambóticas, como grande es la aberración de las ideas, contra la moral ascética, enemiga de los deleites sensuales, en que la reproducción del humano linaje se vincula, tras de los cuales corren ambos sexos a porfía. Él profesa la moral de la naturaleza, «la de Trasíbulo y Timoleón», y, en cuanto a dogma, no nos dice claro si por aquella fecha era ateo o panteísta, puesto caso que del deísmo de Voltaire había ya pasado y todo lo tenía por cierto y opinable.

Qui habitat in caelis irridebit eos, y en verdad que parece ironía de la Providencia que la nombradía literaria de aquel desalmado jacobino, que en París abrió cátedra de ateísmo, ande vinculada, ¿quién había de decirlo?, a una oda de asunto religioso, la oda *A Cristo crucificado*. De esta feliz inspiración quedó el autor tan satisfecho que con su habitual e inverosímil franqueza no solo la pone por modelo en su colección de clásicos, sino que la elogia cándidamente en el preámbulo, y, comparándose con Chateubriand, cuya fama de

431

poeta cristiano le sacaba de quicio[442] exclama: «Entre el poema de *Los mártires* y la oda *A Cristo crucificado* media esta diferencia: que Chateaubriand no sabe lo que cree y cree lo que no sabe, y el autor de la oda sabe lo que no cree y no cree lo que sabe».

La inmodestia del autor, por una parte, y los elogios de su escuela, por otra, contribuyen a que la oda no haga en todos los lectores el efecto que por su robusta entonación debiera. El autor la admiró por todos, se decretó por ella una estatua y nada nos dejó que admirar. Así y todo, es composición notable, algo artificial y pomposa, algo herreriana con imitaciones directas, desigual en la versificación, desproporcionada en sus miembros, pequeña para tan gran plan, que quiere ser la exposición de toda la economía del cristianismo, y, por último, fría y poco fervorosa, como era de temer del autor aunque muchos hayan querido descubrir en ella verdadero espíritu religioso. Si Marchena se propuso demostrar que sin fe pueden tratarse magistralmente los asuntos sagrados, la erró de medio a medio, y su oda es la mejor prueba contra su tesis. Fácil es a un hombre de talento calcar frases de los *Libros santos y frases* de León y de Herrera y zurcirlas en una oda, que no será mejor ni peor que todas las odas de escuela; pero de esto al brotar espontáneo de la inspiración religiosa, ¡cuánto camino! Júzguese por las primeras estancias de la oda de Marchena, que, si bien fabricadas de taracea, tienen ciertamente rotundidad y número, y vienen a ser las mejores de esta composición, en que todo es cabeza, como si el autor, fatigado de su valiente arranque, se hubiese dormido al medio de la jornada:

> Canto al Verbo divino,
> no cuando inmenso, en piélagos de gloria,
> más allá de mil mundos resplandece,
> y los celestes coros de contino
> Dios le aclamen, y el padre se embebece
> en la perfecta forma no creada,
> ni cuando de victoria
> la sien ceñida, el rayo fulminaba,

---

442 Decía de *Los mártires* que «son una ensalada compuesta de mil yerbas, acedas aquellas, saladas estotras, y que juntas forman el más repugnante y asqueroso almodrote que gustar pudo el paladar humano».

> y de Luzbel la altiva frente hollaba,
> lanzando al hondo averno,
> entre humo pestilente y fuego eterno,
> la hueste contra el padre levantada.
> No le canto tremendo,
> en nube envuelto horrísono-tonante,
> de Faraón el pecho endureciendo,
> sus fuertes en las olas sepultando
> que en los abismos de la mar se hundieron,
> porque en brazo pujante
> tú Señor, los tocaste, y al momento,
> cual humo que disipa el raudo viento,
> no fueron; la mar vino,
> tragólos en inmenso remolino,
> y Amón y Canaán se estremecieron.

Muy inferiores a ésta son las demás poesías de Marchena, que él, con igual falta de escrúpulos, va poniendo por modelo en los géneros respectivos. Fragmentos de un poema político, titulado *La Patria*, a Ballesteros; una elegía amatoria, fría como un carámbano, *A Licoris*; un fragmento de Tíbulo, menos que medianamente traducido; algunos retazos de la tragedia Polixena, que nunca llegó a representarse por falta de actores, si hemos de creer al poeta, y una *Epístola* al geómetra Lanz, uno de los creadores de la cinemática industrial, sobre la libertad política.

En general, todo ello está pésimamente versificado, lleno de asonancias ilícitas, de sinéresis violentas y de prosaicas cuñas, muestra patente de que el autor sudaba tinta en cada verso, empeñado en ser poeta contra la voluntad de las hijas de la Memoria. En la *Epístola* noto algunos tercetos felices:

> Tal la revolución francesa ha sido
> cual tormenta que inunda las campiñas,
> los frutos arrancando del ejido;
> empero, el despotismo las entrañas
> deseca de la tierra donde habita,
> cual el volcán que hierve en las montañas

Y con perpetuo movimiento agita
el suelo que su lava esteriliza.
Así en Milton los monstruos del abismo
devoran con rabioso ávido diente
de quien les diera el ser el seno mismo.

Con cuya imagen quiere mostrar el autor que todos los excesos revolucionarios son consecuencia del despotismo y que él nutre y educa la revolución a sus pechos.

Tampoco carece de cierta originalidad Marchena como primer cantor español de la duda y precursor de Núñez de Arce y otros modernos:

¡Dulce esperanza, ven a consolarme!
¿Quién sabe si es la muerte mejor vida?
Quien me dio el ser, ¿no puede conservarme
más allá de la tumba? ¿Está ceñida
a este bajo planeta su potencia?
¿El inmenso poder hay quien le mida?
¿Qué es el alma? ¿Conozco yo su esencia?
Yo existo. ¿Dónde iré? ¿De dó he venido?
¿Por qué el crimen repugna a mi conciencia?

Bien dijo Marchena que tal poesía era nueva en castellano, pero también ha de confesarse que la nueva cuerda no produce en sus manos más que sonidos discordes, ingratos y confusos.

No todos sus versos están en las *Lecciones de filosofía moral*. Algunos de los más populares se imprimieron sueltos; otros, en gran número, existen manuscritos fuera de España. ¿Quién no conoce la famosa *Heroida de Eloísa a Abelardo*, del inglés Pope, que Colardeau imitó en francés y que Santibáñez, Marchena, Maury y muchos otros pusieron con mediano acierto en castellano, para nocivo solaz de mancebos y doncellas, que veían allí canonizados los impulsos eróticos, reprobadas las austeridades monacales y enaltecido sobre el matrimonio el amor desinteresado y libre? Ciertamente que esta Eloísa nada tiene que ver con la escolástica y apasionadísima amante de Abelardo, ni con la ejemplar abadesa del Paracleto, sino que está trocada, por obra y gracia de la elegante musa de Pope, en una miss inglesa sentimental, bien educada, vaporosa e inaguantable. ¿Dónde encontrar aquellas tan deliciosas pedanterías de la Eloísa antigua, aquellas citas de Macrobio y de las *Epístolas* de Séneca, del *Pastoral*, de san Gregorio, y de la regla de san Benito; aquellos juegos de palabras *oh inclementem clementiam! oh infortunatum fortunam!*, mezclados con palabras de fuego sentidas y no pensadas: *Non matrimonii foedera; non dotes aliquas expectavi, non denique meas voluptates aut voluntates, sed tuas, sicut ipse nosti, adimplere studui... Quae regina vel praepotens femina gaudiis meis non invidebat vel thalamis?... Et si uxoris nomen sanctius ac validius videtur, dulcius mihi semper extitit amicae vocabulum, aut (si non indigneris) concubinae vel scorti, ut quo me videlicet pro te amplius humiliarem, ampliorem apud te consequerer gratiam, et sic excellentiae tuae gloriam minus laederem... Quae cum ingemiscere debeam de commissis, suspiro potius de amissis.*

Después de leídas tales cartas, es humanamente imposible leer la *Heroida*, de Pope, donde ha desaparecido todo ese encanto de franqueza y barbarie, de ardor vehementísimo y sincero. Con todo eso, en el siglo pasado, esta ingeniosa falsificación de los sentimientos del siglo XII tuvo portentoso éxito y engendró una porción de imitaciones, que, con el nombre de *Heroidas*, dado ya por Ovidio a otras composiciones suyas de parecido linaje, no menos infieles al carácter de los tiempos heroicos que lo eran las de sus imitadores al espíritu de la Edad media, formaron uno de los más afectados, monótonos y fastidiosísimos géneros que por aquellos días estuvieron en boga.

Pero ¿cuál de las traducciones de la *Heroida*, de Pope, que andan en castellano[443] es la de Marchena? *Hoc opus, hic labor est.* El señor marqués de Valmar, doctísimo colector de nuestros poetas del siglo XVIII, se inclina a atribuirle

---

443 Están reunidas en las *Cartas de Abelardo y Eloísa* (dos tomos en 4.º, Barcelona, 1839, Imprenta de A. Bergnes); colección curiosa, pero desordenadísima. Además de las cartas latinas y los estudios de Guizot, Cousin, etc., sobre Abelardo, contiene la *Heroida* de Pope, la de Colardeau, las dos atribuidas a Marchena, la de Maury en octavas (muy fría, pero audazmente versificada como suya; ensayo de su juventud, impreso en Málaga en 1792, prohibido por la Inquisición en 1796) y tres *Heroidas* más de Beauchamps, Dorat y Mercier, puestas en versos castellanos nada vulgares por un poeta cuyas iniciales son L. V..., a quien pertenece asimismo cierta epístola original de Abelardo a Filinto, su amigo, que viene después; todo lo cual ha de estar tomado, si la memoria no me es infiel, de una colección de *Heroidas* francesas traducidas, que corre impresa en dos tomos, desde fines del siglo XVIII.

la más popular de todas, la que se imprimió en Salamanca, por Francisco de Toxar, en 1796, con título de *Cartas de Abelardo y Eloísa*, en verso castellano, y fue prohibida por un edicto de la Inquisición de 6 de abril de 1799. El señor Bergnes de las Casas, que imprimió en Barcelona en 1839, juntamente con el texto latino de las cartas de Abelardo y el inglés de la epístola de Pope, todas las imitaciones castellanas que pudo hallar de una y otra, atribuye a don Vicente María Santibáñez, catedrático de Humanidades en Vergara, la susodicha famosa traducción, que comienza:

> En este silencioso y triste albergue,
> de la inocencia venerable asilo...;

y da como anónima la respuesta, que parece obra original del traductor de la primera, si bien muy inferior a ella en condiciones literarias, como que el original de Pope o de Colardeau no sostenía la flaca vena del autor:

> Quién pudiera pensar que en tantos años
> de penitente y retirada vida...

Solo podría resolver esta cuestión el manuscrito de poesías de Marchena recientemente descubierto en Francia; pero, a juzgar por el índice que tenemos a la vista, las *Epístolas de Eloísa y Abelardo* son en él muy diversas de las que se imprimieron en Salamanca, puesto que empieza la primera:

> Sepulturas horribles, tumbas frías...

y la segunda:

> ¡Oh vida, oh vanidad, oh error, oh nada!...

Las restantes poesías de Marchena contenidas en este manuscrito, cuya tabla reproduzco al pie de esta página, todavía aguardan editor. Un profesor francés trata de sacarlas a luz, precedidas de un estudio biográfico acerca de Marchena, y no es razón desflorar aquí su trabajo. Sírvale este silencio mío de nuevo estímulo para terminarle.⁴⁴⁴ Los títulos de algunas de estas composiciones

---

444 Creo, no lo sé con seguridad, que este manuscrito está hoy en la Sorbona, aunque no adivino qué extrañas vicisitudes habrán podido llevarle allá. Contiene lo siguiente:
ODA 1.ª Sueño de Belisa:
Belisa duerme; el céfiro suave...
ODA 2.ª Belisa en el baile:
Cual rosa sobresale entre las flores...
ODA 3.º El estío:
Del álamo frondoso...
ODA 4.º A Meléndez Valdés:
Desciende del sagrado...
ODA 5.º A Chabanon:
Las humildes mansiones...
ODA 6.º *A Licoris*:
Después de un año entero...
ODA 7.º La revolución francesa:
Suene tu blanda lira...
ODA 8.º La primavera:
Ves, hermosa, la fuente que bullendo...
ODA 9.º El amor rendido:
Las pesadas cadenas...
ODA 10.º A Carlota Corday:
¡Oh pueblo malhadado...
ODA 11.º El canto de Amarilis:
Quitad allá las ciencias...
Elegía *A Licoris* (está en las *Lecciones de filosofía moral*)
ELEGÍA 2.
—A Amarilis.
Soledad deliciosa, bosque umbrío.
ELEGÍA 3.
—La ausencia:
De la eterna morada del lamento...
ELEGÍA 4.
—De Tíbulo:
Los frutos y los campos consagramos...
ELEGÍA 10.
Llena el vaso otra vez...
SÁTIRA.
—A Santibáñez:
Yo aquel que la Academia no ha premiado.

las anuncian útiles para la biografía de Marchena. Será curioso ver cómo la revolución francesa, y todavía más curioso cotejar su oda a Carlota Corday con la hermosísima de Andrés Chenier al mismo asunto. Veremos nuevas muestras de su extraña inclinación a la poesía devota; un romance, v. gr., a la profesión de una monja. Le conoceremos como poeta amatorio y descriptivo, y gozaremos nuevas traducciones suyas de Tibulo, de Horacio y el pseudo-Ossian. Aun las poesías conocidas pueden tener variantes que quizá las mejoren.

Cuando la revolución de 1820 abrió las puertas de España a los afrancesados, Marchena volvió a Madrid, muy esperanzado, sin duda, de ver premiados sus antiguos servicios a la causa de la libertad. Pero nada logró porque la tacha de traidor a la patria le cerraba todo camino en tiempo en que las heridas del año 1808 manaban sangre todavía, y los mismos afrancesados, que aun no habían comenzado su laboriosa tarea para rehabilitarse en la opinión, huían de Marchena, clérigo apóstata, cuyo radicalismo político y religioso, todavía

---

DISCURSO.
—Apertura de una sociedad literaria:
¡Mísera humanidad! Las sombras sigue...
EPÍSTOLA 1.
—A Emilia:
Bella Emilia, perdón, yo te lo ruego...
Epístola A Lanz (está en las Lecciones). Silva A cuatro hermanas:
La villana avaricia...
Sonetos y epigramas varios.
ROMANCE 1.
—En la profesión de una monja:
Desciende del alto cielo...
ROMANCE 2.
—El amor desdichado:
Del Océano irritado...
Juguete. A Adam.
Seguidillas. A una dama.
Heroida.
—Enone a París:
¡Ah si tu nuevo dueño te convierte...
Epístolas de Eloísa y Abelardo.
ODA 12 de HORACIO:
Parcus Deorum cultor...
Dos poemas de Ossian, traducidos.

raro en España, bastaba para comprometer cualquier partido a que se afiliara. Así es que le dejaron morir en el abandono y la miseria a principios de 1821, acordándose de él solo después de muerto para hacerle pomposas funerales y pronunciar en su entierro algunos discursos, introduciéndose entonces por primera vez en España esta pagana y escandalosa costumbre, que por entonces arraigó poco, y que más adelante sirvió para profanar los entierros de Larra, de Espronceda y de Quintana, sin contar otros más recientes y en su línea no menos famosos. Oraciones y sufragios, que no pedantescas exhibiciones de la vanidad de los vivos, quieren los difuntos, a quien poco aprovecha semejante garrulería cuando se cumple en ellos la terrible sentencia: *Laudantur ubi non sunt, cruciantur ubi sunt.*

El último trabajo literario de Marchena debió de ser una traducción de la *Vida de Teseo*, según el texto griego de Plutarco, cuyas *Vidas paralelas* se había propuesto traducir, según conjeturamos, en competencia con la versión de Ranz Romanillos. La suya, solo de esa vida, se imprimió en Madrid el año 1821, con sus iniciales J. M. Otras muchas obras suyas debieron perderse, entre ellas la versión completa de Molière y una historia del teatro español, que anuncia próximas a publicarse, en el *Discurso preliminar* de las *Lecciones*. Otras andan dispersas por España y Francia, aun no hace muchos años que el manuscrito de su biografía de Meléndez Valdés se conservaba en poder de M. Pierquin, médico de Montpellier y rector de la Academia de Grenoble.[445]

Tal fue Marchena, sabio inmundo y aborto lleno de talento, propagandista de impiedad con celo de misionero y de apóstol, corruptor de una gran parte de la juventud española por medio siglo largo, sectario intransigente y fanático, estético tímido y crítico arrojado, medianísimo poeta, acerado polemista político,

---
445 Es noticia de Brunet en la 2.ª edición del *Manual del librero*.
En el *Catalogue of the Ticknor collection* (Boston, Public Library, 1879) no hallo más obras de Marchena que ésta, que es la más rara de sus traducciones:
Morellet (Andrés), *Manual de Inquisidores, para uso de las inquisiciones de España y Portugal* o compendio de la obra titulada Directorio de inquisidores de Nicolás Eymerico. Traducida del francés en idioma castellano por J. Marchena; con adiciones del traductor acerca de la Inquisición de España. Montpellier, F. Aviñón, 1819, XII + 159 páginas; y la *Julia o la nueva Eloysa, cartas de dos amantes, habitantes de una ciudad chica, a la falda de los Alpes*, traducidas por J. Marchena. Con láminas finas, Tolosa, Bellegarrigue, 1821; 4 vol. 12.º (reimpresos en Versalles. Imprenta Francesa y española, 1823).
Los demás bibliógrafos de cosas españolas guardan alto silencio acerca de Marchena.

prosador desigual, aunque firme y de bríos; nombre de negaciones absolutas, en las cuales adoraba tanto como otros en las afirmaciones, enamoradísimo de sí propio, henchido de vanagloria y de soberbia, que le daban sus muchas letras, las lenguas muertas y vivas que manejaba como maestro, la prodigiosa variedad de conocimientos con que había nutrido su espíritu y la facilidad con que alternativamente remedaba a Espinosa, al divino Herrera o a Petrenio. El viento de la incredulidad, lo descabellado de su vida, la intemperancia de su carácter, agostaron en él toda inspiración fecunda, y hoy solo nos queda de tanta brillantez, que pasó como fuego fatuo (semejante, ¡ay!, a tantas otras brillanteces meridionales), algunas traducciones, algunos versos, el recuerdo de la novela de su vida y el recuerdo mucho más triste de su influencia diabólica y de su talento abortado por la impiedad y el desenfreno. Para completar el retrato de este singular personaje, diremos que, según relación de sus contemporáneos, era pequeñísimo de estatura, muy moreno, y aun casi bronceado de tez, y horriblemente feo, en términos que, más que persona humana, parecía sátiro de las selvas.

Cínico hasta un punto increíble en palabras y en acciones, vivía como Diógenes y hablaba como Antístenes. De continuo llevaba en su compañía un jabalí que había domesticado, le hacía dormir a los pies de su cama, y cuando, por descuido de una criada, el animal se rompió las patas, Marchena, muy condolido, le compuso una elegía en dísticos latinos, convidó a sus amigos a un banquete, les dio a comer la carne del jabalí y a los postres les leyó el epicedio. A pesar de su fealdad y de su ateísmo, de su mala lengua y de su pobreza, se creía amado de todas las mujeres, lo cual le expuso a lances chistosísimos, aunque impropios de la gravedad de esta historia. Todas estas y otras infinitas extravagancias que se omiten prueban que Marchena fue toda su vida un estudiante medio loco, con mucha ciencia y mucha gracia, pero sin seriedad ni reposo en nada. Así y todo, cuantos le conocieron, desde Chateaubriand y madama de Staël, desde Fontanes, Destutt-Tracy y Barante hasta Moratín, Maury, Miñano y Lista, vieron en aquel buscarruidos intelectual algo que no era vulgar, y que le hacía de la raza de los grandes emprendedores y de los grandes polígrafos, una aptitud sin límites para todos los ramos del humano saber y una vena sarcástica inagotable y originalísima. En el siglo XVII hubiera emulado quizá las glorias de Quevedo. En el siglo XVIII, sin fe, sin patria y hasta sin lengua, no pudo dejar más nombre que el siempre turbio y contestable que se adquiere con falsificaciones literarias o en el estruendo de las saturnales políticas.[446]

IV. Noticia de algunos «alumbrados»: la beata Clara, la beata Dolores, la beata Isabel, de Villar del Águila

Quizá las únicas muestras de vigor que la Inquisición daba en los últimos años del siglo XVIII recaían en los escasos restos de las tenebrosas sectas iluminadas, que en otras edades habían infestado la Península. Abundaron en toda aquella centuria los procesos de confesores solicitantes; pero poca o ninguna sustancia se saca de ellos para esta historia, ya que la mayor parte de los casos eran cuestión de lujuria y no de dogmatismo o secta, por mucho que alarguemos el vocablo. Ni hemos de imaginar tampoco que fuese caso frecuente y ordinario la horrenda profanación de los solicitantes, pues Llorente, menos sospechoso que nadie, afirma sin reparo que de cien confesores denunciados, no llegaban a diez los reos de verdadera solicitación, por ser materia ésta en que fácilmente da campo a las denuncias lo exaltado y ligero de las imaginaciones femeninas.[447] No aconteció así en el caso de un fraile capuchino, cuyo nombre oculta Llorente por justas causas, natural del reino de Valencia y residente por muchos años en Cartagena de Indias, donde fue misionero apostólico, provincial y varias veces guardián. Su crimen había sido solicitar y pervertir a una entera congregación de beatas, que le miraban como oráculo, y a quienes imbuyó en la doctrina molinosista de la licitud de los actos carnales ejecutados *in charitatis nomine*, como medio de domeñar la sensualidad satisfaciéndola y de adelantar en la vida espiritual. Tras esto fingía revelaciones, que decía haber recibido del Señor en el acto de la consagración. Así pasaron largos años de escándalo, hasta que por

---

446 A todas las obras de Marchena citadas hasta aquí debe añadirse un folleto muy raro que lleva por título *Discurso sobre la ley relativa a extinción de monacales, y reforma de regulares, pronunciado en el día 6 de noviembre del presente año en la Sociedad patriótica constitucional de esta ciudad*, por el ciudadano don José Marchena, socio íntimo de la misma, e impreso por aclamación general. Sevilla, 1820 (16 páginas). Es una defensa de la tolerancia religiosa, en que Marchena pregunta: «¿Es la morada de Jehová el monte de Garizim? ¿Es peculio privativo suyo el templo de Júpiter Capitolino, la mezquita de la Meca o las paredes del Vaticano?...». Este discurso nos indica que Marchena en 1820 residió algún tiempo en Sevilla y que solía perorar en los clubs patrióticos.

447 Véase Llorente, *Historia crítica*, tomo 5 (edición de Barcelona 1836), cap. 28. Léase íntegro.

trece declaraciones conformes fue descubierta la perversidad del confesor y se le formó proceso. Las monjas fueron reclusas en varios conventos de Nueva Granada y del reo se hizo cargo la Suprema, haciéndole venir a España, bajo partida de registro. Mostróse en las primeras audiencias tenacísimo en negar; luego defendió con singular y descabellada osadía la certeza de su revelación, merced a la cual se consideraba dispensado de cumplir el sexto mandamiento de la ley de Dios. Habló de la unión mística de las almas, trajo a colación textos de la Escritura, diabólicamente pervertidos, y pareció dispuesto a dejarse condenar y relajar como hereje contumaz e impenitente. Al cabo, las instancias del inquisidor Rubín de Ceballos y del secretario Llorente, deseosos de salvarle a todo trance, lograron de él, primero, que confesase la vanidad de sus revelaciones, y luego, que lisa y llanamente declarase que solo su desenfrenada concupiscencia y no error alguno teológico le habían llevado a tal despeñadero. Abjuró *de levi*, fue recluso por cinco años en un convento de Valencia, privado perpetuamente de licencias, sujeto a muchas penitencias, ayunos y mortificaciones y a una tanda de azotes, que le administraron los capuchinos de la Paciencia.

Casos de iluminismo propiamente dicho fueron los ruidosos procesos de tres beatas, no separados entre sí por largo intervalo de tiempo y semejantísimos en todo. Es el primero el de Isabel María Herráiz, comúnmente llamada la Beata de Cuenca, y también la de Villar del Águila, por ser natural de este pueblo y casada con un labrador de él. Llevóla su necedad y delirio hasta propalar que el cuerpo de ella se había convertido en el verdadero cuerpo y sangre de Nuestro Señor Jesucristo. Clérigos y frailes hubo que lo creyeron o fingieron creerlo, otros lo impugnaron en forma silogística, y llegó el delirio de la muchedumbre hasta tributar a aquella infeliz mujer culto de latría, llevándola procesionalmente por las calles entre cirios encendidos y humo de incienso.

Delatados a la Inquisición la beata y sus cómplices, ella murió en las cárceles secretas, y su estatua, montada en un burro, salió a un auto de fe para ser reducida a cenizas. En el mismo auto abjuraron descalzos y con sogas al cuello, como patronos y fautores de aquel embuste, el cura de Villar del Águila y dos frailes, a quienes se condenó a reclusión en Filipinas; el cura de la aldea de Casasimarro, que fue suspenso por seis años; una criada de la beata, castigada con diez años de encierro en las Recogidas, y dos hombres del pueblo que se habían extremado en la adoración, que por ello fueron castigados con doscientos azotes y presidio perpetuo.[448]

Aún fue mayor la notoriedad de la madrileña beata Clara, que aconsejada por su madre y su confesor, fingióse muchos años tullida, y, so color de espíritu profético y don de santidad y milagros, atrajo a su casa la flor de las señoras de la corte, que asiduamente la consultaban y se encomendaban a sus oraciones en casos de esterilidad, enfermedades, desavenencias matrimoniales y cualesquier otros graves incidentes de la vida, a todo lo cual daba ella fácil resolución en estilo grave y enfático, como de vidente o inspirada. De tal modo embaucaba a muchos con la fama de su santidad, que logró de Roma un breve de dispensación para hacer los tres votos de monja de santa Clara, sin que la obligasen a clausura o vida común por no tolerarlo las dolencias que ella pretextaba.[449] Púsose altar delante de su cama, y todos los días comulgaba, fingiendo (como la beata de Piedrahita en el siglo XVI y tantas otras de su ralea) mantenerse sin otro alimento que el pan eucarístico. No le bastó tan mal urdida maraña para no ser castigada con pena de reclusión por el Santo oficio, juntamente con sus dos principales cómplices, en 1802. Ni hubo en esta milagrería otro misterio que una estafa a lo divino, en que el confesor y la madre recaudaban crecidísimas limosnas para la beata. El cebo de la ganancia hizo surgir imitadoras, como lo fue en 1803 otra beata epiléptica, María Bermejo, de quien Llorente hace mención[450] añadiendo que así María como sus dos cómplices, que, al parecer, lo eran en más de un sentido, el vicerrector y el capellán del Hospital General de Madrid, fueron penitenciados por el Santo oficio.[451]

---

448 Don Fermín Caballero tenía recogidos muchos datos para la biografía de la Beata Isabel, que pensó escribir entre las de los *Conquenses famosos en buena o mala parte*. Véase, además, la *Historia crítica* de Llorente, tomo 7, páginas 276 a 279.

449 Hizo su profesión ante don Atanasio Puyal, obispo auxiliar de Madrid entonces y después obispo de Calahorra.

450 Obra y tomo citados, página 281.

451 En el ameno y conocido libro de don Antonio Flores *Ayer, hoy y mañana* (1.ª edición, 1853; me valgo de la de Barcelona, 1883, tomo 1, 309-323), se halla un extenso capítulo sobre los embustes de la Beata Clara. Y, aunque figure en una obra de imaginación, merece citarse, porque, al parecer, está fundado en tradiciones de muy buen origen, que amplían el relato de Llorente. También copia Flores unas décimas (bien malas por cierto) que se compusieron sobre el caso de la beata madrileña. Al fin del cuadro estampa esta curiosa nota: «Nada hemos puesto de nuestra propia cosecha; y, por el contrario hemos omitido

Más singular y no menos ruidoso caso fue el de la beata Dolores, relajada en un auto de fe do Sevilla en 24 de agosto de 1781, y de quien el vulgo afirma que fue condenada por bruja, arrojándose algunos viajeros de extrañas tierras a forjar novelescas historias, hasta suponerla joven y hermosa.[452] Todos estos accidentes no están mal calculados para excitar la conmiseración; lástima que sean todos falsos, ya que la beata Dolores no era bruja, sino mujer iluminada, secuaz teórica y práctica del molinosismo, bestialmente desordenada en costumbres so capa de santidad, y eso que por su belleza no podía excitar grandes pasiones, puesto que, además de ciega, era negrísima, repugnante y más horrenda que la vieja Cañizares del *Coloquio de los perros*. Latour ha referido muy bien y con muchos detalles su proceso[453] yo extractaré lo que él dijo, confirmado en todo por la tradición oral de los sevillanos.

Aunque nacida de cristianos y honrados padres, María de los Dolores López mostró, muy desde niña, genio indómito y perversísimas inclinaciones. A los doce años huyó de la casa paterna para vivir amancebada con su confesor, que cuatro años después, a la hora de la muerte, asediado por los terrores de su conciencia, pedía por misericordia que quitasen de su lado a la crieguecita.

Su misma ceguera, unida a un entendimiento muy despierto, aunque, hábil solo para el mal, le daba cierto prestigio fantástico entre la muchedumbre, que

---

mucho de lo que refieren hoy día algunos testigos oculares de esa lastimosa e inicua farsa; personas respetables y dignas de entera fe y crédito. Lo que más sorprende es que la Clara y su madre, verdadera autora de todo, eran gentes muy vulgares y de escaso ingenio, y no se concibe como pudieron engañar al ilustrísimo señor don Anastasio Puyal y Poveda, obispo auxiliar de Madrid y al nuncio apostólico, el arzobispo de Nicea, señor don Pedro Gravina, hasta el punto de alcanzar para aquella miserable tan grandes como absurdos privilegios. Estos prelados, a pesar de la elevadísima posición que ocupaban en la corte, quedaron muy malparados de resultas de esa farsa, aunque no tanto como merecía su extremada candidez. Del confesor de la beata, el padre Benardino Barón, maestro de novicios del convento de san Francisco, hemos oído hablar con variedad, aunque generalmente era reputado por un religioso justificado y sencillo, pero no de grandes alcances. El que mereció grande aplauso de todos fue el respetable párroco de san Andrés, don Rafael Oseñalde, descubridor de toda la farsa».

452 Así lo dice el marqués de Langle en su *Voyage d'Espagne* (1785), página 45.
453 Véase Latour (Art.) *L'Espagne religieuse et litteraire* (París, Michel Levy, 1836), página 271 a 303. Los datos de que se valió fueron una relación publicada en 1820 y una carta que un fraile de Sevilla escribió a Jovellanos al día siguiente del auto.

no acertaba a comprender cómo Dolores veía y adivinaba muchas cosas sin el auxilio de los ojos.

Arrojada del convento de Carmelitas de Nuestra Señora de Belén, en el cual pretendió entrar de organista, pasó a Marchena, donde tomó el hábito de beata, que conservó toda su vida. Desde entonces fue en aumento la fama de su santidad y de los especiales favores divinos que había recibido; llamaba al Niño Jesús el tiñosito, tenía largas conversaciones con su ángel custodio y acabó por pervertir en Lucena a otro de sus confesores, como había pervertido al primero.

Encarcelado el confesor y recluido luego en un monasterio lejano y de rígida observancia, volvió a Sevilla la beata, perseverando por doce años en la misma escandalosa vida, hasta que uno de sus confesores la delató y se delató a sí mismo en julio de 1779, viniendo a confirmar sus acusaciones el testimonio de muchos vecinos de la fingida santa.

El proceso duró dos años, porque la beata estuvo pertinacísima en no confesarse culpable, sosteniendo, por el contrario, que había sido favorecida desde los cuatro años con singularísimos dones espirituales, aprendiendo a leer y escribir sin que nadie la enseñase, manteniendo continuo y familiar trato con Nuestra Señora, libertando millones de almas del purgatorio y habiéndose desposado en el cielo con el Niño Jesús, siendo testigo san José y san Agustín. Todo en premio de las flagelaciones y martirios corporales que voluntariamente se imponía.

En vano se la sorprendía en las más groseras contradicciones; en vano agotaron sus esfuerzos por convertirla los más sabios teólogos y misioneros del tiempo, entre ellos el mismo fray Diego de Cádiz, que la predicó sin intermisión durante dos meses, retirndose al cabo convencido de que aquella mujer tenía en el cuerpo el demonio molinosista. Ni el temor de los castigos inminentes y aun de la hoguera, ni el desconsuelo y la deshonra de su familia bastaron a torcerla ni a conseguir que dudase un momento. Dijo que moriría mártir, pero que a los tres días mostraría Dios su inocencia y la verdad de sus revelaciones y la sabiduría de sus discursos, como así se lo había anunciado el mismo Dios en visión real.

Algunos la juzgaban poseída y frenética, y ella procuró hacer actos de verdadera energúmena para salvarse por tal medio; pero así y todo, fue relajada al brazo seglar en 22 de agosto. Oyó la sentencia sin conmoción ni asombro ni muestras de pesar, temor o arrepentimiento. En los tres días que pasó en la capilla continuaron visitándola y exhortándola los teólogos y el mismo gobernador eclesiástico de la diócesis, pero ni aun tuvieron persuasión bastante para hacer que se confesase.

La beata salió al auto con escapulario blanco y coroza de llamas y diablos pintados, que aumentaban el horror de su extraña figura. Un fraile mínimo que iba cerca de ella, el padre Francisco Javier González, exhortaba a los circunstantes a que pidiesen a Dios por la conversión de aquella endurecida pecadora. Por todas partes sonaron oraciones y lamentos; solo la beata permanecía impasible, contribuyendo su ceguera a lo inmutable de su fisonomía.

Acabada la lectura del proceso, subió al púlpito el padre Teodomiro Díaz de la Vega, del Oratorio, famoso en Sevilla por su piedad y ejercicios espirituales, e hizo breve plática al pueblo, mostrando la clemencia del Santo oficio e implorando de nuevo las oraciones de los asistentes para que Dios se apiadase de aquella desventurada, moviendo su endurecido corazón a penitencia.

Hubo que amordazar a la beata para que no blasfemase y el padre Vega llegó a amenazarla con el crucifijo. Y no parece sino que esta sublime cólera labró de improviso en aquel árido espíritu, porque vióse a la beata prorrumpir súbitamente en lágrimas y, apenas llegada a la plaza de san Francisco, pedir confesión en altas voces, lo cual mitigó el rigor de la pena y dilató algunas horas el suplicio. Murió con muestras de sincero arrepentimiento, pidiendo a todos perdón por los malos ejemplos de su vida. Fue ahorcada y después entregado su cadáver a las llamas. El pueblo la tenía por hechicera y afirmaba que ponía huevos mediante pacto diagólico y extraños brebages.

V. El cura de Esco

También fue extraño caso de inquisición, y tal que hay que separarle de los restantes, el de don Miguel Solano, cura de Esco, fallecido en 1805 en los calabozos de la Inquisición de Zaragoza. Natural de un pueblo de la diócesis de Jaca, sus únicos estudios habían sido la moral y algo de teología escolástica; pero, dotado de genio inventivo y aficionado a las labores agrícolas, inventó o perfeccionó varios aparejos de labranza, que le dieron fama en las sociedades económicas. Luego se enfrascó en la lectura de la Biblia, y dio en mil extrañas imaginaciones, hasta formarse un sistema religioso propio, basado en la individual interpretación de las Escrituras al modo protestante. Rechazaba, pues, y tenía por falso cuanto no veía expreso en el sagrado texto, literalísimamente entendido, negaba el purgatorio y el primado del papa y solía predicar contra los diezmos. De todo hizo un tratado, que envió al obispo de Zaragoza y a varios teólogos, con lo cual la Inquisición no pudo menos de procesarle. Su primera intención fue huir a Francia; pero tal fanatismo tenía y tan persuadido andaba de la justicia de su causa, que desde Olerón vino él mismo a ponerse en manos de los inquisidores. Después de muchas discusiones teológicas, en que él se mantuvo firme en tener por única regla de fe la Escritura y la inspiración privada, rechazando la autoridad de papas, doctores y concilios, fue relajado por dos veces al brazo seglar. Pero tal era la mansedumbre de la Inquisición entonces, que la Suprema se propuso a todo trance salvarle, haciéndole declarar loco por el médico de su pueblo. En esto adoleció gravemente Solano; pero ni aun así quiso dar oídos a las exhortaciones evangélicas del padre Santander, obispo auxiliar de Zaragoza. Murió Solano en las cárceles; no se le concedió sepultura eclesiástica, y fue enterrado secretamente dentro del mismo edificio de la Inquisición, por la parte del Ebro. Separándose los inquisidores de la costumbre, ni procedieron contra su memoria como hereje contumaz ni le quemaron en efigie.[454]

Adición a este Capítulo. ¿Puede contarse entre los heterodoxos españoles al padre Lacunza?
Tradición antigua y venerable así de los hebreos como de los cristianos, aceptada y confirmada por algunos de los padres apostólicos y por el apologista san Justino, afirmaba que el estado presente del mundo perecerá dentro del sexto millar. Para ellos los seis días del *Génesis* eran, a la vez que relato de lo pasado, anuncio y profecía de lo futuro. En seis días había sido hecha la fábrica del mundo y seis mil años había de durar en su estado actual, imperando luego justicia y bondad sobre la tierra y siendo desterrada toda prevaricación e iniquidad. Este séptimo millar de años llámase comúnmente el reino de los milenaristas o chiliastas. San Jerónimo (sobre el cap. 20 de Jeremías) no se atrevió a seguirla ni tampoco a condenarla, ya que la habían adoptado los santos y mártires cristianos, por lo que opina que a cada cual es lícito seguir su opinión, reservándolo todo al juicio de Dios. Lo que desde luego fue anatematizado es la sentencia de

---

[454] Véase Llorente (tomo 4 edición 1818), página 127 a 132, y en la adición final, página 502 a 504.

los milenarios carnales, que suponían que esos mil años habían de pasarse en continuos convites, francachelas y deleites sensuales.

El parecer de los milenarios puros o espirituales tuvo en el siglo XVIII un defensor fervorosísimo en el jesuita chileno padre Lacunza, uno de los desterrados, varón tan espiritual y de tanta oración, que de él dice su mismo impugnador, el padre Bestard, que «todos los días perseveraba inmoble en oración por cinco horas largas, cosido su rostro con la tierra». Ahogóse en uno de los lagos del Alta Italia muy a principios de este siglo, y no parece sino que aquellas aguas ahogaron también toda noticia de su persona, aunque esta oscuridad, que no han conseguido disipar los mismos bibliógrafos de su Orden, no alcanza a su doctrina, que tuvo larga resonancia y provocó muchas polémicas, ni a su obra capital, *La venida del Mesías* en gloria y majestad. Compúsola en lengua castellana; pero otro jesuita americano la tradujo al latín, y así corrió manuscrita por Europa. Del original hay por lo menos tres ediciones[455] y algunos manuscritos,

---

455 Así lo afirma el padre Bestard en su impugnación: «En 1814, al pasar por La Habana, vi toda la obra del padre Lacunza, en tres tomos, traducida al latín, en poder de un eclesiástico ejemplar... En 1815 llegué a Cádiz, y hallé que en la Ciudad de san Fernando se había impreso furtivamente esta obra en tres tomos en 4.º Después se ha impreso en Londres con una carta al autor, del que la tradujo al latín, y en esta impresión tiene la obra cuatro tomos en 8.º Últimamente he visto otra impresión en tres tomos en 8.º, sin lugar de impresión, y con una carta de un teólogo que la alaba mucho».

La edición de Londres fue dirigida, según es fama, por don José Joaquín de Mora. La otra edición a que el padre Bestard alude se hizo en Tarragona en 1822.

Yo he tenido a la vista otra, cuyo rótulo dice a la letra: La venida de Mesías en gloria y majestad. Tomo primero. Compuesto por Josafat Ben-Ezra. Con superior permiso. Por don Felipe Tolosa, impresor de la ciudad. Sin año ni lugar (dícese que fue impreso en Cádiz), 870 páginas en 4.º, aunque se rotula tomo primera, la obra queda completa en este abultadísimo volumen; se conoce que el editor pensó dividirla en dos o tres y luego desistió del propósito.

Laverde me asegura que existe una edición de París en cinco tomos, mucho más ajustada que las otras al manuscrito, que perteneció al cardenal Cuesta, y que hoy poseen los padres de la Compañía, en Santiago.

Suele anteceder a las ediciones del padre Lacunza una censura teológica, escrita por un carmelita descalzo de Cádiz, que se firma fray Pablo de la Concepción.

La impugnación del padre Bestard se titula *Observaciones que fray Juan Buenaventura Bestard... presenta al público, para precaverle de la seducción que pudiera ocasionarle la obra intitulada «La Venida del Mesías en gloria y majestad», de Juan Josaphat Ben Ezra.* Madrid, dos tomos 4.º, el primero en casa de don Fermín Villalpando, 1824 (335 páginas);

todos discordes en puntos muy sustanciales. La obra, desde 1824, fue incluida en el *Índice de Roma*, razón bastante para que quedara con nota y sospecha de error. Pero no todo libro prohibido es herético; y, al ver que notables y ortodoxísimos teólogos ponen sobre su cabeza el libro del padre Lacunza, como sagaz y penetrante expositor de las Escrituras, por más que no consideren útil su lección a todo linaje de gentes, ocúrrese desde luego esta pregunta: ¿Fue condenada *La venida del Mesías* por su doctrina milenarista o por alguna otra cuestión secundaria?

Cierto que un teólogo mallorquín, fray Juan Buenaventura Bestard, comisario general de la Orden de san Francisco en Indias, combatió con acritud el sistema entero del padre Lacunza en unas *Observaciones*, impresas, a seguida de la prohibición de Roma, en 1824 y 1825. Pero todos sabemos que la cuestión del milenarismo (del espiritual se entiende) es opinable, y, aunque la opinión del reino temporal de Jesucristo en la tierra tenga contra sí a casi todos los padres, teólogos y expositores desde fines del siglo V en adelante, comenzando por san Agustín y san Jerónimo, también es verdad que otros padres más antiguos la profesaron y que la Iglesia nada ha definido, pudiendo tacharse, a lo sumo, de inusitada y peregrina la tesis que con grande aparato de erudición bíblica y con no poca sutileza de ingenio quiere sacar a salvo el padre Lacunza. Ni ha de tenerse por herejía el afirmar, como él lo hace, que Jesucristo ha de venir en gloria y majestad, no solo a juzgar a los hombres, sino a reinar por mil años sobre sus justos en el mundo renovado y purificado, que será un como traslado de la celestial Sión.

Otras debieron ser, pues, las causas de la prohibición del libro del supuesto Ben-Ezra, y, a mi entender, pueden reducirse a las siguientes:

1.º La demasiada ligereza y temeridad con que suele apartarse del común sentir de los expositores del *Apocalipsis*, aun de los más sabios, santos y venerados, tachándolos desde el discurso preliminar de su obra de haber enderezado todo su conato a acomodar las profecías a la primera venida del Mesías..., «sin dejar nada o casi nada para la segunda, como si solo se tratase de dar

---

el segundo, Imprenta de don Miguel de Burgos, 1825 (379 páginas). La biografía del padre Bestard, que escribió también contra los jansenistas y contra las reflexiones de Nicole, puede leerse en Bover, *Biblioteca de escritores baleares* (Palma 1868), páginas 95 a 98.

materia para discursos predicables o de ordenar algún oficio para el tiempo de Adviento».

2.º Algunas sentencias raras y personales suyas, de que apenas se encuentra vestigio en ningún otro escriturario antiguo ni moderno, v. gr., la de que el anticristo no ha de ser una persona particular, sino un cuerpo moral, y la de la total prevaricación del estado eclesiástico en los días del anticristo.

3.º Las durísimas y poco reverentes insinuaciones que hace acerca de Clemente XIV, autor del breve de extinción de la Compañía.

4.º El peligro que hay siempre en tratar de tan altas cosas, de misterios y profecías, en lengua vulgar, por ser ocasión de que muchos ignorantes, descarriados por el fanatismo, se arrojen a dar nuevos y descabellados sentidos a las palabras apocalípticas, como vemos que cada día sucede.

Por todas estas razones, y sin ser hereje, fue condenado el padre Lacunza, y por todas ellas debe hacerse aquí memoria de él, salvando sus intenciones y su catolicismo, y no mezclándole en modo alguno con la demás gente nonsancta de que se habla en este libro.

La publicación de *La venida del Mesías* dio ocasión a varios escritos apologéticos y a nuevas explicaciones y censuras. Por entonces compuso el célebre párroco de san Andrés, de Sevilla, don José María Roldán, uno de los poetas de la pléyade sevillana de fines del siglo XVIII, un libro que rotuló *El ángel del Apocalipsis*, manuscrito hoy en la Biblioteca Colombina. Roldán en algunas cosas da la razón al padre Lacunza; en otras muchas difiere, defendiendo, sobre todo, que el anticristo ha de ser persona humana y no cuerpo político y que el reino de Jesucristo durante el milenio ha de ser espiritual en las almas de los justos y no temporal y visible. Al mismo parecer, que pudiéramos llamar milenarismo mitigado, se acostó don José Luyando, director del Observatorio Astronómico de san Fernando, que envió a Roma un comentario manuscrito sobre el *Apocalipsis*, sin lograr licencia para la impresión, aunque se alabó su piedad y buen deseo.

Ni fueron estas solas las semillas que dejó el libro de Josafat-Ben-Ezra. Todavía en estos últimos años reapareció lo sustancial de su enseñanza, aumentado con otras nuevas y peregrinas invenciones, en un libro del arcipreste de Tortosa, señor Sanz y Sanz, intitulado *Daniel o la proximidad del fin del siglo*, obra que fue inmediatamente prohibida en Roma por las mismas causas que la del padre Lacunza y además por querer fijar fechas a los futuros contingentes, anunciando, entre otras cosas, el fin del mundo para 1895 y dando grandes pormenores sobre el reino de los milenarios, hasta decir que «en él será restituida al hombre en toda su pureza la imagen de Dios con que fue criado y que llegará a ser perfecto y hermoso, como lo era Adán al salir de las manos e Dios».[456]

---

[456] Ni es el Daniel la única exposición aventurada del *Apocalipsis* que en estos últimos años ha salido a luz en España. Más o menos, el fondo de la obra del padre Lacunza persevera en todas las que a continuación menciono, sin pretender calificar ahora su valor teológico, ni menos su estilo, en general grotesco y gerundiano:
El misterio de iniquidad o conjuración satánico-humana contra Jesucristo, por un misionero capuchino (el padre Arribas).
El misterio satánico, por don Buenaventura Álvarez (Madrid, Drubrull, 1874).
Paz general de la Iglesia y del mundo, por don Pedro Álvarez Navarro (la cita del autor del Daniel, y añade que, según el señor Álvarez Navarro, la consumación de los siglos será en 1888).
Fin del mundo o sea el juicio universal en el presente siglo (folleto anónimo, publicado en Madrid 1839, Imprenta de Urbano López).
Antídoto bíblico-católico contra el protestantismo, galicanismo, regalismo, etc., por don Timoteo Zelotes (Barcelona).
La proximidad del fin del siglo, y después, transcurridos mil años, según las Sagradas Escrituras, el del mundo, por don Cayetano Caballero Infante, abogado de Jerez de la Frontera... (Madrid 1875) (el prólogo y las adiciones están impresas en un cuaderno aparte). Imprentas de Conesa y Aguado. El autor sigue mucho a Lacunza.
La mayor parte de estas lucubraciones, tan baldías y estériles, son posteriores a 1868.

Libros a la carta

A la carta es un servicio especializado para
empresas,
librerías,
bibliotecas,
editoriales
y centros de enseñanza;
y permite confeccionar libros que, por su formato y concepción, sirven a los propósitos más específicos de estas instituciones.

Las empresas nos encargan ediciones personalizadas para marketing editorial o para regalos institucionales. Y los interesados solicitan, a título personal, ediciones antiguas, o no disponibles en el mercado; y las acompañan con notas y comentarios críticos.

Las ediciones tienen como apoyo un libro de estilo con todo tipo de referencias sobre los criterios de tratamiento tipográfico aplicados a nuestros libros que puede ser consultado en Linkgua-ediciones.com.

Linkgua edita por encargo diferentes versiones de una misma obra con distintos tratamientos ortotipográficos (actualizaciones de carácter divulgativo de un clásico, o versiones estrictamente fieles a la edición original de referencia).

Este servicio de ediciones a la carta le permitirá, si usted se dedica a la enseñanza, tener una forma de hacer pública su interpretación de un texto y, sobre una versión digitalizada «base», usted podrá introducir interpretaciones del texto fuente. Es un tópico que los profesores denuncien en clase los desmanes de una edición, o vayan comentando errores de interpretación de un texto y esta es una solución útil a esa necesidad del mundo académico.

Asimismo publicamos de manera sistemática, en un mismo catálogo, tesis doctorales y actas de congresos académicos, que son distribuidas a través de nuestra Web.

El servicio de «libros a la carta» funciona de dos formas.

1. Tenemos un fondo de libros digitalizados que usted puede personalizar en tiradas de al menos cinco ejemplares. Estas personalizaciones pueden ser de todo tipo: añadir notas de clase para uso de un grupo de estudiantes, introducir logos corporativos para uso con fines de marketing empresarial, etc. etc.

2. Buscamos libros descatalogados de otras editoriales y los reeditamos en tiradas cortas a petición de un cliente.

www.ingramcontent.com/pod-product-compliance
Lightning Source LLC
LaVergne TN
LVHW041246080426
835510LV00009B/615